筠连县年鉴

2014

筠连县年鉴编辑部　编

方志出版社
Publishing House of Local Records

图书在版编目（CIP）数据

筠连县年鉴. 2014/《筠连县年鉴》编辑部编. --
北京 ：方志出版社，2014.12
ISBN 978-7-5144-1487-5

Ⅰ. ①筠… Ⅱ. ①筠… Ⅲ. ①筠连县-2014-年鉴
Ⅳ. ①Z527.14

中国版本图书馆CIP数据核字(2014)第289356号

筠连县年鉴（2014）

编　　者：《筠连县年鉴》编辑部
责任编辑：王笃银

出 版 人：龚祥德
出 版 者：方志出版社
地址　北京市朝阳区潘家园东里9号（国家方志馆4层）
邮编　100021
网址　http://www.fzph.org
发　　行：方志出版社发行中心
电话(010)67110500
经　　销：各地新华书店
印　　刷：宜宾蕴彩印务有限公司

开　　本：889×1194　1/16
印　　张：24
字　　数：1023千字
版　　次：2014年12月第1版　2014年12月第1次印刷
印　　数：001～400册

ISBM　978-7-5144-1487-5/K.1216　定价：120.00元

编辑说明

一、《筠连县年鉴》是筠连县人民政府主办，由《筠连县年鉴》编辑部在筠连县地方志编纂委员会的领导下，与各乡镇和县级各部门、各企事业单位共同编辑的一部系统记述筠连县行政区域自然、政治、经济、文化、社会等方面情况的年度资料性文献。《筠连县年鉴》创刊于1999年，自2004年起逐年出版。其宗旨是全面、系统、翔实地记载筠连县国民经济和社会发展的新情况、新成就和新经验，为各级党政科学决策及社会各界了解、认识、研究筠连，保存和积累地方历史文献资料，为筠连县社会经济的又好又快发展服务。

二、《筠连县年鉴(2014)》的编纂以马克思列宁主义、毛泽东思想、邓小平理论、"三个代表"重要思想和科学发展观为指导，运用辨证唯物主义和历史唯物主义观点，实事求是地记录2013年内容，体现了时代特色、地方特色和实践特色。

三、本年鉴采用最新国民经济行业分类标准进行排列，以行业为单位记载内容，并对部分篇目结构进行调整。仍以类目、分目、条目三个层次组成梯级结构，以条目为记述主体，用【 】括条目标题。全书共27个类目228个分目1582个条目。主要内容有：彩图、大事记、筠连概况、县委、县人大、县政府、县政协、县纪委、社会团体、武装、法治、经济管理、财政税务、金融、城乡建设与环境保护、农林牧渔业、工业、市场贸易、交通、信息产业、教育、科技、卫生、文化旅游体育、社会生活、乡镇简况、先进单位和人物、附录等。在附录中刊载县政府授予筠连名小吃名优特产餐饮名店、统计公报、国民经济和社会发展主要指标等资料，以增强年鉴的资料性。

四、本年鉴采用简化汉字表述，其计量单位、名称代号、标点符号、数字用法等均按国家相关标准执行。

五、本年鉴由各乡镇、县级各部门、各企事业单位确定专人撰写出初稿，并经各级领导审核，加盖公章，经《筠连县年鉴》编辑部审核修改后，反馈各撰稿单位审核补充，编纂成稿后再公开征求意见和请相关人员全书审校，最后由《筠连县年鉴》编辑部修改后成书，资料翔实、准确、可靠。其中的各项数据，多数以筠连县统计局公布的统计公报为准，但由于个别单位统计口径不同，少数数据仍不尽一致，引用国民经济和社会发展的主要指标时，以年鉴附录所载的统计资料为准。

六、本年鉴所有增加、增长、减少等比较数据，如非特别注明，均是与上年同期的比较数据。

七、本年鉴在不产生歧义的前提下，对部分机构名称用简称，如四川省简称省，宜宾市简称市，筠连县简称县，中共筠连县委简称县委，筠连县人大常委会简称县人大，筠连县人民政府简称县政府，中国人民政治协商会议筠连县委员会简称县政协。

八、本年鉴收录的先进集体和人物，包括2013年度获得市级及其以上部门和县级党委、政府表彰的先进集体与个人。由于部分单位未按要求提供资料，以致可能缺载，请予见谅。

九、本年鉴的编辑工作，得到县委、县人大、县政府、县政协及各乡镇、县级各部门、各企事业单位的大力支持、通力合作，在此一并致谢。由于我们水平有限且篇幅较大，虽经多次审核、校对，仍难免有差错和疏漏之处，恳请社会各界指正。

筠连县年鉴编辑部

2014年8月

筠连县地方志编纂委员会

顾　　问	王　萍	何　跃	黄　静		
主　　任	刘朝平				
副 主 任	叶光明	黄学锋	伍永富	李小林	晋方全
	叶宗勇				
委　　员	刘小芹	郭　刚	张洪彬	李华伟	张　芳
	谢国刚	张会权	熊洪书	江剑波	段　毅
	杨占国	周德琼	韩　亮	段利勇	何兴军
	陈　旭	温　涛	李田钟		

筠连县年鉴编辑部

总　　编	伍永富		
常务副总编	郭　刚		
责任副总编	张会权		
编　　辑	夏启林	李　洪	杨青松

《筠连县年鉴(2014)》参编单位及责任人

(排名不分先后)

单 位	责任人
中共筠连县委员会办公室	李小林
筠连县人民代表大会常务委员会办公室	刘小芹
筠连县人民政府办公室	郭 刚
中国人民政治协商会议筠连县委员会办公室	张洪彬
中共筠连县委组织部	黄学锋
中共筠连县委老干部局	王 玉
中共筠连县纪律检查委员会(监察局)	张宗才
中共筠连县委宣传部	霍 娟
筠连县社会主义精神文明建设办公室	罗均伟
筠连县文学艺术界联合会	冯 勇
筠连县社会科学界联合会	霍 娟
中共筠连县委统一战线工作部	韩世全
中共筠连县委政法委员会	詹 立
中共筠连县直属机关工作委员会	江剑波
中共筠连县委党校	刘敬远
中共筠连县委机构编制委员会办公室	王贵才
中共筠连县委农村工作办公室	李 杰
中共筠连县委政研室	李华伟
中共筠连县委党史研究室	谢明生
中共筠连县委保密委员会办公室	陈 旭
筠连县信访和群众工作局	刘谢润
中共筠连县委机要局	李 强
筠连县人民政府政务服务中心	石永莉
筠连县人民政府法制办公室	许银锋
筠连县人民防空办公室	苏孝清
筠连县地方志办公室	张会权
筠连县人民政府应急管理办公室	李贵聪

筠连县农田水利基本建设指挥部办公室	李贵聪
筠连县民族宗教事务局	韩　亮
筠连县人民政府信息中心	黄　峰
筠连县人民政府研究室	黄　峰
筠连县烟草发展领导小组办公室	占本华
筠连县残疾人联合会	李文忠
筠连县档案局	周德琼
筠连县投资促进局	安　平
筠连县人民法院	田华清
筠连县人民检察院	苏　平
筠连县司法局	李章权
筠连县公安局	郑　云
筠连县人民武装部	邬文斌
中国人民武装警察部队筠连县中队	张子宾
筠连县公安消防大队	梁　涛
筠连县总工会	曾志钧
筠连县妇女联合会	刘谋清
筠连县工商业联合会(商会)	黄永军
筠连县科学技术协会	刘泽惠
共青团筠连县委员会	曹　莉
四川省筠连县国家税务局	张　君
筠连县地方税务局	曹卫东
筠连县安全生产监督管理局	邓立筠
宜宾市筠连县工商行政管理局	唐　杰
四川省宜宾市筠连县质量技术监督局	李再强
宜宾市住房公积金管理中心筠连县管理部	左　强
筠连县食品药品监督管理局	沈辅君
四川省筠连县供销合作社联合社	胡建全
筠连县文化广播影视新闻出版和旅游局	杨占国
筠连县粮食局	卜薪智
筠连县林业局	饶　永
筠连县体育局	黄　伟
筠连县科学技术局	廖　华
筠连县气象局	黄祖伟
筠连县水务局	李泽明
筠连县审计局	肖志刚
筠连县农业局	何　甫
筠连县统计局	段利勇
筠连县财政局	段　毅
筠连县发展和改革局	徐劲松

《筠连县年鉴(2014)》参编单位及责任人

筠连县工业园区管理委员会工作委员会	罗吉义
筠连县人力资源和社会保障局	张　芳
筠连县经济商务和信息化局	周先虎
筠连县人口和计划生育局	胡天顺
筠连县住房和城乡规划建设局	应元品
筠连县地震台	廖利平
筠连县卫生局	张　杰
筠连县红十字会	张　杰
筠连县畜牧兽医局	刘后琳
筠连县环境保护局	胡殿华
筠连县民政局	刘　毅
筠连县城镇管理局	徐世银
筠连县爱国卫生运动委员会办公室	徐世银
筠连县教育局	熊　刚
四川省筠连县大专中专招生委员会办公室	熊　刚
筠连县交通运输局	邓世坤
筠连县国土资源局	周振宇
中国人民银行筠连县支行	陈元明
中国农业银行股份有限公司筠连县支行	张　宏
四川筠连农村商业银行股份有限公司	杨佳林
中国农业发展银行筠连县支行	陈顺其
宜宾市商业银行股份有限公司筠连支行	李春来
中国邮政储蓄银行筠连县支行	朱　琴
中国工商银行股份有限公司筠连支行	陈昆路
筠连县中成村镇银行	李启云
筠连县烟草专卖局(营销部)	黄　兢
中国人民财产保险股份有限公司筠连支公司	母小宇
中国人寿保险股份有限公司筠连县支公司	罗孝江
中国太平洋财产保险股份有限公司筠连支公司	李孝超
筠连县邮政局	张大平
中国移动通信集团四川有限公司筠连县分公司	党庆锋
中国电信股份有限公司筠连县分公司	张　军
中国联合网络通信有限公司筠连县分公司	卢　涛
四川省盐业总公司筠连支公司	李　权
筠连县自来水有限责任公司	江　敏
四川能投筠连电力有限公司	邓月均
四川省川南煤业有限责任公司鲁班山北矿	肖仕彬
四川省古叙煤田川南煤业有限责任公司鲁班山南矿	邓善云
筠连川煤芙蓉新维煤业有限公司	杨元勋
四川广旺集团船景煤业有限责任公司	赵长玖

四川筠连西南水泥有限公司	杨光武
筠连县汉林矿山机械制造有限责任公司	陈志坚
筠连森泰页岩气投资发展有限公司	潘少先
四川省筠连好而优工贸有限公司	刘　宇
筠连县筠连镇人民政府	陈　涛
筠连县腾达镇人民政府	陈　刚
筠连县巡司镇人民政府	文　璋
筠连县双腾镇人民政府	刘　均
筠连县沐爱镇人民政府	罗　勇
筠连县维新镇人民政府	江宗涛
筠连县镇舟镇人民政府	陈正富
筠连县蒿坝镇人民政府	邹　涛
筠连县大雪山镇人民政府	刘　伟
筠连县塘坝乡人民政府	张　皓
筠连县龙镇乡人民政府	严维烨
筠连县孔雀乡人民政府	陈琪英
筠连县武德乡人民政府	钟　勇
筠连县乐义乡人民政府	江祖济
筠连县高坎乡人民政府	卜光鸿
筠连县团林苗族乡人民政府	王永才
筠连县联合苗族乡人民政府	刘宗远
筠连县高坪苗族乡人民政府	王朝辉

领导调研

2013年11月28-29日，中央文明办一局局长杨新贵（右三）到筠连调研农村精神文明建设工作

2013年7月11日，国家林业局科技司科技标准处处长、中央执行办副主任冉东亚（右三）一行到筠连考察石漠化治理工作。

2013年3月7日，省林业厅副厅长包建华（女）一行到筠连督察森林防火工作

2013年7月16日，市委书记王铭晖（右三），市长徐进（右二），市委常委、市纪委书记向辉礼（左一），市委常委虞平（后中）一行到筠连龙镇天子酒业调研

2013年7月16日，市委书记王铭辉（右一）、市委副书记吕晓莉（右四）、市政府副市长李敏（右三）到筠连调研产业发展

2013年9月30日，市政协主席葛燎原（左七）到筠连参加"庆国庆 美丽筠连"书法摄影展并致辞

2013年1月19日，市委常委、常务副市长杜紫平（中）到筠连调研工业园区建设

2013年8月23日，市委常委、市委宣传部部长游开余（前中）到筠连调研乡村旅游发展

2013年11月26-27日，市人大常委会副主任刘虹（中）到筠连调研工业园区建设

2013年11月5日，市人大常委会副主任范崇宁（右三）到筠连调研民政工作

2013年1月18日，市政府副市长李敏（右三）一行到高坪苗族乡调研现代烟草农业建设

2013年5月23日，市政府副市长张敏（左三）到筠连调研新农村建设

2013年6月28日，市政协副主席郑耀银（左二）率市政协调研组到筠连调研土地撂荒情况

2013年10月29日，市政协副主席严晋川（右一）到筠连视察食品加工业

2013年8月13日，市政协副主席马利春（前一）到高坪苗族乡视察烤烟育苗工场

2013年6月8日，县委书记王萍（中）、县委副书记叶光明（左一）到塘坝乡调研旅游产业发展

2013年10月31日，县人大常委会主任何跃（前排右一）一行视察煤都大道三期、定水四桥、筠巡快速通道等重点民生工程建设情况

2013年4月8日，县长刘朝平中）到团林苗族乡调研后沟水库建设

2013年4月23日，县政协主席黄静（右）到蒿坝镇调研烤烟生产

重要会议

2013年1月20日，筠连县第十五届人民代表大会第三次会议召开

2013年1月20日，政协筠连县第十四届委员会第二次会议召开

2013年2月13日，筠连县2013年工作会议召开

2013年5月14日，“实现伟大中国梦·建设美丽繁荣和谐四川（筠连）”主题教育活动动员大会召开

2013年6月28日，中共筠连县委中心组学习会召开

2013年4月3日，中国共产党筠连县第十二届纪律检查委员会第三次全体会议召开

2013年5月24日，筠连县学习传达市委四届六次全会精神会议召开

2013年12月3日，筠连县妇女第十次代表大会召开

2013年12月18日，筠连县残疾人联合会第六次代表大会召开

2013年7月17日，全省现代烟草农业建设暨烟叶收购现场会在筠连县召开

2013年8月28-29日，宜宾市产村相融成片推进新农村建设暨山区特色效益农业发展现场会在筠连县召开

2013年11月28日，宜宾市环境兴市暨诚信履约保护企业合法权益专项行动工作会在筠连县召开

2013年6月24日，全市林业园林暨“万亩亿元钱”示范工程建设会议在筠连召开

2013年8月22-23日，宜宾市南部山区县项目推进工作流动现场会在筠连县召开

2013年10月22日，省委第二巡视组巡视筠连县工作动员会召开

2013年5月21日，筠连县“创建四川省第五批科普示范县”动员大会召开

2013年9月9日，筠连县环境兴县推进会召开

2013年5月6日，筠连县2013年党风廉政建设社会评价工作会议召开

2013年4月26日，筠连县政协专题调研动员大会召开

2013年10月17日，筠连县党风廉政建设暨环境兴县工作会议召开

2013年10月11日，筠连县组织工作会议召开

2013年4月27日，筠连招商引资推介会召开

2013年3月12日，筠连县煤矿管理工作会议召开

2013年7月25日，筠连县殡葬改革工作推进会召开

2013年5月4日，筠连县纪念“五四”运动94周年表彰大会暨十八岁成人礼宣誓仪式在县会议中心举行

2013年8月12日，筠连县2013年金融工作暨银企对接会议召开

筠州风采

2013年9月29日，大型舞剧《古道茶缘》在塘坝乡清溪沟茶文化主题公园首演

2013年2月24日，筠连县"庆元宵·龙腾狮跃闹筠州"第四届镇乡舞龙大赛在玉壶广场举办

2013年9月29日，中国筠连首届茶文化博览会暨电视剧《筠商》启动仪式在塘坝乡清溪沟举行

2013年3月5日，“相约春风、美丽筠连”李花节在春风村举行

2013年1月25日，首届“春风村春晚”在春风村举办

2013年3月8日，迎两会、庆三八、聚煤都、舞健康、展风采广场舞比赛在玉壶广场进行

2013年4月29日-5月1日，“中国云上石漠·春风花海”苗族花山节在腾达镇春风村举行

2013年3月24日，“中国·四川·筠连2013年首届五尺道杯金画眉鸟王争霸邀请赛”在玉壶公园举行

2013年12月6-9日，纪念“12·9”学生爱国运动94周年暨第29届“筠中之声”艺术节大型文艺汇演在筠连中学举行

2013年5月3日，筠连县举办“扬五四精神 展青春风采 建美丽筠连”青年艺术朗诵比赛

2013年7月31日，巡司镇芦丰村举办首届品果节

2013年2月10-14日，苗族的传统节日——第十六届高坪花山节在高坪苗族乡举办

2013年8月23日，筠连县首届“电力杯”山地自行车邀请赛在塘坝乡清溪沟举行

2013年12月5日，体验科学——中国流动科技馆巡展活动“走进筠连”在原筠连中学开展

筠连县发展和改革局

筠连县发展和改革局，作为全县经济和社会发展综合管理部门，认真履行中央、省、市关于发展改革的政策法规，分析县域经济和社会发展适时运行情况，制定规划和发展计划，综合协调各部门搞好体制改革、投资和项目建设（含招投标管理）、节能减排、扶贫移民、价格管理、以工代赈等工作，为县委县政府提供决策依据。

2013年，筠连县发展和改革局带领全局职工开拓创新、引领发展，求真务实、扎根基层，取得了全县全社会固定资产投资实现50.87亿元，争取到中央、省、市各类项目资金11249.55万元，其中省市财政扶贫专项资金2620万元的成绩。

团结务实的局班子

局群众路线实践活动会

到基层调研贫困工作

关怀慰问贫困群众

到贫困户家商定脱贫致富方案

指导群众发展经济

“五讲一学”基地学传统活动

蒿 坝 镇

团结奋进的党政班子

屡创佳绩的蒿坝中学女子篮球队

苗族唢呐表演

蒿坝镇，位于筠连南大门，属川滇两省三县（筠连、彝良、盐津）结合部，幅员面积97.91平方公里，辖15个村111个村民小组、1个社区2个居民小组。系南丝绸路上的古驿站之一，建场前蒿草丛生、一片蒿草之地故名，建制有1000多年，属汉、苗、彝多个民族散居的农业大镇。镇境地势南北高、东西低，呈不规则的瓦背形地貌，南北端，县道巡牛公路蜿蜒盘旋而过；东西侧，南北及西面水龙、水坪一带，谷峰间深，谷坡陡峭，溪流交错，地面破碎；东西两侧的其余地带，山岭绵延起伏，山下以丘陵为主。最高海拔西部老君山的主峰老君庙1668.4米，最低海拔北部的金坷谷580米。

2013年，镇党委、政府按照“12345”的工作思路，强化工作措施，保持经济发展、民生持续改善、社会和谐稳定、党的建设不断加强的良好势头。全镇地区生产总值实现76633万元，人均GDP36156元，居民人均可支配收入21916元，农民人均纯收入9328元。年末公安户籍总人口18300人。

现代烟草工程——土地整治一角

新农村建设一角

在建的武蒿公路——乡村立交桥

丰收的喜悦（方竹笋）

大地飞歌企业畜牧养殖一角

支柱产业——烤烟生产

镇舟镇

镇舟镇，位于县城东南，幅员面积63.18平方公里，辖7个行政村和1个社区，2013年年末，全镇总人口21901人。

2013年，镇党委、政府实施“工业强镇、产业富镇、项目活镇、文化兴镇、生态美镇”发展战略，着力提升工业企业的安全生产能力，有地方煤矿5个，设计产煤83万吨；采石场3个，设计采石9万吨。大力推进板栗、核桃、香桂、生猪、肉牛基地建设，着力打造2万亩香桂生产炼油基地、1万头黄牛生态养殖基地、1万亩板栗生产贮藏深加工基地、3万头生猪生态养殖基地、马家石林和前进桃花园文旅产业基地。2013年，全镇地区生产总值实现99652万元，粮食总产量8827.46吨，农民人均收入9118元。

镇党委书记——李烈

镇党委副书记、镇长——陈正富

佳乐福10000头育肥猪生态养殖场

桃花园10000头黄牛生态养殖场

设计年产21万吨的金钟煤业

前进村20000亩香桂基地一角

尖峰村10000亩板栗生态基地一角

千姿百态的马家石林

乐义乡

乐义乡，地处县域东部边缘，乡政府驻地距县城45公里，与珙县的中山、上罗、洛表和县域的维新、沐爱、镇舟、高坎等乡镇相邻，辖8个村62个村民小组，幅员面积44.40平方公里，公路通车里程148公里，通车村8个。

乐义乡属亚热带湿润季风型气候区，光热水资源、林木资源、油矿石资源和煤炭资源丰富，油矿石遍布全乡，据省上专家取样化验显示，可生产高标号水泥，为今后的深度加工指明了发展路子；乡境煤碳储量上千万吨，有地方煤矿企业3个和国家大型企业——四川广旺集团船景煤矿落户，在建中，已投资完成15亿元。

2013年，乡党委、政府大力发展以香桂为代表的特色林业，计划用3—5年时间建成1万亩香桂基地，进一步做强做大煤炭支柱，实现农民增收和财政增收。现有成片香桂林8000余亩、茶园2500亩、桑园3100亩、核桃3000亩；粮食作物播种14844亩，产粮6040吨；出栏生猪3585头、黄牛6762头；森林覆盖率28%。年末，全乡总人口14357人，地区生产总值实现32066万元，农民人均纯收入9172元。

团结奋进的党政班子

街村全景

街村建筑一角

沙地村山地灾害搬迁聚居点——黄金坝

建设中的四川广旺集团船景煤矿办公大楼

新农村建设聚居点——白云新村

10000亩香桂产业示范基地

即将投入使用的梅家坳隧道

农户新居

团林苗族乡

团林苗族乡，于1984年2月29日经四川省人民政府批准成立。乡政府驻地距县城55公里，幅员面积46.22平方公里，森林覆盖率56%，辖8个村45个村民小组。2013年年末，全乡总人口6615人，其中苗族2150人、彝族208人。团林苗族乡是“中国苦丁茶之乡”品牌原产地、国家级农业标准化示范区、全国无公害肉牛生产基地、团林苗岭乌鸡产业核心基地，中国最大烟草水源工程后沟水库在建中。

2013年，乡党委、政府围绕“神秀苗乡、醉恋团林”发展目标，抢抓宜昭高速公路建设和后沟水库建设机遇，确立“1355”发展思路，努力把团林建成为集民族民俗体验与魅力乡村特色旅游为一体的旅游先行区。全年，地区生产总值实现4682万元，乡财政预算收入464万元；粮食总产量5010吨，农民人均纯收入8601元。

苗乡寨门

苗族迎宾礼

苗族刺绣传承

苗家小姑娘

苗族乐器合奏

团林苗族花山节

建设中的宜南彝寨新村雏形

苗族乐器——芦笙

宜南彝寨彝族历史巨画

后沟水库开工典礼

主导产业——烤烟

生态鸡养殖

目　　录

大事记

筠连概况

中国共产党筠连县委员会

筠连县人民代表大会常务委员会

筠连县人民政府

中国人民政治协商会议筠连县委员会

中国共产党筠连县纪律检查委员会

社会团体

武　装

法　治

经济管理

财政　税务

金　融

城乡建设与环境保护

农林牧渔业

工 业

市场　贸易

交 通

信息产业

教 育

科　技

卫　生

文化　旅游　体育

社会生活

乡镇简况

先进单位和人物

附　录

大 事 记

2013年筠连县大事记

1月

6日，中国共产党筠连县第十二届委员会第四次全体(扩大)会议在县会议中心召开，县委委员、县委候补委员出席，县纪委委员和有关方面负责人列席。会议通报2012年干部选拔任用情况和全县各项工作重点；确定2013年工作主题为“实干增效年”，工作基调为“安全发展、转型突破、‘六化’联动、实干增效”，县委副书记、县长刘朝平主持会议。

9日，市委宣讲团到筠连宣讲中共十八大精神，市委常委、副市长、市委宣讲团第六分团团长杜紫平作动员讲话，市委党校高级讲师、市经济发展研究所所长、市委宣讲团成员许察金作专题报告，县委书记王萍、县委副书记叶光明分别主持报告会。

同日，市委常委、副市长杜紫平率市经信委、交通运输局、安监局等部门负责人到筠连调研工业园区建设，县委书记王萍，县委常委、常务副县长甘华锋，县委常委、县委办主任李小林等陪同。

14日，县政府全体会议在县会议中心召开，会议总结2012年政府工作，安排2013年政府工作，县长刘朝平主持会议。

同日，由市质监局、市农业局、四川省出入境检验检疫局宜宾办事处和县级部门组成的专家评审组评审通过“筠连红茶”地方标准。

17日，市人大常委会主任陆振华、副主任黄洪浪、人事代表工委主任周小林、研究室副主任刘鹏翔等到筠连走访慰问在筠连基层的市人大代表范容、熊燕，并送去慰问品、慰问金，县委书记王萍，县委副书记、县长刘朝平，县人大常委会主任何跃等陪同。

同日，在四川省新农村建设成片推进暨现代农业(林业、畜牧业)建设电话会议上，筠连县被确定为四川省第二轮新农村建设成片推进示范县。

20日，县委副书记、县长刘朝平，县委副书记、政法委书记叶光明，副县长杨国庆率县委农工办、住建、环保、交通、发改、水务、林业、农业、文广等部门负责人到塘坝乡调研生态旅游建设。

20–22日，政协筠连县第十四届委员会第二次会议在县会议中心召开，政协委员、特邀、列席人员共300余人参会。会议听取并审议常委会工作报告和《政协筠连县委员会关于第十四届委员会关于第二次会提案审查情况的报告》，举行中共十八大精神专题学习会。

21–23日，筠连县第十五届人民代表大会第三次会议在县会议中心召开。会议听取并审查县人大常委会和“一府两院”工作报告，审查和批准了筠连县2012年国民经济和社会发展计划执行情况的报告及2013年国民经济和社会发展计划草案的报告，并对筠连县2012年财政预算执行情况和2013年县级财政预算作出决议。

21日，筠连县2010～2011年度科学技术进步奖表彰大会在县会议中心召开，奖励项目17项，其中一等奖2个、二等奖3个、三等奖5个、优秀科技成果7项，县委副书记、县长刘朝平代表县委、县政府向受表彰的单位和个人表示祝贺。

24日，县委书记王萍，县委常委、组织部部长黄学锋率县农工办一行到塘坝乡调研生态旅游建设。

25日，首届筠连县“百姓春晚”——“幸福之春·和谐农家”在春风综合体中心进行，县委书记王萍，县委常委、宣传部部长潘练红，县政府副县长王见华，市文明办副主任刘晓中及市文明办人员，各县(区)文明办主任，全市省级文明村支部书记和春风综合体周边群众共千余人观看。

28日，县委副书记、县长刘朝平率县委宣讲团第二分团到巡司镇宣讲中共十八大精神，巡司镇党政领导及全体机关干部职工90余人参会。

29日，县委副书记、县长刘朝平率县委农工办、陕西咸阳国际旅行社等单位负责人到双腾镇调研产业发展、聚居点建设等。

31日，县委书记王萍率县委宣讲团第一分团到筠连镇宣讲中共十八大精神，筠连镇全体机关干部和村(社区)支书、主任180余人参会。

同日，县委副书记、县长刘朝平，县委常委、宣传部部长潘练红，副县长王见华、杨国庆率县政府办、经开区、县委农工办、农业局、林业局、水务局、文广新旅局等负责人到塘坝乡调研新农村建设和旅游开发项目。

2月

5日，县委书记王萍、县长刘朝平、县人大常委会主任何跃率县四大班子领导及相关部门、乡镇人员集中开展2013年春节走访慰问活动，县领导叶光明、甘华锋、黄学锋、李小林、杨国庆、王永红、叶宗勇等参加。

同日，王家沟水库总干渠取水隧洞的平洞全线贯通，放空(导流)隧洞平洞及竖井一期的混凝土浇筑完毕。

16日，县委中心组学习会在县会议中心召开，会议专题学习中央关于改进工作作风、密切联系群众的“八项规定”和省委、省政府“十项规定”，中纪委、省纪委全会精神，并对十八大和省“两会”精神作专题辅导。县委书记王萍、县长刘朝平分别讲话。

19日，市农业局局长、筠连县现代烟草农业建设副指挥长雷志灵，市烟草公司工程师向金友一行到高坪苗族乡调研烤烟生产工作。

25日，筠连县贯彻中央一号文件精神座谈会在县会议中心一会议室召开，全县农口单位及涉农部门班子成员，筠连镇、塘坝乡相关负责人参会，县委书记王萍，县委副书记、县长刘朝平，县委副书记、政法委书记叶光明出席会议并讲话，县长刘朝平主持会议。

3月

3日，筠连县旅游协会成立。

5日，由市旅游协会、市餐饮协会、县旅游协会主办，县旅游协会、春风生态农业投资开发有限公司承办，以“相约春风、美丽筠连”为主题的“四川——筠连招商引资项目推介会暨签约仪式”在春风村召开，县政协主席黄静主持仪式，县委书记王萍致欢迎辞，县长刘朝平介绍县情和投资环境，县委常委、常务副县长甘华锋代表县政府与9户投资企业签订协议，共签约项目8个，合同引资14亿元，其中农业项目2个1.3亿元、工业项目3个7.2亿元、旅游业项目3个5.5亿元。县领导、县级有关部门和乡镇负责人、各界代表150余人参会。

8日，县科协、县妇联、县体育局在玉壶广场举办“相信科学、反对邪教、提高素质、促进和谐”科普进社区广场舞活动，乐山、宜宾、筠连等地11支队300多人参加。

12日，县委副书记、县长刘朝平率县安监局、经信局、公安局、水务局到巡司镇检查煤矿安全生产。

13日，筠连县2013年工作会议在县会议中心三楼会场召开，在筠连的副县级以上领导，各乡镇、县级各部门党政主要领导，县属及以上企事业单位主要负责人、规模以上企业负责人参会，对2012年农业农村、安全生产、计划生育、招商引资、项目建设、基层党建等工作中的先进集体和先进个人进行表彰，对近90家先进民营企业给予193万元重奖，县政府与乡镇和部门代表签订2013年相关工作目标责任书。县委书记王萍、县长刘朝平出席并讲话，县委副书记、政法委书记叶光明主持会议。

13～14日，由省爱卫办、省总工会等组成的检查组到筠连考核验收“环境优美示范县城”。

19～22日，四川省煤监局川南监察分局局长陈德耀率市安监局、经委等单位人员到筠连开展煤炭安全生产检查。22日，筠连县煤矿管理工作会议在县会议中心召开，各产煤乡镇乡镇长、分管安全领导、安办主任，各煤矿业主、矿长、煤业集团公司负责人，县监察局、安监局、经信局、公安局、国土局、财政局等涉煤管理部门主要领导、分管领导和全体涉煤管理人员，全体驻矿安监员共240余人参会；四川省煤监局川南监察分局调研员文仲钦、副调研员陈晓筠，市经委安全科长黄富明、市安监局执法支队副支队长陈华及检查组成员，县委副书记、县长刘朝平，县委常委、常务副县长甘华锋，县人大常委会副主任李家明出席；检查组组长陈德耀针对筠连煤炭行业管理提出要求；县长刘朝平对抓好全县煤矿安全生产工作作出要求。

21日，学习贯彻中共十八大精神四川省委宣讲团宜宾分团“走基层”宣讲报告会分会在腾达镇和筠连镇举行。

24日，由县体育局主办、县爱鸟协会承办的“中国·四川筠连2013年首届‘五尺道杯’金画眉鸟王争霸邀请赛”在玉壶公园举行，县人大常委会副主任张彬、副县长王见华、县政协副主席刘乐君、市体育局社体科长周毕华出席开幕式，来自7省市的26支代表队200余“鸟友”参赛，遂宁代表队获一等奖、筠连代表队获二等奖。

27日，县委中心组学习会召开，传达学习贯彻全国、全市“两会”精神，以及市委、县委关于改进工作作风、密切联系群众的有关规定和意见。县委中心组成员、县委委员、候补委员，各成员单位学习秘书和相关人员参会，县委书记王萍主持会议并就贯彻落实全国、全市“两会”精神，开展“三治理三激发三增加”作风建设专项活动提出要求。

29日，全国青少年普法教育宣讲团专家、北京大学客座研究员王益到筠连指导第二届“关爱明天普法先行”普法教育创建工作，省、市、县相关人员陪同。

4月

1-2、7日，县政协主席黄静率部分县政协委员和有关单位组成的培育壮大红茶产业调查组第一小组成员到大雪山镇、沐爱镇、武德乡、巡司镇、筠连镇调研红茶产业发展情况。

2-3日，市委十八大精神宣讲团成员、市委委员、教授陈和平，宣讲团成员、市妇联副主席王芙蓉，宣讲团成员、腾达镇党委委员、春风村党支部书记、十八大代表王家元到鲁班山南矿、沐爱镇棬坪村、武德乡共和村、双腾镇走马村、县电力公司宣讲中共十八大精神，县委常委、宣传部部长潘练红，县委宣传部副部长、县文明办主任霍娟分别主持宣讲报告会；王芙蓉一行还到棬坪村、走马村调研农村妇女参与新农村建设情况。

3日，中共筠连县第十二届纪委检查委员会第三次全体会议在县会议中心召开，县纪委委员、县委书记王萍、县长刘朝平以及其他副县级以上领导出席会议，列席人员256名列席会议；会议贯彻落实十八届中央纪委二次全会、省纪委十届二次全会和市纪委四届三次全会精神，总结2012年全县党风廉政建设和反腐败工作、部署2013年工作；全会审议并通过纪委常委会工作报告；县纪委常委会主持会议。

5-9日，县长刘朝平，副县长王见华率县政府办、文广新旅局、经信局、招商局以及部分企业负责人组成代表团首次参加在陕西省西安市曲江国际会展中心举行的第十七届中国东西部合作与投资贸易洽谈会；在洽谈会上，筠连推出文化旅游资源开发以及特色农副产品展位，发放宣传资料3万余份，接待客商400多人，达成意向协议3000余万元。

5-9日，县政协主席黄静，县政协副主席、县委统战部部长韩世全率县政协、县委统战部、县台办相关人员接待回筠连祭祖探亲的原国民党高级将领王访贤一行。

8日，县长刘朝平，副县长杨国庆率县政府办、水务、财政、监察、王家沟水库建设管理指挥部等部门负责人到王家沟水库调研。

11日，县政协主席黄静，县人大常委会副主任张彬到武德乡东升、中华、解放、共和4村调研产业发展。

同日，国家、省消除燃煤污染型地方性氟中毒危害项目工作组到筠连调研，并到对塘坝乡柑子村改炉改灶进行现场督导。

12-15日，筠连县科协组团参加在阿坝师范专科学校举行的由省科协、省科技厅等8家单位联合主办的“第二十八届(安捷伦)四川省青少年科技创新大赛”，退休教师刘宇仁的《一种用于香桂炼油和香桂废渣处理的设备系统的设计发明》(已获实用新型专利成果)获省科技辅导员教师科技创新成果二等奖。

16日，市审计局局长李勤一行到筠连调研指导审计工作。

17日，省水利厅党组成员、总工程师梁军率水利厅检查组到王家沟水库施工现场检查指导。

20日8时02分，雅安市芦山县发生7.0级地震，筠连县震感强烈，县应急办、县红十字会发出倡议，全县积极开展募捐活动。

23日，县政协主席、县烤烟发展领导小组副组长黄静，县烟办副主任詹本华一行到高坎乡、高坪苗族乡、蒿镇坝调研烤烟生产。

27日，筠连县旅游工作会暨旅游产业发展座谈会在县会议中心召开，旅游产业发展领导小组成员单位负责人、重点乡镇领导、部分社会贤达人员和涉旅企业代表参会，县长刘朝平、副县长王见华出席并讲话，县委常委、宣传部部长潘练红主持会议。

同日，大雪山景区旅游环线公路投入使用，公路全长14公里，总投资1600万元。

29-5月1日，筠连县2013年“中国云上石漠春风花海生态旅游区大型苗族花山节”在腾达镇春风村举行，活动主要有迎宾拦路酒、启动仪式、立花杆、芦笙舞、婚俗展演、苗绣蜡染展演、民族文化产品展销、长桌宴、篝火晚会等。

5月

3日，纪念“五四”运动94周年表彰大会暨十八岁成人礼宣誓仪式在县会议中心三楼会场举行，各乡镇、机关、企事业单位、学校团组织负责人、团县委机关全体人员、武警中队团员代表、受表彰的优秀青年代表以及年满18周岁的团员青年代表共350余人参加，筠连中学、城南职业中学的青年代表进行18岁成人礼宣誓仪式，县委书记王萍发表讲话并和县人大常委会主任何跃、县政协主席黄静、县委副书记叶光明、县人大常委会副主任李家明共同为“五四红旗团委(团支部)”“优秀团务工作者”获奖集体和个人代表颁奖，县委副书记、政法委书记、总工会主席叶光明主持会议；随后，团县委举办“扬‘五四’精神·展青春风采·建美丽筠连”青年艺术朗诵比赛，共12支代表队参赛，教育系统代表队《母亲，我叫钓鱼岛》、原双泉区代表队《老师，你好傻》分获一等奖。

6日，筠连县2013年党风廉政建设社会评价工作会议召开，各乡镇党委书记、纪委书记、纪委副书记，县级各部门党政主要负责人、纪委书记(纪检组长)，县属及县属以上企事业单位，重点县管学校，县纪委全体干部职工参会，县人大常委会副主任李家明，副县长王永红，县政协副主席刘乐君出席，县委书记王萍出席并讲话。

14日，筠连县“实现伟大中国梦、建设美丽繁荣和谐四川(筠连)”主题教育活动动员大会在县会议中心召开，在筠连的县领导，县委主题教育活动领导小组全体成员，各乡镇党委书记、乡镇长，县级各部门、县属及县属以上企事业单位主要负责人，县委主题教育活动领导小组办公室全体工作人员共130余人参会，县委书记、县委主题教育活动领导小组组长王萍出席并讲话，县委副书记、政法委书记、领导小组副组长叶光明主持会议。

21日，筠连县“创建四川省第五批科普示范县”动员大会在县会议中心召开，创建工作领导小组成员，县级相关部门主要领导，各乡镇党委书记、分管领导、科协秘书长，各县级学(协)会、科普基地理事长或秘书长，企业科协主席和秘书长，县科协第三届委员等130余人参会；市科协党组书记、常务副主席任兴江，市科协普及部部长刘利炯到会指导；县委书记王萍，县委副书记、政法委书记叶光明，县人大常委会副主任张彬，县政协副主席叶宗勇等出席，县委常委、宣传部部长潘练红主持会议。

23日，县政协主席黄静率县政协常委和驻筠连市政协委员到团林苗族乡视察后沟水库主体工程建设和杉新村、新阳村搬迁聚居点建设，县人大常委会副主任张彬，县政协副主席韩世全、邓月均、刘乐君、叶宗勇参加视察，县水务局、后沟水库指挥部办公室、三川公司、团林苗族乡等负责人陪同视察。随后，视察组在县会议中心召开座谈会，就后沟水库工程建设中存在的困难和问题提出建议和意见。县委副书记叶光明，副县长杨国庆，县发改局、财政局、住建局等部门领导受邀参会，县政协副主席刘乐君主持会议。

24日，筠连县学习传达市委四届六次全会精神会议在县会议中心召开，在筠连县领导，各乡镇、县级各部门、县属及县属以上企事业单位党政主要负责人参会，县委书记王萍主持会议并带头学习传达市委四届六次全会精神，县长刘朝平讲贯彻意见。

同日，市哲学研究会2013年会暨"中国梦与宜宾率先崛起建成小康"研讨会在筠连县会议中心召开，市委宣传部、市社科联、市委党校、市委讲师团、宜宾学院、市哲学研究会以及各县（区）委宣传部（社科联）、县委党校和相关哲研会分会负责人共70余人参会；县委常委、宣传部部长、县社科联主席潘练红致欢迎词，宜宾学院教授、市哲研会会长廖联奎等讲话，市委党校副校长、市哲研会副会长陈林主持会议。

24–26日，由新华社、中央广播电台、中央电视台、《人民日报》《农民日报》《中华工商时报》《光明日报》《中国县域经济报》《经济日报》等11家中央媒体总编、主编、记者共16人组成的《最美乡村行》联合采访团到筠连，对春风村转型升级、乡村旅游、"735"示范工程、产村相融等进行集中宣传采访，县领导王萍、刘朝平、叶光明、潘练红、李小林参加采访活动。

29日，全县第一个旅游服务场所消费纠纷调解规范化服务站在天河旅游发展有限公司建立。

31日，由市委常委、常务副市长杜紫平主持的"实现伟大中国梦，建设美丽繁荣和谐四川（筠连）"主题教育活动在县会议中心三楼会场举行，在筠连县领导，各乡镇党委书记、乡镇长，县级各部门、县属及县属以上企事业单位党政主要负责人，隶属县直机关工委各党总支、支部书记和县委主题教育活动领导小组全体成员参会，县委书记、县委主题教育活动领导小组组长王萍主持会议。

同月，筠连县电大工作站经四川广播电视大学考评组网上审核材料、现场考评等综合评选，获"县级电大四川省骨干电大"称号（全省仅3所）。

6月

3日，筠连县首个空气自动监测站建成，较人工监测，能更高效、准确、多项反映环境状况，弥补筠连县环境空气质量实时监控的缺陷。

6日，县文联、塘坝乡党委政府联合举办"作家、书画家、摄影家——走进塘坝"文化采风活动，省社科院博士虞洪及县作家协会、书法家协会、摄影家协会、政协诗书画社、诗词楹联学会人员等共50余人参加。

7日，市委主题教育活动宣传团成员、市委宣传部原副部长刘宁到筠连作《共圆中国梦·再创新辉煌》报告，在筠连县领导，各乡镇党委书记、党务副书记，县级各部门、县属及县属以上企事业单位党政主要负责人，隶属县直机关工委的各总支、支部书记，县委办、县人大办、县政府办、县政协办、县委组织部、县纪委、县委宣传部副科级以上领导干部，县委主题教育活动领导小组办公室全体成员参会，县委副书记、政法委书记、领导小组副组长叶光明主持会议。

8日，县委书记王萍，县委副书记、政法委书记叶光明率县政府办、县委宣传部、县委农工办、交通运输局、水务局、环保局、国土资源局、文广新旅局、工商局、电力公司、电信公司等部门负责人到塘坝乡调研文化旅游项目推进工作。

同日，筠连县人大常委会主任何跃一行到联合苗族乡调研特色产业发展。

9日，筠连县文联暨作家书画家摄影家协会春风创作基地挂牌仪式在腾达镇春风村举行，县内知名作家、书法家、摄影家及腾达镇春风村干部共60余人参加。

13日，筠连县安全生产工作会议在县会议中心三楼会场召开。各乡镇党政负责人、分管领导、经发办（安办）主任，县安委会成员单位及全县企事业单位负责人参会；在筠连县领导出席会议；会议传达6月9日国家、省、市安全生产电视电话会议以及相关会议精神，对省内外近期发生的几起重特大安全事故进行通报，各分管副县长就分管板块的安全生产工作进行部署，县委书记王萍作讲话。县委常委、常务副县长甘华锋主持会议。

同日，县人大常委会主任何跃率县人大机关人员到腾达镇调研人大主席团规范化建设、春风村旅游产业发展。

14日，县委中心组召开扩大学习会，特邀金融学博士、高级经济师、市银监分局党委书记、局长李世宏作《银行业监管与县域经济发展》讲座，县委中心组成员、成员单位学习秘书，各乡镇党委书记、乡镇长，县级部门、县属及县属以上企事业单位党政主要负责人180多人参会，县委书记王萍主持会议并讲话。

19日，县委书记王萍，县委常委、县委办主任李小林率县住建、国土、发改等部门负责人到巡司镇黄坪四组、杨柳七组、沙林七组察看地质灾害并慰问受灾群众。

21日，筠连县第三次全国经济普查领导小组第一次全体会议在县会议中心召开，县政府经普领导小组全体成员单位负责人参会；县委常委、常务副县长、县经普领导小组常务副组长甘华锋，副县长、经普领导小组副组长王见华出席会议；会议通报第三次经普工作准备情况，会议通过县经普领导小组成员单位职责、领导小组办公室组建方案、经普工作考核办法、经普责任金方案、资料开发方案、经普先进通报等议定事项，副县长、县经普领导小组副组长师世秋主持会议。

28日，县委中心组(扩大)会在县会议中心召开，全体在筠连县领导和县委中心组成员、各成员单位学习秘书，各乡镇党委书记、乡镇长，县级各部门、县属及县属以上企事业单位党政主要领导及县委宣讲团成员共230余人参会，市社科联副主席冉华森陪同省委宣讲团参加报告会，听取省委宣讲团"学习贯彻省委十届三次全会精神奋力谱写中国梦四川篇章"宣讲报告，省社科联党组书记、副主席、教授唐永进作《谱写"中国梦"四川篇章》专题报告，县委副书记、县长刘朝平，县委常委、常务副县长甘华锋先后主持会议。

同日，市政协副主席郑耀银率市政协提案委主任郑国友、市农业局总农艺师毛思根等组成的调研组到筠连调研土地撂荒情况，县委书记王萍，县政协主席黄静、副主席刘乐君陪同。

同月，省质监局同意《筠连红茶种植技术规程》发布实施，规范筠连县行政区域内红茶的种植、茶园建设、茶叶采摘等生产活动，为筠连红茶健康发展奠定基础。

7月

2日，县委常委、纪委书记张宗才，县政协副主席叶宗勇率县监察局、水务局、发改局到团林苗族乡、蒿坝镇、高坪苗族乡督查烤烟现场会准备和后沟水库工程建设。

同日晚，筠连县槐花艺术团在玉壶广场举办"中国梦·槐花情暨槐花艺术团'庆七一'广场文艺"表演，观看群众5000余人。

3日，筠连县纪念建党92周年座谈会暨向王家元同志学习活动动员会在县会议中心召开，各乡镇、县级部门主要负责人参会，各行业、各系统的基层代表围绕中国梦、筠连梦做交流发言；县委常委、宣传部部长潘练红，县委常委、组织部部长黄学锋，县人大常委会副主任李家明出席；县委书记王萍发表讲话，县委副书记叶光明主持会议。

4–5日，筠连县遭遇特大暴雨袭击，县城观测点降雨量104.0毫米，筠连镇老鹰岩观测点降雨量达150.2毫米，暴雨造成全县15个乡镇不同程度受灾，受灾人口8.96万人，直接经济损失975万元。

5日，筠连县第三次全国经济普查动员大会在县会议中心召开，县长刘朝平出席并讲话，县政协副主席刘乐君出席会议，会议通报全县第三次经济普查工作准备情况，县委常委、常务副县长甘华锋主持会议。

11日，国家林业局科技司科技标准处处长、中央执行办副主任冉东亚率国际技援项目旱地管理国际专家William Critchley，技援项目可持续土地管理专家、北京林业大学教授张克斌等一行7人到筠连镇荆花村、腾达镇春风村考察石漠化治理，省林业科学技术推广总站站长李映平等陪同。

16日，参加四川省现代烟草农业建设暨烟叶收购现场会人员参观考察团林苗族乡后沟水库、蒿坝镇高龙、高兴核心示范区、高坪苗族乡的现代烟草农业综合示范园。

同日，省水利厅副厅长张文彪，市政府副市长李敏、市防汛主任郑勇到筠连检查山洪灾害预警指挥中心运行情况。

同日，市委书记王铭晖，市委副书记吕晓莉，市委副秘书长、市委办主任李涛到塘坝乡调研新农村建设和乡村旅游发展，县委书记王萍等陪同。

同日，市委副书记、市长徐进率市应急办、国土资源、民政、水务等部门负责人到筠连调研指导防汛及产业发展工作，县长刘朝平等陪同。

17日，四川省现代烟草农业建设暨烟叶收购现场会在筠连县会议中心三楼会场召开，会议传达贯彻全国烟叶收购暨现代烟草农业建设现场会精神，推动全省现代烟草农业建设再上新台阶；省委农工委副主任刘铁宣读省委常委、省委农工委主任、省烟草发展工作领导小组组长李昌平的书面讲话，省烟办、水利厅、农业厅、科技厅、农科院等省直部门负责人，凉山、泸州、攀枝花、广元、达州、德阳、宜宾等产烟市州的分管领导和相关人员参会，市委书记王铭晖致辞，市委副书记、市长徐进，市委副书记吕晓莉，副市长李敏出席会议；省烟草专卖局局长、总经理胡存忠主持会议。

19日，筠连文化丛书之《文化筠连》正式出版，丛书由"文化筠连""槐花飘香""岁月窖藏""山川溢彩""影像流光"5部组成，是了解筠连历史文化、民间文化遗迹、筠连风土人情的资料库。

20日，县文广新旅局主办，县文化馆、广播电视台承办，双星茶业有限公司协办的"中国梦·我的梦"首届"双星杯"青少年才艺大赛举行舞蹈类海选，50名青少年参加，前12名选手于8月在县电视台演播大厅决赛。

23日，中共筠连县委第十二届委员会第五次全体(扩大)会议在县会议中心召开，县委委员30人，县委候补委员6人出席，县纪委委员和有关负责人列席，县委书记王萍作工作报告，县长刘朝平就经济工作讲意见，会议听取和讨论工作报告，审议通过《中共筠连县委关于建成川南滇东北结合部经济强县、先于全市全面建成小康社会的决定》，县委常委会主持会议。

26日，"实现伟大中国梦、建设美丽繁荣和谐四川(筠连)"总结表彰大会在县会议中心三楼会场召开，在筠连副县级领导，各乡镇党委书记、党务副书记，县级各部门、县属及县属以上企事业单位主要负责人，主题教育活动先进单位、先进个人、优秀共产党员和“感动筠州——十大最美人物”代表，县委主题办全体成员，来自各行业各系统基层干部、群众代表参会；县委书记、县主题教育活动领导小组组长王萍出席并讲话，县委副书记、领导小组副组长叶光明主持会议。

同日，市人大常委会副主任赖青率市人大常委会执法检查组到筠连，开展《四川省风景名胜区条例》执法检查，县人大常委会主任何跃，副主任晋方全、张彬，县政府副县长王见华，县住建局、交通运输局、文广新旅局及部分乡镇负责人陪同。

27日，市委常委、宣传部部长游开余率宜宾日报、宜宾广播电视台、宜宾晚报、宜宾新闻网等市内主流媒体组成的采访团到团林、蒿坝、高坪3个烤烟主产区集中采访现代烟草农业发展情况，县长刘朝平等陪同。

30日，县委书记王萍，县委副书记、县长刘朝平，县委常委、县委办主任李小林，县人大常委会副主任晋方全，副县长王永红，县委统战部部长韩世全等率“八一”慰问团分别到县人武部、消防大队、武警中队等走访慰问。

31日，由巡司镇党委、政府主办，首届“芦丰村品果节”在芦丰村开幕，县委副书记、县长刘朝平，县委常委、宣传部部长潘练红，副县长王见华及县级农口单位、对口帮扶巡司镇的相关部门负责人出席。

31–8月1日，县文广新旅局、文联、文化馆在玉壶公园举办“中国梦·筠连篇—庆祝建军节”书画展，60余件作品参展，参观群众2000人次，刘吉强书画《舐鸦扰扰》、李绍锋绘画《一行白雁》分获书法、绘画一等奖。

8月

1日，筠连县2013年竞争式新村评审会在县会议中心召开，由县委、县人大、县政府、县政协有关领导和县住建、财政、扶贫、水务、交通、农业、林业、畜牧兽医、烟办、目标办、县委农工办等部门组成评审组，对15个村进行逐一评审，龙镇乡金狮村、筠连镇白花村、沐爱镇兴隆村、巡司镇新街村、团林苗族乡新阳村竞争成功。

7日，筠连县发展规划协调统一推进会在县会议中心召开。各乡镇、各部门主要负责人，部分退休老同志、县内各企业、规划设计单位参会；在筠连副县级领导出席会议，与会县领导和相关专家对筠连交通规划、城南新区及工业园区规划、特色商业规划、第三产业发展规划、筠连岩溶风景区总体规划、县城市总体规划设计理念及思路提出意见建议和要求。县委书记王萍、县长刘朝平作讲话。

9日，筠连县召开第三季度安委会(扩大)会议，各乡镇主要领导、分管领导、安办主任，县安委会成员单位主要负责人，乡镇国土所所长、流域站站长，煤矿矿长、集团公司、非煤矿山、小水电站等企业负责人参会，县委副书记、县长刘朝平，县委常委、常务副县长甘华锋出席并讲话。

13日，市政府副市长曾勇率市卫生局局长李德勋、市财政局副局长邓文广、市医改办人员到筠连调研公立医院改革，县长刘朝平，县委常委、宣传部部长潘练红，县人大常委会副主任张彬，副县长王见华等陪同。

同日，市政协副主席马利春率市政协民宗委主任李国祥、市民宗局局长杨学东、统战部副部长青云、市政协民宗委副主任胡建军等组成的调研组到筠连调研少数民族干部培养使用情况，县政协副主席韩世全、刘乐君等陪同。

15日，市政府原秘书长、市革命老区促进委员会常务副会长李书葆到大雪山镇红军墓查看中国工农红军川滇黔边区游击纵队纪念园建设。

20日，筠连县第六届栋梁工程扶贫助学金发放仪式举行，发放首批助学款13.4万元，受助学生42名，其中市栋梁办资助5名、县栋梁办资助37名。县委副书记叶光明，县委常委、宣传部部长潘练红，县人大常委会副主任李家明，县政府副县长王见华出席仪式。2013年全县栋梁工程扶贫助学“一日捐”公益活动共137个单位参与，募集到爱心捐款345289元，资助贫困大学新生82人，发放助学金25.2万元。

22日，筠巡快速通道(筠连至巡司一级公路)巡司段开工，由重庆黄埔建设集团有限公司承建，设计里程9485米，按照四车道一级公路标准修建，设计速度60公里/小时，路面宽32米，总投资7.8亿元，建设工期24个月。

22–23日，宜宾市南部山区县项目推进工作流动现场会在筠连召开，市领导陆振华、吕晓莉、向辉礼、杜紫平、游开余、王剑明、周宇、虞平、于滨、范崇宁、景世刚、魏常平、谢杰、李敏、李学焦、王力平、王邦兴及筠连县党政主要领导参会；市委书记王铭晖出席并讲话，市长徐进主持会议；与会人员参观海瀛农产品加工园区、塘坝乡幸福综合体项目。

23日，市政府副市长、公安局局长魏常平到筠连调研公安工作，县委书记王萍，县委常委、政法委书记詹立，副县长、公安局局长杨国庆等陪同。

同日，筠连县首届“电力杯”山地自行车邀请赛在塘坝乡清溪沟举行，全县机关事业单位职工、社会体育团体、个人业余选手共81名参赛，评出体育道德风尚奖6名、拼搏奖6名、3个组织单位奖。

26日，筠连县2013年“金秋助学”助学金发放仪式举行(县总工会牵头)，对47名考上大学的困难职工、困难农民工子女发放1500–3000元助学金。

28日，省旅游局产业处副处长詹凤琪、省农业厅产业处科长王惠秀一行到腾达镇春风村开展“全国休闲农业与乡村旅游示范点”评选，并到塘坝乡清溪沟参观指导茶文化旅游区建设。

28–29日，宜宾市产村相融成片推进新农村建设暨山区特色效益农业发展现场会在筠连召开，各县(区)党委、政府分管领导，农工办(推进办)、财政、住建主要负责人，第二轮省、市级新农村建设示范片所在乡镇党委书记，市委农工委、市农业局、市林业园林局、市畜牧兽医局、市烟草专卖局主要负责人共100余人参会；市委副书记吕晓莉出席并讲话，副市长李敏主持会议，县委书记王萍作交流发言；与会人员参观塘坝乡幸福综合体，团林苗族乡彝族新村、苗乡新寨，高坪苗族乡现代烤烟科技园区、苗岭专合社，蒿坝镇高龙、高兴、高桥烤烟示范区。

29日，筠连县境内省、县、乡公路主干线沿线建设改造公厕29个，投入300余万元，基本实现公路沿线间隔15～20公里有1个公厕的目标。

9月

3日，筠连县乡镇公交线路正式通车运营仪式在巡司镇举行，筠连率先在全市开通乡镇境内公交车，投资420余万元，投放公交车11辆，开通5条无人售票公交路线，预计日发班90次，日均运载旅客8000余人次，票价2元/人，学生、残障、军人等凭证半价乘车。其中巡司镇开通线路4条，单程总里程28公里，设站点8个，投放客车8辆；维新镇开通1条线路，投放公交车3辆。

9日，筠连县环境兴县工作推进会在县会议中心三楼会场召开，县领导出席会议，各乡镇党委书记、乡镇长、纪委书记，各部门班子成员，公检法中层以上干部约500人参会；会议通过视频传输，18个乡镇设分会场，乡镇副科级以上领导干部，站、管、所负责人，各村支书、主任、村民小组组长约2300人参会；县委书记王萍出席并讲话，县委副书记叶光明主持会议。

10日，由泸州市疾控中心副主任王勇(带队)、省疾控中心地病所副所长杨小静、省疾控中心邓启才、泸州市疾控中心赖晋锋、雅安市疾控中心张义梅等组成的“消除氟中毒”省检查验收组到筠连验收消除氟中毒项目。检查验收组分3个小组到筠连镇、塘坝乡、维新镇进行现场抽查，抽查结果为炉灶合格率98.33%，正确使用率98.3%，群众知晓率100%，筠连实得分150分(总分为150分)，达到省级验收技术标准，全县“消除燃煤污染性地方性氟中毒危害项目”通过检查验收，圆满完成33050户改炉改灶任务。

同日，筠连县第一次全国可移动文物普查完成第一阶段工作，县域登记文物收藏的国有单位共345个。

13–19日，由醒世公司主办的筠连县第六届万人品茶节暨“黄金白露杯”筠连好声音大赛在玉壶广场举行，全县90多名选手参赛，徐威《新贵妃醉酒》获一等奖。

17日，由省农业厅和省旅游局组织的全省休闲农业与乡村旅游工作推进会在德阳绵竹召开，农业部、省农业厅、省旅游局领导及全省21个市(州)农业局、旅游局分管副局长和30个重点县农业局长、旅游局长参会，筠连作为全省4个代表县之一就春风村乡村旅游的发展作交流发言。

22–10月12日，县委宣传部、县文明办会同县教育局、团县委、县妇联、县关工委组织未成年人开展“向国旗敬礼·做有道德的人”网上签名寄语活动，全县1万余名学生及部分家长参加活动。

23～24日，港澳地区道教先天知命六壬仙道壇爱心人士林法玄一行到联合苗族乡红春、红竹、茶园小学及龙镇乡金狮二小、卜好小学献爱心，共捐赠现金4.9万元，主要购买学生课桌凳；捐赠衣物、生活用品、书具、体育用具等折资18.3万余元，县民宗局、教育局等陪同。

24日，筠连县“全国科普日”活动在沐爱镇举行，县委宣传部、科协、环保局、科技局、教育局联合主办，县农业局、林业局、畜牧兽医局、水务局、计生局、质监局、文广新旅局等15个单位40多名科技工作者参加，共发放宣传资料和手册88种2万余份、书籍1000余本，水体污染危害科普挂图200份，受益群众达3000余人。

25日，国家安监局副局长田得雨、处长陈东科，四川安监局副处长黄家昌、川南煤监分局局长陈明祺、宜宾市经信委机关党委书记蒲自体、市安监管局副局长李文仲等组成的工作组到鲁班山北矿检查安全生产。

27日，国家烟草总局检查巡视组及咨询专家一行到后沟水库工地现场检查进展，县委副书记、后沟水库工程建设管理指挥部指挥长叶光明，县政协副主席、后沟水库副指挥长叶宗勇等领导陪同。

同日，筠连县第二十九届青少年科技创新大赛培训暨第二十八届青少年科技创新大赛表彰会在教育局召开，县科协、县教育局联合主办，全县各中、小学校、基点校分管领导、科技辅导员参会；市科协副主席杨光春，县委常委、县委办主任李小林出席，邀请宜宾学院物理与电子工程学院院长肖尚辉教授，市第八中学高级教师王雪颜，市美术家协会会员、市青年骨干教师廖正林作专题讲座。

29日，2013年中国筠连首届茶文化博览会暨电视剧《筠商》启动仪式在塘坝乡清溪沟举行。市委常委、副市长于滨，陕西省侨商会、陕西省商务经济发展促进会、西安侨商会，筠连在北京、上海、重庆、柯桥商会的代表、企业精英，在筠连县领导、县级有关部门、18个乡镇负责人，受邀嘉宾和各大媒体记者，市级相关部门负责人、影视和新闻媒体相关人员共180余人参会。县委书记、县旅游协会名誉会长王萍致辞，县长刘朝平主持仪式。陕西翰阳实业集团董事长王晓芹介绍电视剧《筠商》筹备情况，著名导演、电视剧《筠商》总导演张普安介绍剧本。同时，还召开筠连县招商引资推介会，县委常委、常务副县长甘华锋代表县政府与乌蒙韵筠连茶叶有限公司、陕西翰阳实业集团等企业签约9个项目，协议引资17.62亿元。

30日，县委宣传部、县政协办、县文联主办，县政协诗书画社、县文化馆承办的“庆国庆·美丽筠连”大型书画摄影展在玉壶公园开展，展出书画作品80余幅、摄影作品50余幅，县长刘朝平致辞，市政协主席、市戎州书画院名誉院长葛燎原特邀出席，市政协秘书长、市戎州书画院院长陈小立，县委书记王萍等领导观展，县政协主席黄静主持仪式。

10月

8日，经统计，国庆黄金周全县共接待游客15.99万人次，同比增长20%；旅游收入2699万元，同比增长52%。

14日，县政协主席黄静率县文广新旅局、交通运输局、水务局、上海力道景观环境艺术有限公司负责人毛扶平等到双腾镇调研中国·西部洞群旅游开发项目。

19日，省艺术研究院、省非物质文化遗产保护中心联合摄制组一行到筠连拍摄筠连民歌申报2013年四川省第四批省级非物质文化遗产名录专题片，其中民歌《槐花几时开》是筠连民歌中的经典，清光绪年间刻本《四川山歌》中载有其歌词，申报专题片于当月底完成制作，并提交省文化厅评审。

22日，省委第二巡视组巡视筠连县工作动员会在县会议中心三楼会场召开，县委、县人大、县政府、县政协党组领导班子成员，县法院院长、县检察院检察长，其他副县级以上领导干部，部分离退休老同志，县纪委(监察局)、县委组织部领导班子成员，县委办、县政府办公室主任、副主任，县直属部门、省市管单位、各乡镇党政、县属企事业单位主要负责人，部分人大代表、政协委员、无党派人士代表等参会；省委第二巡视组副组长曾明奇作动员讲话，市委常委、纪委书记向辉礼主持会议，县委书记王萍作表态发言。

23日，在成都市召开的2013年秦巴山区和乌蒙山区连片扶贫开发项目竞争会上，筠连县再次获得2013年乌蒙山区连片扶贫开发项目扶贫资金1000万元进行基础设施、危房改造、产业发展等建设，项目区为筠连镇水源村、白花村、荆花村、旗隆村。

24日，借助第十四届西博会国际平台，在成都举行的产业投资项目推介会暨投资签约仪式上，筠连县现场签约项目12个，引资总金额30.59亿元。

29日，市政协副主席严晋川率市政协科教文卫体委主任王娜美，市食药监局局长曾兴中、副局长李启根，市政协科教文卫体委副主任罗世奎等组成的调研组到筠连调研餐饮服务食品安全情况，县政协主席黄静，副县长王永红等陪同。

同日，在德阳市罗江县召开的全省公安“三化建设”试点工作会上，副县长、公安局局长杨国庆作交流发言。

30日，筠连县2013年教育工作暨农村义务教育工作推进会在县会议中心召开，各乡镇分管领导、中心校、基点校负责人，县级相关部门负责人参会，在筠连县领导出席，会议传达市教育工作会议精神，宣读相关文件，安排部署教育工作和及时解决农村义务教育若干问题的具体工作，县委书记王萍到会并讲话，县委副书记叶光明主持会议。2013–2015年全县累计投入资金4.38亿元，解决当前农村义务教育若干问题，改善办学条件，提升教学水平，保障义务教育均衡发展。

31日，县人大常委会主任何跃，副主任晋方全、张彬、李家明、古有奎率县人大常委会部分组成人员、县人大代表视察煤都大道三期、定水四桥、筠巡快速通道等民生工程建设。

11月

1日，县纪委监察局主办，县文广新旅局承办的“清风颂廉·和谐筠连”反腐倡廉文艺巡演走基层活动在塘坝乡川丰村新村聚居点举行，巡演节目10个，播放宣传专题片3部，观看群众600余人，发放廉政挂历、专题宣传单等资料800余份。

7日，筠连县青年干部人才座谈会召开，县级相关部门负责人、党政后备人才代表、引进人才代表、选调生代表、2012年公开遴选的年轻干部代表、2013年新录用公务员代表、优秀大学生村干部代表参会，同时成立筠连县青年干部人才联谊会，县委书记王萍、县长刘朝平、县委副书记叶光明出席并与代表交流，县委常委、县委办主任李小林主持会议。

11日，县委书记王萍率相关人员到筠连镇中和小学等学校调研农村义务教育工程建设推进情况，召集筠连镇、教育局相关负责人，就筠连镇推进农村义务教育基础设施建设工作作安排部署。

15日，筠连县被科技部评为全国科技进步县。

25日，县委书记王萍率县安监局、公安消防等部门负责人及业务股室人员检查中石油海瀛加油站、三鼎天然气公司海瀛调压站等危险化学品企业安全生产。

26日，全国青少年普法教育活动四川省工作站副主任赵晓俊到筠连中学指导全县青少年普法教育创建工作，市教育局政策法规科科长邓治蓉等陪同。

28日，宜宾市环境兴市暨诚信履约保护企业合法权益专项行动工作会在筠连召开，市委副秘书长、市委办主任李涛，市委副秘书长白皓，市纪委监察局，市环境兴市领导小组成员、市级相关部门负责人，各县(区)政府常务副县(区)长、纪委书记及有关人员200余人参会，县委常委、常务副县长甘华锋，县委常委、纪委书记张宗才参会；县委书记王萍作经验交流发言；市委常委、纪委书记、市环境兴市领导小组组长向辉礼和市环境兴市领导小组副组长、市中级法院院长孙重光出席并讲话，市环境兴市领导小组副组长、市检察院检察长蒋世林主持会议。

同日，县委书记王萍到县境S206省道一级检查站、百兴客运公司检查交通安全。

28–29日，中央文明办一局局长杨新贵，省委宣传部副部长、文明办主任朱丹枫，市委常委、宣传部部长游开余到筠连调研农村精神文明建设工作，省文明办、市委宣传部、市文明办、市酒都艺术院相关人员，王萍、刘朝平、叶光明、潘练红、李小林等县领导，县委宣传部、县文明办、县文明委成员单位相关负责人陪同。

12月

1日，筠连县第七届“尚品杯”川滇黔渝乒乓球邀请赛暨云川七县市第三届老年人协作赛落幕，来自川滇黔渝4省市50支代表队(其中男队31支、女队19支)250余名运动员参赛，镇雄男子代表队、宜宾女子代表队分获邀请赛男女团体冠军，大关男子代表队、泸州女子代表队分获老年人协作赛冠军。

2日，筠连县惩防体系信息网开通试运行，系县纪委监察局主抓的筠连县惩防体系数字化监管中心内容之一，设立行政审批电子监察、行政执法电子监察、公共资源交易电子监察、党风廉政建设责任制、阳光农廉、政民政企互动6大平台。

3日，筠连县妇女第十次代表大会在县会议中心三楼会场召开，215名妇女代表参会，市妇联副主席王芙蓉致辞，县委书记王萍讲话，县委、县人大、县政府、县政协主要领导、分管联系妇联的县领导和副县级女领导出席会议；大会选举23人组成筠连县妇联第十届执行委员会、7人组成执委常务委员会及妇联主席、副主席。

4日，筠连县首届“泓硒泉活力杯”青少年才艺(声乐类)大赛落幕，有中小学生及社会青年120余人参赛，评出A组和B组一、二、三名。

5日，由中国科协主办，省科技馆、省科协协办，县科协承办的2013年“体验科学——中国流动科技馆”巡展活动在筠连中学老校区首展，当天吸引青少年学生、机关企事业单位干部职工、社区群众500余人参观。巡展活动为期近2个月，每天2场次，全县各中小学师生、机关事业单位干部职工、社区居民、村组干部等前往观看，观展人数超10万。

6日，县委书记王萍到筠连县惩防体系数字化监管中心视察指导。

6–9日，纪念“一二·九”运动78周年，全县各中小学校开展主题为“扬革命精神·展学生风采”系列活动，筠连中学以“中国梦·筠中梦”为主题，举办第29届“筠中之声”艺术节和第十一届校园师生书画作品展；第二中学以“弘扬民族文化·展青春风采”为主题举行文艺汇演；城南职业中学举办迁入新校区首场歌咏比赛；第三中学、镇舟中学、武德乡中心校、乐义乡中心校、孔雀乡中心校等学校也举行各种文艺汇演。

9日，县委书记王萍、县长刘朝平再次召开全县农村义务教育若干问题项目工作推进会。

10日，由筠连县政府与市环保局、市核安全局主办的“宜宾市2013年辐射事故应急综合演练”在海瀛工业园区成功举行。

同日，巡司镇道溪村五组村民张松驾车途经高县，从8米深鱼塘中成功救起因三轮车故障落水的陈姓、廖姓、潘姓3位老人(均住高县沙河镇石河村八组)，被救者多方寻访找到救命恩人。

10–12日，电影《偶爸快跑》部分剧组人员到筠连取景。

11日，筠连县“干部走基层、真情五为民”活动动员会召开，在筠连的全体县级领导，县级各部门党组织主要负责人，乡镇党委书记、党委组织员，县“干部走基层、真情五为民”活动领导小组和督导组全体成员、县“为民服务队”全体成员共100余人参会，县委书记王萍、县长刘朝平出席并讲话，县委副书记叶光明主持会议。

17日，县委书记王萍、县长刘朝平、县人大常委会主任何跃、县政协主席黄静等相关县领导，县级相关部门负责人，四川惠隆集团董事长张云栋，四川产业经济发展研究院院长骆玲教授一行在县会议中心召开投资洽谈会，商洽筠连县中小企业总部基地暨筠连县海瀛产业综合体与配套贸易市场和商住项目投资。

18日，筠连县残疾人联合会第六届代表大会在县会议中心召开，全县各界各条战线的78名残疾人代表、34名特邀代表参会；县委书记王萍出席并讲话。会议听取并审议通过县残联第五届主席团工作报告，推选县残联第六届主席团委员和出席市残联第四次代表大会代表，推选县残联第六届执行理事会理事长、副理事长、理事。

31日，县委、县政府主办，县委宣传部、团县委、县总工会、县体育局、县文广新旅局承办，宜宾市永竞房地产开发有限公司协办的“永竞房产杯”2014年筠连县元旦全民健身跑活动在玉壶广场举行，活动以“活力筠州、健康筠连”为主题，县四套班子、机关企事业单位、社区、体育社团、学校等单位的1000多人参加。

(张会权 夏启林 李 洪整理)

筠连概况

地理位置

筠连县位于四川盆地南缘，云贵高原北麓川滇结合部，地处北纬 27° 50′ 37″–28° 14′ 28″，东经 104° 17′ 45″–104° 47′ 20″之间。北界高县，东接珙县，南靠云南省威信、彝良县，西邻云南省盐津县。东西长 48.5 公里，南北宽 43.4 公里，幅员 1256.35 平方千米。最高海拔东南部大雪山主峰 1777.2 米，最低海拔东北部腾达沐滩河谷 368.5 米。县城距省会成都市 372 公里、重庆市 384 公里、宜宾市 89 公里、云南省盐津县县城 44 公里。

（李 洪）

政区 人口 民族

【政区】 2013 年，全县政区与上年无变化，仍辖筠连镇、腾达镇、巡司镇、蒿坝镇、双腾镇、沐爱镇、维新镇、镇舟镇、大雪山镇、塘坝乡、龙镇乡、孔雀乡、武德乡、乐义乡、高坎乡、团林苗族乡、联合苗族乡、高坪苗族乡 9 镇 9 乡；设 243 个村、1574 个村民组，14 个社区、131 个居民组。

【人口】 2013 年公安户籍统计显示，全县年末总户数 117767 户，总人口为 432549 人。其中非农业人口 57288 人，农业人口 375261 人；男性人口 226877 人，女性人口 205672 人，男女性别比为 110.31。分年龄段人口为 18 岁以下 102269 人，18–35 岁 118299 人，35–60 岁 154778 人，60 岁以上 57203 人。年末计生统计显示，全县出生人数 5088 人，人口出生率 11.98‰；死亡人数 2697 人，死亡率 6.35‰；人口自然增长率 5.63‰，符合政策生育率 84.26%。年末常住人口 33.0 万人，城镇化率 33.55%。

【民族】 筠连县民国时期有汉、苗、回 3 个民族。新中国成立后，随高县四区、五区、七区的划入及因工作关系调入人口，民族种类增多。2013 年年末，全县有汉族、苗族、彝族、回族、壮族、蒙古族、满族、白族、土家族、羌族、哈尼族、傣族、维吾尔族、朝鲜族、瑶族、藏族、布依族、侗族、哈萨克族、黎族、傈僳族、佤族、土族、达翰尔族、撒拉族、毛南族、仫佬族 27 个民族共 432549 人，其中汉族 411051 人，占总人口的 95%；26 个少数民族 21498 人，占总人口的 5%。苗族 19943 人，占总人口的 4.6%；彝、回、藏、壮、白、满、土家、仫佬族等 25 个民族 1555 人。少数民族主要分布在高坪、联合、团林 3 个苗族乡及蒿坝、巡司、腾达、大雪山、双腾、乐义、筠连镇 7 个乡镇。

（李 洪）

历史沿革

筠连县历史悠久，旧石器时代，县境即有人类活动。秦统一六国以前，县境属“巴蜀本南外蛮夷地”一隅。公元前 221 年，秦始皇统一六国，筠连归大一统的中央王朝。公元前 202 年，刘邦建立汉朝。汉武帝建元六年（前 135），置犍为郡（郡治今贵州省遵义县西）。元封二年（前 109），犍为郡属益州（州治今成都市）刺史部。汉武帝建元六年（前 135）或元光五年（前 130）置南广县（驻所在今珙县沐滩乡傅家坝），县境属益州犍为郡南广县地。公元 9 年，王莽建立新朝，改益州刺史部为庸部，改犍为郡为西顺郡，县境属庸部西顺郡南广县地。公元 23 年，蜀地为公孙述割据，将庸部还名益州，西顺郡复名犍为郡，县境仍属益州犍为郡南广县地。汉建安二十一年（216），改犍为郡辖地为朱提郡，领朱提、汉阳、南昌、堂螂、南广 5 县，县境属益州朱提郡南广县地。公元 221 年 4 月，刘备于成都称帝，分益州为 21 郡，朱提郡仍置，领县亦有南广，县境隶属与前无异。蜀汉延熙年间（238–257），于南广县立南广郡，县境归益州南广郡南广县，不久废郡存县，仍属益州朱提郡南广县。晋武帝泰始七年（271），合南中建宁、云南、古兴、永昌 4 郡置宁州（州治今云南省曲靖市），并分朱提置南广，县境即属宁州南广郡南广县。太康五年（284）撤销宁州，县境仍属益州朱提郡南广县。惠帝太安二年（303），恢复宁州建制，县境又属宁州朱提郡南广县。晋怀帝永嘉五年（311）置南广郡属宁州，县境属宁州南广郡南广县。晋愍帝建兴四年（316）5 月，废南广郡，县境属宁州朱提郡南广县。晋元帝永昌年间（322–323），南广又为宁州朱提郡属县。晋成帝咸康年间

(335-342),李雄定宁州,又置南广郡,县境仍属宁州南广郡南广县。晋穆帝时(345-361)安西将军桓温平蜀,南广县地属东晋。隋文帝开皇十七年(597),隋讨平爨氏后,于南广郡旧地置协州(州治今云南省彝良县),县境属协州。隋炀帝大业初,废协州入开边县(县治今云南省盐津县滩头),至后仍又荒废。唐初,县境属戎州僰道县。武后时置筠州,领盐水、筠山、罗余、临居、澄澜、临昆、唐川、寻源8县。又置连州,领当为、都宁、逻游、罗龙、加平、清坎6县。后又置定州,领扶德、支江2县。该等州县均为羁縻。归附唐王朝,属剑南道(道治今成都市,后改剑南道西川)戎州都督府(府治今宜宾市)。唐天宝元年(742)改戎州为南溪郡。依旧都督领羁縻州36州,今县境在内。唐天宝七年(748),唐剑南节度使鲜于仲通被南诏打败,羁縻筠州、连州等地被南诏占领。唐德宗贞元四年(788),南诏归附,筠地各州县仍属戎州羁縻。宋咸平四年(1001)将蜀地分为益、利、夔、梓4路,今县境内各羁縻州属梓州路(路治潼州府,今四川省三台县)戎州。唐徽宗政和四年(1114)改戎州为叙府。唐微宗重和元年(1118)改梓州路为潼川府路。至北宋末,羁縻筠州、连州均属潼川府路(原梓州路)叙州府(原戎州)所辖。元世祖至元十五年(1278),于今县境内合原筠州、连州而置筠连州,并领腾川县(县治今筠连镇),不久省县入州。元世祖至元十六年(1279),筠连州直隶叙州府。元末顺帝至正二十年(1360)红巾军将领明玉珍据蜀称帝,在重庆路建立大夏政权,历时11年,筠连州治地隶属依旧。

明洪武四年(1371)灭大夏,同年改筠连州为筠连县,县治今筠连镇,改设流官,隶叙州路。明洪武六年(1373)叙州路改为叙州府,筠连县隶叙州府。明洪武十年(1377)降高州为高县,将筠连县、珙县并入高县。明洪武十三年(1380)又恢复置筠连县、珙县,直隶叙州府。明正德十三年(1518)复置高州,仍领筠、珙2县。清顺治十六年(1659)9月,筠连纳入清朝统治,县境人口稀少。至康熙中叶战乱才平定,曾由庆符县知县兼任筠连县知县,筠连县隶属一仍明制。清雍正六年(1728)对川、滇、黔3省边界进行较大调整,将镇雄、乌蒙、东川3府划归云南省,今四川南部疆界基本确定,将县属大、小楠木2园划归云南省镇雄州。清嘉庆七年(1802),筠连县属四川省川南永宁道(道治今泸州市)叙州府(府治今宜宾市)。光绪三十四年(1908),改永宁道为下川南道,筠连县即属四川省下川南道叙州府。民国元年(1912),中华民国成立,是年裁废道制,以府、州、厅直隶省政,筠连县直属四川省叙州府。民国2年(1913),实行撤府立道,筠连县属四川省下川南道(道治今泸州市)。民国3年(1914),改下川南道为永宁道(道治地同前),筠连属四川省永宁道。民国18年(1929)撤销道,筠连县直属四川省。民国24年(1935),四川省下设十八个行政督察区,筠连县属四川省第六行政督察区(区治今宜宾市)。

1949年10月1日,中华人民共和国成立。1950年1月9日,筠连县解放。同年1月,分四川为川东、川西、川南、川北4个行政公署,直隶西南大行政区。川南行政公署设泸州市,筠连县属西南大区(驻重庆市)川南行署宜宾专区,专署设宜宾市(县级)。1952年9月1日,恢复四川省,撤销西南大行政区和川南行政公署,筠连县属四川省宜宾专区。1953年8月,经宜宾专区行政公署批准,高县第四区(区治沐爱场)、第五区(区治落木柔场)、第七区(区治蒿坝场)所辖1镇、20乡、156个村划归筠连县。1968年8月,改宜宾专区为宜宾地区,筠连县即属四川省宜宾地区。1996年10月,经国务院批准撤销宜宾地区,设地级宜宾市,筠连属宜宾市管辖。

(李 洪)

地理环境

【地貌】筠连县地形整体呈南高北低态势,系四川盆地向云贵高原过渡地带。东南部大雪山主峰海拔1777.2米;东北部腾达镇沐滩河谷海拔368.5米,极差1408.7米。区内以县城、巡司、筠连镇古楼为中心的岩溶峰丛发育奇特,面积约36.86平方千米,有大小溶洞226处,其中以凉风洞、箱子洞、鸳鸯洞、母猪洞、仙人洞等较为著名。岩溶和地质构造对筠连地貌产生深刻影响,形成奇异多姿的低中山峡谷带坝地貌。

低山岩溶槽坝,海拔420-600米,面积约0.76万公顷(11.43万亩),占全县辖区面积的6.07%。包括筠连、巡司、双腾、塘坝、沐爱、乐义、高坎、大雪山等乡镇沿河两岸的十几个坝子。坝的两侧山峰挺拔,谷地宽阔平坦,长达数百米至数千米不等,地表多为坡积和冲积物。

浅切低山,海拔380-900米,面积4.32万公顷(64.8万亩),占全县辖区面积的34.39%。包括筠连、腾达、巡司、武德、双腾、塘坝、沐爱、维新、大雪山等乡镇的部分区域。山头状如馒头,坡度较缓,间有溶蚀小盆地。地块大而平整,地表多为残积物质发育成的山地黄壤。

中切低山,海拔500-1000米,面积2万公顷(30万亩),占全县辖区面积的15.96%。包括筠连、腾达、巡司、武德、乐义等乡镇的部分区域。主要是飞仙关组紫色砂岩、页岩,山岭绵延,地面起伏较大,坡较陡,地表多为残积物质。

中山深谷,海拔900-1777.2米,面积5.47万公顷(82万亩),占全县辖区面积的43.55%。多在县境南部,包括蒿坝、龙镇、高坪、联合、大雪山、高坎、团林等乡镇的全部或部分地区。谷狭涧深,山坡陡峭,地面破碎,地表多为古生界泥岩砂岩的残积物发育而成的山地黄壤。

【水文】筠连县境内水系纵横,常年有水溪河31条,属长江上游上干段南广河水系的有镇舟河、巡司河、定水河、乐义河(浑水河)等共29条;属长江上游上干段金沙江水系的有头道河(即热坝河)、鹿井沟2条。较大河流有镇舟河、巡司河、定水河3条,镇舟河发源于筠连县南端与云南省威信县交界的大雪山北麓,巡司河发源于筠连县龙镇乡池塘沟的山王坳,定水河发源于龙镇乡白果村寒婆岭北麓。全县有巡司、县城、斯栗坡、上桥头、五道河五大泄水区,并有镇舟—大鱼洞、龙碗—凉风洞、大洞湾—小鱼洞、旋窝凼—黑风洞、卜好龙—斯栗坡等地下水系,主要出水点有玉壶井、大龙潭、凉风洞、温泉井、倒流水、小鱼洞、仙人井、清溪洞、鹿井、母猪洞等。

【气候】筠连县属四川盆地中亚热带湿润季风气候区,气候温暖、降水充沛、四季分明、冬暖春早、夏长秋短、霜雪较少。光热水资源丰富,适宜发展农、林、牧业及多种经济作物。常年日照时数1064.4小时,占可照时数的25%。常年平均气温17.6℃,年际变化小,最高年1998年和2002年18.6℃,最低年1976年16.8℃,相差1.8℃,月际变化大,最热月7月26.5℃,最冷月1月7.3℃,差值19.2℃。地处海拔1777.2米的大雪山,常年平均气温9.5℃;海拔368.5米的沐滩河谷,常年平均气温18.4℃。海拔每升高100米气温降低约0.63℃。海拔458米地区各温度段积温值为:0℃以上积温6464.9℃;10℃以上积温5580.2℃,初日在3月5日,终日在11月26日;10℃-20℃之间的积温4213.6℃,初日在3月28日,终日在9月23日。积温亦随海拔高度的不同而变化,海拔越高,积温越低。地温常年平均为19.6℃,比同期气温年平均值17.6℃高2.0℃,历年各月地温与气温差值,最小差值在12月为0.6℃,最大差值在7月为4.0℃。不同季节随土层深度变化而变化,冬、春两季随土层深度增加而略增,夏、秋两季随土层加深而略降,全年地温除1月份在10℃以下,其余各月均在10℃或10℃以上。县内自然降水年际变化大,季节分配不均,常年平均降水量1111.7毫米,主要集中在5-9月,占全年降水量74%。年降水最多的在1973年达1534.5毫米,比常年偏多38%,最少年是1993年为695.9毫米,为历史记录最少值。月降水量平均最多是8月为218.2毫米,其次是7月为216.2毫米,最少是12月为22.9毫米。6-9月月平均降水量都在150毫米以上,是蓄水的主要时期。受青藏高原对下游上空中、低层气流与“盆地效应”共同作用的结果,降水多夜雨,夜间雨量占全年降水量的60%以上,降雨日数占50%以上。筠连属湿润地区,常年各月平均相对湿度在76%-86%之间,年平均相对湿度为82%,相对湿度亦有随海拔升高而增加的规律,在海拔1100米的蒿坝镇,年平均相对湿度可达90%以上。常年平均风速1.0米/秒,各月静风最多,年平均静风风向频率36.4%,风向主要是西北风,其次为东北风和北风。当春季强寒潮影响或夏季强对流的雷雨天气发生时,常伴有短时风速大于等于17.7米/秒大风。常年大风出现的频率以4、5月份最多,7、8月份次之。总云量多年平均8.4成。最多年1982年8.8成,最少年1978年7.9成。筠连县0℃以上无霜期,年平均337天,最长365天,最短1990年271天。霜的初日多出现在12月17日左右,终日多在1月26日左右。县境冬暖而雪日较少,平均每年降雪日数0.9天,平均初日多在1月中旬,终日在2月中旬。县内一年四季均有轻雾出现,主要出现在雨后放晴的夜晚,因地面辐射散热,使近地层空气冷却饱和,常在后半夜到拂晓凝结致雾,清晨增浓,上午10-11时逐渐消散,有时可持续到午后方散。雾日年平均在10-15天左右,秋冬占全年的3/4,春夏占1/4。

2013年,年平均气温18.1℃,年极端最高气温40.0℃,年极端最低气温-0.5℃;年总降水量1303.4毫米,总日照时数1203.2小时。全年最多风向为北风,瞬间极端风速17.7米/秒(5月9日)。

【土壤】全县土壤有5个土类、6个亚类、17个土属、61个土种、114个变种。成土母质含7个系25个组群。其中水稻土面积10926.67公顷(163900亩),习惯面积5870公顷(88062亩),占耕地面积的16.67%,主要分布在全县各乡镇沿河两岸。潮土土类土壤面积295.35公顷(4430.3亩),习惯面积85.33公顷(1280亩),占耕地面积的0.45%;紫色土系反映岩性的特殊土壤类型,含酸性紫色土1个亚类,2个土属、6个土种、12个变种,土壤面积15039.43公顷(225591.5亩),习惯面积4468.68公顷(67030.26亩),占耕地面积的22.95%,分布于县西北部的筠连镇、塘坝乡、孔雀乡,县东南的大雪山、联合、蒿坝、维新、巡司等乡镇。黄壤土属地带性土壤,全县面积最大,分布最广,总面积68679.6公顷(1030194亩),其中农业土壤面积39277.19公顷(589157.8亩),习惯面积12413.14公顷(186197.07亩),占全县耕地面积的59.93%。黄棕壤土面积6693公顷(100395亩),占全县辖区面积的5.33%,主要分布在蒿坝镇香台山、大雪山镇大雪山、龙镇乡老君山等海拔1500米以上的山区。

【森林植被】2013年,全县森林面积达59700公顷(895500亩),森林覆盖率达46.55%。全县完成成片造林面积2200公顷(33000亩),义务植树86万株,林木育苗28.67公顷(430亩),幼林抚育作业面积533.33公顷(8000亩),成林抚育作业面积800公顷(12000亩),新增森林面积126.67公顷(1900亩),森林蓄积39000立方米,新建设现代林竹产业基地666.67公顷(10000亩)。继续实施退耕还林、天保工程、杉木良种补贴、造林补贴试点、森林中幼林抚育、石漠化综合治理等项目,争取实施国家、省级林业投资项目18个,其中重点林业建设项目6个,争取到上级林业投入资金共8107.81万元,已到位资金4662.36万元。

(李 洪)

自然资源

【土地】2013 年年末，全县土地总面积 125635.07 公顷（1884526.05 亩）；其中耕地 37026.04 公顷(555390.60 亩)，占 29.47%，林地 64031.48 公顷（960472.2 亩），占 50.97%,牧草地 7.40 公顷(111 亩),渔业养殖水面面积 177 公顷（2655 亩），占 0.14%，其他土地面积 24393.15 公顷（365897.25 亩）,占 19.42%。

【水资源】全县水资源总量为 10.57 亿立方米。七月、八月产水最多,一月、十二月产水最少,夏秋两季产水最多,冬春两季产水最少,形成“冬干、春旱、夏洪、秋涝”的特征。在区域分布上,西南部产水最多,东北部产水最少,高山区产水最多,坝丘区产水最少;迎风面产水最多,背风面产水最少。水能理论蕴藏量 11.7 万千瓦,可开发利用能量 42760 千瓦。

【矿产资源】2009 年,筠连煤田探明地质储量为 35.82 亿吨,占四川省煤储量的 1/3,煤矿建设规模设计为 740 万吨 / 年。石灰石储量 163 亿吨,还有菱铁矿、褐铁矿、黄铁矿、盐、铜矿、耐火砖土、硅石、磷矿、辰砂、铸石原料、陶瓷原料等。全县土质普遍含硒元素,1988 年筠连茶叶送农业部、全国茶叶质量检验测试中心检测:茶叶含硒体积比浓度最高值 1.18ppm,最低值 0.36ppm,平均值 0.63ppm,属富硒茶。

【生物】据不完全统计，全县有木本植物 116 科 333 种,其中乔木 114 种,小乔木 50 种,灌木 87 种,藤本 25 种,竹类 17 种,蕨类 40 种。按用途分:用材树 79 种,用材竹(笋材两用)9 种,经济树 46 种,观赏木花类 68 种,其他 117 种,珍稀植物 16 种;野生动物共 55 种,其中珍稀野生动物 10 种。

【景观】筠连系四川盆地向云贵高原的过渡地带,地势南高北低。地貌奇异多姿,山峦层叠,槽坝平坦,田原锦绣,青山滴翠,奇峰异洞比比皆是,岩溶地貌发育奇特,人杰地灵闻名遐迩;群山中泉流飞瀑众多,地下大小溶洞数百个,属省级岩溶风景名胜区。全县旅游资源有以生物景观、地学景观、水体景观、温泉景观的自然景观资源,以古建筑、古遗址、史前文化、龙碗大堰的人文景观资源,以苗族花山节、民族服饰、大唢呐芦笙的苗族文化风情,以休闲农业、名优特产品、手工艺品的产业景观;初步形成玉壶休闲观光区、温泉岩溶度假区、大雪山生态旅游区 3 大景区;正在打造腾达镇春风村中国云上石漠·春风花海旅游度假区、塘坝乡清溪沟茶文化主题公园、双腾镇中国西部洞群风景旅游区、古楼风景旅游区、川滇黔红色旅游筠连爱国教育基地等人文和自然景区。

2007 年经筠连县旅游及第三产业发展工作组和筠连新八景评选委员会多次到景区实地考察、踏勘、评审,评选出玉壶公园、温泉泉群、大雪山原始生态景区、古楼峰丛景区、芭茅坡森林公园、间歇潮涌泉、双腾岩溶洞群景区、仙人洞钙化梯田为筠连县“新八景”。加之腾达桫椤树群、巡司石林、高坎梯田、孔雀石刻、武德石龙湖等,构成多姿多彩的自然景观和人文景观。

（李 洪）

国民经济与社会发展

【概况】2013 年，受宏观经济下行和煤矿关停政策的双重影响,县域经济受到严重冲击。面对困难,县委、县政府认真贯彻落实中共十八大以及省、市经济工作会议精神,紧扣县委提出的“实干增效年”工作主题,攻坚克难,奋力提升,努力转变经济发展方式,用有限的财力“保民生、促增长”,将不利因素对经济发展带来的影响降到了最低。全县生产总值实现 95.14 亿元，比上年同期（下同）下降 6.7%(绝对值为现价,速度为可比价,下同)。其中第一产业增加值 16.82 亿元,增长 3.6%;第二产业增加值 60.7 亿元,下降 12%;第三产业增加值 17.6 亿元,增长 11.3%,三次产业占 GDP 的比重为 17.7：63.8：18.5。

2013 年筠连县主要经济指标完成情况

表 1

指标名称	绝对值	增速(±%)
GDP(亿元)	95.14	-6.7
人均 GDP(按常住人口计算)(元)	28657	-6.7
规模以上工业增加值(亿元)	39.40	-14.2
全社会固定资产投资(亿元)	50.87	30.1
社会消费品零售总额(亿元)	22.49	14.4
地方公共财政预算收入(亿元)	5.03	2.44
招商引资到位资金(亿元)	44.98	29.0
城镇居民人均可支配收入(元)	22488	10.7
农民人均纯收入(元)	8854	13.0

民营经济占 GDP 的比重进一步提高。全年民营经济实现增加值 61.46 亿元,下降 3.7%,占 GDP 的比重为 64.6%,提高 0.5 个百分点。其中第一产业增加值 6.14 亿元,增长 3.7%;第二产业增加值 45.71 亿元,下降 6.9%;第三产业增加值 9.61 亿元,增长 12.7%。全年工商登记企业期末总户数 12946 户,增加 1530 户,增长 13.4%;其中个体工商户 11974 户,私营企业 972 户。

【农业和农村经济】2013 年,全县农业发展稳定。继续深入实施“5·20”特色产业工程,茶园面积达 1.04 万公顷

(15.6 万亩),生产茶叶 8919 吨,实现产值 5.2 亿元;出栏羊 0.59 万只,出栏肉牛 3.49 万头,实现产值 4.83 亿元;成功承办全省烤烟现场会,烤烟移栽面积 2340 公顷(3.51 万亩),收购烤烟 4029 吨,实现总产值 0.86 亿元;生态经济林、生态观光区分别达 1.2 万公顷(18 万亩)、1.33 万公顷(20 万亩)。全年实现农林牧渔及服务业总产值 28.13 亿元,增长 3.7%。实现增加值 16.82 亿元,增长 3.6%,其中农业增加值 8.57 亿元,增长 4.88%;林业增加值 0.91 亿元,增长 7.7%;畜牧业增加值 7.15 亿元,增长 1.45%;渔业增加值 0.13 亿元,增长 4.2%;农林牧渔服务业增加值 0.05 亿元,增长 9.8%。

农业:农业实现产值 12.49 亿元,增长 4.9%。全年农作物总播种面积 41768 公顷(62.65 万亩),下降 1.04%;大春粮食作物播种面积 23166 公顷(34.75 万亩),下降 0.06%;小春粮食作物种植面积 1.07 万公顷(16 万亩),增长 0.07%。全年粮食产量达到 152749 吨,增长 1.45%,其中大春粮食产量 128935 吨,增长 2.19%;小春粮食产量 23814 吨,下降 2.36%。

2013 年筠连县主要农产品产量

表 2

指标名称	单位	2013 年	比上年±%
粮食	吨	152749	1.45
# 稻谷	吨	42472	1.85
小麦	吨	6858	−7.81
玉米	吨	68412	2.49
油料	吨	2708	3.44
# 花生	吨	878	−0.45
油菜籽	吨	1791	5.73
烤烟	吨	4029	−30.58
茶叶	吨	8919	21.74
# 绿茶	吨	4682	20.02
红茶	吨	2100	42.86
苦丁茶	吨	2137	9.31
水果	吨	15373	28.32

林业:林业实现产值 1.23 亿元,增长 7.7%。全县完成成片造林面积 2200 公顷(3.3 万亩),义务植树 86 万株,林木育苗 28.67 公顷(430 亩),幼林抚育作业 533.33 公顷(0.8 万亩),成林抚育作业 800 公顷(1.2 万亩);新增森林面积 1266.67 公顷(1.9 万亩),森林蓄积 3.9 万立方米,全县森林面积达 5.97 万公顷(89.55 万亩),森林覆盖率 46.55%。全年争取实施国家、省级林业投资项目 18 个(其中重点林业建设项目 6 个),争取上级林业投入资金计划 8107.81 万元(到位 4662.36 万元),增长 151.7%,位列全市第一。新建现代林竹产业基地 666.67 公顷(1 万亩),建立"万亩林亿元钱"高效立体林业综合示范区 1 个,申报省、市级林业龙头加工企业各 1 个,新建川林核桃种植、鹏辉园林绿化林业专业合作社 2 个,规范化建设林业专业合作社 3 个。成功签约筠连红军源竹业开发有限公司总投资 2.5 亿元的"竹饮料和竹签生产项目"、筠连南苑家私制品有限公司总投产 1 亿元的"乌木、金丝楠家具加工项目"。

畜牧业:畜牧业实现产值 14.12 亿元,增长 2.2%。出栏肉猪 40.92 万头,增长 2.0%;出栏肉牛 3.49 万头,增长 2.39%;羊出栏 0.59 万只,增长 2.49%;兔出栏 21.1 万只,增长 110.02%;家禽出栏 220.53 万羽,增长 3.0%。肉类总产量 3.64 万吨,增长 3.41,其中猪肉产量 2.87 万吨,增长 1.82%;牛肉产量 0.42 万吨,增长 11.58%;禽蛋产量 0.17 万吨,增长 1.92%。年末生猪存栏 26.61 万头,牛存栏 8.26 万头,羊存栏 0.9 万只,兔存栏 12.37 万只。

2013 年筠连县主要畜产品产量和牲畜存栏情况

表 3

指标名称	单位	2013 年	比上年±%
肉类总产量	万吨	3.64	3.41
# 猪牛羊肉产量	万吨	3.3	3.13
# 猪肉产量	万吨	2.87	1.82
# 牛肉产量	万吨	0.42	11.58
肉猪出栏头数	万头	40.92	2.0
家禽出栏只数	万羽	220.53	3.0
禽蛋产量	万吨	0.17	1.92
牛年末存栏数	万头	8.26	28.02
猪年末存栏数	万头	26.61	−3.1
羊年末存栏数	万只	0.9	1.5

渔业:全年实现渔业产值 0.19 亿元,增长 6.2%;水产品产量 1380 吨,增长 6.2%。

农业生产条件进一步改善:年内,新增有效灌溉 800 公顷(1.2 万亩),有效灌溉面积达 7600 公顷(11.7 万亩)。年末,实有耕地 22340 公顷(33.51 万亩),其中水田 6143 公顷(9.21 万亩)、旱地 16197 公顷(24.30 万亩);农业机械总动力 13.9 万千瓦,增长 2.96%;拥有农用政府排灌动力机械 2198 台;有水力发电站 81 个,发电设备容量达 34520 千瓦。全年,解决农村安全饮水人口 3.45 万人;综合治理水土流失面积 2200 公顷(3.3 万亩);农村用电量 11750 万千瓦时,农用化肥施用量(折纯)4260 吨。乡村劳动力资源数 192085 人,乡村从业人员 191191 人。

【工业】2013 年,根据国家煤矿关停政策规定,已关停 11 家煤矿企业,其中规模以上工业企业 7 家、规模以下工业企业 4 家。全年,全县规模以上工业企业退出 26 家,新增 2 家,共有规模以上工业企业 35 家,其中煤炭开采业 21 家。全部工业实现增加值 57.95 亿元,下降 13%;其中规模以上工业实现增加值 39.4 亿元,下降 14.2%。全县规模以上工业企业实现营业务收入 89.72 亿元,下降 33.2%;实现利润总额 8.88 亿元,下降 52.3%;实现利税总额 18.57 亿元,下降 47.3%;工业企业技改投资 16.09 亿元,增长 4.03%。全县过关煤炭 176.45 万吨,下降 56.8%。

园区规划进一步完善：编制完成《筠连县工业园区总体规划》，海瀛、巡司园区规划面积分别扩展到6.3平方公里和20.54平方公里。全年投资1.5亿元推进园区基础设施建设，海瀛园区新增河滨路及5.07公里的海顶公路硬化工程全面完成，三期道路及企业征地完成60公顷（900亩）；巡司园区基础设施建设正加快推进，防洪堤工程已开展招投标，园区大门、园区大道、园区广场、跨河大桥、巡司河滨路建设等项目正开展设计、预算。全年园区新入驻龙泉酒业、蓝伯特生物科技等企业8家，海瀛、巡司园区入驻企业累计49家。

【建筑业】2013年年末，全县具有资质等级独立核算的建筑企业6家，其中施工总承包和专业承包企业5家。施工总承包和专业承包企业完成建筑业现价总产值6.02亿元，增长25.9%；房屋建筑施工面积59.4万平方米，增长39.1%。

【国内贸易】2013年，全县实现全社会消费品零售总额22.49亿元，增长14.4%。其中城镇市场实现零售额15.16亿元，增长14.9%；乡村市场实现零售额7.33亿元，增长13.4%。限额以上贸易单位（含个体户）达到40家，净增2家，增长5.3%。

【旅游】2013年，全县文旅产业发展势头强劲。基本完成全县旅游规划修编、岩溶风景区总体规划；“中国云上石漠·春风花海”生态旅游度假区完成总体规划、部分景点打造和土地调规工作，清溪沟茶文化主题公园经过5个月建设于9月30日试运行，神羊洞旅游景区完成规划和洞内灯光系统安装。推进旅游标准化建设，开展乡村旅游示范乡镇、村创建和十佳农家乐评选活动，旅游市场进一步规范。全年旅游人数达72.45万人次，增加15.67万人次；旅游总收入4.74亿元，增长37.4%。

【招商引资】2013年，全县招商引资到位资金44.98亿元，增长29%；其中省外到位资金29.68亿元，增长12%。全年新签项目30个，履约26个，履约率86.7%。

【交通运输业】2013年，全县交通运输业发展快速。年末境内公路总里程1407公里，减少19公里，是省交通运输局电子测绘后重新修订；其中等级公路1025公里，增加43公里。公路旅客周转量20615万人公里，货运周转量21918万吨公里；年末实有公共汽车25辆、出租汽车30辆，民用汽车拥有量11850辆。交通建设实现大突破，投资约8.2亿元的筠巡快速通道新建工程开工建设，省道S206线绕城段新建工程项目选址建议书通过批复，筠巡快速通道二期工程确定投资业主并开展征地工作；筠乐公路梅家坳隧道基本完工；武德至蒿坝通乡水泥路改建工程完成总工程量的80%；宜昭高速公路已完成开工前全部准备工作，预示着筠连融入宜宾“一小时经济圈”。

【邮电通信业】全年邮电业务总收入18692万元，增长12.0%，其中邮政业务收入1443万元，增长4.0%；电信业务收入（含电信、移动、联通）17249万元，增长12.7%。年末，拥有固定电话用户20372户，移动电话用户245252户，年末互联网注册上网用户28761户，增长47.9%。

【财政】2013年，全县财政总收入12.76亿元，增长7.95%。地方财政收入（含基金收入）8.92亿元，增长47.8%，地方公共财政预算收入5.03亿元，增长2.44%。其中非税收入完成2.69亿元，增长40.86%；基金收入完成3.89亿元，增长247.3%。财政总支出20.84亿元，增长24.08%。地方公共财政预算支出16.72亿元，增长8.87%。其中一般公共服务支出1.51亿元，增长11.89%；农林水事务支出3.08亿元，增长21.98%；科学技术支出0.12亿元，增长15%；教育支出3.6亿元，下降1.17%；医疗卫生支出1.68亿元，下降4.3%。全年基金预算支出完成4.12亿元，增长186.1%。

【金融保险】2013年，全县金融机构各项存款余额56.84亿元，比年初增长7.01%。其中单位存款余额22.88亿元，比年初增长4.54%；城乡居民储蓄存款余额33.39亿元，比年初增长9.95%。金融机构各项贷款余额30.55亿元，比年初增长22.52%。其中短期贷款12.41亿元，比年初增长37.29%，中长期贷款9.72亿元，比年初增长27.24%。全年保费收入达7361万元，增长14.98%。

【科学技术】2013年，继续深入实施“科教兴筠”战略，努力营造良好的自主创新、科技进步的政策环境和社会氛围，科技进步工作取得明显成效，已通过科技部组织的全国县市科技进步考核。全年争取科技项目立项30项、解决资金250万元。其中市级立项2项、解决资金110万元，增加55万元，增长100%；县级立项28个、解决资金140万元，增长7.7%。组织“科技专家服务团”开展经常性的送科技“四下乡”活动，以科技大集、科普展览、技术培训、现场指导等形式，开展群众科技科普活动，全年共出动科技人员226人次，发放资料21.6万份，技术咨询6530人次，免费义诊1250人次，技术培训86期，1.55万人次，直接受益群众达5.68万人次。

【教育事业】2013年，全县有小学11所（教育系统统计口径调整，把所有村小作为中心校的教学点统计），普通中学34所，职业学校2所，特殊教育1所，幼儿园49所（其中公办幼儿园2所）。中小学在校学生56803人，其中小学35063人、初中16352人、普通高中5388人；职业高中在校学生5164人。全年全县小学招生5765人、普通中学招生5791人，初中阶段升学率52.71%，普通高中招生1996人，职业高中招生2028人。全县参加高考1620人，本科上线人数395人，本科上线率为22.7%，其中重点本科上线人数23人；高考总上线人数1103人，上线率89.33%。全年引进教师44人、公招教师102人，有中小学专任教师3327人。

免除资助学生：全县免除1489名中职学生学费；资助家庭经济困难中职业学生375人；资助经济困难家庭普通高中生1402人，义务教育阶段在校残疾学生239人。

实施农村义务教育学生营养改善计划：全年全县投入营养改善计划资金1749万元，其中县级资金583万元；覆盖全县188所（含村小）农村义务教育阶段学学生校共45543名，覆盖率为100%。

教育五大工程建设：全力推进"五大工程建设"（农村寄宿制学校、教师周转房或休息室、学生食堂、道路畅通工程、教仪及信息化建设工程），投资845万元完成筠连二中等5所学校的寄宿制项目建设，投资564万元完成沐爱镇中心幼儿园等幼儿园项目建设，投资575万元完成龙镇教师周转房等4个周转房项目建设，投资2694万元完成筠连职教中心第一期项目建设，县职教中心于10月上旬实现整体搬迁。

"绿色学校"创建：全面加强学校的绿化、净化、美化、文化"四化"建设，申报创建"绿色学校"的学校有民主中学等5所，投资11.8万元新增绿化面积2360平方米，各校绿化总面积达143057平方米。

【公共文化】2013年，开展送文艺演出、送图书、送文艺辅导等"送文化"下农村、基层活动，共放映农村公益电影3220场次；举办四川省文化列车同心艺术团慰问演出、文化系统新春慰问演出、春风村首届春节联欢晚会、玉壶之春艺术节、春满筠州·龙腾狮跃闹筠州、玉壶之春艺术节闭幕式暨春满筠州艺术节·乡镇文艺调演、春风村李花节、花山节、西安"西洽会"对外交流文艺演出、成都旅游推介会文艺演出、宜宾市国际茶文化博览节等群众文化活动。

【体育事业】2013年，全县有各级各类体育协会15个，各级社会体育指导员486人，各类健身活动站点252个，成功举办"祥龙闹筠州"全国龙狮大联动元宵晚会；第六届春风村"李花节"农民趣味健身运动会；中国·宜宾筠连首届"五尺道杯"金画眉鸟王争霸邀请赛；"3·8"妇女广场舞蹈比赛；太极柔力球联谊展示活动；"8·8"全民健身日二十四式简化太极拳比赛；首届旅游景区"电力杯"全民健身自行车邀请赛；筠连醒世茶业国标舞展示；第七届"尚品杯"川滇黔渝乒乓球邀请赛等大型群众文化体育活动。全年培训三级社会体育指导员120名，二级社会体育指导员6名，一级社会体育指导员1名；省、市业余体校到筠连县选材3次，输送体育后备人才5人。

【广电事业】2013年，完成直播卫星设备发放、安装及调试1776台，新建完成地波数字电视发射台4座，完成地面波数字电视设备的发放、安装及调试3000台，完成7个农村室内放映点招标建设工作，为群众观看电影提供便利条件。大力发展有线数字电视，全县有线数字电视用户达16525户。采用调频和共揽传输技术，实现农村广播"村村响"，已安装25个行政村。年末，全县广播综合覆盖率99%，电视综合覆盖率99%。有线广播电视用户数21417户，其中数字电视用户12410户。有线广播电视传输干线网络总长610公里。

【卫生事业】2013年年末，有医疗卫生机构374个，编制病床960张，卫生技术人员1153人，其中执业医师331人、助理医师155人。全县参加"新农合"人数为353406人，参合率为98%。全年，共报告乙丙类传染病20种664例，报告发病率156.34/十万，无甲类传染病发生，死亡2例（肺结核死亡1例、艾滋病死亡1例）。其中乙类传染病14种537例，报告发病率126.44/十万，下降8.05%；丙类传染病6种127例，报告发病率29.90/十万，下降16.45%。发病居前5位的是肺结核320例，乙肝97例，梅毒60例，丙肝13例，细菌性痢疾12例。全县0岁组儿童建卡5048人，建卡率100%，卡证符合率100%。

2013年筠连县国家免疫规划疫苗基础预防接种情况

表4

疫苗	应种（人次）	实种（人次）	接种率%
卡介苗	5485	5470	99.73
脊灰糖丸	21232	21158	99.65
百白破疫苗	21377	21303	99.65
白破疫苗	5299	5273	99.51
麻风疫苗	5523	5505	99.67
乙肝疫苗	16023	15974	99.69
A群流脑疫苗	10622	10542	99.25
A+C群流脑苗	10642	10564	99.28
乙脑疫苗	10545	10467	99.26
甲肝疫苗	5201	5163	99.27
麻腮风疫苗	5491	5475	99.71

【城镇居民】2013年，全县城镇居民人均可支配收入22488元，增长10.7%。其中人均工资性收入14925元，增长15.2%；人均经营性收入4962元，增长8.3%；人均转移性收入为4576元，增长12.1%；人均财产性收入为721.8元，增长42.5%。全县城镇居民人均消费支出14157元，增长7.3%；其中食品、衣着、居住、家庭设备用品及服务、医疗保健、交通和通信、教育文化娱乐服务、其他商品和服务共8大类支出分别增长6.5%、11.1%、3.5%、5.4%、10.8%、12.0%、3.1%、9.8%。城镇居民恩格尔系数40.0%。

【农村居民】2013 年,全县实现农民人均纯收入 8854 元,增长 13%。其中人均工资性收入 3940 元,增长 10.1%;人均家庭经营性纯收入 4317 元,增长 17.01%;人均财产性纯收入 408 元,增长 3.4%;转移性纯收入 187 元,增长 10.3%。农村居民人均家庭总支出 4428 元,下降 15.2%。食品消费、衣着消费、居住消费、家庭设备和用品及服务消费、交通和通信、文化教育和娱乐用品及服务、医疗保健、其他商品和服务八大类消费人均支出分别为 1754 元、347 元、973 元、251 元、753 元、123 元、194 元、34 元,农村居民恩格尔系数 48.5%。

【环境保护】2013 年,全县辖区内的环境空气质量状况均达到国家《环境空气质量标准》(GB3095-1996)二级标准。县境内出境断面水质均满足《地表水环境质量标准》(GB3838-2002)Ⅲ类标准。区域环境噪声均符合《声环境质量标准》(GB3096-2008)。全年,二氧化硫削减 996.94 吨,化学需氧量削减 687.27 吨,氨氮削减 16.59 吨,氮氧化物削减 257.19 吨。加强机动车污染防治工作,全年办理机动车环保标志 686 个。全年建城区绿化覆盖率 40.48%,饮用水源水质达标率 100%,城镇生活垃圾无害化处理率 91.2%,污水处理厂集中处理率 88.1%。全县有省级生态村 2 个、市级生态村 126 个、县级生态村 124 个,命名生态家园 19600 户。

【就业】2013 年,全县单位从业人员达 4.79 万人,工资总额 182960 万元,年平均工资 34510 元,增长 8.2%。其中城镇单位从业人员 1.51 万人,工资总额 61076 万元,年平均工资 41273 元,增长 4.31%;私营单位从业人员 3.28 万人,工资总额 121884 万元,年平均工资 31891 元,增长 8.4%。全年,城镇新增就业人员 4713 人,年末城镇登记失业人员 1197 人,登记失业率 3.22%。

【社会保障】2013 年,全县有各种社会福利收养性单位 16 个,社会福利性单位床位 1481 张。城镇居民最低生活保障人数 9384 人,农村居民最低生活保障人数 15150 人;全县有五保供养 1705 人,其中集中供养 1276 人、分散供养 429 人,集中供养率为 74.8%。全年养老保险参保职工人数 2.1 万人,基本医疗保险参保职工人数 2.3 万人,失业保险参保人数 0.66 万人,工伤保险参保职工 1.0 万人,生育保险参保职工 0.55 万人,新型农村社会养老保险参保 10.79 万人,城镇基本医疗保险参保 4.55 万人,新型农村合作医疗参保人 35.34 万人。

【住房公积金】2013 年,全县住房公积金缴存总额 45860 万元,增长 25.35%,住房公积金缴存职工人数 14254 人;其中新增缴存单位 15 个(含民营企业 12 个),新增住房公积金缴存人数 1040 人。发放住房贷款额 4230.8 万元,增长 223.23%;提取住房公积金额 5143 万元,增长 37.39%。

(周 娟)

经济结构与经济效益

【经济总量】2013 年,全县生产总值实现 95.14 亿元,下降 6.7%(绝对值为现价,速度为可比价,下同)。其中第一产业增加值 16.82 亿元,增长 3.6%;第二产业增加值 60.7 亿元,下降 12%;第三产业增加值 17.6 亿元,增长 11.3%。三次产业占 GDP 的比重为 17.7∶63.8∶18.5。

【民营经济】2013 年,民营经济占 GDP 的比重进一步提高。全年民营经济实现增加值 61.46 亿元,下降 3.7%,占 GDP 的比重为 64.6%,提高 0.5 个百分点。其中第一产业增加值 6.14 亿元,增长 3.7%;第二产业增加值 45.71 亿元,下降 6.9%;第三产业增加值 9.61 亿元,增长 12.7%。全年工商登记企业期末总户数 12946 户,增加 1530 户,增长 13.4%;其中个体工商户 11974 户,私营企业 972 家。

【产业投资结构】2013 年,全县第一产业完成投资 1.19 亿元,增长 13.3%,占总投资的 2.3%;第二产业完成投资 31.08 亿元,增长 14.4%,占总投资的 61.1%;第三产业完成投资 18.6 亿元,增长 70.8%,占总投资的 36.6%。

【农业结构调整】2013 年,全县农业发展稳定,深入实施“5·20”特色产业工程,茶园面积达 1.04 万公顷(15.6 万亩),生产茶叶 8919 吨,实现产值 5.2 亿元。出栏羊 0.59 万只,出栏肉牛 3.49 万头,实现产值 4.83 亿元。成功承办全省烤烟现场会,烤烟移栽 2340 公顷(3.51 万亩),收购烤烟 4029 吨,实现总产值 0.86 亿元。生态经济林、生态观光区分别达 1.2 万公顷(18 万亩)、1.33 万公顷(20 万亩)。全年实现农林牧渔及服务业总产值 28.13 亿元,增长 3.7%。实现增加值 16.82 亿元,增长 3.6%,其中农业增加值 8.57 亿元,增长 4.88%;林业增加值 0.91 亿元,增长 7.7%;畜牧业增加值 7.15 亿元,增长 1.45%;渔业增加值 0.13 亿元,增长 4.2%;农林牧渔服务业增加值 0.05 亿元,增长 9.8%。

农业:全年农业实现产值 12.49 亿元,增长 4.9%;全年农作物总播种 41768 公顷(62.65 万亩),下降 1.04%;大春粮食作物播种 23166 公顷(34.75 万亩),下降 0.06%;小春粮食作物种植 10665 公顷(16.00 万亩),增长 0.07%;全年粮食产量 152749 吨,增长 1.45%,其中大春粮食产量 128935 吨,增长 2.19%;小春粮食产量 23814 吨,下降 2.36%。

林业:全年林业实现产值 1.23 亿元,增长 7.7%;全县完成成片造林面积2200公顷(3.3万亩),义务植树86万株,林木育苗28.67公顷(430亩),幼林抚育作业面积533.33公顷(8000亩),成林抚育作业面积800公顷(1.2万亩);新增森林面积1266.67公顷(1.9万亩),森林蓄积3.9万立方米,全县森林面积达5.97万公顷(89.55万亩),森林覆盖率达46.55%。全年争取实施国家、省级林业投资项目18个,其中重点林业建设项目6个;争取上级林业投入资金共8107.81万元。已到位资金4662.36万元,争取投入资金比上年度增长151.7%,位列全市第一。新建设现代林竹产业基地1万亩,建立"万亩林亿元钱"高效立体林业综合示范区1个,申报省、市级林业龙头加工企业各1个,新建川林核桃种植、鹏辉园林绿化林业专业合作社2个,规范化建设林业专业合作社3个。成功签约筠连红军源竹业开发有限公司总投资2.5亿元的"竹饮料和竹签生产项目"、筠连南苑家私制品有限公司总投产1亿元的"乌木、金丝楠家具加工项目"。

畜牧业:畜牧业实现产值14.12亿元,增长2.2%;出栏肉猪40.92万头,增长2.0%;出栏肉牛3.49万头,增长2.39%;羊出栏0.59万只,增长2.49%;兔出栏21.1万只,增长110.02%;家禽出栏220.53万羽,增长3.0%。肉类总产量达到3.64万吨,增长3.41,其中:猪肉产量2.87万吨,增长1.82%;牛肉产量0.42万吨,增长11.58%;禽蛋产量0.17万吨,增长1.92%。年末生猪存栏26.61万头,牛存栏8.26万头,羊存栏0.9万只,兔存栏12.37万只。

渔业:全年实现渔业产值0.19亿元,增长6.2%;水产品产量1380吨,增长6.2%。

农业生产条件进一步改善:年内新增有效灌溉面积800公顷(1.2万亩),年末有效灌溉面积达到7600公顷(11.4万亩),综合治理水土流失面积2200公顷(3.3万亩)。全年解决农村安全饮水人口3.45万人,年末农业机械总动力13.9万千瓦,增长2.96%;拥有农用排灌动力机械2198台。全县现有水力发电站81个,发电设备容量达34520千瓦。全年农村用电量11750万千瓦时,农用化肥施用量(折纯)4260吨。年末实有耕地22340公顷(33.51万亩),其中水田6143公顷(9.21万亩)、旱地16197公顷(24.30万亩)。乡村劳动力资源数192085人,乡村从业人员191191人。

【工业经济结构调整】 2013年,受宏观经济下行、煤矿安全以及国家煤矿关停政策影响,全县支柱产业煤炭行业遭遇数年未遇的"寒冬",根据国家煤矿关停政策规定,全县关停11家煤矿企业,其中规模以上工业企业7家、规模以下工业企业4家;规模以上工业企业中退出26家,新增2家。全县现有规模以上工业企业35家,其中煤炭开采业21家。全部工业实现增加值57.95亿元,下降13%;其中规模以上工业实现增加值39.4亿元,下降14.2%。全县规模以上工业企业实现营业务收入89.72亿元,下降33.2%;实现利润总额8.88亿元,下降52.3%;实现利税总额18.57亿元,下降47.3%;工业企业技改投资16.09亿元,增长4.03%。全县过关煤炭176.45万吨,下降56.8%。年末,有资质等级独立核算的建筑企业6家,其中施工总承包1家和专业承包企业5家。施工总承包和专业承包企业全年完成建筑业现价总产值6.02亿元,增长25.9%;房屋建筑施工面积59.4万平方米,增长39.1%。进一步完善园区规划,全年园区新入驻龙泉酒业、蓝伯特生物科技等企业8家,海瀛、巡司园区入驻企业达49家。

【国内贸易结构调整】 2013年,全县实现全社会消费品零售总额22.49亿元,增长14.4%。其中城镇市场实现零售额15.16亿元,增长14.9%;乡村市场实现零售额7.33亿元,增长13.4%。限额以上贸易单位(含个体户)达到40家,净增2家,增长5.3%。

文旅产业发展势头强劲:基本完成全县旅游规划修编、岩溶风景区总体规划;"中国云上石漠·春风花海"生态旅游度假区完成总体规划、部分景点打造和土地调规工作,清溪沟茶文化主题公园于9月30日试运行,神羊洞旅游景区完成规划和洞内灯光系统安装,古楼景区意向业主规划团队进场开展工作;推进旅游标准化建设,开展乡村旅游示范乡镇、村创建和十佳农家乐评选活动,旅游市场进一步规范。全年旅游人数达72.45万人次,增加15.67万人次;旅游总收入4.74亿元,增长37.4%。

招商引资:全年到位资金44.98亿元,增长29%;其中省外到位资金29.68亿元,增长12%。全年新签项目30个,履约26个,履约率86.7%。

【投资结构调整】 2013年,全年完成全社会固定资产投资50.87亿元,增长30.1%;其中固定资产投资49.87亿元,增长31.7%;全县工业投资31.02亿元,增长14.5%。全县全年基本建设投资完成29.71亿元,增长47.89%;更新改造投资完成16.09亿元,增长4.03%;房地产开发投资完成4.06亿元,增长76.5%;农户投资1亿元,下降20%。全年新开工入库项目69个,其中工业技改项目12个、基建项目57个,新增固定资产32亿元。地方煤矿技改完成投资15.88亿元;新维、船景煤矿分别完成总投资实物量的70%、86%;页岩气项目完成投资3.75亿元,完成钻井127口;"泓硒泉"矿泉水、醒世茶业技改项目已进入试生产;双星茶业、龙镇天子酒业技改、龙泉酒业技改、中密度纤维板、红军源竹笋加工、粮油仓储等项目建设加快推进。2×35万千瓦煤矸石发电项目已确定中电国际为投资业主,项目部已进驻县内开展工作;武乐矿井项目已获省发改委项目核准。

【财政收支结构】 2013年,全县财政总收入12.76亿元,增长7.95%。地方财政收入(含基金收入)8.92亿元,增长47.8%,地方公共财政预算收入5.03亿元,增长2.44%。

其中非税收入完成2.69亿元,增长40.86%;基金收入完成3.89亿元,增长247.3%。全县财政总支出20.84亿元,增长24.08%。地方公共财政预算支出16.72亿元,增长8.87%;其中一般公共服务支出1.51亿元,增长11.89%;农林水事务支出3.08亿元,增长21.98%;科学技术支出0.12亿元,增长15%;教育支出3.6亿元,下降1.17%;医疗卫生支出1.68亿元,下降4.3%。全年基金预算支出完成4.12亿元,增长186.1%。

【金融结构】 2013年,全县金融机构各项存款余额56.84亿元,比年初增长7.01%;其中单位存款余额22.88亿元,增长4.54%;城乡居民储蓄存款余额33.39亿元,增长9.95%。金融机构各项贷款余额30.55亿元,比年初增长22.52%;其中短期贷款12.41亿元,增长37.29%,中长期贷款9.72亿元,增长27.24%。全年保费收入7361万元,增长14.98%。

（陶 凯）

城乡环境综合治理

【概况】 2013年,全县城乡环境综合治理工作按照县委"实干增效年"主题和"安全发展、转型突破、六化联动、实干增效"工作基调,围绕县委"12456"发展战略和县委、县政府中心工作,以创建国家卫生县城和全省环境优美示范县城为主线,深入实施环境质量提升工程、城乡绿化提升工程、环境设施提升工程、城乡容貌提升工程、文明素质提升工程"五大工程",城乡环境治理工作向基层延伸、向村庄延伸、向盲点死角延伸,城乡环境综合治理工作有效、有力、有序推进。

【组织管理】 2013年,县委、县政府继续把城乡环境综合治理工作纳入县政府目标管理,专门制定有效、有序、有力的考核办法。继续实行乡镇、县级部门主要领导和分管领导缴纳工作责任金制度,视完成情况给予奖惩。及时调整充实领导机构,县委书记王萍任城乡环境综合治理工作领导小组组长,县长刘朝平任第一副组长,四大班子分管领导任副组长,领导小组下设办公室,由县城管局牵头,多个职能部门共同负责。全年先后召开工作会议20多次,专题研究部署城乡环境综合治理工作。

【工作机制】 2013年,县委、县政府继续把城乡环境综合治理工作纳入重要议事日程,实行目标管理和挂牌督办,并根据省、市工作部署,多次召开专题会议,研究部署工作,并相继完善《城乡综合治理工作考核办法》《市容和环境卫生管理办法》等办法、制度。县委、县政府领导常到乡镇现场办公,解决城乡环境综合治理工作中的不务实和推诿扯皮现象。省、市城乡环境综合治理督查组定期和不定期对城乡环境综合治理开展情况进行明察暗访,各级媒体加强舆论曝光,通过发督查简报等方式,推动工作责任的落实。还通过现场督查、挂牌督办、领导点评等形式,深化制度的落实,促进城乡环境综合治理工作向纵深推进。同时,各乡镇及相关部门将工作任务进一步细化、量化,目标分解到村组,责任落实到人、落实到基层。

【专项治理】 2013年,针对薄弱环节和薄弱区域,统一开展社区环境治理、扬尘治理、市政设施、"三场"建设等专项治理,全面夯实基层基础。一是坚持民本理念,狠抓社区环境治理,促进净化、绿化、美化、亮化和居民行为规范化。二是健全扬尘治理管理机构,加强领导,理顺关系,完善渣土处置行政许可制度,充实扬尘治理执法队伍,把扬尘治理工作列入各级各部门工作的重要内容,推进各类工地、砂石场、堆煤场、露天停车场、堆货场等标准化建设。三是市政设施专项治理工作有序推进,完成汇鑫广场市政设施示范街建设1条,完成学士路、北环路、滨河东路三段等小街整治6条;完善新华大道、小西街、煤都大道3条大街的市政设施,完善交通路口节点整治8处,新增绿化节点打造1200平方米。四是加快推进"三场"建设,完成汇鑫广场、质监局办公楼、国土资源局和农业局办公楼3个地下停车场建设,新增车位312个;新建高坎乡、乐义乡、沐爱镇3个乡镇农贸市场,新增市场摊位300个,新建洗车场1个,升级改造洗车场3个。五是结合全省烤烟生产现场会,集中抓好公路沿线和农民集居点农户风貌塑造,实施公路沿线农户风貌塑造3400余户,形成乡村风貌新看点。

【基础设施建设】 一是按照标准推进公厕、垃圾清扫、收运、处置设施等环卫设施设备建设,对城镇街道、主要通道、重要节点市政设施实行提档升级。二是加快推进垃圾处理场、垃圾中转站、公厕建设,强化设施监管,保持规范运行。三是加快推进生活垃圾分类收集体系建设,更新和充实垃圾收集、运输车,冲洗清扫保洁车,洒水车等环卫设备。建成大雪山镇小型垃圾填埋场,新建垃圾分类池50个,安装垃圾桶、果皮箱350个,新建公路沿线公厕22座,升级改造公路沿线公厕5座,建成塘坝乡幸福村等小型污水处理设施4个,新增污水处理能力720吨/日,新建污水收集管网8.8公里。

【国家卫生县城创建】 2013年,继续巩固"省级卫生县城"创建工作成果,扎实开展国家级卫生县城创建工作。一是开展除"四害"活动。在上年国家卫生县城创建"灭鼠"达标的基础上,继续加大除"四害"工作力度,投入资金40余万元,清除蟑螂孳生地4万余处,投放灭蟑毒饵8万余袋,国家卫生县城灭蟑螂工作通过省爱卫办验收,获得国家卫生县城创建的入场券。二是扎实开展卫生城乡镇村建设活动。把卫生城乡镇村创建活动纳入各乡镇目标管理，创建工作有序推进。龙镇乡创建市级卫生乡镇通过市爱卫办验收，筠连镇联络村、水塘村创建省级卫生村和筠连镇垫泥村、中和村、五陵村创建市级卫生村通过考核验收。三是开展城市秩序整治。采取“统一行动、分工负责、疏堵结合”的方法，力争在短时间内解决影响市容环境和城市秩序的难点问题，尤其是市民反映强烈的丧事扰民、占道经营、流动摊点、车辆乱停乱放等问题，力求市容市貌得到明显改善，城市秩序明显好转，达到市容整洁、环境优美、交通顺畅的目的，营造良好的人居环境，实现城市秩序整治工作长效、常态管理的局面，确保国家卫生县城创建顺利推进。

【环境优美示范工程】2013 年，以“清洁化、秩序化、优美化、制度化”为标准，以争创“环境优美示范工程”为载体，以“五乱”（垃圾乱丢、摊点乱摆、工地乱象、广告乱贴、车辆乱停）治理、风貌塑造、专项行动为突破口，采取“政府主导、部门引导、乡镇主抓、村组落实、群众主体”的工作运行机制，围绕“塑风貌、抓典型、建机制、重常态”的工作思路，奋力拼搏，强势整治，基础设施配套建设得到跨越式提升，城乡环境面貌显著改善。各创建主体按照示范城镇“规划体系完善，设施建设加快，环境面貌改观，城镇形象提升，居民素质提高”和示范村庄“规划水平提高，风貌特色突出，配套设施完善，村容整洁卫生，文明乡风形成，示范要求达标”的工作要求扎实开展创建工作，主要进行环境优美示范工程工作机制创建、规划体系完善、环境质量改善、设施建设加快、城镇形象提升、居民素质提高等，创建工作取得明显成效。全县有 1 县城 1 乡 6 村纳入省环境优美示范工程，分别为：县城，孔雀乡，筠连镇垫泥村、大雪山镇安乐村、团林乡杉新村、蒿坝镇高桥村、腾达镇水茨村、双腾镇走马村。

【宣传教育】2013 年，在整体推进城乡环境综合治理工作中，着力为城乡环境综合治理工作提供有力支持和思想保障，切实提高群众知晓率和参与率。积极整合各类工作平台，将城乡环境综合治理工作与创建国家卫生城市、巩固省级卫生县城有机结合起来，采取多种形式，持续深入开展系列宣传、教育和实践活动，迅速掀起城乡环境综合治理新高潮，有力地调动城乡居民的积极性、主动性和创造性。全年在市、县电视台共播出城乡环境综合治理相关稿件 100 篇，涉及“五乱”治理稿件 70 篇，曝光不文明陋习 20 次；《绿色煤都》刊发信息 78 条，党政网发布信息 100 余条，在公共场所设置宣传栏 56 个，制作大型户外广告 10 处，出动宣传车辆 70 台次，发放宣传资料 5 万余份，受教育人数 16 万余人次。

（韩佳芳）

国有及国有控股经济

【概况】2013 年，全县国有及国有控股企业有 2 家，即筠连县自来水有限责任公司、四川能投筠连电力有限公司（2012 年 11 月由四川省水电投资经营集团筠连电力有限公司注册，属全资子公司）；国有独资公司 3 家，即筠连县国有资产经营有限公司、筠连县粮食购销公司、筠连县城市投资有限责任公司。筠连县自来水有限责任公司承担全县自来水供应，四川能投筠连电力有限公司承担全县的电力供应。筠连县国有资产经营有限公司主要经营管理全县行政事业单位国有闲置厂房、土地和行政事业单位经营性门面等国有资产；筠连县粮食购销公司负责全县县级粮食储备及粮食安全管理；筠连县城市投资有限责任公司承担政府出资市政项目建设。

【国有资本构成情况】根据 2007 年国有资产占有产权年检核定，筠连县自来水有限责任公司股权比例为实收资本总额 111.9 万元，其中国有资本 95.659 万元，占 85.49%；个人资本 16.241 万元，占 14.51%。国有独资公司实收资本总额 2500 万元，其中筠连县国有资产经营有限公司 500 万元，筠连县城市投资有限责任公司 2000 万元。

【财务状况】2013 年年末，四川省能投筠连电力有限公司在册职工 341 人，资产总额 53210 万元，负债总额 46014 万元，营业收入 27717 万元，实现利润 3845 万元，上缴税金 2733 万元。筠连县自来水有限责任公司在册职工 81 人，资产总额 637 万元，负债总额 1131 万元，营业收入 495 万元，实现利润 0.5 万元，上缴税金 27 万元。筠连县国有资产经营有限公司，资产总额 7830 万元，负债总额 3701 万元，营业收入 62 万元，利润 49 万元；筠连县粮食购销公司，资产总额 316 万元，负债总额 316 万元，新增加 1000 吨县级储备粮。筠连县城市投资有限责任公司，资产总额 38583 万元，负债总额 6155 万元，亏损 2.7 万元。

（张 进）

国有资产监管

【经营性国有资产监管】2013 年，进一步加强国有资产经营管理。一是加大国有资产资源市场化配置力度。采取招标协议形式，出租国有经营性门面资产 153 间，实现收益 60 余万元和电力公司、县医院借款资金占用费 60 余万元。二是调查研究，积极融资，支持筠连县基础设施建设。成功拍卖房产 2 批，变现价值 4200.5 万元，高于保护底价 800 余万元。三是受县政府授权，完成对宜宾市和正担保有限公司入股1000万元、宜宾市农业融资担保有限公司入股400万元再增资入股200万元。

【行政事业单位资产监管】2013年，加强行政事业单位国有资产管理改革，认真履行行政事业单位国有资产公开拍卖、报废、划转等处置环节审批管理职责，维护国有资产安全。完善行政事业单位资产管理信息系统建设，把全县行政事业单位资产纳入信息系统管理，实现行政事业单位国有资产管理常态化。全年，按照行政事业单位国有资产管理政策及处置程序、办法，审核批准县、乡镇、部门单位申请公开拍卖公务车19辆，审核和批准县乡部门单位固定资产报废申请，经财政部门审核批准，共拍卖、报废行政事业单位国有资产373.53万元。

（惠 林）

民营经济

【概况】2013年，全县民营经济累计完成增加值61.46亿元，比上年同期（下同）下降3.7%；民营经济占全县GDP的比重为64.6%，增加0.5个百分点。其中第一产业增加值6.14亿元，增长3.7%；第二产业增加值45.71亿元，下降6.9%；第三产业增加值9.61亿元，增长12.7%。全年工商登记企业期末总户数12946户，增加1530户，增长13.4%；其中个体工商户11974户、私营企业972户。

【民营经济发展特点】一是龙头行业带动作用明显。2013年年底，全县规模以上民营工业企业有32家，减少34家，主要是受市场因素和政策因素影响，但民营企业群体经济势力进一步壮大。二是中小企业仍是民营经济的主力军。民营经济遍及各行各业，规模以上企业占全县的规模企业比重较大，但全为中小企业，规模以上民营经济行业分布于煤炭采掘、矿山机械、水泥行业、茶业制造、农产品加工等行业。三是企业发展潜力较大。全县民营经济通过投资、技改等扩大生产能力，展现出较强的发展后劲，其中较有代表性的有龙镇天子酒业，至年末累计完成投资1.1亿元。龙镇天子酒业A区设在大转弯基地（原水泥厂），对原水泥厂的部分厂房进行改造再利用，首期已建成厂房、化验室及存酒车间7000平方米建设，订购2条自动包装生产线、订购200多万元天地行车设备，完成投资7000多万元；龙镇天子酒业B区设在原大洋火电厂，已对厂区进行改造，完成投资4000多万元。

【主要工作】一是推进企业信息化建设，全县规模以上民营企业均实现互联网接入，便于企业对外宣传和信息交流。二是民营企业培训，全年组织60余人次的民营企业业主及管理人员，参加市经信委针对民营企业管理方面的培训等讲座2期。三是企业融资，多次组织非煤企业参加各种融资投资洽谈会，有11个项目与银行达成合作意向。四是项目招商，县经信局主要领导亲自抓、全体机关干部齐参与，从项目考察、论证、办理各类手续到开工建设，全方位搞好服务，及时帮助解决项目招商中遇到的各类问题，确保项目顺利入驻筠连。

（肖 波）

精神文明建设

【概况】2013年，全县精神文明建设工作深入贯彻落实中共十八大精神，围绕县委“12456”发展思路，以美丽乡村精神文明建设为统领，创新观念，拓展思路，大力弘扬中华民族传统美德，不断深化群众性精神文明创建活动，努力培育良好社会风尚，为“建成川南滇东北结合部经济强县、先于全市全面建成小康社会”提供有力的思想保证，凝聚强大的精神动力，营造良好的社会环境。

【公民道德教育实践活动】一是开展公民道德建设宣传教育活动。2013年，由县委宣传部牵头，开展送文化下乡活动40余次，开展庆元宵“春满筠州”乡镇文艺调演暨第十六届“玉壶之春”闭幕式、“庆元宵·龙腾狮跃闹筠州”第四届乡镇舞龙比赛活动、腾达镇“春风李花节”和第四届“李子品果节”、巡司镇沙林村“苗族花山节”、武德乡第四届“印象武德·荷韵共和”生态旅游文化节、塘坝乡清溪沟茶文化博览会等“一乡一品”地方特色文化活动；举办第十六届“玉壶之春”艺术节，教育系统开展“学雷锋·做一个有道德的人”演讲比赛、讲故事比赛、征文比赛等，推荐2名选手和4篇征文参加比赛。在筠连中学、筠连县气象局等5个省级文明单位建设道德讲堂。3月7日，县文明办牵头，组织综治、工商、团县委等部门，在新华大道集中开展以“弘扬志愿精神，建设美好筠连”为主题的大型宣传日活动。二是开展道德模范、“身边好人”和“美德少年”评选活动。全年，王家元获中央文明办等七部门表彰的第四届全国道德模范提名奖；刘光本、李秋被宜宾市文明办等七部门评为宜宾市第四届道德模范。辛在光、李大章、何元碧、高令航、朱全喜、王家元、刘光本、应元玲、平燕、张义存10人被县文明委评为筠连县第二届道德模范。刘光本、贾廷伟被四川省文明办评为“四川好人”；李秋、吴颖、叶乘西、唐一田、黄涛5人被宜宾市文明办评为宜宾市“美德少年”。

【未成年人思想道德建设】一是落实专项经费保障。认真贯彻落实全国、全省未成年人思想道德建设工作视讯会议精神，未成年人思想道德建设工作经费按0.20元/人标准,共8.5万元,全额纳入财政预算。二是开展系列主题实践活动。以"中国梦"为主题,在全县开展"一张小报"创编活动,创作节日小报共300余幅;以"红领巾心向党——十八大与我们的未来"为主题,开展"一幅微图"原创活动,选出5件优秀作品向市少工委推荐参评;开展"一首童谣"传唱活动,组织各中小学校开展传唱童谣、"优秀童谣"评选活动,推荐10首参加全省、全市比赛,胜利街小学的《拾稻穗的小姑娘》获市级三等奖;开展"一个心愿"征集活动,通过留守学生"心语心愿、爱心圆梦"圆梦行动,有70名留守学生的心里愿望被认领。三是开展"做一个有道德的人"实践教育活动。县文明办组织1000余名学生到玉壶广场烈士陵园开展"缅怀革命先烈·弘扬民族精神"清明祭扫活动和中国文明网、中国未成年人网等网站举办的"网上祭英烈"活动,上网祭奠烈,鞠躬、献花,留言800余条。利用"3·5""5·4"等节日,开展"学雷锋·树新风·我行动"志愿服务行动、"青春耀筠州"青春励志活动、五四成人礼等"做有道德的人"系列活动。牵头组织全县三年级以上中小学生参加全国青少年"学雷锋·做有道德的人"爱国主义读书教育活动征文、演讲、讲故事比赛。7月,由县关工委、县文明办、县教育局、团县委共同举办"学雷锋?爱家乡"夏令营活动,推荐1名学生参加全省青少年夏令营活动。

【社会文化环境净化】2013年,继续加大社会文化环境净化工作,积极组织县综合执法大队等单位对辖区内网吧、游艺娱乐场开展社会文化环境检查。全年共检查8次,发现问题网吧42家,处罚违法经营有证网吧36家,查处取缔校园周边违法经营黑网吧2家,缴获非法经营电脑15台,查获带有赌博(投币)功能性质的电子游戏机10余台,查处取缔电子游戏厅8家。

【文化惠民工程建设】2013年,全县建成7所乡村学校少年宫,其中由中央彩票专项公益金支持建成巡司镇中心校1所,自建达标乡村学校少年宫有双腾镇中心校、镇舟镇中心校、蒿坝镇中心校、武德乡中心校、乐义乡中心校、高坪苗族乡中心校6所。全县乡村学校少年宫覆盖率达65%。

【文明单位创建】一是开展文明细胞创评活动。以"产业生态美、新村特色美、农民幸福美、社会和谐美"为主题,开展"三户创评"(遵纪守法户、五好家庭户、双文明户)"好婆婆""好媳妇""好邻里"等评选活动,评选出20对。举办春风村"幸福之春·和谐农家"春晚及系列春节联欢会活动,200余名农民演员登上"农村春晚"。二是开展文明单位(村镇)创建活动。2013年,完成各级各类文明单位的申报、审核、公示等工作,成功创建省级文明单位2个、省级文明村1个;市级文明单位14个、市级文明村社26个;县级文明单位(村、社区)10个。组织开展网上培训12次,业务指导15个单位、29个村,促进文明单位创建工作常态化。

【农村精神文明建设】2013年,在春风村全面实施精神文明建设"735"工程,从阵地、队伍、活动3个方面集中开展农村精神文明建设,做法被省委宣传部推荐到中宣部,得到中宣部调研局、中宣部政策法规研究室和中央文明办的肯定。全县农村精神文明建设的经验《宜宾春风村开展文明建设"735"工程》《弘扬春风精神 建设美丽乡村——关于四川省筠连县农村精神文明建设的调研报告》《四川省筠连县组织实施"百村春风行动"》在中宣部《宣传工作》第11期、《决策参考》第52期、中央文明办《精神文明建设》第12期上刊发;县文明委领导先后3次在全国文明办主任培训班上以《弘扬春风精神 建设美丽乡村》为题,对"筠连模式"作经验交流。11月28–29日,中央文明办一局局长杨新贵一行到筠连调研农村精神文明建设,高度肯定以"经济发展、村庄漂亮、农民快乐、人人有德"为内涵的"筠连模式"。为全县推广"735"工程,县文明委印发《关于开展美丽乡村精神文明建设活动的实施意见》,县委委托西华大学编制《筠连县农村精神文明建设规划》,按沿路、沿河、沿景区、沿产业集中区发展思路,在4年内实现美丽乡村全覆盖。

【志愿服务活动】一是筹备筠连县志愿者协会。通过筹备,于5月成立筠连县志愿者协会,组建筠连县志愿服务支队1个、志愿服务分队20个,注册志愿者1182名。二是积极组织志愿服务活动。县文明办牵头开展"关爱山川河流"志愿服务宣传、慰问孤寡老人、文明交通行动计划等志愿服务活动,发放各类宣传资料2000余份,为群众义诊120余人次,现场招募志愿者8人,慰问孤寡老人60余人。全年,筠爱义工协会为联合乡民族小学、红竹小学、红春小学送去价值3万余元的学习用具。"4·20"雅安芦山地震发生后,全县文明办系统共募捐5万多元物质和3万多元现金送到灾区。三是网络文明志愿传播。加强网络文明志愿传播,建立筠连新闻网文明之窗专页、筠连县文明办腾讯微博,有数十名网络文明志愿者加入到省市网络文明传播微博群。县文明办被省委宣传部、省文明办授予四川省志愿服务宣传报道工作组织奖。

【宣传报道】2013年,县文明办共编发《文明之窗》8期、《会议纪要》5期,向上级报送精神文明建设信息349条,被采用165条,其中中国文明网11条、中国未成年人网12条、四川文明网142条。

(蒋蜀均)

筠连县2013年党政群团机关及其工作部门领导人员名录

说明：一、本年鉴所载领导人名录，除县级机关外，其余县级部门刊载正局级单位的正、副职，副局级单位的正职；二、2013年任职情况无变化的，不单独注明；三、排名不分先后。

（一）县级领导机关

中国共产党筠连县委员会

书　记　王　萍（女）
副书记　刘朝平
　　　　叶光明
常　委　王　萍（女）
　　　　刘朝平
　　　　叶光明
　　　　甘华锋
　　　　潘练红
　　　　张宗才
　　　　黄学锋
　　　　伍永富
　　　　李小林
　　　　陈朝金（10月前）
　　　　詹　立（6月起）
　　　　邬文斌（10月起）

筠连县人民代表大会常务委员会

主　任　何　跃
副主任　晋方全
　　　　张　彬
　　　　李家明
　　　　古有奎

筠连县人民政府

县　长　刘朝平
副县长　甘华锋（负责常务工作）
　　　　伍永富
　　　　王见华
　　　　杨国庆
　　　　王永红（女，苗族）
　　　　师世秋

中国人民政治协商会议筠连县委员会

主　席　黄　静（女）
副主席　韩世全（苗族）
　　　　邓月均
　　　　刘乐君（女）
　　　　叶宗勇

筠连县工业园区管理委员会

副主任　罗吉义
纪工委书记　郑世筠

（二）纪检、法院、检察、司法、公安

中共筠连县纪律检查委员会

书　记　张宗才
副县级纪检监察员　兰　湘
副书记　兰　湘
　　　　万家其（5月起）
常　委　张宗才
　　　　兰　湘
　　　　万家其（5月起）
　　　　邓　林
　　　　雷　霆
　　　　何　玲（女）
　　　　宋金培

办公室

主　任　李加强（1月前）
　　　　邓正平（1月起）

审理室

主　任　詹　洁（女）

案管室

主　任　张　椿

综合室

主　任　周　松（1月起）

信访室

主　任　周国彬

党风室

主　任　何　玲（女）

机关行政效能投诉中心

专职副主任　胡　磊

筠连县监察局

局　长　兰　湘
副局长　雷　霆
　　　　宋金培

筠连县人民法院

党组书记　田华清
政治处主任　练小玲（女）
纪检组长　曹正楷
院　长　田华清

副院长　　杨文龙
陈志勇
李　华

筠连县人民检察院

党组书记　　苏　平
副书记　　舒　爽(12月前)
纪检组长　　曾仁英(女)
政治处主任　　杨科伟(1月前)
检察长　　苏　平
副检察长　　周勇军
周玉均
谢　华

反贪局

局　长　　吴成洪

反渎职侵权局

局　长　　王劲松

筠连县司法局

党组书记　　张　嵩
副书记　　李章权
纪检组长　　范仕均
局　长　　李章权
副局长　　张　嵩
范仕均

筠连县公安局

党委书记　　杨国庆
副书记　　郑　云(副县级侦查员)
曹立华(女)
纪委书记　　曹立华(女)
局　长　　杨国庆
政　委　　郑　云
副局长　　曹　旺
陈正明
兰　毅

警务指挥中心

教导员　　易元彬
主　任　　陈旭波

政工监督室

主　任　　张运梅(女)

警务保障室

主　任　　李春奇

法制室

主　任　　徐泽华

交警大队

教导员　　袁　青
大队长　　唐　伟

经侦大队

教导员　　谭　杰
大队长　　董明均(5月前)

治安大队

教导员　　舒　畅(5月前)
大队长　　李　辉

刑侦大队

教导员　　贾廷伟
大队长　　彭　杰

禁毒大队

教导员　　徐　武
大队长　　韩　科

网监大队

教导员　　詹前生
大队长　　张龙永

看守所

教导员　　聂茂林(5月前)
所　长　　陈代金

国保大队

教导员　　黄严筠(5月前)
大队长　　许　华

筠连镇派出所

指导员　　赵　锴
所　长　　钟学华

巡司镇派出所

所　长　　周平富

维新镇派出所

所　长　　闵　涛

蒿坝镇派出所

所　长　　叶　东

乐义乡派出所

所　长　　曾文峰

大雪山镇派出所

所　长　　刘　杰

沐爱镇派出所

所　长　　吴　伟

双腾镇派出所

所　长　　詹　吉

镇舟镇派出所

所　长　　赵志刚

武德乡派出所

所　长　　陶　涛

塘坝乡派出所

所　长　　贾庆筠

龙镇乡派出所

所　长　　聂　坤

(三)党政群团机关及其工作部门

中共筠连县委办公室

主　任　　李小林

副主任　　谢明生

　　　　　李华伟

　　　　　罗　勇(1月前)

县委农工办

副主任　　李　杰

县委政策研究室

副主任　　黄通其

县委群众工作局(县信访局)

副局长　　严维烨(1月前)

　　　　　刘谢润(女)

县委防范和处理邪教问题领导小组办公室

主　任　　罗　勇(1月前)

　　　　　陈　旭(5月起)

县委机要局

局　长　　李　强

副局长　　刘小强

县委保密委员会办公室

副主任　　曹　莉(女,1月前)

筠连县国家保密局

副局长　　曹　莉(女,3月前)

县党史研究室

主　任　　谢明生

副主任　　刘道强(1月起)

中共筠连县委组织部

部　长　　黄学锋

副部长　　李家明(3月前)

　　　　　熊　刚(3月前)

　　　　　潘云林

　　　　　王　玉(女)

　　　　　何兴军(3月起)

　　　　　谢国刚(3月起)

　　　　　张　芳(女,3月起)

县委党建办公室

主　任　　潘云林

副主任　　李成付

县委老干部局

局　长　　王　玉(女)

县人才办

副主任　　何兴军

中共筠连县委统战部

部　长　　韩世全(苗族)

副部长　　李国田

　　　　　熊洪书(苗族)

县委台湾工作办公室(县人民政府台湾事务办公室)

主　任　　熊洪书(苗族)

副主任　　詹秋生(女)

中共筠连县非公有制经济组织工作委员会

书　记　　韩世全(苗族)

副书记　　李国田

专职副书记　周金保

中共筠连县委政法委

书　记　　叶光明(7月前)

　　　　　詹　立(7月起)

副书记　　杨国庆(兼)

　　　　　曹良伟(专)

　　　　　陈　践(女)

县综治办公室

副主任　　龚衷麟

县大调解中心

副主任　　王贵均

纪工委

书　记　　罗晓鸣

中共筠连县直属机关工作委员会

书　记　　李小林(兼)

常务副书记　李贵聪(1月前)

　　　　　　江剑波(1月起)

副书记　　罗付林(5月前)

　　　　　吴云川(女,12月前)

纪工委书记　李贵聪(1月前)

中共筠连县委党校

校　长　　黄学锋(兼)

常务副校长　刘敬远

副校长　　余定和(1月前)

　　　　　陈世其(5月起)

中共筠连县委编制委员会办公室

主　任　　熊　刚(1月前)

　　　　　谢国刚(1–11月)

副主任　　叶家琼(女)

筠连县事业登记管理局

局　长　　张　勇

共青团筠连县委员会

书　记　　曹　莉(女,1月起)

副书记　　刘竹梅(女)

　　　　　江　山(12月前,省下派)

筠连县妇女联合会

主　席　刘谋清(女)

副主席　余家琼(女)

中共筠连县委宣传部

部　长　潘练红

副部长　霍　娟(女)

　　　　沈辅君

县委外宣办(县政府新闻办)

主　任　沈辅君(兼)

副主任　张择君

《绿色煤都》编辑部

主　编　余定和(1月起)

副主编　李田钟

精神文明建设办公室

主　任　霍　娟(女,兼)

副主任　罗均伟

筠连县文学艺术界联合会

主　席　冯　勇

专职副主席　何均虎

筠连县科学技术协会

主　席　刘泽慧(女)

副主席　邓义英(女)

筠连县总工会

主　席　叶光明(兼)

常务副主席　曾志钧

副主席　汪富永

　　　　许宗莹(女)

筠连县工商业联合会

党组书记　李国田(兼)

副书记　黄永军

主　席　叶宗勇(兼)

常务副主席　黄永军

副主席　蒋新荣

　　　　程晓玲(女)

秘书长　蒋新荣

(四)人大常委会办公室

筠连县人大常委会办公室

主　任　刘小芹(女)

副主任　徐元永

财经工委

主　任　任永生

副主任　钟学兰(女)

法社工委

主　任　徐德聪(1月前)

人事代表工委

主　任　郑荣枢

副主任　马　霞(女)

农业工委

副主任　李清卫

(五)县人民政府系统

筠连县人民政府办公室

主　任　罗吉义(2月前)

　　　　郭　刚(2月起)

副主任　申　宏(1月前)

　　　　李贵聪(1月起)

　　　　石永莉(女)

　　　　许银锋

　　　　聂　剑(5月前)

　　　　黄　峰(1月起)

筠连县政务服务中心

主　任　甘华锋

常务副主任　石永莉(女)

副主任　张家渊

筠连县人民政府法制办公室

主　任　许银锋

筠连县地方志办公室

副主任　张会权

筠连县人民防空办公室

主　任　聂　剑(5月前)

　　　　苏孝清(5月起)

副主任　阳　军

筠连县民宗局

局　长　韩　亮

筠连县人民政府应急管理办公室

主　任　申　宏(1月前)

　　　　李贵聪(1月起)

副主任　朱先斌(5月起)

筠连县政府研究室

副主任　黄　峰

中共筠连县委、筠连县人民政府督查室(目标办)

主　任　申　宏(1月前)

　　　　李贵聪(1月起)

副主任　唐　敏(女)

筠连县发展和改革局

局　长　郑世筠(2月前)

　　　　徐劲松(2月起)

党组副书记　聂多尧(1月前)
徐劲松(1月起)
纪检组长　谢国刚(1月前)
汤香蔺(1月起)
副局长　颜亨尧
许　奎
易定海
郑学彬

筠连县以工代赈办公室

主　任　颜亨尧

筠连县扶贫和移民工作局

局　长　郑世筠(1月前)
徐劲松(1月起)

筠连县物价局

局　长　郑世筠(1月前)
徐劲松(1月起)

筠连县统计局

党组副书记　段利勇
陈洪吉
局　长　段利勇
总统计师　曹世禾(女)

筠连县经济商务和信息化局

党委书记　段四海
副书记　邓立筠
纪委书记　常　礼
局　长　邓立筠
副局长　段四海
常　礼
王维忠
邓　忠(1月起)
总经济师　王顺华

筠连县招商引资局(7月25日更名为县投资促进局)

局　长　安　平
副局长　陈　华(女)

筠连县人力资源和社会保障局

党组书记　廖运炘
副书记　熊　刚(1月前)
张　芳(女,1月起)
纪检组长　熊　刚(1月前)
局　长　熊　刚(2月前)
张　芳(女,2月起)
副局长　杨　明
程先恒
涂传华
杨佳琪

筠连县公务员局

局　长　熊　刚(1月前)
张　芳(女,1月起)

筠连县就业促进局

局　长　詹团结

筠连县社会保险局

局　长　何　敏

人才交流中心

主　任　龚文涛

筠连县财政局

党组书记　喻　鸿
副书记　段　毅(女)
纪检组长　陈白玉(女)
局　长　段　毅(女)
副局长　喻　鸿
章兆伟
总会计师　叶明方
副科级干部　庄　亮

财政投资评审中心

主　任　黄祖蓉(女)

筠连县卫生局

党委书记　张　莉(女)
副书记　张　杰
纪委书记　张　莉(女)
局　长　张　杰
副局长　张　莉(女)
王　将

筠连县红十字会

专职副秘书长　宗德瑚

筠连县卫生执法大队

大队长　杨小彬(女)

筠连县人口和计划生育局

党组书记　聂昌河
副书记　胡天顺
纪检组长　聂昌河
局　长　胡天顺
副局长　刘　平(女)
正科级干部　练　红(县人大专职委员)

筠连县审计局

党组书记　熊　平(土家族)
副书记　肖志刚
局　长　肖志刚
副局长　熊　平(土家族)
杨科伟(3月起)
总审计师　张一非

正科级干部　兰永先(女,县人大专职委员)

筠连县农业局

党组书记　秦建军
副书记　何　甫
纪检组长　汤朝秋(女)
局　长　何　甫
副局长　秦建军
张远伦
黄琦疆

筠连县水务局

党委书记　郑泽彬
副书记　李泽明
袁　林(女)
纪委书记　袁　林(女)
局　长　李泽明
副局长　郑泽彬
袁　武
总工程师　徐德秋

筠连县林业局

党委书记　彭　筠
副书记　饶　永
高德华
纪委书记　高德华
局　长　饶　永
副局长　彭　筠
游光定
张　强

筠连县畜牧兽医局

党组书记　郑家林
局　长　刘后琳
副局长　郑家林
程自力
邓文松

筠连县粮食局

党组副书记　卜薪智
秦　奋
纪检组长　黄佑科
局　长　卜薪智
副局长　秦　奋
黄佑科

筠连县安全生产监督管理局

党组书记　江剑波(1月前)
申　宏(1月起)
副书记　王贵才
纪检组长　江剑波(1月前)
申　宏(1月起)
局　长　王贵才
副局长　江剑波(1月前)
申　宏(1月起)
邓　忠(1月前)
胡　涛(5月前)
蒙立洋(12月前,省下派)
徐德聪(1月起)
总工程师　朱先斌(5月前)

筠连县城镇管理局

党组书记　徐世银
纪检组长　李加强(1月起)
局　长　徐世银
副局长　周　松(1月前)
许　虎
周和勇
李加强(1月起)

筠连县档案局

党组书记　李章勇
副书记　周德琼(女)
局　长　周德琼(女)
副局长　欧纯烈

筠连县供销社

党组副书记　胡建全
主　任　胡建全
副主任　胡　涛(5月起)

筠连县科学技术局

党组书记　廖　华
局　长　廖　华
副局长　詹庚义
李　建

筠连县知识产权局

局　长　廖　华

筠连县教育局

党委书记　熊　刚(1月起)
副书记　徐劲松(1月前)
程全美(女)
纪委书记　程全美(女)
局　长　徐劲松(2月前)
熊　刚(2月起)
副局长　林付强
周　毅
黄祖华

四川省筠连县大专、中专招生委员会办公室

主　任　徐劲松(1月前)

熊　刚(1月起)

筠连县体育局

党组书记　郑如均
副书记　黄　伟
局　长　黄　伟
副局长　郑如均
　　　　刘文龙

筠连县文化广播影视新闻出版和旅游局

党组书记　曹　章(女)
副书记　杨占国
纪检组长　曹　章(女)
局　长　杨占国
副局长　曹　章(女)
　　　　何小彬

筠连县交通运输局

党委书记　王正海
副书记　邓世坤
纪委书记　王正海
局　长　邓世坤
副局长　王正海
　　　　陈利华
　　　　田　勇

筠连县交通战备办公室

主　任　陈利华
副主任　田　勇

筠连县保护通信线路安全办公室

主　任　陈利华
副主任　田　勇

筠连县运管所

所　长　陈晓东

筠连县公路路政管理大队

大队长　陈光清

筠连县国土资源管理局

党组书记　梁平扬(2月前)
　　　　胡泽刚(2月起)
副书记　周振宇(2月起)
纪检组长　刘　辉
局　长　梁平扬(2月前)
　　　　周振宇(2月起)
副局长　陈治良
　　　　胡泽刚
　　　　彭　略

筠连县住房和城乡规划建设局

党组书记　应元品(1月前)
纪检组长　陈光贤
局　长　应元品
副局长　杨显林
　　　　高智飞
总工程师　郭　军

筠连县防震减灾办公室

主　任　应元品

筠连县环境保护局

党组书记　陈　宏
副书记　胡殿华
纪检组长　陈　宏
局　长　胡殿华
副局长　唐晓莉(女)
　　　　应爱武(女)

筠连县民政局

党组书记　杨胜奎
副书记　刘　毅
纪检组长　陈旭辉
局　长　刘　毅
副局长　徐　华
　　　　李灵书(女)

筠连县老龄办公室

主　任　雷　杰

筠连县残疾人联合会

理事长　李文忠
副理事长　严树君

筠连县食品药品监督管理局

党组书记　李　骖
副书记　周先虎
纪检组长　刘家兴
局　长　周先虎
副局长　邓月秋(女)
　　　　王元辉(苗)

(六)县政协委员会委、室

筠连县政协委员会

秘书长　张洪彬
副秘书长　陈　敏(女)
　　　　汤正平

办公室

主　任　陈　敏(女)
副主任　黄丽萍(女)

提案工作办公室

主　任　陈　薇(女)

经济和社会办公室

主　任　　汤正平

(七)军队系统

筠连县人民武装部

政　委　　陈朝金(4月前)
　　　　　杨铁成(4月起)
部　长　　邬文斌
副部长　　孙祥树
军事科科长　孙祥树
后勤科科长　任荣杰

筠连县公安消防大队

教导员　　高　飞
大队长　　梁　涛
参　谋　　吕　铭

中国人民武装警察部队筠连县中队

指导员　　陈　覃
中队长　　张子宾

(八)金融系统

中国人民银行筠连县支行

党组书记　蒋兴贵
纪检组长　应元海
行　长　　蒋兴贵
副行长　　应元海
　　　　　李玲龙
　　　　　陈元明

中国农业银行筠连县支行

党委书记　张　宏(3月前)
　　　　　周光良(3月起)
行　长　　张　宏(3月前)
　　　　　周光良(3月起)
副行长　　李泽君
　　　　　周光良(3月前)
　　　　　苏向平(2月起)

中国农业发展银行筠连县支行

副行长　　陈顺其(主持工作)
　　　　　张　彦

中国工商银行股份有限公司筠连支行

行　长　　陈昆路
副行长　　刘庆丰

筠连县农村信用合作联社(11月13日改制)

党委书记　杨佳林
纪委书记　丰维连(女)
理事长　　杨佳林
主　任　　高本伦
副主任　　舒代均
监事长　　丰维连(女)

筠连县农村商业银行股份有限公司(11月13日成立)

党委书记　杨佳林
纪委书记　丰维连(女)
理事长　　杨佳林
行　长　　高本伦
副行长　　舒代均
监事长　　丰维连(女)

宜宾市商业银行股份有限公司筠连县支行

行　长　　陈　洪(10月前)
　　　　　李春来(10月起)

中国邮政储蓄银行筠连县支行

行　长　　朱　琴(女)
行长助理　王　莉(女)

筠连县中成村镇银行(8月29日成立)

行　长　　李启云(8月起)
副行长　　胡　翔(8月起)
　　　　　刘晓宇(8月起)

中国人民财产保险股份有限公司筠连支公司

经　理　　母小宇

中国人寿保险股份有限公司筠连县支公司

经　理　　罗孝江

中国太平洋财产保险股份有限公司筠连支公司

经　理　　李孝超

(九)直属部门

四川省宜宾市筠连县工商行政管理局

党组书记　唐　杰
纪检组长　温　涛
局　长　　唐　杰
副局长　　陈　政
　　　　　文建桥

筠连县国家税务局

党组书记　　张　君(女)
纪检组长　　刘宏宇(5月起)
局　长　　　张　君(女)
副局长　　　徐秀云(女)
　　　　　　胡永红
　　　　　　张克非
　　　　　　何　宏
稽查局局长　王　林

巡司分局局长　罗　磊

筠连县地方税务局

党组书记　曹卫东

机关党委书记　胡龙海(1月前)

纪检组长　游　杰(4月前)

余世均(4月起)

局　长　曹卫东

副局长　黄文俊

朱振国

游　杰(3月起)

四川省宜宾市筠连质量技术监督局

党组书记　李再强

局　长　李再强

副局长　周启飞(4月前,12月起)

刘　聪

彭明康(5–12月)

宜宾市住房公积金管理中心筠连县管理部

主　任　周远科(10月前)

副主任　左　强(10月起,主持工作)

张　莉(12月起)

筠连县气象局

局　长　李　强(4月前)

副局长　黄述明

黄祖伟(8月起)

筠连县烟草专卖局

党组书记　钟邦乾

局长(经理)　黄　兢

副局长　龚小平

副经理　殷　杰

丁　健

四川省盐业总公司筠连支公司

经　理　李　权

筠连县自来水有限责任公司

经　理　江　敏

筠连县邮政局

局　长　杜凤荣(9月前)

张大平(9月起)

副局长　陈宗仕(9月前)

王　芳(女,9月起)

四川能投筠连电力有限公司

董事长　邓月均

总经理　丁代筠

副总经理　龙世林

詹柱均

汪元春(10月起)

工会主席　熊筠汉

中国联合网络通信有限公司筠连县分公司

经　理　邹　旭(6月前)

卢　涛(6月起)

中国移动通信集团四川有限公司筠连县分公司

经　理　党庆峰

中国电信股份有限公司筠连县分公司

经　理　万华树(8月前)

张　军(8月起)

副经理　黄　涛(8月起)

四川省古叙煤田川南煤业有限责任公司鲁班山南矿

党委副书记　龙　林

矿　长　邓善云

四川省川南煤业有限责任公司鲁班山北矿

党委书记　邓志高

矿　长　肖仕彬

筠连川煤芙蓉新维煤业有限公司

党总支书记　黄吉沛

董事长　徐家雷

总经理　何　荣

四川广旺集团船景煤业有限责任公司

党委书记　倪汉荣

副书记　张晓峰

工会主席　张晓峰

总经理　赵传玖

总工程师　贾正奎

财务总监　田　钦

副总经理　张泽坤

许明辉

刘祖学

魏志兵

四川筠连西南水泥有限公司

总经理　杨再成(6月前)

杨光武(6月起)

筠连森泰页岩气投资发展有限公司

总经理　潘少先

生产部副总经理　梁华益

工程部副总经理　李　忠

筠连县汉林矿山机械制造有限责任公司

董事长　刘志坚

四川省筠连好而优工贸有限公司

董事长　刘　宇

(十)乡　镇

筠连镇

党委书记　陈　叙

副书记　陈　涛
陈　刚(1月前)
邹林易
吴光富(1月起,市下派)
纪委书记　邹林易
武装部部长　江祖济(1月前)
李　俊(3月起)
人大主席　陈　刚(1月前)
邹林易(3月起)
镇　长　陈　涛
副镇长　江祖济(1月前)
郝　猛
胡成洋
刘成顺
汤庭兰(女)
李　俊(3月起)
吴光富(3月起,市下派)

腾达镇

党委书记　张　芳(女,1月前)
石　均(1月起)
副书记　石　均(1月前)
陈　刚(1月起)
徐元金
党委委员　王家元
纪委书记　徐元金
武装部部长　李　俊(1月前)
人大主席　张　芳(女,1月前)
石　均(2月起)
人大专职副主席　罗光友
镇　长　石　均(2月前)
陈　刚(2月起)
副镇长　唐亚军
余宋敏(女)
李　俊(1月前)

巡司镇

党委书记　徐　勇
副书记　韩宗明(苗族,1月前)
文　璋(1月起)
杨启全
谢国刚(12月起)
纪委书记　杨启全
武装部部长　刘　奎
人大主席　杨启全
镇　长　韩宗明(苗族,1月前)
文　璋(3月起)
副镇长　王可银
刘　奎
刘振华
蒋定银
周晓芳(女)

双腾镇

党委书记　文　璋(1月前)
韩宗明(苗族,1月起)
副书记　刘　均
应元林
熊学江
杨光春(市下派)
纪委书记　应元林
武装部部长　胡春义
人大主席　熊学江
镇　长　刘　均
副镇长　方相如
胡春义
姜　群(女)

沐爱镇

党委书记　邓　朝
副书记　彭镜礼(1月前)
罗　勇(1月起)
李志强
宋　瑜(女,市下派)
纪委书记　李志强
武装部部长　周和龙
人大主席　邓　朝
人大专职副主席　周和龙
镇　长　彭镜礼(1月前)
罗　勇(3月起)
副镇长　钟志琳(女)
江祖琦
周　季

维新镇

党委书记　陈　旭(5月前)
陶　刚(5月起)
副书记　苏孝清(5月前)
陶　刚(5月前)
陈世其(5月前)
江宗涛
邓国金
唐情述(女)
纪委书记　唐情述(女)
武装部部长　余　强

人大主席　陈世其(5月前)
　　　　　邓国金(6月起)
人大副主席　李孝金
镇　长　苏孝清(5月前)
　　　　江宗涛(6月起)
副镇长　应旭洪
　　　　余　强

镇舟镇

党委书记　万家其(1月前)
　　　　　李　烈(1月起)
副书记　陈正富(彝族)
　　　　钟　勇(1月前)
纪委书记　钟　勇(1月前)
武装部部长　刘忠平(5月前)
人大主席　钟　勇(1月前)
镇　长　陈正富(彝族)
副镇长　刘汉勇
　　　　汤香蔺(1月前)
　　　　刘忠平(5月前)
　　　　张会银

蒿坝镇

党委书记　贾圣君
副书记　邹　涛
　　　　何忠云
纪委书记　何忠云
武装部部长　何忠云
镇　长　邹　涛
副镇长　王永才(苗族,1月前)
　　　　毛　芸(女)
　　　　黄　东(3月起)
　　　　罗安世(3月起)

大雪山镇

党委书记　舒　森(1月前)
　　　　　陈贤虎(1月起)
副书记　刘　伟
　　　　卜光洪
纪委书记　卜光洪
武装部部长　唐情科
人大主席　卜光洪(3月起)
镇　长　刘　伟
副镇长　李　艳(女)
　　　　陆　英(女)
　　　　唐情科

塘坝乡

党委书记　付　强
副书记　郑德勤
　　　　张　皓
　　　　朱永宽
纪委书记　朱永宽
武装部部长　李　兵
人大主席　郑德勤
乡　长　张　皓
副乡长　唐有琼(女)
　　　　曾　涛
　　　　李　兵

龙镇乡

党委书记　刘　沙
副书记　陈贤虎(1月前)
　　　　严维烨(1月起)
　　　　王云顺
　　　　罗兴强
纪委书记　罗兴强
武装部部长　陈志权
人大主席　王云顺
乡　长　陈贤虎(1月前)
　　　　严维烨(3月起)
副乡长　陈志权
　　　　余清羽(女)
　　　　田定国

孔雀乡

党委书记　熊　平(土家族,1月前)
　　　　　彭镜礼(1月起)
副书记　邓正平(1月前)
　　　　陈琪英(女)
纪委书记　邓正平(1月前)
武装部部长　罗　勇
人大主席　彭镜礼(3月起)
乡　长　陈琪英(女)
副乡长　胡定华
　　　　罗　勇
　　　　杨　浩

武德乡

党委书记　裴人强
副书记　李　烈(1月前)
　　　　钟　勇(1月起)
　　　　钟永龙
　　　　黄仁聪
纪委书记　黄仁聪
武装部部长　邹修才
人大主席　钟永龙

乡　长　　李　烈(1月前)
　　　　　钟　勇(3月起)
副乡长　　邹修才
　　　　　胡启文
　　　　　吴　钊

乐义乡

党委书记　刘　华
副书记　　郭　刚(1月前)
　　　　　江祖济(1月起)
　　　　　李文勋
　　　　　张来筠
纪委书记　张来筠
武装部部长　唐　洪
人大主席　李文勋
乡　长　　郭　刚(1月前)
　　　　　江祖济(3月起)
副乡长　　唐　洪
　　　　　李品华
　　　　　应　露(女)

高坎乡

党委书记　熊明泽(苗族)
副书记　　李立萍(女)
武装部部长　万光君
人大主席　熊明泽(苗族)
人大专职副主席　万光君
乡　长　　李立萍(女)
副乡长　　刘建军
　　　　　杨　鸿

团林苗族乡

党委书记　艾　勇(苗族)
副书记　　王永才(苗族,1月起)
　　　　　牟玉强
纪委书记　牟玉强
武装部部长　张　冰
人大主席　郭仕勇
乡　长　　艾　勇(苗族,3月前)
　　　　　王永才(苗族,3月起)
副乡长　　杨章贵
　　　　　张　冰
　　　　　郭　宇(女)

联合苗族乡

党委书记　彭绍华
副书记　　刘宗远
　　　　　潘星华
纪委书记　潘星华
武装部部长　吴顺海
人大主席　彭绍华
人大专职副主席　王孝均
乡　长　　刘宗远(苗族)
副乡长　　韩贵超(苗族)
　　　　　吴顺海

高坪苗族乡

党委书记　任　杰
副书记　　王朝辉(苗族)
　　　　　王在均(苗族)
　　　　　罗玉忠(女)
　　　　　胡体刚(市下派)
纪委书记　罗玉忠(女)
武装部部长　游　波
人大主席　王在均(苗族)
乡　长　　王朝辉(苗族)
副乡长　　万光海
　　　　　胡　健
　　　　　游　波

中国共产党筠连县委员会

综　述

2013年，中共筠连县委按照市委"实干增效年"的总体要求，紧扣全县"安全发展，转型突破，'六化'联动，实干增效"的工作基调，积极应对宏观经济形势和煤炭关停政策的双重影响，着力抓转型、调结构、惠民生、保稳定、促发展，全面推进经济、政治、文化、社会、生态文明和党的建设，全县经济社会在攻坚破难中保持稳中求进态势。全年实现地区生产总值95.14亿元，比上年同期（下同）下降6.7%；规模以上工业增加值实现39.4亿元，下降14.2%；地方公共财政预算收入实现5.03亿元，增长2.44%；全社会固定资产投资完成50.87亿元，增长30.1%；社会消费品零售总额实现22.49亿元，增长14.4%；城镇居民人均可支配收入完成22488元，增长10.7%；农民人均纯收入完成8854元，增长13%。

【发展战略】 以全面小康为指引，科学确立发展新思路。认真贯彻落实中共十八大、十八届三中全会、省委十届三次全会、市委四届六次全会精神，确定"12456"发展思路（"1"：坚持科学发展、转型发展、和谐发展、加快发展"一个取向"；"2"：实现建成川南滇东北结合部经济强县、先于全市全面建成小康社会"两大目标"；"4"：突出打造综合能源深度开发核心区、美丽乡村特色旅游先行区、三产互动城乡统筹展示区、宜宾南向开发开放示范区"四区"；"5"：实施产业大转型、项目大会战、城乡大统筹、环境大优化、创新大驱动"五大战略"；"6"：推进新型工业化、新型城镇化、农业现代化、文旅产业化、社会和谐化、党建科学化"六化联动"），凝聚形成加快发展、转型跨越的全县意志。

【项目建设】 以项目建设为抓手，工业经济取得新成效。大力实施规划一批、储备一批、报批一批、实施一批的"四个一批"战略，推进工业经济主要由煤炭资源开采向多元发展转型升级。新维、船景矿井全年完成投资8亿元，地方煤矿技改完成投资15.46亿元，武乐煤矿完成项目核准，2×35万千瓦煤矸石发电完成项目预可研报告，沐园煤矿、青山煤矿前期工作有序推进，醒世茶业、双星茶业、矿泉水苦丁茶饮品、粮油仓储、2个A级屠宰场技改、同心木业、龙镇天子酒业等项目正式投产，页岩气、龙泉酒业技改、红军源竹笋加工、青蒿素系列产品开发等项目有序推进，全年招商引资履约项目40个，到位资金44.29亿元。"一区四园"规划修编及基础设施建设积极推进，成功承办宜宾市南部山区县项目推进工作流动现场会。

【乡村建设】 以美丽乡村为载体，农村面貌呈现新气象。编制完成《筠连县"美丽乡村"建设规划》，继续巩固提升"5·20"特色产业，探索培育9个家庭农场，累计发展茶园1.04万公顷（15.6万亩），收购烤烟4029吨，肉牛（羊）存出栏16.5万头，建成生态经济林1.21万公顷（18.2万亩）、生态观光区1.33万公顷（20万亩）。青山绿水、黄金白露、乌蒙牛旺、权林豪门等特色农产品品牌打造成效显著，双星茶业创外汇204万美元，在全省农业特色经济助农增收现场会上作经验交流，成功承办全省现代烟草农业建设暨烟叶收购、全市产村相融成片推进新农村建设暨特色效益农业发展等现场会。以"735工程"为载体的"美丽乡村"建设经验连续3次在全国文明办主任培训班上作经验交流并在全国推广，梯次推进、全域覆盖、产村相融建设"美丽乡村先行区"的新农村建设模式获各级领导高度评价。

【乡村旅游】 以乡村旅游为重点，第三产业实现新突破。完成筠连旅游中长期规划修编以及古楼峰丛、双腾神羊洞、大雪山红色旅游等景区规划修编，探索推行"政府主导、市场运作、企业经营、农民参与"发展模式，引进陕西翰阳实业集团等企业对乡村旅游进行整体规划建设、包装打造、营销推广，致力打造AAAA级中国"云上石漠·春风花海"生态旅游度假区和AAAA级塘坝乡清溪沟茶文化生态观光园区。全年接待游客67万人次，实现旅游总收入4.74亿元，增长37.4%。乡村旅游取得突破性发展，春风村作为全省2个乡村旅游示范点之一向国家旅游局推荐，乡村旅游发展"筠连模式"得到市委、市政府的高度肯定，并在全省休闲农业与乡村旅游推进会上作经验交流。

【基础建设】 以夯实基础为保障，城镇建设迈出新步伐。在编制完善《筠连县城南片区修建性详规》《巡司镇工业集中区控制性详规》《全域新村建设总规》等规划的基础上，加快推进三级城镇体系建设，城南新区、城北改造、滨河路景观工程、国家级卫生县城创建工程统筹推进，城市管理经验得到市委、市政府肯定；巡司、维新、沐爱、塘坝等特色城镇有序建设，其中沐爱镇被省住房和城乡建设厅评为省级试点小城镇，正申报全国重点小城镇；建成各具特色的新村（聚居点）79个，城镇化率达34.7%。城乡基础设施一体化建设统筹推进，筠巡快速通道启动建设，完成宜昭高速开工各项准备工作，筠乐公路梅家坳隧道全线贯通，云南连接路、乡镇断头路、通村公路加快建设；王家沟水库、后沟水库完成投资1.8亿元，“五小水利工程”基本建成；以一批110千伏、35千伏变电站为代表的电网建设加快实施，完成43个村农网升级改造。

【社会事业】 以社会和谐为根本，民生事业得到新发展。深入实施就业促进、扶贫解困、教育助学、社会保障等9大民生工程，建成保障性住房708套，城乡低保实现应保尽保，新农合、城居保参保率分别达到98%、95%；九年义务教育基础设施按照“三年任务、两年完成”的目标加快建设，筠连中学创“省二级示范校”、筠连职中创“四川省重点职业中学”和全县创“全国科技进步先进县”工作有序推进，高考本科上线率再创新高；县医院门诊综合楼正开展建设前期工作，完成11个乡镇卫生院建设；人口计生工作被省人口计生委确认为全省第二批依法行政示范县；积极推进乡镇综合文化站建设、数字电视“村村通”和广播“村村响”工程，电视连续剧《筠商》正式开拍，《槐花几时开》《苗族花山节》成功申报为市级非遗项目；县体育中心、博物馆前期工作加快推进。探索建立维稳工作建议书、一票否决预告书、一票否决通知书的“三书”督改制度和围绕重点工程项目维稳主动介入拆迁工作、主动参与利益协调、主动协调矛盾纠纷、主动维护社会稳定、变群众上访为干部下访的“四主动一转变”模式，全面推行“三四”信访代理制和“无非正常信访乡镇”创建，深入开展严打整治，社会秩序和谐稳定；兼并重组推进煤矿关闭整顿，严管重罚政府监管和企业主体责任，地方煤矿复工复产工作获市委书记王铭晖肯定性批示。

【党建工作】 以风清气正为导向，党的建设焕发新活力。深入开展中共十八大、十八届三中全会以及习近平总书记系列讲话精神的宣讲学习，全面加强党员干部思想政治建设。探索建立“实绩考核+民主测评+社会评价”三维量化考核制度，干部选任和组织工作满意度持续提升。深化“人才强县”战略，引进或公开招录各类专业或紧缺人才329名，公开遴选50名优秀年轻干部进行跟踪培养。全面完成村支两委换届选举，“最美基层干部”王家元的先进事迹被中央省市主流媒体进行深度报道。创新推行村（社区）困难老党员定期生活补助制度，受到省委常委、组织部部长范锐平的肯定批示。坚决贯彻中央、省、市关于改进工作作风密切联系群众的相关规定，创新开展“三治理三激发三增加”作风建设专项活动，建立并实行企业测评机关制度、中层干部效能监察考评制度、党政机关干部“庸懒散”责任追究制度、电子效能监察视频点名制度、领导干部工作日志定期公示制度，扎实推进“环境兴县”战略，得到市委书记王铭晖的肯定性批示，成功承办宜宾市环境兴市暨诚信履约保护企业合法权益专项行动工作会。运用科技+制度的手段，在全市率先建成“1网3方阵6平台”（“1”：惩防体系信息网；“3”：机关、农村、企业公开监控方阵；“6”：行政审批电子监察、行政执法电子监察、公共资源交易电子监察、阳光农廉、党风廉政建设责任制管理、政民政企互动监控管理平台）惩防体系数字化监管中心，大力查处违纪违法案件，立案查处违纪案件84件84人，其中科级领导干部7件7人，移送司法机关11件15人，追缴违纪款400余万元，挽回直接经济损失1000余万元。党风廉政建设社会评价工作在全市排名中位列第3，全省排名中位列第55。

（赵 剑）

重要决策

【关于制定筠连县农村扶贫开发规划（2011–2020年）】 2013年3月8日，县委、县政府印发《关于筠连县农村扶贫开发规划（2011–2020年）》的通知。1.总体要求。全面实施《中国农村扶贫开发纲要（2011–2020年）》，开展贫困综合治理，建设新村、发展产业、脱贫致富、实现小康。2.目标任务。至2015年全县基本稳定解决扶贫对象温饱问题，贫困农民显著减少，至2020年稳定实现扶贫对象不愁吃、不愁穿，义务教育、基本医疗和住房有保障；贫困地区农民人均纯收入增长幅度高于全县平均水平，基本公共服务主要领域指标接近全县平均水平。3.对象范围。年人均纯收入在2300元以下的具备劳动能力的农村居民为扶贫开发工作主要对象。4.专业扶贫。主要包括新村建设、产业扶贫、劳务扶贫、易地搬迁、以工代赈、老区建设、扶贫试点等。5.行业扶贫。各行业部门要在资金、项目、科技等方面向贫困地区倾斜。6.社会扶贫。发挥民主党派、工商联、群众团体等社会各界在扶贫开发中的重要作用，力争县、市社会扶贫资金年增长率达到15%。7.国际合作。加强国际反贫困领域交流。8.政策保障。以国家、省、市扶贫战略、扶贫政策体系和县“十二五”规划为保障。9.组织领导。实行县负总责，乡镇、部门抓落实制度，党政“一把手”负总责，党委政府和机关企事业单位负责人是扶贫开发工作的第一责任人，分管领导具体抓落实。

【关于产村相融发展现代农业加快建设“山区美好家园”的意见】 2013年3月15日，县委印发《关于产村相融发展现代农业加快建设"山区美好家园"的意见》。1.产业新村融合发展，努力建设"山区美好家园"。以"三大环线"和"五大产业"为抓手培育产业，创新推进新型民居建设打造新，强力推进新农村示范片建设。2.创新农业生产经营体制，稳步提高农民组织化程度。充分保障农民土地承包经营，培育"农民专合组织和农业龙头企业"2个关键主体，完善农业社会化服务体系。3.加强农村基础设施建设，改善农民生产生活条件。加快公路、水利建设，推进能源建设。4.大力发展农村社会事业，加快实现城乡基本公共服务均等化。发展农村教育事业，完善农村社会保障体系，有序推进农业转移人口市民化。5.切实加强领导，强化"三农"工作保障措施，持续增加"三农"投入，完善督查考核机制。

【关于印发《县委、县政府改进工作作风、密切联系群众的规定》】 2013年3月20日，县委、县政府印发《关于改进工作作风、密切联系群众的规定》。1.加强调查研究。2.紧密联系基层。3.精简会议活动。4.精简文件简报。5.规范考察活动。6.规范新闻报道。7.严格文稿发表。8.简化接待工作。9.规范安保工作。10.强化督查执行。

【关于开展"三治理三激发三增加"作风建设专项活动的实施意见】 2013年3月20日，县委、县政府印发《关于开展"三治理三激发三增加"作风建设专项活动的实施意见》。1.指导思想。以邓小平理论、"三个代表"重要思想和科学发展观为指导，深入贯彻县委"12456"发展思路。2.目标要求。履职行为进一步规范、发展环境进一步优化、服务意识进一步增强、为民形象进一步提升。3.主要任务。以"治庸、治懒、治散"为突破口，营造风清气正的政务环境；以"激发基层组织引领活力、激发干部职工履职动力、激发人民群众创业效力"为着力点，营造实干增效的发展环境；以"增加党群和谐、增加政企和谐、增加社会和谐"为落脚点，营造和谐稳定的社会环境。4.方法步骤。活动自3月20日开始，9月中旬结束，分"学习动员、查摆整改、总结提升"3个阶段。5.主要抓手。坚持把"六查六看"大督查作为主要抓手和重要载体，贯穿于专项活动的全过程。6.工作要求。加强领导，统筹协调；严格考核，落实奖惩；强化宣传，营造氛围。

【关于2013年人口和计划生育工作的意见】 2013年3月20日，县委、县政府印发《关于2013年人口和计划生育工作的意见》。1.指导思想。以党的十八大精神为指导，以人口计生综合改革为方向，把稳定低生育水平作为首要任务，创新工作思路，深化优质服务，强化依法行政，健全利益导向机制，推进统筹解决人口问题进程。2.工作思路。围绕基础提升主题，抓好人口清理、孕情环情监测、避孕节育、统计数据4项工作，突出健康共享、阳光计生、幸福家庭、人口发展4个重点，实现统计质量突破。3.工作目标。2013年，全县出生人数控制在5100人以内，符合政策生育率达86%以上，自然增长率在5.96‰以内，财政投入人口计生工作经费到位，独生子女父母奖励金兑现率100%，奖励扶助对象确认误差率控制在0.5‰以内，落实"三结合"帮扶户1300户（其中新增户200户），避孕节育措施及时率达85%，避孕措施落实率达90%。4.工作措施。强化领导责任，坚决执行"问责制"和"一票否决"制度；巩固创建成果，推动优质服务提速；深入开展"三进家"活动，创建幸福美好家庭；强化为民服务，深化"健康共享"促进工程，夯实基层基础，切实稳定低生育水平；深化综合改革，探索服务新途径。

【关于进一步深化公安队伍职业化建设的实施意见】 2013年4月28日，县委、县政府印发《关于进一步深化公安队伍职业化建设的实施意见》。1.指导思想。坚持以邓小平理论、"三个代表"重要思想和科学发展观为指导，以党的十八大精神为统领。2.工作原则。政治建警，铸就忠诚警魂；群众至上，根植执法为民；从严治警，提高职业能力；科技强警，夯实基层基础；文化育警，提升品质品位；求实创新，打造一流队伍。3.工作目标。进一步加强党对公安队伍职业化建设的领导；切实培育公安队伍职业精神；大力提升公安队伍职业能力；全面加强公安队伍职业保障建设；打造政治坚定、专业高效的公安维稳队伍，坚决维护社会政治稳定；打造业务精良、执法公正的公安执法队伍，维护社会治安大局平稳；打造敬业爱民、文武兼修的公安亲民队伍，推进和谐警民关系建设。4.工作要求。提高认识，强化领导；统筹兼顾，狠抓结合，突出重点；灵通信息，健全机制，逗硬奖惩。

【关于在全县广泛深入开展"实现伟大中国梦、建设美丽繁荣和谐四川（筠连）"主题教育活动的实施意见】 2013年5月13日，县委印发《关于在全县广泛深入开展"实现伟大中国梦、建设美丽繁荣和谐四川（筠连）"主题教育活动的实施意见》。1.深刻认识开展"实现伟大中国梦、建设美丽繁荣和谐四川（筠连）"主题教育活动的重大意义。2.目标要求。思想更加统一；合力更加强大；作风更加务实；工作更加扎实。3.主题教育内容。深入开展"中国梦"学习教育，谱写实现伟大"中国梦"、建设美丽繁荣和谐四川的筠连篇章；开展"科学发展、加快发展"教育，把筠连早日建成川南滇东北结合部经济强县；开展"团结和谐、维护稳定"教育，为筠连加快建成川南滇东北结合部经济强县营造和谐稳定的社会环境；开展"抗震救灾精神和感恩奋进"教育，激发全县党员干部群众为筠连加快川南滇东北结合部经济强县作贡献的壮志豪情。4.主题教育活动方法步骤。组织集中学习（5月中旬-6月上旬）；广泛交流讨论（6月上旬-6月底）；抓好总结深化（7月上中旬）；注重宣传引导（5月上旬-7月中旬）。5.加强主题教育活动的组织领导，落实领导责任、加强分类指导、严格督促检查、务求取得实效。

【关于进一步加强工业园区建设促进“两化”互动发展的意见】 2013年5月16日，县委、县政府印发《关于进一步加强工业园区建设促进“两化”互动发展的意见》。1.总体要求。把工业园区建设成为全县经济发展的增长极、对外开放的先行区、特色产业聚集区、体制创新示范区。2.发展目标。把巡司循环经济工业园A区和海瀛农产品加工工业园建成基础设施和公共服务配套完善、管理规范、服务优良，产业集聚能力强、关联度高、主业突出的产业园区；力争“十三五”末基本建成巡司循环经济工业园B区和镇舟煤(气)化工工业园。3.工作措施。创新园区管理模式；加强组织领导；加快园区基础设施建设；研究探索企业创办园区的运营模式；强化制度监督；鼓励园园合作；坚持多规统一。4.扶持政策。财政税收、土地和规费收取政策、服务政策。

【2013年党建工作意见】 2013年6月15日，县委印发《2013年党建工作意见》。1.深入学习贯彻党的十八大精神，加强党员干部理想信念教育，为筠连加快建成经济强县、全面建成小康社会凝聚思想共识。2.突出抓好作风建设，始终保持党同人民群众的血肉联系，夯实筠连加快建成经济强县、全面建成小康社会的群众基础。3.落实从严培养干部、从严管理干部、从严监督干部，加强领导班子和干部队伍建设，打造与筠连加快建成经济强县、全面建成小康社会相适应的执政骨干队伍。4.健全党管人才工作运行机制、构建人才分类协调发展机制、强化人才服务保障激励机制，统筹推进全县各类人才队伍建设，增强筠连加快建成经济强县、全面建成小康社会的发展动力。5.加强基层服务型党组织建设、基层党建保障体系建设、深化党建“百村春风工程”建设、深化党内基层民主建设、加强党员队伍建设，推进基层党建创新和党组织制度建设，筑牢筠连加快建成经济强县、全面建成小康社会的组织基础。6.加强反腐倡廉建设，依纪依法严惩腐败，营造加快建成经济强县、全面建成小康社会的良好环境。

【关于解决当前农村义务教育若干问题的实施意见】 2013年8月8日，县委、县政府印发《关于解决当前农村义务教育若干问题的实施意见》。1.提高认识，深刻领会解决当前农村义务教育突出问题的重大意义。2.狠抓重点，切实解决当前农村义务教育突出问题。科学规划，着力推进寄宿制学校建设；多措并举，切实解决学生上学行路难；完善营养改善计划实施工作，逐步推进食堂供餐；以人为本，提高农村义务教育学校教学质量；完善机制，认真抓好农村教师队伍建设；创新举措，着力提高民族地区、贫困地区教育发展水平。3.强化责任，有效推进解决农村义务教育若干问题。加强领导，强化责任；落实政策，加大投入；强化督查，严格考核；营造氛围，优化环境。10月29日，县委、县政府印发《关于进一步加快解决当前农村义务教育若干问题的实施意见》。1.总体要求，总投入4.38亿元，至2014年底完成学校生活用房和学校设备设施建设，至2015年底完成道路畅通工程建设，全县农村义务教育学校实现办学条件明显改善、保障水平有力强化、保障机制更加健全、教育质量全面提高，至2017年，基本实现教育现代化，全面提高农村义务教育水平，扎实推进义务教育均衡发展。2.重要举措。全力推进农村寄宿制学校、学生食堂、教师周转房(休息室)、道路畅通工程、教仪及信息化“五大工程建设”，全面实施学校布局结构优化、教师德能双修提升、教育教学质量提高、教育管理改革创新、教育助学工程“五大行动”，推行县乡共管、投入保障、督查联席、绩效考核、典型引领“五大机制”。

【关于加强培育新型农业经营主体加快推进农业现代化的意见】 2013年8月21日，县委、县政府印发《关于加强培育新型农业经营主体加快推进农业现代化的意见》。1.充分认识培育新型农业经营主体的重大意义。2.目标任务，至2015年，全县各类农业产业化经营组织带动农户数占总农户数的85%以上，农业生产作业主要环节基本实现社会化服务，农业生产组织化、专业化程度和劳动生产率明显提升。3.工作重点，大力培养新型农民；着力发展家庭农场；提升壮大农民专业合作社；扶持做强农业产业化龙头企业；加快发展休闲农业与乡村旅游业；构建农业社会化服务新机制。4.工作措施，加大产前扶持力度；拓展产中扶持广度；挖掘产后扶持深度。

【关于2013年党风廉政建设和反腐败工作的意见】 2013年9月9日，县委、县政府印发《关于2013年党风廉政建设和反腐败工作的意见》。1.坚决维护政治纪律，确保政令畅通。认真贯彻执行党章、加强党的政治纪律建设、保障重大决策部署落实、加强行政监察工作。2.严格执行规定，加大作风建设力度。认真贯彻落实改进工作作风、密切联系群众有关规定；坚决纠正领导干部特权行为；大力整治机关庸懒散奢之风；认真解决群众反映强烈的突出问题；继续加强基层党风廉政建设。3.坚持从严治党，保持惩治腐败高压态势。加大查办案件工作力度；坚决遏制一些领域消极腐败现象滋生蔓延势头；着力提升查办案件工作科学化水平。4.强化监督制约，推进惩防体系创新发展。认真实施全省惩防体系2013-2017年工作规划；构建良性互动的反腐倡廉宣传教育体系；健全科学完备的反腐倡廉制度体系；建立全域覆盖的权力运行监督体系；健全统一规范的公共资源交易市场体系；建设整体联动的社会诚信监督管理体系。5.认真落实党风廉政建设责任制，推动反腐倡廉建设任务落实。落实党风廉政建设责任、加强纪检监察机关建设。

【关于进一步转变作风加强党的群众工作的意见】2013年12月3日，县委印发《关于进一步转变作风加强党的群众工作的意见》。1.健全群众工作体系。构建党委领导的群众工作新格局，完善党的群众工作组织体系，加强党的群众工作平台建设。2.完善群众工作机制。建立党的群众路线教育实践长效机制，完善联系服务群众机制，健全群众利益诉求表达和调处机制，完善维护群众利益的决策机制。3.提高群众工作能力。建强服务群众工作队伍，加强群众思想政治工作，注重创新群众工作方法，大力推进服务群众工作效能建设。4.强化群众工作保障。强化基本队伍保障、强化基本经费保障、强化基本阵地保障。

（邓 强）

重要活动

【杜紫平到筠连调研】2013年1月9日，市委常委、常务副市长杜紫平率市经信委、交通运输、安监局等部门人员到筠连调研指导工作，县委书记王萍等县领导陪同。杜紫平常委一行实地查看好牛旺生产加工基地、醒世公司的生产建设情况，给予园区工作“目标明确、思路清晰、责任到位、措施有力、成效显著”的高度评价，要求园区工作要全面贯彻党的十八大精神，抢抓发展机遇，扎实推进各项工作；要着力加强人才队伍建设，完善考核措施，提高科学化管理水平；强化园区服务理念，构建园区服务平台，切实抓好安全生产，提高产品质量；要加大招商引资力度，进一步做大做强优势产业，以产业发展带动农民增收，逐步形成规模效益。杜紫平一行还走访慰问筠连镇贫困党员和林业局优秀科技人才。

【庆元宵“春满筠州”暨“玉壶之春”艺术节】2013年2月24日晚，县委、县政府主办，县委宣传部、县文广新旅局、县文联、筠连镇、县文化馆承办的“庆元宵‘春满筠州’乡镇文艺调演暨筠连镇第十六届‘玉壶之春’艺术节闭幕式”在玉壶广场举行，县长刘朝平主持仪式，县委书记王萍代表县四套班子致辞，乡镇表演《春风吹开幸福花》《映山红》《舞动青春》《腾达放歌》《最后的倾诉》《梯田之恋》等歌舞节目，赢得观众的阵阵掌声、喝彩声。县人大常委会主任何跃，县政协主席黄静等县领导出席并观看演出，与现场观众共庆佳节，共度元宵。

【“三治理三激发三增加”活动】2013年3月20日–7月31日，在全县范围内开展“三治理三激发三增加”（以“三治理”：治庸、治懒、治散；“三激发”：基层组织活力、激发干部职工履职动力、激发人民群众创业效力；“三增加”：增加党群和谐、增加政企和谐、增加社会和谐为主要内容）的作风建设专项活动。“三治理三激发三增加”活动是筠连转变工作作风、贯彻落实中共十八大精神和中央关于改进工作作风、密切联系群众八项规定的创新举措，体现全县广大干部求真务实、真抓实干的干部作风。全县从源头抓起，结合各单位工作实际，对来人接待、公务用车、召开会议、公务差旅、办公用电、办公用品、文印、文稿审阅、下乡工作等10个方面做明确规定。

【省级非遗申报】2013年10月19日，四川省艺术研究院、省非物质文化遗产保护中心联合摄制组一行到筠连指导四川省第四批省级非物质文化遗产名录项目申报工作，并对筠连民歌申报专题片进行实地拍摄，多角度、全方位地展示筠连民歌的地域特色，传承历史、人文内涵以及独特魅力。申报专题片于当月底前制作完成，并提交到省文化厅，由省文化厅组织专家对申报项目进行评审决定申报项目最后是否进入名录。

【首届茶文化博览会暨电视剧《筠商》启动仪式】2013年9月29日，2013年中国筠连首届茶文化博览会暨电视剧《筠商》启动仪式在塘坝乡木映村清溪沟茶文化主题公园举行，县委书记、县旅游协会名誉会长王萍致辞，陕西翰阳实业集团董事长王晓芹和电视剧《筠商》总导演张普安介绍筹备和剧本情况，展示大唐茶礼表演和茶叶、牛肉、竹笋等知名土特产，召开筠连县招商引资推介会，县政府与相关企业签约项目9个，协议引资17.62亿元。市委常委、副市长于滨，陕西省侨商会、商务经济发展促进会，西安市侨商会，西南交大嘉宾，筠连籍和在筠连企业家、市级相关部门负责人，影视和新闻媒体人员参加。

【省委第二巡视组巡视筠连工作】2013年10月22日，省委第二巡视组巡视筠连县工作动员会在县会议中心三楼会场召开，县委、县人大、县政府、县政协党组领导班子成员，县法院院长、县检察院检察长，其他副县级以上领导干部，部分离退休老同志，县纪委（监察局）、县委组织部领导班子成员，县委办、县政府办主任、副主任，县直属各部门主要负责人，省、市管单位和部门、县属企事业单位主要负责人，各乡镇党政主要负责人，部分人大代表、政协委员、无党派人士代表等参加会议。县委书记王萍代表全县党员干部和个人作表态发言。省委第二巡视组副组长曾明奇作动员讲话，提出对筠连巡视是促进县级权力正确行使的保证，是推进党风廉政建设和反腐败斗争完善惩治和预防腐败体系的重要途径，是提高选人用人公信度加强干部队伍建设的有效措施，是改进工作作风密切党和人民群众血肉联系的现实需要。巡视组主要对筠连县党政领导班子及其成员从4个方面（围绕党风廉政建设和反腐败斗争，看领导干部是否存在权钱交易、以权谋私、贪污贿赂、腐化堕落等违纪违法问题；贯彻落实中央“八项规定”方面，是否存在形式主义、官僚主义、享乐主义、奢靡之风等问题；是否存在违反党的政治纪律问题；是否存在选人用人上的不正之风和腐败问题,是否存在违反党的民主集中制原则的行为)进行监督检查,还就巡视工作的对象、方法、时间及步骤作详细讲解,公布巡视组的联系电话、电子邮箱等联系方式和意见联系箱所在地。市委常委、市纪委书记向辉礼主持会议就如何配合巡视组开展好巡视工作讲3点意见,一要主动接受监督,全力支持配合;二要重视存在问题,狠抓整改落实;三要抓住有利契机,力促跨越发展。

(罗小林)

重要会议

【贯彻中央一号文件精神座谈会】 2013年2月25日,贯彻中央一号文件精神座谈会在会议中心召开,会议强调,“三农”工作是一个系统性工程,贯彻落实中央一号文件和省委一号文件精神,要吃透精神,围绕“美丽乡村”目标,在短期内完成全县新农村规划设计,明确施工图、作战图,切实落实责任加快推进建设,尤其要抓好“海瀛—县城—塘坝—双腾”的规划建设。要结合实际积极探索机制创新,鼓励发展新型股份合作经济;要改善发展环境,大力招引农业项目;要搭建市场通道,积极参与农产品竞争;要创新社会管理,激发发展活力;要以项目为抓手,用项目推进工作;要加大倾斜投入力度。县农口单位及涉农部门班子成员,筠连镇、塘坝乡相关负责人参加会议。县委书记王萍,县长刘朝平,县委副书记、政法委书记叶光明出席并讲话。县领导黄静、黄学锋、杨国庆出席会议。县委副书记、县长刘朝平主持会议。

【党风廉政建设社会评价工作会议】 2013年5月6日,筠连县2013年党风廉政建设社会评价工作会议在县会议中心召开,全县乡镇党委书记、纪委书记、纪委副书记,县级各部门党政主要负责人、纪委书记(纪检组长),县属及县属以上企事业单位(含县管学校),县纪委全体干部职工参加会议;县委书记王萍,县人大常委会副主任李家明,县政府副县长王永红,县政协副主席刘乐君出席会议。县委书记王萍强调:一要牢牢把握发展大局,深刻认识党风廉政建设社会评价工作的重要意义;二要紧紧抓住重点环节,切实保证党风廉政建设社会评价工作稳步提升。县委常委、纪委书记张宗才提出具体要求:一要围绕大局,再强认识,充分认识到党风廉政建设社会评价工作事关全县经济社会发展稳定,同时也是督促自身做好工作、改进作风、提高执行力、树立好形象的重要契机,各级各部门要牢固树立“一岗双责”的责任意识,扎实推进此项工作。二要总结经验,正视问题,要结合本单位的实际想更多更好的办法和措施,确保宣传到位、覆盖到位、问题解决到位,尤其要做好四个关键工作(做好矛盾化解、案件查处、纠风治乱等基础性工作;做好宣传,提升群众知晓率工作;做好走访为民,维护群众利益工作;做好对问题处理的收集反馈工作),通过开展的“三治理三激发三增加”作风建设专项活动,进一步立足于解决群众一些实实在在的困难问题,把社会评价工作做牢做实。三要承前启后,稳中求进,要继续保持更加扎实的工作作风,采取更加有力的工作举措,把工作做得更细更周全,确保实现党风廉政建设社会评价工作稳中有升的目标。

【“实现伟大中国梦、建设美丽繁荣和谐四川(筠连)”主题教育活动动员大会和总结大会】 2013年5月14日,县委“实现伟大中国梦、建设美丽繁荣和谐四川(筠连)”主题教育活动动员大会在县会议中心召开,所有在筠连的县领导,县委主题教育活动领导小组全体成员,各乡镇党委书记、乡镇长,县级各部门、县属及县属以上企事业单位主要负责人,县委主题教育活动领导小组办公室全体工作人员130余人参加会议。县委书记、县委主题教育活动领导小组组长王萍作动员讲话:一要深刻认识开展主题教育活动的重要意义;二要牢牢把握主题教育活动的重点任务,努力推动“能源新城、活力筠州,川南滇东北结合部经济强县”建设;三要切实加强组织领导,确保主题教育活动各项任务落到实处。县委副书记、领导小组副组长叶光明主持会议并要求:一是准确把握活动要求和方法,确保主题教育活动扎实推进;二是紧紧围绕县委工作大局,确保主题教育活动实现精神、实践、制度三大成果;三是着力强化组织领导,确保主题教育活动取得实效。

7月26日,县委“实现伟大中国梦、建设美丽繁荣和谐四川(筠连)”总结大会在县会议中心召开。在筠连的副县级以上领导,各乡镇党委书记、党务副书记,县级各部门、县属及县属以上企事业单位主要负责人,主题教育活动先进单位、先进个人、优秀共产党员、“感动筠州——十大最美人物”代表,县委主题办全体成员,以及各行业各系统基层干部、群众代表参加会议。县委书记、县主题教育活动领导小组组长王萍出席会议并讲话:一是认真总结主题教育活动成效,深化主题教育活动经验认识;二是持续巩固主题教育活动成果,加快美丽繁荣和谐筠连建设;三是提早谋划群众路线教育实践活动,奠定教育实践活动坚实基础。县委副书记、领导小组副组长叶光明主持会议。

【学习传达市委四届六次全会精神会议】 2013年5月24日,筠连县学习传达市委四届六次全会精神会议在县会议中心召开。全体在筠连的县领导,各乡镇、县级各部门党政主要领导、县属及县属以上企事业单位主要负责人参加会议。县委书记王萍主持会议,带头传达学习市委四届六次全会精神;县委副书记、县长刘朝平结合当前工作讲贯彻意见。会议指出:市委四届六次全会是在宜宾改革发展处于关键时期、全面建成小康社会进入决定性阶段召开的一次重要会议,会议精神立意高远,思路观点新颖,发展目标明确,完全符合宜宾发展实际,令人鼓舞,催人奋进。尤其是市委书记王铭晖代表市委常委会所作的《科学发展、加快发展、为在次级突破战略布局中率先崛起先于全省全面建成小康社会而努力奋斗》的讲话和市委四届六次全会所通过的《中共宜宾市委关于在次级突破战略布局中率先崛起先于全省全面建成小康社会的决定》，进一步明确当前和今后一段时期全市工作的指导思想、奋斗目标、总体定位、发展战略和主要任务，吹响全市率先于全省全面建成小康社会的进军号，在宜宾发展史上具有划时代的意义。会议要求：全县各乡镇、各部门、各单位要深入学习领会全会精神，准确把握指导思想、目标定位、发展战略、根本要求和工作重点，切实把会议精神学习好、传达好；要创新学习载体，与全县开展的"三治理三激发三增加"作风建设活动紧密结合，利用各种宣传形式，深入基层、深入群众宣传，做到家喻户晓；要进一步抓好落实，各单位、各部门要结合自身工作实际，对照全年目标任务，加大工作力度、细化工作任务、增添工作举措，确保时间过半任务过半。会议强调：做好市委四届六次全会精神的学习传达贯彻，关键在于抓实6个方面的工作。一是抓实发展目标的校核，要认真分析当前形势，完善工作思路，紧盯发展目标不动摇；二是抓实安全稳定的巩固，要深入现场，重点抓好矿山、非煤矿山、道路交通等领域的安全管理，确保"零死亡"；三是抓实发展环境的改变，要在抓实硬环境建设的同时，提升软环境，营造风清气正的投资兴业环境；四是抓实项目的推进，要增强项目储备力度，做实项目前期工作，加快开工、推进、竣工和投产一批项目；五是抓实民生的改善，要进一步改善医疗、卫生、教育环境，突出关心、帮助困难弱势群体；六是抓实作风能力的提升，要坚持为政清简、为官清廉，把精力和心思用在解决发展的突出问题上，精心谋事、潜心干事，确保干成事、不出事。

【信访维稳工作会】2013年6月4日，筠连县信访维稳工作会在县会议中心召开。各乡镇党政一把手、县级相关部门主要负责人共70余人参加会议；县委书记王萍，县委副书记、政法委书记叶光明，县委常委、常务副县长甘华锋出席会议。县委副书记叶光明传达学习全省安保维稳工作会议精神和市维稳领导小组扩大会议精神，对当前信访维稳形势进行分析、通报，安排部署当前和今后一段时期的全县信访维稳工作。县委书记王萍提出要求：一是责任重大，任务艰巨，高度重视信访维稳工作；二是注重预防，着力化解，多措并举抓好信访维稳工作；三是落实责任，履职尽责，最大限度化解疑难案件。县委常委、县委办主任李小林主持会议。

【环境兴县工作动员会和推进会】2013年6月5日，组织全体县领导，各乡镇党委书记、纪委书记，县级部门、直属部门副科级以上领导干部，县属国有企业负责人，全县规模以上企业负责人，在县会议中心三楼会场参加宜宾市"环境兴市"（筠连分会场）视频会议，县委书记王萍作工作部署，县委常委、纪委书记张宗才作具体安排。

9月9日，筠连县环境兴县工作推进会在县会议中心召开，各乡镇党委书记、乡镇长、纪委书记，各部门班子成员，公检法中层以上干部约500人参加会议；县四大班子领导出席会议。会议通过视频传输，设18个乡镇分会场，各乡镇副科级以上领导干部，站、管、所负责人，各村支书、主任、村民小组组长约2300人同步观看会议。会上，县委常委、纪委书记张宗才总结6月5日环境兴县动员会以来的工作，就环境兴县和党风廉政建设下一步工作做安排部署；副县长、公安局局长杨国庆，县法院院长田华清，县检察院检察长苏平分别作表态性发言，表示充分发挥公检法打击犯罪保护人民的职责，为全县人民营造公平公正安全的环境。县委书记王萍讲话，指出这次环境兴县大会是6月5日动员会以来的一次总结，是对下一步工作的安排部署，更是全县改革发展处于关键时期、全面建成小康社会进入决定性阶段召开的一次十分重要的会议，对深入贯彻市委四届六次全会精神、县委十二届五次全会，着力营造一流发展环境，推动筠连"建成川南滇东北结合部经济强县、先于全市全面建成小康社会"，奋力谱写中国梦筠连新篇章，具有十分重大的意义。王萍要求，全县各级各部门要牢固树立"人人是形象、个个是环境"的意识，深刻认识实施环境兴县战略的重要意义，切实增强环境兴县的紧迫感和责任感。要坚决克服"思想庸、能力软、行动缓、作为懒、态度横、作风奢、纪律散"等既有个性又有共性的问题，充分认识实施环境兴县战略是"建成强县、率先小康"的根本保证、是深入实施"五大战略""六化联动"的有效保障、是评价干部队伍综合能力的重要标准、是营造风清气正良好社会风气的突破口、是践行群众路线的重大考验、是筠连人民群众过上更好生活的新期待、是匡正执政理念、突出民生优先的重要途径。必须以铁的决心整治环境、以铁的制度清除顽疾、以铁的纪律确保政令畅通，全力打好环境兴县这场攻坚战、总体战。始终紧扣"建成强县、率先小康"的奋斗目标，着力打造"政治清明、风清气正、阳光运行、和谐稳定、群众满意"的全市一流发展环境。坚持改革创新，创造开明开放的政策环境；提升行政效能，创造优质高效的政务环境；注重市场导向，创造规范有序的市场环境；坚持依法治县，创造公平公正的法治环境；提高市民素质，创造文明诚信的人文环境；加强舆论引导，创造积极健康的舆论环境；强化队伍建设，创造风清气正的政治生态环境。以更加坚决有力的举措，确保环境兴县各项工作落到实处。王萍强调，实施环境兴县战略是一场观念革命、效能革命、作风革命。各级各部门一定要站在讲政治、讲大局、讲发展的高度，下大力气、花大工夫，对照《中共筠连县委、筠连县人民政府关于实施环境兴县战略的意见》抓落实，为"建成强县、率先小康"增添精神动力、激发创新活力、凝聚发展合力。要以踏石留印、抓铁有痕的劲头抓实效，善始善终、善做善成,防止虎头蛇尾。要顾全大局抓环境、带着责任抓环境、形成合力抓环境、率先垂范抓环境、立说立行抓环境,不走过场不搞形式,确保优质高效。要进一步加强组织领导,确保环境兴县取得持久实效。要建立健全组织领导机制,增强保障力,建立健全监督检查机制,增强督导力,建立健全科学考评机制,增强约束力,建立健全责任追究机制,增强执行力,真正把筠连打造成为投资兴业的乐园、开放创新的宝地、为民便民的福地。县委副书记叶光明主持会议并就贯彻会议精神提出4点贯彻意见:一是切实抓好学习贯彻,确保县委重大部署落到实处;二是构建服务政府,推动政务环境优化率先见效;三是切实开展督促检查,尽快解决环境建设突出问题;四是做好宣传引导,着力营造环境兴县浓厚氛围。

【纪念建党92周年座谈暨向王家元同志学习活动动员会】 2013年7月3日,筠连县纪念建党92周年座谈暨向王家元同志学习活动动员会在县会议中心召开。会议要求必须搞清楚为什么学、学什么、怎么学3个问题,各乡镇、各部门、各单位要加强对学习活动的领导,把深入开展向王家元同志学习的活动,作为开展中国梦主题教育活动的一项重要内容,切实抓紧抓好,见到实效;进一步激励党员干部,在实现伟大中国梦,建设美丽繁荣新筠连的生动实践中敬业奉献、激情创业、开拓创新、奋进工作,以王家元为标杆,争做好党员、好干部。全县村级党组织、教育、卫生、政法、社区、企业界等行业、各系统的基层代表分别围绕各自工作做交流发言,纷纷表示要进一步加强对王家元同志学习,围绕实现中国梦、筠连梦,努力谱写美丽繁荣和谐新筠连篇章再立新功。县委书记王萍作动员讲话。县委常委、组织部部长黄学锋主持会议。

【县委十二届五次全体(扩大)会议】 2013年7月23日,中国共产党筠连县第十二届委员会第五次全体(扩大)会议在县会议中心召开,县委委员30人、候补县委委员6人出席,县纪委委员和有关方面负责人列席。会议听取和讨论县委书记王萍受县委常委会委托作的工作报告,审议通过《中共筠连县委关于建成川南滇东北结合部经济强县、先于全市全面建成小康社会的决定》,县委副书记、县长刘朝平讲经济工作意见。会议主要包括4个方面,一、充分肯定上半年的工作。一致认为,在市委的坚强领导下,县委团结带领全县广大干部群众突出项目抓工业,壮大基地抓农业,优化生态抓文旅,注重规划抓城建,夯实基础抓民生,突出监管抓安全,围绕作风抓党建,保持全县社会和谐稳定、经济平稳发展。二、全会深入贯彻党的十八大和省委十届三次全会、市委四届六次全会战略部署,深入分析筠连县面临的机遇和挑战,确定"建成强县、率先小康"的奋斗目标。会议指出,要牢牢把握"建成强县、率先小康"的指导思想、奋斗目标,深入实施"五大战略",协调推进"六化联动"。1.指导思想是以党的十八大精神为指引,深入贯彻落实省委、市委的战略部署,更加注重转变经济发展方式、更加注重城乡统筹发展、更加注重创新驱动、更加注重保障和改善民生,全面推进经济建设、政治建设、文化建设、社会建设和生态文明建设,不断提升党的建设科学化水平,为建成川南滇东北结合部经济强县、先于全市全面建成小康社会而努力奋斗。2.奋斗目标是到2017年GDP超过200亿元,在川南滇东北结合部各县中率先崛起,建成经济强县;2018年GDP超过225亿元,人均GDP现价超过51000元,先于全市全面建成小康社会;2020年GDP超过280亿元,努力实现经济综合实力、人民生活品质、社会文明程度、生态环境质量"四个明显提升"。3.实施"五大战略",即实施产业大转型战略、项目大会战战略、城乡大统筹战略、环境大优化战略、创新大驱动战略。4.坚持"六化联动",即推进新型工业化、新型城镇化、农业现代化、文旅产业化、社会和谐化、党建科学化。会议指出,要突出打造"四区",即打造综合能源深度开发核心区、美丽乡村特色旅游先行区、三产互动城乡统筹展示区、宜宾南向开发开放示范区,全面提升筠连形象和影响力。会议强调,要把握主要任务和着力重点,加快转型升级,培育扶强企业,扩张做大园区,创新打造品牌,狠抓要素保障,打造工业经济新优势;要突出农民增收,推进农业基础设施建设,提升产业化经营水平,推进新农村建设,加快现代农业发展;要培育新型业态,发展乡村休闲旅游业,发展房地产业,发展城市夜经济新型业态,发展生产性服务业,实现第三产业强势崛起;要抓好城镇科学规划,建设现代城镇体系,完善城镇综合功能,提升城镇形象,推进城乡一体化改革,加快推进新型城镇化;要狠抓项目规划储备、争取报批、招商引资、建设进度和推进机制,增强经济可持续发展能力;要着力改善民生,抓好重点民生工程,推动社会事业全面进步,促进文化繁荣发展,让发展成果惠及广大群众;要创新社会管理,落实安全维稳责任,深化信访积案化解,加强民主法制建设,建设平安法制筠连。三、加强和改进党的领导,为"建成强县、率先小康"营造风清气正的政治生态环境。要切实加强思想政治建设和精神文明建设,纯洁党性;切实加强干部队伍建设和基层组织建设,纯洁组织;切实加强作风建设和反腐倡廉建设,纯洁党风;切实加强统一战线和群团建设,凝聚发展正能量。会议强调,要围绕新目标,努力提升经济社会发展质量。思想观念要有新转变,要有争先进位,敢于担当,敢于拼搏的意识;项目工作要有新局面,要狠抓重大项目开工和在建续建项目,做好项目储备和招商;产业结构要有新变化,要把工业经济转型作为较长一段时间的重要任务来抓,稳住工业经济指标下滑的势头;要狠抓乡村旅游发展和消费拉动,提升三产服务业在经济结构中的比重;要围绕农民增收致富目标,继续培育壮大特色产业;城乡面貌要有新改观,要扎实推进县城建设,加快乡镇场镇改造步伐,全力做好新农村建设,优化城市综合管理；社会事业要有新进步，要抓好民生工程，完善城乡公共服务，巩固安全稳定环境；环境氛围要有新气象，要改良社会风气，营造开明开放的发展环境，要注重团结协作，营造风清气正的政治环境，要推进法制建设，营造平安和谐的社会环境，要坚持统筹兼顾，营造亲切宜人的生态环境。四、全会号召，全县各级党组织和广大党员干部要以高度的政治责任感和历史使命感，肩负起时代赋予的重任，团结带领全县人民，和衷共济、克难奋进，干在实处，走在前列，奋力谱写美丽繁荣和谐筠连新篇章，为建成川南滇东北结合部经济强县、先于全市全面建成小康社会而努力奋斗。全会由县委常委会主持。

【宜宾市南部山区县项目推进工作流动现场会】 2013年8月22–23日，宜宾市南部山区县项目推进工作流动现场会在筠连召开，市人大常委会主任陆振华、市委副书记吕晓莉及市领导向辉礼、杜紫平、游开余、王剑明、周宇、虞平、于滨、范崇宁、景世刚、魏常平、谢杰、李敏、李学焦、王力平、王邦兴出席会议，翠屏区、屏山县、高县、临港开发区和市委督查室、市委农工委、市政府督查室、市发展改革委、市经济和信息化委、市财政局、市住房城乡建设局、市国土资源局、市交通运输局、市环境保护局、市统计局、市商务局、市投资促进局、宜宾电业局主要负责人参加会议。会议重点督查全市项目推进工作情况，分析研究经济运行形势，安排部署下一阶段项目推进工作和经济工作；通报2013年全市重点项目推进情况、2014年项目准备情况及飞地工业园准备、启动和企业入驻情况。市委书记王铭晖全程参加并在大会上作讲话，要求全市上下团结一心、瞄准目标、创造环境、真抓实干，上半年经济工作取得很好的效果，但是必须清醒地看到当前全市经济运行面临的困难和下行压力，要坚定信心、增添举措，敢于面对挑战，统一思想，确保下半年全市经济工作"止滑稳位"。市委书记王铭晖就"止滑稳位"讲3点意见，市长徐进主持会议并就贯彻落实好会议精神、突出扩投资稳增长等提出4点贯彻意见。

【宜宾市产村相融成片推进新农村建设暨山区特色效益农业发展现场会】 2013年8月28–29日，宜宾市产村相融成片推进新农村建设暨山区特色效益农业发展现场会在筠连县召开，各县（区）党委、政府分管领导，县（区）委农工办（推进办）、财政局、住建局主要负责人，第二轮省、市级新农村建设示范片所在乡镇党委书记，市委农工委、农业局、林业园林局、畜牧兽医局、烟草专卖局主要负责人等100余人参加会议。会议贯彻落实全省产村相融成片推进新农村建设现场会精神，总结交流2013年建设经验，安排部署下一步产村相融成片推进新农村建设和山区特色效益农业发展工作。县委书记王萍作《梯次推进、全域覆盖、产村相融，建设"美丽乡村先行区"》的交流发言，从坚持"四化联动"构建"美丽乡村先行区"产业体系、坚持"四式推动"打造"美丽乡村先行区"特色新村、坚持"四融互动"培育"美丽乡村先行区"新型业态3个方面介绍筠连产村相融成片推进新农村建设暨特色效益农业发展的经验；宜宾县、江安县、高县、珙县、兴文县也作交流发言。市委副书记吕晓莉全程参加现场会并讲话，副市长李敏主持会议。

【组织工作会议】 2013年10月11日，筠连县组织工作会议在县会议中心召开。各乡镇党委书记、党务副书记，县级各部门、县属及县属以上企事业单位主要负责人参加会议；县领导王萍、刘朝平、何跃、黄静、叶光明、潘练红、张宗才、黄学锋、李小林出席会议。县委常委、组织部部长黄学锋对全县当前和今后的组织工作进行总结安排。县委书记王萍强调：全国、全省、全市组织工作会议为做好新形势下党的建设和组织工作提供重要遵循，要深刻领会、准确把握，统一思想行动，牢牢把握思想、组织、作风、反腐倡廉和制度建设"五位一体"的总体布局，努力提高全县党的建设和组织工作科学化水平，一要突出"三好"要求，大力培养选拔为民务实清廉的好干部；二要把握"从严"二字，大力加强领导班子干部队伍建设；三要坚持"服务"为重，大力推进服务型党组织建设。要求：全体与会人员要认真贯彻落实中央、省委和市委的部署要求，不断开创组织工作新局面，为建成川南滇东北结合部经济强县、先于全市全面建成小康社会提供坚强的组织保证。县委副书记、县长刘朝平主持会议并讲话。

【党风廉政建设暨环境兴县工作会和宣传工作会】 2013年10月17日，筠连县党风廉政建设暨环境兴县工作会在县会议中心召开，各乡镇党委书记、纪委书记，县环境兴县领导小组办公室主任、副主任、工作组组长、联络员，县级各部门主要负责人、纪委书记（纪检组长），县属及县属以上企事业单位主要负责人共180余人参加会议。县委常委、纪委书记张宗才通报近期中、省、市纪委通报的违反中央"八项规定"、涉及"四风"以及影响发展环境的一些典型问题和案件，重申纪律要求，安排部署近期党风廉政建设工作。县委常委、常务副县长甘华锋传达学习市环境兴市工作推进会议精神，安排部署"小金库"问题专项清查等工作。县委书记王萍强调：一要进一步深化对党风廉政建设和环境兴县战略的认识，二要进一步明确党风廉政建设和环境兴县战略的重点，三要进一步强化对党风廉政建设和环境兴县战略的宣传，四要进一步落实党风廉政建设和环境兴县战略的责任。县委常委、县委办主任李小林主持会议。

10月28日，筠连县党风廉政建设暨环境兴县宣传工作会在县会议中心召开。乡镇党委书记、纪委书记、宣传干事，县级部门主要负责人、纪委书记（纪检组长），部分企事业单位负责人，县党风廉政建设责任制领导小组办公室成员、县环境兴县领导小组办成员参加会议，就全县党风廉政建设社会评价和环境兴县宣传工作再安排、再部署、再强调。县委常委、宣传部部长潘练红，县委常委、纪委书记张宗才出席会议并讲话。

【青年干部人才座谈会】 2013年11月7日，筠连县青年干部人才座谈会在县会议中心召开，县级相关部门负责人、2012年和2013年党政后备人才代表、引进人才代表、选调生代表、2012年公开遴选的年轻干部代表、2013年新录用公务员代表、优秀大学生村干部代表参加会议；县委书记王萍、县长刘朝平、县委副书记叶光明出席会议并与青年干部人才代表座谈交流。会上，青年干部人才代表对筠连的认识、定位和发展建议，工作后的体会和感受，以及对培养选拔年轻干部的建议作发言。县委常委、县委办主任李小林主持会议并宣布成立筠连县青年干部人才联谊会的通知，叶光明通报全县干部人才工作情况并介绍人才引进相关优惠政策。县长刘朝平讲话：欢迎广大青年人才到筠连来，为建设更加美好的筠连贡献自己的力量；号召广大青年干部人才用青春的激情和扎实的知识建设筠连；希望青年干部要勤于学习，坚持终身学习的习惯，要多干事，要带着激情干、带着感情干，主动干、用心干、依法干，要忍得气，要吃得苦，要有追求，树立远大的目标；祝福大家快乐的工作，健康的生活。县委书记王萍希望：一是希望大家脚踏实地，始终牢记做一个"给加西亚送信"的人，要求大家发挥才智，积极进取，把个人的发展、国家的发展和社会的发展结合在一起，实现个人的价值；二是要乐观、豁达，要相信团结就是力量，希望青年干部人才要爱岗敬业、学会宽容，要以习总书记"信念坚定、为民服务、勤政务实、敢于担当、清正廉洁"的好干部标准来严格要求自己。

（李自荣）

县委办公室工作

【概况】2013年，中共筠连县委办公室围绕市委办公室"争先工作年"工作主题和县委中心工作，以"科学辅政，高效运转，优质服务"为目标要求，励精图治，砥砺奋进，内强素质，外树形象，不断加强机关文化建设，丰富机关文化内涵，着力打造一支"学习型、务实性、奋进型"队伍，切实发挥"决策中枢、参谋助手、形象窗口"的作用，为县委工作高效运转，为"建成强县、率先小康"做出积极的贡献。

【办文办会】 2013年，县委办公室坚持精简、高效、务实的原则，严格执行精文简会的各项规定，切实以文风促政风、以会风促作风，扎实开展精文简会工作。一是精益求精规范制度。健全完善《收文办理流程》《发文办理流程》《会议活动审批流程》《会议活动请假审批流程》等6个文会办理流程并上墙和挂网，推行"AB岗"（当股长不在时，由副股长代行其职责，确保工作连贯性）工作制度，严格差错责任追究制度，促进文会办理规范化、科学化。二是严谨规范处理公文。认真做好来文签收、传阅、催办工作，收文办理实现"零障碍"。严格把好发文数量关、政策法规关、语言文字关、文件格式关，发文办理实现"零差错"。做好纸质公文入库、电子文件存储、涉密公文保管工作，档案保存实现"零失误"。认真做好党内规范性文件备案，实现备案工作"零遗漏"。三是细致办理会务。严把会议活动审批程序关，努力控制会议次数和规模。狠抓会前准备、会中服务、会后总结等会务节点管理，确保会务各项工作快速反应、周密细致。全年以县委及县委办公室名义制发规范性文件113个，同比减少16.9%；以县委名义召开全县性会议40次，同比减少32.2%。

（邓 强）

【信息工作】2013年，县委信息工作以完善党政网信息收集体系和报送机制重点，贯彻执行"全员信息"制度，确保信息报送及时准确高效。一是着重吃透上情、摸清下情，大力挖掘"精品"信息，提高采编率。二是突出"两准"，提高质量效率。准时、准确提炼，报送全县各方面工作新经验、新亮点、新举措、新成效及紧急突发事件等信息。三是办好"两刊"，提高服务水平。切实办好《信息快报》《基层动态》刊物，突出党的建设、经济强县、社会事业、民主法制4大重点，及时为县委及县委领导决策提供有参考价值的信息。全年向市委办报送信息调研文章10篇，被采用10篇；报送政务信息500余条，被采用90余条，其中2条信息被市委王铭晖书记批示，3条信息被省委《每日要情》采编。

（胡旭刚）

【后勤接待】2013年，县委办公室严格执行中央、省委、省政府，市委、市政府，县委、县政府公务接待规定，厉行勤俭节约。一是事务管理更加规范。进一步完善车辆管理、物资采购、会议服务、安全保卫等工作制度，强化驾驶员及车辆管理，坚持车辆里程登记管理、定点维修，提高公务用车保障能力。物资采购坚持比价采购、定点采购、审批计划采购原则，做到物美价廉。进一步加强机关大院的安全防控，严格安保绩效考核，健全机关安保预案，提高安保处置能力。二是后勤接待更加得体。推行1份服务指南、1份县情介绍、1张特色宣传画册的"三个一"接待模式，在服务中当好优势资源的宣传员、招商引资的服务员，做到热情大方、规范得体。全年累计接待各级领导和部门到筠连调研30余次，组织完成全省现代烟草农业建设暨收购工作现场会等大型会议的后勤接待4次，协助完成中央媒体到筠连采访的后勤接待2次。

（王明刚）

【政策研究】2013年，县委政研室紧扣“强化调研出成果，服务中心重成效，自身素质有提高”的中心目标，积极进取，求实创新，调研成果实现新突破，服务水平得到新提高，队伍建设呈现新面貌，为县委、县委领导科学决策提供可靠依据和对策建议，筠连政研工作在全市年度考核中连续2年获第一名。一是注重创新，健全制度，增强调研意识。继续执行县级领导重点调研课题责任制，创新推行全县副科级以上领导干部调研课题责任制，把调研课题完成情况作为全县各单位各部门和领导干部个人年度目标考核的内容，切实增强调研意识，推动工作开展。县委政研室坚持“十个一”工作制度，不断提升政研人员政治理论素养、政策理论水平和写作水平。二是围绕中心，履行职能，注重调研实效。每位副县级以上领导结合自身分管工作，拟定1篇以上调研参考课题，并从中确定6个县级领导重点调研课题，深入基层和群众开展专题调研，积极探索推进转型跨越的新思路、新举措、新途径，形成一系列有深度、有份量、有影响的调研报告。全年副县级以上领导撰写调研文章91篇，其中57篇在国家、省、市各级各类刊物发表。县委政研室围绕全县工作中心广泛开展调研，形成一批符合工作实际、对领导决策有参考价值、对实际工作能产生指导作用的调研成果。先后指导或撰写《整治慵懒散，积聚正能量，推动新发展——关于“加强作风建设优化发展环境”的思考》《富德并重，建设美丽乡村》《转型跨越、和谐崛起，打响全面建成小康攻坚战》《产村相融建设“美丽乡村先行区”》等26篇调研文章，在国家级刊物《农村工作通讯》《市县领导月刊》，省级刊物《廉政瞭望》《四川党的建设》，市级刊物《决策前沿》《宜宾工作》上发表，其中6篇获省、市领导批示。年初拟定37个事关全县热点、难点及亮点工作的调研课题，并主动加强联系和指导，年末各乡镇、部门和各级领导共报送调研文章300余篇。三是建好阵地，写好文稿，优化服务质量。县委政研室把办好《筠连调研》作为联系各部门、单位和调研人员的纽带，认真做好调研文章的组稿、修改、审核和编发工作，切实强化调研成果的转化运用，全年编发《筠连调研》4期，刊发优秀调研文章68篇。坚持紧跟县委工作节奏、紧贴县委领导思维，精益求精提高文稿质量，全年共撰写领导讲话稿、汇报材料、报告、文件等各类文字材料240余篇。

（赵 剑）

【党政网（电子政务内网）建设】2013年，党政网管理中心（电子政务内网）紧扣县委“实干增效年”工作主题，狠抓规范化建设，大力实施电子政务内网平台升级改造工程，较好地完成全年工作任务。一是狠抓电子政务内网标准化建设。实施机房改造工程，对电路和网络线路进行重新规划设计，升级防火、防盗报警系统，新增配电和网络设备，更换老化UPS蓄电池，新购置大功率柴油发电机，按三级防雷设计要求，重新铺设新的防雷地网，增加网络防雷设备。加强机房安全管理，合理设置机房工作区，使机房、库房分离，保证机房内设备之间有足够的空间和物理距离。完善多项制度，严格规范管理，保障安全和网络畅通。加强对党政网高清晰会议电视系统的维护管理，通过完善维护管理制度和应急预案、定期巡检、开展应急演练等措施，会同电信公司增强双方管理维护人员的协同工作能力，确保各种情况下会议电视系统的正常运行。二是实施电子政务内网系统平台升级改造工程。投入资金近40万元，积极配合承建单位，3月底完成主站建设，6月底正式上线运行，9月底通过验收，在全市率先完成。县网管中心强化培训，积极推广新平台网络应用。4月12日，在全县文秘工作培训会上，副局长刘小强就电子政务内网图片信息的质量、报送要求、注意事项作讲解，对新、旧平台过渡期间信息报送、信息上载方法进行现场演示。4月26日，专题召开全县电子政务内网应用操作培训会，各乡镇、县级各部门、各企事业单位党政网工作分管领导和网上公文收发操作人员200余人参加培训会，为全县用户短时间内掌握新平台操作打好基础。三是全面升级电子政务内网服务水平。县委办、县政府办制发《关于进一步规范全县电子政务管理的通知》，进一步明确电子政务内网的功能和网管中心的职责，规范电子公文传输，要求县网管中心和县委县政府督查目标办加强网络监督管理，确保网络畅通和信息安全。网管中心公招到1名工作人员，解决多年网管中心有编制无人员的问题。四是开展个性化服务，针对新平台运行后在使用管理中出现的问题，采取多项措施为用户提供个性服务、及时解决，保障各种网络应用的正常运用。

（严 静）

【保密工作】2013年，保密工作在县委、县政府的领导下，在市委保密委员会、市国家保密局的指导下，按照“打基础、抓重点、破难题、强队伍”的工作思路，以教育培训为先导，以制度建设为基础，以技术手段为支撑，着力加强保密法制建设、监督管理、宣传教育、技术防护、督促检查、系统建设6项基本工作，完成各项目标任务，全年未发生失泄密事件。一是强管理，筑牢新形势下保密防线。乡镇、县级部门进一步配齐配强保密委（保密领导小组）成员，做到“三个明确”（明确分管领导、明确重点涉密部门部位、明确专兼职保密干部），确保保密工作有人抓、有人管；建立健全工作制度，确保保密工作规范有序，强化重点管理，确保保密工作落实到位。重点做好涉密载体管理，确保涉密载体安全；抓好重点部门部位管理，重点涉密人员培训，全年组织副县级领导1人、正科级16人、副科级35人、办公室主任14人、工作员53人分4批参加省、市保密干部培训学习。抓好涉密计算机管理，确保涉密信息保密安全。抓好高考保密管理，确保中考、高考试卷保密安全。二是强宣传，着力提高保密防范意识。着重抓好“六五”保密法制宣传教育。调整、充实县“六五”普法宣传教育领导小组，以

《中华人民共和国保守国家秘密法》颁布实施25周年、新修订“保密法”实施3周年为契机，组织开展全县保密知识竞赛活动，采取书面竞赛形式，分单位竞赛和社会个人竞赛，全县有48个单位672人参加单位竞赛，52人参加社会个人竞赛。三是强督查，促保密管理工作常态化。抓监督检查，促乡镇部门日常保密工作不松懈；抓专项检查，保重点领域做好保密工作不泄密。重点抓好党政机关、国家统一考试、涉密地理信息等领域的保密专项检查，确保重点领域不泄密。四是强技术，提升保密科学水平。全面落实上级年度保密技术装备建设要求，圆满完成保密技术装备配备任务。五是强执行，确保专项工作完成。完成全国保密普查数据采集、涉密测绘成果使用情况检查、政府信息公开保密检查。六是深入基层，开展保密工作研讨，重点对林业、水务、民政、国土等部门涉密图纸的使用、保管等环节，以及部分重点部门（部位）的建设、管理、防范等调研。

（李文华）

【督察督办工作】2013年，县委督查督办工作围绕“实干增效年”主题和“安全发展，转型突破，‘六化’联动，实干增效”的工作基调，紧盯全县经济社会发展的目标任务，优化督察人员组成、完善运行机制、强化督察效果、创新督察举措，全力推动县委、县政府重大决策和重要工作部署有效贯彻落实。

拓宽领域抓实效：一是争取领导督察，对较复杂的工作，积极邀请县领导带队督察。二是整合人大政协力量督察，如督察落实煤矿安全监管职责情况，专门邀请县人大、县政协联系领导到18个乡镇和53个煤矿对乡镇党委、政府、安办和盯矿人员、驻矿安监员的履职情况进行督促检查。三是会同相关职能部门开展定水河河堤建设、烤烟生产、塘坝乡生态旅游景区打造、农村C级危房改造、解决当前农村义务教育若干问题工作、公路沿线公共厕所建设等方面的专项督察。整合县委县政府督查目标办、纪检、监察及新闻媒体等对公车私用现象开展专项联合督察，联合县委组织部对全县副科级以上领导干部工作日志进行专项督察并制发通报，利用纪委“视频点名”系统开展“一对一”视频点名督察。

创新机制强化舆论监督：一是实行重点工作按月定期公开通报制度。成立推进工业、农业农村、城镇化和基础设施、民生事业、维护稳定、督查督办6大重点工作组，以表格形式列明重点工作组年度内需完成的项目类别、项目名称、总投资、总进度目标、月进度目标、责任县领导、责任单位、进展情况等，工作进展每月在县委大院设置的重点工作组公开公示栏。二是建立重点项目10天通报制度。对重点项目实行每10天报进展和计划制度，整理编发督察通报及时呈送所有县领导审阅。三是实行重点项目“一对一”督察通报制度。开展重点项目“一对一”服务、“保姆式”服务，对进展滞后的重点项目实行预警监控、挂牌督办和限期整改措施。

目标任务下达：一是对照县委经济工作会、人代会、政协会、县委全委会等确定的各项目标任务与相关部门进行反复核对比较，再接合实际情况细化、量化分解到各乡镇和县级各部门。二是与各目标责任单位及发改、招商等相关部门对目标任务和相关数据进行反复核对。三是修订完善《部门镇乡目标绩效考核实施办法》《招商引资工作考核办法》《行业发展目标考核实施细则》，对县委、县政府各项目标任务均明确责任单位，每项目标均由1位县领导进行牵头负责；对市下达的挂牌督察项目，明确具体的责任单位和责任人。

目标任务督察：围绕上级党委、政府和县委、县政府的重大决策、阶段性重要工作部署以及人民群众关注的热点、难点问题开展有针对性地督察，主要针对“开门红”“双过半”等重要时段实行重点督察督办，在督察中注重加大现场督察力度，对领导批交办事项进行台账式管理。

督察督办方式：按照“四个一线”的工作要求，每月到基层开展实地督察3次以上。对领导批交办事项和重点工作目标进行“定事项、定要求”点对点跟踪督办。充分利用纪委“视频点名”系统，开展“一对一”现场点名，对乡镇值班备守情况进行视频督察，对各乡镇、各部门日常值班和汛期值守落实情况进行督察。

督察督办内容：一是围绕决策，真督实查，确保各项重大决策和重要工作部署的实现，重点对省委十届三次全会、市委四届六次全会、省委市委农村工作会，省市经济工作会、全市工业会议等重要会议，中央一号文件等重要文件，全县“两会”、县委全委（扩大）会、县委经济工作会等重要会议的贯彻落实情况进行督察督办。二是瞄准目标，狠抓落实，确保各项工作目标落到实处。以县委、县政府文件印发《2013年度绩效目标考核方案》《2013年主要工作目标的通知》《关于印发〈深入贯彻落实“实干增效年”〉重要部署责任分工的通知》《2013年行业发展目标考核实施细则》《关于下达2013年度民生工程目标任务的通知》，组织专人对重点工程项目、乡镇2013年度新农村建设工作、革命老区扶贫公路建设、城南新区河堤工程、塘坝乡仙雾山旅游项目、公车私用专项治理、乡镇黑网吧查封、城乡违章建筑治理等工作进行督察督办；对全县副科级以上领导干部工作日志进行专项督察并编发通报。三是紧盯热点，专项督办，确保领导批交办事项落到实处。对市委、市政府领导的批转要求办理重点信访事项进行督查督办，作好回复；对县委、县政府领导在文件、简报、信息上批示需要督察落实的内容，在检查调研和政务活动中要求督察落实的内容，临时交办需要督察落实的热点、难点事项进行督察督办，编发《领导批示》11期；对《领导批示》办理情况进行跟踪督察督办，编发《领导批示办理情况通报》11期。全年，开展实地督察50余次，编发《督办通知》16期，撰写《督察报告》19期，其中《集中资金 着力解决群众燃眉之急》在

2013年8月29日四川日报上报道,《提前安排抓落实 措施强硬保质量——筠连县加快推进区域干线公路公厕建设》被市委督查室采用,《创新举措 健全机制 在求真务实中增强督查权威》《强化督查 增添措施 狠抓工作落实——筠连县督查督办工作坚持“四项服务”》被市政府督查室采用。

(肖 阳)

【信访工作】2013年,县委群工局(县信访局)受理来访共408批1035人次,其中初访342批798人次、来访批次占来访总量的83.8%,重访66批237人次、占来访总量的16.2%;集体访50批553人次、占来访总量的12.3%。办结来访信访问题391件,在办17件,办结率95.8%。受理来信共41件,其中初信22件、占来信总量的53.7%,重信19件、占来信总量的46.3%;办结38件、在办3件,办结率为92.7%。收到人民网留言4条,公开回复4条,公开回复率100%。“省长信箱”办公系统交办信访件45件次,办结回复43件次、在办2件次,办结回复率95.6%。“12345”市民热线收到群众投诉1191件次,办结1181件次、在办10件次,办结率99.2%,回复510件次,回访率43.1%。“市长与网民”留言65条,办结63条、在办2条,办结率96.9%。

主要工作:一是坚持县级领导到群众工作中心接待来访群众,阅批群众来信。县级领导到县群众中心(县信访局)共接待来访群众169批259人次。各乡镇、各部门领导干部密切联系群众,抓好接待群众来访工作。二是继续抓好领导干部包案化解信访疑难问题。省、市交办的信访突出问题7件,已化解3件,按程序办结3件,转入其他渠道1件,办结率100%,其中涉及市级领导包案信访积案2件,已化解1件,已按程序办结1件;县领导包案23件,已化解办结18件,转入其他渠道1件,正在化解4件,办结率82.6%。全县排查出信访疑难案件共285件,分别由副科级及以上领导包案化解,已化解268件、在办17件。三是在各乡镇实行“三四”(群众反映的信访问题经乡镇、村社区、村居民小组、联户四级分别调解三次)信访调解代理制度,并顺利迎接市“三四”信访调解代理工作交叉检查。结合“三四”信访调解代理制度建设,完善基层信访调解代理网络,激发基层干部做好信访源头治理工作的热情,进一步遏制源头信访总量增长趋势。全年运用“三四”信访调解代理调处矛盾纠纷404件,成功调解390件、转入其他解决渠道14件。四是依法打击非正常上访行为,对构成“非正常上访”的信访人,按照《中华人民共和国信访条例》《公安部关于新印发新修订〈关于公安机关处置信访活动中违法犯罪行为适用法律的指导意见〉的通知》《四川省高级人民法院四川省人民检察院四川省公安厅四川省司法厅关于依法处理违法上访行为的意见》文件规定处理。五是强化信访干部队伍建设。着力完善后备干部到信访局挂职锻炼制度,发挥信访部门作为培养锻炼干部的基地作用。全年,县信访局新提拔正科级领导1名到乡镇工作、1名副科级领导到县信访局轮岗、1名科员调入信访局、1名信访干部到市信访局锻炼、1名乡镇干部到县信访局锻炼。

(倪前冲)

【防邪工作】2013年,防邪工作继续坚持“打、防、教、治、创”五位一体的防邪工作方针,以打击防范“法轮功”等邪教违法犯罪活动、加强基层建设为重点,继续推进“四个纳入”(反邪教工作纳入党校课程、防邪工作纳入对乡镇的目标考核、创无工作纳入平安建设和精神文明创建),巩固无邪教创建、教育转化和警示教育工作,继续推行包保责任人、领导包片、驻村干部包村、村干部包组包户到人“四包一”责任落实,着力于增加和谐因素,减少不和谐因素,维护社会政治的稳定。一是组织保障,县委书记亲自过问防邪工作,多次作出重要指示要求各级党委高度重视防邪工作,强化防邪工作责任。及时调整县委防邪领导小组和反邪教警示教育宣讲成员,县委防邪办配备专职防邪干部。把乡镇防邪工作考核纳入县委县政府督查目标考核的内容,签订目标考核责任书;落实乡镇和县委防邪领导小组各成员单位防邪工作一把手责任制,各乡镇配有专(兼)职防邪干事,做到分管工作有人抓、具体工作有人干。二是深挖打击,制定《筠连县监控邪教重点人头及举报挡获打击邪教违法人员奖励办法》,坚持露头就打、精确打击的工作方针,对有关信息及时研判、分析,对县境内的“门徒会”“全能神”邪教及时进行打击。三是防范控制,在重大节日和“两会”期间,各乡镇对重点人员、重点场所实施重点监控,形成更加广泛的防控网络。扎实做好邪教“法轮功”人员教育转化工作,继续坚持“团结教育挽救绝大多数”的基本方针,尽力扩大教育面,缩小打击面,减少对立面,化消极因素为积极因素。全年无邪教人员进京上省,无邪教人员破坏社会和谐稳定局面,全面实现零进京、零插播、零聚集“三零”目标和达到无正当进行非法公开聚集事件、无重大恶性反宣传案件、无规模性团伙活动“三无”要求。四是教育转化,坚持“教育、引导、管理”并重的工作方针,县、乡镇分别成立帮教领导小组,为全县教育邪教人员工作提供有力的组织保障。深入开展“崇尚科学,抵制邪教”活动,不断增强人民群众反邪和拒邪的意识。五是坚持高压态势,依法打击邪教“法轮功”违法犯罪活动。开展对境外“法轮功”邪教组织对筠连进行渗透活动情况调研,掌握“法轮功”邪教组织违法犯罪活动的规律,加强巩固以县公安局国保大队、派出所、村(社区)委会治保会为主的三级互动互通机制。六是宣传揭批,首先加强党内教育。各乡镇利用党校或者党员活动室等阵地宣传反邪教知识20多场次,参加的党员、干部、职工1000余人次。强化对社会公众的宣传教育,按照“突出重点、把握节奏、因地制宜、重在实效”的原则,贯彻全县《加强反邪教宣传教育工作意见》,适时适度开展对涉“法轮功”等邪教问题的宣传报道。通过开展“科技三下乡”“举办科技培训班”“科普技术宣传栏”等在广大农村大力宣传科学知识、科学思想、科学精神，提高广大农民的科学文化素质，建设文明乡风，反对和抵制邪教。七是报送信息，坚持重要情况第一时间上报，在规定时间及时报送各类报表，没有发生迟报、漏报情况。全年向凯风网撰写稿件6篇，采用2篇；向凯风网四川地方频道撰写稿件10篇，采用6篇。

（陶光辉）

【党史研究】一是强化管理，提升工作效率。1月，在县委常委会议上，讨论通过全年党史工作安排，明确县委常委、县委办主任李小林分管党史工作。党史工作纳入对乡镇的综合目标考核体系，党史工作纳入县委、县政府对乡镇和县级各部门目标考核，明确目标分值，并规定每个乡镇有1名党委副书记分管党史工作。落实资料征编、党史基本著作编撰出版、专题研究出版等所需的专项经费，党史研究经费纳入财政预算。二是突出重点，提升业务能力。全年完成并上报《中国共产党简史学习体会》《筠连县信访问题的历史原因》党史业务理论论文以及《切实增强“三个自信”深入挖掘党史资源的资政报告》研讨论文撰写；年度大事记的整理和记述编写；《筠连县贯彻国民经济“调整、改革、整顿、提高”方针》《筠连县国营工业企业改革》2个专题30余万字的查档、写作、校对、出版工作，采访、征集4篇回忆录资料整理成书；《筠连县委重要会议决策历程》的编纂工作有序推进；上报党史信息10条。全年征集到文字资料175份（档案110份、私人资料65份），口碑资料18份（其中口碑记录8份），音像图片资料30份。在党政网上开通筠连党史网站运行已5年，点击量6000余次，党史宣传教育效果好。三是服务全面，抓好相关工作。参与红色旅游资源开发的调研，协同老促会对大雪山红军烈士陵园选址、建设进行实地考察，制定相应方案，确保史实真实性。为四川泓源公司整理《中国工农红军川滇黔边区游击纵队在筠连的主要战斗》《人民解放军解放筠连的主要战斗》资料。参与老促会组织的专题调研活动，为全县经济社会快速发展建言献策，参与《筠连县2013年乌蒙山区连片扶贫开发项目实施方案》修改工作，争取到项目资金1000万元。

（安 君）

组织工作

【概况】2013年，组织工作围绕县委工作大局，健全完善机制，狠抓党的执政能力、机关作风建设，加强领导班子和干部人才队伍建设，推进干部人事制度改革，提高基层党组织引领发展能力，实现“常规工作上水平、重点工作求突破、创新工作有特色”的目标。推行的困难老党员定期生活补助制度得到省委常委、组织部部长范锐平肯定性批示。在全市组织工作评比中，筠连获全市“中国梦·宜宾梦·我的梦”主题演讲二等奖、全市离退休干部统计工作先进县、市级文明单位等荣誉。

【党员教育培训】一是抓好基层党员的普遍培训。按照《2009-2013年全国党员教育培训工作规划》，围绕加强党的执政能力建设和先进性建设、科学发展观、“创先争优”、基层组织建设等主题，以学习十八大报告、新党章为重点，创新工作思路，突出工作重点，完善工作机制，确保把党员教育培训工作抓实抓好，抓出成效，全年共培训党员3648人次，其中培训农村党员2304人次、城市社区党员258人次、机关党员419人次、国有企事业单位及金融企业党员535人次、“两新”（新经济组织、新社会组织）组织党员132人次。二是抓好群众路线教育实践活动前期准备工作。采取个人自学、集中培训、专题辅导、中心组学习等形式，组织广大党员干部认真学习中央、省委、市委关于开展教育实践活动系列文件、讲话精神，把思想行动统一到中央、省委和市委的部署要求上来。开展问题排查，采取专题座谈、个别走访、问卷调查、群众评议等方式，收集意见建议230余条。县委组织部印发《关于做好开展党的群众路线教育实践活动准备工作的通知》《关于进一步转变作风加强党的群众工作的意见》，成立以县委书记为组长的领导小组。三是做好基层党组织书记和大学生村干部的培训。按照“分级管理、分层培训”原则，县乡两级共培训村级党组织书记243人次、大学生村干部116人次，推荐大学生村干部参加省市培训班14人次。注重增强针对性和实用性，训前开展调研，摸清需求，有针对性地确定培训内容；同时着重加强对惠农政策、土地政策、计划生育等政策法规，以及市场经济知识、农村科技知识、新形势下农村工作方式方法等的培训，增强农村干部依法办事、发展农村经济、管理农村事务的能力。改单一课堂教学方式为综合采取召开研讨会、实地观摩等形式。培训结束后，对学员进行闭卷或开卷考试，将考试成绩作为评选先进管理单位和优秀学员的主要依据，培训效果明显。四是基层党组织书记带头学习贯彻十八大精神。推荐维新镇顺阳村支部书记周均参与“百名书记谈学习贯彻十八大精神”大访谈活动，《十八大访谈：筠连县维新镇顺阳村——大山里的小康梦》于8月5日被省委组织部“组工视频”采用。腾达镇春风村、沐爱镇棬坪村入选《四川优秀基层党组织书记工作案例》。11月8日，中组部在成都召开6省（区市）在村“两委”换届中选好村党组织带头人座谈会，播出电教片《选好一个人，撑起一片天——记筠连县春风村党支部书记王家元》。

【基层党组织建设】村级党组织建设：一是开展基层服务型党组织创建工作。制定具体的实施意见和实施方案，紧紧围绕“服务发展、服务民生、服务群众、服务党员、服务基层”的总体要求，统筹考虑党建基础、区域位置、线路整合、资源配置等，确定腾达镇春风村党支部、塘坝乡幸福村党支部、塘坝乡木映村党支部、沐爱镇棬坪村党支部、筠连镇城南社区党支部、筠连县国家税务局党总支等市级基层服务型党组织建设示范点。二是开展“三分类三升级”活动。制发《关于建立基层党组织“三分类三升级”活动长效机制的意见》，确立基层党组织“三分类三升级”长效机制，安排部署新一轮定位升级活动，全县549个基层党组织全部完成定位升级，后进组织转化率达到95%。三是优化农村基层党组织设置。把党组织覆盖到农村各产业和行业协会，新建立“支部＋协会”党组织24个，培育腾达镇春风村李子协会、高坎乡宏运养鸡协会等示范典型12个。巡司镇沙林村党支部设立20万元发展基金，对黄牛养殖专业合作社成员进行产业扶持和融资担保，使12名党员和32户农户脱贫致富。蒿坝、高坪、联合等烤烟乡镇把党组织建在“农村经济联合体”，推动烤烟生产快速发展。四是大力发展集体经济。结合推进“百村春风工程”，大力发展村集体经济，通过“支部＋协会”的模式，建强班子、找准产业、打好基础、建好新村，培育腾达镇丝栗村、筠连镇水塘村、乐义乡中坝村等一批集体经济超5万元的示范村。五是加强“两新”党建，提高“两新”组织党组织覆盖率。全县有非公企业84个，其中规模以上企业38个，共建立支部40个，联合党支部9个，党组织覆盖率76%，单独组建率达48%；规模以上非公企业实现党组织全覆盖，园区非公企业党组织覆盖率100%；县非“工”委直接联系管理重点非公企业党组织10个。六是开展“创新党组织活动”案例征集评选活动。共征集案例16个，以腾达镇春风村党支部、沐爱镇棬坪村党支部、维新镇顺阳村党支部作为培育示范典型，3个村支部的创新案例分别在中央、省、市级媒体播出。

社区党组织建设：一是加强乡镇社区有人管事、有钱办事、有场所议事的“三有”达标建设。全县14个乡镇社区，配备社区支部书记14名。根据社区规模、核定社区工作者职数，经全市统筹，面向全县公开选聘33名社区工作者，社区工作者数量达88名，充实社区服务力量。经费方面，每个社区每年工作经费达到2万元；14个社区均有办公用房，其中4个社区办公用房面积超200平方米。二是加强社区数字化建设，健全城镇社区党组织服务体系。全面推行社区管理服务区域化、网格化，在筠连镇深入开展数字化服务示范社区建设，中城社区“两网两屏两平台”数字化社区建设初见成效。

基层党建工作责任制：印发《关于印发〈筠连县基层党建工作三级联述联评联考实施办法（试行）〉的通知》，严格乡村“三级联述联评联考”制度，基层党委书记履职能力进一步提升。

基层远程教育：开展远程教育站点“五进”（进机关帮党员强素质、进学校帮教师抓质量、进社区帮居民树新风、进企业帮企业创品牌、进社会组织帮会员抓发展）活动，进一步拓展远程教育覆盖领域和服务功能，在县委党校、筠连中学、筠连镇中城社区、汉林矿山机械制造有限公司、恒达黑木耳种植专业合作社等16个单位建立新型远程教育示范站点。

【村（社区）干部待遇】2013年全面落实村（社区）“一定三有”（定权责立规范，收入有保障、干好有希望、退后有所养），强化基层经费保障。代县委起草并印发《关于明确村（社区）干部基本报酬、办公经费及党员教育培训经费补助标准的通知》。全年共投入经费2850万元，增加410万元，其中县级基层党建专项经费100万元、乡镇基层党建专项经费180万元（每个乡镇10万元），每个村（社区）党组织工作和活动经费分别1万元、2万元，党员教育培训经费每人20元，每个远程教育站点2000元，每个村级组织活动场所运行维护费500元；村“大三职”（支书、主任、文书）月基本报酬1000元、900元、800元，村民小组长月基本报酬350元；社区书记、主任、专职干部月基本报酬2400元、2200元、2000元，居民小组长月基本报酬200元；村（社区）干部离职补助标准较上年提高1倍，每任职满一年增加补助40元；全面落实社区干部养老保险政策；实行村常职干部参加新农保特殊补贴制度，县财政每年增加支出110余万元。

【村（社区）党组织换届】2013年，试点推行“三推两诺、两票选举”（党员推、群众推、组织推，任期履职承诺、未完成目标辞职承诺，群众选、党员选）村党组织书记，8月在17个村、1个社区进行试点并完成选举。制发《关于村（社区）党组织换届工作的实施意见》，印发《筠连县村（社区）党组织换届工作指导手册》951册。拓宽选人渠道，采取回引能人返乡参选、鼓励大学生村干部竞选、强村能人跨村选任、致富带富能手邻村兼任、遴选机关干部到村任职等措施，多渠道选能人。8名外出务工经商党员成功当选村党支部书记、5名大学生村官竞选成功，从乡镇机关遴选下派45名干部到村担任党支部第一书记或书记，春风村村委会主任刘炳付经组织推荐到春风综合体内的千秋村选任党支部书记，致富带富能手、武德乡半坡村党支部书记李兴琼兼任水潦村党支部书记。

【公开承诺践诺】2013年，开展党组织、党员公开承诺践诺活动，在窗口单位和服务行业党支部中开展“五亮四比三评”（亮标准、亮流程、亮职责、亮身份、亮承诺，比技能、比服务、比作风、比业绩，群众评议、党员互评、领导点评）活动，培育出县国税局机关支部等典型，发挥典型在广大党员干部中的激励、辐射和带动作用。

【党员干部联系群众】一是做好党员干部直接联系群

众工作。在机关党员干部中开展“双岗双责”(站好本职工作和社会服务岗位,履行公务人员和共产党员职责)活动,实行驻区机关单位党组织和在职党员干部到社区“双报到”制度,努力创建服务型机关,在职党员“双报到”率达50%以上。二是在“中国梦”主题教育活动中开展千名机关干部下基层访贫问苦“三贴近”主题实践活动,996名机关党员干部深入基层一线,贴近征地拆迁农户送政策释民惑、贴近产业(专业)大户送智慧助发展、贴近困难群众送温暖聚民心。通过开展“三贴近”主题实践活动,协调解决群众所怨所盼的热点、难点问题326个,群众合理诉求得到肯定回复,息访48人次,帮助群众解决产业发展难题48个,128户贫困家庭得到实体帮扶。三是建立“三进三联”长效机制,开展“领导挂点、部门包村、干部帮户”活动,及时调整“挂包帮”联席会议组成人员。帮扶部门召开协调会64场次,组织机关干部到村开展帮扶活动2540人次,到位帮扶资金120.2万元,水泥、化肥等物资10.14万元,完成帮扶项目19个,正在实施帮扶项目94个。

【党员志愿服务队】 2013年,印发《关于加强共产党员服务队建设的实施意见》,根据党员、入党积极分子的特点、特长以及个人意愿,按服务项目组建扶弱济困、便民利民、就业指导、治安维稳、环境维护、医疗保健、宣传教育、文体娱乐等9类392支党员服务队,按层级分别组建县服务大队、基层党(工)委服务支队、基层党支部(总支)服务分队,县服务大队队部分别设在民政、政务、就业、政法、城管、卫生、宣传等与服务内容相关的县级部门(单位),实行统一注册、统一标志、统一挂牌、统一管理、统一指挥,确保党员在平时看得出来、关键时刻站得出来、危急关头豁得出来,有效提高基层党组织的服务力。加强流动党员服务管理工作,发放流动党员活动证722个,持证率97%。

【党员发展与管理】 2013年,认真贯彻落实中央《关于加强新形势下发展党员和党员管理工作的意见》,印发《2013年发展党员工作计划》,严格按标准、按程序、按计划发展党员,全年发展党员131名。严格执行发展党员工作程序和纪律,加强党员管理。严格实行发展党员全程推荐公示票决、“双预审”、定期分析通报预警和责任追究制度,建立发展党员预审登记管理台账,凡未经预审登记的,一律不予发展入党,从源头上保证新党员质量,从制度上防止闭门造车、突击发展,严把党员“入口”。

党员管理:一是建立党员能进能出机制,采取党员自评、党员互评、群众测评、组织点评和定期登记的“四评一登记”民主评议党员方式,稳妥处置不合格党员,畅通党员“出口”。二是印发《筠连县党员信息库建设工作方案》,信息库建设初步完成,基层党委建库率和党员、党组织信息入库率100%,对动态数据坚持一月一更新,每半年上报一次数据。三是严格按标准收缴党费,切实加强县管党费的管理和使用,做到专款专用。

【困难党员关怀】 2013年,继续完善党内关爱激励措施,在元旦、春节、七一期间走访慰问贫困党员943人,发放慰问金282040元。设立党内帮扶救助资金,建立困难党员帮扶救助台账,发放党内帮扶救助资金21000元,受益困难党员21名。创新推进农村(社区)困难老党员定期生活补助制度,对60岁以上的农村困难老党员按照“年龄+党龄”给予每年700元-1400元的生活补助,共发放523800元,补助484名老党员。该制度得到省、市委组织部肯定,省委常委、组织部部长范锐平作亲笔批示。

【机关干部下基层】 2013年,组织996名机关干部下基层深入一线,开展以贴近征地拆迁农户送政策释民惑、贴近产业(专业)大户送智慧助发展、贴近困难群众送温暖聚民心为内容“三贴近”主题实践活动,每名科级领导干部包案1-2户拆迁农户、化解1-2个矛盾纠纷或信访积案,每名机关干部结对联系扶持1-2户产业大户或专业大户、结对联系帮扶1名困难群众或贫困党员,助推美丽繁荣和谐筠连建设。

【党代表作用发挥机制】 积极发展党内民主,完善党代表作用发挥机制,落实党的代表大会代表任期制,每届党代表任期五年。推行县党代会常任制、乡镇党代表年会制、县党代表提案制,年度收集党代表提案100余件,回复率达100%,得到代表的高度肯定。建立党代表视察调研、接待群众及质询评议等制度,促进党代会闭会期间活动制度化、规范化。

【党务公开】 2013年,全县18个乡镇、243个村、14个社区均进行党务公开。全面推行党员旁听基层党委会议制度,全县18个乡镇党委、7个机关党委均开展党员旁听基层党委会议,参加旁听的党员数达530人。

【领导班子思想政治建设】 认真开展“中国梦”主题教育活动。创新学习载体,积极打造筠连典型,通过以考促学、访谈造势、宣传宣讲、典型示范等学习方式,深刻学习“中国梦”主题教育活动的重要意义和本质内涵,切实强化“美丽繁荣和谐”理念,着力构建良性循环的生态经济体系、生态环境体系和生态人居体系。

深入开展领导班子学习活动:进一步加强和改进县乡镇党委中心组学习制度,坚持定期不定期开展学习,采取召开专题学习会议、开办专题学习课堂、编发专题短信宣传、参加调训等多种形式,学习贯彻中共十八大、中国特色社会主义理论体系、党章、习总书记系列重要讲话精神、中国梦主题教育和党的群众路线教育实践活动,深入实践科学发展观。围绕县委“12456”发展思路,大力强化领导班子凝聚力、决策力、创造力、执行力建设，积极创建学习型、服务型、创新型领导班子和领导干部，培育与“建成强县、率先小康”的奋斗目标相适应的新时期好干部队伍，县乡镇领导班子运行有序、规范、高效。

加强领导班子思想建设：强化领导班子党性修养，坚持抓好思想理论武装，深入中国特色社会主义理论体系，系统把握党的执政规律，组织学习中央、省、市、县委方针政策和重要决策部署，引导广大干部坚定理想信念、增强宗旨意识、培养为民作风、服从组织需要，提高思想道德素质和服务大局能力。以学习中共十八大精神为主线，结合全国、全省、全市组织工作会议精神，深入开展好干部标准大讨论，引导全县干部做党性最强、作风最正的表率，自觉践行习总书记提出的新的历史特点下好干部标准。积极运用党员干部党性教育基地等综合阵地进行党性教育、组织活动、党员培训、管理服务，教育年轻干部保持先进性和纯洁性。

加强领导班子作风建设：做好群众路线教育实践活动筹备工作，统一思想、排查问题，采取专题座谈、个别走访、问卷调查、群众评议等方式，收集意见建议230余条。印发《关于做好开展党的群众路线教育实践活动准备工作的通知》《关于进一步转变作风加强党的群众工作的意见》，成立以县委书记为组长的领导小组。完善领导干部基层联系点制度，每个县级领导确定1–2个村（社区）或部门作为联系点。完善群众接待日、定期下访、到基层帮助工作等制度，领导干部带头接访，每年到基层调研帮助工作不少于60天。加强作风建设专项整顿，开展“三治理、三激发、三增加”作风建设专项活动。

加强领导班子制度建设：年初县委办印发《〈筠连县值班工作规定〉和〈筠连县领导班子和领导干部请假审批权限及程序规定〉》，进一步强化领导班子和领导干部日常运行管理。全面贯彻落实《中国共产党领导干部廉洁从政若干准则》及中央、省、市有关廉洁自律各项规定，主动报告个人有关事项。深入推进党务公开，认真执行“三重一大”的规定，及时召开民主生活会，认真开展批评与自我批评。县乡（镇）领导班子严格执行民主集中制和党委议事决策规则，全年县乡领导班子均召开以“中国梦”主题教育活动、构建风清气正政治生态环境为主要内容的民主生活会，进一步构建执行有力、团结协作、勤廉双优的领导班子。

【干部选拔任用】 一是按照程序从严选拔培养干部。县委根据上年度考核的情况，在班子建设和干部使用中充分运用考核结果，从考核反映优秀的副职和后备干部中，对个别县级部门和乡镇班子进行调整补缺，对个别干部进行同级重用和交流。加大对年轻干部的培养力度，按要求选送到市级部门上挂锻炼，有计划选派到矿征办、筠巡快速通道建设、城市建设等急难险重的工作基层一线岗位锤炼。结合上年度科级班子年度考核，进行非定向推荐正副科级领导干部后备人选的民主推荐测评，及时对后备干部信息库进行更新，使一批年轻、优秀的后备人才进入组织视野。二是认真贯彻《干部任用条例》，按照中央、省、市规定的原则、标准、程序进行干部的调整。改进干部选拔，多渠道选拔干部，注重真才实学和实际能力，坚决制止简单以票取人的做法，开展“先谈话推荐、后会议推荐”和“防止简单以票取人”试点，解决“一考定音”“高分低能”等问题。严格遵守干部人事纪律，严格按照组织程序选人用人，严格遵守干部选拔任用纪律，做到不跑风漏风，无违规违纪行为发生。在干部选拔任用中，注重对女干部、少数民族干部的培养选拔，有效发挥女干部在各级领导班子中的作用。全县378名科级领导干部中，有女干部66人，占17.46%；有少数民族干部14人，占3.7%。

【干部培训】 认真贯彻落实中央组织部《干部教育培训改革培养规划纲要（2010–2020）》。一是加强思想政治建设和党性教育，围绕中共十八大提出的新思想、新目标、新任务和新要求，深入开展“双学一争”（学习十八大报告、学习新党章，争创新业绩）主题学习实践活动，通过专题学习、撰拟心得、知识竞赛、主题征文、演讲比赛等形式，原原本本学习十八大文件和党章（修正案），精准把握精神实质，教育引导各级基层党组织和广大党员主动投身实践，自觉遵守党章。深入开展“实现伟大中国梦、建设美丽繁荣和谐四川（筠连）”主题教育活动，使全县广大党员干部弘扬中国精神，凝聚中国力量，自觉承担起历史赋予的崇高使命。二是全面实施干部培训项目化管理。充分发挥组织部牵头抓总的作用，建立健全整体规划、宏观指导、协调服务、督促检查、制度规范等机制。各单位各部门各系统结合干部职工能力素质现状，按照工作需要科学制定培训计划项目上报组织部门初审后，制订《筠连县2013年干部人才专题培训项目计划》，提交县干部教育培训领导小组联席会议审定后，对培训内容、方式、时间、师资、对象、目标、经费和管理等进行审定立项，对培训项目进行统筹管理。三是突出重点，做实主体班、做精专题班、做活大讲堂。围绕县委中心工作，探索多渠道多形式的干部培训模式，采取“集中学习+实地调研+实践锻炼”形式，举办村支部书记（主任）学习贯彻中共十八大精神专题培训班、中青年干部培训班、生态建设与转型发展专题培训班、文化建设与旅游开发专题班，有效地更新观念、启迪思路、提升综合能力。开设大讲堂，聘请专家、教授到筠连授课、作报告。全年，与西南财经大学合作开设区域经济发展专题培训讲座，聘请省招商局原副局长张旭、四川大学经济学教授韩立达、西南财经大学旅游系教授叶红到筠连为县党政干部和相关人员分别作《园区建设与招商引资》《农村土地流转模式》《城市文化建设与发展和城市品牌战略》专题讲座。四是组织实施上级调训任务。精心组织，周密安排，认真做好"十八大精神"培训班、"专题化"培训班、"戎州大讲堂"、社会化选学课程的宣传和参学服务等工作。

【干部培养】 年轻干部培养：根据全县年轻干部数量相对较少现状，以组织推荐、考试遴选等方式，锁定46名30岁左右、全日制本科以上学历的年轻干部人才，以集中培养方式，开展党性理论教育，提高思想政治建设和执政能力建设能力，采取上挂下派、轮岗压担等形式，进行有目的地培养锻炼，做到系统培养，加快年轻干部的成长，以促进青年人才的成长。

女干部、党外干部、少数民族干部培养：县委始终坚持把能力建设摆在突出位置，从加强理论学习、更新思想观念、强化实践锻炼入手，采取有力措施，努力提高女干部、少数民族干部、党外干部和年轻干部的工作能力和水平。按照大规模培训干部的要求，将女干部、少数民族干部、党外干部和年轻干部列为重点，创新培训模式，拓展培训渠道，落实培训任务和措施，通过邀请专家学者举办讲座，党校集中轮训等多种形式，有针对性开展政治理论、科学知识、法律法规等内容的培训学习，努力提高女干部、少数民族干部、党外干部的自身素质和工作水平。全年，举办村（社区）妇女干部培训班1期140人，中青年干部培训班1期45人；积极选送女干部、少数民族干部、党外干部参加上级各类主体班次培训学习，参训人员中女干部189人次、少数民族干部23人次、党外干部19人次。

【干部考核】 根据《筠连县科级领导干部年度考核办法(试行)》运行4年的情况，2013年经县委研究，进一步完善考核办法，县委组织部以筠组通〔2013〕74号印发《筠连县科级领导干部年度考核办法(试行)》补充规定，对进一步加强领导班子和干部队伍综合分析研判提供制度保证。充分利用定期年度考核结果和不定期日常管理掌握的情况，对县级部门、乡镇领导班子和干部队伍进行综合分析研判，为调整班子、选任干部提供依据。进一步健全"五考四评"(在民意调查中考德、工作落实中考勤、干事创业中考能、比学赶超中考绩、监督评议中考廉，在扩大民主下级同级评、管人管事上级评、年终考核综合评、工作实绩奖惩评)干部考核评价立体联动机制。

【干部谈心谈话】 2013年，印发《筠连县干部全覆盖谈心谈话实施办法》，按照分级负责和对口分工原则，定期不定期开展干部谈心谈话活动，实现干部谈心谈话工作制度化、常态化，以上级领导谈心谈话、班子成员谈心谈话、组织部门谈心谈话为主。一般采取个别谈话的形式，根据不同对象情况，从沟通、勉励、告诫等角度，有针对性地进行，谈心谈话做到五必谈(干部工作变动职务、调整时必谈，发现领导班子出现不团结、不协调苗头和问题时必谈，干部在遵守党纪国法、廉洁自律和思想作风等方面出现问题或有重要信访反映时必谈，干部在工作目标绩效考核中排名靠后、年度考核基本称职或不称职票比例较高时必谈，干部自身或家庭发生矛盾困难时必谈)；对发现领导班子、干部队伍建设和党风廉政方面的情况和问题，经调查属实，合理运用于领导班子评价、干部年度考核、奖惩任用、班子调配工作中。

【干部监督】 一是积极组织各级干部认真学习领会《干部选拔任用条例》《坚决整治干部选任中行贿受贿行为的规定》，进行《干部选拔任用和监督工作知识测试题》测试。坚持对拟提拔、调整交流、免职的干部提交县委常委会进行票决，对拟提拔的干部实行任前公示，对干部选任进行全程记实。全面落实《干部德的考核评价办法》，建立干部实绩考核+民主测评+社会评价"三维"量化考核制度，修订完善《筠连县科级领导干部年度考核办法》，继续探索"增大日常考核和实绩评价在干部任职考核中的权重"试点。完善干部队伍监督管理机制，继续实施领导干部干部日志公示制度和电子效能监察视频点名制度。在"三治理三激发三增加"作风建设专项活动中，以改善服务态度、提升行政效能、促进源头防腐为核心，切实解决部分中层干部作风不实、效能不高、软懒散贪等问题，组织全县各行业具有代表性的企业业主、部分人大代表政协委员等100余人对各重点部门及重点站、股室进行测评。二是执行干部选任工作"四项监督"制度，提升干部群众知晓度。县委带头在常委会上组织学习，通过县委中心组，组织县级领导干部进行专题学习"四项监督"(即《党政领导干部选拔任用工作责任追究办法（试行）》《党政领导干部选拔任用工作有关事项报告办法（试行）》《地方党委常委会向全委会报告干部选拔任用工作并接受民主评议办法（试行）》《市县党委书记履行干部选拔任用工作职责离任检查办法(试行)》)，讨论有关干部选拔任用、干部监督、防止用人上的不正之风和腐败现象的相关规定，进一步提高常委会班子成员对《条例》等有关政策规定的熟悉程度和运用水平。组织、人事等干部管理职能部门专题学习相关文件，熟练掌握有关干部工作政策规定的实质内容，切实提高选人用人的能力和本领。通过短信平台，向全县科级以上领导干部、组织政工人事干部、纪检监察干部发送干部选任和监督政策法规专题短信1800余条，让选人用人政策法规知识掌握在各级领导干部的"手心"里，进一步增强各级领导干部选人用人政策法规经常性教育意识，进一步促进干部选任和监督工作科学化、规范化和常态化。三是实行党政领导班子正职思想、工作、作风情况年度报告。结合年度考核，党政领导班子正职在年度考核大会上进行思想、工作、作风情况年度述职报告，接受全单位干部职工以及服务对象的民主测评。建立《领导干部工作日志定期公示》制度，把工作日志公示情况作为领导班子和领导干部年度考核以及评优晋级的重要内容。四是贯彻落实"干部选任工作全程纪实”情况。对每位提拔任用的干部从推荐提名起到正式任职的全过程均进行详实的记录，并全部归档存卷。

【援藏干部管理】 认真抓好援藏干部管理服务工作，及时足额发放援藏干部工资福利待遇，组织援藏干部参加相关活动。

【离退休干部管理】 认真抓好离退休干部管理服务工作，以“完善保障”为手段，加强老干部作用的发挥。一是建立离退休干部工作责任制。把离退休干部工作纳入各部门、各乡镇工作总体目标考核；建立党委（党组）书记为第一责任人，分管领导具体负责，离退休干部工作领导小组统筹部署、综合协调的领导体制；坚持在职科级领导联系离退休干部制度，每年至少走访慰问1次，并帮助解决离退休干部生活中的实际问题。二是落实离退休干部政治待遇。坚持离退休干部阅文、听重要报告、参加某些重要会议和重要政治活动；加强离退休干部思想政治工作，促使其整体思想观念与时俱进；充分发挥离退休干部作用，为离退休干部发挥作用搭建平台。三是加强离退休干部党支部建设。对离退休干部党支部做到组织、制度、经费、场地等落实到位；加强离退休干部活动阵地管理和建设；加强老年大学建设，不断丰富老同志精神文化生活；加强离退休干部政治培训教育；加强离退休干部工作资料规范化管理。

【人才工作】 一是抓人才引进优化队伍结构。采用柔性引进方式和省内外高校建立“县校合作”“校企合作”等模式，聘请专家、教授到筠指导，借智借脑，着力培养本土人才。大力实施人才队伍建设“三百工程”，进一步优化人才队伍结构。全年通过公选、洽谈等形式，从“211”“985”工程院校引进城市建设、水利、交通、旅游等专业硕士研究生5名、本科毕业生和急需紧缺专业103名；从机关事业单位、乡镇遴选30岁左右全日制本科学历以上优秀年轻干部人才46名；从川南监狱引进机电、采煤、地质、法律等急需紧缺专业人才25名。二是实施年轻干部人才递进培养计划。在全县党政机关、企业单位中遴选一批政治质素好、业务精湛、实绩突出、潜力明显、群众公认的年轻干部，通过“集中培训＋挂职锻炼”方式，用5年时间培养300名年轻干部人才，通过选派或挂职到筠巡快速通道、矿征办、城市建设、征地拆迁等急难险重工作一线锻炼，建设一支能担当筠连在“建成强县、率先小康”重任的高素质好干部队伍。三是设立专项基金，加大对人才的投入力度。注重解决各类人才在工作环境、办公条件以及职称评聘、交通住房、家属就业、子女读书等生活中的实际困难，积极营造吸引人才、留住人才、发挥人才作用、帮助人才成长的良好环境。

人才管理：一是加强组织领导。健全党委统一领导、组织部门牵头抓总、有关部门密切配合、社会力量广泛参与的人才工作领导体制和运行机制，全年召开专题人才工作会议2次。进一步完善各类优秀人才引进、培养、交流、使用和激励制度。组织召开2013年人才工作座谈会、优秀年轻干部座谈会，为第四批拔尖人才和优秀青年科技人才颁发岗位激励奖。二是有具体规划和工作要点。县委制发《筠连县中长期人才发展规划纲要（2010–2020）》《筠连县拔尖人才和优秀青年科技人才选拔管理办法》，从人才引进、培养、使用、管理等进行详细的规划。三是宣传报道。全年上报人才工作信息简报10篇，其中被省委组织部采用1篇、市委组织部采用2篇、宜宾日报采用1篇，《筠连县召开青年干部人才座谈会》《筠连县“筑巢引凤”打造人才高地》等被省市委组织部采用。

人才活动：积极开展科技下乡、送医到村等服务基层、专家咨询服务。有科普宣传月、科技活动周和知识产权宣传周等常规活动，并结合“3·15”“4·26”“12·4”等宣传日和工作实际，组织“科技专家服务团”开展好经常性的送科技“四下乡”活动，以科技大集、科普展览、技术培训、现场指导等形式，开展群众喜闻乐见的科技科普活动。全县共出动科技人员226人次，发放资料21.6万份，技术咨询6530人次，免费义诊1250人次，技术培训86期1.55万人次，受益群众5.68万人次。

【下派挂职锻炼】 抓好村级组织“春风工作法”和春风综合体“一体五线、党群共建”模式的规范运行，推进“百村春风工程”建设，从县级机关、企事业单位下派91名干部到村挂职锻炼，担任村党支部副书记或村主任助理，帮助挂职村开展工作，带领群众发展致富。

【大学生村干部工作】 一是大学生村干部选聘工作，落实大学生村干部选聘计划，按照省委、市委组织部部署要求，严格选聘标准，规范操作流程，确保选聘质量。全年新选聘大学生村干部20人，并安排到重点项目乡镇挂职锻炼1个月。二是大学生村干部年度考评和续聘工作，对在职的98名大学生村干部进行年度考评，完成符合条件的43名大学生村干部的续聘工作。

【选调生考录】 2013年，严格选调生招录程序完善招录手续，并按要求及时向上级组织人事部门上报相关录用文件、表册。全年，全县录用选调生10名，其中应届毕业生9名、大学生村官1名。

【组工干部管理】 一是以开展“深入学习党的十八大、学先进强党性”活动为契机，组织全县组工干部深入学习《中国共产党章程》（修订），继续抓好“五个一”（记好一本读书笔记、召开一次座谈会、办好一期党性论坛、撰写一篇心得体会、继承一种好品质）活动，强化党性修养，坚定理想信念，深化革命传统教育。在“组工论坛”中开设“党性大讲堂”，采取“主讲＋点评”模式，实现组工干部的自我激励、自我教育、自我提高；在联系服务基层活动中开展“体验式教育”；在与农民同吃、同住、同劳动的过程中开展党性教育，进一步强化群众观念和宗旨意识。二是实行县委组织部委派乡镇组织员制度，把乡镇组织员纳入县委组织部直接管理，实行统一考录、系统培训、挂职锻炼、委派任职、定向培养，乡镇组织员队伍活力。印发《关于进一步加强全县组工干部学习培训建设学习型组织部门的实施意见》，坚持在理论中提升干部、在实践中磨练干部，在实绩中考核干部；开展“讲学·荐学·考学·评学”活动，不断丰富“组工论坛”内涵。全年选调2名工作人员，晋升2名非领导职务干部。

【自身建设】 2013年，围绕“三型”（学习型、服务型、创新型）部门要求，组织工作细化为领导班子建设、干部队伍建设、人才队伍建设、党的基层组织建设、党员队伍建设5大项，设计业务工作标准、流程，提升工作效率。一是重点工作项目化，以组织工作要点为总纲，建立项目化管理制度。通过“选、报、审、定”4环节，核定创新工作8个、调研课题6个、目标任务21个，实现组织部门建设的“项目带动”，推动工作的创新开展。二是日常工作台账化。按“日常纪实、如实讲述”的要求，设计《筠连县委组织部综合工作台账》，详实记载每名组工干部的工作状态，推动工作精细化。三是月度工作表格化。设计《筠连县委组织部月度重点工作安排表》，按月初科室提出—分管领导审核—部长审签印发，月末各科室负责人向部务会汇报完成情况，提升推进整体工作的契合度。

（周德强）

宣传工作

【概况】 2013年，全县宣传思想文化工作按照县委“12456”发展思路和宣传思想文化工作“4633”总体部署等工作要求（“4”：围绕学习贯彻党的十八大精神主线、紧扣县委“实干增效年”主题、突出文化强县建设主攻方向、全力服务经济建设主战场“四个一”工作方针；“6”：着力推进大理论学习平台、大宣传工作机制、大网络大舆情全媒体工作格局、社会主义核心价值体系、文化强县、宣传思想文化队伍和作风“六项建设”；“3”：大力营造坚定道路自信、理论自信、制度自信，营造科学发展、安全稳定、转型突破，营造解放思想、凝心聚力、实干兴筠“三个良好氛围”；“3”：努力实现全国出经验、全省出品牌、全面出成效“三个出”），贯彻十八大精神主线，紧扣“实干增效年”主题，突出文化建设主攻方向，全力服务经济建设主战场，瞄准“全国出经验，全省出品牌，全面出成效”目标，唱响时代主旋律。面向全国树典型，传递转型正能量，实现重大模式全国推广、重大宣传全市领先、重大平台发挥作用、重大舆情有效控制、重大任务有序推进、重大活动深入开展，大力营造道路自信、理论自信、制度自信、科学发展、安全稳定、转型突破的良好氛围，为全县经济社会发展提供强大的思想保证、精神动力、舆论支持和文化条件。

【对外宣传】 2013年，紧扣县委、县政府中心工作，围绕“争头版、争高端、争一流”目标，实施“请进来”策略，主动服务经济发展主战场。加强对外宣传队伍建设，不断巩固和壮大新闻通讯员队伍，实现乡镇、部门配备有1名专（兼）职新闻通讯员的目标，全县网评员100余名、骨干通讯员40余名，构筑全方位、宽领域的大外宣格局。5月，组织乡镇、部门新闻发言人、网评人员48人到省委党校参加为期1周的新闻发言、舆情应急处置培训。先后6次邀请中央、省、市主流媒体到筠连采访，全方位、多角度宣传筠连经济社会发展的重大举措和成就。新华社、中央电视台、四川电视台、宜宾电视台、《人民日报》《农民日报》《四川日报》》《宜宾日报》等主流媒体聚焦筠连，深入腾达、塘坝等乡镇采访，宣传报道县域经济转型、产业升级、项目招商、“735工程”及美丽乡村建设、文旅产业发展、民生事业改善、社会管理创新等的重大举措和成就，不断扩大筠连外宣影响力。

【对内宣传】 按照中央、省、市对新闻工作的要求，围绕全县中心大局、服务经济社会、关注民生民情、锐意创新改革，提高刊物品位，发挥喉舌作用，唱响主旋律，及时开辟栏目，不断增加刊物的信息量，营造解放思想、抢抓机遇、加快发展、奋发向上的良好舆论氛围。全年共发行《绿色煤都》期刊48期，党风廉政建设专刊2期，刊登各类新闻、通讯、理论、文化稿件1200余篇。

【理论武装】 按照市委、县委对党委（党组）中心组理论学习的安排意见和要求，结合县委中心组成员工作实际和县域经济社会发展大局，坚持以学习宣传贯彻中共十八大精神这条主线，围绕县委年度主题和工作基调，坚持改造主观世界与改造客观世界相结合，形式多样开展学习，进一步转作风、改文风、正学风，提高政治理论水平，提升综合能力素质，努力建设学习型、服务型、创新型党组织，为全面实施县委“12456”发展思路，实现“建成强县，率先小康”目标打下坚实的思想理论基础。全年县委中心组集中学习11次，扩大学习6次。全县各级党委党组中心组成员共撰写调研文章和学习体会300余篇，内容涉及广泛，针对性和指导性较强，其中县委中心组成员在各类理论研讨会、报刊杂志上获奖或发表理论调研文章30余篇。围绕学习贯彻中共十八大精神主线，坚持把传达好、学习好、贯彻好、宣传好会议精神作为重要政治任务，深入领会和把握十八大的鲜明主题,着重深化对全面建成小康社会、“中国梦”的认识,深化对政治、经济、文化、生态和党的建设的认识,突出宣传宣讲,为全县发展营造浓厚社会氛围。开展“实现伟大中国梦、建设美丽繁荣和谐四川(筠连)”主题教育活动,认真组织宣讲及“中国梦”征文比赛、演讲比赛、读书活动等系列活动。成功承办宜宾市哲学研究会2013年年会暨“中国梦与宜宾率先崛起建成小康”研讨会。

【党员干部学习】 2013年,全县各级党组织围绕县委工作大局,以领导班子学习制度、基层党组织学习制度、党员个人自学制度、理论宣讲制度、考核激励制度、主题教育制度、经验交流制度、成果转化制度、经费保障机制的“八制度一机制”统领学习型党组织建设工作,提高党员思想政治水平为基本目标,深入学习中国特色社会主义理论体系、党的路线方针政策和国家法律法规、党的历史、现代化建设各方面知识,使学习能力不断提升、知识素养不断提高、先锋模范作用充分发挥,在武装头脑、指导实践、推动工作上取得实效。县委书记王萍撰写的《整治庸懒散积聚正能量推动新发展》《打响全面建成小康攻坚战》《富德并重 建设美丽乡村》分别在国家级刊物《决策》(2013年第4、5期合刊,第10期)、国家级刊物《农村工作通讯》(2013年第14期)上发表;2012年撰写的《产村相融 全域春风 凝心聚力建设“山区美好家园”》获“宜宾市2013年度哲学社会科学理论(调研)文章”二等奖。县长刘朝平撰写的《转变传统旅游模式 实施旅游招商战略》在《决策》(2013年6、7期合刊)上发表。

【思想政治工作】 2013年,全县思想政治工作围绕县委“实干增效年”的主题,按照县委全面实施“12456”发展思路和要求,唱响主旋律、打好主动仗、传递正能量,为筠连“建成强县、率先小康”提供强大的思想理论支撑和精神文化力量。一是组织保障,强化理论支撑,县委专门成立思想政治研究会(简称政研会),组建政研会党支部,县委主要领导亲自担任政究会主任,县级各部门、乡镇政研人才为成员,负责全县的思想政治工作。各部门和乡镇建立由党委统一领导,形成党政共同负责,党政工团齐抓共管的工作格局和机制。二是学用相长,强化宣传教育,通过请专家讲、领导讲、自己学等形式,认真开展“党的十八大精神”“密切联系群众·改进工作作风”“‘实现伟大中国梦·建设美丽繁荣和谐四川’(筠连)主题教育活动”“学习贯彻全国‘两会’精神”等学习活动11次,在全县党员领导干部中积极构建社会主义核心价值体系。三是典型塑造,强化示范引领,以春风村为思想政治工作示范基地,大力弘扬“春风精神”,创新探索实施“735”示范工程,带动全县243个村级组织思想政治工作上台阶。不断挖掘塘坝乡幸福村、沐爱镇棬坪村,筠连中学学生李秋带着生活不能自理的妈妈上学、龙镇乡金狮村小学数十年如一日的“双语”教师刘光本等一批先进典型。

【舆情监管】 一是加强机制建设,确保责任落实。针对互联网的新特点、新情况,建立完善相关制度,抓好互联网信息办、不良与违法信息举报中心、新闻与网络舆情中心“一办两中心”建立筹备工作,构建大网络、大舆情、全媒体工作格局,实现互联网管理工作全面升级。积极发展网络志愿者,扩大舆情监察队伍。加强业务知识培训,不断提升能力。全年开展集中清理“县内网站违规刊载新闻信息”专项行动2次,监督处理对全县发展大局造成负面影响的网络舆情信息90余条,编发《舆情专报》42期、《舆情快报》70期。二是加强引导沟通,确保舆情导向。运用新兴的互联网互动平台微博、博客、微信等,对网络实施专项监控,通过各大网络社区、论坛、贴吧、微博、微信等舆情平台,主动沟通网民,加强对热点、焦点事件进行跟踪、评论、引导,并针对网上热点、敏感问题,多做释疑解惑、理顺情绪,努力引导网民正确上网,提高网民上网素质,营造文明上网的良好舆论环境。三是加强值班值守,确保信息处置。除每天上班期间有人专门负责监看外,县网络舆情中心实行24小时值班制度,有效稳控和处置网络舆情信息。

【互联网信息管理】 2013年12月,经县编委批准,设立筠连县互联网信息办公室(简称网信办),为县委外宣办(县政府新闻办)挂牌机构,属正科级单位。主任由县委外宣办主任兼任,专职副主任1名(副科级),兼职副主任2名(由县公安局、县经信局分管副局长兼任)。

职能职责:落实互联网信息传播方针政策和推动互联网信息传播法制建设,指导、协调、督促有关部门加强互联网信息内容管理,负责网络新闻业务及其他相关业务的前置审批和日常监管,指导有关部门做好网络游戏、网络视听、网络出版等网络文化领域业务布局规划,协调有关部门做好网络文化阵地建设的规划和实施工作,负责重点新闻网站的规划建设,组织、协调网上宣传工作,依法查处违法违规网站,指导有关部门督促电信运营企业、接入服务企业、域名注册管理和服务机构等做好域名注册、互联网地址(IP地址)分配、网站登记备案、接入等互联网基础管理工作,协调指导全县互联网有关部门开展工作。

工作开展:一是全方位做好舆情监测。严格落实舆情监测值班制度,责任落实到人。值班监看坚持第一时间发现(备份)、第一时间报告、第一时间处理“三个第一”原则,发现舆情后,积极正面应对,即刻以飞信形式向领导报告;并对舆情进行调查核实,对某些言不符实且具有较大负面影响的贴文进行申请删帖处理。截至10月,监督处理对全县发展有负面影响的网络舆情信息80余条,编发《舆情专报》36期、《舆情快报》66期。二是多角度做好舆论引导。积极引导社区、论坛、贴吧言论,提高网民上网素质,在全县营造文明上网的良好舆论环境。开展集中清理县内网站违规刊载新闻信息的专项行动2次,集中清理网站县内涉及政治类有害信息1次;组织网评人员在各大论坛、社区跟帖评论引导超100次。国庆期间,组织人员就“薄熙来案”进行舆论引导,在新华网、央视新闻网、人民日报、新华视点、中国之声、法制日报、正义网等大型网站上转发、跟帖、撰写网络评论文章84条。三是多渠道加强队伍建设。为提高网评人员政治素养以及工作效率,专门组织乡镇、县级相关部门网评人员赴成都省委党校进行为期一周的新闻发言人(网评人员)培训班学习。通过培训,掌握应对舆情方法,对控制突发事件、应对网络舆情、适应新兴媒体打下良好理论基础。四是多举措服务政府工作。建立多举措运用新兴媒体服务政府工作的方案,做好县内外网络舆情监控和网络舆情引导,以网络为依托,以服务县委、县政府中心工作为重点,为县域经济社会科学发展和各级领导决策提供资政参谋。

【群众文化建设】2013年,坚持文艺为人民服务、为社会主义服务的“二为”方向,百花齐放、百家争鸣“双百”方针和贴近实际、贴近生活、贴近群众“三贴近”原则,努力构建社会主义和谐文化,大力推进基层群众文化建设,进一步推动全县群众文化大繁荣、大发展。完成18个集多种功能于一体的乡镇综合文化站建设,建成农家书屋243个,实现行政村“全覆盖”;广播电视“村村通”工程有序推进,有效解决7万多户农村家庭看电视难问题;建成30个农村固定电影放映点,组建9支农村公益电影放映队;“筠连县文联暨作家书画家摄影家协会春风创作基地”在腾达镇春风村活动室挂牌。先后组织开展“庆元宵·春满筠州”乡镇文艺调演暨第十六届“玉壶之春”闭幕式、“庆元宵·龙腾狮跃闹筠州”第四届乡镇舞龙比赛、腾达镇“春风李花节”和第四届“李子品果节”、巡司镇沙林村“苗族花山节”、武德乡第四届“印象武德·荷韵共和”生态旅游文化节、塘坝乡清溪沟茶文化博览会等“一乡一品”地方文化活动,开展筠连县首届农民“春晚”——春风村首届“幸福之春·和谐农家”春节联欢会、醒世茶业第六届万人品茶节——“筠连好声音”“筠连国标舞”“美丽筠连” 系列书法摄影展等活动,深受群众喜爱。

【“三下乡”活动】根据市委宣传部要求,制发《筠连县2013年“三下乡”活动方案》,明确任务、责任分工,各成员单位也相应制定实施方案,将“三下乡”活动变集中下乡为常下乡,依据农时有针对性地开展活动。一是文化下乡,开展“文化惠民”春节文化大拜年活动;利用流动舞台车,开展文化进机关、进社区、进乡村、进学校、进企业、进军营巡演“六进”“党风廉政专场巡演”“坝坝电影进万家”活动。全年共开展送文化下乡活动70余场,发放宣传资料1.6万余份,放映农村公益电影2000余场。二是科技下乡,利用农闲季节组织农业、林业、畜牧方面的专家到乡镇、到农村、到专业户进行技术培训和指导,以推广农村实用技术为主题,编印系列科技宣传资料,通过技术诊断、技术咨询、技术服务、科技培训等形式,广泛开展送科技成果、科技信息下乡活动,深受农民群众欢迎。共举办培训班34次,培训农民2万余名,送科技资料2万余份、科技录像带(光盘)2000余盘,农村缺技术、缺信息有所缓解。三是卫生下乡,组织县医院、县中医院、妇幼保健院、县疾控中心的内、外、妇、儿科等方面专家,带着医疗器械、药品、宣传展板、疾病防治宣传册等,利用节假日、集镇日等,采取组织宣传车、发放宣传品、设立咨询站等形式,到乡镇、到农村宣传计生政策,为农民群众义诊。全年开展健康教育宣传15次,为农民义诊2万人次,出动宣传车20余辆次,巡回医疗8次,参与人员60余人,接受宣传群众1.5万余人次,散发高血压防治、乙肝防治、艾滋病防治、急救小知识、新型农村合作医疗等资料2万余份。

【文艺创作】按照“多出作品、出好作品、出精品”的要求,积极组织和引导县内文艺家协会、艺术团体,拍摄、创作具有思想性、艺术性、观赏性的文艺精品,以文化包装筠连、展示筠连,用文化的魅力提高筠连知名度、美誉度、影响力。出版发行《印象筠连》珍藏式明信片、《文化筠连》丛书、筠中教师彭从华散文集《深深山人》;大型现代川剧《槐花几时开》、电影《槐花几时开》成功入选第七届四川省文艺奖;《红茶缘》《塘坝古镇》等文学作品在国家、省级媒体刊发。

【文化市场管理】2013年,依法加强对文化市场建设,努力提高文化市场管理和执法水平,完成3家网吧的变更换证,对经营单位年检换证40件,新设立文艺表演团体1家。加大对文化市场的整治力度,开展集中整治行动15次,出动执法人员1500余人次,检查商家400余家次,查获盗版光碟8000余张,依法取缔非法游艺室4家次、音像制品销售商2家,当场销毁赌博机30余台,有力地促进全县文化娱乐市场的健康发展。

(罗 强)

统战工作

【概况】2013年,统一战线工作按照市委统战部工作部署,围绕县委“实干增效年”工作主题和“安全发展、转型突破、‘六化’联动、实干增效”工作基调,贯彻落实党的十八大、十八届三中全会精神、省委十届三次全会、市委四届六次全会、县委十二届四次全会和县委工作会议精神,深入开展“三治理三激发三增加”作风建设专项活动、“实现伟大中国梦、建设美丽繁荣和谐四川(筠连)”主题活动,积极为建成“川南滇东北结合部经济强县,先于全市建成小康社会”献计出力，取得可喜成绩。

【统战合作】2013年，继续实行全县重大决定、重要人事任免等事项征求党外人士意见、建议和全程监督的制度，拓宽无党派人士知情渠道，引导无党派人士正确行使、履行参政议政、民主监督的权利义务，加强无党派人士与政府部门的联系合作，健全协商民主机制。注重加强对人大代表和政协委员素质的提升，全县有非党人大代表68名、非党政协委员103名，多次组织社联委员进行学习和视察，充分反映社情民意。加强对民宗局、工商联、非公经济党工委、台办工作的指导。

【统战宣传】一是加大统战工作宣传力度，县政协副主席、统战部部长在全县工作会上安排部署统战工作，在副科级领导干部培训班、党务干部培训班、中青年干部培训班等对各级党政干部进行统战理论和业务知识培训，明确乡镇、县级部门分管统战工作的领导、专兼职统战委员（干事），切实发挥统战“大团结、大联合”作用。二是继续实行全员宣传信息调研制度，努力提升统战干部的写作能力和快速反应能力，畅通信息传播渠道，全年撰写信息180余期，其中被国家级刊物和网站采用8篇，《中国统一战线》《台湾工作通讯》、央广网、人民网、中国经济新闻网、中国新闻网各采用1篇，中国广播网采用2篇；省级刊物和网站采用19篇，其中《四川统一战线》5篇、《四川在线》9篇、省级信息5篇；市级刊物和网站采用83篇，其中《宜宾统战》9篇、宜宾统战部网60篇、市台办网6篇、市民宗局8篇；县级刊物和网站采用69篇，其中《绿色煤都》4篇、《筠连纪检监察信息》2篇、《基层动态》3篇、筠连党政网60篇。三是开展非公经济、宗教工作、政协委员作用等调研，形成《如何加强新经济组织党建工作》《在非公有制企业中凸显党组织效力》《关于非公有制企业党建工作的思考》《统一战线服务筠连经济建设的思考》《增强非公有制经济党建工作活力》《筠连县建立政协委员继任机制的探索》《关于筠连县少数民族地区与全县同步建成小康社会的调查报告》7篇调研文章，为县委、县政府做好全县统战工作、服务统战提供参考依据，其中《廉政瞭望》用稿1篇、市委统战部网页用稿3篇、《筠连调研》用稿1篇。四是统战刊物征订，全年共征订下年度《中国统一战线》111份、《四川统一战线》112份，确保统战理论宣传全覆盖。

【统战会议】2013年，县委常委会先后4次研究部署统一战线工作。坚持统战系统联席会议制度，组织县委组织部、县人社局、县民宗局、县工商联、县台办等部门召开统战工作联席会议5次。

【统战活动】一是开展对口帮扶活动，到高坪苗族乡入户督查指导30人次、农村实用技术培训3期，帮助指导80余人次，与对口帮扶户签订帮扶责任书8份，协调落实务工人员10人。二是“挂包帮”工作，由县委统战部牵头，组织民宗局、残联等为高坪苗族乡英雄村、槐树村、东风村等送去发慰问品、慰问金共3万余元，协调市台办捐款1万元帮扶20名少数民族贫困学生、协调市民宗局帮扶东风村6户少数民族解决资金3000元，为东风村协调市体育局全民健身工程项目1个，争取到整村推进100万元项目工程1个。三是参与维护社会稳定工作，部长带队参与县委信访值班，接待群众来信来访，力所能及为群众解决困难。春节前对党外代表人士和部分困难台属代表进行慰问，维护社会稳定。

【非中共干部培养】一是贯彻相关文件精神，印发《筠连县党外代表人才培养规划(2013-2020)》，代县委拟稿并制发《关于加强新形势下党外代表人士队伍建设的实施意见》。二是加强党外代表人士工作，强化党外干部培训、管理和教育，向市委统战部推荐党外代表人士后备人选15名，全年全县新提拔副科级实职非中共干部1名，全县共有副科级以上实职非中共干部21名，其中县人大常委会副主任1名、副县长1名、政协副主席2名，正科级领导干部1名，副科级领导干部16名。三是加强非中共后备干部队伍建设，继续分层次完整、规范地建立健全非中共县人大、县政府、县政协“三副”和科级、副科级后备干部动态管理名单。四是落实县级党员领导干部联系非中共干部制度、非中共干部中心组学习会制度和交心谈心制度，加强与非中共干部的日常联系，召开2次非中共干部座谈会。五是开展非中共人士政治交接活动，保持非中共干部政治清醒。

【非公经济统战】贯彻全省、全市经济工作和统战部长会议精神，善县级领导干部联系非公经济代表人士制度，创新工作方法，引导非公经济人士践行“致富思源、富而思进”双思教育活动和“百企帮村帮户感恩”行动，深化同心实践，引导非公经济代表人士做合格的“中国特色社会主义事业建设者”，加快非公企业转型升级，进一步促进非公经济“两个健康”。加强对工商联工作的指导和商会会员的管理，重视商会会员及经济界政协委员素质的培养，提高其参政议政和履职能力。

【非公经济组织党建】2013年，非公经济组织党建工作突出抓实基础工作，积极开展党的集中性活动和“双强六好”创建工作，印发《全县非公经济组织党建工作意见》，进一步规范全县非公经济党组织管理关系，创新非公经济党组织建设、班子建设、党员管理等工作机制，完善非公经济组织考评细则。在非公经济组织中开展“三分类三升级”活动，走访、调研非公企业48家，收集问题25个，提炼好做法4条，向县委推荐表彰2012年度非公经济组织党建工作先进单位和个人。到百兴公司等15家企业、维新镇等9个乡镇党委、交通运输局等3个县级部门党委开展"十八大精神"宣讲、"中国梦"主题教育活动，在非公经济企业中广泛掀起"学习十八大精神""中国梦·企业梦""环境兴县"热潮。配合开展企业出资人理想信念教育，点面结合开展"双强六好"创建工作，对百兴公司党支部等5个"双强六好"服务型党组织进行命名、表彰顺欣运业公司孙从英等6人为"党建之友"。在直管的非公党支部中实施"三员工程"，加强对企业发展方向的引导和党建工作的指导，全年按程序新成立党支部5个，撤销党支部3个。

【非中共知识分子培养】2013年，健全完善县级党员领导干部联系非中共知识分子代表人士制度，完善副高以上职称非中共知识分子个人档案，培养非中共知识分子，全县有非中共副高职称以上知识分子共90人，其中1名任县医院院长、1名任县中医院院长。加强对特约人员工作的调研和指导，在县检察院、教育局、监察局、审计局、国土资源局等10个单位聘请非中共人士担任特约人员，拓宽非中共人士参政议政渠道和监督面。到县人才交流中心、筠连中学、县医院等单位调研非中共知识分子基本情况；到社区调研和指导统战工作，督促社区发挥好职责功能。全年到筠连中学、县医院2个知识分子联系点调研指导10余次；召开非中共知识分子专题座谈会2次。

【对台工作】2013年，发挥台办的组织、协调、管理、联谊联情职能，认真开展港澳台海外统战宣传、联系，实行联席会议制度和联系海外人士制度，组织政协台侨界委员和台联理事会成员学习十八大精神和"中国梦"内涵。开展联谊联情多形式活动，号召台联理事会成员、县域台属代表为"4·20"雅安芦山地震灾区同胞捐款献爱心；争取到彭荫刚捐资助学资金1万元、台湾曹仲植基金会为县内肢残人员捐赠轮椅25辆。热情接待回乡探亲、访友台胞，9月17日，组织全县台属代表及社区领导60余人召开中秋座谈会，为筠连转型发展、科学发展建言献策；举办建党92周年纪念日畅谈中国梦、中秋佳节"中秋话团圆，两岸一家亲"文艺晚会。加强对台联工作的指导，实行台胞台属联系制度，开展联谊联情活动5次，为台属办理台属证、办好事、办实事等。重视涉台事件的调处，对经济困难或热心对台工作的台属代表进行节日慰问，促进海内外关系和谐。

【民族宗教】一是加强民族宗教工作，把握"共同团结奋斗、共同繁荣发展"民族主题，开展民族团结进步宣传教育和创建活动，保障少数民族的合法权益。联合县民宗局、相关单位对全县民族地区小康建设进行调研，形成详细的调研报告，为县政府制订2014–2018年民族地区小康建设发展五年规划提供了参考。二是加大对少数民族干部的培养、选拔力度，选派少数民族干部参加省、市培训，积极向组织推荐优秀少数民族干部，壮大少数民族干部。三是加大对届内少数民族和宗教界政协委员的学习和培训力度，加强管理，进一步提高履职能力。四是宣传贯彻落实党的宗教工作方针、政策，开展"和谐宗教活动场所"创建活动，多次到宗教活动场所进行调研和安全检查，向宗教教职人员及信教群众宣传贯彻《四川省宗教事务条例》，加强爱国主义教育，抵御国外反华势力利用宗教进行渗透，抓好"两乱"整治和防邪工作，帮助宗教界解决实际困难和问题，及时排查、调处不稳定因素，维护宗教界和谐稳定。

（杨如翠）

机关工委工作

【概况】2013年，机关工委工作以邓小平理论和"三个代表"重要思想、科学发展观为指导，贯彻宣传中共十八大，落实市委四届六次全会和县委十二届五次全会精神，把握学习贯彻《中国共产党党和国家机关基层组织工作条例》和县委、县政府"基层组织建设年"契机，紧扣县委"建成强县、率先小康"主基调和"12456"发展思路，以"服务转型跨越，强化基层基础，严格管理考核"为工作主线，提高机关党建工作科学化水平。

【思想理论建设】按照建设学习型政党、学习型机关的要求，明确各机关党员学习重点，把各机关党组织的学习列入年度党建考核内容，牵头组织科级干部中心组学习。县级机关科级干部分设7个中心组学习小组，由工委委员牵头，每月集中学习1次，每个中心组成员每年上交调研文章1篇，并上交中心组学习笔记，坚持中心组学习规范化、制度化、实效化，确保中心组成员学有所思、学有所用、学有所效，共撰写调研报告、信息100余篇。

【党员队伍建设】深入开展全县直属机关学习型党组织建设活动，以市"实现伟大中国梦、建设美丽繁荣和谐四川（宜宾）"主题教育活动和县"实现伟大中国梦、建设美丽繁荣和谐四川（筠连）"主题教育活动为契机，在直属机关党员干部队伍中开展"双学""双创"（学理论、学业务，创建学习型党组织、创建学习型领导班子）主题实践活动。9月，县直机关工委表彰县委办、县政府办等11个"双学""双创"活动先进党组织。

【信息化建设】2013年3月，全面建成覆盖县级部门党（工）委所有党员、党组织的动态信息库，切实加强对党员和党组织日常管理信息化，实现党内统计数据经信息库直接生成。11月，及时维护更新党员信息库工作，做到党员信息库真实、准确、完整，让每个党组织、每位党员都存于信息库中。

【基层组织建设】以“四好班子”创建活动为载体，着力推进领导班子思想政治建设、作风建设和执政能力建设。加强对县级机关科局级领导班子专题民主生活会的指导，严格按照科局级领导班子民主生活会的有关程序和要求召开民主生活会，确保领导班子民主生活会取得实效。

【党风廉政建设】以“三治理三激发三增加”作风建设专项活动为载体，深入开展党风廉政建设工作，研究部署县直机关纪检监察工作，引导县直机关党员干部增强拒腐防变能力。积极开展廉政文化进机关工作，实行党风廉政建设“一岗双责”(一个单位的领导干部应当对单位的业务工作和党风廉政建设负双重责任)。印发《廉政文化进机关实施意见》，牵头组织开展廉政文化进机关活动，成功创建国税局、工商局等9个廉政文化进机关示范单位。强化党内监督，认真落实党务公开工作。认真组织县直机关党员领导干部学习中共十八大精神，提高机关党员干部的思想认识。

【“挂包帮”活动】2013年，按照省、市开展“领导挂点、部门包村、干部帮户”活动部署，整合力量，扎实推进“挂包帮”工作，帮助农村群众增收，改变贫困落后面貌。县委及时调整“挂包帮”联席会议领导小组成员，细化各成员单位的职能职责，明确“挂包帮”工作目标，并纳入县委县政府年度综合目标考核。县委多次听取相关工作汇报，专题研究，作出部署安排。各级各部门做到“两个结合”(与创先争优、“百村春风工程”建设、扶贫解困工作相结合，与县、乡镇、村三级联动有机结合)，增强村级经济发展活力。积极帮助协调引进资金、项目、人才、技术，改善帮扶村基础设施条件和支持特色产业发展。采取“一帮一”方式帮扶村困难家庭；组织村级党员干部实地学习新农村建设经验，帮助发展新型农民组织，推进新农村建设；开展捐资捐物活动，帮扶特困家庭解决具体困难。在帮扶工作中，采取扶贫助学、贫困帮扶、产业帮扶形式，实行分类帮扶，提高帮扶实效。至11月底，县级领导到挂点联系村开展调研走访45人次；帮扶部门召开帮扶工作现场会、协调会等专题会议30场次，审定帮扶规划56个，解决实际问题122个；县级各部门(单位)干部职工结对帮扶贫困户、困难户、产业大户2075户，捐助资金13.76万元；下派干部争取到项目资金230余万元，帮助解决困难200余件。

(张 丽)

党校工作

【概况】2013年，党校认真学习宣传中共十八大精神，围绕县委的“12456”发展总体思路，推进马克思主义学习型政党建设，以建立适应全县发展全局的干部教育培训体系为目标，贯彻《党校工作条例》，以“教学为中心，科研为基础，人才是关键”的工作思路，为建成川南滇东北结合部经济强县提供思想政治保证、人才保证和智力支持。

【干部培训】2013年，发挥党校教育培训领导干部和理论骨干的主阵地作用，精心组织，按时完成干训任务。2月26日–3月1日，举办“村级党支部书记、村主任学习贯彻党的十八大精神专题培训班”，培训乡镇组织员、村支书、村主任共520人次。4月8–12日，举办“生态建设与转型发展专题培训班”，培训乡镇干部40人。4月15–19日，举办“文化建设与旅游开发专题培训班”，培训乡镇干部40人。4月22日–5月3日，举办“中青年干部培训班”，培训乡镇干部40人。9月9–20日，举办“党务干部培训班”，培训党务干部36人。9月23日–10月4日，举办“副科级领导干部培训班”，培训副科级领导干部44人。10月14日–11月12日，与人社局共同举办全县“公务员培训班”，培训1300人。

【“中国梦”宣讲】从5月至年末，党校“中国梦宣讲团”先后到镇舟镇、维新镇、龙镇乡、武德乡、腾达镇，卫生、畜牧、财政、住建、统计、国土资源、商业银行、检察院、粮食、气象、农业、药监、审计、机关工委、科技、妇联、团委、工会、统战部、邮政局、老干部局等部门进行“中国梦”宣讲30多场次。

【函授学历教育】2013年，继续与西安科技大学、宜宾职业技术学院、宜宾学院合作，做好采矿专业、机电专业和行政管理函授班的教学管理工作，有宜宾职业技术学院机电专业2011级8名学员毕业，为筠连经济和社会发展培养急需专业人才。

【科研成果】2013年度，完成省委党校系统调研课题立项1个，即黄廷容负责的《对筠连县“借牛还牛规模发展”模式的调查与思考》；市调研课题立项2个，即刘敬远、余大均合作的《筠连县腾达镇春风综合体建设调查报告》、黄廷容负责的《对筠连瑞丰养牛合作社“借牛还牛规模发展”的调查与思考》。黄廷容撰写的《推进科学决策促进科学发展》发表在《宜宾党建》(第2期)、《老年人学跳舞 舞协来帮忙》发表在《绿色煤都》(2013年5月17日)，还编纂完成《四川省党校函授志·筠连卷》；陈琳琳撰写的《浅谈筠连木材加工业现状与对策》发表在《三江新论》(第4期)；尹健撰写的《中国梦的内涵及逻辑分析》《开展中国梦主题教育活动要把握好三个关键》发表在《绿色煤都》(2013年12

月 17 日)。

【师资培训】 一是加大师资培训力度，派出 2 名教师到广州参加中央党校主办的“十八届三中全会精神师资培训班”学习、3 名教师到省委党校师资班培训“党的群众路线主题教育”,到市委党校培训 20 人次。二是校内坚持每周一的政治业务学习,有效提升教职工履职能力。

【帮扶工作】 春节期间，在帮扶对象贫困学生中开展送温暖活动,送去资金爱心包裹 1500 元,为 3 户贫困户购粮油、化肥价值 600 元。4 月,向武德乡东升村送去化肥、大米价值 600 元,书桌、电脑桌各 40 张;6 月 4 日,为该村 6 户贫困户送去现金 1200 元，为村委会提供 800 元工作经费。组织全体教职工为雅安芦山灾区捐款 2200 元,学校政协委员还参加县政协组织的捐款。

（黄廷容）

机构编制工作

【概况】 2013 年,县委机构编制委员会办公室(以下简称编办）深化行政管理体制和分类推进事业单位改革,加强机构编制管理,加强机构编制部门自身建设,圆满完成年度工作任务。在全市考评中,获全市行政政法专项编制总量管理工作先进单位、严格执行机构编制审批规定先进单位、事业编制总量管理工作先进单位。

【机构编制管理】 2013 年,乡镇机关行政编制 411 个,与上年(下同)相比无变化;在职 373 人,增加 9 人,主要为公开招考。党政群机关行政编制 440 个,增加 14 个;在职 423 人,未超编。政法专项编制 373 人,增加 5 人;全年政法在职人员 344 人。全县事业机构总数 495 个,无变化。事业编制 6682 名,增加 93 名。群团使用编制 21 名、工勤人员 2 名;在职 23 人、工勤人员 1 人。继续推进编制实名制管理,及时维护、更新机构编制管理系统,严格执行机构编制有关规定,加强机构编制监督管理,严格控制人员增长。机关、事业单位招考录用人员流动中严格执行申报制度。

【财政供养人员管理】 2013 年，进一步规范机构编制管理和严格控制财政供养人员,认真执行《中共筠连县委、筠连县人民政府关于印发〈筠连县机关事业单位财政供养人员管理实施办法〉的通知》,进一步规范全县机构编制和财政供养人员的管理,更加制度化和规范化。一是加强与相关部门的协调配合，完善机构编制管理综合约束机制,成立由县委组织部部长任组长,纪检监察、组织、人社、财政、民政、审计等部门为成员单位的清理领导小组,从相关部门抽调人员组成联合检查组到乡镇和部门检查清理在编不在岗、借用人员的清理清退情况,若存在不报违规借用和在编不在岗人员情况的,由纪检监察部门通知财政部门减扣人员单位的预算经费,并追究借出人员单位和借用人员及隐瞒在编不在岗人员单位的主要领导责任。二是规范全县机关事业单们的机构编制管理,工作中注重加强机构编制监督管理,机关、事业单位招考录(聘)用调(转聘)等人员流动中严格按照先申报,在编制空缺的情况下方可申请进人计划,准确掌握全县机关事业单位进出人员数据的变化,确保财政供养人员的有序增长。

【事业单位分类改革】 2013 年,贯彻中央、省、市的安排和部署,成立以县委书记为组长、县长为第一副组长的分类推进事业单位改革领导小组,与其他县(区)开展系列专题调研、座谈会。按照市委编办的统一安排,完成行政类事业单位备案,以及公益一类、公益二类、经营性事业单位的分类。通过事业单位分类,进一步优化事业单位布局结构和资源配置,规范事业单位机构编制管理。

【事业单位登记管理】 2013 年,依照《事业单位登记管理暂行条例》开展事业单位的登记、年检,启用新的事业单位网上登记管理系统。全县共有法人事业单位 259 个,其中 194 个事业单位进行年检并年检合格。

（肖 曾）

老干部工作

【概况】 2013 年，全县有副县级以上离退休干部 44 人,其中离休干部 13 人。离休干部中,享受副厅长级待遇 2 人、正县长级 3 人、副县长级 8 人,属机关 8 人、事业 1 人、企业 4 人。退休干部 31 人,其中享受副厅长级待遇 4 人、正县长级 11 人、副县长级 16 人。代管离休干部 2 人、副县长级退休干部 1 人。

【老干部政治待遇落实】 2013 年，依托老干部活动中心、老干部党校的阵地,坚持每月学习制度,组织老干部学习中共十八大、十八届三中全会及中、省、市、县重大会议精神,先后邀请县委宣传部、县委党校、市一医院领导和专家作《党的十八大精神》《筠连文化与筠连民歌》《社会主义核心价值观》《十八届三中全会精神》《老年人权益保障法》、钓鱼岛问题、全国两会精神、健康保健知识等专题辅导讲座 9 场次,组织老干部开展十八大及十八届三中全会专题讨论学习会 5 场次。继续坚持老干部阅文、学习等制度,开展离退休干部党支部和党员创先争优活动。坚持《筠连县老干部工作领导负责制》《筠连县老干部病情慰问、情况反映、节日走访慰问制度》《筠连县县级领导联系离退休干部制度》等政策待遇的落实。及时向老干部通报有关情况，积极组织老干部参观考察。坚持离退休干部代表参加县委中心组学习会制度。

【老干部生活待遇保障】2013年，继续完善离休干部离休费保障机制、医疗费保障机制、财政支持机制“三机制”，在确保离休干部离休费和医疗费及时足额兑现的基础上，积极从优落实老干部多项生活待遇。一是高标准落实离休干部公用经费，考虑到离休干部进入“双高期”的实际困难，明确规定财政预算给单位的离休干部公用经费全部发放给老干部本人作为生活补助。二是依据老同志“双高期”的身体状况，多措并举，开展一系列健康保健活动。三是进一步健全完善《筠连县离退休干部特殊困难帮扶机制》，帮助解决生活上的特殊困难。

【老干部文体生活创新】2013年，继续开展老干部活动中心规范化建设，进一步健全完善活动中心的功能。采取学习活动与文体活动相结合、室内活动与室外活动相结合、日常活动与主题活动相结合方式，不断丰富老干部文体生活的内容。健全离退休干部人才信息库，充实老干部爱国主义传统教育宣讲团、网吧义务监督队、文艺小分队等力量，按照自觉自愿、量力而行的原则，让老同志在青少年教育、新农村建设、工业强县战略、和谐社会建设、亲民惠民行动、创先争优等方面发挥作用。开展“老干部创卫示范街”活动，组织老干部充当创卫“义务劝导员”，为全县城乡环境综合整治作贡献。节假日，推行以单位名义为老干部发送祝福短信，每逢老干部生日，局领导均会打电话向老领导问候等温馨服务，受到老干部好评。

【老干部活动】2013年3月7日，组织全县副县级以上离退干部及家属共40余人到巡司镇芦丰村参观产业发展。4月23日，组织全县副县级以上离退休干部到新农村建设示范村——双腾镇走马村考察。5月31日，组织全县副县级以上离退休干部参观考察海瀛工业园区，为企业发展建言献策。“八一”建军节前夕，召开庆“八一”军人老干部座谈会。9月17日，组织离退休老干部40余人，考察塘坝乡清溪沟茶文化生态园建设。9月30日，组织全县副县级以上离退休干部40余人，参观考察临港经济开发区、南溪罗龙工业集中区规划建设发展。10月，开展重阳节走访慰问活动和“逢五逢十”老干部生日集体庆祝活动。10月12日，召开全县庆祝“九九”重阳节离退休干部座谈会。10月15日，特邀请市第一人民医院康复科副主任医师付高勇、综合科医生罗曦到老干部活动中心进行健康讲座，30多名老干部参加。10月31日，邀请筠州艺术团为离退休干部专场演出。

（黄章恒）

筠连县人民代表大会常务委员会

综　述

四川省第十一届人民代表大会常务委员会第24次会议决定，筠连县十五届人民代表大会（简称“县十五届人大”）代表202名、筠连县十五届人民代表大会常务委员会（简称“县十五届人大常委会”）组成人员23人。2011年11月23日，依法选举产生县十五届人大代表202名。2011年12月26日，县十五届人大第一次会议依法选举何跃为县十五届人大常委会主任，晋方全、张彬、李家明、古有奎4人为副主任；选举（按姓氏笔画为序）王顺华、兰永先、任永生、刘均、刘小芹、安平、李清卫、应国秋、陈朝金、林岭、郑荣枢、练红、徐元永、徐德聪、郭琴、黄永军、彭远霓、熊平18人为县十五届人大常委会委员，县十五届人大常委会组成人员共23人。

县十五届人大第一次会议后，县人大代表夏敏、张凯、杨廷刚3人因工作变动，调离本县行政区域，其代表资格终止；2012年12月12日，补选邬文斌、何兴军为县十五届人大代表；2012年12月14日，县十五届人大常委会第十次会议审议决定，同意赵国雄、毛美成2人辞去县十五届人大代表职务。县十五届人大第二次会议后，县人大代表陈朝金因工作变动，调离本县行政区域，其代表资格终止。至2013年年末，县十五届人大实有代表198名，缺额4名。

县十五届人大第一次会议后，县十五届人大常委会先后同意安平、熊平、刘均、陈朝金辞去县十五届人大常委会委员职务；县十五届人大第二次会议选举邬文斌、何兴军、罗光友为县十五届人大常委会委员。2013年2月4日，因工作需要，县十五届人大常委会第12次会议审议决定，同意徐德聪辞去县十五届人大常委会委员职务；5月29日，县十五届人大常委会第15次会议审议决定，同意王顺华辞去县十五届人民代表大会常务委员会委员职务；12月10日，县十五届人大常委会第19次会议审议决定，同意邬文斌辞去县十五届人大常委会委员职务。至2013年年末，县十五届人大常委会组成人员19名，缺额4名。

县十五届人大常委会设工作机构5个，即县人大常委会办公室，设主任1人、副主任1人；县人大常委会财政经济工作委员会，设主任1人、副主任1人；县人大常委会法制与社会事业工作委员会，设主任1人（2013年2月4日后缺）、副主任1人（缺）；县人大常委会人事代表工作委员会，设主任1人、副主任1人；县人大常委会农业工作委员会，设主任1人，副主任1人（主持工作）。设议事机构2个，即县人大常委会预算审查工作委员会，主任委员晋方全，副主任委员郑荣枢（5月29日前）、任永生（5月29日起），委员王顺华（5月29日前）、兰永先、熊平（5月29日前）、郑荣枢（5月29日起）、徐元永（5月29日起）；县人大常委会代表资格审查委员会，主任委员何跃，副主任委员李家明，委员黄永军、郑荣枢、刘小芹、任永生、徐德聪。

筠连县人民代表大会会议

【县十五届人大第三次会议】 2013年1月20–23日，县十五届人大第三次会议在县会议中心举行，县人大代表应到199名、实到189名；邀请在职副县级以上领导7人，曾担任副县级实职以上领导职务的离退休人员31人，县政府工作部门、直属事业局及在筠连的省、市、县属企事业单位负责人79人，乡镇党委书记、人大主席、专职人大副主席、乡镇长21人，在筠连选举的省、市人大代表4人，县人大机关委、室负责人2人，共144人列席会议。大会于20日下午举行预备会议，21日上午举行第一次全体会议，22日上午举行第二次全体会议，23日上午举行第三次全体会议。

主要议程：1.听取和审查筠连县人民政府工作报告，2.审查和批准筠连县2012年国民经济和社会发展计划执行情况的报告及2013年国民经济和社会发展计划草案的报告，3.审查和批准筠连县2012年财政预算执行情况的报告及2013年县级财政预算草案的报告，4.听取和审查筠连县人大常委会工作报告，5. 听取和审查筠连县人民法院工作报告，6.听取和审查筠连县人民检察院工作报告。会议向参会人大代表书面通报县人民政府各组成部门安全监督管理工作履职情况。

筠连县第十五届人民代表大会常务委员会会议

【县十五届人大常委会第11次会议】2013年1月9日，县十五届人大常委会第11次会议在县人大常委会会议室举行，县人大常委会组成人员应到会22人、实到20人；县人民政府县长和涉及会议议题的分管副县长，县人民法院院长、县人民检察院检察长，县人民政府办公室、县财政局、县公安局、县发展和改革局、县交通运输局、县卫生局、县食品药品监督管理局、县住房和城乡规划建设局、县信访和群众工作局、县文化广播影视新闻出版和旅游局、县城镇管理局、县自来水公司、县电力公司负责人，县人大常委会各工作机构负责人及相关工作人员，筠连镇、巡司镇、双腾镇、沐爱镇、镇舟镇人大主席或副主席列席会议；邀请县政协联系人大工作的副主席，县委办公室、县委组织部、县委宣传部负责人，县政协秘书长参会。主要议程：1. 审议并通过筠连县第十五届人民代表大会第三次会议筹备工作报告草案，2. 审议并通过筠连县人大常委会关于召开筠连县第十五届人民代表大会第三次会议的决定草案，3. 审议并通过筠连县第十五届人民代表大会第三次会议议程草案，4. 审议筠连县第十五届人民代表大会第三次会议代表分组名单，5. 审议并通过筠连县第十五届人民代表大会第三次会议主席团和秘书长名单草案，6. 审议并通过筠连县第十五届人民代表大会第三次会议主席团常务主席名单草案，7. 审议并通过筠连县第十五届人民代表大会第三次会议副秘书长名单草案，8. 审议并通过计划预算审查委员会名单草案，9. 审议并通过议案审查委员会名单草案，10.审议并通过筠连县第十五届人民代表大会第三次会议各代表团团长、副团长名单草案，11.审议筠连县第十五届人民代表大会第三次会议列席人员名单，12.审议并通过筠连县第十五届人民代表大会第三次会议工作日程草案，13.审议并通过筠连县第十五届人民代表大会第三次会议日程草案，14.审议并通过筠连县第十五届人民代表大会第三次会议主席团会议日程草案，15.审议并通过筠连县人大常委会工作报告草案。

【县十五届人大常委会第12次会议】2013年2月4日，县十五届人大常委会第12次会议在县人大常委会会议室举行，县人大常委会组成人员应到会22人、实到20人；县人民政府县长和涉及会议议题的分管副县长，县人民法院院长、县人民检察院检察长，县人民政府办公室、县人力资源和社会保障局负责人，县人大常委会各工作机构负责人及相关工作人员，腾达镇、巡司镇、双腾镇、塘坝乡人大主席或副主席列席会议；邀请县委联系人大工作的副书记，县政协联系人大工作的副主席，县委组织部领导，县政协秘书长参会。主要议程：1.书面传达四川省第十二届人民代表大会第1次会议精神，2. 书面传达宜宾市第四届人民代表大会第2次会议精神，3. 书面传达宜宾市第四届人大常委会第8次会议精神，4. 书面传达宜宾市第四届人大常委会第9次会议精神，5. 书面传达宜宾市第四届人大常委会第10次会议精神，6.人事事项：决定任命郭刚为筠连县人民政府办公室主任、张芳为筠连县人力资源和社会保障局局长、徐劲松为筠连县发展和改革局局长、熊刚为筠连县教育局局长；同意徐德聪辞去县十五届人大常委会委员职务。

【县十五届人大常委会第13次会议】2013年3月28日，县十五届人大常委会第13次会议在县人大常委会会议室举行，县人大常委会组成人员应到会21人、实到20人；县人民政府涉及会议议题的分管副县长，县人民法院院长、县人民检察院检察长，县人民政府办公室、县财政局负责人，县人大常委会各工作机构负责人及相关工作人员，筠连镇、沐爱镇、镇舟镇、大雪山镇、团林苗族乡人大主席或副主席，县人大代表李观洋、徐劲松、王可银、熊平、付强列席会议；邀请县政协联系人大工作的副主席，县政协秘书长参会。主要议程：1.传达十二届全国人大第一次会议精神，2.传达宜宾市四届人大第三次会议精神，3.传达宜宾市四届人大常委会第11次会议精神，4.传达宜宾市四届人大常委会第12次会议精神，5. 审议通过县人大常委会2013年工作要点，6.听取审议关于启动修订县人大常委会规范性文件的情况说明，7.审查通过《筠连县2013年部门预算草案》，8.人事事项：会议审议通过，任命罗元凯为筠连县人民法院人民陪审员。

【县十五届人大常委会第14次会议】2013年5月17日，县十五届人大常委会第14次会议在县人大常委会会议室举行，县人大常委会组成人员应到会21人、实到18人；县人民政府涉及会议议题的分管副县长，县人民法院院长、县人民检察院检察长，县人民政府办公室、县发展和改革局、县交通运输局、县住房和城乡规划建设局、县卫生局、县人民医院、县体育局负责人，县人大常委会各工作机构负责人及相关工作人员，筠连镇、巡司镇、双腾镇、沐爱镇、塘坝乡人大主席或副主席，县人大代表卢有芳、黄德英、李春怀、李贵兰、李兴琼列席会议；邀请县政协联系人大工作的副主席，县政协秘书长参会。主要议程：1.书面传达宜宾市四届人大常委会第13次会议精神，2.听取审议县人民政府关于筠巡快速通道二期工程等7个项目实施BT模式公开招商建设的议案，3. 听取审议县人民政府关于提请审议修编《筠连县城市总体规划(2005-2020)》的议案。

【县十五届人大常委会第15次会议】2013年5月29日，县十五届人大常委会第15次会议在县人大常委会会议室举行，县人大常委会组成人员应到会21人、实到21人；县人民政府涉及会议议题的分管副县长，县人民法院、县人民检察院负责人，县人民政府办公室、县财政局、县人力资源和社会保障局、县卫生局、县人口和计划生育局、县安全生产监督管理局、县经济商务和信息化局、县国土资源局、县食品药品监督管理局、县电力公司负责人，县人大常委会各工作机构负责人及相关工作人员，维新镇、蒿坝镇、武德乡、高坪苗族乡人大主席或副主席，县人大代表郑世筠、徐劲松、段毅、熊平、徐德聪列席会议；邀请县政协联系人大工作的副主席，县政协秘书长参会。主要议程：1.听取审议县人民政府关于提请审议《转贷2013年四川省地方政府债券资金调整筠连县2013年财政预算方案（草案）》的议案，2.听取审议《筠连县人大常委会执法检查组关于检查〈中华人民共和国矿山安全法〉实施情况的报告》，3.听取县人民政府关于《筠连县人大常委会关于全县农网改造和电力设施建设工作的视察报告》的整改落实情况报告，4.听取县人民政府《关于人口与计划生育工作情况的报告》，5.听取县人民政府关于《筠连县人大常委会执法检查组关于〈中华人民共和国食品安全法〉实施情况报告》整改落实情况报告，6.听取县人大常委会《关于修订县人大常委会规范性文件》情况说明，7.人事事项：会议审议通过，决定任命杨占国为筠连县文化广播影视新闻出版和旅游局局长；任命吴成洪、王劲松、何卫平、母莉为县人民检察院检察委员会委员；同意王顺华辞去县十五届人大常委会委员职务。

【县十五届人大常委会第16次会议】2013年7月25日，县十五届人大常委会第16次会议在县人大常委会会议室举行，县人大常委会组成人员应到会20人、实到19人；县人民政府涉及会议议题的分管副县长，县人民法院院长、县人民检察院检察长，县人民政府办公室、县发展和改革局、县财政局、县畜牧兽医局、国税局、地税局主要负责人，县人大常委会各工作机构负责人及相关工作人员，双腾镇、维新镇、大雪山镇、武德乡、高坪苗族乡人大主席或副主席，县人大代表黄志华、罗菊、刘宗纯、倪明宣、杨代理列席会议；邀请县政协联系人大工作的副主席，县政协秘书长，县委农村工作委员会办公室主要负责人参会。主要议程：1.书面传达宜宾市第四届人大常委会第14次会议精神，2.书面传达宜宾市第四届人大常委会第15次会议精神，3.传达中共筠连县委十二届第五次全会精神，审议通过筠连县人大常委会关于推进环境兴县战略的决议，4.听取审议县人民政府关于筠连县十二五规划纲要实施中期评估的报告，5.听取审议县人民政府关于2013年上半年国民经济和社会发展计划执行情况的报告，6.听取审议县人民政府关于2013年上半年财政预算执行情况及财政工作的报告，7.听取县人民政府关于肉牛产业发展情况的报告，8.听取县人民法院基层法庭规范化建设情况报告，9.听取县人民检察院刑事案件侦查监督工作报告，10.书面审议县人大常委会规范文件。

【县十五届人大常委会第17次会议】2013年9月24日，县十五届人大常委会第17次会议在县人大常委会会议室举行，县人大常委会组成人员应到会20人、实到17人；县人民政府涉及会议议题的分管副县长，县人民法院院长、县人民检察院检察长，县人民政府办公室、县发展和改革局、县财政局、县审计局主要负责人，县人大常委会各工作机构负责人及相关工作人员，沐爱镇、蒿坝镇、塘坝乡、乐义乡、联合苗族乡人大主席或副主席，县人大代表郑良芸、游应奎、詹本成、张朝荣、李兴才列席会议；邀请县政协联系人大工作的副主席，县政协秘书长参会。主要议程：1.书面传达宜宾市第四届人大常委会第16次会议精神，2.听取并审议县人民政府关于《县十五届人大三次会议代表建议、批评和意见办理情况》报告，3.听取并审议县人民政府关于筠连县2012年度县级财政预算执行及其他财政收支的审计工作报告，4.听取并审议县人民政府关于筠连县2012年财政决算报告、审查批准筠连县2012年县级财政决算，5.听取并审议县人大常委会预算审查委员会关于筠连县2012年财政决算的审查报告。

【县十五届人大常委会第18次会议】2013年11月29日，县十五届人大常委会第18次会议在县人大常委会会议室举行，县人大常委会组成人员应到会20人、实到20人；县人民政府涉及会议议题的分管副县长，县人民法院院长、县人民检察院检察长，县人民政府办公室、县发展和改革局、县交通运输局、县财政局、县审计局、县司法局、县安全生产监督管理局、县畜牧兽医局主要负责人，县人大常委会各工作机构负责人及相关工作人员，镇舟镇、龙镇乡、孔雀乡、团林苗族乡、高坎乡人大主席或副主席，县人大代表刘邦武、翁元均、马兴芬、黄志华、田定均列席会议；邀请县政协联系人大工作的副主席，县政协秘书长，县委农村工作委员会办公室负责人参会。主要议程：1.学习中国共产党第十八届中央委员会第三次全体会议公报，2.书面传达宜宾市第四届人大常委会第17次会议精神，3.书面传达宜宾市第四届人大常委会第18次会议精神，4.审议通过县人大常委会规范性文件，5.听取县人大常委会调研组关于肉牛产业发展情况调研报告，6.听取审议县人民政府关于提请审议宜昭高速公路（四川段）投资补贴方案的议案、批准宜昭高速公路（四川段）投资补贴方案，7.听取审议筠连县人民政府关于提请审议《筠连县国民经济和社会发展第十二个五年规划纲要调整方案（草案）》的议案、审查批准筠连县国民经济和社会发展第十二个五年规划纲要调整方案，8.听取审议县人民政府关于《筠连县2012年度财政预算执行及其他财政收支情况审计工作报告》的整改落实情况报告，9.听取审议县人民政府关于“六五”普法中期评估工作报告,10.听取县人民政府关于筠连县人大常委会执法检查组关于《中华人民共和国矿山安全生产法》实施情况报告整改落实情况报告。

【县十五届人大常委会第19次会议】2013年12月10日，县十五届人大常委会第19次会议在县人大常委会会议室举行,县人大常委会组成人员应到会20人、实到19人;县人民法院院长、县人民检察院检察长,县人民政府办公室负责人,县人大常委会各工作机构负责人及相关工作人员,腾达镇、高坎乡人大主席或副主席列席会议;邀请县政协联系人大工作的副主席,县政协秘书长,县委组织部领导参会。主要议程:1.听取和审议通过补选筠连县第十五届人民代表大会代表相关事宜,2.听取关于召开筠连县第十五届人民代表大会第四次会议的决定草案、审议通过关于召开筠连县第十五届人民代表大会第四次会议的决定,3.审议通过筠连县第十五届人民代表大会第四次会议议程草案,4.征求《筠连县人大常委会工作报告》意见,5.人事事项:会议审议决定,同意邬文斌辞去县十五届人大常委会委员职务。

【县十五届人大常委会第20次会议】2013年12月25日，县十五届人大常委会第20次会议在县人大常委会会议室举行,县人大常委会组成人员应到会19人、实到18人;县人民政府涉及会议议题的分管副县长,县人民法院、县人民检察院负责人,县人民政府办公室、县财政局负责人，县人大常委会各工作机构负责人及相关工作人员,沐爱镇、维新镇、蒿坝镇、武德乡、高坪苗族乡人大主席或副主席列席会议。主要议程:1.听取审议县人民政府《关于提请审议〈筠连县2013年财政预算调整方案(草案)〉的议案》、批准县人民政府关于筠连县2013年财政预算调整方案,2.听取县人民政府2014年部门预算报告,3.审查通过筠连县人大常委会工作报告。

人大工作

【重大事项决定】2013年，共召开县人大常委会主任会议16次,研究县人大及其常委会的重要工作。召开县人大常委会会议10次,听取审议“一府两院”专项工作报告16个,作出决议、决定14个;批准县人民政府关于筠巡快速通道二期工程等7个项目实施BT模式公开招商建设的方案;审查批准筠连县2013年县级财政预算调整方案、转贷2013年四川省地方政府债券资金调整筠连县2013年财政预算方案、宜昭高速公路(四川段)投资补贴方案、筠连县国民经济和社会发展第十二个五年规划纲要调整方案。

【法律监督】配合市人大常委会开展《中华人民共和国畜牧法》《中华人民共和国老年人权益保障法》《四川省风景名胜区条例》贯彻实施情况的检查;开展《中华人民共和国矿山安全生产法》执法检查,形成检查报告,及时向市人大常委会和县委报告,督促县人民政府及其职能部门对执法检查中发现的问题进行整改。听取县人民政府《关于〈筠连县人大常委会执法检查组关于矿山安全生产法实施情况报告〉整改落实情况的报告》《关于筠连县人大常委会执法检查组〈关于检查“中华人民共和国食品安全法”实施情况的报告〉整改落实情况的报告》;听取《筠连县人民法院关于基层法庭规范化建设情况的报告》，建议县人民法院加强基层法庭审判队伍和基础设施建设,进一步提升司法为民服务水平;听取《筠连县人民检察院关于侦查监督工作情况的报告》，建议县人民检察院进一步增强侦查监督工作实效。组织代表参加县人民法院、县人民检察院作风建设座谈会,提出意见建议,促进县人民法院、县人民检察院依法履职。开展“六五”普法和依法治理工作的督促检查,促进依法治县。

【工作监督】组织省、市、县部分人大代表集中视察和调研海瀛农产品加工园区、现代烟叶产业化基地、生态茶园、退耕还林后续产业和竹产业发展等工作进展;视察城南新区、定水四桥、定水河(宋江河)县城段治理工程、棬坪新村聚居点建设,建议县人民政府依据筠连地域特点和发展目标,坚持以人为本,科学规划城市发展新构架,完善城乡公共服务体系,统筹城乡一体化发展,推进新型城镇化;视察、调研塘坝清溪沟茶文化主题公园、幸福综合体,春风生态度假旅游区,团林苗彝新村,建议县人民政府加快制定风景名胜区规划,突出生态优美、产村相融、文旅互动的有机结合,注重挖掘文化特色,着力打造旅游精品。积极参与宜昭高速公路(四川段)、筠巡快速通道、筠乐公路梅家坳隧道、王家沟水库、后沟水库等工程建设工作,调研重点项目实施情况，帮助解决工程建设中遇到的困难和问题,为推进“宜宾南向开发开放示范区”献策出力。专题调研肉牛产业发展情况,听取县人民政府关于《筠连县肉牛产业发展工作情况报告》,形成《关于肉牛产业发展情况调查报告》;建议县人民政府进一步完善产业发展规划,优化产业发展结构,健全产业发展扶持保障体系,促进产业转型升级,增强综合发展后劲。审议批准县人民政府2012年财政决算、财政预算执行及其他财政收支的审计、上半年国民经济和社会发展计划执行、财政预算执行、部门预算编制情况等工作报告,提出审议意见。县政府25个组成部门在县十五届人大第三次会议上书面报告履行安全监督管理工作职责的情况。

【人事任免】遵循“坚持党的领导、充分发扬民主、严格依法办事”的原则,坚持“任前法律知识考试、任前承诺、无记名票决”的程序任免干部。任免县级国家机关工作人员17人次，接受3名县人大常委会组成人员辞职，任命县人民法院人民陪审员1名。

【代表工作】一是保障代表依法履职。坚持县人大常委会组成人员联系县人大代表制度，指导代表小组开展活动，邀请县人大代表列席县人大常委会会议，重视代表意见，为代表订阅学习资料，注重提高代表依法履职水平。组织代表开展视察活动，邀请代表参加执法检查、专题调研活动，支持县、乡镇人大代表监督辖区内重点民生工程项目，拓宽代表履职途径。在《绿色煤都》、筠连电视台等主流媒体刊播《人大代表风采》，宣传县、乡镇人大代表依法履职先进事迹，激发代表履职热情。二是提高代表建议办理质量。召开代表建议、批评和意见交办会，向相关部门交办县十五届人大三次会议期间收到的115件代表建议。跟踪督办广大人民群众关心的农村安全饮水、矿区地质灾害、农网升级改造等22件重点建议，对办理结果不满意的2件建议，组织相关部门到现场开展办理工作。听取县人民政府《关于筠连县第十五届人大三次会议代表建议、批评和意见办理情况的报告》，建议县人民政府加大代表建议的办理力度，做到事事有落实、件件有回复，进一步调动代表依法履职、参政议政的积极性。三是服务省、市人大代表。设立县人大常委会代表联络工作站，建立工作制度，为各级人大代表履职服务。受市人大常委会委托，组织在筠连选举的市人大代表开展集中视察活动。召开驻筠连的省、市人大代表议案建议座谈会，帮助收集议案、建议素材。驻筠连的省人大代表领衔提出的《关于制定四川省〈中华人民共和国食品安全法〉实施条例的议案》被列为省十二届人大一次会议1号议案，在筠连选举的市人大代表提出《关于建立宜宾市突发事件应急保障资金的建议》《关于加大对宜宾茶叶产业发展的扶持力度的建议》《关于黑化省道S206线筠连至高县公路路面的建议》被评为市四届人大三次会议优秀建议。

【乡镇人大工作】继续完善县人大常委会组成人员和各委、室联系乡镇人大主席团工作制度，指导乡镇人大主席团开展规范化建设。完善乡镇人大主席、副主席列席县人大常委会会议制度，邀请乡镇人大主席、副主席40余人次列席县人大常委会会议；完善乡镇人大主席联席会议制度，每季度确定1个主题，召开1次乡镇人大主席联席会议，就乡镇人大规范化建设、代表密切联系群众、人大信访、人大宣传工作等问题进行研讨；组织乡镇人大主席、副主席参加省、市、县人大常委会举办的各类专题培训。指导腾达镇、联合苗族乡等乡镇人大主席团设立“人大代表监督岗”，发挥人大代表的监督职能。

【信访工作】完善县人大常委会组成人员接待群众来信来访制度，全年接待群众来信来访84件次。按照县委办《关于印发〈2012年突出信访问题县级领导包案交办表〉的通知》要求，坚持县人大常委会领导和机关副科级以上领导干部包案制度，化解信访积案11件。

【自身建设】一是修正规范性文件。修正《筠连县人大常委会议事规则》《筠连县人大常委会关于讨论决定重大事项的规定》《筠连县人大常委会任免国家机关工作人员办法》《筠连县人大常委会关于受理公民对筠连县国家机关和国家工作人员的申诉、控告或者检举的办法》《筠连县人大常委会代表资格审查委员会议事规则》5个规范性文件，废止《筠连县人大常委会述职评议办法》《筠连县人大常委会司法案件监督办法》2个规范性文件，启动《筠连县人民代表大会议事规则》修正工作，提交十五届人大四次会议审议。二是注重学习教育。承办、参与全市人大系统建设“与时俱进的学习型、促进发展的服务型、依法行权的效能型、以人为本的和谐型”四型机关活动；开展“实现伟大中国梦、建设美丽繁荣和谐四川（筠连）”主题教育活动。组织县人大常委会组成人员和人大工作者参加省、市人大举办的各类培训，着力提升人大机关依法履职水平。按照中央八项规定和县委安排部署，积极推进“三治理三激发三增加”作风建设专项活动和环境兴县活动，进一步健全人大机关工作制度，加强机关效能建设，切实改进工作作风。深入宣传人民代表大会制度、民主法制建设以及全县人大工作实践，编纂出版《筠连县人大志》，为开展人大工作营造良好的舆论氛围。认真开展“干部走基层、真情五为民”活动、“挂包帮”活动和对口帮扶活动，密切与人民群众的联系，树立人大机关良好形象。

（任永生 王泽阳）

筠连县人民政府

综　述

2013年，受宏观经济形势和煤矿关停政策的双重影响，财政税收和经济发展受到严重冲击，全县经济发展受到严重挑战。县人民政府团结带领全县各族人民，认真贯彻落实中共十八大以及省、市经济工作会议精神，按照县委的总体部署，围绕“建成强县、率先小康”总体目标，多措并举应对挑战，不断创新发展，努力转变经济发展方式，用有限的财力“保民生、促增长”，全县经济社会发展在困境中保持稳中求进态势。全县地区生产总值95.14亿元，比上年同期（下同）减少6.7%，其中第一产业增加值16.82亿元，增长3.6%；第二产业增加值60.7亿元，下降12%；第三产业增加值17.61亿元，增长11.3%。规上工业增加值实现39.4亿元，减少14.2%；原煤产量374.68万吨，减少44.98%；出关煤176.45万吨，减少56.8%。全社会固定资产投资完成50.87亿元，增长30.1%；全社会消费品零售总额实现22.49亿元，增长14.4%。实现地方公共财政预算收入5.03亿元，增长2.44%；地方公共财政预算支出16.72亿元，增长8.87%。年末，金融机构各项存款余额56.84亿元，增长7.01%；各项贷款余额30.55亿元，增长22.52%。粮食总产17.53万吨，增长1.45%；茶叶产量8919吨，增长21.74%；收购烤烟4029吨，减少30.58%。新农合参合353406人，参合率达98%；新农合基金总收入12015.88万元，其中国家投入9895.44万元、百姓筹资2120.44万元；基金支出9272.70万元，占77.17%。中小学在校生56803人，其中小学35063人、初中16352人、高中5388人、职高5164人；适龄儿童入学率小学100%、初中99.84%。城镇居民人均可支配收入22488元，增长10.7%；农民人均纯收入8854元，增长13%；全县单位从业人员4.97万人，工资总额182960万元，年均工资34510元，增长8.2%。

【煤炭工业转型加快】 2013年，全县克服一切困难坚定不移推进地方煤矿兼并重组和安全治理工作，贯彻落实省、市煤矿兼并重组意见，多次与煤矿企业座谈沟通，全面完成市下达的11个煤矿关闭任务，快速恢复保留煤矿的生产和技改。同时，修编上报筠连矿区矿业权设置方案，可望为地方煤矿增划煤炭资源1亿余吨，至“十二五”期末，全县年生产能力15万吨以上煤矿37个。全面启动“全国50个煤矿安全重点县遏制重特大事故”攻坚战工作，创新推行安全生产承诺制，对政府监管人员实行“三条线”督察，对煤矿企业实行“四层级”监管，深入开展“打非治违”专项行动，保持严管重治态势，有力扭转安全生产被动局面。

【经济发展后劲增强】 一是千方百计抢抓建设进度，地方煤矿技改完成投资15.88亿元；新维、船景煤矿分别完成总投资实物量的70%、86%；页岩气项目完成投资3.75亿元，完成钻井127口；“泓硒泉”矿泉水、醒世茶业技改项目进入试生产；双星茶业、龙镇天子酒业技改、龙泉酒业技改、中密度纤维板、红军源竹笋加工、粮油仓储等建设加快推进。二是全力推进项目前期工作，2×35万千瓦煤矸石发电项目已确定中电国际为投资业主，项目部已进驻；武乐矿井项目获省发改委核准。三是着眼长远谋划项目，全县共储备能源、特色产业、农林水利等重大项目108个，投资概算203.4亿元。

【产业聚集平台夯实】 2013年，继续坚持把园区作为推动新型工业化的主要阵地，产业聚集平台进一步夯实。一是进一步完善园区规划，编制完成《筠连县工业园区总体规划》，海瀛、巡司园区规划面积分别扩展到6.3平方公里和20.54平方公里。二是推进园区基础设施建设，全年投资1.5亿元，全面完成海瀛园区新增河滨路及5.07公里的海顶公路硬化，三期道路及企业征地60公顷（900亩）；巡司园区基础设施建设正加快推进，防洪堤工程开展招投标，园区大门、园区大道、园区广场、跨河大桥、巡司河滨路建设等正进行设计、预算。三是努力吸纳产业项目入驻，全年园区新入驻龙泉酒业、蓝伯特生物科技等企业8家，园区入驻企业累计49家。

【非煤产业势头强劲】 2013年，面对宏观经济形势和煤矿关停政策的双重影响，努力把非煤产业发展作为结构调整的重要方向，旅游、农业产业呈现强劲发展势头。一是启动特色乡村旅游先行区建设，基本完成全县旅游规划修编、岩溶风景区总体规划；“中国云上石漠·春风花海”生态旅游度假区完成总体规划、部分景点打造、土地调规，清溪沟茶文化主题公园经5个月建设于9月30日试运行，完成神羊洞旅游景区规划和洞内灯光系统安装，古楼景区意向业主规划团队进场工作；推进旅游标准化建设，进一步规范旅游市场，开展乡村旅游示范乡镇、村创建和十佳农家乐评选活动，旅游人次和收入上升24%、37.4%。二是深入实施“5·20”特色产业工程，全县茶园累计1.04万公顷（15.6万亩），生产茶叶8919吨，实现产值10亿元，双星、醒世、乌蒙韵等龙头企业参加国内外展示推介活动获好评，企业销售收入3.2亿元，其中双星出口额达204万美元、占全市茶叶出口总额31%，茶叶品牌和市场占有率不断提升；肉牛羊出栏5.87万头（只），实现产值5.69亿元，深加工企业销售收入1.97亿元；建成高坪等标准化烟区866.67公顷（1.3万亩），风貌整治1061户，新增道路20.4公里，土地整治1066.67公顷（1.6万亩），建成有机生物肥料厂1个、智能温室大棚1.3万平方米，成功承办全省烤烟现场会；完成烤烟移栽2340公顷（3.51万亩），收购烤烟4029吨，实现产值0.86亿元；生态经济林、生态观光区累计1.2万公顷（18万亩）、1.33万公顷（20万亩），新建现代林竹产业基地2133.33公顷（3.2万亩），建成1个“万亩林亿元钱”高效立体林业综合示范区，探索培育9个家庭农场。

【生态文明水平提高】坚持把生态环境建设作为转变经济发展方式的重要着力点，生态文明水平不断提高。一是加快推进生态县建设，生态环境持续改善。完成50%的生态乡镇创建任务，开展60个市级生态村创建工作。二是开展水土综合治理，完成石漠化综合治理工程建设年度任务，定水河筠连镇段防洪堤治理主体工程基本完工，加快镇舟河维新镇段防洪治理工程，完成综合治理水土流失面积22平方公里；实施现代林业重点县项目建设，完成退耕还林成果巩固、二期天然林资源保护、重点公益林生态效益补偿、森林抚育试点工程建设年度任务，在煤矿开采区新栽种各类竹木666.67公顷（1万亩），新增森林面积2133.33公顷（3.2万亩），森林覆盖率46.55%，增加0.54个百分点。三是全面淘汰水泥产业落后产能，金鑫、长江水泥厂实现转型发展，万元GDP综合能耗下降4%；推进塘坝、孔雀场镇生活污水处理场建设，建成镇舟镇尖峰村、团林苗族乡沙新村聚居点生活污水处理场，巡司西南水泥厂降氮脱硝工程通过国家环保部核查，二氧化硫等主要污染物减排完成市上下达任务。

【新型城镇架构形成】一是中心城区加快建设，推进县城总体规划修编，完成城南片区修建性详规、城南拓展区控制性详规、商贸物流规划及滨河路特色餐饮街区设计方案。重点推进城南新区建设，开工建设煤都大道主干道及滨河道路工程，施工滨河景观工程，加快建设定水四桥，完成招标中心广场、骨干道路设计；完成汇鑫广场建设，启动筠州国际社区、晨晖雅居、巡司宾馆、定水华庭建设；推进城市生活污水处理厂二期、巡司镇城镇生活污水处理厂工程前期工作。二是推进“国家级卫生县城”“省级环境优美示范县城”创建，继续实施“美化、绿化、亮化”，山水城市形象进一步提升。三是县城空间向南不断延伸，巡司园区功能不断完善，筠巡快速通道启动建设，主城区组团式发展空间形态初具雏形。完成沐爱、维新镇总规修编，加快推进沐爱、蒿坝、大雪山、高坪等集镇改造，沐爱、双腾开展申报国家级试点小城镇。四是全面完成全域新村建设总体规划编制，启动实施省级新农村建设成片推进示范县项目建设，开展第二轮千村春风工程，13个省级财政新村项目通过评审，5个竞争式新村正抓紧建设，建成聚居点69个，累计达140个。春风综合体获国家标准委批准为国家农业综合标准化示范区，以春风、幸福综合体为代表的新村示范效应凸现。

【城乡网络体系完善】一是交通建设实现大突破。宜昭高速公路完成开工前准备，预示筠连将融入宜宾“一小时经济圈”；投资约8.2亿元的新建筠巡快速通道开工，省道S206线绕城段新建工程项目选址建议书通过批复，筠巡快速通道二期工程确定投资业主并征地；筠乐公路梅家坳隧道基本完工；武德至蒿坝通乡水泥路改建完成总工程量的80%；开工建设龙镇至蒿坝、孔雀至龙镇寒婆岭2条乡镇连接公路；完成2012年通村水泥路续建工程74公里、2013年通村水泥路工程23公里。二是水利基础进一步夯实。王家沟、后沟水库分别累计完成总投资实物量的40%、30%；完工桂花、双河、竹麻沟水库除险加固工程；“五小水利”工程通过验收；投资1700余万元实施农村饮水安全工程，已解决沐爱镇尧坝等4个村2500人的饮水困难，可解决2.5万农村人口和8000余农村学校师生饮水困难的中央预算安全饮水工程已完成工程量的92%，可解决1.3万农村人口饮水困难的腾达、巡司供水工程已完成工程量的80%。三是供电能力快速提升。沐爱110千伏输变电站投产，珙县上罗至乐义35千伏项目完成工程量的90%，城郊Ⅰ站至镇舟35千伏线路完成工程量的80%，腾达35千伏变电工程完成工程量的60%，完工巡司小河35千伏、10千伏变电工程，筠连镇真武等20个村的10千伏以下项目已安装户表并完成变台架设，全县以110千伏为支撑，35千伏电网为骨架的电网体系初步形成。四是通信质量进一步提高。新建移动、联通、电信通信基站99个、邮政服务站3个，铺设光缆441公里，“三网融合”的步伐加快。五是坚决打击违章建筑行为，共执法581起，拆除违章建筑9211平方米。实施城乡环境综合治理工程，推进县城、场镇、重点村风貌塑造工程以及公路沿线公厕建设，开展社区环境、扬尘、三场、市政设施等专项治理行动，城乡面貌持续改善。

【人民群众共享成果】一是申报成功少数民族地区待遇县，将在财税、资金、高考加分等政策方面得到更大优惠；全面落实教育助学工程，“两免一补”做到“应免尽免、应补尽补”，免除1489名中职学生学费，资助经济困难中职学生1988人，投资1749万元实施营养改善计划。二是实施医疗卫生工程，新农合参合率达98%，住院费用报销金6977万元，实际报销比62.2%；开展城乡居民健康档案管理、健康教育等11大类基本公共卫生服务，城乡居民健康档案规范化电子建档率95%；向农村符合生育政策并计划怀孕的夫妇免费提供孕前优生健康检查，实施农村孕产妇住院分娩补助；县级公立医院取消药品加成覆盖率100%，财政补助200万元；困难群众特重大疾病医疗救助覆盖率100%；继续帮助农民改炉改厕，安装地氟病防治炉灶33050户，新建沼气池2559口，改造完成1436户农村无害化卫生厕所，在主干公路沿线新建、改建公厕28座，改善农村卫生条件。三是实施社会保障工程，城市居民最低生活保障标准从每人每月280元提高到350元，农村居民最低生活保障标准从每人每年1500元提高到1900元，支出低保金共4554.5万元，实现动态管理下的“应保尽保”；新型农村和城镇居民社会养老保险覆盖10.79万人，城镇居民基本医疗保险参保2.2万人，分别提高14.25%、1.6%。四是实施就业促进工程，新增就业4713人，城镇失业人员再就业807人，就业困难人员再就业372人，城乡残疾人居家灵活就业2954人，城镇登记失业率3.22%，控制在4%以内。五是实施百姓安居工程，开工农村C级危房改造719户，新开工建设廉租住房、公共租赁住房、经济适用住房、限价商品住房等保障性住房404套，开工建设棚户区改造200户；发放230户职工个人住房公积金贷款4230万元。六是实施扶贫解困工程，实现脱贫解困5330人，启动实施5个贫困村整村推进工作，启动双腾镇、巡司镇连片扶贫攻坚项目，通过陈述竞争争取到1000万元乌蒙山连片扶贫开发新增项目，为受援人群提供法律援助1881人次，帮助570名农村贫困残疾人改善生产生活条件。七是投入152万元对腾达镇水茨村金刚组地质灾害隐患点进行应急排危处置，投入450万元对巡司黄坪村、沐爱金坪九组200余人进行异地搬迁，投入147万元对全县113户576人住房搬迁进行补助。八是巡司、维新镇率先于全市开通城镇公交，优化农村巴士班线，方便群众出行。

【公共服务体系完善】教育保障能力和质量明显提升，县政府决定2013-2015年投资4.38亿元推进农村义务教育寄宿制学校、学生食堂、教师周转房、道路畅通工程、教仪及信息化“五大等建设”。投资1916万元，完成5所学校寄宿制校舍、4幢教师周转房建设；投入2762万元，启动124个生活用房建设；投资2752万元，实施41个农村义务教育学校班班通、微机室、视频会议系统建设，校园信息化步伐加快；投资2600万元，进一步改善筠连中学教育环境，成功创建为省试验示范学校；投资2694万元，完成职教中心一期项目建设并实现整体搬迁。全县高考总上线率89.33%，本科上线397人，净增104人。配齐配强18个乡镇综合文化站设备，其中沐爱综合文化站打造为省级示范乡镇综合文化站，完善19个社区书屋设施，建成45个县级示范村级文化活动室；创作完成集五尺道、茶、苗族文化为一体的大型舞剧《古道茶缘》，获各界好评；图书馆、文化馆、乡镇文化站，免费向群众开放，累计10万人次；启动禹王宫后殿修缮工作；举办李花节、花山节等群众文化活动，获群众肯定。建成县卫生执法监督大队业务楼和11个乡镇卫生院，新引进现代医院等2家民营医疗机构，积极推进县医院门诊综合楼、矿山急救医院、妇幼保健院迁建等项目前期工作。举办大型群众性体育活动8次，群众性体育活动日益增多，“全民健身”理念逐步深入人心。建成全省唯一集计划生育信息化管理和信息化服务为一体的人口家庭“12356”信息平台，百里人口文化长廊获市人口计生委高度评价。开展城区治丧规范活动，降低殡葬服务站收费标准，提高服务质量。继续推进救灾物资储备库、避难场所及防灾减灾应急指挥中心建设。精神文明建设深入推进，“735”工程典型经验在全国交流。

【开放合作明显提升】深化体制机制改革，开放合作的水平和质量明显提升。有序推进乡镇财政体制改革，加强乡村财务管理；组建中成村镇银行，农村信用联社改制为农村商业银行，县内金融机构贷款余额达30亿元、净增6.3亿元、增长28.93%，县外异地金融机构对县境企业贷款22.43亿元、增长97.17%。创新土地流转机制，新增土地流转147.87公顷(2218亩)，实现农业招商11.42亿元；深化集体林权制度改革，新增林地流转545.07公顷(8276亩)，林权抵押贷款314万元。推进食品药品监管机构改革，推行“一区三园”发展模式，完善工业园区管委会管理机制。取消、调整行政审批及公共服务项目78项，进一步减少审批时限和审批环节。全方位扩大对外开放，与浙江、陕西、上海等地合作不断深化，举办茶文化博览会，参加西博会、西洽会等重大展会，招商引资签约项目25个，履约项目40个，到位资金达44.9亿元。

【社会政治保持稳定】继续抓好社会治理创新综合试点工作，创新制定维稳工作“三书”督改制度(“三书”：维稳工作建议书、一票否决预告书、一票否决通知书，用以督促相关乡镇和单位积极改进工作，落实维稳责任和措施，有效预防和化解不稳定因素)，推进“123456”村(社区)社会管理模式，实施“一区四警”“平安筠连”细胞工程。完善立体化社会防范体系、公共安全体系，实施严打整治，遏制严重影响群众安全感和满意度的毒、赌、恶、盗抢案件发生。做好领导干部接访、包案工作，强化信访源头治理，成功化解一批历史遗留问题，全年未发生影响较大的群众性、恶性事件。探索以人民调解为基础、行政调解为主导、司法调解为保证的“三位一体”大调解机制,深化“无非正常信访镇乡”“人民调解规范化镇乡”创建活动,共调解纠纷 2899 件,调解成功 2869 件,调解成功率 99%。创新安全生产监管方式,突出做好煤矿、道路交通、非煤矿山、食品药品、烟花爆竹、特种设备等重点领域专项治理,安全生产成效显著。

【政府公信力提高】 深入推进“法治筠连”建设,“六五”普法成绩显著。自觉接受人大法律监督和政协民主监督,积极支持各民主党派、工商联、无党派人士参政议政,共办理人大代表建议 115 件、政协委员提案 123 件,办结率 100%。启动行政权力透明运行平台建设,改版升级政府门户网站,公开财务、项目、市政等政务信息,接受群众监督。

【政府执行力提升】 实施“环境兴县”战略,深化政府执行力建设,开展“三治理三激发三增加”作风专项活动;开展对 32 个县级机关 46 个重点岗位中层干部效能监察和效能考评,实行效能承诺、效能提升、效能跟踪、效能考评、效能问责“五步效能”考评;执行电子效能监察视频点名、领导干部工作日志公示制度,多名领导干部被全县通报、责令整改;制发《企业测评县级政府部门及相关站股室所办法》,邀请企业业主、人大代表和县政协委员 200 余人对 59 个县级部门和 20 多个站(股、室、所)是否有违反中央“八项规定”“六条禁令”等 13 项内容的专项测评,对排名靠后的 12 个部门及股室启动问责并督促整改;建立财经纪律执行情况县长约谈制,对少数执行财经纪律较差的部门、乡镇进行约谈警示;建成惩防体系数字化监管中心“1 网 3 方阵 6 平台”,实现决策、执行、监督和评价 4 个环节全过程参与、监控和信息共享,提高科技防腐能力。

(夏启林)

重要决策

【全面加强安全生产工作】 为认真汲取 2012 年“2·3”钓鱼台煤矿重大瓦斯爆炸事故、“11·27”永兴煤矿较大煤与瓦斯突出事故教训,加强全县安全生产工作,县政府决定实施“安全整治年活动”,坚决扭转安全生产的被动局面,确保全县安全生产形势持续稳定好转。1 月 13 日,县政府以筠府发〔2013〕1 号制发《关于全面加强安全生产工作的通知》,从以铁的决心对待安全生产、以铁的手段整治企业行为、以铁的纪律治理安全监管 3 个方面抓好安全工作进行安排部署。1.高度重视安全生产工作,把创造安全稳定的环境、保障人民群众生命财产安全、构建和谐社会作为一项民生工程来抓,牢固树立科学发展、安全发展、以人为本、生命高于一切的理念,把安全放在第一位,促进长效安全发展,切实做到“安全责任全覆盖、安全隐患零容忍、安全监管无缝隙、安全事故深追责”,切实解决好安全责任落实不到位、防范措施不到位、安全监管不到位等问题。2.进一步明确强化企业主体责任,健全企业安全生产责任全覆盖体系,坚持生产安全隐患零容忍,严格安全生产事故责任追究。3.强化监管责任,健全安全监管体系,全面整顿安全监管队伍,实行“三线”督查机制,严格落实安全生产“一岗双责”、述职和约谈制度,严格生产安全事故报告和责任追究。

【固定资产投资工作的意见】 为做好 2013 年全县固定资产投资工作,更好地促进经济社会全面发展。4 月 2 日,县政府以筠府发〔2013〕2 号制发《关于进一步做好 2013 年全县固定资产投资工作的意见》,明确做好固定资产投资工作的指导思想、目标任务、工作措施,明确县项目建设领导小组及发改、经信、住建、国土、环保等相关部门工作职责。目标任务:工作目标 48.9 亿元,奋斗目标 51 亿元。工作措施:1.加大争取资金争取项目工作力度;2.加大重点项目推进力度;3.加大项目库建设力度;4.加大招商引资工作力度;5.加大项目前期工作力度;6.加大项目服务工作力度;7.积极探索创新项目投资融资机制;8.加强投资调度和投资预测分析工作。

【政府工作要点】 3 月 18 日,县政府以筠府发〔2013〕3 号制发《2013 年工作要点》,围绕县第十二次党代会确定的发展定位、发展战略和“安全发展,转型突破,‘六化’联动,实干增效”工作基调,确立经济社会发展预期目标及实现的主要措施。主要预期目标:地区生产总值增长 13%以上,固定资产投资增长 20%以上,规模以上工业增长 17%左右,地方公共财政预算收入增长 13%以上,社会消费品零售总额增长 16%以上,城镇居民可支配收入增长 14%以上,农民人均纯收入增长 15%以上,城镇化率增加 2 个百分点,人口自然增长率控制在 7.07‰以内,城镇登记失业率控制在 4%以内,居民消费价格涨幅控制在 3.5%以内;全面完成市政府下达的节能减排任务。主要措施:1.坚持把安全发展作为统揽全局的第一保障;2. 坚持把项目带动作为经济增长的第一要务;3. 坚持把提升执行力作为政府建设的第一抓手;4. 坚持把做大城市作为统筹城乡的第一载体;5.坚持把农业现代化作为推进小康社会的第一基础;6.坚持把园区建设作为产业发展的第一平台;7. 坚持把改善民生作为加快发展的第一职责。

【煤矿安全生产非法违法行为举报奖励办法】 为加强安全生产领域的社会监督,鼓励举报安全生产重大事故隐患和非法违法行为,及时发现并排除重大事故隐患,制止和惩处非法违法行为,依据《中华人民共和国安全生产法》《国务院关于预防煤矿生产安全事故的特别规定》(国务院令第446号)等法律法规,以及《国务院关于进一步加强企业安全生产工作的通知》(国发〔2010〕23号)和国家安全生产监督管理总局、财政部《举报煤矿重大安全生产隐患和违法行为奖励办法(试行)》(安监总办字〔2005〕139号)的相关规定,1月7日,县政府以筠府发〔2013〕4号制发《筠连县煤矿安全生产非法违法行为举报奖励办法》,明确适用范围、非法违法行为认定标准、处理原则、奖励标准及对举报人的保护,该"办法"共15条,自发布之日实施。

【调整县城及建制镇城镇土地使用税税额等级标准及征收范围】 为更好地发挥城镇土地使用税合理利用城镇土地,调节土地级差收入,提高土地使用效益,加强土地管理的作用,根据《中华人民共和国城镇土地使用税暂行条例》《四川省人民政府城镇土地使用税实施办法》和省市关于城镇土地使用税税额等级标准相关文件精神,1月21日,县政府以筠府发〔2013〕5号制发《关于调整我县城镇土地使用税税额等级标准及征收范围的通知》,公布县城、建制镇的征税范围和税额标准。自2013年1月1日起执行。

【加强核与辐射安全防护管理工作的意见】 为加强全县放射性同位素与射线装置安全管理,确保核与辐射环境安全,根据市政府《关于进一步加强核与辐射安全防护管理工作的意见》(宜府函〔2012〕211号)精神,2月8日,县政府以筠府发〔2013〕7号制发《关于进一步加强核与辐射安全防护管理工作的意见》,明确指导思想、工作目标、工作任务及乡镇、相关部门工作职责,成立以分管副县长为组长的核与辐射安全防护管理工作领导小组。

【确保实现2013年全县经济工作"开门红"的通知】 为全面贯彻落实中共十八大精神,确保实现2013年一季度经济工作"开门红",2月19日,县政府以筠府发〔2013〕8号制发《关于确保实现2013年全县经济工作"开门红"的通知》,明确目标任务、工作重点、工作措施。目标任务是:地区生产总值增长14%以上;全社会固定资产投资实现9.2亿元,增长23%以上;规模以上工业增加值增长19%以上;全社会消费品零售总额实现4.68亿元,增长16%以上;旅游收入实现0.77亿元,增长20%以上;地方公共财政预算收入实现1.543亿元,增长14%以上。工作重点:1.扎实推进项目建设,全力保持投资较快增长;2.切实抓好企业生产经营,促进工业经济稳定运行;3.加快推进城镇建设,不断提升城镇发展质量;4.扎实抓好农业农村工作,促进农业增效农民增收;5.统筹抓好要素保障,为经济发展提供有力支撑;6.全力抓好安全稳定,营造和谐的社会环境。

【发放部分重点优抚对象优待金】 根据《四川省军人抚恤优待办法》和市民政局相关文件,3月18日,县政府以筠府发〔2013〕13号制发《关于发放部分重点优抚对象优待金的通知》,决定2013年起向无工资收入的烈士遗属、无工资收入的因公牺牲军人遗属、无工作单位的病故军人遗属、在乡老复员军人和在乡或城镇无业1–10级残疾军人、带病回乡退伍军人、参战参核人员发放优待金。发放标准:烈士遗属优待金不低于时年县政府规定的义务兵家庭优待金的50%,其他重点优抚对象每人每年200元。

【调整义务兵家庭优待金标准】 为认真贯彻落实《中华人民共和国兵役法》,切实做好义务兵家庭的优待工作,3月18日,县政府以筠府发〔2013〕14号制发《关于调整义务兵家庭优待金标准的通知》,城乡义务兵家庭优待金实行城乡一体化,由原来农村义务兵家庭优待金3600元、城镇义务兵家庭优待金3400元,调整为城乡义务兵每人每年4400元。执行为2013年1月起。

【加快竹产业发展意见】 为认真贯彻落实省、市关于加快发展现代林业产业精神,进一步壮大林业经济,促进农民增收致富,巩固生态文明建设成果和推进社会主义新农村建设,3月29日,县政府以筠府发〔2013〕18号制发《关于加快竹产业发展意见》,指出加快推进竹产业持续健康发展的重要意义,提出加快推进竹产业发展的指导思想、发展目标、实施步骤及政策措施,明确乡镇及相关部门的职责,成立以县人大常委会联系领导、县政府分管领导担任组长和副组长的竹产业基地推进工作领导小组。发展目标:集中、集群、集约发展现代竹产业,多渠道、全方位发展竹类资源,力争2020年前成为全市竹类产业主产区。到"十三五"期末,全县竹林面积达20万亩以上,其中南部山区竹产业基地面积16万亩;规模以上的竹类龙头企业达4家,集生态、旅游、餐饮业为一体的筠竹文化科技示范园1个,竹类骨干苗圃3个。

【省级现代林业重点县建设】 为确保全县2013–2015年现代林业重点县建设目标任务全面完成,3月29日,县政府以筠府发〔2013〕19号制发《关于抓好现代林业重点县建设的通知》,明确指导思想、基本原则、目标任务和组织保障措施。

【解决原民办教师和长期代课教师生活补助实施意见】 根据《中共宜宾市委、宜宾市人民政府关于清理清退现有代课教师的意见》(宜委发〔2007〕38号)等文件精神,3月28日,县政府以筠府发〔2013〕20号制发《关于解决原民办教师和长期代课教师生活补助的实施意见》,决定对符合条件的原民办教师和原代课教师给予一定的生活困难补助,明确补助范围和对象、享受生活困难补助条件、补助标准及要求、办理程序、工作要求,成立以分管副县长为组长的工作领导组。

【支持农业产业化龙头企业发展大力推进“两个带动”实施意见】 为加快推进和提升农业产业化经营发展，做强做大做优农业产业化龙头企业，大力推进带动农民发展现代农业和带动农民持续稳定增收，4 月 9 日，县政府以筠府发〔2013〕22 号制发《关于支持农业产业化龙头企业发展大力推进“两个带动”实施意见》，提出发展目标和工作措施。发展目标是：到 2015 年，全县培育 500 万元以上的龙头企业达 25 家，其中力争亿元龙头企业 4 家、培育省级龙头企业 2 家。工作措施：1.全面加大投入力度，2.加速提升农业产业化水平，3.进一步加大招商引资力度，4.加强龙头企业人才培养，5.加强市场开拓和品牌建设，6.创新发展机制，7.强化龙头企业“两个带动”责任，8.鼓励龙头企业推进生态农业发展，9.加强龙头企业的指导服务。

【发展学前教育实施意见】 为认真贯彻落实国家和四川省《中长期教育改革和发展规划纲要（2010–2020 年）》及《四川省人民政府关于当前发展学前教育的实施意见》（川府发〔2011〕12 号）、《宜宾市人民政府关于当前发展学前教育的实施意见》（宜府发〔2012〕24 号）精神，促进全县学前教育科学发展。4 月 25 日，县政府以筠府发〔2013〕23 号印发《关于当前学前教育发展的实施意见》，指出发展学前教育的重要意义，明确发展原则、目标任务、工作职责、工作措施。目标任务：1. 2013 年，全县基本普及学前一年教育，学前二年毛入园率达到 81.6%，学前三年毛入园率达到 77.4%，70%以上的幼儿园基本达到办园标准，幼儿教师全部具备教师资格，具有专科学历的比例达到 60%；2. 到 2015 年，全县普及学前两年教育，学前三年毛入园率达到 80%，80%以上的幼儿园基本达到办园标准，幼儿教师具有专科学历的比例达到 82%以上；3. 到 2020 年，全县全面普及学前三年教育，学前三年毛入园率达 85%以上，所有幼儿园全部达到办园标准，幼儿教师具有专科学历的比例达到 95%以上。工作措施：1.实施园点布局优化工程，2.实施民办幼儿园扶持工程，3.实施幼儿师资建设工程，4.实施保教质量提升工程，5.实施安全防范工程。

【政府投资项目审计暂行办法】 为加强政府投资项目审计工作，规范投资审计行为，提高政府投资效益，节约政府投资建设资金，促进廉政建设，根据《中华人民共和国审计法》《中华人民共和国审计实施条例》《政府投资项目审计规定》《四川省国家建设项目审计办法》等法律法规，5 月 8 日，县政府以筠府发〔2013〕24 号制发《筠连县政府投资项目审计暂行办法》，明确适用范围、审计管辖范围、审计机关及相关单位职责、审计经费保障、审计方式、责任追究等，“暂行办法”共 16 条，自 6 月 7 日起施行，原《筠连县国家建设项目审计实施办法》（筠府发〔2001〕81 号）同时作废。

【设施农用地管理】 为适应现代农业发展需要，促进设施农业健康有序发展，完善设施农用地管理，根据国土资源部、农业部《关于完善设施农用地管理有关问题的通知》（国土资发〔2010〕155 号）和四川省国土资源厅、农业厅《关于完善设施农用地管理有关问题的通知》（川国土资发〔2011〕62 号）精神，5 月 24 日，县政府以筠府发〔2013〕27 号制发《关于加强设施农用地管理有关问题的通知》，明确设施农用地的范围界定、分类用地规模、用地审核程序、用地监督管理。

【生猪屠宰、鲜肉和肉制品专项整治】 为深入贯彻《生猪屠宰管理条例》和相关法律法规，切实加强生猪定点屠宰管理，保证生猪产品质量安全，保障人民身体健康，7 月 30 日，县政府以筠府发〔2013〕36 号制发《关于加强生猪屠宰、鲜肉和肉制品专项整治工作的通知》，明确工作重点、相关部门工作职责、工作要求。

【整顿关闭地方小煤矿补助（奖励）资金管理办法】 为推动全县煤矿整顿关闭工作深入开展，规范整顿关闭煤矿补助（奖励）资金管理，根据《四川省人民政府关于推进煤矿企业兼并重组的实施意见》（川府发〔2013〕15 号）、《四川省整顿关闭煤矿补助（奖励）资金管理办法》（川煤重组发〔2013〕1 号）、《宜宾市整顿关闭地方小煤矿补助（奖励）资金管理办法》（宜煤重组〔2013〕6 号）及财政预算管理规定，9 月 4 日，县政府以筠府发〔2013〕41 号印发《筠连县整顿关闭地方小煤矿补助（奖励）资金管理办法》，明确补助（奖励）的资金来源、补助范围、补助标准等，共 10 条，自发文之日起执行。

【安全生产重点监控县“摘帽”工作实施方案】 因发生“2·3”钓鱼台煤矿重大瓦斯爆炸事故，2013 年被省安委会列为全省第六批安全生产重点监控县，监控时间 2 年。为切实抓好全县安全生产重点监控县的“摘帽”工作，彻底扭转全县安全生产被动局面，9 月 18 日，县政府以筠府发〔2013〕42 号制发《关于印发筠连县安全生产重点监控县摘帽工作实施方案的通知》，明确指导思想、工作目标、工作步骤、工作措施，成立以县长为组长、所有副县长为副组长的工作领导小组。

【行政审批制度改革】 为深入推进全县行政审批制度改革，全面提升行政审批工作效率和服务水平，加快打造一流政务服务环境和一流发展环境。根据《中共中央关于全面深化改革若干重大问题的决定》《四川省人民政府关于进一步深化行政审批制度改革的意见》（川府发〔2013〕17 号）《中共宜宾市委 宜宾市人民政府关于实施环境兴市战略的意见》（宜委发〔2013〕12 号）《四川省人民政府关于取消、调整行政审批项目的决定》（川府发〔2013〕24 号）和有关规定及工作要求，9 月 25 日，县政府以筠府发〔2013〕

43号制发《关于取消、调整行政审批和公共服务项目的决定》，决定取消、调整29项行政审批及公共服务项目，其中取消25项、合并3项、转为日常监管1项。12月24日，以筠府发〔2013〕47号制发《关于印发筠连县行政审批及公共服务项目目录（2013年）的通知》，决定再次取消、调整49项县级行政审批及公共服务项目，其中取消14项、合并3项、暂停审批8项、转为公共服务事项24项；同时公布全县保留行政审批项目131项、公共服务项目117项。

【依法统计提高数据质量的意见】 为确保统计数据的真实性和准确性，充分发挥统计的信息、咨询和监督职能，根据《四川省人民政府关于依法统计提高数据质量的意见》精神，12月19日，县政府以筠府发〔2013〕46号制发《关于依法统计提高数据质量的意见》，从充分认识提高数据质量的重要性、依法依规做好统计工作、强化统计工作保障3个方面提出要求。工作措施：1.切实做到依法依规开展统计工作；2.着力规范基层基础统计工作；3.严格执行国家统计方法制度；4.加强统计队伍建设；5.加大统计宣传力度。

【加强煤矿安全监管系列制度】 为强化煤矿业主主体责任，加强煤矿安全生产监督管理，提高对煤矿的监管力度，坚决遏制煤矿安全事故的再发生，有效扭转煤矿安全生产形势，1月6日，县政府办公室以筠府办发〔2013〕2号制发《关于印发加强煤矿安全监管系列制度的通知》，包括《筠连县镇乡煤矿安全管理工作制度》《筠连县煤矿安全监管联合执法制度》《筠连县煤矿五核定三倒查管理办法》《筠连县涉煤部门镇乡煤矿安全管理工作职责》《筠连县煤矿驻矿安监员管理办法补充规定》《筠连县监察局矿业安全监察办公室工作职责》《对煤矿企业业主（投资人）有关事项要求》7项制度。

【重大事项报告制度】 为进一步抓好各项工作的贯彻落实，大力推进行政工作规范化和制度化建设，切实提高办事效率，1月31日，县政府办公室以筠府办发〔2013〕5号印发《筠连县人民政府重大事项报告制度》，明确适用范围、报告原则、重大事项的范围和内容、报告程序和时限、工作责任，共5章14条，自发文之日起执行。

【地震应急预案】 为明确地震应急工作职责，科学有序有力组织地震应急处置工作，最大限度地减少人员伤亡和经济损失。依据《中华人民共和国突发事件应对法》《中华人民共和国防震减灾法》《四川省防震减灾条例》《四川省地震应急预案》《宜宾市地震应急预案》《筠连县突发公共事件总体应急预案》，对2007年制订的《筠连县地震应急预案》再修改完善。2月6日，县政府办公室以筠府办发〔2013〕10号制发《筠连县地震应急预案》，预案分为总则、地震灾害事件划分、地震灾害事件应急管理、组织体系及职责、应急响应机制、地震应急准备、地震应急保障等13个部分，自发文之日起实施。

【“十二五”质量发展规划】 根据《宜宾市人民政府办公室关于印发宜宾市“十二五”质量发展规划的通知》精神，3月11日，县政府办公室以筠府办发〔2013〕18号制发《关于印发筠连县“十二五”质量发展规划的通知》，总结“十一五”质量发展工作，分析“十二五”质量发展形势，确立“十二五”质量发展工作的指导思想、主要目标、主要任务、重大质量工程及项目、保障措施。

【提高城市低收入家庭收入认定标准】 为切实做好城市低收入家庭收入认定工作，根据《国务院关于解决城市低收入家庭住房困难的若干意见》（国发〔2007〕24号）和省市有关文件精神，3月19日，县政府办公室以筠府办发〔2013〕21号制发《关于提高城市低收入家庭收入认定标准的通知》，从2013年1月起，城市低收入家庭认定标准由2009年核定的300元调整为450元。

【突发性地质灾害应急预案】 为提高地质灾害抢险救灾工作水平和应急反应能力，迅速、有序、高效地开展地质灾害抢险救灾工作，最大限制地避免突发性地质灾害造成人员伤亡和财产损失，确保人民生命财产安全。3月22日，县政府办公室以筠府办发〔2013〕20号制发《筠连县突发性地质灾害应急预案》，预案分总则、突发性地质灾害预警及等级划分、突发性地质灾害的报告与处理、应急管理机构及职责、应急响应机制、应急行动、应急结束等8个部分，自发文之日起实施。

【辐射事故应急预案】 为有效预防、减少辐射事故发生，快速、科学进行辐射事故应急处理，最大限度减少人员伤亡、财产损失和社会影响，2月23日，县政府办公室以筠府办发〔2013〕14号制发《筠连县辐射事故应急预案》，预案分总则、应急管理、预防与预警、应急响应、应急终止、应急保障、附则、培训、演习共9部分。

【全民科学素质行动计划纲要实施方案】 为进一步提高全民科学素质，根据国务院办公厅《关于印发〈全民科学素质行动计划纲要实施方案（2011–2015年）〉的通知》（国办发〔2011〕29号）和省、市相关文件精神，4月9日，县政府办公室以筠府办发〔2013〕27号制发《关于印发筠连县全民科学素质行动计划纲要实施方案（2011–2015年）的通知》，明确指导思想、基本方针、发展目标、重点任务、组织措施、保障条件和进度安排。重点任务：1.实施未成年人科学素质行动，2.实施农民科学素质行动，3.实施城镇劳动者科学素质行动，3.实施领导干部和公务员科学素质行动，4.

实施社区居民科学素质行动,5. 实施科学教育与培训基础工程,6.实施科普资源开发与共享工程,7.实施大众传媒科技传播能力建设工程,8.实施科普基础设施工程,9.实施科普人才队伍建设工程,10. 完善公民科学素质建设长效机制。

【公益性岗位管理办法】 为进一步做好全县公益性岗位开发和管理工作,结合筠连实际对《筠连县公益性岗位管理暂行办法》进行修改完善,4月25日,县政府办公室以筠府办发〔2013〕32号制发《关于印发筠连县公益性岗位管理办法的通知》,明确公益性岗位的范围、安置对象、开发、申请及补贴拨付、监督管理,公益性岗位从业人员招聘、待遇,自发文之日起实施。

【畜禽养殖禁养区、限养区划分方案】 为促进畜禽养殖业持续健康发展,优化畜禽养殖业结构,合理布局,突出重点区域、重点流域的环境保护,尽可能减轻畜禽养殖业污染,保障全县人民群众身体健康,根据《中华人民共和国环境保护法》《中华人民共和国畜牧法》《畜禽养殖污染防治管理办法》等有关规定及市级有关文件精神,5月13日,县政府办公室以筠府办发〔2013〕35号制发《关于印发筠连县畜禽养殖禁养区、限养区划分方案的通知》,明确指导思想、划分目的、划分原则、划分依据、工作要求,公布禁养区和限养区区域范围。

【整治违法建设违法占地行为实施意见】 为进一步规范城乡规划建设和土地管理秩序,有效遏制和及时查处违法建设、违法占地行为,维护城乡建设和土地管理的正常秩序,维护社会公共利益,维护城乡和谐的发展环境和投资环境,维护全县人民的根本利益,根据《中华人民共和国土地管理法》《中华人民共和国城乡规划法》《中华人民共和国公路法》《中华人民共和国河道管理条例》等法律、法规的规定,8月2日,县政府办公室以筠府办发〔2013〕53号制发《关于印发筠连县整治违法建设违法占地行为实施意见的通知》,明确违法建设和违法占地行为的认定、乡镇和相关部门工作职责,对建立健全巡查报告制度、联席会议制度、监督联络员制度、长效学习机制、举报奖励制度以及监督、目标考核管理等提出要求。

【农村公共服务运行维护体系建设示范试点实施方案】 为加大统筹城乡发展力度,建立农村公共服务运行维护体系,实现城乡基本公共服务均等化,根据省、市综改办的工作部署,8月12日,县政府办公室以筠府办发〔2013〕56号制发《关于印发筠连县农村公共服务运行维护体系建设示范试点实施方案的通知》,明确目标任务、基本原则、主要内容、工作步骤、补助标准、资金使用、工作要求、配套措施。基本原则:政府主导,多方参与;统筹规划,分步实施;民主决策,规范管理;突出重点,查漏补缺。主要内容:农村基础设施和环境类项目的运行维护,农业生产服务类项目的运行维护,农村生活服务类项目的运行维护,农村社会管理类项目的运行维护。

【政府投资建设工程比选规模以下项目工程服务机构及施工企业备选库管理暂行办法】 为进一步抓好比选规模以下政府投资工程建设项目施工、勘察、设计、监理以及与工程建设有关的重要设备、材料等采购工作,规范项目前期工作,保证项目质量,加快项目推进,节约政府投资,体现公平提高效率。根据《四川省人民政府关于修改〈四川省政府投资工程建设项目比选办法〉的决定》对四川省行政区域内的政府投资工程建设项目比选规模的调整,8月26日,县政府办公室以筠府办发〔2013〕63号制发《筠连县政府投资建设工程比选规模以下项目工程服务机构及施工企业备选库管理暂行办法》,明确适用范围、入库标准、入库分类、入库程序、退库条件、项目中选企业确定、工程价款确定。自发布之日起执行。

【突发事件应急预案管理办法】 为规范全县突发事件应急预案管理,健全完善应急预案体系,提高保障公共安全和处置突发事件的能力,根据《中华人民共和国突发事件应对法》《四川省突发事件应对办法》等有关法律法规,10月23日,县政府办公室以筠府办发〔2013〕73号制发《筠连县突发事件应急预案管理办法》,明确适用范围、管理原则、预案体系构成、乡镇及部门职责,包括总则、应急预案编制与修订、应急预案审批、应急预案公布与备案、应急预案实施、应急预案宣教培训与演练、附则共7章28条。自发布之日起施行。

【义务兵家庭优待金发放管理办法】 为做好优待金标准调整及资金筹集、发放等工作,根据《中华人民共和国兵役法》和省市相关文件精神,11月20日,县政府办公室以筠府办发〔2013〕79号制发《筠连县义务兵家庭优待金发放管理办法》,明确义务兵家庭优待金发放对象、标准、方式。自2014年1月1日起施行,发放期2年。

【全面提升基层公共卫生和医疗服务能力三年行动计划】 为加快推进全县公共卫生和医疗服务体系建设,全面提升县、乡、村三级服务能力和保障水平,提高全民健康素质,促进全县卫生事业科学、持续、健康发展,12月19日,县政府办公室以筠府办发〔2013〕84号制发《筠连县全面提升基层公共卫生和医疗服务能力三年行动计划》,明确指导思想、发展目标、工作内容、保障措施。

【遏制与防治艾滋病“十二五”行动计划】为进一步推动全县艾滋病防治工作，切实保护广大人民群众身体健康，12月25日，县政府办公室以筠府办发〔2013〕85号制发《筠连县遏制与防治艾滋病“十二五”行动计划》，明确工作原则、目标与指标、防控措施、保障措施、督导管理。防控措施：强化宣传教育，营造良好氛围；扩大综合干预，增强防控实效；注重血液监管，降低传播风险；加大监测检测，科学评估疫情；扩大治疗覆盖，提高治疗水平；6.落实关怀举措，改善生活质量；实施分类指导，强化综合防治。

（杜华春）

重要会议

【县政府全体会议】2013年1月14日，县政府全体会议在县会议中心召开，会议全面总结2012年工作，安排部署2013年政府工作总体要求和主要预期目标。总体要求：认真贯彻党的十八大精神，紧扣县委“实干增效”工作主题，按照“安全发展、转型突破、六化联动、实干增效”工作基调，致力于严管重治推动安全发展，致力于项目拉动提升增长速度，致力于执行力提升推进政府自身建设，致力于城镇和园区建设打造平台，致力于农业发展夯实小康基础，致力于改善民生促进共同富裕，为转型跨越发展奠定坚实基础。主要预期目标：全县生产总值增长13%，全社会固定资产投资增长20%，规模以上工业增加值增长17%，社会消费品零售总额增长16%，地方公共财政预算收入增长13%，城镇居民人均可支配收入增长14%，农民人均纯收入增长15%，城镇化率提高2个百分点，人口自然增长率控制在7.07‰，城镇登记失业率控制在4%，居民消费价格涨幅控制在3.5%以内，全面完成市政府下达的节能减排任务。县政府各副县长出席会议并总结安排各自分管工作，县安监局、计生局、卫生局、维新镇、蒿坝镇、乐义乡、孔雀乡作交流发言，县委副书记叶光明、县政协副主席叶宗勇、县检察院检察长苏平、县法院院长田华清受邀出席，各乡镇的乡镇长、县级相关部门主要负责人参会。县长刘朝平主持会议。

【安委会扩大会】2013年1月15日，县安委会一季度扩大会在会议中心召开，会议传达全省安全生产电视电话会议精神，听取18个乡镇、交警大队、消防大队负责人就抓好安全生产工作的汇报，安排部署安全生产工作。会议要求，各级各部门要以非同寻常的认识对待安全生产工作、以非同寻常的措施推进安全生产工作、以非同寻常的责任落实安全生产工作；要亲历亲为，要做到不手软、不摇摆、不丧失信心；要痛定思痛，吸取教训，要彻底清查安全隐患；要严格复工复产验收标准，不达标准的不准复工；要严格落实安全生产责任制，严格实行“一岗双责”“行政问责”“一票否决”制度；要切实把工作落到实处，扎实抓好安全生产。县委常委、常务副县长甘华锋传达全省安全生产电视电话会议精神并安排工作，县委书记王萍，县委副书记、县长刘朝平出席并讲话。县领导叶光明、张宗才、李小林、晋方全、王见华、杨国庆、王永红出席会议。县长刘朝平主持会议。

【全县工作会议】2013年3月13日，全县工作会议在会议中心召开，会议总结2012年工作，安排部署2013年工作，表彰2012年农业农村、安全生产、计划生育、招商引资、项目建设、基层党建工作先进集体和先进个人，县政府与乡镇、部门签订2013年相关工作目标责任书。县委副书记、县长刘朝平提出：1.大抓项目建设，不断增强经济发展后劲；2.推进城市化进程，全面拓展经济发展空间；3.大抓交通建设，全力破解交通瓶颈制约；4.算好“小康账”，千方百计促进农民增收；5.立足筠连特色，大力发展生态旅游产业；6.增强工作主动性，提升服务企业和企业家水平；7.坚持走群众路线，做群众工作的能力；8.狠抓工作落实，努力践行“一线工作法”，争做有韧劲、有激情、有思路、有贡献的“四有”干部。县委书记王萍强调：全县上下要抢抓全省实施“多点多极支撑”战略和全市“率先崛起奔小康”战略新机遇，以6个必须实干增效，攻坚2013年，向“建成强县、率先小康”发起冲刺；同时，就抓好工作提出6个方面要求。全体在筠连的副县级以上领导，各乡镇和县级各部门党政主要负责人，县属及以上企事业单位主要负责人、规模以上企业负责人参加会议。县委副书记、政法委书记叶光明主持会议。

【创建省级科普示范县动员大会】2013年5月21日，筠连县创建四川省第五批科普示范县动员大会在县会议中心召开。创建工作领导小组成员，县级相关部门主要领导，各乡镇党委书记、分管领导，乡镇科协秘书长，各县级学（协）会、科普基地理事长或秘书长，企业科协主席和秘书长，县科协第三届委员共130余人参会；市科协党组书记、常务副主席任兴江，市科协普及部部长刘利炯应邀到会指导；县委书记王萍，县委副书记、县委政法委书记叶光明，县人大常委会副主任张彬，县政协副主席叶宗勇等出席。刘利炯宣读《省科协关于确定第五批全省科普示范县（市、区）创建单位的通知》，叶宗勇宣读《县委办、政府办关于成立筠连县创建四川省第五批科普示范县工作领导小组的通知》，张彬宣读《县委办、县政府办关于印发筠连县创建四川省第五批科普示范县实施方案的通知》。叶光明安排部署创建科普示范县工作并提出具体意见：创建全省科普示范县的主要工作任务；创建科普示范县的时间安排。党组书记任兴江强调：不断深化创建科普示范县工作的认识；始终把提高全民科学素质作为创建科普示范县的主旋律；突出在创建进程中推动和促进筠连科学发展；依托创建完善全县科普网络体系和科普设施。书记王萍提出意见：一要统一思想，充分认识创建全省科普示范县的重大意义；二要突出重点，高标准推进创建全省科普示范县的各项工作；三要加强领导，确保创建全省科普示范县目标的圆满实现。要求：全县上下务必增强紧迫感、发挥主动性，以真抓实干的精神、争创一流的勇气，圆满完成创建目标。县委常委、宣传部部长潘练红主持会议。

【全县安全生产工作会议】2013年6月13日，全县安全生产工作会议在县会议中心召开，各乡镇党委书记、乡镇长、分管工作涉及安全生产的乡镇副职领导，经发办主任、安办主任、交管站站长、派出所所长、国土所所长、流域站站长，县安委会成员单位主要负责人、分管领导以及涉及安全监管工作的股（室、队）负责人，全体煤矿、非煤矿山、危险化学品、建筑、燃气、液化气、交通运输、工业园区及规模以上等重点企业相关负责人共500余人参加会议；县领导王萍、何跃、黄静、甘华锋、伍永富、王见华、杨国庆、王永红、师世秋出席会议。甘华锋传达学习中央领导关于安全生产工作的重要指示批示和全国、全省、全市安全生产电视电话会议精神，通报泸州市泸县桃子沟煤矿瓦斯爆炸事故、乐山市峨边县大堡煤矿非法违法相关责任人的处理情况，伍永富、王见华、杨国庆、王永红、师世秋分别就所分管领域的安全生产工作作安排部署，要求立即在全县集中开展安全生产大检查，深入排查治理各行业安全隐患，重拳出击严厉打击各行各业安全生产非法违法行为，落实一线监管责任制，全面加强和改进安全生产工作，大力开展煤矿、非煤矿山、道路交通、危险化学品、消防、食品药品、医疗卫生、建筑、学校、山地灾害、私挖滥采、病险水库、民爆物品和烟花爆竹安全等安全隐患排查整治，切实保护人民群众的生命财产安全。王萍指出：全县各乡镇、各部门、各企业要以非寻常的认识来对待当前的安全生产工作，以非同一般的措施来抓好安全生产的各项重点工作，以非常时期的责任确保安全生产万无一失。强调：一要把安全生产作为第一追求，思想要重视、重视、再重视；二要把工作落实作为第一能力，监管要加强、加强、再加强；三要把作风建设作为第一保障，态度要坚决、坚决、再坚决。各监管人员要带着问题沉下去，深入现场开展安全检查，全面排查并对整改情况进行回头看，确保隐患整改到位。要进一步健全完善抓安全、管安全的领导体制、工作机制、责任体系，坚持分级负责，属地管理，坚持政府一把手亲自抓，分管领导具体抓，坚持“谁主管谁负责”“管生产必须管安全”“管行业（系统）必须管安全”的“一岗双责”；要坚持以责任追究保障安全，对安全事故责任，始终坚持“四不放过”原则，严肃处理，绝不心慈手软、姑息迁就，切实做到守土有责、守土有方、守土有效，为推动筠连安全发展水平的不断提升，为创造适应筠连经济社会转型跨域发展的安全稳定环境作不懈努力。县委常委、常务副县长甘华锋主持会议。

【非煤矿山安全生产工作现场会】2013年6月20日，筠连县非煤矿山安全生产工作现场会在巡司镇召开。通报上半年非煤矿山安全生产情况，对非煤矿山执法检查相关规定作详细讲解。实地参观巡司镇盛世建材采石场、西南水泥公司关刀岩采石场，巡司镇政府及部分参会企业作交流发言。市安监局非煤矿山科科长孙会林出席并讲话，对筠连非煤矿山安全工作给予肯定，同时就加强管理提出意见和建议。各乡镇经发办主任、各非煤矿山企业负责人，县安监局负责人及相关人员参加会议。

【全县第三次全国经济普查工作会】2013年6月21日，筠连县第三次全国经济普查工作领导小组第一次全体会议召开，会议通报第三次经济普查工作准备情况，通过县经普领导小组成员单位职责、领导小组办公室组建方案、经普工作考核办法等议定事项。县政府副县长、县政府经济普查领导小组副组长王见华出席，县政府经济普查领导小组全体成员单位负责人参会。县政府副县长、县政府经济普查领导小组副组长师世秋主持会议。7月5日，全县第三次全国经济普查动员会在县会议中心召开，会议通报经济普查工作准备情况，就开展好普查工作，全面摸清全县二三产业发展状况，确保目标任务全面完成进行动员。县长刘朝平出席并强调，各乡镇、各部门要统一思想认识，进一步增强责任感和紧迫感；要加强领导，精心谋划，强化宣传保障；要以数据质量为中心，细化工作措施，缜密组织，有序推进，确保一次性通过国家和省市质量验收。县政协副主席刘乐君出席，各乡镇、县级各部门负责人及相关人员参会。县委常委、常务副县长、县政府经济普查领导小组常务副组长甘华锋主持会议。

【全省现代烟草农业建设暨烟叶收购现场会】2013年7月16-17日，四川省2013年现代烟草农业建设暨烟叶收购现场会在筠连召开。16日，市委书记王铭晖，省农工委副主任刘铁，省烟草专卖局局长、总经理胡存忠，省烟办主任雷俊忠，市委副书记吕晓莉，张文彪、祝春秀、韩忠成、肖瑞、麻世强、李敏等省市领导及与会人员到筠连县后沟水库、高兴、高龙、高桥、高坪等核心示范区，参观烟区新农村建设、标准化烟站、育苗工厂、合作社等，详细了解烟区生产管理运行情况。17日，全省现代烟草农业建设暨烟叶收购现场会在县会议中心三楼会议室召开，省烟办、水利厅、农业厅、科技厅、省农科院等省直部门负责人，凉山州、泸州市、攀枝花市、宜宾市、广元市、达州市、德阳市等产烟市州的分管领导和相关人员参加会议；省委农工委副主任刘铁，市委书记王铭晖，市委副书记、市长徐进，市委副书记吕晓莉，副市长李敏出席会议。会议传达贯彻全国烟叶收购暨现代烟草农业建设现场会精神，总结上半年工作，部署下半年任务，推动全省现代烟草农业建设再上新台阶。市委书记王铭晖致辞并指出，宜宾是全省传统烟区和重要的优质烟叶生产基地，2013年全市种植烤烟面积12万亩，预计超额完成省下达的27万担烟叶收购计划，烟草产业正成为推动全市县域经济发展和烟区农民致富奔小康的重要产业支撑；本次现场会在宜宾召开，省级相关部门领导面对面地检查指导全市工作，对宜宾进一步做好各项工作提供重要的平台。胡存忠总结全省现代烟草农业发展取得的建设成效和积累的经验，分析当前全省烟叶工作面临的发展环境和发展机遇，安排部署当前烟叶工作、现代烟草农业建设等工作。省委农工委副主任刘铁宣读省委常委、省委农工委主任、省烟草发展工作领导小组组长李昌平的书面讲话，书面讲话指出：当前现代烟草农业已经进入精耕细作、提高质量、提升效益的阶段，大家要深刻认识现代烟草农业在烟区农业中的全局性、战略性、基础性作用，以“推进产业化、建设新农村、大力促增收、全面建小康”为总体思路，推动现代烟草农业加快发展；要把工作重点放在提质增效上，进一步转变烟草农业发展方式，促进烟叶生产平稳健康发展；烟区政府和烟草行业要树立战略眼光和市场理念，靠政策调动积极性，靠投入促进上水平，靠科技发展生产，靠创新开创新局面，确保现代烟草农业扎实推进、持续深化。各级各部门要从农业农村发展全局的高度，更加重视和支持现代烟草农业建设，加强组织领导，加大工作力度，改进工作作风，推动现代烟草农业建设不断取得新的成效。书面讲话强调：作为烟叶主产区的贫困山区和民族地区，是四川实现全面小康的重中之重、难中之难，没有这些地区的全面小康，就没有全省的全面小康；开展现代烟草农业建设，一定要始终坚持以助农增收为出发点和落脚点，让烟农直接受益；烟区各级党委政府，要把发展产业、助农增收摆在核心位置，坚持不懈地抓好现代烟草农业建设，充分发挥烟草企业带农入市、教农学技、助农增收的作用，努力保持农民持续增收的良好态势。观看宜宾现代烟草农业建设专题片；宜宾市、凉山州烟草专卖局(公司)作交流发言。胡存忠主持会议。

【全县发展规划协调统一推进会】 2013年8月7日，筠连县发展规划协调统一推进会议召开。县级相关部门、各规划设计单位负责人逐一对交通规划、城南新区及工业园区规划、特色商业步行街规划、第三产业发展规划、筠连岩溶风景区总体规划分别作介绍，与会县领导及相关专家对各规划设计理念及思路提出意见建议和要求。会议强调，要围绕“12456”发展战略部署，进一步整合资源，发挥综合优势，加强各规划之间的衔接、协调、统一，尽快编制完成符合筠连实际、切实能够指导筠连发展的相关规划。县委书记王萍，县委副书记、县长刘朝平出席会议并作讲话，在筠连的副县级以上领导出席会议，部分离退休老同志，各部门、各乡镇主要负责人，县内各企业、规划设计单位相关负责人参加会议。

【全县财税金融及企业联系座谈会】 2013年8月12日，筠连县财税金融及企业联系座谈会议召开，会议分析当前经济运行情况，安排部署下阶段财税金融工作。会议强调，各金融机构要加强沟通联系，加大对中微企业扶持力度，主动靠前服务，服务企业发展，帮助企业发展壮大；财税部门要围绕增收节支，切实做好财税运行保障工作。县领导王萍、刘朝平、何跃、甘华锋、师世秋出席会议并讲话，县财政、地税、国税、人民银行、信用联社等部门、金融机构负责人，鲁班山南矿、西南水泥厂、同心木业等20余家企业负责人参加会议。甘华锋主持会议。

【全县财经管理恳谈会】 2013年9月26日，筠连县财经管理恳谈会在会议中心召开，县财政局通报财务大检查中发现的17个方面问题，县监察局通报发生在筠连的4起贪腐案例，县政府办通报政府采购中的突出问题，县审计局通报审计中发现的问题，县招监办阐述招商引资金过程中应注意的问题，县民政局强调民政资金管理的具体要求，县检察院组织学习违反财经纪律的处罚规定。刘朝平出席强调：财经纪律是高压线，各级干部必须严格自律；领导干部、部门乡镇要牢固树立廉洁理财、科学理财、节约理财、规范理财、依法理财、民主理财7种意识。县领导伍永富、杨国庆、王永红、师世秋、刘乐君出席会议，各乡镇乡镇长、财政所长，45个县级部门负责人及会计参加会议。

【全县煤矿生产工作会议】 2013年9月27日晚8时，2013年全县煤矿生产工作会议在县会议中心召开。各煤矿业主、各产煤乡镇党政领导，县经信局、安监局、国土资源局等单位主要负责人参会。县安监局、经信局、国土资源局、公安局等部门通报近期中央、省、市到筠连明察暗访煤矿复工复产工作中发现的问题及提出的整改建议，传达有关煤矿复工复产会议、文件精神和要求；各煤矿业主、集团公司主要负责人就贯彻执行川安委〔2013〕28号文件作表态性发言，并对煤矿监督管理和复工复产工作向县委、政府提建议和意见。县委常委、常务副县长甘华锋主持会议并指出，当前全县多数煤矿业主对煤炭产业兼并重组、产能升级及安全生产所面临的严峻形势认识不够，存在停而不整、停而不改，煤矿管理秩序较为混乱；在复工复产及下步工作中，各煤矿必须切实正视问题、齐心协力地抓好各项安全工作和复工复产准备工作，要以长远发展的眼光，超前谋划，适时引进资本、技术和设备，尽快的推进煤矿产能升级工作，夯实和提高煤矿生存的基础和能力。县委副书记、县长刘朝平要求：各部门要坚持以“不信任”的态度来监管煤矿安全生产，各业主要更加重视人的因素，及时准确掌握煤矿管理人员配备情况、责任心和履职情况，采取有效措施进行管理，保证企业管理到位，煤矿生产安全隐患必须彻底排查整改到位，必须无条件地坚决彻底执行“安全第一”的标准；各乡镇党委、政府思想上要异常的清醒、态度上要异常的坚决、整改上要异常的彻底，要切实履行好安全监管职责。县委书记王萍指示：企业要发展、工人要安全、矿长要安心都离不开复工复产的安全、有序推进。各乡镇、部门要严格监管、优质服务，与各企业齐心协力、攻坚克难，有序推进煤矿复工复产工作；哪个环节出了问题，就坚决追究哪个环节的责任；要建立具体监管标准，确定明确的监管方法，把监管落实到具体操作层面上去。各企业家要切实负起社会责任，守住安全生产底线，继续开展隐患排查、整改和验收工作，有序推进全县煤矿复工复产工作。

【2013年教育工作暨农村义务教育工作推进会】 2013年10月30日，全县2013年教育工作会暨农村义务教育工作推进会在县会议中心三楼会议室召开，在县内县领导，各乡镇党委、政府主要负责人、分管负责人，县级相关部门负责人，县教育局班子全体成员和股室负责人，全县基点校以上校(园)长参加会议。县委常委、宣传部部长潘练红传达9月24日宜宾市教育工作会议精神，宣读县委县政府《关于进一步加快解决当前农村义务教育若干问题的实施意见》，深入分析近年全县教育事业发展取得的显著成效和存在的问题，安排部署当前教育工作，一是锁定全力推进“五大工程”建设，大力改善教育基础设施，确保“三年规划，两年完成”目标任务如期实现目标。二是落实《农村义务教育基础设施项目管理暂行办法》《开设农村义务教育基础设施项目建设“绿色通道”暂行办法》。三是强化“抓大教育大抓教育”“抓教育就是抓发展”挖教师就是挖根本”的“三种”意识。四是突出抓特色创建，促进内涵发展；抓文化建设，深化素质教育；抓典型引领，提升教育形象；抓安全管理，确保和谐稳定“四大”关键。五是狠抓寄宿制学校建设工程、教师周转房(休息室)建设工程、学生食堂建设工程、学校道路畅通工程、教仪及信息化建设工程“五大”工程；六是念好“六字”口诀(明确“责”字、克服“难”字、把握“特”字、力求“快”字、坚持“严”字、永葆“廉”字)。县委书记王萍指出：近年来，县委县政府坚持把教育摆在优先发展的战略地位，大力实施科教兴县、人才强县战略，不断推进教育改革发展，全县教育事业呈现出良好的发展态势，但是也应该清醒地看到，与先进发达地区教育水平相比，与人民群众对良好教育的迫切期盼相比，与“建设强县、率先小康”目标对高素质公民的迫切要求相比，全县教育发展还存在诸多不足(学校布局不尽合理，义务教育均衡发展亟待解决；优质教育资源不足，教育质量亟待提高；教师队伍数量不足，师资队伍建设亟待加强；教育信息化程度不高，现代教育技术水平亟待提升)。强调：坚持教育事业科学发展、加快发展，以推进农村义务教育工作为重点，建设“五大工程”，优化教育资源配置；以提高教育质量为核心，实施“五大行动”，大力提升教育发展水平；以改革创新为动力，实施“五大机制”，切实保障教育优先发展。要突出重点，狠抓关键，推动教育内涵发展，努力开创教育工作新局面。要求：各级党委政府要把推动教育事业优先发展、科学发展作为重要职责，进一步加强领导，强化责任落实，切实加大教育投入，努力营造尊师重教的良好氛围。县委副书记叶光明主持会议。

【全县重点项目指挥部推进会】 2013年11月19日，筠连县重点项目指挥部推进会召开，会议听取各项目指挥部负责人对项目推进工作汇报，总结前阶段工作，对下阶段工作重点、工作进度、工作内容进行全面安排部署。县委书记王萍出席会议并讲话，在筠连的县领导出席会议。县委副书记、县长刘朝平主持会议。

(杜华春)

重要活动

【全市幸福生活天天游之走进筠连启动仪式暨筠连县第六届春风李花节】 2013年3月5日，由市旅游协会、宜宾市餐饮协会和县旅游协会主办，县旅游协会、县春风生态农业投资开发有限公司承办的宜宾市幸福生活天天游之走进筠连启动仪式暨筠连县第六届春风李花节在春风村文化广场举行。市委常委、副市长、市旅游协会名誉会长于滨，市政府副秘书长、市旅游协会名誉副会长赵兵兵，市旅游局局长、市旅游协会会长傅婷，陕西嘉宾、艺术家、宜宾市文联艺术家和各县(区)嘉宾，中央、省、市媒体负责人和记者，以及筠连县四套班子领导出席开幕式，县委副书记、县长、县旅游协会名誉副会长刘朝平主持开幕式，县委书记、县旅游协会名誉会长王萍致欢迎词，傅婷、赵兵兵宣布宜宾市幸福生活天天游之走进筠连仪式启动。春风农民演出队和筠州艺术团表演舞蹈《石头歌》《情绣苗山》等节目，宜宾市酒都艺术研究院的演员表演川剧《槐花几时开》片段，演唱筠连民歌《槐花几时开》。在春风村龙塘组、中沙组文化广场县经信局、县文联、县体育局组织开展“舌尖上的筠连”旅游美食品尝活动、“相约春风·美丽筠连”书画摄影展和农民趣味运动会。在春风村三块田县招商局、政协办、工商联、腾达镇组织招商引资项目推介会暨签约仪式，县政府与陕西翰阳公司、四川省合佳盛公司等签约项目8个，协议引资14亿元。

【冉东亚到筠连考察石漠化治理】 2013年7月11日，国家林业局科技司科技标准处处长、中央执行办副主任冉东亚率领国际技援项目旱地管理国际专家William Critchley，技援项目可持续土地管理专家、北京林业大学教授张克斌等7人在省林业科学技术推广总站站长李映平陪同下考察筠连石漠化治理情况。考察组一行在筠连镇荆花村、腾达镇春风村实地考察筠连县石漠化综合治理技术措施及成效，听取县林业局关于筠连石漠化状况以及治理过程中存在问题和困难的汇报。考察组充分肯定筠连县政府治理石漠化工作成效，高度评价春风村石漠化综合治理模式，值得认真总结、推广。

【徐进到筠连调研指导产业发展】 2013年7月16日，市委副书记、市长徐进率市应急办、国土、民政、水务等部门负责人到筠连调研产业发展工作，县委副书记、县长刘朝平等陪同。徐进一行先后到塘坝乡清溪沟、双星茶叶公司、醒世茶业有限公司、龙镇天子酒业有限公司，了解茶文化主题公园打造、茶叶制作工艺流程、公司生产建设情况。徐进指出，茶产业和酒产业均是宜宾的支柱产业，一定要树立品牌意识，要做就要做强做大，在“环境兴市”的大好机遇下，企业除扩大规模外，要注重技术的革新，才能在市场上处于有利的竞争地位。

【张文彪到筠连检查山洪灾害预警指挥中心】 2013年7月16日，省水利厅副厅长张文彪一行在副市长李敏及市相关人员的陪同下，到筠连山洪灾害预警指挥中心（设在水务局），检查预警指挥中心运行情况。张文彪一行观看县预警指挥系统与市防办的预警指挥系统的对接，以及系统演示操作和介绍，了解实时雨情水情监测、汛息发布、防汛调度指挥等子系统的构成功能，查看历史记录，听取市防办主任郑勇全市近期防汛工作汇报、县防办山洪灾害预警指挥中心运行汇报，对筠连工作给予肯定，就抓好下一步工作提出要求。

【曾勇到筠连调研公立医院综合改革】 2013年8月13日，副市长曾勇率市卫生局、财政局、医改办相关负责人一行到筠连调研公立医院综合改革。曾勇一行先后到县中医院、县医院现址、县医院新区建设现场调研，听取县长刘朝平的工作汇报后，对筠连各项工作给予高度评价，提出：要明确医改重点工作；在推进公立医院改革中把握好建立全新法人治理结构、破除“以药补医”、提升医疗服务水平、深化分配制度改革、建立医疗质量管理制度5个关键。县委常委、宣传部部长潘练红，县人大常委会副主任张彬，县政府副县长王见华等陪同。

【熊建中到筠连调研统计工作】 2013年8月21日，省统计局总经济师熊建中在市统计局局长欧阳世斌，县委常委、常务副县长甘华锋，副县长杨国庆及县统计局的陪同下调研筠连统计工作。熊建中强调，要加强统计基础建设，抓好“四大工程”的建设和统计人才队伍，严守“四条红线”，提高统计数据质量，为地方党委、政府决策提供有力支撑。

【省安监督察组到筠连检查非煤矿山安全】 2013年8月27日，省安监督查组在市、县安监局相关负责人陪同下到巡司镇检查非煤矿山安全。督查组一行走访查看筠连县盛世建材安全生产、作业流程整改情况。督查组提出：一要各级各部门牢固树立安全发展理念，巩固隐患排查、标准化创建等基础性工作，努力提高安全发展新水平；二要突出落实乡镇和企业责任，切实加大隐患排查和整改力度，做到“全覆盖、深排查、建台账，签责任、速交办、促整改”；三要夯实安全监管基础，进一步加强监管队伍建设，加强人员培训，提高执法水平，进一步提高安全保障能力，配备必要的监管设备。

【省旅游局到筠连指导乡村旅游】 2013年8月28日，省旅游局产业处副处长占凤琪、省农业厅产业处科长王惠秀一行到塘坝乡“乡村文化旅游区”建设现场进行指导，察看茶文化主题公园建设进展，参观一步跨两省、川丰新街购物中心等景点，听取陕西翰阳公司整体打造集茶文化主题公园、仙雾山公园、秦五尺道、购物中心于一体的旅游构想。占凤琪对翰阳公司的创业理想和经营理念给予肯定，提出：筠连旅游要立足自身资源，突出特色、发掘资源、注重文化、做强产业、做好项目包装、积极招商引资开拓市场，努力实现旅游产业大发展。

【田得雨到筠连检查鲁班山北矿安全】 2013年9月25日，国家安监总局副主任田得雨一行到筠连，检查鲁班山北矿指导安全生产工作，在省安监局、川南煤监分局、市经信委、市安全监局等省市级部门负责人及县委常委、常务副县长甘华锋等的陪同下，听取鲁班山北矿安全生产情况汇报，详细了解安全生产预案编制、落实过程，抽查调度室运行情况。

【全市辐射事故应急综合演练在筠连举行】 2013年12月10日，宜宾市2013年辐射事故应急综合演练在海瀛工业园区举行。演练模拟某项目部辐射源丢失，市县及时启动《辐射事故应急预案》，实施四级应急响应，通过辐射源被盗调查、医疗救治、辐射监控、辐射源安全回收入库等现场处置环节，对预案进行全过程、全方位演练，演练取得成功。市环保局局长、市核安全局局长周永富任指挥长，市环保局副局长、市核安全局副局长齐明，副县长师世秋任副指挥长，市政府应急办主任沈雪锋，县委常委、常务副县长甘华锋，县委常委、政法委书记詹立，县政协副主席叶宗勇，市环境监察支队长闫相陆等领导以及相关单位负责人出席指导或参加演练。

（杜华春）

县政府办公室工作

【概况】 2013年，县政府办公室认真贯彻落实十八大、中央经济工作会议和农村工作会议精神，围绕“建成强县、率先小康”总体目标，紧扣“实干增效年”的工作主题、“安全发展，转型突破，‘六化’联动，实干增效”的工作基调和政府工作大局，按照求真务实、忠诚敬业、严谨高效的工作要求，进一步解放思想、转变职能、开拓创新，切实履行政府办公室“参谋服务、协调督办”的职责，围绕提高服务质量目标，突出办文、办事重点，增强政治意识、大局意识、责任意识，发挥服务、参谋、协调、督办作用。坚持高标准、高质量扎实推进各项工作，全力确保政府工作的有序高效运转。县政府办公室现有职工53人，其中主任1人、副主任4人，政务中心、方志办、民宗局、人防办、政府研究室、政府应急办、县委县政府督查目标办7个挂牌挂靠单位的正副职领导7人。

【公文处理】 2013年，继续强化精品意识，严格执行《党政机关公文处理工作条例》规定，严格规范办文程序。一是严把办文审核关，坚持“规范、精简、高效”原则，严把进口和出口、政策和法律、文字和格式“三关”，确保公文的权威性、严肃性和准确性。二是突出办文质量，按照“压缩数量、提高质量”的要求，坚持文件起草高标准、高质量。三是规范办文程序，进一步规范起草、审核、签发、印制、签章、发文及归档等程序，杜绝文件“倒流”；坚持专人登记、主任审签意见、政府领导批示、督查办跟踪督查等制度，切实做到文件有记载、批文有落实，同时实行急件急办、特件特办、密件专办。四是严格办文责任追究，对政府部门和政府办公室人员办文中出现重大失误的，严格按照机关行政效能建设相关要求追究责任。公文处理做到及时、准确、安全，公文制作质量进一步提高，差错率降至最低。全年共制发县政府文件312件，县政府办公室文件190件，《政府工作》29期，《会议纪要》86期，《政府工作通报》8期。

【后勤服务】 2013年，切实履行服务保障职责，严格执行财务、接待、车辆管理等规章制度，提高服务保障水平，保障政府工作有序、高效运转。机关事务管理做到规范化和制度化，坚持热情周到、厉行节约原则，圆满完成各项接待任务。继续坚持和完善24小时值班和县领导周末及节假日带班制度，进一步规范值班应急处理程序，做好上情下达和下情上传工作，确保信息畅通。进一步加强对机关车辆使用的管理和维护保养，完善出车登记、考勤签到、行踪报告等相关制度，在满足公务用车的同时，尽力降低车辆使用维护费用。严格遵守财经纪律，规范经费审批程序和报销结算手续，完成年度预算控制和预算管理任务。

（杜华春）

信息中心工作

【电子政务建设】 2013年，电子政务工作不断充实网站建设队伍，深入推进电子政务和政府信息公开建设。县政府投入资金80余万元，6月启动政府集群网站建设，10月县政府门户网站改版升级上线，县政府新门户网站功能更趋于完善，及时向公众公布县政府的各项政策、县政府领导的各项政务活动以及全县大事记，全年发布各类信息2000余条；县政府门户网站改版升级后，又启动政府集群网站建设，拟建65个集群子站。县政府投入190余万元，建设行政权力运行平台，于12月底完成全县行政权力事项录入工作，拟于次年5月在县电子政务大厅互联网上公示全县行政权力案件，实现与县政府门户网站的对接工作。进一步完善政府信息公开目录体系，及时完成县政府信息公开的更新，发布政府公开信息7041条。

【收发文管理】 2013年，严格收发文管理，加强办公平台推广应用，接受电子政务外网业务咨询电话300余人次，接受现场咨询18人次；办理收文4200余份，办理公文4200余份。

【群众来信来电办理】 不断健全和完善市民热线工作机制，真抓实干，保质高效，注重规范管理，突出工作重点，切实关注民生。全年共受理“12345”市民热线和“市长与网民”邮箱的来信来电办件67件，办结67件，办结率100%。

【政务信息采编】2013年,紧紧围绕新农村建设、城镇规划建设、招商引资、安全生产管理和园区建设等重点工作,及时编写反映全县各项工作新措施、工程新进展、成绩新突破以及工作中遇到的困难和建议等信息。进一步规范重大突发事件信息上报程序,加大对乡镇和部门信息报送的指导和考核力度,坚持信息工作日报、采编、约稿和定期通报制度。全年编发《筠连政务》(信息版)46期,采用信息309条,采用政府网站图文信息25条,整理上报省、市政务信息3150余条,其中市政府办公室采用172条,年度信息考核得分477分,获全市政务信息三等奖。

(李 化)

政务服务中心工作

【概况】2013年,县政务服务中心共受理各项行政许可(审批)项目18181件,办结18054件,平均办结时间为0.93天,办理提速98.37%,按时办结率100%,现场办结率100%,提前办结率99.97%,群众满意率100%,全年没有发生一起群众投诉。

【机构设置】2013年7月31日,以筠机编〔2013〕41号同意设立县公共资源交易中心,为全额拨款事业单位,具体业务由县政务服务中心管理,设主任1名(由县政务服务中心主任兼任),副主任2名(副科级),中层领导2名,核定编制15名。撤销政府采购中心,其所属职责、人员编制划入公共资源交易中心。

筠连县公共资源交易服务中心,把政府采购、工程建设、国有资产交易,以及土地、矿产资源招拍挂全部划归公共资源交易中心与政务服务中心合署办公。设有交易受理区、交易组织(开标)区、交易评审区、交易监督区和办公区5个部分,建有开标室1个、评标室2个(其中电子评标室1个)、监控兼答疑室1个、档案资料兼专家休息室1个、机房1个,场地面积约350平米,基本能满足办公和开标、评标工作需要。县政府投入36万元,6月底完成县公共资源电子化交易平台建设。采取考调、选调等方式,配备7名工作人员,确保公共资源交易中心工作开展。政务服务中心还调整监控区域,将电子评标室、电子监督室等办公区域纳入监控区域,新增高清监控设备15台,其中枪机11台、球机4台,实现公共资源交易中心各办公区域无死角、全程监控;新增1块全彩LED显示屏,实现开标室即时公开显示。

【硬件建设】2013年,政务服务中心设有公安办证大厅、并联审批大厅、公共资源交易大厅和行政管理区、填表服务区、信息公布区,配备安装电子显示屏、LED全彩显示屏、大屏幕彩电、安防系统等设施设备。9月,按照"便民利企、应进必进"原则,重新对窗口进行设置,分为单设窗口、"1+1"窗口、综合窗口、特别服务窗口4种模式20个窗口。特别服务窗口由政务服务中心管理人员直接管理,负责受理所有与企业有关的服务事项和办件过程的协调运转,企业只需到该窗口交递办件资料,到该窗口取证即可。政务大厅调整后,进一步规范大厅各种标识标牌,为办事群众提供方便。全县34个部门131项行政审批和117项公共服务事项在大厅窗口集中办理。

【两集中两到位】2013年,为进一步实施"环境兴县"战略,加快建设一流政务服务环境,县委、县政府出台《筠连县进一步深化行政审批制度改革加快建设一流政务服务环境的实施方案》,进一步简政放权,全面清理调整审批事项、压缩审批时限、减少审批环节、削减申请材料,推进行政审批"两集中两到位"工作,即将部门的行政审批职能向一个内设机构相对集中,该内设机构向政务服务中心集中;部门将行政审批权向政务服务中心窗口授权到位,行政审批事项在政务服务中心办理到位。

【行政审批事项清理】2013年,牵头并配合县监察局、县委县政府目标督查办、县法制办对全县的审批服务事项进行清理,9月25日,县政府制发《关于取消、调整行政审批和公共服务项目的决定》,共取消、调整29项行政审批及公共服务项目,其中取消25项,合并3项,转为日常监督1项。12月24日,县政府制发《筠连县行政审批及公共服务项目目录(2013年)的通知》,再次取消、调整50项县级行政审批及公共服务项目,其中取消14项,合并3项,暂停审批8项(暂停后若有申请人提出申请时,由县政务服务中心综合窗口或相关部门窗口受理,并按规定程序审批),转为公共服务事项25项。全县保留行政审批项目131项、公共服务项目117项。

【并联审批】2013年,加强对上并联审批工作的联系汇报,协助建立市、县两级并联审批联动服务机制等制度。指导工商、税务、公安、质监等部门,进一步优化企业准入审批流程,提高审批效能,改进企业准入审批方式。积极探索企业注册登记网上并联审批,及时修改完善审批项目实施办法,理顺并联审批操作流程,实现企业新的投资建设项目全部纳入并联审批系统,严禁"两头受理""体外循环"。

【电子政务外网建设】2013年,按照省委、省政府加快推进电子政务大厅建设要求,努力为实行"1库2网3平台"("1":依托全省电子政务外网和数据交换平台,建立在全省行政审批电子监察基础上的全省统一标准数据库，采用集中加分布混合模式进行部署，起到共享数据管理、数据交换中介、公共服务支持、决策数据支持、数据库灾备支持和业务监管通道等作用；“2”：依托电子政务外网和互联网，形成“互联网业务受理，外网业务办理”的运行模式；“3”：应用平台、展示平台及管理平台），实现申请材料网上传递，为打造更加阳光、更加便捷政务服务平台奠定基础。积极协助抓好县惩防体系监管中心涉及行政审批电子监察平台打造，实现联网建设，数据共享，全面推进政务公开工作，自觉接受社会和办事群众监督。

【绿色通道设立】 按照省、市、县效能建设有关要求，提高行政审批效能，优化政务服务环境，在继续推行延时办理服务、预约办件服务、上门便民服务等的基础上，县行审办、县政务服务中心《关于印发〈筠连县人民政府政务服务中心行政审批绿色通道实施办法〉的通知》，为重大项目、重要事项、重点对象、紧急事项开通行政审批政务服务绿色通道，确保依法、规范、高效办理。

【制度建设】 2013年，按照《四川省政务服务质量规范》地方性标准，组织政务服务系统开展政务礼仪培训、政务服务规范用语专项督察、普通话试推广及工作人员统一着装等，进一步提升政务服务系统整体对外形象。以《四川省政务服务管理规范》《四川省政务服务考评规范》为指导，修改和完善窗口部门和窗口人员考核办法，探索实施窗口人员、窗口部门考核“双轨制”，实现中心与窗口部门的良性互动。先后印发《关于印发〈筠连县人民政府政务服务中心全员信息员制度〉的通知》《关于印发〈筠连县人民政府政务服务中心公务接待管理制度〉等三个管理制度的通知》《关于进一步加强政务(便民)服务大厅日常监管的通知》，以制度管人，实现管理有序高效。

【乡镇便民服务中心建设】 按照标准化建设要求，推进便民服务中心和便民服务代办点建设，不断完善基层便民服务软硬件设施，清理规范服务事项，确保办事有场地、服务有人员、工作有保障。2013年，对全县乡镇便民服务中心及便民服务代办点标准化建设情况进行调查，各乡镇全面梳理在标识标牌、场地建设、项目和人员入驻、视频监控系统等方面存在的问题和不足，制定整改工作方案；加强对18个乡镇便民服务中心电子监察系统运行情况巡查，责令问题单位限期整改，力促效能提升。

【政务要事】 2013年4月12日，筠连县召开全县政务服务暨行政审批电子监察工作会，县委常委、常务副县长甘华锋，县行政审批制度改革领导小组成员单位负责人，县政务中心各窗口部门和各乡镇分管领导参加会议。6月19日，筠连县贯彻落实《四川省政务服务条例》专题培训会召开，县委常委、常务副县长甘华锋，县监察局、县作风投诉中心、县政务中心主要领导及县政务中心窗口各部门分管领导参加会议。7月10日，县委办、县府办印发《关于成立筠连县项目工作指挥部的通知》，将“优化政务服务环境指挥部”纳入其中，作为全县25个重点项目建设工作之一。7月24日，县委办、县府办印发《关于印发〈筠连县进一步深化行政审批制度改革加快建设一流政务服务环境的实施方案〉的通知》。9月25日，县政府制发《关于取消、调整行政审批和公共服务项目的决定》。12月24日，县政府制发《关于印发筠连县行政审批及公共服务项目目录(2013年)的通知》。

(孙先伟)

依法行政工作

【概况】 2013年，依法行政工作以全面推进依法行政、建设法治政府为目标，以贯彻落实国务院《全面推进依法行政实施纲要》《关于加强市县政府依法行政的决定》为主线，以县委“环境兴县”战略为契机，真抓实干，开拓创新，推动全县依法行政工作向纵深发展，为“建成川南滇东北结合部经济强县，先于全市全面建成小康社会”创造良好的法治环境。

【规范行政决策】 一是坚持合法性审查。按照《筠连县重大行政决策规范》要求，全县的重大行政决策均由政府法制机构就决策事项是否符合法定权限、拟制过程是否符合法定程序、决策内容是否合法等进行合法性审查。全年共进行合法性审查的事务或文件49件次。二是公开听取意见。对涉及面广、与人民群众利益密切相关的如征地拆迁、旧城改造政策、重大建设项目、重要价格制定等事项，在决策前，均通过媒体公示或举办听证会、论证会、座谈会等方式，广泛征求各方意见，并组织相关部门、专家进行可行性论证和社会稳定风险评估，保证政府决策的正确性，如筠连镇城市原垃圾简易堆放封场治理工程、筠连至巡司快速通道工程等项目实施前均进行广泛征求群众意见、社会稳定风险评估。三是重大决策集体审定。规范性文件和重大行政决策均由集体审议决定，提请审议时具备必经程序形成的依据和材料。县政府的重大事项，由县政府常务会进行集体研究决定。

【行政执法管理】 一是明确行政执法主体和权限。各乡镇、县级各行政执法部门进一步清理规范行政权力，确认行政执法主体及行政权力依据，并通过多渠道向社会进行公告。二是加强行政执法队伍规范管理。健全行政执法人员持证上岗制度，严格行政执法人员清理和执法证件年审，严厉禁止无执法资格的人员行使行政执法权，全县共有行政执法人员616人。对行政执法人员推行个人信息公示，加大培训力度，开展通用、专业法律知识培训和新法律法规专题培训。三是严格规范行政执法程序。在行政权力清理过程中，各部门科学设置行政职权运行流程图，优化行政权力运行程序。四是改进执法方式。坚持执法工作与群众路线相结合，坚持执法与服务并重原则，推行行政指导、说理式执法，改变重处罚强制、轻引导规范现象，注重运用调解手段化解矛盾纠纷，在实践中将刚性的法律规定和柔性的执法方式结合起来，坚持严格依法办案与调解矛盾纠纷、维护群众利益相统一。

【行政权力平台建设】 一是惩防体系信息网正式投入运行。全县围绕构建惩防体系长效机制，实施“阳光行政，科技防腐，创优环境”3大工程，依托网络载体，以“科技+制度”为支撑，以加强公共权力监督制约为核心，建成“1网3方阵6平台”（“1”：惩防体系信息网，“3”：机关、农村、企业的公开监控方阵，“6”：行政执法电子监察、行政审批电子监察、公共资源交易电子监察、阳光农廉、党风廉政责任制管理、政企民企互动监控管理平台）惩防体系数字化监管中心，实现公务信息网上公开、公共服务网上提供、公共资源网上交易、公共权力运行网上监督的综合服务网络和监管体系。二是行政权力依法规范公开运行平台完成测试。加快行政权力依法规范公开运行平台建设，全面清理行政权力及依据，共清理出行政权力4429项，投入199万元完成平台设备采购，12月底完成网络规划、设备安装和运行环境搭建、测试等工作。

【行政审批监管】 一是抓场地设施建设，夯实硬件基础。在政务服务中心分设有公安办证、并联审批、公共资源交易3个大厅和行政管理、填表服务、信息公布3个专区，配备安装电子显示屏、大屏幕彩电、安防系统等先进设施设备。二是抓行政审批项目清理。组织具有行政审批职能的部门对本部门行政审批及公共服务项目进行全面清理，决定取消、调整29项行政审批及公共服务项目，其中取消25项、合并3项、转为日常监管1项。三是抓机制体制建设，提升服务效能。以落实首问负责制、限时办结制、责任追究制“三项制度”为重点，扎实推行政务服务中心窗口部门和窗口人员绩效考核办法、大厅办件巡查回访制度、预警催办制度、超期责任追究制度和定期通报制度等各项监管制度。四是抓服务方式创新，优化服务质量。以创新服务方式、改善政务环境、完善快速审批机制为抓手，在继续推行延时办理服务、预约办件服务、上门便民服务等的基础上，推行电子政务大厅、“绿色通道”等载体建设。

【便民服务网络】 一是规范项目进驻。按照“上下对接、全县统一”的要求，加强乡镇便民服务中心项目入驻督查工作，各乡镇进一步统一项目名称，完善实施办法，编印《便民服务手册》并对外公示，逐项经全省行政审批通用软件系统进行办理。二是有序推进全省行政效能电子监察系统建设。已全部连通18个乡镇便民服务中心政务外网，安装完成便民服务中心视频监控设备，开通运行全省行政效能视频监控系统，构建省、市、县、乡镇多层监控网络体系。三是加大监督考核力度。严格推行乡镇便民服务中心考核办法，明确从场地建设、电子监察系统建设、项目入驻授权情况、政务公开情况等考核标准，细化考核内容，将考核结果与县委、县政府年终目标考核相结合。四是创新便民服务举措。推行村干部乡镇机关坐班制，逢场天由各村安排一名干部到便民服务大厅坐班，现场为群众提供服务引导、政策咨询和矛盾纠纷调解等工作。

【政府信息公开】 一是成立工作领导小组，完善相关工作制度。以常务副县长任组长，县政府办公室主任任副组长，各乡镇、部门主要负责人为成员的信息公开、政务公开工作领导小组，明确工作职责，进一步强化政府信息公开工作的责任，不定期对政府信息公开进行督查。建立和完善服务承诺制、服务限时制、首办负责制、责任追究制等各类工作制度。二是依法公开政府信息，依法办理政府信息公开的各类申请。对单位的工作职责、工作纪律、办事依据、办事条件、办事程序、办事期限、监督办法等公开公示，对单位的工作计划、工作总结、工作动态以及单位内部各项考核制度等公开公示，接受群众监督。乡镇、部门以公示栏、宣传栏等进行公开公示和宣传。三是完善政府信息公开平台，搭建群众了解政府工作的桥梁。

【行政复议】 一是畅通行政复议渠道。设立行政复议接待室，开通行政复议专线电话，在信访接待大厅、县政务服务大厅设“行政复议公告栏”，对行政复议的受理范围、申请期限、受理地点、联系人及联系电话等明确的告知。县政府法制办网站开设行政复议专栏，公示行政复议申请指南、流程示意图，开通在线服务功能，为当事人申请行政复议提供服务。二是完善行政复议工作制度。建立和完善行政复议案件的接待与登记、立案审批、决定审批、档案管理等制度，推进行政复议工作的制度化、规范化。依法受理行政复议案件，严格审查复议事项，坚持重大案件集体讨论制度，强化复议监督制度，依法保护相对人的合法权益。三是组建行政复议委员会，确保行政复议法律、法规在全县全面正确实施，发挥复议委员会在指导行政复议、协调处理重大、疑难复议案件中的作用。四是行政复议规范化建设。按照省政府《四川省县级以上人民政府行政复议规范化建设实施方案的通知》和市政府《关于贯彻落实四川省县级以上政府行政复议规范化建设实施方案的意见》要求，全县积极抓好行政复议规范化建设的落实工作，完善行政复议工作制度，建立完善接待室、审理室、档案室“三室”，充实行政复议人员，县财政对行政复议工作(如车辆、办公场地、办公设施等硬件设施)予以充分的经费保障。全年县政府共收到行政复议申请6件，其中受理6件，经复议，维持5件、撤回1件。

【行政调解】一是健全调解网络。各乡镇和县级各部门成立行政调解指导机构，配备工作人员，落实专门场所和工作经费，建立行政调解员信息库，把行政调解工作纳入目标管理，落实考核奖惩机制。二是健全调解制度。先后印发《筠连县行政调解工作暂行规定》《筠连县行政调解工作制度》，包括接待登记制度、受理制度、联席会议制度等11项制度，为全县行政调解工作提供制度保障。三是统一规范相关工作资料。印发《关于统一规范行政调解上墙公示资料及文书参考格式的通知》，对行政调解上墙公示资料及文书参考格式作出统一规范和要求。四是继续执行调解情况月报制。各行政机关按照《筠连县行政调解情况月报表》的规定，每月1日前报送上月行政调解的情况，加强行政纠纷调处信息的报送工作，把报送情况建立工作台账，纳入全县目标考核体系。全年共受理行政调解69件，调解成功68件，调解成功率为99%。

【行政监察】一是强化电子行政监察。完善《乡镇便民服务中心运行管理暂行办法》《筠连县人民政府政务服务中心窗口工作人员考核办法》等，明确专人负责行政效能网上巡查，每日抽查县政务中心和便民服务中心管理运行、窗口人员工作状态、行政审批情况，确保正常运行。二是创新开展电子监察视频点名。借助行政效能电子监察系统对乡镇领导干部工作日到岗情况、周末带班值守情况、节假日带班值守情况和突发事件、公共事件到位情况开展电子效能监察视频点名。三是组建行政效能视频会议系统。组建集无纸化办公、应急救灾等功能为一体的县乡两级双向视频会议系统，使主会场与分会场面对面“远程互动”交流，解决重要精神传达、紧急事件处理不及时、耗费人力、财力等问题，实现音像实时全程监督，得到中国党风廉政建设网、《四川日报》等主流媒体的宣传报道。

【接受监督机制】一是依法接受人大、政协和司法机关监督。按照《筠连县依法行政工作制度》，政府依法行政工作在向市政府报告的同时，还向县委、县人大专题报告。自觉接受政协民主监督，主动听取意见和建议，同时建立健全邀请人大代表、政协委员视察制度，主动邀请人大代表、政协委员到各部门视察、检查和指导，积极办理议案和提案。自觉接受司法监督，积极出庭应诉和依法履行法院判决、裁定。二是自觉接受公众和舆论监督。通过建立网络互动平台、开通专线电话、设置举报箱和意见箱等听取公众的意见和建议，对反映的问题，依法及时处理。对新闻媒体报道和反映的问题，及时作出回应，经查证属实的，限时查处和整改，并公布处理情况。三是落实备案审查制度。按照《四川省行政规范性文件制定和备案规定》，建立规范性文件统一登记、统一编号、统一公布的“三统一”监督管理和定期清理机制，并报送市政府和县人大常委会进行备案。县政府印发《关于进一步做好重大具体行政行为和委托行政执法行为备案工作的通知》，县级各行政执法部门严格按照通知要求，将重大行政处罚和重大行政强制措施定期报送县政府法制办备案。

【保障措施】一是健全领导体制机制。全县制定的《筠连县依法行政工作制度》包含《领导干部学法制度》《政府常务会议学法制度》《专题法制讲座和法制集中培训制度》《领导干部任职前的法律知识考查和测试制度》等，对提高全县各级行政机关领导干部的法律素质和依法决策、依法行政、依法管理的水平起到积极作用。年初和年中县政府常务会专题听取全县依法行政工作的情况汇报，大力推进依法行政工作开展。对新提拔的干部坚持实施任前法律知识考试，并定期对全县行政执法人员进行依法行政和法律知识培训考试。二是落实责任追究制度。严格按照《四川省行政机关工作人员行政过错责任追究试行办法》《宜宾市行政效能五步问责试行办法》等规定，对相关职能部门行政履职情况开展监督检查，对履职不当或不正确履职行为进行提前提醒，确保履职到位。三是依法行政工作纳入政府目标绩效考核。制定《筠连县依法行政评估办法》，以2分的分值纳入县委县政府对乡镇和部门目标考核体系。

(张文军)

民族宗教工作

【民族分布】2013年，全县有汉族、苗族、彝族、回族、壮族、蒙古族、满族、白族、土家族、羌族、哈尼族、傣族、维吾尔族、朝鲜族、瑶族、藏族、布依族、侗族、哈萨克族、黎族、傈僳族、佤族、土族、达翰尔族、撒拉族、毛南族、仡佬族共27个民族432549人。其中汉族411051人，占总人口的95%；少数民族21498人，占总人口的5%。苗族19943人，占总人口的4.6%；彝、回、藏、壮、白、满、土家、仡佬族等25个民族1555人。少数民族主要分布在高坪、联合、团林3

个苗族乡及蒿坝、巡司、腾达、大雪山、双腾、乐义、筠连镇7个乡镇。

【宗教事务管理】 全县有天主教、基督教、伊斯兰教、道教、佛教五大宗教，信教群众最多为佛教。批准开放的宗教活动场所有巡司镇十龙寺、筠连镇普渡寺、筠连镇白尼寺、筠连镇潮泉寺、筠连镇天宁寺、腾达镇佛来寺、腾达镇观音寺、沐爱镇药王寺、双腾镇金川寺9个，教职人员30人，信教群众2万余人。寺庙均能正常的开展合法的宗教活动，基本能满足信教群众的宗教生活需求。绝大多数信教群众年龄在50岁以上，文盲和农民居多。以城镇居民为中心，老龄妇女占绝大多数，信教群众文化层次和宗教信仰素质较低。

【项目争取】 2013年，县民宗局向省、市、县争取到位资金377.5万元。一是省支援不发达地区发展资金30万元，用于高坪苗族乡槐树村便民路修建工程。二是省散杂居发展资金18万元，其中高坪苗族乡英雄村、槐树村人饮工程10万元，团林苗族乡长岭村大竹林基地建设8万元。三是市级民族地区专项扶持资金149.5万元，其中团林苗族乡小坪公路修建15万元、联合苗族乡茶园村泥结碎石路修建12万元、巡司镇沙林村黄牛养殖15万元、高坪苗族乡中心校修建35万元、民族乡工作经费30万元、民族乡学校修建资金42.5万元（含高中少数民族困难学生生活补助2.5万元）。四是县级民族地区专项扶持资金180万元，具体为：团林苗族乡凤岩沟寨门修建22万元，高坪苗族乡民族文化广场第二期工程建设40万元，联合苗族乡街村路灯亮化15万元，镇舟镇马家村便民路修建10万元，高坎乡凤凰组组道公路整治10万元，大雪山镇高峰村林农组、白沙组公路整治10万元，双腾镇同榜村民族组公路修建6万元，蒿坝镇水龙村方竹产业发展新修公路18万元，蒿坝镇水龙村学生读书便民路修建8万元，龙镇乡金狮六组2.3公里损毁公路维修7万元，孔雀乡中心村4组公路维修3万元，乐义乡沙地8组100亩核桃秧苗补助5万元，少数民族高职中困难学生生活补助2万元，升入大中专少数民族困难学生生活补助2万元，少数民族患重病、遭受重特大自然灾害补助2万元，挖掘、抢救、整理少数民族传统文化20万元。

【民族宗教关怀】 2013年4月，由县民宗局牵头，在腾达镇春风村成功举办苗族花山节，弘扬民族文化，推动全县旅游业发展，获得好评。春节前夕，争取到县财政资金6万元，对全县少数民族特困户和宗教界人士进行慰问，体现党和政府对少数民族和宗教界人士的关心。

【民族地区发展调研】 2013年，县民宗局会同相关部门、乡镇领导、村民代表共同商讨，选择好、论证好少数民族地区发展项目，积极上报省、市民宗部门。5月，县政府专门组织县级重点部门、民族乡和少数民族重点乡镇召开全县民族地区小康调查动员大会，把调查任务分解到各相关单位和部门，均按要求完成调查任务，县民宗局汇总，编制出《筠连县少数民族地区发展规划（2014–2018年）》，上报县人民政府。

【少数民族待遇县申报】 2013年1月，启动申报少数民族待遇县的相关工作。8月，县政府专门组织县财政局、地税局、国税局、民宗局、交通运输局、水务局、发改局、教育局、住建局、文广新局等相关单位和部门召开申报少数民族待遇县工作会。会上，县委副书记叶光明、分管民族工作副县长王永红、县长刘朝平分别讲话。县政府以《筠连县人民政府关于申报少数民族地区待遇县的请示》上报市人民政府，请求将筠连县申报为少数民族待遇县。9月，县民宗局拟定《申报少数民族待遇县实施方案》，方案提出工作目标、工作措施和工作要求。10月，印发《中共筠连县委办公室、筠连县人民政府办公室关于成立少数民族地区待遇县申报工作领导小组的通知》，组长由县委书记王萍担任，第一副组长由县长刘朝平担任，副组长由县委副书记叶光明，县委常委、常务副县长甘华锋，县人大常委会副主任张彬，副县长王永红，县政协副主席、统战部部长韩世全担任，成员由相关单位负责人组成。经过努力，于2014年1月10日，筠连县被省政府《关于宣汉县等7县享受少数民族地区待遇的通知》（川府函〔2014〕7号）正式批准为享受少数民族地区待遇县。

【民族地区经济结构调整】 一是联合苗族乡制定五年规划，打造2000公顷（30000亩）特色竹产业基地，已在红椿、红竹、革新、茶园、光明5个村营造大竹和方竹533.33公顷（8000余亩），革新村建成占地13.33公顷（200亩）方竹苗圃基地，花树村建成占地13.33公顷（200亩）雷竹苗圃基地，全乡竹林累计1333.33公顷（20000亩）。新建革新生态兔养殖基地，正兴兔业二期工程全面竣工，完成其附属设施建设工程，建新式笼位2000个，结合原有肉兔基地，革新残疾人生态兔养殖基地全面完成，全乡建成养兔场4个，全年出栏肉兔5万余只。二是高坪苗族乡继续打造好烤烟精品示范基地和抓好无公害肉牛、生猪示范基地建设，在槐树村营造大竹133.33公顷（2000亩）、核桃40公顷（600亩），试点种植竹荪、蓝莓，初见成效。三是团林苗族乡初步形成以烤烟、苦丁茶、林业为代表的农村经济产业，以特有的资源优势和自然环境条件，向旅游产业发展；投资1680万元，按照彝族民居风格建成后沟水库安置点宜南彝寨新村。四是其他少数民族集居乡镇，大雪山镇利用水力资源和自然生态资源，打造旅游产业和水利发电产业；巡司、蒿坝等镇利用煤炭产业转移农村富余劳动力；腾达镇以春风李子产业为龙头，以新农村建设为契机，带动第三产业发展，引进陕西翰阳旅游责任公司进驻腾达镇春风村，着力把春风村打造成国家AAAA级旅游产业基地。

【民族地区经济发展】 2013年，高坪、联合、团林分别完成招商引资8000万元、1850万元、2500万元。高坪苗族乡引进6600万元投资建设6.67公顷（100亩）的烟草产业园区工程，于7月竣工投产，与三江汇有限公司签订产业种植合作协议，发展订单式高山特色蔬菜种植133.33公顷（2000亩），蔬菜产品销售价值可达555.8万元；联合苗族乡协议引进雷竹苗圃基地和竹笋加工厂2个，到位资金200余万元；团林苗族乡与宜宾市慧宇酒业有限责任公司草签投资3亿元的旅游开发协议。年末，高坪、联合、团林3个苗族乡地方生产总值分别实现27340、5880、4682万元，工业总产值21138、450、597万元，农业总产值4242、4438、3316万元，粮食总产量3240、5993、5010吨，人均占有粮食为448、709、757公斤，农民人均纯收入为8510、8752、8601元。

【民族地区基础设施建设】 2013年，全县3个苗族乡除危草房改造资金外，投入基础设施建设资金1亿余元。投入公路建设资金2111万元，新修硬化通村水泥路39.5公里、新建泥结碎石路13.8公里、新修便民路83公里、维修整治村道、组道公路23.5公里。渠堰改造投入450万元，共改造10处7.5公里，其中高坪苗族乡投入360万元，改造6公里；联合苗族乡投入60万元，改造1公里；团林苗族乡投入30万元，改造0.5公里。投资6000余万元，建成高坪苗族乡现代烟草农业综合配套示范园区（包括标准化烟站、烤烟育苗工场、烤烟烘烤工场、烤烟肥料厂、烤烟基质厂、宜宾市特色优质烟叶开发研究室），7月投入使用。投资1680万元，完成团林苗族乡后沟水库安置点宜南彝寨新村建设。人畜饮水投入资金83万元；投资农村风貌整治资金1095万元；投资3538万元，对3个苗族乡农村电网进行升级改造。

【民族地区教育】 2013年，3个苗族乡有小学11所、中学（初中）3所，在校学生3351人，学龄儿童2540人、其中少数民族学龄儿童829人。3个苗族乡中心校有实验室6间，远程教学和微机室4间、图书室3间、教师宿舍80间，教师食堂152平方米、学生食堂510平方米，在校初中生935人，其中少数民族在校初中生210人。中小学正式教师142人、临聘教师35人。教育基础设施建设投入100余万元，新修或改扩建教师食宿楼和学生食宿楼。对少数民族困难学生，动员各支农、支援帮扶单位及个人采取对口帮扶形式，帮助少数民族贫困学生入学。全县中小学在读少数民族学生1640余人，其中初中530余人，高中（含职中）196人。从县级民族地区专项扶贫资金中，安排2万元对全县少数民族特困高中、职中生给予生活补助；安排2万元对全县升入大中专的少数民族困难学生进行生活补助，大中专受助5人，其中本科2人。

【少数民族干部培养】 2013年，全县少数民族在职干部（含教师）155人，其中苗族130人、回族8人、彝族10人、土家族4人、白族2人、满族1人。副县级领导干部2人、正科级领导干部11人、副科级领导干部4人。在155名在职干部中，有公务员35人、教师99人、农技员6人，从事医疗、卫生、畜牧、林业、电力、烟草、金融等行业15人。

【宗教界扶贫】 2013年，县民宗局组织和动员社会各界，特别是宗教界参与对民族地区的扶贫助学活动以及对地震灾区献爱心，全年宗教界向贫困山区学生捐资18.3万元，其中捐赠现金4.9万元，捐赠衣物、生活用品、书具、体育用具、购买课桌凳等折资18.3万余元，向芦山地震灾区捐赠现金1.5万余元。

（熊大琼）

地方志工作

【概况】 2013年，地方志工作认真落实国务院《地方志工作条例》和省、市《地方志工作实施办法》，围绕"实干增效年"工作主题和"安全发展、转型突破、'六化'联动、实干增效"工作基调，以"服务大局、以史鉴今、资政育人"为目标，强化精品意识、创新意识、争先意识，开拓进取，超额完成市地方志办各项目标任务。被省人社厅、省志编委联合表彰为"四川省地方志系统先进集体"，被市党史研究室（市地方志办公室）表彰为"2013年度地方志工作先进单位""年鉴编辑出版先进集体""《宜宾市年鉴》发行先进集体"。

【年鉴编辑出版】 一是按时完成省、市年鉴筠连部分的撰稿。根据省、市相关要求，充分考虑筠连县情及上年的重特大事件，扎实开展撰稿工作。定稿上报前，将稿件在县党政网上进行公示，征求相关单位意见，确保年鉴史实及数据的准确，并于3月19日和4月中旬向市方志办、省年鉴编辑部报送稿件。二是顺利完成《筠连县年鉴（2013）》编辑工作。1月根据县委办、县政府办《关于做好〈筠连县年鉴

(2013)〉编辑工作的通知》的要求开展资料的收集，至4月中旬基本完成，采取边收稿边编辑的方式开展年鉴稿件的编辑，至6月中旬完成总纂，7月中旬完成向各参编单位征求意见，多次开展校对工作，8月21日召开评审会对其进行评审。经确定由方志出版社出版，方志出版社经过初审、复审、终审的三校三审，12月《筠连县年鉴(2013)》公开出版发行。

【乡镇志、部门志编纂】 根据《筠连县2011–2015年乡镇(部门)志编纂规划纲要》，采取多种方式、途径与相关乡镇、部门联系，指导开展乡镇志、部门志编纂，加强并参与编纂、校审等工作。全年，启动《腾达镇志》《筠连县人大志》《筠连县煤炭志》《筠连县民政志》编纂，12月，《筠连县人大志》《筠连县煤炭志》出版发行。

【旧志整理】《筠连县志(康乾版)》是新中国成立前筠连县有据可查的4部县志之一。该志于清康熙二十五年(1686)，庆符县知县兼筠连县知县丁林声编纂，修成二册二卷；此后雍正八年至九年就任的知县陈善纲、乾隆九年至十九年就任的知县沈世基等均有增补、修改内容，最迟的增补内容截止于乾隆四十二年(1777)，使全志增加七成以上字数，成为四册四卷。鉴于最初于康熙二十五年修成，其后补入记载内容的已到乾隆四十二年，仍称为《筠连县志(康熙版)》与志中记载内容不符，经过反复斟酌，定名为《筠连县志(康乾版)》，并合编为1册。自上年初开始，县志办聘请县内方志爱好者温涛牵头对《筠县志(康乾版)》进行重新录入，改繁体字为简化字，改异体字、俗体字、非人名、地名等为规范字；避讳字直接回改，缺笔字补足笔划；对原志的编排体例，保持原状。对《筠连县志(康乾版)》的校注，以海南出版社出版的《故宫珍本丛刊》中《四川府州县志(第八册)》中的《筠连县志》为基准，个别内容以县志办的复印本和南方医科大学教授郝兆澄的手抄本为参照。点校工作中，邀请筠连县中学高级语文教师温在权和整理点校工作组人员多次进行校对，由专人对照原志再次核对。出版前，又请宜宾学院中文系筠连籍副教授罗应涛对全志进行再次把关，年末，出版社已完成一审。《筠连县志(同治版)》已着手进行文字录入工作。

【年鉴发行】 积极开展《宜宾市年鉴(2013)》《筠连县年鉴(2013)》的发行工作，至5月下旬已顺利发行完成，共发行《宜宾市年鉴(2013)》102册、《筠连县年鉴(2013)》300册。

【资政育人】 2013年，继续倡导读志用鉴，“依法修志编鉴”“修志为用”的观念进一步深入人心，在为领导深入基层调研提供基础地情资料、城南新区开发提供方志资料等服务上取得很好的效果。并与县委党校合作编制《筠连县情100问》，作为全县2013年度公务员培训的教材之一，由县文联主席冯勇注重讲解“筠连玉壶公园”“筠连五尺道”“筠连民歌”3方面内容。与《绿色煤都》报合作，开辟“地方志之窗”专栏，对地方志工作成果以及相关知识等进行宣传，发挥地方志激励人、教育人、启迪人、警示人的作用，至10月共刊载专栏5期。

【地情征集】 开展家谱、族谱的调查和征集工作，3月29日向市志办上报县内现存家谱、族谱的调查摸底实施方案，全年共征集到家谱、族谱3件。对县茶叶办公室原职工、史志资料收集爱好者苏松(已故)遗留的相关资料进行征集。

【交流活动】 一是志、鉴交流，全年通过志鉴交换方式，交换到《石家庄市志》《济宁年鉴》《石家庄年鉴》《灌云县志》《宿州市志》《涿州市志》《斗门县志》《曲江县志》、山东青岛《城阳镇志》及《崂山年鉴》《大竹县志》《乐至县志》《昭通纵横》等史志、年鉴资料。二是互动交流，积极参与市志办举行的各类培训会议，并参加《宜宾市大事记收录范围及标准》的讨论，提出修改意见和拟定有关收录标准的建议；与翠屏区方志办联谊，8月30日相互交流地情信息和地情资料。与河南姓氏文化研究会联系，获得期刊《历史文化研究》(2012年)1–4期。

【网站建设】 2013年，加强信息化工作，把地情网站建设作为拓展服务领域、提高服务水平和“三个中心”(存史、资政、育人)建设的重要工作内容。开展地方志网站建设，在筠连县党政网上制作“筠连方志网”，更新维护网站信息67条。

【信息报送】 以《筠连方志》信息简报形式向市方志办、县级各部门、各乡镇人民政府，县志编委会成员报送全年工作动态10期，多次入选市《史志工作动态》。

(李 洪)

县政府研究室工作

【概况】 2013年，县政府研究室结合全县经济社会发展中的热点、难点和重点问题开展调查研究，更高效、更主动地为领导服务、为政府工作运行提供决策参考，圆满完成各项工作任务和领导交办的各项工作。

【文稿起草】 2013年，县政府研究室围绕政府运行服务，成立文稿起草小组，较圆满地完成领导各类讲话、汇报材料和政府工作报告的文稿起草工作。全年共为县政府领导撰写讲话材料60余篇，涉及煤矿兼并重组整顿工作、经济工作、农业工作、重点项目、安全生产等方面，文字量超过200余万字。

【政务调研】 2013年，针对县委、县政府和群众最关心、最直接的问题开展课题研究，积极参与县上重要规划、重大项目的前期工作，涉及产业结构调整、城乡一体化进程、推进经济转型发展、生态环境治理、矿区山地灾害治理、重点基础实施项目建设、重大民生工程等方面，为政府领导科学决策提供依据。全年组织调研小组深入基层调研3次，撰写、校改、上报调研文章80余篇，完成市政务调研通讯12篇，被国家、省、市刊物采用27篇，其中国家级刊物《决策》(2013年第01期)刊发调研文章《以创新试点为契机，推动公安工作发展》，《决策》(2013年第07期)刊发调研文章《转变传统旅游模式，实施旅游招商战略》，国家级刊物《地方学习十八大精神论文集》(2013年9月第1版)刊发调研文章《推进筠连生态矿区建设的思考》。

【《筠连政务》】 2013年，认真做好《筠连政务》编辑发行，编发《筠连政务》(调研版)4期共24篇，及时对全县重点工作跟踪反馈，把优秀的调研成果送县领导审阅，提供决策参考，并印发各乡镇、部门学习。

(郭 旭)

应急管理工作

【概况】 2013年，全县共发生一般突发事件17起，与上年(下同)持平。自然灾害类14起(低温雨雪1起、干旱灾害1起、森林火灾1起、受地震影响2起、地质灾害2起、大风冰雹3起、暴雨洪涝4起)，占总发生数的82.35%，累计受灾人口15.88万人次，因灾死亡1人、受伤1人，临时转移安置1969人，农作物受灾12622.24公顷(189334亩次)，其中成灾1603.9公顷(24059亩次)、绝收275.8公顷(4137亩)，损坏房屋3387间、倒塌69间，损毁公路317.24公里，桥梁损坏17座，堤防损毁0.662公里；事故灾难类3起(一般2起、较大1起)，占总发生数的17.65%，造成6人死亡、1人受伤，经济损失2.6万元，事故减少6起，受伤人员减少25人，死亡人员减少18人。全年因灾死亡7人、受伤2人，造成各类直接经济损失10446.3万元，其中自然灾害类损失10443.7万元、农业损失5081万元、事故灾难类损失2.6万元。

【应急预案修订】 为规范全县应急预案管理，健全完善应急预案体系，提高保障公共安全和处置突发事件的能力，代县政府办拟稿制发《关于印发筠连县突发事件应急预案管理办法的通知》。县政府应急办印发《关于进一步对各类应急预案进行修订完善工作的通知》，明确从10月31日起对全县范围内已编制的各类应急预案进行再次全面修订完善工作。

【应急值守】 4月7日，县政府应急办印发《关于做好2013年汛期应急值班工作的通知》，对乡镇、部门的值班值守进行专门安排部署。县委、县政府要求在主汛期间，各乡镇、县级相关部门的党政一把手全天候(含节假日)必须有一人在岗位带班。县政府总值班室、县应急办保持电话24小时畅通，确保及时接听和传达突发事件信息。坚持每天向市政府总值班室的日报制度，做到了"有事报事，无事报平安"。针对全年雨水较常年偏多的特点，县应急办与目标办、安监、气象、水务、国土等部门协调配合，加大对乡镇、部门值班值守情况的检查督促力度，强化应急值守，确保汛期安全。

【规范突发事件信息报送】 为进一步规范、有序、准确、及时地报送各类突发性公共事件信息工作，2月25日，县政府应急办印发《关于进一步加强和规范突发事件信息报送工作的通知》，对突发事件信息报送工作要求再次进行规范和强调。全年全县所发生的突发事件，均按规定规范上报，无迟报、漏报、瞒报现象，更无经省市相关部门催问有关突发事件信息核实的情况发生。

【妥善处置突发事件】 2013年，全县先后发生有自然灾害、事故灾难等突发事件，凡发生较有影响的突发事件，及时启动相关应急预案，成立指挥部或领导小组。全年成功应对年初的低温雨雪天气、冬干春旱、森林火情、地震波及影响、大风冰雹、暴雨洪涝等14起自然灾害，妥善处置"12·16"巡司镇非生产经营性1起较大交通事故，最大限度地减少损失。

【应急队伍建设】 全县组建有县乡级应急队伍279支5490人，其中民兵应急分队、矿山救援消防队、专职消防队3支县级综合性应急救援队伍240人，乡镇、村(社区)组建基层综合应急队伍276支5250人。水利、电力、广电、通信等部门组建40个抢险应急分队，县卫生系统组建2支医疗小分队，成立有卫生、教育、安监等专业技术人员组成的救援、医护、心理康护志愿者分队120余人。

【应急演练】 继续加大应急演练，提高队伍应急处置能力，全年进行各类应急演练共220次，其中森林防火20

次，矿山救援15次，地质灾害避险演练18次，教育系统开展防震、消防、防溺水救护等各类演练120次，辐射事故应急综合演练1次。综合应急演练有2次，一是2月4日14时30分，由县人武部统一指挥，县矿山救援队等3支分队45人在南郊公园成功进行山体滑坡救援演练。二是12月10日10时，县政府与市环保局、市核安全局主办，在海瀛工业园区成功举行"宜宾市2013年辐射事故应急综合演练"，辐射事故应急演练得到市、县领导的高度评价和媒体的充分报道。通过演练，参演单位进一步明确职责，增强部门间协调配合，达到检验预案、煅炼队伍、磨合机制、宣传普及的目的。

【监测监控】全县组建有296人的基层综合信息员队伍和8支专业信息员队伍，其中煤矿驻矿安监员60余人、水文监测员30余人、森林防火信息员3300余人、地质灾害监测员195人、民政信息员300余人、食品药品监管安全义务信息员275人、司法助理员、维稳信息员500余人，明确基层突发事件信息员的主要责任，负责的行政区域，信息报送的范围，接到信息后的处理方法，发现其他区域事件苗头、隐患或可能演变为突发事件情况时的处理等职责，承担着地质灾害监测、灾害性气象预警信息传递，以及发生灾害的查灾核灾、民政救济、森林防火、食品药品安全、社会维稳、道路交通安全等工作，覆盖各乡镇、村（社区）、煤矿等范围。

【安全隐患排查】4月24日，县政府应急办以文件形式要求乡镇、县级有关部门对包括自然灾害、事故灾难、公共卫生在内的各种隐患点进行排查，对能够治理的，立即制订治理方案，落实治理措施，及时治理消除隐患；对不能够治理或目前还未具备治理条件的，制定监测防御应急预案，落实应对措施，最大限度地防范事件的发生。通过排查，全县共13处较大灾害隐患，其中自然灾害9处、事故灾难3处、公共卫生1处，已采取应对措施，并上报市应急办。7月22–23日，按照县政府要求，牵头组织目标办、防汛办、地灾办13人分3个组，对乡镇防汛、地质灾害防治工作进行逐个督促检查。针对发现的问题，均及时向所在乡镇提出整改意见，并得到很好落实。

【综合应急指挥平台建设】按照市应急办和县委、县政府要求，对已建成的水务、民政、公安、气象、纪检监察网络充分整合，实现与省、市应急系统相连，与县级部门、乡镇相通，形成上下贯通、左右衔接、信息共享、各有侧重、互为支撑、安全畅通的筠连县人民政府综合应急指挥平台。11月14日与施工建设方、监理方签约，施工时间为90个日历天，试运行时间为3个月。

【防灾减灾知识普及】5月10日上午，在新华桥头，县政府应急办牵头组织28个单位和部门开展全国第4个防灾减灾日的应急宣传咨询活动，向群众宣传应急法律法规、识别灾害风险，普及防灾减灾知识，传授紧急避险技巧，演示应急救生技能；现场发放应急资料、手册、图片等3万余份，接待群众咨询近1万人次，医务人员为群众义诊3000多人次。5月9–15日宣传周期间，还会同县教育局组织学校校长集中进行校园安全知识培训，应急办、地灾办、消防大队等单位进行专业知识培训讲解；针对暑期，指导教育局对全县中小学进行防溺水应急知识专题培训和自救互救演练。会同县国土资源局对全县地质灾害监测员进行地质灾害防范知识培训。协调筠连电视台和玉壶广场LED大屏幕连续播放《地震来了怎么办》《地质灾害防治办法》等宣传片150场次，有效地普及相关防灾减灾等应急知识。

【应急管理示范单位创建】按照市政府办《关于开展应急管理示范单位创建活动的通知》要求，县政府应急办提出方案，报经县领导同意，确定塘坝乡、筠连镇中城社区、百兴公司、筠连县第三中学、胜利街小学5个单位为全县应急管理示范创建单位。7月下旬，召集5个单位及其主管部门召开动员会，研究创建事宜，划拨每个创建单位2000元作为创建启动资金。10月上旬，县政府应急办到5个创建单位进行督导，提出创建建议。

【《应急管理示意图》修改完善】年初，着手对2009年编制的《筠连县人民政府应急管理示意图》进行修订，新增加257个村（社区）位置，汇集交通道路、地质灾害监测点、水库、发电站（厂）、主要河道渠道、滑坡地段、危岩点、煤矿等要素于一体，经相关部门审定后，共印制1米×2米的大图30张、1米×0.8米的小图30张，分发张贴到各乡镇、相关部门、县级相关领导办公室。

【边远乡镇通信能力改善】2013年，为防止地处边远的乡镇在特大灾害发生时成为信息不畅的"孤岛"，为高坪苗族乡、孔雀乡各配备卫星电话1部、配有电话卡，还定期对2部卫星电话进行测试，以备应急状态联系。

【"6·22"大暴雨洪涝灾害】6月22日凌晨，全县普降大雨，塘坝乡等出现暴雨，毗邻地处上游的盐津县兴隆乡突降103毫米的大暴雨，致使筠连镇海银片部分村组受灾严重，群众受困，共出动消防、民警、民兵预备役和镇人员120余人投入抗洪抢险，打破地域界限，各类救援力量闻险而动，安全转移受灾群众800余人，无1人员伤亡。同时，兴隆乡沙坝煤矿发生尾矿崩塌，造成14辆大货车掩埋、2人失踪的事故，会同县消防大队前往现场顶峰村组织救援,直到云南盐津县救援力量到达。

【营救被困人员】 7月29日11点左右,团林苗族乡突降暴雨,致下游的镇舟镇前进村四组山洪暴发,使与外界相连溶洞通道内洪水肆虐,水深2米以上,把路过该洞的4名群众困于洞中,情况十分危急。镇舟镇立即上报险情并开展先期救援处置工作,立即封锁溶洞通道,防止增加新的危险;逐户核对摸清被困准确人数;调派1辆履带式挖掘机进入漆黑的洞中搜救,经过2个多小时营救,4名被困人员全部成功救出。县政府应急办立即赶赴现场组织抢险救援,并通知矿山救援队、卫生救护队前往现场施救,避免一起恶性自然灾害事故发生。

【非生产经营性交通事故处置】 12月16日19时45分,巡司镇银星村4组张礼松驾驶借用的非生产经营性新购置的别克轿车川QN1300搭4名乘客共5人,走亲戚从盐津县返回巡司途中,行驶至筠民公路11公里+200米(小地名钢丝桥)处驶出公路左侧翻入巡司河中,造成4人当场死亡的事故。接报告后,县委副书记、县长刘朝平,县委常委、常务副县长甘华锋,县委常委、副县长伍永富,副县长、公安局长杨国庆率县应急办、公安局、交警大队、安监局、卫生局、交通运输局、巡司镇党委政府等相关人员赶赴现场,开展应急处置工作。随后,市公安局副局长周述华、市政府应急办副主任聂泰民、市交警支队支队长付天池、市安监局副局长饶福刚率相关人员到事发现场,指导事故处置。

(米筠桂 夏启林)

公务员及事业单位管理

【公务员队伍建设】 2013年,县人社局先后开展从优秀村干部和服务基层项目人员中考试录用乡镇机关公务员网络报名工作,通过报名资格初审46人;选聘2013年高校毕业生到村任职网络报名资料初审工作,通过网络报名资格初审20人;公开选用2013年紧缺急需专业优秀人才网络报名及聘用工作,提供岗位需求数18个,资格审查通过27人;公开考试录用2013年公务员(参依照公务员法管理人员,以下简称"参公")网络报名工作,录用名额51人,通过资格初审1135人。全年,新录用公务员35人,新登记公务员(参公)64人;开展2012年度公务员(参公)统计工作,上报行政机关公务员(参公)974名。实施新一轮公务员培训,全面强化公务员整体素质和能力的提升。按要求完成全县《公务员压力排解与心理调适》全员轮训工作,共培训各级公务员1300余人。

【事业单位人事制度改革】 2013年,积极做好全县事业单位岗位设置的后续管理,进一步规范全县事业单位工作人员岗位聘用工作。在农、林、水、卫生、教育五大行业11个单位中开展四川省事业单位聘用制度和岗位管理制度实施情况问卷调查。全年共审批设置调整61个单位的岗位设置方案,审批岗位聘用105个单位共856人。

【专业技术人员队伍建设】 2013年,进一步规范事业单位公开招聘工作,一是按照事业单位科学设岗、按需进人的原则,把招聘岗位要求与事业单位岗位设置情况结合,进一步完善相关招聘专业名称,招聘过程公开透明,做到招聘每个环节都在"阳光"下操作,主动接受社会各方面的监督,确保招聘工作公开、平等、竞争、择优,共聘用243人。二是深入推进职称分类改革,完善初级职称评审委员会专家库建设,调整农业和畜牧初评委,继续做好各类职称职考信息发布工作。全年有34名专业技术人员取得高级职务任职资格、98人取得中级任职资格、170人取得初级任职资格职,办理各类资格证书共95本。加强非公有制企业专业技术人才工作,4月,联合安监局、经信局开展非煤矿山采矿初级专业技术资格评审,58个非煤矿山企业有76名专业技术人才取得技术员职务任职资格。三是继续开展事业人员教育培训,对全县5000余事业人员进行《压力排解和心理调适》继续教育培训。

【公务员统计】 2013年,全县行政机关44个,其中县级行政机关26个(未含挂牌、挂靠单位及党群部门),乡镇行政机关18个,参公单位27个。全县县级行政机关公务员512人,乡镇行政机关公务员312人,参公单位工作人员189人。

【工资管理】 一是完成机关事业单位工作人员正常晋升工资的审批,其中公务员按年度考核结果晋升级别增加工资248人,月增资6092元;按机关工作人员年度考核结果晋升级别工资档次84人,月增资2516元,事业单位工作人员正常薪晋级工资档次4708人,月增资123346元。二是完成全县机关事业单位工作人员和离退休人员艰苦边远地区津贴的调标,其中在职人员6179人,月增资117125元,离退休人员2322人,月增资43431元。三是完成公务员按年度考核结果晋升级别增加工资、机关(参公)工作人员,按年度考核结果晋升(岗位)级别工资档次和事业单位工作人员正常晋升薪级工资的审批。四是办理工龄、遗属生活困难补助、工资变动、退休、工资转介等共2535人次。五是完成全县事业单位奖励性绩效工资的审批,开展全县收入分配制度改革调查上报工作。六是完成全县机关工作人员规范津贴补贴、事业单位人员基础性绩效工资和机关事业单位离退休人生活补贴的调标。

【人才资源统计】2013年年末，全县国有事业单位257个，有管理人才和专业技术人才4870人，其中县级1874人、乡镇2996人。全县国有事业单位各类管理人才427人，其中县级317人、乡镇110人；国有事业单位各类专业技术人才4443人，其中县级1557人、乡镇2886人。按职务分类：高级职务219人、中级职务1371人、初级职务2727人、未评专业技术职务126人；按技术分类：工程技术人员117人、农业技术人员230人、卫生技术人员510人、教学人员3506人、经济人员8人、会统人员22人、图书档案及文博人员12人、新闻及出版人员20人、艺术人员及播音人员6人，其他12人。全县事业单位工勤人员262人，其中县级170人、乡镇92人。

【人事档案管理】2013年，继续按照“合理分工、分类整理、严格程序、专人负责、配合协助”的办法，强化人事档案规范化管理，做到档案库房、阅档室、档案人员办公室“三室”分开，提高档案保管的安全性。为档案库添置设备，配有微机、铁制档案橱防火、防潮、防蛀、防盗、防光、防高温等设施，实现人事档案管理的标准化。健全和完善《人事档案保管制度》《人事档案保密制度》《人事档案查阅制度》等，定期对档案内容不齐全、残损档案资料进行补充。对2011、2012年人事劳动档案进行录入归档，新增档案5473件。

【人员调配】2013年，全县调动133人（未含党群序列），其中从县内调出县外81人、县外调入22人、县内调动30人。新录用公务员35人，解(辞)聘40人；新聘用319人，职务任免35人，任职定级211人。

【高校毕业生就业、创业】一是做好接收人事档案工作，共有382名高校毕业生（其中本科109人、专科273人）、86名中专学历毕业生回县报到，办理人事档案代理合同。根据相关政策，免费2年为2013年应届未就业高校毕业生提供的单纯保存人事档案代理服务。二是做好筠连籍高校毕业生就业服务，8月，开展高校毕业生就业服务周活动，对报到的382名高校毕业生进行就业、创业情况调查摸底，充分了解、就业去向，广泛宣传高校毕业生灵活就业和鼓励自主创业的相关政策，引导和鼓励高校毕业生改变就业观念，面向基层就业和自主创业。三是做好40余名有创业意愿高校毕业生的个人资料收集和日常联系，对新创业的13名高校毕业生逐一建立创业情况台账表，对已创业的20余名高校毕业生及时进行创业指导及其他服务。选派2名成功创业高校毕业生参加由省人社厅举办的第四届“我能飞”高校毕业生成功创业者提升培训”培训。四是做好2013年高校毕业生就业见习工作。至年末，全县累计创建就业见习基地15个，完成就业见习31人。

【机构增设】2013年4月11日，经县机构编制委员会批准，增加筠连县人才交流中心，机构级别为股级，增加事业编制2名，累计事业编制5名。6月17日，经县机构编制委员会批准，在人社局增设内设机构就业促进股，机构级别为股级，设股长1名，所用编制在行政编制中调剂使用。

（罗 锋）

行政监察

【执法监察】一是开展民政资金专项监督检查，对近5年的民政专项资金管理使用情况进行检查，走访农户500余户，对检查中的财务记账不规范、资金发放未公示或公示不明确等20余项问题已责令相关乡镇和部门进行纠正。二是开展“五小水利”工程专项检查，会同相关部门对2012年中央财政追加“五小水利”工程项目建设情况进行专项检查，发现和纠正问题4个。三是开展违章建筑专项检查，会同相关部门对筠连镇、巡司镇违章建筑进行专项清理检查，清理发现涉嫌违法违章建房80余户，督促县综合执法大队依法进行处理。四是开展国土资源领域突出问题专项执法监察，会同县国土局对各乡镇闲置土地、低效用地等问题进行清理检查，发现并督促整改问题5个。五是开展矿业安全监督检查，矿监办到乡镇煤矿企业70余次，参与配合煤矿复产复工验收、五核定工作等专项工作23矿次，发现煤矿存在问题280个、驻矿盯守人员存在问题30个、乡镇存在问题13个，提出整改建议50条，跟踪处理重点问题25条，处理未落实安全责任12人，责成相关主管部门及乡镇处理违规企业2个。

【纠风治乱】2013年，县纪委监察局在筠连县惩防体系数字化监管中心“1网3方阵6平台”上创新打造政民政企互动平台，设置政风行风实时评议、QQ视频互动、政府回音壁、民情民意、政策咨询等栏目，推动纠风工作上新台阶。由县纠风办牵头，对32个县级部门的46个重点岗位中层干部实行“五步行风”考评，46个重点岗位中层干部作出书面承诺、23个重点岗位中层干部作电视公开承诺、6名重点岗位中层干部开展电视访谈。制发《企业测评县级政府部门及相关站股室所办法》，邀请企业业主、人大代表和政协委员200余人对59个县级部门和20多个站股室及派出所进行专项测评，对排名靠后的12个部门及股室进行督促整改，半年后再次测评。经测评后，被测评单位的群众满意率均提升20%以上。制发《筠连县党政机关干部

"慵懒散"行为责任追究办法》,明确 18 种"慵懒散"问责行为实行问责,对 3 名上班时间看与工作无关视频的干部给予问责,对所在单位进行全县通报批评;对 7 个单位 9 名干部的"慵懒散"行为予以问责。全县共查处纠风案件 19 件,涉及百余万元,给予党政纪处分 10 人,得到市纠风办典型案件通报肯定的有 9 件。

【效能监察】 2013 年,县纪委监察局制发《关于开展县级机关重点岗位中层干部效能监察和效能考评的实施方案》,开展效能跟踪 6 人次,效能考评 2 次,问责 3 人,通报表扬干部 18 名。制发《电子效能监察视频点名制度》《领导干部工作日志定期公示制度》,公示干部日志共 4000 余人次,视频点名 300 余人次,对 4 名干部进行问责。开展电子监察 200 余次,受理并办结投诉 10 件,回访 10 件,回访满意率 100%。

【招投标监督】 2013 年,推行"引进中介机构进行预算或评审""异地抽取评标专家"等措施,着力把好"投标人资格审查""评标专家抽取""中标项目备案"监督关。实行"双锁"压证制度,严格专业技术人员监督关,着力促进招标投标规范运行和强化标后管理。制发《进一步加强国有土地出让及政府投资建设项目招投标的意见》《加强政府采购项目履约验收工作的通知》等,从源头上规范政府采购行为,防止问题发生。会同相关部门对全县 2012 年以来在建工程项目 77 个进行自查清理,对检查发现的 6 起违规行为作出处理。

(曾云峰　苏　敏)

民政工作

【概况】 2013 年,民政工作坚持"以人为本,为民解困"的服务宗旨,各项工作有序推进,被市民政局评为目标管理完成单位和多项单项工作先进单位。

【优抚工作】 2013 年,全县重点优抚对象有 1260 人,其中在乡老复员军人 290 名、残疾军人 126 名、"三属"(军属、烈属、遗属)人员 24 名、带病回乡退伍军人 155 名、参战参核人员 665 名,60 周岁以上农村籍退役士兵 1408 名,全年发放重点优抚对象抚恤金和 60 周岁以上农村籍退役士兵生活补贴共 865.52 万元。义务兵优待金按每人每年 4400 元标准,发放 361 名义务兵家庭优待金 158.84 万元;烈士遗属优待金按义务兵优待金 50%标准,其他重点优抚对象优待金按每人每年 150 元标准,兑现重点优抚对象优待金 20.33 万元。立功现役军人按照每人每次一等功 5000 元、二等功 2000 元、三等功 500 元、优秀士兵 100 元的标准奖励,共兑现驻筠连官兵和筠连籍现役军人立功受奖 40 人 1.15 万元。完成重点优抚对象 70 户建房,其中新建房 68 户、维修 2 户,兑现建房资金 70 万元;扶持重点优抚对象 64 户发展生产,落实资金 45 万元。重点优抚对象医疗费即时结算"一站式"服务补助住院 203 人,共补助 25.32 万元,平均补助标准 1247 元 / 人;发放重点优抚对象门诊补助费 31.7 万元。

【安置工作】 2013 年,全县接收退役士兵 153 人,其中城镇 27 人、农村 124 人,按新政策符合条件的 2 人安置工作,兑现安置资金 409.16 万元。协调相关部门,对符合条件 2 人退役士官安置在县级机关事业单位。举办退役士兵驾驶培训 6 期,培训 99 人。

【双拥工作】 2013 年,组织开展创建第十届省级双拥模范城(县)活动,健全基层领导机构,扎实开展拥军优属活动,贯彻落实双拥法规政策,通过市上检查考核。春节和"八一"节,县四套班子领导率有关部门负责人到驻筠连部队慰问官兵、到村(社区)看望重点优抚对象和现役军人家庭,送去慰问金和慰问品价值 26.88 万元,为重点优抚对象解决实际困难 116 个。各乡镇召开座谈会 36 场次,县级各部门组织召开退伍军人座谈会 62 场次。

【涉军维稳】 2013 年,加强对复员退伍军人稳定工作的组织领导,适时分析形势,对不稳定因素做到早发现、早化解、早控制、早处置,切实把问题解决在基层、解决在萌芽状态。对有困难的退伍军人家庭采取帮扶、救助等措施解决其生产、生活困难,着力维护退伍军人合法权益,全年实现退伍军人到市、上省、进京零上访目标。

(熊金平)

老龄工作

【概况】 2013 年,以提高老年人的生活质量为根本出发点,满足空巢、高龄、病残、失能老人群体的需求,积极开展居家养老服务社会化示范社区创建工作。加快推进社会养老服务体系建设,执行 90 周岁以上高龄老人生活补助制度,全县有 90 周岁以上高龄 540 人,发放高龄老人长寿补贴金 39.45 万元。

(熊金平)

村(社区)委员会选举

【概况】 2013 年年底,全县第九届村(居)民委员会任期届满，根据《中华人民共和国村民委员会组织法》《中华人民共和国城市居民委员会组织法》《四川省村民委员会选举条例》有关规定和宜委办〔2013〕18号文件精神，于冬春进行第九届村(居)民委员会换届选举工作，村、社区同步进行换届选举。

【换届选举】 2013年，成立筠连县第九届村(居)民委员会换届选举工作指导小组负责组织换届选举工作。11月12日，县委办、县政府办印发《筠连县第九届村(居)民委员会换届选举工作实施办法》，确定2013年12月1–31日为选举时间段，明确换届选举的四个"法定日"：2月6日为选民公布日、12月11日为初步候选人张榜日、12月21日为正式候选人张榜日、12月26日为正式选举日。11月13日，县政府召开会议安排部署全县村(居)民委员会换届选举工作。各乡镇抓好调查研究，制定方案、落实经费、宣传发动、组织培训。12月26日，全县一次性选举成功村(居)民委员会205个。12月30日，再行选举，成功48个。还余4个村另行选举并做好换届工作和交接工作。

(熊金平)

档案工作

【概况】 2013年，档案工作贯彻落实中共十八大和十八届三中全会精神，围绕县委、县政府"实干增效年"主题和"12456"发展思路，开展"三治理三激发三增加"作风建设和"中国梦、档案梦、兰台情"活动，狠抓档案法制建设，推进建设项目，加强档案管理，宣传档案文化，开展档案信息化建设，推动档案工作上档升位，成功创建为"敬老文明号""市级文明单位"。

【单位档案收集】 执行国家档案局9号令规定，经市档案局批准，印发《筠连县档案馆收集范围实施细则》，全年接收粮食局、交通局等7个单位983卷档案。

【档案馆建设】 2013年，库房设备设施配置更加齐全，保管保护条件进一步改善，配备有空调、去湿机、摄像机、监控设备。档案馆(室)各项制度落实，保管整齐规范，清洁卫生，温湿度调控符合要求，做到防盗、防火、防潮、防尘、防虫、防鼠、防高温、防强光，确保档案实体安全。三是做好规范性文件备案工作，编制完成档案局行政权力事项清理和行政权力外部运行流程图。8月，公招参公人员1名。

【档案服务】 2013年，继续加强完善档案利用服务，全年共接待利用档案2318人次，翻阅8231卷次，为编史修志、工龄认定、房产、林权、婚姻等提供证明材料3012页。

【档案法制宣传培训】 一是继续宣传贯彻《中华人民共和国档案法》《四川省〈中华人民共和国档案法〉实施办法》，利用"国际档案日""12·4"法制宣传日，以及县内召开的有关会议，采取手机短信、散发宣传单、制作宣传图片等方式宣传档案法律法规，全年发送手机短信2500条，印制宣传单3万份，制作宣传图片展板6张、挂图10幅。特别在筠连中学、定水中学的宣传，约5000学生观看展出，效果良好。二是做好档案培训与继续教育工作，全年举办全县性档案专兼职人员培训班2次，受训人数333人，主要进行机关文书档案业务培训和项目档案管理培训。三是项目档案管理培训，3月，宜宾市档案局副县级调研员余岷到筠连进行建设项目档案管理专题培训，为全县的项目档案管理奠定基础。四是组织全县档案干部参加省、市举办的各种业务培训班，全年送培8人。五是外出交流，6月，档案局首次组织业务骨干到四川省双流县(四川省唯一达国家一级标准的县级档案馆，全国中小学生档案教育社会实践基地)档案馆参观学习，开展爱国主义基地建设，把筠连的部分文化名片制作成宣传图片进行展览，再现筠连历史文化；8月，四川省双流县档案局副局长徐华德带队到筠连交流学习。

【档案规范化管理】 一是按照《四川省档案工作规范化管理办法》的要求，进一步提升档案工作规范化管理水平，促进档案法律、法规全面落实，对农发行、农行、公安局等14个单位进行复查，对县交通运输局、团林苗族乡、城投公司等16个单位进行执法检查，气象局、第二中学晋升为省二级标准。二是贯彻执行《企业档案工作规范》，制发《筠连县档案局关于加强县属国有企业档案工作的意见》，引导民营企业开展档案工作，帮助指导筠连县益民燃化建材有限公司、三鼎燃气有限公司等民营企业建档，其中益民燃化建材有限公司实现规范化管理，达四川省档案工作规范化管理三级标准。

【民生档案】 2013年，加强涉民部门和单位的档案管理规范化建设，积极开展重点民生档案形成单位的目标管理工作，制发《筠连县重点民生档案及形成单位一览表》，全面建立覆盖城乡的民生档案管理和利用平台，出台农村五保供养、殡葬服务、留守学生档案管理办法。积极开展馆藏现有民生档案数字化工作，全年完成县知青安置办公室及县劳动局2个涉民全宗案卷、文件级目录编制。

【新农村建设档案】 按照《四川省档案局关于开展社会主义新农村建设档案工作示范县、乡镇活动的通知》，在全县17个乡镇中推广沐爱镇新农村建设档案工作的具体做法，并以塘坝乡作为新创建乡镇开展指导工作，该乡机关档案室业务规范，村级档案管理有序推进，创建工作取得阶段性成效，确保创建成功。

【重大建设项目档案】 继续加强对新维矿井、船景煤业、王家沟水库等重大建设项目档案管理的监督指导。邀请市档案局业务指导专家对全县项目建设单位进行业务培训，建立项目档案管理联席制度，建设单位、监理单位、施工单位协调配合，互通情况，健全项目档案管理指导记录卡，做到上门指导、电话咨询、QQ交流“三结合”，参加项目档案的验收工作，主要是对团林后沟水库的附属工程项目档案进行验收，其他重大项目均在建设中。

【档案文化建设】 重视档案文化建设，开发档案文化产品，协同党史办编制《筠连县大跃进和人民公社运动专辑》《筠连县六十年代国民经济调整专辑》，获筠连县第三届社会科学优秀成果奖荣誉称号。鼓励职工和全县档案干部向“一报两刊”及其他新闻媒体投稿，全年投递稿件20件，其中《筠连县档案助老军人落实政策》《筠连县检察院“五化同步”推动档案管理规范化》被《中国档案报》采用。

【档案信息化建设】 一是积极开展档案信息建设工作。全年完成123个全宗，59659卷的案卷级目录，295000条文件级目录的著录工作，完成2个民生专题数据库建设，完善档案信息数据安全和备份制度，确保档案信息安全完整。二是加大网站建设力度，筠连县档案局网站正式投入使用，建设有独立域名和相应空间，网站栏目设置合理，内容丰富，运行通畅，数据更新及时，全年更新数据132条。健全网站安全管理制度，落实信息安全保密工作。党政网、政务内网运行态势良好。

（黄 敏）

农田水利基本建设

【蓄引水工程建设】 2013年度，全县蓄引水工程建设重点工作是推进王家沟水库、后沟水库建设，抓好病险水库除险加固，加强农村饮水安全工程建设，整合新农村建设、土地整理、农业综合开发等项目资金推进农田水利基本建设，加强水利工程渠系配套、病害整治和小型水源工程建设，加强各类水利工程和冬囤水田的蓄水保水工作。全年完成山坪塘4口、维修改造60口，新建蓄水池360口，维护提灌站6处，修复水毁工程420处，新建防渗渠道20.48公里，整治渠道55.3公里，新增有效灌面800公顷（1.2万亩）；新增节水灌面646.67公顷（0.97万亩），治理水土流失30平方公里，新增供水受益人口3.45万人，整治病险水库3座，建设防洪堤完成6公里，增加3公里。

【农业基础设施建设】 2013年，全县改造中低产田土结合巩固退耕还林成果基本口粮田建设、石漠化治理，完成改造中低产田土200公顷（3002亩），其中巩固退耕还林成果基本口粮田建设总投资220.1万元（专项资金144.1万元、群众自筹76万元），改造中低产田土160公顷（2402亩）；石漠化治理项目在筠连镇实施，改造中低产田土40公顷（600亩），共建400立方米蓄水池2口、25立方米蓄水池69口，安装引水管道0.6万米，修建排洪渠1公里，沿山沟2000米，改造坡耕地和培肥地各23.33公顷（350亩）；田间便民路4.87万米。推广实施测土配方施肥1.31万公顷（19.6万亩）。建成沼气池2651口。新建提灌站2个，采用招投标方式进行建设，泵房主体工程完工。县农业局挤出3万元对镇舟跃进、巡司红星、巡司和平、巡司四方4个提灌站进行维修，确保春灌用水。新增提水控灌设备115台套690千瓦，修复改造提灌机械330台1980千瓦，完成提水780万立方米，灌田4200公顷（6.3万亩）。机耕道、便民路完成132公里。

【道路建设】 一是通乡水泥路工程，完成通乡水泥路工程34公里，武德至蒿坝通乡水泥路改建工程18公里、梅家坳隧道及引线工程1公里、王家沟水库库围公路5公里、龙镇至孔雀乡镇连接公路6公里，完成投资7500万元、占208%。二是通村通畅工程。建成筠连镇联络至水塘村道、筠连镇青龙村道、巡司镇芦丰村道等通村公路工程134公里，完成投资6680万元。

【林业产业建设】 一是营造林，完成0.21公顷（3.1万亩），投入570万元。“两大”工程管护完成12.4公顷（18.6万亩），投入2450万元。二是造林绿化。以退耕还林后续产业建设、竹产业基地建设、短周期工业原料林及香桂（芳香油）基地建设为重点，全力推进国土绿化，狠抓全民义务植树工作，县四大班子领导带头参加义务植树活动、率先垂范带动，推动全县造林绿化工作。各地结合当地实际，采取以认养管护、捐资造林、以资代劳等多种形式的义务植树造林活动，确保营造林任务的完成。随着社会经济的增长，生态环境建设步伐的加快，社会投资林业的热情高涨，企业、社团、个人投资建林业生产基地及加工企业不断出现，加快营造林步伐。三是加快林业产业化进程。强化组织领导，搞好林业产业建设规划，以退耕还林后续产业建设、竹产业基地建设、短周期工业原料林及香桂（芳香油）基地建设为基础，结合营造林任务，开展林业产业化规划和设计。重点抓好特色产业基地建设，大力发展短周期工业原料林、竹产业、香桂（芳香油）及生态旅游等生态经济型林业产业。利用现有林业生态工程，通过新造、改建、改造等措施，重点发展竹类、檫木、红椿等速生丰产树种，定向培育高产、优质的短周期工业原料林等，进一步优化产业结构。

【国土整理】 土地整理在蒿坝镇高桥村、高龙村、高兴村实施，整理完成915.47公顷(13732亩)，实现新增耕地89.17公顷(1337.5亩)；总投资2535.7万元，全为县级投入资金配套。建成农渠41条10951米，其中整治0.4*0.5渠道33条8138米、0.6*0.6渠道3条1345米、0.8*0.6渠道2条369米、1.0*0.8渠道3条1099米，修建100立方米蓄水池7口、田间道13条17301米、生产路82条27632米，建成路套沟45条7679米。

【"五小水利"工程】 为充分调动广大群众兴修"五小水利"(小塘坝、小水池、小水窖、小水渠、小泵站的新修、整治与扩建工程)的积极性，以乡村干部决心、群众要求迫切的原则，采取由村自愿申请，经乡镇政府初审，县财政、水务等部门采取公正原则、竞争立项。立项后按政府扶持、群众参与、以奖代补，先建后补等民办公助的原则和政策实施。引入竞争机制，确定建设项目村。10月10日，在有资格的20多个村中通过申报陈述和竞争，确定塘坝乡木映村、柑子村、幸福村，双腾镇苔草村、鱼井村、走马村、沙坝村7个村为2013年小型农田"五小水利"工程建设项目村。共新建小水池和小水窖56口，新修小水渠8.28公里，整治小水渠44.20公里，整治山坪塘48座，维修小泵站4座。

【竞争式新村建设】 2013年，为全域推进新农村建设，采用竞争式新村建设，调动群众建设美好家园积极性。通过学习浙江安吉县的"竞争式"发展经验，在全县首次推行竞争式新村建设，巡司镇芦丰村、沐爱镇金鱼村、镇舟镇景阳村、大雪山镇安乐村、乐义乡沙地村5个村竞选成功，补助每个村50万元用于新村及基础设施建设，撬动农户投入更多资金用于农民新居和基础设施建设，充分发挥群众的主体作用。县财政还安排300万元专项资金用于新一轮竞争式新村建设，实践证明，通过竞争发展的新村，群众积极性更高，发展效果更好。

【现代林业重点县建设】 2013年，县委、县政府高度重视现代林业产业建设工作，围绕"生态建设产业化、产业发展生态化"工作基调，创新林业产业发展载体，积极争取工程项目，支撑筠连现代林业产业发展，着力打造"绿色、循环、低碳"林业。通过对林业和林下空间的综合开发利用，实现林业产值3.4亿元，农民从林业上获得人均收入675元，人均纯收入75.5元。一是抓典型示范，培育龙头。采用龙头企业带动基地发展、"公司+基地+农户"的产业发展模式，以权林豪门为主的木材精深加工企业、合佳盛有限公司、奋进公司核桃种植加工企业等龙头企业，带动全县木质林分、竹产业、木本油料林和经果林基地建设，为快速推进筠连现代林业的全面发展奠定坚实基础。全县有木材加工龙头企业4家，其中市级龙头企业1家，县级龙头企业3家。二是扶持专合组织。通过"公司+农户+基地"、林产销合作社二种模式，建立各类林业专合组织30家，其中富农竹木种植加工、芦丰果业、春风李子等市级4家、县级26家，专合组织直接服务于基地广大农户，带动农户3.1万户。

【第二批百村工程建设】 2013年，按照一个好班子、一项主导产业、一条通畅路、一个文明整洁村庄"四个一"的建设标准，在全县完成100个"百村工程"实施村的建设的基础上，确定143个"百村工程"建设第二轮实施村，对18个乡镇村的分管领导、百村工程负责人，以及143个实施村的村干部进行新农村建设培训，通过培训会、实地考察、专人指导等方式，第二批143个实施村的规划基本形成。

【成片推进示范县建设】 在新农村成片推进示范县首批财政专项基准额度资金下达后，按照"民办公助"方式，通过开展启动仪式、外出参观考察学习、召开专题培训会、狠抓项目整合等方式促使该工作规范、有序地推进。一是生态茶叶示范片，完成新建105户，风貌整治93户；茶叶新栽429.33公顷(6440亩)、低改360公顷(5400亩)；新养殖肉牛4000头、生猪养殖3200头；发展林竹190公顷(2850亩)；新建公路11.8公里、改扩建17.9公里、硬化7公里，便民路17.8公里。二是现代烟叶与生态林竹示范片，完成新建91户，风貌整治394户；发展烤烟1605.47公顷(24082亩)，林竹900公顷(13500亩)；新养殖肉牛750头、生猪7500头、白毛乌骨鸡20万只；新栽茶叶133.33公顷(2000亩)、核桃20公顷(300亩)；新修公路16.8公里、改扩建公路7.7公里、公路硬化19公里，新建便民路30公里。

(米筠桂 夏启林)

中国人民政治协商会议筠连县委员会

综　　述

中国人民政治协商会议筠连县第十四届委员会由15个界别171名委员组成(2013年增补委员9名、免去委员6名),设主席1名、副主席4名、秘书长1名、常务委员32名。政协机关设办公室、调研室、提案工作办公室、经济和社会办公室,负责日常事务、重要课题调研、提案办理、经济和社会发展任务。委员会下设文史学习、提案、经济、农业科技、文教体卫、法制群团、社会联谊7个专委会和筠连镇、巡司、双腾、沐爱、大雪山、维新、浙江柯桥7个联络组,在县政协的领导下开展工作。

政协筠连县委员会会议

【政协筠连县第十四届委员会第二次会议】2013年1月20–22日在县会议中心三楼会场召开。出席会议的委员应到168名,实到152名;参加会议的特邀、列席人员应到126人,实到116人。

会议议程:1. 听取并审议政协筠连县第十四届委员会常务委员会工作报告;2. 听取并审议政协筠连县第十四届委员会常务委员会关于第一次全委会议以来提案工作情况的报告;3. 列席筠连县第十五届人民代表大会第三次会议,听取并协商讨论政府工作、计划、财政预决算报告、法院、检察院工作报告;4.审议通过政协筠连县第十四届委员会关于第二次全委会议提案审查情况的报告;5. 表彰先进委组、优秀政协委员和提案办理先进单位、优秀提案;6.中共筠连县委书记王萍讲话;7. 政协筠连县委员会主席黄静讲话;8.通过政协筠连县第十四届委员会第二次会议决议。

县政协主席黄静受十四届常委会的委托作常委会工作报告;县政协副主席刘乐君受十四届常委会的委托作提案工作报告;委员们列席县十五届人大三次会议;协商讨论筠连县政协常委会工作报告和提案工作报告,协商讨论《2013年政府工作报告》《关于筠连县2012年国民经济和社会发展计划执行情况与2013年国民经济和社会发展计划草案的报告》《关于筠连县2012年财政预算执行情况和2013年财政预算草案的报告》《筠连县人民法院工作报告》《筠连县人民检察院工作报告》;审议通过《政协筠连县委员会关于第十四届二次会议提案审查报告》; 大会对2012年度先进委组和优秀政协委员,县政协十四届一次会议以来提案办理先进单位和优秀提案进行表彰。

县委书记王萍在大会讲话,指出县政协牢牢把握团结和民主两大主题,围绕中心,服务大局,积极主动谋大事、参要事、强监督、聚人心,扎实有效履行政治协商、民主监督、参政议政职能,积极参与招商引资、工业发展、项目建设、新农村建设等中心工作,为全县经济发展、民生改善和社会稳定发挥独特而重要的作用。要求县政协要充分发挥政协智力密集优势,积极建言献策,为推进转型跨越提供智力支持;要充分发挥政治协商制度的优势,推进民主建设,为推进转型跨越提供政治保障;要充分发挥密切联系群众的优势,维护社会稳定,为推进转型跨越凝聚发展力量。

县政协主席黄静在大会上提出,一要准确把握协商民主内涵,协商民主根基是“民主”,协商民主关键是“协商”,协商民主目标是“发展”。二要着力健全协商民主机制,健全机制、丰富形式。三要注重强化协商民主实效,要强化人本观,增进“民本”共识;要强化大局观,增进“服务”共识;要强化民主观,增进“团结”共识;要强化实践观,增进“履职”共识;要踩准基调、协同干事、精诚出力、务求实效,竭诚为“科学发展”而谋、为“跨越发展”而行。

会议第一次大会由县政协副主席韩世全主持,会议第二次大会由县政协副主席叶宗勇主持。

政协筠连县委员会
常务委员会会议

【政协筠连县第十四届委员会第九次常委会议】2013年1月10日在县政协四楼会议室举行。出席该次常委会的常委会组成人员32名,请假3名,实到29名。县委副书记叶光明、县人大常委会副主任张彬应邀参加会议,县委办、人大办、政府办、外宣办、发改局、财政局、法院、检察院领导以及县政协机关科局级干部列席会议。县政协主席黄静主持会议。会议议程:1.协商政府、计划、财政、法院、检察院工作报告(审议稿);2.学习中共十八大会议精神;3.审议通过政协筠连县委员会第十四届二次会议有关事项;4.审议通过关于授权主席会议审议常委会议未尽事宜的决定(草案);5.通报第二次全委会议各工作组情况。黄静就结合政协工作贯彻落实十八大精神提三点要求:要认真领会精神实质;要多层次、多形式组织学习交流活动;要结合筠连实际,结合政协工作实际,学以致用。县委副书记叶光明针对即将召开的政协二次会议要求:一是要加强领导,认识到位;二是要认真履职,工作到位;三是要努力工作,圆满成功。

【政协筠连县第十四届委员会第十次常委会议】2013年1月22日在县人大四楼会议室举行。出席该次常委会的常委会组成人员32名,请假2名,实到30名;政协筠连县第十四届委员会第二次会议期间的6个小组组长列席会议。县政协主席黄静主持会议。会议议程:1.听取各组关于政协常委会工作报告和提案工作报告讨论情况的汇报;2.听取各组关于政府工作、计划、财政预决算报告、法院、检察院工作报告讨论情况的汇报;3.审议通过《政协筠连县第十四届委员会关于第二次会议提案审查情况的报告》(草案);4.审议通过政协筠连县第十四届委员会第二次会议决议(草案)。县人大常委会副主任、县委组织部副部长李家明通报县委新提拔的县级部门、乡镇科级领导干部候选人的情况,县政协常委会组成人员对县委新提拔的12名县级部门、乡镇科级领导干部候选人进行满意度测评。

【政协筠连县第十四届委员会第十一次常委会议】2013年3月6日在县会议中心一会议室举行。出席该次常委会的常委会组成人员32名,请假5名,实到27名。县委副书记叶光明应邀参加会议,县委办、人大办、政府办、外宣办负责人,大雪山镇、维新镇党委副书记,县政协各专委会正副主任、各联络组正副组长、各界别召集人、通联站成员,县政协办公室非政协常委的科级干部列席会议。县政协主席黄静主持会议。会议议程:1.传达学习省政协十一届一次会议精神;2.传达学习市政协四届二次会议精神;3.审议通过《政协筠连县委员会常务委员会2013年工作意见》。县委副书记叶光明指出,县政协2013年工作意见与县委、县政府中心工作对接非常好,工作做到早谋划、早部署,思路清晰,重点突出;对县政协2013年工作意见:一是突出强化典型宣传,对提升县政协知名度有大的作用;二是突出强化民主评议,对促进部门转变作风有大的帮助;三是突出强化调研视察,促进履职成果的转化,为县委、县政府科学决策提供重要参考;四是突出强化自身建设,对促进政协委员尽职履责大有作为。

【政协筠连县第十四届委员会第十二次常委会议】2013年5月17日在县会议中心一会议室举行。出席该次常委会的常委会组成人员32名,请假8名,实到24名;县长刘朝平、副县长王见华应邀参加会议,县委办、人大办、政府办、政务中心、招商局、城管局、住建局、工商局、筠连镇等相关部门、乡镇负责人以及调查组成员列席会议。县政协主席黄静主持会议。会议议程:1.书面传达学习全国政协十二届一次会议精神;2. 传达学习筠连县关于在全县广泛深入开展"实现伟大中国梦、建设美丽繁荣和谐四川(筠连)"主题教育活动精神;3.协商《筠连县旅游发展总体规划》(修编);4.审议通过政协筠连县委员会《关于优化发展环境促进企业健康发展专题调查报告》(审议稿)、《关于培育和壮大红茶产业专题调查报告》(审议稿)、《关于加强城市管理提升城市形象专题调查报告》(审议稿)。县长刘朝平对县政协履行三大职能给予充分肯定,认为县政协3个《调查报告》的课题选得好,且通过深入、全面的调研而形成,所反映的问题客观真实,原因分析透彻,所提意见建议适合筠连的实际,紧贴民生,中肯可行;还对《筠连县旅游发展总体规划》(修编)提出的意见和建议给予高度评价。

【政协筠连县第十四届委员会第十三次常委会议】2013年5月30日在县政协四楼会议室举行。出席该次常委会的常委会组成人员32名,请假8名,实到24名;县委组织部副部长潘云林列席会议。县政协主席黄静主持会议。会议议程:县委组织部副部长潘云林通报县委关于县级部门、乡镇科级班子调整以及人事任免情况;县政协常委会对县委调整的县级部门、乡镇科级领导干部候选人进行满意度测评。

【政协筠连县第十四届委员会第十四次常委会议】2013年7月24日在县政协四楼会议室举行。出席该次常委会的常委会组成人员32名,请假4名,实到28名;县委副书记叶光明、县人大常委会副主任张彬、县政府副县长王见华应邀参加会议,县委办、人大办、政府办、宣传部、法院、检察院、农业局、水务局、团林苗族乡等相关部门、乡镇负责人,部分评议组、视察组成员列席会议。县政协主席黄静主持会议。会议议程:1.听取县委关于县委十二届五次全会精神的通报;2.听取县人民政府半年经济工作情况通报;3.协商确定有关人事事项;4.审议通过政协筠连县委员会《关于民主评议筠连县农业局工作及行风建设的综合评议意见》(审议稿)、《关于后沟水库工程建设情况的视察报告》(审议稿)、《关于县人民法院工作情况的视察报告》(审议稿)、《关于县人民检察院工作情况的视察报告》(审议稿);5. 审议通过政协筠连县委员会《全体会议工作规则》(审议稿)、《常务委员会工作规则》(审议稿)、《主席会议工作规则》(审议稿)、《专门委员会组织通则》(审议稿)、《联络组组织通则》(审议稿);6.审议通过《政协筠连县第十四届委员会常务委员会关于学习贯彻中共筠连县委十二届五次全体会议精神的决议》(草案)。

副县长王见华通报，筠连县2013年上半年经济和社会发展情况和下半年工作重点。指出，上半年全县经济受全国经济下行和煤矿关停影响严重，经历史上最为艰难的时期，运行形势十分严峻，除投资和财政收入实现“双过半”，其余指标均未完成“双过半”任务。下半年按照县委确定的“12456”发展思路：抓项目建设，增强经济发展后劲；抓特色产业，夯实经济发展基础；抓乡村旅游，力推三产互动发展；抓基础建设，拓宽经济发展空间；抓民生工程，全力落实惠民政策；抓环境建设，营造良好发展氛围。县委副书记叶光明从发展思路、奋斗目标、主要任务、保障措施等四个方面传达贯彻县委十二届五次全会精神；重点强调县委确定的“12456”发展思路，坚持“一个取向”(科学发展、转型发展、和谐发展、加快发展)，实现“两大目标”(建成川南滇东北结合部经济强县、先于全市全面建成小康社会)，突出打造“四区”(综合能源深度开发核心区、美丽乡村特色旅游先行区、三产互动城乡统筹展示区、宜宾南向开发开放示范区)，实施“五大战略”(产业大转型战略、项目大会战战略、城乡大统筹战略、环境大优化战略、创新大驱动战略)，推进“六化”联动(突出项目支撑、推进新型工业化，突出城市做大、推进新型城镇化，突出农民增收、推进农业现代化，突出生态优美、推进文旅产业化，突出民生改善、推进社会和谐化，突出开拓创新、推进党建科学化)，要求政协常委要迅速传达、贯彻落实全会精神，切实把思想和行动统一到县委全会《决定》和王萍书记的报告上来，认真履行三大职能，奋力谱写实现伟大中国梦的筠连新篇章。

【政协筠连县第十四届委员会第十五次常委会议】 2013年9月27日在县政协四楼会议室举行。出席该次常委会的常委会组成人员32名，请假6名，实到26名；县委副书记叶光明、县人大常委会副主任张彬、县政府副县长师世秋应邀参加会议，县委办、县人大办、县政府办、县纪委、县委宣传部、县公安局、县住建局相关人员列席会议。县政协主席黄静主持会议。会议议程：1.传达学习市委政协工作会议精神；2. 听取县人民政府关于委员提案办理工作情况的通报；3. 听取县人民政府关于全县重点工程和重要民生项目实施情况通报；4. 听取县纪检监察机关关于党风廉政建设和反腐败工作情况通报；5. 听取县公安局关于社会治安管理工作情况通报。会议审议、表决通过《筠连县政协委员管理办法》；协商《筠连县城市总体规划》(编修)。与会常委结合筠连发展实际和发展前景，围绕《筠连县城市总体规划》(修编)，对城市功能定位、城镇体系定位、严格按规划，避免乡镇随意自行突破规划和做好与市城市发展规划对接等问题进行热烈讨论，提出许多有价值的意见和建议。县委副书记叶光明提出要求：一是要认真落实市委政协会议精神和县政协提出的《委员管理办法》；二是各部门要围绕县委、县政府中心工作，认真履职，多与县政协沟通，积极采纳好的建议和意见，政协委员要切实履行职责，加强相关工作的监督和建言献策；三是政府部门与县政协、县政协常委、委员要加强交流，通力合作，形成建设筠连的强大合力。县政协主席黄静要求县政协常委、委员们要克服工作上的困难，切实履行职责，多抽出时间抓好调研，多思考，为筠连发展多提好的建议和意见。

【政协筠连县第十四届委员会第十六次常委会议】 2013年11月15日在县会议中心五会议室举行。出席该次常委会的常委会组成人员32名，请假4名，实到28名；县委常委、常务副县长甘华锋应邀参加会议，县委办、县人大办、县政府办、县发改局、县交通局等部门负责人、县政协各委组负责人、界别召集人、政协机关全体干部列席会议。县政协主席黄静主持会议。会议议程：1.学习十八届三中全会精神；2.审议通过3项制度：县政协专委会与有关职能部门及单位对口联系制度(审议稿)、县政协界别召集人联系会议制度(审议稿)、县政协委组负责人联系会议制度(审议稿)；3.听取县政协2012年调查、视察、评议后相关部门落实政协所提意见、建议的7个情况汇报：听取县交通运输局采纳落实县政协民主评议县交通运输局行风建设后所提意见建议的情况汇报；听取县农办采纳落实县政协专题调研“关于‘5·20’产业工程”后所提意见建议的情况汇报；听取县文广新旅局采纳落实县政协专题调研“关于全县公共文化设施建设与管理”后所提意见建议的情况汇报；听取县国土资源局采纳落实县政协专题调研“关于建立筠连矿区地质灾害防治长效机制”后所提意见建议的情况汇报；听取县委农办采纳落实县政协专题视察“关于春风综合体建设情况”后所提意见建议的情况汇报；听取县园区办采纳落实县政协专题视察“关于船景、新维煤矿工程建设”后所提意见建议的情况汇报；听取电力公司采纳落实县政协专题视察“关于农网改造和电力设施建设工作”后所提意见建议的情况汇报。主席黄静对部门在采纳落实政协2012年调查、视察、评议后所提意见、建议上取得的工作成绩给予充分肯定，一是部门及时制定落实措施，认真安排部署具体工作，体现部门对政协所提意见和建议的高度重视；二是在落实上认真细致，整改富有成效；三是采纳落实效果明显，社会反响好，工作得到很大的提升。要求各部门进一步增加措施，加大工作力度，继续推进各项工作，政协也将进一步发挥自身优势，认真履行职能，共同为“建成强县、全面小康”目标贡献的力量。

【政协筠连县第十四届委员会第十七次常委会议】 2013年12月18日在县政协四楼会议室举行。出席该次常委会的常委会组成人员32名，请假2名，实到30名；县人大副主任张彬应邀参加会议，县委办、人大办、政府办、外宣办，县政协各委组负责人列席会议。县政协主席黄静主持会议。会议议程：1.审议通过有关人事事项；2.审议通过召开政协筠连县第十四届三次会议有关事项(10项):召开第三次会议的决定(草案),第三次会议议程(草案),第三次会议日程(草案),第三次会议秘书长建议名单(草案),第三次会议副秘书长建议名单(草案),第三次会议执行主席建议名单(草案),第三次会议各组组长、副组长建议名单(草案),第三次会议特邀、列席人员原则(草案),《政协筠连县委员会常务委员会工作报告》及报告人(审议稿),《政协筠连县委员会常务委员会提案工作报告》及报告人(审议稿);3.通报有关工作情况。

重要会议

【委组界别暨宣传信息工作会】2013年3月6日,政协筠连县2013年委组界别暨宣传信息工作会在县会议中心一会议室召开。县政协主席、副主席、秘书长,各专委会正、副主任出席会议,各联络组正、副组长,各界别召集人以及通联站全体成员参会。县政协副主席刘乐君总结2012年政协委组、界别工作,安排部署2013年委组、界别工作;县政协副主席韩世全总结县政协2012年宣传信息工作,安排部署2013年宣传信息工作;会议宣读调整政协通联站成员通知;会议对2012年度县政协宣传信息工作中李田钟等8名先进个人进行表彰奖励。县政协主席黄静就如何做好2013年县政协委组、界别暨宣传信息工作提出要求:一是围绕中心,服务大局,进一步推动委组、界别工作上台阶。以自身建设为抓手,把学习作为履行职能的第一要务,强化学习,夯实委组、界别工作基础;以履行职责为根本,强化政协意识和创新意识,主动作为履职尽责,推动委组、界别工作务实有效;以政协委员为主体,以落实"五个一"活动强化管理,以紧密联系委员强化服务,形成委组、界别工作的活跃局面;以协同配合为纽带,通过"上下联动、相互联合、对口联系"等方式开展活动,增强委组、界别工作的整体合力。二是把握形势,深化认识,进一步增强做好政协宣传信息工作的责任感和使命感。突出重点,彰显特色,以对政协重要会议、履职活动、委员先进事迹、人民政协理论等的宣传,努力提高政协宣传工作的针对性和实效性;把握特点、注重实效,广辟信息来源,努力提高社情民意参政质量;汇聚合力,创新载体,努力提升政协宣传工作的领导力和保障力。县政协副主席叶宗勇主持会议。

【民主评议县农业局工作及行风建设会】2013年8月26日,政协筠连县民主评议县农业局工作及行风建设大会在县农业局会议室召开,县政协主席黄静,县人大常委会副主任张彬,县政协副主席韩世全、邓月均、刘乐君,评议调查组全体成员,县委办、县人大办、县政府办、县委组织部、县纪委、县委宣传部、县监察局、县纠风办领导,县政协各专委会、联络组负责人,县农业系统全体干部职工参加会议。评议调查组委员肯定农业局在农业农村工作中作出的突出成绩,就如何发展特色农业、推动全县新农村建设提出的意见和建议。县政协副主席韩世全宣读《政协筠连县委员会关于民主评议筠连县农业局工作及行风建设的综合评议意见》。县农业局局长何甫作表态发言。县政协主席黄静对评议工作提出要求:一是县农业局高度重视县政协开展的民主评议工作,制定切实可行的整改措施,明确整改时间,务求整改实效;二是县农业局要加强自身建设,提升服务能力和质量、提升社会形象;三是评议调查组要加强跟踪督查,促使整改见成效。县政协副主席刘乐君主持会议。

【民主测评2012年提案办理工作会】2013年10月18日,政协筠连县2012年提案办理工作民主测评会在县政协四楼会议室召开,县政协主席黄静,副主席邓月均、刘乐君、叶宗勇,县政协秘书长张洪彬出席会议,县委政府督查目标办负责人、部分政协常委、政协提案委委员、各专委会、联络组负责人及部分提案人,县发改局、县委农工办等10个承办2013年10件重点提案和承办5件以上提案的单位主要负责人参会。办理人员分别就提案办理工作的主要措施、办理结果、存在的困难和问题向会议作通报,就提案办理工作进行交流发言、提出中肯意见和建议。参会政协委员从提案办理工作态度、重要性的认识、办理形式、办理质量、办理成效和委员满意度6个方面对10个提案承办单位的提案办理工作情况进行民主测评,综合评价满意和基本满意率均为96%。县政协主席黄静对提案办理工作取得的成绩给予肯定,就提案办理工作提出要求:一是统一思想,转变观念,深刻认识民主测评提案办理工作的重要意义;二是强化责任,狠抓落实,切实提高提案办理质量;三是围绕中心,服务大局,不断提高服务质量;四是密切联系,交流沟通,注重加强协调配合;五是学习借鉴,开拓创新,努力提升工作水平。政协副主席刘乐君主持会议。

政治协商 民主监督 参政议政

【政治协商】2013年,县政协全会对"一府两院"工作报告、计划、财政预决算报告进行整体协商,对县委干部人事任免、政协人事任免、《筠连县旅游发展总体规划》(修编)、《筠连县城市总体规划》(修编)进行专题协商;听取县委、县政府经济社会发展运行、全县重点工程、重要民生项目实施、提案办理情况通报和法院、检察院半年工作情况通报;听取县纪委监察局党风廉政建设和反腐败工作、县公安局社会治安管理工作情况通报,听取县委农工办、交通运输局、电力公司等6个单位关于县政协视察、调研后政协所提意见、建议落实情况的汇报。

【民主监督】一是民主评议扎实有力。4–9 月，县政协组织部分政协常委、委员和驻筠连市政协委员，分 4 个阶段对农业局工作及行风建设情况进行民主评议。民主评议分 2 个调查组，到部门、乡镇、村组及农户，共召开座谈会 26 场(次)，发放调查问卷 367 份，收到意见建议 96 条、问题 14 个。在评议中，县农业局认真分析和总结，制定出整改方案，班子及站所上下联动，加强农业法律法规宣传、农业技术及农机推广、农资市场监管、承包土地纠纷仲裁和农业队伍建设，促进县农业局规范管理，转变作风，提高工作效率。二是视察工作务求实效。围绕全县经济社会发展和民生改善，认真开展视察工作，先后对后沟水库建设及县法院、县检察院工作进行视察，提出意见和建议，促进完善落实与发展。三是特约监督规范有序。落实《特约监督员工作制度》，全年共向相关单位选派特约监督员 6 名，其中 2 名监督员旁听法院审判。四是配合环兴办开展企业对部门的测评工作 2 次。

【参政议政】一是深入开展"优化发展环境促进企业健康发展""培育和壮大红茶产业""加强城市管理提升城市形象"3 个专题调研。采取实地查看、召开座谈会、走访了解等掌握第一手资料，总结分析，提出建设性的意见和建议，分别撰写调研报告报送到市政协和县委县政府，其中《优化发展环境促进企业健康发展专题调研报告》得到市政协主席葛燎原的肯定性批示，并被市政协组织内摘发；县委书记王萍对该报告也作批示，县委常委、常务副县长甘华锋召集相关部门进行认真研究，将"切实推行服务事项办理时间的承诺和公示""多渠道多方式开辟行政审批绿色通道"等 9 大任务分解到具体责任单位，并提出工作举措，促使相关部门和单位服务更加热情到位，有效促进全县企业发展软环境的改善。二是配合市政协抓好"农村承包土地撂荒""餐饮服务食品安全""少数民族干部培养使用情况"3 项调研。

【提案工作】一是落实提案督办机制。继续坚持县委常委领衔督办政协重点提案，县政协主席、副主席领衔督办和专委会分类督办提案机制，创新建立副县长领衔督办政协追踪问效提案办理机制，《关于尽快启动筠连县城至巡司快速通道的建议》等 6 件提案，交由副县长对办理情况和办理效果进行追踪问效督办，承办单位加大落实力度，取得较好实效。全年收到提案、意见共 138 件，立案 123 件，确定 10 件重点提案，其中《加快推进宜昭高速公路四川段在 2013 年开工建设的建议》《关于加快推进巡司煤矸石发电项目前期工作，实现 2013 年开工建设的建议》确定为 1、2 号提案，得到县委书记王萍、县长刘朝平的亲自签批督办；《关于加强农村公路建设与管理的建议》等 8 件重点提案，得到其他县委常委的签批并领衔督办。二是开展提案办理民主测评制度，对承办 10 件重点提案和承办较多其他提案的单位进行民主测评，被测评单位的综合评价满意和基本满意率 96%以上，全年县政协提案办结率 100%，委员满意率和基本满意率 100%。三是建立提案课题征集和激励机制。全年召开提案课题征集会 2 次，共征集提案课题 31 件，表彰提案先进单位 6 个、优秀提案 7 件。

【社情民意】2013 年，县政协针对群众关心的医疗、教育、社会保障等民生问题，广泛收集社情民意，认真整理、编印，及时向市政协、县委、县政府报送，争取和督促相关部门解决"社情民意"反映的问题。共召开社情民意课题征集会 2 次，撰写社情民意 60 余条，编印 6 期，上报市政协 9 条，其中 3 条被市政协采用，2 条转报省政协，其中 1 条被省政协采用。

【中心工作】2013 年，县政协委员积极参加县委、县政府重要会议和重点项目指挥部、重点工作组工作。一是抓好双腾神羊洞、武德石龙湖旅游项目开发，船景煤矿、后沟水库、龙泉酒业技改等重点项目和重点工程建设。二是协力开展招商引资工作，加强与柯桥四川商会、上海、重庆、北京筠连商会的联系沟通，大力宣传筠连资源和发展环境以及招商引资优惠政策，配合县委、县政府召开招商引资项目推介会，其中 1名政协委员签约项目 3 个。

委组实践联谊活动

【委组工作】2013 年，县政协根据工作需要增补委员 9 名，免去委员 6 名，调整部分专委会和联络组负责人，编发委组信息 7 期 24 条；完善考核机制，加强委组工作目标考核，确保委组工作落到实处，表彰优秀政协委员和先进专委会、联络组。文教体卫委、法群委分别对县公立医院综合改革试点工作、全县建设用地保障工作进行视察；巡司联络组、沐爱联络组、维新联络组、双腾联络组、大雪山联络组组织委员开展"一事一议财政奖补项目工程""页岩气钻探"等视察；社联委配合县委统战部、县民宗局对民族地区小康建设进行调研；农科委对全县农民专业合作经济组织建设与管理进行专题调研。

【委员活动】2013 年，深化委员"三大行动"，通过"五个一"载体和"三级联系"制度，政协委员参加调研、视察和评议 250 余人次，提出提案、意见 123 件，撰写社情民意 60 余条，办好事、实事 120 余件，联系各界人士 300 多名。创新开展委员健康行动，邀请心理咨询师进行"阳光心态"健康知识讲座，帮助委员及政协机关干部职工塑造良好的履职心态。县政协委员"爱心行动"共募集款物 285.6 余万元。一是抗震救灾"爱心救助"，为芦山地震灾区募集款物 140

余万元，其中政协柯桥联络组募捐款物价值125余万元，刘东波委员捐助物资价值5万元。二是爱心助教，李幼兰委员分5年向筠连中学捐资100万元设立“筠连中学教育基金”，到位40万元，以表彰为筠连中学教育做出突出贡献的教师和资助成绩优秀的贫困学生；牵线四川政协报和成都清科集团为大雪山民主小学、武德共和小学捐赠约5万元的校服、文具，捐助1万元慰问5户孤寡老人。三是委员捐款3.4万元，援助11名大学贫困新生，协力“爱心行动”首批援助大学毕业生杨培海等3名紧缺专业人才引进到武德乡等单位。

【爱心助学捐赠】2013年8月21日，政协筠连县2013年委员“爱心行动”助学捐赠仪式在县政协四楼会议室举行，县政协主席黄静，副主席刘乐君，县政协秘书长张洪彬，县委办、人大办、政府办、外宣办、教育局、总工会、栋梁办负责人，受援助的学生及家长，筠连中学负责人，县政协各委组负责人，政协机关全体干部职工参加；县委常委、常务副县长甘华锋，县人大常委会副主任张彬应邀出席。对郭卫红等11名考入大学的筠连籍贫困新生进行捐赠，按“一本”4000元、“二本”3000元、“艺体本科”2000元的标准发放，共3.4万元。受助学生代表、家长代表作发言，与县政协办签订承诺书。县委常委、常务副县长甘华锋作讲话，希望受助学生正视贫困、矢志不渝，带着一颗孝心，好好学习，回报父母、家庭；带着一颗忠心，磨砺自己，回报社会；带着一颗感恩之心，树立良好榜样、形象，回报爱心人士、报效桑梓。县政协主席黄静通报县政协委员2008年来“爱心行动”的情况，对受助学生希望：一是希望刻苦学习，立志成才；二是希望自强不息，严于律己，树立正确的人生观和世界观；三是希望志存高远、胸怀博大、报效家乡；四是希望常怀感恩之心，发奋学习，感恩社会，回报祖国。要求：相关部门要做好宣传，为受助学生就业提供指导服务；学生家长要做好后续资金保障，保证子女完成学业；县政协“爱心行动”办公室要加强沟通、多方联动，全力做好后续工作，惠及更多的贫寒学子。县政协副主席刘乐君主持捐赠仪式。

【县政协诗书画社六届二次会议】2013年2月21日，政协筠连县诗书画社六届二次会议在县政协四楼会议室召开，诗书画社名誉副社长、县政协副主席叶宗勇出席会议，诗书画社全体社员参会。诗书画社副社长冯勇通报全县文化发展情况。诗书画社社长张洪彬总结2012年诗书画社工作，安排部署2013年诗书画社工作。诗书画社名誉副社长、县政协副主席叶宗勇对政协诗书画社2012年的工作给予肯定，希望广大社员要继续围绕“幸福筠连”主题积极创作更多优秀作品。政协诗书画社秘书长刘荣魁主持会议。

【交流联谊】2013年，参加昭通市鲁甸县和江安县“川滇黔二十五县（市区）政协工作联席会”，分作《切实发挥优势，助推县域经济跨越发展》《发挥协商民主作用，助力全面小康社会》的交流发言，得到参会好评。

【文史资料及诗书画社】2013年，完成《宜宾政协工作史料》（筠连县政协部分）的编撰工作，完成《筠连政协》（2013）年刊编撰出版工作。召开政协诗书画社六届二次会议，成功举办“庆国庆·美丽筠连”大型书画摄影展，市政协主席葛燎原及县四大班子主要领导受邀到场观展、指导。

自身建设

【宣传工作】2013年，加强政协工作动态宣传，共编发简报75期，撰写新闻稿件160余篇，被各级媒体采用142篇，其中国家级媒体采用27篇，其中《人民政协报》、人民网、中国政协新闻网12篇；省级媒体55篇，其中《四川政协报》20篇、《四川政协信息》35篇，市、县级媒体60余篇。9月，在江油召开的全省政协宣传工作会议上，作为全市唯一县（区）作《架起沟通桥梁，助推筠连发展》交流发言，被《四川政协报》选载。

【制度建设】2013年，坚持把制度建设作为政协工作的重要内容，县委批转创新的《专门委员会与有关职能部门和单位对口联系制度》。创新建立《界别召集人联席会议制度》《专委会、联络组负责人联席会议制度》，健全完善《全体会议工作规则》《常务委员会工作规则》《主席会议工作规则》，健全完善《专门委员会组织通则》《界别工作规则》《联络组组织通则》，进一步提升政协工作制度化、规范化、程序化水平。

（龙远波）

中国共产党筠连县纪律检查委员会

综　　述

2013年，全县各级纪检监察组织紧扣“实干增效年”主题和“安全发展，转型突破，‘六化’联动，实干增效”的工作基调，坚持围绕中心、服务大局，扎实推进环境兴县战略，以落实中央“八项规定”、纠正“四风”为重点推进作风建设，以完善惩防体系、深入开展社会评价为重点推进反腐倡廉建设，深化“三项建设”（全省纪检监察系统开展的能力素质建设、思想作风建设、基层组织建设）活动，严格落实党风廉政建设责任制，形成崇廉尚洁的良好风气，努力实现干部清正、政府清廉、政治清明，不断提升党风廉政建设群众满意度，党风廉政建设和反腐败工作取得明显成效。全县党风廉政建设群众满意度测评得分达85.19分，全省排名第55位，全市排名第3位，分别比上年上升62位、4位；对县级有关部门关键岗位干部实施以效能承诺、效能提升、效能跟踪、效能考评、效能问责“五步效能”为主要内容的工作法考评重点岗位中层干部、建立惩防体系数字化监管中心等工作。

重要会议

【中国共产党第十二届筠连县纪律检查委员会第三次全体会议】2013年4月3日，筠连县纪委十二届三次全体会议在会议中心召开。县委书记王萍、县长刘朝平以及副县级以上领导干部出席会议。县委常委、纪委书记张宗才代表县纪委常委会作《深入贯彻落实党的十八大精神，奋力开创党风廉政建设和反腐败工作新局面》的工作报告，报告深入贯彻落实中央、省、市纪委全会精神，总结全县2012年党风廉政建设工作，安排部署2013年党风廉政建设工作任务。县纪委常委会主持会议。

【纪委书记座谈会】2013年7月8日，筠连县纪委书记座谈会在会议中心召开，县纪委委员、工业园区纪工委书记、乡镇纪委书记、县级各部门纪委书记（纪检组长）、县属及县属以上企事业单位纪检组织负责人、县纪委监察局机关股室负责人共72人参加会议，县委常委、纪委书记张宗才出席会议并作讲话。

【“小金库”专项清查政治会】2013年9月9日，筠连县深入开展“小金库”问题专项清查工作会在县会议中心召开，各乡镇乡镇长、县级各部门、省市直属单位、县属企业、社会团体主要负责人参会。县委常委、纪委书记张宗才出席会议并发表讲话。

【宜宾市环境兴市暨诚信履约保护企业合法权益专项行动工作会】2013年11月28日，宜宾市环境兴市暨诚信履约保护企业合法权益专项行动工作会在筠连县浙商大酒店召开，市纪委监察局，市环境兴市领导小组成员、市级相关部门负责人，各县（区）政府常务副县（区）长、纪委书记及有关人员，筠连县委常委、常务副县长甘华锋，县委常委、纪委书记张宗才共200余人参加会议。市委副秘书长、市委办主任李涛，市委副秘书长白皓出席会议。市委常委、市纪委书记、市环境兴市领导小组组长向辉礼出席会议并作讲话，市环境兴市领导小组副组长、市中级人民法院院长孙重光出席会议并讲话。会前，与会人员参观了筠连县惩防体系数字化监管中心。会上，观看了筠连县环境兴县专题片，筠连县委书记王萍在会上作工作经验交流发言；市纪委副书记、市监察局局长余继红通报全市“小金库”、行业协会（学会）、市场中介领域“三项清理”前阶段工作开展情况；市纪委副书记张勇、熊鸣分别通报全市查处的五起环境兴市典型案例、政府投资工程竣工未验收及招商引资项目中签约未履约的有关情况；市中级人民法院院长、市环境兴市领导小组副组长孙重光总结年度全市环境兴市工作，对下一步工作提出具体意见，要求各级各部门要着力打造法治政府、诚信政府、服务政府。市环境兴市领导小组副组长、市检察院检察长蒋世林主持会议。

【惩防体系数字化监管中心建设工作推进会】2013年12月12日，筠连县惩防体系数字化监管中心建设工作推进会在县会议中心室召开，各乡镇、部门纪委书记（纪检组长）及县属及县属以上企事业单位分管党风廉政建设工作的领导参加会议。县委常委、纪委书记张宗才出席会议并就县惩防体系数字化监管中心建设推进工作提相关要求，县纪委相关领导对惩防体系信息网建设工作作安排部署和要求，“六平台”牵头单位责任人就相关平台建设作发言。

惩治和预防腐败体系建设

【党风廉政建设责任制】制发《中共筠连县委、筠连县人民政府关于2013年党风廉政建设和反腐败工作的意见》，按照“一岗双责”的要求，把全年反腐倡廉建设细化为20大项117小项，明确牵头单位和协办单位，做到任务分工具体、职责划分清晰、责任要求明确。坚持把反腐倡廉建设作为单位目标管理和领导干部考核评价的重要内容，形成落实责任制工作考核评价激励机制，确保党风廉政建设工作落到实处、取得实效。

【源头防腐】2013年，以“科技+制度”为支撑，以网络为载体，以加强对公共权力行使的监督制约为核心，实施科技防腐、透明行政、创优环境三大工程，采取“纪检监察机关主推、职能部门主抓”的方式，利用信息技术和科技手段，初步建成“1网3方阵6平台”(1个惩防体系信息网，机关、农村、企业3个公开监控方阵，行政审批电子监察、行政执法电子监察、公共资源交易电子监察、阳光农廉、党风廉政建设责任制管理、政民政企互动“6个监控管理平台”)惩防体系数字化监管中心，构建一个纵向贯通县、乡镇、村，横向涵盖行政审批、行政执法、资源交易、资金监管等重点领域和关键环节的预防腐败工作体系，及时主动公开重大项目进展、各部门行政权力运行事项、民生资金管理使用等人民群众关心关注的热点、难点问题，促进公共权力运行信息公开、监管强化、程序规范、责任清晰，最大程度地减少暗箱操作、人为因素干扰、自由裁量空间，规范权力公开透明运行，着力实现“把权力关进制度的笼子里”。

【贯彻落实中央“八项规定”纠正“四风”】一是及时学习传达，领会精神实质。二是结合工作实际，深入贯彻落实。及时转发和出台遵守“八项规定”、纠正“四风”方面的相关文件，对精文简会、领导活动、调查研究、廉洁自律、纠正“四风”等方面作出明确要求和规范。三是强化督办力度，实施严格监管。2次召开专题会议通报全国、省、市31起违反“八项规定”和涉及“四风”典型案件，结合实际专题重申“十个严禁”(全县党员领导干部严禁以下十项内容：严禁借操办婚丧喜庆事宜聚财敛财，严禁私驾公车和酒后驾车，严禁参与任何形式的赌博，严禁出入高档娱乐场所，严禁上班时间做与工作无关的事情，严禁用公款相互宴请，严禁用公款送礼及购买香烟、高档酒，严禁违规收受礼金礼券、有价证券、商业预付卡和各种支付凭证，严禁用公款旅游和变相公款旅游，严禁用公款参与高消费娱乐、健身活动)。认真开展“小金库”问题专项清查、规范公务用车、“三公”经费、违规收受礼金和有价证券等专项治理。由县纪委常委分别带队，对乡镇、部门落实“八项规定”、纠正“四风”进行专项监督检查，加大明察暗访力度，春节、中秋国庆等期间组织暗访20余次，检查中发现的1起公车私用人员由所在单位给予解聘处理，发现的1起私驾公车人员给予停职检查处理，对涉及单位给予全县通报批评；对群众反映7名党员干部违规大操大办婚丧喜庆、借机敛财给予及时提醒、纠正、制止或查处。

【社会评价工作】一是严格执行党风廉政建设责任制，坚持宣传教育、督察暗访、书记约谈、入户走访、问题反馈、逗硬奖惩六大机制，制定《县纪委主要负责人同下级党政主要负责人谈话制度》《县纪委约谈县纪委委员和全县纪检机构主要负责人制度》，对年度评价结果最后一位的乡镇和排名最后两位的部门实施问责。二是召开3次会议分阶段安排部署党风廉政建设社会评价工作。5月6日，筠连县2013年党风廉政建设社会评价工作会议召开，专项安排部署全年党风廉政建设社会评价工作，县委书记王萍出席会议并讲话，县委常委、县纪委书记张宗才提具体要求。三是县纪委常委带队的7个暗访督察组，对乡镇、部门党风廉政建设工作进行暗访督察30次，发出督察通报2期，向相关单位反馈收集问题300余个，督促限时整改。四是委托县统计局对各乡镇、部门党风廉政建设工作开展电话抽查，在县惩防体系数字化监管中心党风廉政建设责任制平台设置社会评价栏目，实现网上动态评价。五是加强农村党风廉政建设，采取走村入户、调查问卷等方式了解广大群众的诉求。开展农村集体“三资”(农村集体资金、资产、资源，农村集体资金指村组集体所有的货币资金，包括现金和银行存款；农村集体资产指村组集体投资兴建的房屋、建筑物、机器、设备等固定资产，水利、交通、文化、教育等基础公益设施以及农业资产、材料物资、债权等其他资产；农村集体资源指法律法规规定，属集体所有的土地、林地、山岭、草地、荒地、滩涂、水面等自然资源)专项清查，纠正损害农民切身利益的不正之风和突出问题。全年，查处涉农纠风案14件，通过督办为农民工追讨工资99万元。

【勤政廉政宣传】通过开展廉政文艺巡演、廉政短信、廉政标语、廉政挂历、廉政手册等反腐倡廉活动，在人民网开通官方微博“清廉筠州”，营造反腐倡廉氛围。中纪委监察部采用信息3条，省、市纪委采用信息29条，市级以上媒体宣传报道305条。在四川电视台《聚焦廉政》以“正风肃纪进行时”“视频追踪”为题对筠连环境兴县数项创新工作专题报道，宜宾电视台“清廉宜宾”栏目宣传报道筠连县党风廉政建设10期，《华西都市报》《宜宾日报》、宜宾新闻、“廉洁宜宾”多家媒体宣传报道筠连开展的重点岗位中层干部效能建设工作。对新提拔、交流的53名干部集体廉政谈话,专题开展党风廉政建设警示教育报告和宣讲8场次,组织廉政文艺巡演2场次,组织学习和观看反腐倡廉警示教育片300余场次。筠连中学、春风村、县国税局被市纪委监察局命名为全市廉政文化示范点。

【案件查办】2013年,整合办案工作力量,创新办案工作机制,敢于逗硬较真,查处一批有影响的典型案件,发挥查办案件治本功能。创新建立"常委牵头办案"机制,成立重大疑难案件"审理委员会",推行案件质量"双交叉"(县纪委监察局组织乡镇之间交叉检查案件质量和处分执行情况)检查制度,不断提升查办大案要案能力和水平。全年,县纪委监察局共受理信访举报180件次,立案查处违纪案件84件84人,其中重点类案件30件30人、大要案7件7人,追缴违纪款400余万元,为国家避免和挽回经济损失1000余万元。注重保护干部,及时为32名干部澄清事实,有效保护干部干事创业积极性。

自身建设

【班子建设】坚持纪委委员列席常委会制度、有关部门领导旁听常委会议和监察局长办公会议制度,全年共召开15次纪委常委会和10次监察局长办公会议。

筠连县第十二届纪律检查委员会委员

表5

姓　名	职　务	备　注
张宗才	书记	
兰　湘	副书记	
万家其	副书记	5月起
邓　林	常委	
雷　霆	常委	
何　玲	常委	女
宋金培	常委	
熊　平	委员	土家族
何兴军	委员	
熊　刚	委员	
郑加林	委员	
陈　叙	委员	
杨文龙	委员	
霍　娟	委员	女
舒　爽	委员	12月止
曹立华	委员	女
张　椿	委员	
程全美	委员	女
邹林易	委员	
徐元金	委员	
谢国刚	委员	

【队伍建设】2013年,县纪委监察局增加行政编制1名,下属事业单位筠连县党员干部廉政教育培训中心增加事业编制5名。按照县委"三治理三激发三增加"作风专项整治活动要求,与纪检监察系统"三项建设"专项活动、纪检监察干部会员卡清退活动等有机结合,加强纪检监察干部队伍作风建设,全面完成纪检监察干部会员卡清退活动。邀请市纪委、市二医院、宜宾学院专家领导在县委党校对90余名纪检监察干部参加心理疏导、健康知识、案件审理、案件查办等专项培训5场次;组织全县纪委书记工作座谈会、纪检监察干部述职述廉工作会;县纪委监察局机关坚持双周例会政治业务学习制度;组织纪检监察干部开展作风知识测试,"三项建设"活动测试、保密知识测试,提升纪检监察干部的能力素质和履职水平。按照上级纪委安排,有3人被抽调到省、市纪委专案组参加调查办案,得到充分肯定;规范纪委书记(纪检组长)分工。县纪委监察局机关干部受省、市、县表彰20余人次。

【矿监办工作】2013年3月29日,县政府以筠府发〔2013〕17号文件批准成立筠连县矿业监察办公室(简称矿监办),挂靠县监察局,目的是强化矿业特别是煤矿安全生产监督管理,加强对矿业行政管理和安全生产监管机构及其人员履行职能职责的监督力度。全年,对各乡镇煤矿企业监督检查112余次,参与配合煤矿复产复工验收、"五核定"工作等35矿次,发现煤矿存在的问题400个、驻矿盯守人员存在的问题35个、乡镇存在的问题15个,提出整改建议50条,跟踪处理重点问题25条。处理未落实安全责任13人,责成相关主管部门及乡镇处理违规企业2家。

【内设机构调整】2013年12月,按中央、省、市纪委关于内设机构调整的要求,县委机编委同意县纪委监察局内设机构设置为7个内设机构,即办公室、信访室(挂举报中心牌子)、案件审理室、党风政风监督室、执法和效能监督室(挂行政效能投诉中心牌子)、纪检监察一室、纪检监察二室,设主任7名(按副科级配备),原内设机构及其领导职数不再保留。县纪委监察局进一步优化机关结构,更加突出纪检监察主业,人员配置进一步向办案和监督倾斜,合并党风室、纠风室,成立党风政风监督室;合并执法监察室、效能室,成立执法和效能监督室;增设纪检监察二室。

(曾云峰　苏　敏)

社会团体

筠连县总工会

【概况】2013年,县总工会以“实现伟大中国梦、建设美丽繁荣和谐四川(筠连)”活动为载体,按照县委“实干增效年”的工作主题和“安全发展、转型突破、六化联动、实干增效”的主基调,围绕县委、县政府“12456”发展战略和市工会四大提出的“建功立业梦、体面劳动梦、共享成果梦、素质提升梦、有家可依梦”战略部署,为筠连经济跨越发展做出新贡献并取得新业绩。

【经济技术创新】一是在规模以上企业中开展以“我为节能减排做贡献”“万名职工大比武”活动为载体,开展群众性经济技术创新活动,企业参与面达95%,职工参与面达到98%;同时,在女职工中开展素质提升建功立业活动,引导女职工树立新观念,学习新知识,掌握新技能,打造新形象。醒世茶叶公司刘婧等3名女职工获省第二届茶产业职业技能大赛决赛功夫茶艺技能一等奖1个和三等奖2个。二是以“工人先锋号”为载体,在广大职工中开展岗位练兵、技能竞赛、提合理化建议、“我为节能减排献一策”等职工群众性活动,不断提高职工技能技术水平。三是以“万名职工大比武”活动为载体,开展“安康杯”竞赛,86家非煤矿企业参加,涉及职工1.2多人,全县规模以上企业100%参加活动。

【女职工活动】通过各种会议、培训、读书活动、演讲、知识竞赛等形式引导女职工开阔眼界,丰富知识,提高修养,先后举办各类女职工培训班23期,近1000名女职工参加学习。开展女职工家庭“五好文明家庭”评选活动,通过基层工会的筛选、推荐、公示,由乡镇工会上报,对照条件,27户女职工家庭评选为“五好文明家庭”。组织3名女职工参加省“三八”座谈会。

【“四季送”活动】一是春节慰问,由县总工会组织,相关县领导带队分别登门慰问看望困难职工、劳模20人,发放慰问金2万元。二是夏季送清凉,向广电网络公司、煤都公交公司、交警大队等7家单位开展送清凉慰问活动,为奋战在酷暑中的职工800余人,送去藿香正气液、太阳伞、西瓜、饮用水等防暑降温物品价值1万多元。三是金秋助学。共筹措资金18.77万元,资助207名困难学生上学,其中资助县内在读中小学生157人,新考入大学的困难职工子女50人。开展“关爱留守儿童,你我共同担责”活动,30名女职工与外出务工农民工子女结“亲情对子”30对,“六一”组织参与慰问,关心留守儿童。四是落实中央财政、省财政、省总工会、市总工会专项资金46.58万元,按生活救助、助学救助、医疗救助、职业培训等类别,对全县困难职工和困难农民工817人,实施帮扶救助,实现帮扶工作常态化和普遍化。

【主题教育】在工会系统积极开展“中国梦主题教育活动”,成立主题教育活动工作领导小组,明确指导思想、工作目标、治理内容、工作步骤和要求,确保工作按进度要求有效推进。一是召开支部会,学习中共十八大精神,全体干部职工轮流讲党课,作辅导报告,在会上展开积极讨论,交流学习心得;二是邀请专家讲师进行主题教育活动专题讲座;三是开展“千名机关干部助民解困下基层”活动,结合“面对面、心贴心、实打实,服务职工在基层”活动进行服务工作。利用“专题调研月”(3月)到部分乡镇与企业职工亲切交谈;召开座谈会,发放调查问卷300余份,对职工思想状况进行收集,形成调查报告。四是继续按照各项标准,每年投入上万元资金为全体职工进行健康体检、搞好单位绿化、邀请专家进行健康教育等。

【诚信教育实践】大力开展以“凝心聚力跟党走、复兴中华立新功”“中国梦、劳动美”为主题的宣传教育和诚信教育实践活动,结合“创建学习型组织、争做知识型职工”活动,在企事业单位中开展职工诗词创作活动,企事业单位参与率达97%。在沐爱镇举办职工男子篮球赛,有11支队伍参加比赛。开展“职工书屋”建设,建成10个县级“职工书屋”,其中自来水公司、玉壶社区被市总工会评为市级“示范职工书屋”。

【“六五”普法】一是积极协调配合开展《中华人民共

和国劳动合同法》《中华人民共和国职业病防治法》《女职工劳动保护特别规定》等职工合法权益保护法律法规的宣传咨询活动4次,发放各种宣传资料2万份。二是贯彻落实《关于在工会干部和职工中开展法制宣传教育的第六个五年规划(2011–2015年)的通知》。三是开展“六五”普法工作,成立“法治单位”创建领导小组、制定实施意见、目标考核细则,开展形式多样的法制调研和宣传活动。四是组织由工会主任或主席、工会干部和职工共180余人参加的“法制教育全覆盖,促进实现中国梦”“法律大讲堂”,邀请四川瑞龙律师事务所律师和法律专家以案说法。10月,会同县安监局先后在维新、高坎等乡镇的4个煤矿举办农民工安全生产技能培训班,专题培训劳动保护、职业病防治及煤矿安全生产法律法规知识等。其间,县总工会安排2名律师到场专题讲解劳动合同、工伤赔付等法律法规知识,以案说法讲解职工维权方法等,发放《中华人民共和国劳动合同法》《中华人民共和国工会法》《工伤保险条例》《中华人民共和国社会保险法》及职工维权卡700份。

【劳动争议调解体系建设】 按要求建立健全县、乡镇、规模以上企业劳动争议调解三级网络,构建多渠道的劳动争议调解体系,逐步形成企业调解、基层调解、社会调解的争议调解工作网络,依法公正及时处理劳动人事争议案件。积极推进女职工专项集体合同的签订工作,通过张贴宣传画、标语,利用板报、墙报、专栏等形式,向1.35万名职工宣传《女职工劳动保护特别规定》,全县累计签订25个专项,覆盖290个单位的女职工3659人。

【工会联席会议制度】 积极推进工会与政府联席会议制度。4月,启动职工“三中心”(职工活动中心、职工帮扶中心、职工法律援助中心)和评选第二届县劳动模范和先进工作者工作,得到县政府的大力支持。“三中心”建设通过政府常务会议,完成审批、立项等前期工作;第二届县劳动模范和先进工作者的筹备工作有序进行。

【职工法律援助】 一是把职工法律援助经费列入本级工会年度预算。困难职工的法律援助补助资金从中央、省、市、县困难职工帮扶资金中列支,做到应援尽援。二是建立工作制度,与县瑞龙律师事务所续签合同,完善工会律师法律团工作机制,开展工会职工法律援助维权服务规范化建设并落实基层工会法律顾问委派制度,覆盖18个乡镇和21个系统、行业联合工会及企业工会,全年律师团为困难职工提供法律咨询70人次。

【工资集体协商】 一是继续在非公企业中开展工资集体协商、职业病防治专项集体合同、女职工专项集体合同的签订。通过成立领导小组、召开会议、落实人员、划拨经费、形成合同样本、分组分类进行指导、纳入年终考核、一票否决等方式,全年共续签工资集体协议114份,涵盖企业576家,其中新签订24份,涵盖企业167家,签订率100%;签订职业病防治专项集体合同131份,涵盖企业106家,签订率100%。二是培育工资集体协商示范企业。重点在非煤矿山行业、交通运输行业、食品加工行业进行工资集体协商专题培训,就企业工会干部如何签好协议,协议蓝本、邀约、协商、签订等进行指导,培育百兴公司、好牛旺食品公司作为全县工资集体协商工作的示范企业,引导其他企业。三是继续开展煤矿安全群众监督,成功招聘市级监督员2名,参与安全事故调查4起,赔偿金额高于国家规定标准。

【“劳动合同法”落实】 贯彻实施《中华人民共和国劳动合同法》,会同相关部门开展黑中介查处、非法用工、清欠农民工工资、劳动合同签订、社会保险参保等专项执法大检查活动,全年检查用人单位共120户,涉及劳动者8000余人,清理追回农民工工资近10万元。

【干部培训】 一是组织工会干部15人次参加全国总工会、省总工会、市总工会组织工会干部、工资集体协商指导员培训。二是开展县级工会干部培训。9月27日,对180名基层工会干部业务培训,培训内容有传达省总工会十三大、市总工会四大精神,学习省委《关于进一步加强和改进新时期工会、共青团、妇联工作的意见》,对工会组织建设、会员发展和新时期如何发展好工会组织、法人资格登记等。同时,购置60套工会业务培训教材发放到各企业。

【困难职工培训】 深化就业促进行动,会同就业部门,开展以下岗失业人员、农民工、困难职工为主的职业培训,培训人员9500人。

【惠民帮扶】 发挥惠民帮扶中心作用,帮扶工作规范开展,建立帮扶制度,管理规范,完善帮扶体系、拓宽帮扶渠道,形成“党委重视、政府支持、工会主抓、层层落实”的工作格局,解决困难职工群众生活难、就业难、看病难、维权难、子女上学难等现实问题,维护职工队伍稳定。充实县困难职工帮扶中心工作人员,健全运行机制、日常工作制度、困难职工档案管理制度、专项资金安排会议制度、困难帮扶公示和监督制度等规章制度。制发《关于加强困难职工档案管理的通知》,对系统内困难职工档案进行清理,总数由3120份减少到1025份,有368名职工脱困撤档;农民工档案由2678份减少到905份,有324名农民工脱困撤档;补充552份困难职工档案。

【劳模推荐与关爱】 一是组织开展评选推荐第四届市级劳动模范工作，经各乡镇、各部门层层推荐、公示、上报、审查，范钦刚、黄平云、江敏、李国会、王光民、王其聪、杨茂强7人被宜宾市政府授予宜宾市第四届劳动模范称号。二是落实劳模待遇。开展劳模关爱周活动，组织所有劳动模范免费健康体检，建立健康档案；按时发放劳模慰问金、劳模困难补助金、荣誉津贴。

【下岗再就业工作】 完成城镇失业人员再就业169人，完成市政府下达任务的120.7%；资助家庭困难职工子女上学207人，完成县委、县政府下达任务的138%；开展下岗失业人员职业培训355人，安排专项资金46.58万元为建档困难职工提供生活和医疗救助，每人每年300元-1000元。

【职工医疗互助行动】 2013年，开展职工医疗互助行动，完成职工医疗互助保险195人，参加女职工大病互助保险181人，为2名患病女职工办理赔付2万元。开展以职业病防治为主的劳动保护监督工作，与131家企业签订职业病防治专项合同。

【农民工工作】 一是在春节期间发放2万余份《农民工务工指南》《中华人民共和国劳动合同法》《中华人民共和国社会保险法》《中华人民共和国劳动争议仲裁法》《四川省农民工合法权益维权卡》《农民工职业病防治宣传画》等10种与农民工切实利益相关的宣传资料；二是开展农民工培训、职业介绍等，会同相关部门大力开展非法用工查处、追收农民工工资、劳动合同签订、社会保险参保等专项执法检查活动。全年共检查用人单位76户，涉及劳动者1080人，追缴拖欠农民工工资242万元，补缴社会保险120人。

【"两个普遍"工作】 一是继续开展"两个普遍"（普遍建立工会组织、普遍签订工资集体协商协议）工作，推进基层工会组织建设发展，全县工会委员会732个，工会组织1118个，增加169个，企业建会98%。新工会组织均建有经费审查委员会、女职工委员会、劳动保护监督机构。二是做好职工入会，提高职工入会率。全县工会会员55973人，新发展1883人，职工入会率98%。三是推进"双措并举、二次覆盖"（成立区域性、行业性联合工会和聘请社会化专职工会干部指导基层两措施，对基层组织进行第二次覆盖），加大行业工会组建力度，认真核实新增加的164家企业，按照同一区域、属性相同或相近企业（原则上5家以上企业）成立联合工会委员会的工作方法，纳入原9个联合工会委员会，实现覆盖率100%。

【工会规范化建设】 一是以开展"双亮双比双争"（工会组织亮牌子比规范争创先进工会、工会主席亮身份比服务争当模范职工之友）活动为载体，推进全县工会规范化建设。继续执行《关于在基层工会开展"双亮双比双争"活动的意见》，明确提出活动开展的范围、目标，明确工作重点，与建立奖惩机制、"三治理三激发三增加""面心实"活动相结合，把公示牌、坐牌、联系卡、胸牌样本发到各基层工会，使整个活动按规范化要求开展，全县"双亮"活动开展面90%，工会整体工作有新提高，工会干部自豪感增强。二是按照省市总工会的标准，乡镇工会以"六好"（党委政府重视支持好、组织网络健全好、履行基本职责好，指导帮助基层好、服务职工群众好、围绕中心工作开展好）进行标准化建设；社区工会以"五优"（组织建设优、促进发展优、权益维护优、活动开展优、服务职工优）的标准进行验收。在18个乡镇分别开展1个规范化的基层工会组织，以社区为重点开展"标准化建设"先进工会和"职工之家"的建设。到大雪山镇、镇舟镇等基层工会进行调研，支持基层工会创建"标准化建设先进工会""模范职工之家"，全县共建成50个标准化先进工会。凡省、市、县级"职工之家"、县级标准化建设工会和新申报的基层工会均开展会员评家活动，基层工会开展"会员评家"达100%，有效地强化基层工会组织自身建设。

【工会法人资格登记】 一是加大宣传，通过各种会议向乡镇系统工会介绍、培训相关登记工作及流程；二是把登记工作与回拨工会经费设立工会独立账户相结合，促进其登记；三是把工会法人登记工作纳入对各基层工会工作年度目标考评。年末，全县有190家企事业单位工会完成法人资格申请登记手续，其中县级机关事业单位工会47家，教育系统工会23家，乡镇、村（社区）工会44家，企业、专业合作社工会76家。

【厂务管理】 2013年，继续深化厂事务公开民主管理，在县级示范工会、县级及以上模范职工之家、工人先锋号的单位中全面开展以职代会为基本形式的厂事务公开民主管理工作，全县国有、集体、控股企业、事业单位开展率100%，达到市级要求的占86%，规模以上企业的开展率87%。推行职工董事、监事制度，全县国有企业工会主席进入企业董事和监事达100%，非公企业职工董事、监事制度稳步推进。向全县企业印发《四川省职工代表大会条例》《加强企业职工代表大会制度规范化建设实施办法》《企业工会工作条例》4000余份，撰写职工民主管理理论文章5篇，其中被市总工会评为一等奖1篇，评为二等奖2篇，评为三等奖2篇。

【工会经费管理】 一是全面推行工会经费全额代征和财政全额代扣,按时足额划拨工会经费。全县行政事业单位工会经费足额列入财政预算,全面实现财政代扣200万元,地税代征工会经费完成700万元;上缴市总工会54万元。二是财务管理规范,财务制度健全。年初编制上报预算,期中根据收支变化情况,及时调整预算报请市总工会批准。严格预算管理和专项资金管理,严格按批准和规定的用途使用各类资金。三是健全资产管理监督机构,完善工会资产管理监督机构和管理监督制度,完成工会资产清产核资、产权界定、产权登记、资产评估、资产统计等工作。从市场情况看,工会划拨的土地、门面增值率10%以上。四是工会经费审查,年初召开经审全委会,审计本级2012年度财务决算和2013年度财务预算。五是强化县级监督,对2012年度工会经费预算执行情况(决算)、送温暖资金、帮扶专项资金进行审计。六是对县宇顺公司工会、筠州公交公司工会、胜利街小学工会、城南职业中学工会、乐义乡中心校工会、统战部工会、畜牧局工会、乐义乡政府机关工会8个单位的工会经费收支情况进行审计,对部分基层单位工会财务处理不太规范等现象,提出审计意见和建议8条,限期整改,起到“审、帮、促”的作用。

【调研与信访】 一是加强工会信息工作,完善信息工作制度,提高信息撰写奖励标准,激发职工撰稿积极性。至11月底,上报信息68篇,其中省总工会采用1篇、市总工会采用22篇、县委采用46篇,涉及女工、安全、组织建设、财务等内容。二是健全工会理论和调查研究机制,班子领导带头完成《浅谈和谐劳动关系的构建》《县域私营企业职工民主管理的思考》《关于厂务公开民主管理工作的几点做法》等12篇调研文章,超额完成市总工会调研任务。三是加强信访工作,全县各级工会接待信访案件178件,全部办结;县总工会接到信访案件17件,办理完结17件;参加全县信访维稳工作会议3次,参与县信访局组织的协调会2次。

(张成华)

共青团筠连县委员会

【概况】 2013年,共青团筠连县委紧扣县委“12456”发展战略,坚持党建带团建,履行团的四项基本职能,努力提高团的建设科学化水平。在全市年度考核中,综合工作考核获特等奖,党建带团建、留守学生关爱、未成年人保护、预防和减少青少年违法犯罪工作均排在全市前列。

【团的基础建设工程】 一是扎实开展党建带团建工作,代县委拟稿并印发《关于在新形势下加强党建带团建工作进一步增强基层团组织活力的实施意见》,进一步完善和明确党建带团建工作的指导思想、目标任务、工作要求和保障措施,激发基层团组织工作活力,增强对农村青年的服务、吸引、凝聚和覆盖,巩固和扩大党在农村的青年群众基础。二是深化乡镇实体化“大团委”(即以组织格局创新后乡镇团的委员会为主要力量,由乡镇依托区域性、功能性聚集载体建立的大量直属团组织构成的实体化的乡镇团委)建设,扩大新经济组织、新社会组织“两新”组织团建覆盖面,全年建成“两新”组织团建27个、新社会组织团建10个。三是改进作风。结合县委“三治理三激发三增加”作风建设活动,加强机关效能建设,改进工作作风,引导广大团干部忠诚党的事业、热爱团的岗位、竭诚服务青年,做党放心、青年满意的团干部,通过开展优秀团队组织和个人、青年安全生产示范岗和示范标兵的评选,廖成强、唐光聪、万通莎被团市委表彰为全市优秀共青团员,张胜均、陈虹全被团市委表彰为全市优秀共青团干部,筠连中学团委、双腾镇团委、县法院团支部、县医院团支部被团市委表彰为全市五四红旗团委(团支部)。

【青少年思想文化建设工程】 一是深化主题教育,开展“五四”系列“青字号”主题活动。4–5月,围绕县委、县政府部署,在全县开展纪念“五四”运动94周年系列“青字号”主题活动,所有中小学通过青春榜样、青春志愿、青春关爱、青春励志、青春礼赞、青春誓言等系列活动,掀起弘扬共青团光荣传统的热潮。开展“实现伟大中国梦、建设美丽繁荣和谐四川(筠连)”主题教育活动,按照以组织建设、教育引导、活动载体为抓手,强化保障、强化覆盖、强化实效“三抓三强化”工作思路,创新团委工作,丰富团建工作内容。二是强化青少年思想道德建设,利用节会开展活动,组织开展“三月学雷锋·树新风·我行动”志愿服务活动,清明节“缅怀革命先烈·弘扬民族精神”祭扫活动,助残日“用关爱托起中国梦”残疾儿童爱心圆梦活动,重阳节“心系夕阳红尊老敬老青年志愿服务”活动,纪念“一二·九”学生爱国运动等系列活动,促进共青团在青少年思想道德建设上实现新突破。三是运用微博、网站、QQ群、手机报等媒体,推进青少年分类引导工作。建立“筠连青年网”,开设“筠团快讯”“镇乡团情”“青春足迹”等专栏,以“筠连青年手机报”为重点,累计发送手机报80余期,覆盖青年2万余人,加强利用传统媒体和网络媒体合作,强化宣传,编写《筠连团讯》126期。

【青年人才培养工程】 一是强势推进青年创业就业。开展“见习助就业·牵手毕业季”活动,结合已创建的12个见习基地,为77余名青年提供见习岗位。与县农业银行、商业银行、农商行联合开展青年创业小额贷款,发放青年创业小额贷款1586万元,帮扶93个青年创业项目,带动就业953人。二是提升服务青年技能。联合县委农工办召开“百村春风工程”培训会议,惠及青年2900余人;联合县烟草公司、县烟办举办烤烟生产病虫害防治暨“青春耀筠州”青年产业技能培训会,培训农村青年240余人。推动青年就业创业工作,成立“筠连县青年创业导师团”,为创业青年提供创业帮扶,增加创业成功的机会。三是开展青年联谊交流,召开青年干部人才座谈会,成立青年干部人才联谊会,构建青年干部人才“交流思想、增进友谊、提升素质、健康成长”平台,促进青年干部更加努力工作、热爱生活、健康成长、扎根筠连,有180余名青年干部加入首届青年干部人才联谊会。

【青春助困创和谐工程】 一是加大“爱心助学、助困”工作力度,开展“栋梁工程”“国酒茅台·国之栋梁”“四川烟草‘至诚’”“山城啤酒”公益助学活动,资助学生98人,发放助学金30.5万元。开展“快乐暑期·快乐学校”“快乐留守·暑期夏令营”活动,在巡司镇、维新镇、武德乡、沐爱镇新建“留守学生之家”4所。二是参与“圆梦行动”,凝聚社会力量,开展走访慰问送温暖、家庭团聚送亲情、亲情大讲堂送关爱、励志教育送文化、免费体检送健康等活动,覆盖全县9000余名留守学生,帮助困难留守学生实现心愿1758个,为留守学生送去价值3万余元的“爱心圆梦”包裹。

【青年志愿者行动】 组织青少年志愿服务开展“传承雷锋精神·参与志愿服务”“心手相牵”等100余场,动员3万余人次志愿者参与,帮扶空巢老人100余人、残疾人50余名、留守学生2000余名。在“4·20”雅安芦山地震后,筠爱义工协会组织志愿者募集矿泉水、药品等物资价值3.8万元,并送到地震灾区。

(罗惠文)

筠连县科学技术协会

【概况】 2013年,县科协深入开展青少年科技教育等科普活动,大力推进农技协组织建设。双腾镇苔草金桂科普示范基地获中国科协、财政部农村专业技术协会先进单位,县竹产业协会获省科协、省财政厅农村专业技术协会先进单位,城南社区获省科协、省财政厅、省精神文明建设办公室“四川省科普示范社区”称号;组织参加市科学技术协会第四次代表大会,被表彰为市科协工作先进单位,获市2009–2013年“金桥工程”表彰奖励优秀项目4个、优秀组织单位1个、优秀组织者3个。

【创建全省第五批科普示范县工作】 根据四川省科学技术协会《关于确定第五批全省科普示范县(市、区)创建单位的通知》(川科函〔2013〕18号)精神,县委、县政府高度重视创建工作,申报了《关于创建四川省第五批科普示范县的请示》(筠委〔2013〕4号),并于5月21日在县会议中心召开筠连县创建四川省第五批科普示范县动员大会,县科协牵头具体工作。县科协以创“全省科普示范县”为契机,理顺各级科协组织,至年末,建立乡镇科协组织18个,243个行政村和14个社区(居委会)建立了科普小组,成立科普志愿者队伍,配备有科普宣传员90人;各类协会49个会员3.7万人,带动农民176100余人;建成各类科普活动站102个、科普宣传栏90个;制作“百米科普画廊”1个;成功创建科普示范乡镇10个、科普示范村100个、科普示范户2000个、科普示范基地30个,初步形成以县科协为中心,以乡镇科协、村科普小组、农村专业技术协会为基础,以农村科普示范户、科技致富能手为骨干,联系千家万户的农村科普网络,创建“科普示范县”各项工作有序推进。

【落实《纲要》】 2013年,继续贯彻《全民科学素质行动计划纲要》,把科普工作纳入党政机关目标考核,对科普工作做出突出贡献的集体和个人予以表彰。加强与大众媒体合作,利用报刊、广播、电视开展科普宣传,与文广新旅局、城管局合作在筠连电视台、玉壶广场电子屏幕每天20:00播放“科普大篷车”栏目,在腾达镇春风村、沐爱镇棬坪村、塘坝乡川丰村建立科普画廊。

【科普文艺进社区】 3月8日,在县玉壶公园举办“相信科学、反对邪教、提高素质、促进和谐”科普文艺进社区广场舞表演,有11支文艺科普宣传队300余名科普志愿者参加,以歌舞、悬挂科普宣传标语、发放资料等形式,向广大群众宣传普及科学知识、反对邪教,倡导科学理念,引导群众认识科学、相信科学,受到群众的欢迎。

【“全国科普日”活动】 9月24日,县科协牵头,组织县环保局、科技局、教育局等15个单位(含学会、协会)在沐爱镇主办“2013年筠连县‘全国科普日’活动”,活动以“保护生态环境,建设美丽筠连”为主题,内容涉及环保节能、低碳生活、雾霾天气及其影响、食品药品安全、农业种植技术、环境保护、知识产权保护、反对邪教、破除迷信等科普知识,发放宣传资料和手册88种2万余份、科普书籍1000余本、水体污染对人体的危害科普挂图200份,悬挂各类横幅标语5幅,受益群众3000余人。

【“体验科学—中国流动科技馆”巡展】 12月5日,在筠中老校区举行“体验科学”为主题的中国流动科技馆筠连巡展活动，免费向机关企事业单位、城乡居民、广大师生及社会公众开放2个月，每周一至周日上午（星期一至星期五组团观展，星期六至星期日上午接待群众散团）开放，观众达83260人次，受众面达19%。

【青少年科技教育】 2013年，联合县教育局组织部分青少年科技辅导员教师参加“四川省第二十一届青少年科技辅导员论文征集评选活动”“第二十八届安捷伦四川省青少年科技创新大赛”，其中海瀛小学退休教师（科技辅导员）刘宇仁、聂昌銮的论文《四面出击找方向，培养人才未来》获论文征集评选三等奖，刘宇仁的《一种用于香桂炼油和香桂废渣处理的设备系统的设计发明》获科技创新大赛二等奖。9月27日，县科协、教育局在各中小学校（含基点校）举办第二十九届青少年创新大赛培训，为获得“第二十八届安捷伦四川省青少年科技创新大赛”省、市、县奖励的作品和作者颁奖，聘请3位科技辅导专家就青少年如何开展科学研究活动、科技实践活动以及如何创作少年儿童科学幻想绘画方面进行专题培训。

【农技协会建设】 2013年，全县有各类协会50个，会员3.7万人，新增会员230人，举办培训班23期，培训技术骨干1200人，带动农户17.8万人。新发展高坎乡川林核桃种植协会、县奇石根雕协会2个农技协会。各农技协认真开展讲比、咨询、建家等工作，加强实用技术培训，发展特色产业，创办协会实体。

【参评市第四届优秀学术论文】 2013年，按《宜宾市科学技术协会关于开展宜宾市第四届优秀学术论文评选的通知》要求，全县共征集论文29篇，经县级初评，以县科协名义推荐6篇参加市科协系统“第四届优秀学术论文”评选，获得二等奖2篇、三等奖1篇、优秀奖3篇，10月15日，市科协在全市第四次代表大会上表彰。

（严双梅）

筠连县妇女联合会

【概况】 2013年，县妇联围绕县委“实干增效年”主题和“安全发展、转型突破、‘六化’联动、实干增效”工作基调，团结引领全县妇女“巾帼建新功，共筑中国梦”，为推进筠连经济持续发展、社会和谐稳定、妇女儿童事业再上新台阶作贡献。

【宣讲活动】 县妇联以“十八大精神”为宣传主题，抓住市委“十八大精神宣讲团”到筠连走基层的契机，4月2–3日到沐爱镇棬坪社区、双腾镇走马村、武德乡共和村“妇女之家”作《学习领会十八大精神，努力实现中国梦、人民的梦》《期盼更多、梦想成真》专题巡回宣讲。在全县广泛开展“实现伟大中国梦、建设美丽繁荣和谐四川（筠连）”主题教育活动中，县妇联在全县妇女组织中开展“巾帼建新功，共筑中国梦”活动，引导各界妇女把个人梦、巾帼梦熔铸到中国梦中，发扬主人翁精神、立足本职、奋发有为。

【宣传教育】 2013年，县妇联利用“三八维权周”“6·26禁毒日”“12·4法制宣传日”等活动，联合县妇儿工委各成员单位，通过发放资料、现场咨询、集中宣传等形式，宣传普及中共十八大精神、男女平等基本国策、《中华人民共和国妇女权益保障法》《中华人民共和国未成年人保护法》《中华人民共和国婚姻法》《妇女儿童发展纲要（2011–2020）》和县委、县政府、县级各部门相关妇女儿童的法律法规、惠民政策，普及构建和谐平安筠连的有关知识和理念。指导各级基层妇联组织，利用报告会、座谈会、表彰会、联谊会等形式，广泛宣传妇女在社会主义和谐社会建设中所作出的贡献，共发放各类宣传资料2万余份，进一步营造有利于妇女儿童发展的良好舆论氛围。

【对外宣传】 2013年，在网络和报刊上刊登多篇妇联工作信息。筠连有线电视台播出有关妇女儿童的新闻及其他稿件24篇；筠连《绿色煤都》刊登调研文章2篇；县委办、县委政研室《筠连调研》采用调研文章1篇；市妇联网站采用信息8条、《宜宾妇运》采用信息8条；上稿《宜宾日报》1条、宜宾新闻网1条、四川妇女网4条、四川在线4条、《华西都市报》4条、四川新闻网2条、四川普法网1条、中国广播网5条。

【“三大”活动】 2013年，县妇联积极拓展妇联系统“双学双比”“巾帼建功”“五好文明家庭创建”三大主体活动内容，以“双学双比”“巾帼建功”“巾帼文明岗”“巾帼文明示范村”“洁美家庭”“平安家庭”示范户和示范单位、“五好文明家庭”等创建活动为载体，组织引领农村妇女参加农业科学知识培训，发展农村经济；动员引导城镇妇女“学习新技能、创建新岗位、创造新生活”；发动机关、企事业单位女职工参与科技创新、岗位练兵和劳动竞赛；引领全县家庭倡导文明家庭新风，弘扬和谐文明的家庭美德，自觉践行社会主义荣辱观等，全面提高妇女和家庭的整体素质，提升“巾帼建功”“双学双比”活动成效，统筹推进城乡妇女发展。集中表彰“双学双比”女能手20名、“巾帼建功”先进个人20名、“五好文明家庭”53户；集中表彰先进基层妇女组织20个、优秀妇女工作者18名；评选出16名“孝老爱亲”先进个人；向县文明办推荐1名“好女儿”、1名“好媳妇”，作为宜宾市“孝老爱亲”道德模范候选人。

【妇女维权】2013年，继续发挥"筠连县反对家庭暴力投诉站""筠连县妇女儿童法律援助服务站""110家庭暴力报警中心"等维权机构的作用，参与县委、县政府矛盾纠纷"大调解"和社会管理综合治理，引导广大妇女依法理性有序表达利益诉求，推动解决疑难问题、维护妇女合法权益，扎实做好宣传政策、疏导情绪、增进和谐的工作。初步建立集信访接待、法律援助、人民调解、心理疏导于一体的妇联参与社会管理创新工作模式。全年共接待来访案件78件，办结率95%；"妇女儿童法律援助服务站"为妇女儿童提供法律援助案68件。

【民生工作】一是主动争取领导支持，积极协调相关单位配合，继续推进妇女小额担保财政贴息贷款工作，共发放贷款2025万元，帮助300余名农村妇女、下岗女工、返乡女农民工、城镇无业妇女和女大学生实现创业就业梦想。二是连续6年开展"代理妈妈"关爱留守儿童活动，有76名农村贫困留守儿童和76名"代理妈妈"在"六一"前夕结成"一对一"关爱对子；县妇联向孩子们发放2万余元的节日礼物和慰问金。三是与县人口计生局联合开展"三八节""母亲节"送健康活动，为1000余名妇女做妇科全面免费体检，部分困难患病妇女享受免费治疗服务。四是开展"春节送温暖"活动，为18个乡镇的30名贫困母亲和20名贫困儿童送去1.3万元慰问金和价值2000余元的慰问品。

【县第十次妇女代表大会】2013年12月3–4日，筠连县第十次妇女代表大会在县会议中心三楼会场召开，来自全县各界各条战线的215名妇女代表参会。通过《关于筠连县妇联第九届执行委员会报告的决议》；采取无记名投票差额选举方式选出由张莉等23人组成的筠连县妇联第十届执行委员会；召开筠连县妇联第十届执行委员会第一次全体会议，选举刘谋清为筠连县妇联第十届执行委员会主席、余家琼为副主席。

【村(社区)妇代换届】2013年，在全县村(社区)"两委"换届选举期间，县妇联、县委组织部、县民政局联合发出《关于做好女性进村(社区)两委工作的通知》，确保村(社区)"两委"换届后，每个村(社区)"两委"班子成员中至少有1名女性成员。至年底，全县18个乡镇妇联和243个村级、17个社区级妇代会换届完毕。

【廉政文化进家庭】2013年，继续推进"廉政文化进家庭"活动，增强全县广大党员干部及其家庭成员廉洁意识、法律意识和自警意识，激发更多家庭倡导清廉家风，与县纪委联合表彰"廉洁家庭"8户。

【节庆活动】一是纪念"三八"妇女节103周年期间，会同县科协组织以"迎两会、庆三八、聚煤都、舞健康、展风采"为主题的广场舞表演暨科普宣传活动，11支约300余人的表演队伍展示舞蹈、太极、健身操等，通过宣传标语、发放宣传资料等向广大群众普及科学知识、反对邪教倡导科学生活的理念；联合县政府办等妇女儿童工作委员会成员单位开展"三八维权周"集中普法宣传咨询活动，发放资料、现场咨询、集中宣传等形式，宣传、普及中共十八大精神、男女平等基本国策和县委、县政府、县级各部门相关妇女儿童的法律法规、惠民政策，普及构建和谐美丽筠连的知识和理念，组织医卫志愿者进行"关爱妇女儿童健康"义诊，发放各类宣传资料2万余份。二是"母亲节"期间，联合县人口计生局开展"'母亲节'送健康"妇科免费体检活动，免费妇科体检1000余人、免费治疗部分困难妇女。三是"六一"儿童节，举办以"大手牵小手·温暖留守儿童"为主题的"代理妈妈"亲情结对"留守儿童"活动，共结对关爱对子76对。

(陈珊珊)

筠连县工商业联合会(商会)

【概况】2013年，县工商业联合会（以下简称县工商联）有执委53人、常委29人，基层分会、行业分会10个，其中区域分会4个(巡司镇分会、沐爱镇分会、落木柔分会、塘坝分会)，行业分会3个(人力三轮车行会、蜂窝煤行会、煤炭工业行会)，驻外分会4个(浙江柯桥四川商会、上海筠连商会、重庆筠连商会、北京筠连商会)。

【参政议政】2013年，积极组织引导工商联界别的人大代表、政协委员围绕县域经济建设中心，为党和政府当好参谋，为人民群众多谋利益，为全县的发展多做贡献。在县政协第十四届二次会议上，工商联界别政协委员积极建言献策，部分提案被县政府和有关部门采纳。3月，县工商联到10个行业30多家民营企业开展调研，了解企业的所思、所盼、所想及存在的困难，形成《筠连县非公有制经济发展存在的问题及对策》，为县委、县政府科学决策提供第一手资料；不定期以情况反映形式向县委、县政府反馈企业困难，发挥工商联的桥梁和纽带作用，帮助企业排忧解难，如为筠连县洪生屠宰公司协调贷款70万元。5月17日，县工商联在县会议中心召开部分执委会议，贯彻"全国非公有制经济人士理想、信念教育实践活动"电视电话会议精神。同日，在全县重点岗位中干效能考评培训暨县级部门作风建设专项测评会议上，全县90多个企业代表、部分人大代表和政协委员对县级部门及其重要股室共71个单位进行测评，写入县委全会工作报告，市委书记王铭晖批示"筠连的做法很好,值得全市推广。"11 月 21 日,"企业评政"专项测评复评会在会议中心召开。

【商会建设】2013 年 2 月,成立"筠连县商会"。3 月 16–17 日,工商联聘请北大教授作《创新管理与价值再造》EMBA 专题培训讲座,对川南片区学员 80 余人进行 2 天的培训;3 月 24 日,"北京筠连商会" 在北京市大兴区青年宾馆成立,筠连籍商人及筠连籍北京知名人士 70 余人参加。11 月初,组织 9 名企业家参加北京大学高级工商管理学习;11 月 26 日,组织多家企业业主参加宜宾"区域经济发展与优势集聚"专题讲座。

【力促招商引资】2013 年,发挥商会平台作用,力促招商引资。3 月,积极协助县政府在腾达镇春风村召开"四川—筠连"招商引资项目推荐会暨签约仪式会,签约 8 个项目 14 亿元。9 月 29 日,协助县委、县政府在塘坝乡清溪沟召开"筠连招商引资推介会",有 8 家企业代表与县政府签订协议,签约 9 个项目 17.62 亿元。还引进柯桥水上乐园有限公司到筠连投资开发"金色港湾老年公寓",协助配合开展好后续工作。

【企业投身公益事业】2013 年 3 月 18 日,组织参加北京大学 EMBA 培训的部分民营企业家学员向筠连镇白鹤小学捐赠现金、体育器材、儿童读物,折资 6000 元。7 月,组织企业家向孔雀乡中心村贫困户捐款 1.3 元,其中工商联副主席龙武捐款 1 万元;四川华正房地产业开发有限责任公司董事长、工商联兼职副主席李幼兰向筠中捐资 100 万元(已捐资 40 万元,其余分 3 年)成立"筠连中学教育基金";组织民营企业向芦山地震灾区捐款 12.35 万元、物资价值 5 万元。

(彭天容)

筠连县残疾人联合会

【量服工作】2013 年,全面开展为残疾人提供"量体裁衣"式个性化服务,通过"量服"工作,不同类别的残疾人得到最符合自身特点的个性化服务。截至年末,全县录入平台残疾人总数 15457 人,其中个性化服务 15457 人,个性化服务落实数 15457 人,提供各项个性化服务共 115647 项次,人均落实 7.48 项次。全面超额完成省、市目标任务,排全市第二名。

【民生工程】2013 年,全县残疾人民生工程项目投入资金共 232 余万元,受益残疾人 4707 人次。完成城乡残疾人居家灵活就业 2954 人,完成农村贫困残疾人扶贫解困 507 户,完成"阳光家园"居家托养 616 人,完成救助贫困家庭脑瘫儿童 42 人,完成贫困残疾人辅助器具适配 472 件,完成救助贫困家庭重度听力儿童 13 人,完成残疾人家庭无障碍改造 103 户。

【组织建设】一是县政府印发《筠连县残疾人优惠优待实施办法》,使全县残疾人优惠优待政策走上制度化轨道,优惠优待政策更加贴近残疾人。印发《筠连县人民政府办公室关于进一步加强和规范基层残疾人组织建设的实施意见》,使残疾人基层组织规范化和服务型建设有规范性文件,全面兑现乡镇、村社区专职委员每月补贴 100 元。二是县政府将残疾人工作纳入政府目标管理考核,县残联实施县政府对乡镇残疾人工作目标设定和考核办法,促进全县残疾人工作的顺利开展。三是建立健全残联政务公开信息平台,按要求及时发布政务信息,并建成"筠连县残疾人联合会网站",重要工作和信息向社会公开。四是加强内部管理,建立健全工作规章制度,规范工作程序,强化服务意识,保证工作的严肃性和时效性。

【政策法规宣传】2013 年,在"全国助残日""国际残疾人日"及其他助残日期间,通过咨询、义诊、座谈会、上门慰问、制作专题片等方式,大力宣传有关法律法规和残疾人优惠优待政策,开展向贫困残疾人、向受灾残疾人送温暖慰问活动。印发《筠连县残疾人学习读本》2 万册,发放到全县每位已办二代证残疾人手中,"读本"涉及残疾人有关法律法规、残疾人优惠优待政策等内容,让每位残疾人知晓相关和优惠优待政策、法律法规以及残疾人工作开展情况。

【康复救助】2013 年,按照"分类救助"的原则和"人人享有康复"的工作目标,确定康复协调员 150 名,组织对各类残疾人进行分类登记,分类救助。为 42 名脑瘫实施儿童康复服务,其中送省"八一"康复中心手术 3 名、为脑瘫儿童配置辅助器具 15 名、康复治疗 24 名。为老年人配置助听器 3 台,为 6 名有残余听力的残疾学生配置助听器。实施精神残康复救助,为贫困精神病患者住院医疗补助 11 人,为贫困精神病患者免费服药 9 人,选送 4 名聋儿到市语训中心,补助智力残疾儿童康复训练 4 人、装配大小腿假肢 12 人,免费配发用品用具 472 件。

【教育和就业】2013 年,实施"温暖工程"助学项目 408 人,其中中小学生 397 人、大中专学生 11 人,补助 4.52 万元;为 3 名大学残疾新生,每人补助 4000 元的入学费用;向县聋哑校发放办学补助 5 万元;为就读县职业中学残疾学生 39 人,实施学杂费全额补助,每人每学年 1700

元补助标准，补助6.63万元。积极帮助残疾人居家灵活就业，实现城乡残疾人居家灵活就业2832人；指导乡镇开展实用技术培训480人。组织盲人参加市盲人按摩培训，其中初级6人、中级3人、高级3人，新增盲人按摩就业6人，省残疾人外包集中就业3人。加强残疾人就业保障金征收力度，全年征收残疾人就业保障金284万元，增长160.27%，安置残疾人93人。

【维权援助】2013年，建立完善残疾人维权“县残联—县有关部门（乡镇）—县残联”（县残联专人接件，及时处置可以处置的部分维权诉求；对不能处置的及时与相关部门或乡镇联系，共同商讨处置；县残联将处置意见转告有诉求的残疾人，并协助相关部门落实）工作模式，缩短残疾人的诉求解决时间，提高维权服务效率。贯彻实施《未成年残疾人思想道德建设工作方案》，县残联有专门的维权工作机构和工作人员，做好特定时期信访维稳工作。全年共接待来信来访129人次，法律咨询服务21人次，配合司法部门办理残疾人法律援助个案4件，无到京集访事件，上级残联和县领导批示件以及“12345”市民热线、信访案件，办结率均100%。

【县残联第六次代表大会】2013年12月18日，筠连县残疾人联合会第六次代表大会在县会议中心召开，有正式代表78人、特邀代表34人参加会议，县领导王萍、何跃、黄静、叶光明、李小林、王永红等出席会议。会议圆满完成各项议程，推选筠连县残疾人联合会第六届主席团委员和出席市残联第四次代表大会代表，推选筠连县残疾人联合会执行理事会组成人员。县残联第六届主席团委员组成人员：主席王永红（女 苗族），副主席李文忠，委员马静（女 智力残亲友代表）、毋利平（女 视力残）、叶明方、申世云（肢残）、李章权、张芳（女）、严树君、何敏（女 听力残）、罗成敏（女 肢残）、杨克会（肢残）、陶洁（女 肢残）、黄伟、潘敏（女 精神残亲友代表）。县残联第六届执行理事会组成人员：理事长李文忠、副理事长严树君。各乡镇均召开残联代表大会，乡镇残联换届选举工作全面完成。

（韩宗权）

筠连县社会科学界联合会

【概况】2013年，筠连县社会科学界联合会（简称县社科联）紧扣县委“实干增效年”工作主题，按照县委“12456”发展思路和市社科联“真求实、重创新、善谋划、求到位”的工作理念以及全县宣传思想文化工作“4633”总体部署等工作要求，坚持服务党委政府决策、服务经济社会发展、突出文化强县建设方向，完善组织体系和工作机制，夯实社科工作平台，发挥社科群团的独特作用，开展应用对策研究、理论宣传、社科普及，注重实干，突出实效，充分发挥哲学社会科学在经济社会发展中的引领推动作用。

【理论研究】2013年，县社科联团结带领全县各级社科组织及哲学社会科学工作者，围绕县委、县政府中心工作，坚持把政策理论学习研究作为推动社科工作全面发展的首要任务，学习贯彻中共十八大精神、十八届三中全会精神，针对中央、省委、市委以及县委提出的一系列新思想、新观点、新论断和各项重大决策、战略部署，开展政策理论研究，形成20余篇具有较强针对性和建设性的理论文章，其中县委书记王萍撰写的《产村相融、全域春风、凝心聚力建设“山区美好家园”》获“宜宾市2013年度哲学社会科学理论（调研）文章”二等奖。

【社科理论】紧密联系筠连实际，突出重点，抓好一批重点课题的调查研究，为县委、县政府提供决策参考。调研突出对“12456”思路进行分析，科学解读全县经济、政治、文化、社会、生态建设和党的建设中的重大问题，及时提出解决问题的建议，推出更多有社会影响、有理论深度、有创新和应用价值的优秀理论和学术成果，为筠连经济社会又好又快发展提供智力支持和理论引导。9月27日，在绵阳召开的全国大中城市社科联第24次工作会议上，筠连县社科联被授予“全国先进社科组织”称号。

【社科宣传】大力宣传普及科学思想、科学精神、科学方法，弘扬社会主义核心价值体系、时代精神，弘扬“筠连精神”“春风精神”，筑牢全县人民共同奋进的思想基础。利用“科普宣传月”“科普宣传周”“科普宣传日”等平台，组织社科界、学会、协会、研究会及广大社科工作者，积极开展“三下乡”活动。以“党校讲堂”“大众讲堂”“社区讲坛”等载体，开展多种形式的社科人文知识讲座。整合社科资源，健全相关制度，推进全县哲学社会科学普及工作的大众化、社会化、经常化。加强联席会议制度、社科宣传普及协调制度等制度建设，利用电台、电视台、互联网、报纸等宣传普及社科知识。继续抓好“十项活动进基层、百场讲座惠民众、千套光盘聚‘长河’、万本图书呈‘亮点’”的“十百千万”社科普及活动，抓好示范，以点带面，深入推广。在农村重点开展法律知识、经济知识、生活常识、生态知识等宣传普及。

【学术交流研讨】2013年，积极主动与南溪、高县、珙县等周边县（区）社科联开展理论交流和学术研讨活动5次，形成交流调研材料8篇。通过学术交流，进一步活跃学术氛围，拓宽学术视野，促进学术发展，为推动县社科联长足发展提供平台和载体。

【组织管理】 2013年，加强对县级学会、协会、研究会组织的管理，鼓励、支持各类组织积极开展调研、科普、学术交流、讲坛等形式的活动。到学会、协会、研究会开展指导，帮助解决具体困难，维护和保障社科工作者的政治法律权益，热心为学会及社科工作者服务，把社科联真正办成“社科工作者之家”。

（罗 强）

筠连县文学艺术界联合会

【概况】 2013年，筠连县文学艺术界联合会（简称县文联）认真贯彻市第四次文代会、市文联四届二次全会精神，按照县委“12456”发展思路，坚持文艺为人民服务、为社会主义服务的“二为”方向，百花齐放、百家争鸣“双百”方针和贴近实际、贴近生活、贴近群众“三贴近”原则，团结带领全县文艺工作者，围绕多出精品、多出人才的工作重心，认真履行组织、协调、服务的职能，与时俱进、开拓创新，组织创作出一批优秀文艺作品，开展丰富多彩的文艺活动，加强文艺队伍建设，为加快文化强县建设做出新的贡献。

【文艺活动】 组织各文艺团体和文艺工作者深入学习中共十八大、十八届三中全会精神，积极开展“实现伟大中国梦、建设美丽繁荣和谐四川（筠连）”主题教育活动。组织召开“中国梦·文艺梦”工作会，牵头举办“实践伟大中国梦、建设美丽新筠连”主题征文活动。与文广新和旅游局、文化馆共同主办“中国梦·筠连篇·庆七一”中青年书画·诗词·楹联大赛，共收到书画90余件、诗词50多首、楹联100余副；在春风村举办2013蛇年首届“幸福之春·和谐农家”春节联欢会；牵头组织县内书法家义务为群众写春联600余副，县委书记王萍、副县长王见华等亲临现场观看。

【文艺创作】 按照“艺术四川”创作年要求，积极组织各文艺协会和广大文艺爱好者开展文艺采风、研讨创作，联合文广新旅局召开全县2013年文艺创作工作会。6月9日，县文联暨作家书画家摄影家协会春风创作基地在春风村挂牌。以春风村为题材的大型现代川剧《槐花几时开》进入国家舞台艺术精品工程38个资助剧目名录。开展“五尺道”音乐作品创作，挖掘整理《筠连民歌》专辑。开展第二届筠州文艺奖评奖，刘荣魁的《最是蘑菇野生时》、周玉杰的《东坡游赤壁图》等28件作品获奖。市作协会员、县作协理事、县城南职业中学教师彭从华的散文集《深深山人》由中国文联出版社出版发行；黄永玉、吴以勋的双人集《中国当代艺神》由中国诗书画出版社出版发行。

【文艺交流】 在第六届“春风李花节”期间，陕西西安·四川宜宾两地书画家春风笔会在春风村三块田举行。县文联先后与泸州市文联，珙县、兴文、盐津等地文联加强交流，县书协、作协、舞协部分会员先后与珙县书协、泸县作协、市舞协进行交流。依托《筠风》《绿色煤都》《玉壶诗苑》《筠连书法报》等阵地和筠连文艺交流QQ群、筠连摄影等平台，联系广大作家，推出优秀作品。

【文艺展出】 3月5日，县文联主办，陕西省书画研究院、陕西翰阳国际旅行社、县书法家协会、县摄影家协会、县政协诗书画社、县诗词楹联学会承办的“相约春风·美丽筠连”书画摄影展在春风村举行，展出书画、摄影精品100余件。4月28–29日，在玉壶公园举办“庆五一·美丽筠连”书画摄影展，围绕“翰墨飘香，抒豪情壮志”“光影闪烁，展美丽筠连”主题，展出书画作品60余件、摄影作品60件，集中展示“美丽筠连”的自然山水之美、城乡建设新姿、人文历史风情、特色产业发展、幸福生活境态，深受群众喜爱和各界人士好评。9月30日–10月1日，与县委宣传部、县政协办在玉壶广场举办“迎国庆·美丽筠连”大型书画摄影展，展出书画作品80余件、摄影作品近60件，市政协主席葛燎原、县委书记王萍、县长刘朝平、县人大常委会主任何跃、县政协主席黄静等参观书画摄影展。

（罗 强）

筠连县红十字会

【概况】 2013年，履行《中华人民共和国红十字会法》赋予的职责，弘扬“人道、博爱、奉献”精神，抓好救灾救助、救护培训和筹资、救灾大演练、项目建设等工作，发挥红十字会在构建和谐社会中的积极作用。

【宣传工作】 2013年，为提高全民参与红十字事业的自觉性和积极性，凝聚更多的人道力量，利用“3·5”学雷锋、“3·15”消费者权益保护日、“5·8”国际红十字日、“6·14”世界献血者日、红十字会博爱周等，在县城和乡镇繁华地段，组织开展以发放资料等为内容的宣传，共发放《中华人民共和国红十字会法》《中国红十字会章程》《省红十字会条例》《红十字会运动基本知识》《红十字急救常识》等2万多册。与县电视台、《绿色煤都》等媒介合作，宣传报道红十字会工作情况，全年县电视台播放6次、《绿色煤都》登载工作信息2条，以提高广大公众对红十字工作的认知度。

【博爱送万家】 继续开展“红十字博爱送万家活动”。1月，争取到省、市红会价值1.6万元的棉被、棉衣、大米、食用油等生活必需品及时送到困难群众手中，体现社会大家庭的温暖。

【防灾救护演练】积极参与防灾救护演练，与县应急办协作，在全县演练方案中纳入红十字会演练内容，组织40人的红十字会医疗救护志愿服务队参与全县大演练，普及群众性防灾避险知识，发挥红十字会作为政府应急防灾抢险的助手作用。

【项目建设】争取到中国红十字基金会援建的孔雀乡中心校教学楼项目，建设面积1200平方米，资金160万元，其中中国红十字基金会援助40万元、县政府配套120万元，于2013年5月底完成。还争取到省、市红十字会援助400余册的图书，在孔雀乡中心校建立博爱书屋1间。做好项目申报，编报博爱家园项目5个。

【无偿献血和造血干细胞行动】2013年，进一步加大无偿献血宣传力度，使广大群众提高对无偿献血的科学认识，激发献血热情，共组织集中性无偿献血活动25次，招募到无偿献血志愿者2480人、造血干细胞志愿者2人。

（张红雁）

个体劳动者协会、私营企业协会

【概况】2013年，继续加强个私经济的引导、扶助力度。对下岗人员、大学生、退伍军人、返乡农民工一律实施政策优惠，与劳动保障部门联系，商讨联合举办就业指导培训事宜，提供相关就业技能培训服务，鼓励、支持、引导下岗失业人员和农村富余人员从事个体经营，并积极联系私营企业，为下岗职工提供工作岗位。全年共为26名下岗失业人员、24名大中专毕业生、8名返乡农民工快速办理营业执照，免收注册登记费0.3万元，帮助20名下岗失业人员、失地农民实现再就业。

【服务个私】2013年，全面深化服务水平，为创业者铺路搭桥。一是拓宽个私企业融资渠道。积极服务县汇通小额贷款有限责任公司等民间金融组织发展，有效解决县域中小企业融资难问题，为企业快速发展搭建新的融资平台和强力的资金支持。二是开展商标专用权质押贷款和动产抵押、股权质押，为广大企业融资，共办理动产抵押登记2件，抵押物价值2887.35万元，贷款金额960万元；办理股权出质5户，出质金额16050万元；担保债权76617.5万元；办理债权转股权业务1件，为企业增资450万元。三是与农村商业银行等金融单位开展“联手助企业发展活动”，推出“商户联保贷款”“商户保证贷款”等信贷方式，以满足个体工商户和小企业主对小额、短期流动资金的需求，帮助企业拓宽渠道，盘活资本，解决企业发展困难。共促成企业银行贷款11笔，贷款金额5560万元；帮助31户个体工商户，贷款128万元。

（李 鑫）

武　装

筠连县人民武装部

【概况】 2013年，县人武部坚持以军委主席习近平"能打仗、打胜仗"重要指示为指导，深入学习中共十八大、十八届三中全会精神，紧盯"听党指挥、能打胜仗、作风优良"强军目标不动摇，积极投身国防后备力量转型发展，按照四川省军区党委七届十一次会议和宜宾军分区党委十二届五次全体(扩大)会议精神，着眼履行使命任务和民兵转型发展，拓展和深化军事斗争准备，狠抓工作落实，在思想建设、党委班子和干部能力建设、军事斗争准备、安全管理、后勤保障等方面取得较大进步。

【思想政治建设】 坚持把思想政治工作摆在首位，不断打牢干部职工听党指挥、能打胜仗、作风优良的思想根基，确保绝对忠诚、绝对纯洁和绝对可靠。一方面，组织全体干部职工学习中共十八大报告、十八届三中全会公报、《中共中央关于全面深化改革若干重大问题的决定》等文件，深刻领会军委主席习近平重要讲话精神，做好创新理论先学一步、理论武装紧跟一步、干部职工觉悟提高更快一步；另一方面，围绕"坚定信念、筑牢军魂"重大主题教育，深入开展"中国梦、强军梦"和职能使命教育，积极开展纪念建党92周年、建军86周年活动。依托各类媒体广泛宣扬支农支教、参建参治等任务中的先进个人和典型事迹，积极传播强军富国正能量。

【党委班子建设】 继续坚持用"建坚强班子，带一流人武部"的标准要求自己，坚持集中领导，严格落实党委工作制度，加强管理教育，确保党委班子团结和谐，干部队伍能力素质不断提升。一是坚持民主集中制原则，坚持党委集体领导下的首长分工负责制，做到重大经费开支、重要工作部署、重大问题决策都经党委集体研究决定，提高党委把关定向和科学决策的能力。二是强化集体领导，利用民主生活会和集体学习等时机，班子成员畅所欲言，互相交流思想，开展批评与自我批评，互相帮助、取长补短，既广泛交流了思想，又增加了相互信任，增强班子的凝聚力和战斗力。三是加强军地协调沟通，积极做好与县委、县政府的联系协调，努力争取地方党政领导的支持，努力形成县委、县政府关心支持国防后备力量建设，干部群众支持武装工作的良好局面，开创全县党管武装和民兵预备役工作创新发展新局面。

【专武干部队伍建设】 2013年，着力从人员选拔、思想教育、业务培训、岗位锻炼等方面培养和使用基层专武干部，坚持把激发干部的事业心、责任感作为抓好干部队伍建设的重要任务，把能力素质培养作为加强专武干部队伍建设的重点，专武干部工作积极性明显提高、能力素质不断增强。一是认真考核。通过走访调研、工作考验、基层推荐、协调沟通，经过岗位锻炼和工作考察，有3名后备干部正式走上乡镇领导岗位。二是教育管理。结合专武干部集训等时机，加强对十八大精神学习，完善各项管理制度，落实管理责任制，加强对干部、职工的管理教育。完善干部考核、讲评、请销假制度，加强8小时以外的管理。在党员教育管理上，除政治理论学习外，还从严格党的组织纪律和党组织生活制度入手，加强对党员的教育管理，有效促进党性观念的增强。三是送学培养。县人武部注重干部队伍的培养，上半年组织乡镇专武干部进行6天的业务知识和技能培训，并选派2批次9人参加市委、宜宾军分区组织的专武干部培训。

【民兵应急分队建设】 2013年，根据军分区年度整组工作指示，按照"练为用"的原则，组织民兵应急分队训练，及时专题研究，积极向县委、县政府领导汇报，得到大力支持。3月11日，召开全县整组工作会议，统一思想、内容、方法和步骤，使全体参会人员认清形势，增强工作的责任心和使命感。5月7–16日，组织县综合应急连民兵进行10天的军事训练，宜宾军分区政委赵春宾率考核组到筠连对民兵综合应急连训练进行实地考核，受到充分肯定和高度评价。10月26–28日，组织18个乡镇民兵应急班(排)和民兵高炮分队，分3个考点集中考核，提高应急分队遂行多样化军事任务能力。

【战备工作】 2013年，根据新修订的成都军区《战备工作条例》，按照"六个管好""三个不发生"的要求，贯彻落实两级军区安全稳定工作电视电话会议精神和上级有关安全战备工作指示，坚持日常战备教育制度，强化干部职工的战备观念，强化战备演练，提高战备技能，保持良好的战备秩序。修订完善各类战备方案，落实日常战备检查制度，加强战备物资管理补充，组织民兵参加社会治安综合治理和抢险救灾，完成各种急、难、险、重任务。

【征兵工作】 2013年，贯彻上级征兵工作指示，严格标准要求，落实走访、体检、政治审查等程序，确保廉洁征兵、按程序征兵、征合格兵，圆满完成征兵任务。征兵工作没有收到1封举报信、1个举报电话，没有出现退兵现象，被省政府、成都军区评为"2013年度征兵工作先进单位"。

【安全管理】 2013年，牢固树立安全发展理念，健全完善防范机制，坚持依法"从严治军"方针，贯彻"关键在严、重点在防、做实为本、长效为先"的总思路，狠抓人员、车辆、枪弹、营院、涉密载体、经费的管理，全年未发生任何事故、未发生失泄密事件。一是抓好安全稳定制度落实。开展"条令学习月""三责""三互"活动和作风纪律教育整顿，认真实现"六个管好"，确保"三个不发生"。组织全体干部职工学习《三大条令》《成都军区六个管好》，打牢安全发展的思想基础。二是抓好涉密载体管理。按照《中国人民解放军计算机信息系统安全保密规定》要求，完善防护设施，与全体干部职工签订《保密承诺责任书》，提高网络安全保密防护能力。所有办公用计算机没有发生过上互联网的情况，硬盘内没有存有涉密信息，软盘和移动硬盘按规定进行注册登记、分类存放和管理；机关的复印机、加密传真机、打印机、扫描仪等文电传输、复制等办公设备，严格履行审批、登记手续，做到专人保管；作战室、保密室、涉密的资料室，按"三铁一器"的要求，有防火、防盗、防泄密的措施。

【参建参治】 2013年，人武部机关出动10人次，车辆4台次，投入经费9000余元，在双腾镇植树造林190余棵，为高坎乡饮水困难户维修蓄水池3口。3月，响应省军区建设"团员林"的号召，捐款1850元。4月25日，向雅安芦山地震灾区捐款12700元。

（栗　强）

中国人民武装警察部队筠连县中队

【概况】 2013年，中国人民武装警察部队筠连县中队（以下简称县中队）坚持以习主席一系列重要讲话精神为统领，深入学习党的创新理论和国防军队建设、武警部队建设的一系列重要论述，全面落实总队、支队两级党委扩大会议精神，全体官兵锐意进取、顽强拼搏，认真履行职责，圆满完成以执勤、处突和反恐为中心的各项任务。县中队2012–2013年连续被总队评为基层建设先进单位。

【政治建设】 2013年，坚持以"强班子、抓基层、打基础、保稳定"的总体工作思路，狠抓支部"三个能力"建设，支部班子团结，战斗堡垒作用强；充分发挥"三支队伍"的先锋模范作用，官兵思想稳定，爱岗敬业；坚持政治工作的生命线地位，在官兵中深入开展"坚定信念、筑牢军魂、永远做党和人民的忠诚卫士"为主题的系列教育活动，打牢部队思想基础，官兵的责任意识和使命意识明显提高。

【军事训练】 按照军事训练大纲要求，以遂行作战任务为牵引，坚持中心居中，全面提高部队执勤、处突、反恐维稳能力。全面落实军事训练要求，坚持科学组训、严格施训，优秀率达到96%，官兵综合素质明显提升。积极完善各类预案，严格落实战备规定。加强执勤教育，充分发挥执勤信息化手段和三级网作用，执勤能力明显增强，任务完成圆满。投资30万余元购置训练装备，加强对反恐应急班的建设，提高处突、反恐能力。

【后勤保障】 坚持"保中心、保生活"原则，狠抓后勤保障能力，提高后勤管理水平，投资3万余元，加强四项设施建设。严格落实财务管理规定，坚持支部理财，合理开支。加强伙食保障能力，提升官兵生活水平。严格管理营产营具，落实计价挂账制度，实现使用、管理、维修保障机制。

【战备执勤】 县中队党支部带领全体官兵忠实履行保卫国家安全、维护社会稳定、保障人民群众安居乐业的神圣使命。完成成都财富论坛期间筠连毒品检查站的设卡任务，协助公安完成春节、"两会"期间的城市武装巡逻任务，协助扑灭森林山火8次。

【双拥共建】 县中队进一步强化军地"双拥"意识，推动军地三个文明建设，密切军政军民关系，积极开展共建活动，全年签订共建协议的单位共22个。八一、老兵退伍等期间，召开军民联欢会和座谈会，巩固军民关系。

（陈　覃　李明山）

筠连县公安消防大队

【概况】 2013年，全县消防工作认真学习中共十八届三中全会精神，加强部队思想政治建设和义务建设，深入开展大练兵活动，不断改进和加强消防监督管理，积极推进全县公共消防基础设施建设和消防队伍、装备建设，保护人民群众财产安全，确保全县消防工作和队伍建设水平整体推进，为驻地创造良好的消防环境。全年，进行消防设计审核、消防设计审核备案47个，消防竣工验收、消防竣工验收备案17个，开业前消防安全检查5个；共出警160次，出动警力980人次，出车480台次，灭火91次，抢险57次，为民服务12次。

【思想政治建设】 一是贯彻落实民主集中制，凡是需要集体把关的不擅做主张、不搞个人说了算，坚持以事实为基础，以感情为纽带，长处相互学习、短处相互补足、难处相互帮助、错处相互提醒，做到谋事一条心、干事一盘棋。二是坚持每周组织生活制度，认真开展政治学习，增强班子成员的党性和综合素质。三是认真开展民主生活会和党员民主评议，及时发现和纠正班子及班子成员的缺点和不足，使思想上共振、感情上共鸣、行动上共进，达到沟通思想、统一认识、解决问题的目的。全年召开民主生活会3次，开展党日学习50余次。

【安全责任】 2013年，继续推进消防工作责任制，层层签订消防安全目标责任书，把消防目标责任细化、分解到乡镇政府和职能部门，落实到基层单位。签订消防安全责任状，建立起横向到边、纵向到底的消防安全责任网络，促进消防工作的全面完成。

【隐患排查整治】 全面抓好火灾隐患普查工作，坚决把隐患消灭在火灾发生之前，先后组织开展火灾隐患专项排查，对易燃易爆和人员密集两类场所、"三合一"场所（员工住宿、生产、货物储存在一起或者员工住宿、生产、经营在一起）、煤矿企业、重点单位和重点部位的消防安全进行专项整治，增强企业的责任意识和安全意识。"两会"期间，开展公共聚集场所、高层地下建筑、中小学校舍安全工程、危化品市场等消防安全整治。全年共检查单位871家，发现隐患923处；下发责令改正通知书774份，整改火灾隐患923处，查封6家，"三停"6家，拘留4人，罚款14.25万元。

【消防站建设】 以市政府《关于加强和改进消防工作的实施意见》为契机，消防大队认真拟定和规划新消防站的建设工作，积极向县委、县政府汇报，取得县委、县政府的大力支持，消防站建设的工程设计、建设经费已进入审批阶段。涉及拆迁1户，已与征收办协调处理。

【消防宣传】 贯彻落实国务院《关于进一步加强消防工作的意见》，提高市民应对突发火情、火险的应变能力和自救能力，营造良好的消防宣传氛围。从提高全民消防安全素质的高度，作为"平安筠连"的一项基础性工作来抓，各乡镇、单位相关职能部门互相支持、密切配合，大力营造消防宣传舆论，引导市民提高自身防火意识，掀起普及消防安全知识、提高自防自救能力的热潮。利用新闻网、广播电视、报刊杂志等媒体，把消防宣传融合到企业、社区等各个领域，提高群众消防安全意识、消防素质，减少火灾发生几率，共同构建创造良好的消防安全环境。

【群防群治】 一是调整防火委领导成员，消防安全重点单位共69个，顺利完成春节、"两会"等值勤保卫任务。二是把派出所消防监督工作纳入公安业务工作目标责任范围，增加考评分值，公安派出所积极履行职责，全年检查单位871家，督促落实消防责任制。三是加强农村消防工作，各乡镇农村防火落实一百米消防水带、一台手抬消防机动泵、一口消防水池、一支义务消防队"四个一"工程，农村火灾隐患得到有效整治。四是加大市政消火栓建设、维护保养的投入力度，确保公共消防设施建设与城乡经济发展协调同步，切实增强城市抗御火灾的能力。五是资源整合，开展战区实战演练、战区联动，119火警电话与110指挥中心联网，确保迅速调集、快速反应，强化尖刀、拳头作用，努力向专业化方向发展，最大限度地保护国家和人民的生命财产安全。

（郭琴中）

人民防空

【概况】 筠连县人民防空办公室（以下简称民防）是参照公务员法管理的全额预算事业单位，挂牌挂靠在县政府办公室，有主任1人、副主任1人、事业编制人员1人。2013年，人民防空继续坚持贯彻人民防空工作"长期准备、重点建设、平战结合"的方针和"与经济建设协调发展、与城市建设相结合"的原则，坚持以科学发展观为指导，以民防应急准备为牵引，以"战时能力强、平时作为大"为总目标，围绕建设"川南滇东北结合部经济强县"的目标和"实干增效年"的工作主题，认真贯彻《中华人民共和国人民防空法》和中共中央、国务院《关于加强人民防空工作的决定》及全国、全省、全市民防会议精神，坚持进一步解放思想、真抓实干，大力推进民防应急准备、"两防一体"（防空防灾一体化建设）、依法行政、宣传教育和机关自身建设，全面完成年度民防工作的各项目标任务。

【民防宣传】 着力普及民防法律法规知识和增强全社会民防意识工作，宣传贯彻《中华人民共和国人民防空法》《中华人民共和国行政许可法》《四川省〈中华人民共和国人民防空法〉实施办法》等法律法规和中共中央、国务院

《关于加强人民防空工作的决定》等文件精神；组织相关部门进行应急救援演练2次，组织50人参加应急演练；开展民防知识进机关、进学校、进企业、进社区、进场镇“五进”活动，特别是进学校活动，开设“民防知识”专栏和人防专题讲座，在《绿色煤都报》上定期刊发防空防灾知识和民防信息，结合5·12汶川地震和9·18防空警报试鸣与县电视台联合制作防空防灾、减灾救灾知识专题片；采用街头法制宣传等形式系统地宣传民防知识，发放民防宣传材料5000余份，进一步提高人民群众民防法律法规的知晓度，增强市民的国防民防意识。积极做好信息反馈和理论研究，全年共编发信息简报5篇。

【民防易地建设】 继续认真贯彻落实《关于加强人民防空工作的决定》《关于加强人民防空建设的意见》等文件精神，启动《筠连县城区民防工程规划》编制，《民防行政许可》进入县政务中心民防窗口办理。按照“以建为主、以收促建”方针，严格按要求收取民防易地建设费，全年共办理民防易地建设许可8件，收取民防工程易地建设费278.47万元。

【民防通信指挥系统建设】 根据《四川省人防应急机动指挥所建设方案》要求，制订《筠连县民防应急机动指挥所建设方案》并报县政府批准，积极做好实施准备相关工作。加强防空警报器的日常维护管理，明确警报器所在单位的管理责任，确定具体管理人员，做到每月一次检查、每季一次维护，确保鸣响率和音响覆盖率均达到100%。按照市人防办要求，认真组织开展一年一度的“9·18”警报试鸣工作。加强民防应急救援队伍建设，与相关部门配合，开展民防组训工作，充实民防专业队伍。

（杜华春）

交通战备

【概况】 2013年，县交通战备办公室和县保护通信线路安全办公室完善组织机构建设，制定交战护线措施，加强国防交通专业保障队的建设，组建汽车运输、路桥抢修及交通管制交通专业保障队伍，对从事运输生产、超限治理工作的交通战备职工，实行半军事化管理。重点对公路、隧道、桥梁进行摸底，完善筠连交通战备地图。搞好运力统计，修改完善干线公路保障方案。加强保障队伍建设，配合县人武部、县级有关部门和乡镇，搞好国防通信光缆和国防基础设施建设，配合做好年度冬季征兵和运送工作。积极抗洪抢险，保障道路运输安全。全年，投入大型机械35台次，整治资金43万元，确保道路安全和顺畅。

（尹丽鸿）

法　治

综　述

【概况】 2013年，政法工作在县委、县政府的领导下，在市委政法委的指导下，各项工作取得显著成效，全县社会大局平稳。县公安局立刑事案件1232件、破刑事案件565件，立治安案件1666件、查结908件；县检察院批准逮捕151件214人，提起公诉171件259人；县法院受理各类案件2960件，结案2827件，判决生效181件219人，给予犯罪分子有效打击，全县没有发生1起在全国、全省、全市有影响的群体性事件，切实维护社会政治稳定，为全县经济建设和社会发展创造和谐稳定的社会环境。在省综治委组织的“全省平安建设群众满意度测评”“全省铁道线（车站）建设测评”中，筠连县综合测评分值皆位居全市各第一名，金筠铁路筠连段被省综治委评为四川省平安铁道线，铁路沿线13个村被省综治委评为省级“九无”平安铁路示范村，筠连镇派出所被省公安厅评为全省“基层基础工作”十佳所队、授予集体二等功，县法院立案庭被省政法委、省人力资源和社会保障厅评为全省政法系统先进集体等。

【维稳工作】 2013年，落实中共十八大和中央、省、市、县政法工作会议精神，以实现全县社会大局和谐稳定为目标，统筹推进各项维稳工作，营造和谐稳定的社会环境。一是加强组织领导，确保责任落实。县委、县政府召开3次常委会、2次政府常务会、5次维稳专题会议，专门研究部署维稳工作，解决涉稳重点信访问题、不稳定因素。书记王萍、县长刘朝平作出表率，坚持定期和不定期接待上访群众，四套班子其他领导以及各乡镇、各部门领导也高度重视维稳工作，认真履行维稳责任，形成齐抓共管维稳工作局面。二是以十八届三中全会等敏感时段稳定工作为重点，统筹推进“两创”“大调解”等各项维稳工作，确保全县社会大局和谐稳定。三是创新维稳工作机制，增添和谐新元素。建立推广在每个社区成立由人民法官、人民检察官、公安民警、司法助理员的“一区四警”，乡镇、村（社区）、组（社区小组）和事代办、民情代访的“三级双代”为民便民服务新模式；创新推进主动介入拆迁工作、主动参与利益协调、主动协调矛盾纠纷、主动维护社会稳定、变群众上访为干部下访的“四一”维稳工作模式；建立完善维稳分析研判机制；积极探索维稳工作的维稳工作建议书、维稳一票否决预告书、维稳一票否决通知书“三书”督改制度。四是抓好稳定风险评估，源头防控不稳定隐患。全面落实《筠连县重大事项社会稳定风险评估实施细则》，将社会稳定风险评估纳入党政领导班子和领导干部政绩考核内容。全年对城南新区改造、筠巡快速通道建设、宜昭高速公路建设、县城三轮车整治等14个重点事项进行社会稳定风险评估，评估率100%。

【平安、法治建设】 2013年，以“平安建设”“法治建设”为主题，重点开展4个方面的综治工作。

一是持续纵深推进“大平安”创建，着力加强政治、经济、文化、社会、生态安全和“五六七八九十”（即平安机关单位“五有五无”：有调解室调解员、有铁门车库〈棚〉有保安巡防队伍、有楼宇对讲系统、有电子监控系统；无治安刑事案件发生、无行政赔偿案件发生、无吸毒贩毒人员案件、无法轮功邪教习练者、无非访群体事件发生。平安村“六个一”：一本矛盾纠纷排处台账、一调委会调解室调解员、一综治站警务室治安员、一季村民普法宣传教育、一季应急避险讲座演练、一支专兼职巡逻队伍。平安社区“七个一”：一本矛盾纠纷排处台账、一本高危人群帮教表册、一调委会调解室调解员、一综治计生流管服务站、一警务室四警一流管员、一季市民普法宣传教育、一支巡逻巡防联动队伍。平安乡镇“八抓八促”：一抓社会矛盾化解，促和谐；二抓社会管理创新，促规范；三抓党务政务公开，促公正；四抓平安细胞工程，促创建；五抓校园警务战略，促校安；六抓治安巡逻巡防，促民安；七抓预案完善演练，促稳定；八抓基层基础建设，促长效。平安校园“九个一”：一警两保安一铁门、一校园警务监控室、一本矛排调处台账、一个法制教育馆室、一期一次法制讲座、一月一期宣传专栏、一支巡防应急队伍、一个应急避险预案、一期一次应急演练。平安企业“十个一”：一警一保安一铁门、一厂〈企〉警务监控室、一本矛盾纠纷调处台账、一月一期宣传专栏、一支巡防应急队伍、一日一次户〈企〉巡逻、一季一次安全评比、一套应急避险预案、一年两次应急演练、一年无一起安全事故）数字化平安筠连建设,在全县逐步形成"大平安"的工作格局,提升平安筠连建设水平。

二是加强网格化管理,突出社区服务。在筠连镇5个社区开展网格化管理服务工作,以400户左右为基本格,探索建立"1+2+X"工作模式(在网格中以1名网格管理员为主,以幢长、楼长"两长"及楼幢保安、物业人员、志愿者等多名人员为辅,共同参与为网格群众服务),最终实现"人到格中去,事在网中办"。

三是扎实开展"严打"工作。全年开展"平安四川""扫黄打赌""扫毒害保平安""打击多发性侵财案件""三电设施防外力破坏整治"等专项整治,取得全市严打涉网违法犯罪"破案会战"位居第二、"扫毒害、保平安"综合排名第二、"多破案、严查处、保平安"综合排名第三名等成绩。

四是推行"一区四警"模式,排解群众忧难。在城镇社区继续推行"一区四警"工作模式,并结合社区网格管理新机制,积极从群众实际所需、所求出发,群众解决"六小问题"(即从维护群众权益的"小处"想起、从关系群众冷暖的"小事"做起、从影响群众生活的"小案"抓起、从激化群众矛盾的"小纠纷"调起、从危及群众安全的"小隐患"整起、从造成群众不满的"小节"改起),寓管理于服务中。全年"四警"为社区群众办理服务16项72件次,提供法律援助31件次,排查化解矛盾纠纷52件次,为群众代办各类事务253件次,安置帮教刑释解教人员32人次,群众满意评价205件,满意率92%。

【"六五"普法】2013年,全县高度重视"六五"普法工作,纳入重要议事日程和领导班子责任目标,定期召开普法领导小组会议,通报工作开展情况,分析矛盾纠纷隐患,研究排查措施,征求意见和建议,制定相关制度,明确工作要求,使全县"六五"普法规范化、制度化。一是执法意识明显提高。进一步增强全县政法干警学法用法的自觉性,提高依法决策、依法管理的水平,养成依法办事的习惯。二是行政执法明显规范。"六五"普法期间,各政法部门在案件查办过程中,严格执行国家法律法规、严格履行法定程序,特别注重执法程序的具体操作,真正做到适用法律正确、执法程序合法。三是依法行政水平明显提高。政法各部门加大法制宣传教育依法治理工作创新力度,坚持以科学发展观为指导,加强普法依法治理工作调研和理论研究,努力推进工作理念创新、体制机制创新和方式方法创新,不断增强全体干部职工依法行政的能力。四是信访案件明显减少。针对发现的各类社会问题,认真分析、查找原因、及时处置,并将办结情况定期向上级作汇报,使"来访有记录、来信有答复、处理有反馈"的工作要求落到实处。

【制度建设】一是建立政法委员会议定期召开机制,每季度召开,加强政治理论学习,通报各部门业务开展情况,加强政法部门工作沟通。二是完善政法委机关管理制度,实施制度化管理、目标化推进、绩效化考评,规范学习制度、工作制度、管理制度等,明确各科室和人员岗位职责,建立工作考核绩效机制,规范机关管理。

【政法纪工委】2012年1月31日,经县机构编制委员会批准,成立政法纪工委,定期开展执法规范化和作风巡查工作,查处政法干警违纪违法行为,切实强化执法监督职能。2013年,县政法纪工委开展作风巡察2次,查出存在问题36个,各部门针对存在问题进行整改,并书面报政法委。

【国安办实体化筹备】按照市政法委要求,积极筹备国安办实体化工作。县委常委会已原则通过县政法委提交的方案,设置国安办主任1名、由政法委副书记兼任,专职副主任1名、明确为正科级,副主任1名、由副科级干部兼任,新增行政编制1名从事国安核心工作,事业编制3名从事辅助工作。相关请示上报市委编办待批

（周　玉）

社会管理综合治理

【概况】2013年,全县社会管理综合治理工作贯彻落实中共十八大和中央、省、市政法工作会议精神,围绕"平安筠连"建设,坚持标本兼治、综合治理,以提升人民幸福指数为导向、保障和改善民生为重点、深化平安筠连建设为载体、解决影响社会和谐稳定突出问题为突破口,提升社会管理科学化水平,全力维护社会和谐稳定,为筠连"建成强县、率先小康"营造良好的社会环境。

【社会管理综治】一是建立工作机构,落实责任。县委、县政府高度重视社会管理综合治理工作,由县委书记王萍任社会管理综合治理委员会主任,亲自抓综治工作,将综治工作作为"一把手工程",与社会建设同部署、同检查、同考核,切实保障综治工作落到实处。县综治委与各乡镇、各部门签订《筠连县社会管理综合治理目标管理责任书》,落实各乡镇、各部门主要负责人"一岗双责"。县综治委结合全县实际,制发《2013年筠连县社会管理综合治理工作要点》《关于调整充实社会管理综合治理专项工作领导小组的通知》,成立10个综治专项工作组,分别由1名副县级领导任组长、相关责任部门具体组织实施,全面推进全县综治工作。二是县综治委结合村(社区)党组织换届工作,加强综治基层组织建设。三是在持续开展"五六七八九十"数字化平安筠连创建的基础上,向横向、纵向扩展平安建设的领域,着力加强政治安全、经济安全、文化安全、社会安全、生态安全,推动平安建设从打击、防范、管控到服务、管理、建设等环节转变,在全县逐步形成"大平安"的

工作格局。四是组建由县委宣传部牵头，以54个县级部门和18个乡镇为依托、以网络论坛为主要来源的舆情搜集体系，实行24小时在线值班制度，及时发现、掌握、处置网上敏感热点舆情，将重要舆情信息以《舆情专刊》的形式，每周及时向县委、县政府主要领导和相关领导报送。五是充分利用3月综治宣传月、“5·17”世界电信宣传日、“6·26”禁毒宣传日等时机，组织带领乡镇和县综治成员单位大力宣传“平安筠连”建设、矛盾纠纷大调解、“三电”设施安全保护、铁路护路、见义勇为等社会管理综合治理工作的先进经验和工作成效，形成“党委领导、政府负责、社会协同、公众参与、法治保障”的社会管理综合治理工作氛围。

【“大调解”工作】 一是围绕重大工程和项目，全面实施社会稳定风险评估，共评估14个重点项目。二是深入开展“无非正常信访乡镇”“人民调解规范化乡镇”创建，以及矛盾纠纷大调解进城镇小区、进农村院落、进车站(码头)、进规模性市场(商场)、进经济开发区(景区)、进重点工程项目、进企业的“七进”活动，完善“五级调解网络”。三是强化“大调解”排查预警工作，结合标准地址、实有人口、实有房屋、实有单位及从业人员的“一标三实”开展基层基础信息大采集，全年司法调解组织、人民调解组织、行政调解组织共排查各类矛盾纠纷5506件，成功化解4868件，省、市督办的重点信访案件全部化解。四是创新推出“三书督改”工作制度，发出维稳建议书24份、一票否决预告书3份，有效促进各类涉稳问题和重大矛盾纠纷的稳控工作。五是狠抓突发事件、群体性事件等应急处置机制建设，妥善处置“5·7”北矿阻工、“11·14”柏香林煤矿阻工等群体性事件12起，先后劝阻235人次到市、到省、进京上访，全县没有发生一起在全市、全省、全国有影响的群体性事件。

【平安创建】 一是加强治安防控体系建设，全力推进人防、技防、物防措施，全面提升社会治安掌控能力，开展“肃毒害创平安”“破案会战”等系列“平安四川”专项行动。全年，县公安局立刑事案件1232件、破刑事案件565件，立治安案件1666件、查结908件；县检察院批准逮捕151件214人，提起公诉171件259人，移送市法院3件4人；县法院受理各类刑事案件238件，审结215件，判决生效181件219人。二是继续推进“一区四警”工作机制，在筠连镇5个社区创新开展以信息化为支撑的网格化服务管理试点工作，扎实推进“一标三实”基层基础信息大采集工作。全县各级调解组织调解民间纠纷2354件，调解成功2339件，防止民转刑案件13件。三是法律服务。办理各类法律事务258件，公证事务188件。四是执法公开，政法各部门进一步拓展执法公开范围，主动接受外部监督，促进司法公正。全年，政法部门共邀请人大代表、政协委员视察政法系统工作2次，旁听庭审2次，参加座谈1次，收到人大、政协转办件4件，建议、提案3件，都在规定时间内进行认真办理和回复；邀请人民陪审员参加审结案240件，占普通程序审理案件的87.59%。该举措充分尊重和保障人民群众对政法工作的知情权、参与权、表达权、监督权，司法公信力进一步提升。五是围绕“平安筠连”建设，落实乡镇、部门领导干部平安建设“一岗双责”，加强对流动人口、精神病人等特殊群体的服务管理。

(周　玉)

公　安

【概况】 全县公安工作锁定争创全省优秀公安局的奋斗目标，抓住筠连公安局被省公安厅确定为全省公安“三化建设”试点县(区)局之一的契机，统筹兼顾、抓好结合，提升能力、有序推进，按照“全省一类地区、全省一流标准”，保稳定、促发展、履主责、创平安和筠连公安“2355”(“2”：围绕“以提升群众安全感和满意度、为创省优公安局打下坚实基础”两个方向，“3”：把握“扎实抓业务、务实带队伍、诚实促沟通”三条主线，“5”：统筹破案打击、信息支撑、改进作风、精细管理、舆论引导五个重点，“5”：实现“破案数增加、盗窃案减少、涉警访下降、三张网做强、满意度提升”五个工作目标)工作思路，力促公安工作迈上新台阶，在年度全市公安机关年终考核中被评为第一名。

【维护稳定】 县国内安全保卫大队会同乡镇派出所强化信息搜集、研判预警和精确打控，成功处置“5·7”北矿阻路、“11·14”柏香林煤矿阻工、“11·20”王家沟水库“大坎子”料场阻工等12起群体性事件；阻止235人次到市、赴省、进京上访，其中通过专业工作，提前掌握筠连丝厂改制下岗的212名临时工借口工龄断档将集体乘车到省上访的准确情报，及时报县委、县政府和市公安局预警，做好稳控工作，为阻止大规模集访赢得主动权。

【刑事打击】 2013年，共立刑事案件1232起，破案565起，其中破现案466起、积案99起，现案破案率37.82%，批捕240人，起诉332人，百名民警破案数310.4，与上年同期比较(下同)提升8.8百分点；百名民警批捕数132，与上年持平；百名民警起诉数182.4；被判处5–10年有期徒刑刑罚的18人、10–20年的8人、无期以上的5人。

破案完成110.12%、批捕完成126.3%、起诉完成144.3%，百名民警破案数、逮捕数、起诉数排全市前列。查处治安案件906起、拘留1166人，查结率上升2.83%，拘留绝对数上升319人；“多破案、严查处、保平安”专项行动、严打涉网违法犯罪“破案会战”行动全市第三，刑侦工作目标考核全市第三。开展“平安四川”系列专项行动，其中“两抢两盗一诈骗”专项行动中打掉3个跨省、1个市内流窜盗抢机动车团伙，破案128起，抓获犯罪嫌疑人27名。侦破命案，全年共立案3件，破3起，破案率100%。打黑除恶，全年先后打掉陶德堂恶势力团伙，刘学超恶势力团伙，母杰、黄德金恶势力团伙。打拐方面，全年立案拐卖妇女儿童案件9起，破案6起；解救妇女8名、儿童5名；DNA比中3人。破获“胡清连被拐卖案”“张德宝被拐卖案”“缅甸妇女李三妹被拐卖案”。打击侵财犯罪专项行动，全年立机动车盗窃、入室盗窃等各类案件835起，破案291起，破案率34.85%，其中系列跨省盗窃汽车案8件、系列摩托车盗窃案68件、系列入室盗窃案30件，打掉盗窃团伙6个，抓获犯罪嫌疑人62人，追回轿车5辆、其他车辆81辆，为群众挽回经济损失110万元。

【缉毒禁毒】按照部、省、市公安机关的部署，以“破大案、打零包、摧团伙”为重点，深化岁末年初“多破案、严查处、保平安”专项行动，以“扫毒害保平安”“肃毒害创平安”专项行动为契机，深入开展调查摸排、情报搜集工作，切实加大对各类毒品刑事犯罪案件的打击力度。共破获毒品刑事案件56件，增长107.4%；刑事打击处理72人，增长105.71%；逮捕45人，增长200%；起诉46人，增长170.59%；缴获各类毒品1536.05克，增长9.41%；行政拘留吸毒人员382人次，增长3.24%；强制隔离戒毒110人，增长7.84%。通过强化打击处理，遏制毒品形势的漫延，毒品消费市场进一步萎缩，净化社会环境。“扫毒害保平安”行动获全市第二，禁毒工作目标考核全市第二。

【治安管理】积极开展社会治安综合治理，先后对巡司干法水泥厂等重点工程项目周边环境整治、城乡结合部侵财性案件高发作为县挂牌案件进行集中整治，对镇舟镇涉毒吸毒进行挂牌治理。共受理治安案件1659件，上升2.15%；查结906件，查结率上升2.83%；治安拘留1166人，拘留绝对数上升319人。

【安全监管】一是推进设施建设，落实监管制度，排查整治隐患，查处违法行为，全年未发生民爆危化品丢失、被盗等事件，未发生重特大道路交通事故、亡人火灾事故，安全监管形势持续平稳。二是大型活动安保，完成各项文艺演出、大型活动、企业复工复产等安全保卫工作20余次，确保活动现场的安全。三是规范监所管理，连续6年无安全事故。

【交通管理】2013年，完成筠连镇交警中队180万元基建招投标并开始建设，投资46万元建成学士路与定水路交叉路口红绿灯高清电警抓拍系统，投资50余万元升级改造长江饭店路口和筠连镇路口2处红绿灯电子抓拍系统，投资15万元对城区及河滨道新增停车位标牌及标线进行增补，全面夯实道路交通安全管理基础，提高道路交通安全管理水平。共打击处理各类交通违法案件14712起，其中普通程序224起、客车超载13起、酒后驾驶22起，行政拘留无证驾驶机动车114人，扣押销毁电瓶三轮车87辆，报废非法安装动力装置人力三轮13辆，报废机动车152辆，记分1540分；立案办理697起，其中简易程序办理458起、一般程序办理239起，刑事案件39起，移送审查起诉18人、提请批准逮捕2人。

【网安工作】2013年，县网络安全监察大队共受理刑事案件10件，立案10件，破案6件，抓获网上逃犯14人，抓获涉案犯罪嫌疑人36人；在涉网“破案会战”中，协破刑事案件185件，打击处理犯罪嫌疑人275人，逮捕83人；在“打谣言净网络行动”中，办理6件案件，处罚网站4家次。受理治安行政案件17件，办结治安案件2件，拘留3人，办结行政案件14件。警告并罚款处罚网吧14家次，收缴罚款2.5万余元，停业整顿网吧2家。指导派出所查处网吧违法经营行政案件72件，警告并处罚款3.6万余元。初步完成公安“互联网舆情监控中心”建设投入使用，将为网上维稳做出更有力的推动。网安大队利用公安内网、公安门户外网、警民网事、警民网吧“四张网”进行全面宣传报道。上报信息被宜宾支队采用158条，调研文章采用2篇，“破案会战”信息被宜宾支队采用16条，省公安厅采用6条。新增网站备案7家，累计备案19家，完成日志留存的网站1家。巡查处置舆情信息335条、有害信息3265条，舆情信息被宜宾支队采用115条。

【涉网“破案会战”】5–12月，开展打击涉网违法犯罪“破案会战”专项行动，网安大队牵头，侦破涉网刑事案件185件，打击处理犯罪嫌疑人275人，提请批准逮捕83人；打击涉网团伙犯罪案件24件，涉案130人。把“打谣言净网络行动”纳入涉网“破案会战”，办理6件案件，取保候审1人，治安拘留1人，处罚网站4家次。

【争创全省优秀公安局】1月9日，在全县公安工作会上全面部署，把职业化建设、规范化建设、现代化建设的“三化建设”作为争创工作的重要载体，有机结合、统筹兼顾、有序推进。2月21日，确定筠连公安“三化建设”的“1135”工作思路(“1”围绕创省优公安局目标，“1”：依托全省“三化建设”试点县载体，“3”：突出公安职业化建设、规范化管理、现代化应用3个重点，“5”：提升队伍纯洁指数、发展稳定指数、百姓平安指数、执法公信指数、警营和谐指数)，为打造一流的筠连公安警队，建成川南滇东北结合部经济强县提供坚实保障。4月28日，县委、县政府制发《关于进一步深化公安队伍职业化建设的实施意见》，涉及8个工作目标24个子项。9月30日，筠连县被省公安厅确定为全省10个公安“三化建设”试点县(区)之一。10月21日，市公安局政治部领导听取汇报，为“三化建设”和争创工作出谋划策；10月25日，市政府副市长、公安局局长魏常平专题听取筠连公安“三化建设”汇报，并就如何结合实际，创新思路、打造品牌提出要求和希望；12月23日，市公安局召开专题会议听取筠连试点工作汇报。

职业化建设方面：认真落实“内务要规范、每月要升旗、大会要唱歌、见面要致礼、日常穿警服”要求，狠抓作风养成，组织2批次19名立功民警外出考察疗养；以人均月增300元的标准，提高城区警辅人员工资待遇；开展运动会、“五四”登山比赛、夏季篮球友谊赛等文体活动，着力培育筠连公安职业精神，民警职业认同感和归属感进一步增强。公开招聘民警15名，笔试、面试已完成；建成2000平方米的维稳应急处突“一库两中心”(即警用装备库、公共办案中心、涉案财物保管中心)、多功能用房(包括公安荣誉室、图书阅览室、健身房等)，进入最后装修，民警公寓投入使用。12月2日，公安局警务技能实战训练基地挂牌成立。

规范化建设方面：分片区、分警种开展“一法两规”培训，全部民警均持基本级执法资格证上岗；完成15个派出所功能分区改造，继筠连镇派出所成功创建公安部一级派出所后，维新、沐爱、双腾3个派出所申报创建公安部一级或二级派出所工作正有序推进。落实所有案事件从警综平台流转网上办案“单轨制”；户政、出入境、消防、民爆受理前移，压时限、缩流程、简手续，提高办事效率。公开行政审核、审批事项40个，办理行政审核审批事项1.6万个，总量全市第四。

现代化建设方面：一是完成“天网一期”工程25个点位高清改造、35个点位高清建设，城区监控点累计110个。二是多方筹措建设资金，建成三级网络舆情监控中心，待省公安厅验收。三是完成政法公安三级专网升级改造及50兆专线光纤的安装接入；建成行政效能监控系统，350兆无线通信系统、PGIS系统等有序推进。四是“一标三实”工作，至年末共采集到标准地址79538条，实有人口95828条，其中流入居住人员3439条，采集并核实人户不一致4785条；实有房屋64563条；实有单位3306条。

特色打造：以实战化为方向，重点推进网考网培体系建设、目标绩效考核和警情案件回访工作，全力打造“考—培—访”网上警务综合体，增强公安机关专业“打、防、管、控”能力，实现更快地破大案、更多地破小案、更准地办好案、更好地控发案和群众更满意的“四个更好一个满意”目标，力争成为全省网上警务综合性、示范性项目。“考—培—访”网上警务综合体：1.创新目标管理体系，实现工作绩效“一网考”，探索完善队伍、业务、执法质量、信息化以及领导干部和民警个人网上绩效考核模式，打破传统的、手工的、繁琐的考核数据统计，逐步实现考核依据系统发布、考核数据多方汇聚、考核结果自动生成。2.创新执法管理体系，实现执法考培“一网通”，把传统的警察夜校、法制员培训、师徒传帮带等教培模式，与远程教育、网络考试、模拟演练、案例网评等现代网络教育培训有机融合，通过“传统+科技+实战”执法教育培训管理模式，切实提升青年民警综合素质，最大限度减少执法瑕疵、涉警信访，进一步提升执法公信力。3.创新警情回访体系，实现群众评警“一网显”，3月初，率先在全省开展“警情回访”机制改革，自主研发创建警务满意度智能回访系统，实时显示各警务单位接处警群众满意度、涉警投诉自动统计、直观排名。对产生的投诉，由纪委逐一登记、核实、反馈、沟通，赢得群众认可。至年末，成功回访1214次，1106人满意，群众满意率达91.1%。

取得成效：12月31日，省公安厅纪委会同省社情民意调查中心调查的全省181个县(市、区)公安政风行风建设群众满意指数情况通报中，筠连位居全市第三，其中“治安状况”“队伍形象”分列全市第二、“服务质量”位居全市第三、“执法水平”位居全市第四。

【环境兴县工作】5月22日县公安局召开警企座谈会，至年末，共为企业提供从业人员身份查询6320人次，为企业解决较大困难9个。重点打击涉企犯罪，6–12月，共破获涉企刑事案件12起，打击处理72人，为企业发展营造良好的治安环境。其中7月21日，将涉嫌“7·19”聚众斗殴的黄某某等3名主要犯罪嫌疑人抓获，解决新维煤矿建设受阻的难题；11月13日，一举把聚众扰乱柏香林煤矿正常生产秩序的黄某某、母某某抓获，该煤矿于次日顺利复工。

【重要活动】1月9日，副市长、市公安局局长魏常平一行到筠连调研指导公安工作，听取筠连公安上年工作及“多破案、严查处、保平安”专项行动进展情况汇报，县长刘朝平，县委副书记、政法委书记叶光明，副县长、县公安局局长杨国庆等陪同。1月15日，县政协主席黄静，副县长、县公安局局长杨国庆，部分市、县政协委员专题听取公安工作汇报。4月9日，县长刘朝平，副县长、公安局长杨国庆率县级相关部门领导看望慰问公安民警，调研指导公安职业化建设。4月15日，市公安局党委委员、副局长李鹏举率队到巡司镇派出所暗访，对筠连镇派出所、看守所进行明查。5月14日，副县长、公安局长杨国庆与浙江省嘉兴市南湖区分局常务副局长汤洪成签订警务合作协议。6月8日，省公安厅直属一分局正处级侦察员、第六督导巡视组副组长姚振国一行到筠连督导检查近期公安重点工作，先后到腾达镇派出所、筠连镇派出所、交警大队、巡司镇派出所以及机关各部门检查指导，市公安局党委委员、纪委书记刘凯和督察支队支队长王凯等陪同。7月15日，市公安局党委副书记、常务副局长赵飞到筠连调研，检查指导公安基层基础建设、全省现代烟草农业建设暨烟叶收购现场会安全保卫等工作。8月23日，副市长、市公安局局长魏常平到筠连调研指导公安工作并提出4点意见。9月11日，省公安厅科信办科长常军、成都市科技处专家方全心、市局科信办主任刘学国到筠连，对县公安局申报的2013年度全省警务科技应用创新暨警务满意度智能回放系统建设进行验收；9月15–16日，省公安厅第六督导巡视组组长李克力一行到筠连镇派出所、巡司镇派出所、沐爱镇派出所、维新镇派出所、县公安局机关各部门、110台开展执法规范化建设工作督导检查，市公安局警务督察支队支队长王凯等陪同。11月5日，县公安局机关档案室通过省二标复检验收。11月20日，妥善处置王家沟水库临时采石点复工工作，副县长、公安局局长杨国庆率相关人员到达现场指挥，至17时许，成功对采石点影响区域内房屋进行拆迁。12月2日，警务技能实战训练基地在筠中成立，以提高民警综合素质、服务警务实战为导向，组织各警种业务训练培训，进一步增强民警训练的针对性、时效性。

（孙　琼）

检　察

【概况】2013年，全县检察工作围绕县委确立的“安全发展，转型突破，‘六化’联动，实干增效”工作基调，坚持以执法办案为中心，以改革创新为动力，以争创“全省先进基层检察院”为目标，全面履行法律监督职责，全力推进平安建设、法治建设和队伍建设。

【刑事检察】2013年，共受理公安机关提请批准各类刑事案件184件267人，经审查批准逮捕案件151件214人；受理移送起诉案件190件289人，经审查提起公诉171件259人。一是重点打击各类严重刑事犯罪。依法严厉打击各类危害公共安全和群众生命财产安全的犯罪，批准逮捕、提起公诉杀人、放火、绑架严重暴力犯罪、“两抢一盗”等侵财犯罪、涉黑及“黄赌毒”犯罪108件159人和91件143人。成功办理以黄某某、姜某某为首的盗窃煤厂保险柜等大额财物为主要犯罪目标的跨市县盗窃团伙、“2012.11.27”永兴煤矿煤与瓦斯突出事故案等一批社会高度关注的重大案件。二是全面落实“宽严相济”的刑事政策，坚持该严则严、当宽则宽。对邻里、家庭纠纷引发的轻微刑事案件，依法促成刑事和解10件；对涉嫌犯罪无逮捕必要的，决定不捕33件53人；对涉嫌犯罪的未成年人，建议法院从轻处理20人。严格执行《中华人民共和国刑事诉讼法》（修订），对未成年人犯罪记录统一封存，充分保障未成年人合法权益，为未成年人真正改过自新、回归社会创造条件。

【查办职务犯罪】2013年，坚决贯彻中央反腐败斗争的总体部署，加大工作力度，共立案查办贪污贿赂、渎职侵权等职务犯罪案件14件17人，其中贪污贿赂犯罪案件9件12人、渎职侵权犯罪案件5件5人，通过办案追缴赃款300多万元，挽回经济损失近1000万元。一是依法查办贪污贿赂犯罪案件。坚持“系统抓、抓系统”工作思路，查处路政治超执法人员刘某某等11人贪污公路超限运输路产补偿费窝案，有效地打击公路超载超限治理环节出现的职务犯罪。二是依法查办渎职侵权犯罪案件。突出打击重点，查办社会各界高度关注的“2012.11.27”永兴煤矿煤与瓦斯突出事故背后的玩忽职守案等一批有影响、有震动、群众反映强烈的案件。三是积极开展预防职务犯罪工作。加强工程建设领域职务犯罪预防工作，对王家沟水库等重点工程项目的招投标、合同履行情况、工程变更审查管理等进行跟踪监督。针对群众反映强烈的土地纠纷仲裁机构枉法仲裁等问题开展预防调查，并专项报告上报县委、县政府，县委、县政府责成相关部门提交报告解决问题；针对筠连矿产资源领域安全责任事故频发的现状，立足检察职能，积极帮助发案单位建章立制、堵塞漏洞、完善内部管理制度，向县安委会制发检察建议，建议建立保证金制度和煤矿技术负责人、驻矿及盯矿人员履职考核制度，多维度地促进安全生产责任落实，得到县委、县政府肯定。全年开展预防警示教育6次，受教干部职工达500余人；结合办案进行职务犯罪案例剖析7件，帮助发案单位和相关部门落实预防措施7项；发出检察建议5件，被采纳5件。

【诉讼监督】 2013年，继续强化诉讼活动的法律监督，促进相关部门公正司法。一是强化刑事诉讼监督。依法监督公安机关立案侦查3件4人。监督行政执法部门向公安机关移送案件4件，判决1件。强化对法院刑事裁判的监督，坚持“敢抗、善抗、抗准”的原则，全年提起抗诉3件，改判2件，采纳率67%。二是强化民事行政检察。受理民事、行政申诉案件3件，立案后提请市检查院抗诉1件，完成市检查院交办民事行政申诉案件1件；办理诉讼过程违法情形监督案件1件、民事和解案件1件、支持起诉案件5件、刑事附带民事诉讼案件1件。三是强化对监管执行场所执法活动的监督。向公安局书面提出纠正违法5件次，向监管场所口头提出纠正违法15件次；向县司法局书面提出纠正违法1件次，口头纠正违法3件次，发现监外执行违法或不当情况6人，其中脱管3人、漏管3人，所有违法情况均得到纠正，继续保持诉讼环节羁押人犯“零超期”。

【化解社会矛盾】 一是继续推行控告、申诉首办责任制，把矛盾解决在首办环节，受理控告、申诉、举报20件，均做到及时分流，审查处理率100%；受理来信来访92件次，其中来信23件、来访69人次。二是坚持检察长接待日制度，检察长接待来访22人次，办理综合刑事救助案件2件。三是推行检察说理制度，对不立案、不批捕、不起诉等由简单告知结论变为释法说理答疑，理顺情绪，化解矛盾。邀请人民监督员、特约检察员参与接待上访群众31人次，促进社会各类矛盾的有效化解。

【检察改革】 2013年，按照最高检察院、省检察院、市检查院的部署，积极稳妥地推进检察改革。一是健全庭前会议制度。进一步贯彻落实《中华人民共和国刑事诉讼法》（修订）对庭前会议的相关规定，制定《庭前会议实施意见（试行）》，详细规定庭前会议概念、原则、会议范围、不适用范围、内容、结果与运用等，有效提高公诉案件的质量和效率，促进司法公正和保障人权。二是完善检察一体化工作机制。成立案件管理办公室，实现对所有案件的流程化管理，规范执法办案程序，增强工作公信力。三是规范在押人员立功呈报程序。牵头制定《关于呈报在押人员立功的暂行规定》，详细规定看守所呈报在押人员立功材料时所应具备的要求和程序、非法“立功线索”排除机制、驻所检察室在立功审查中的职责立功材料的证据要求、对“立功”分歧的处理、规范看守所的狱侦工作，确保在押人员立功表现的真实性和合法性。

【队伍建设】 一是加强思想政治建设。开展“三治理三激发三增加”作风建设专项活动、“实现伟大中国梦，建设美丽繁荣和谐四川（筠连）”和群众路线教育实践等主题教育活动，着力解决执法思想、司法实践、执法作风等方面存在的突出问题，打牢“立检为公、执法为民”的思想根基，有效提高干警的思想政治素质和职业道德素质。全年有5个集体有12人次受到县级以上表彰。二是加强领导班子建设。坚持以“政治坚定、求真务实、开拓创新、勤政廉政、团结和谐”为目标，以规范执法、规范日常行为为重点，注重发挥领导班子的表率作用。认真落实民主集中制，完善党组议事决策机制，领导班子凝聚力、创造力和战斗力进一步提高，连续7年被评为“四好”先进集体。加强廉洁从检教育，认真做好党风廉政建设责任分解、责任考核和责任落实工作，被县委授予2012年度党风廉政建设和反腐败工作先进集体。三是加大教育培训力度。认真落实全省基层检察人员轮训工作，以业务竞赛、专题讲座、观摩庭审、网络培训等方式开展岗位培训200余人次，提高干警的检察理论水平、岗位理解能力和岗位适应能力；1名干警参加省委宣传部组织的新闻发言人培训，1名干警参加县委组织部举办的中青年干部培训班学习，多名干警参加市县相关部门组织的短期业务培训。

（杜　涛）

法　院

【概况】 2013年，审判工作围绕“努力让人民群众在每一个司法案件中都能感受到公平正义”的目标，全面加强审判执行工作，全力化解矛盾纠纷，共受理各类案件2960件，结案2827件，结案率为95.5%，法官人均办案80.77件，被省高院评为“全省法院纪检监察工作先进集体”“全省法院‘攻坚破难’专项行动先进集体”“2013年度全省法院新闻宣传工作考评先进单位”等。

【刑事审判】 严格执行罪刑法定、罪刑相适应等刑罚原则及宽严相济的刑事政策，坚持惩罚犯罪与保障人权并重，注重对新刑诉法改动或新增类型的证据审查，严把案件程序关、事实关、证据关、适用法律关。共受理刑事、刑附民、罚金刑案件272件，审结259件，结案率95.22%，判处犯罪分子297人，判处缓刑47人，拘役14人，处罚金152人，免予刑事处罚7人，其中判处5年以上有期徒刑35人、判处5年以下有期徒刑262人。各类刑事案件中盗窃、故意伤害、贩毒3类占收案总数的47.87%。积极参与社会治理和"平安筠连""法治筠连"活动，通过公开审判、以案释法、法制讲座、回访帮教等，提高群众的法律意识，预防和减少违法犯罪。深入推进缓刑适用与社区矫正"无缝对接"，对审前调查合格的47名罪犯适用社区矫正，促使其顺利回归社会。

【民商事审判】 坚持"调解优先、调判结合"原则，通过联合调解、上门调解、电话调解等，促进当事人息诉服判，全年民商事案件调解撤诉率82.43%。受理各类民商事案件2128件，审结2031件，分别上年同期上升58.2%、58.0%，其中小额借款合同纠纷、机动车交通事故责任纠纷、离婚纠纷、民间借贷纠纷4类占民商案件总数的66.53%。开辟涉农案件立、审、执绿色通道，坚持平等保护各类市场主体，及时化解涉及工业园区、重点工程项目及城市建设的矛盾纠纷，帮助企业依法减少风险、依法经营、依法用工和依法维权，妥善处理企业因停工停产引发的债务、工资等纠纷17件；成立涉及县域重大项目建设专题司法研究组，主动为党委、政府决策提供法律建议，加强对调解组织的指导，通过提出法律意见、个案指导、联合调解等形式，指导司法所、调解委员会、村组干部化解婚姻、赡养、土地承包等纠纷103件。

【行政审判】 受理行政诉讼案件9件，审结7件。既维护合法行政行为，支持行政机关依法行政，又纠正违法行政行为，依法保护公民、法人和其他组织的合法权益。加强与行政机关的沟通，通过走访、座谈等形式，加大对《中华人民共和国行政诉讼法》《中华人民共和国行政处罚法》《中华人民共和国行政许可法》等法律宣传，努力促进依法行政，积极参与疏导化解涉及土地征用、社保类纠纷9件。

【案件执行】 加大执行力度，严厉打击逃避执行、抗拒执行行为，建立完善执行工作协调联动机制，提高执行质量和效率。全年新收执行案件551件，较上年增加50.9%，执结530件，其中和解363件、自动履行154件、其他执结13件。开展涉及民生案件等专项执行行动，采取查封、扣押、冻结等强制措施419件次，评估拍卖14次，司法拘留8人，邀请人大代表、政协委员监督执行7次，对有履行能力却逃避履行的18件案件中20名"老赖"采取"电视曝光"、限制高消费等措施，敦促和强制被执行人履行义务。探索实行执行信息同步节点公开，接受社会各界监督，最大限度地实现当事人的合法权益。

【审判质效提升】 利用审判管理平台，强化案件流程管理、审限跟踪管理、临近审限预警督促，通过科学分配案件、合理调配司法资源、强化考核考评等，全面提升结案均衡度。健全审限管理、审判委员会、合议庭工作规则等，强化对违法审判和过错责任的追究机制，严把质量评查关、司法统计关、案卷归档关。不定期推行庭审、法律文书"两评查"活动，实行每周案件质效分析会，对评查出的问题全院通报，并限期整改。开展办案能手、调解能手、法警标兵和零错案、零投诉、零上访"三零"竞赛以及"精品案件""优质裁判文书"评选等，提高办案效率、增强办案效果。坚持重大事项、重大案件及时向党委、人大报告。开展"法院开放月""法庭开放日"活动，发挥人民陪审员作用，全年共邀请人民陪审员参加审结案件240件，占普通程序审理案件的87.59%，促进干警规范办案、文明司法，提升司法公信力。

【司法为民】 一是深化诉讼服务中心建设，设置立案审查区、自助服务区、信访接待区、当事人等候区等，整合法院对外服务职能，为当事人提供导诉、咨询、调解、退费等"一站式"服务。加强信访接待处理工作，尽力为来访群众和案件当事人排忧解难，全年共处理来信来访500余起，院长接待来访67人。二是落实各项便民措施。加大司法救助力度，对弱势群体和特困群众依法减、缓、免诉讼费19万余元；对生活困难，无法得到赔偿刑事案件被害人或其家属发放救助款2万余元。三是深化"车载法庭"巡回办案效果。针对农忙季节、"经商族"的实际需要，开设节假日法庭、夜间法庭，全年巡回开庭628件；把"车载法庭"巡回审判与上门立案、法制宣传、案件回访、基层调解培训、新进干警工作能力提升等相结合，最大限度发挥巡回办案的作用。全年开展送法进社区、进企业、进学校等法制宣传21场次、发放资料3000余份，协助村（社区）、乡镇解决矛盾纠纷145起，接受群众法律咨询1000余人次。

【队伍建设】 大力加强"忠诚、为民、公正、廉洁"的政法干警核心价值观教育，引导干警树立能动司法、民生司法、和谐司法、阳光司法的理念和意识，自觉提高审判工作的标准和要求。一是开展"中国梦""三治理三激发三增加""争创'两个一流'""转变作风、司法为民"等主题教育活动，建设学习型、创新型、服务型、公正型法官。二是建立年轻干警与院党组成员、中层干部"一帮一"传帮带机制，举办书友会、法学讲堂、趣味运动会，陶冶干警情操，培养干警热爱生活、积极向上的情怀。投入专项经费加强文体设施建设，为法院文化建设注入新的活力。四是以内外监督为途径实现廉洁司法，对内在部门设立廉政监察员、严格考勤、请销假制度、组织"干警家庭助廉"座谈会，营造廉洁氛围;对外聘请廉政监督员、随案发放廉政建设监督卡,设置录音电话、公布举报电子邮箱,提升监督实效。组织干警参观市廉政教育基地——汉王山监狱,听取服刑人员现身说法,开展"每月一案例"学习教育活动,实行教育内容方式个人化、差异化,促使廉政教育经常化、日常化,连续8年"零违纪"。

(平一惠)

司法行政

【概况】 2013年,司法行政工作深入推进服务群众8件实事,以"环境兴县"为目标,制定"2111"("2":深化"六五"普法和依法治理工作与"人民调解规范化镇乡创建"活动,"1":拓展法律援助范围和受理面,"1":创新社区矫正工作方式,开通司法E通,"1":确保司法业务用房在2013年底建成并投入使用)工作思路,充分发挥司法行政职能作用。

【司法业务】 一是普法工作,开办普法培训班35期1290人次,开展法制宣传讲座24期、中小学法制副校长法制讲座49期,送法下乡141场次。二是基层工作,截至10月上旬,各级调解组织共调解纠纷2354件,调解成功2339件,调解成功率99%,防止纠纷激化29件,其中防止民间纠纷引起自杀1件1人,防止民间纠纷转化为刑事案件13件38人,制止群众性械斗3件12人,防止群众性上访12件693人。三是法律服务,四川瑞龙律师事务所、玉壶律师事务所共办理各类法律事务235件,公证处共办证188件,各基层法律服务所办理各类法律事务123件。四是社区矫正和安置帮教,全县有刑释解教人员86人、社区矫正人员108人,帮教率为100%,重新犯罪率控制在2%以内。五是法律援助,全县法律援助1881人次,其中办理法律援助案件241件,接受来访咨询1165人次、来电咨询234人次,为受援人避免和挽回经济损失411余万元。

【"六五"普法】 一是抓落实,确保普法依法治理工作进行。坚持把"六五"普法作为全县"一把手工程",将普法依法治理工作纳入县委县政府绩效目标考核,县法建领导小组召开成员单位工作会专题研究部署"六五"普法依法治理工作,印发《2013年筠连县普法依法治理工作意见》《2013年度筠连县"六五"普法依法治理工作考核评分表》,与18个乡镇50余个县级部门企事业单位签订责任书;县法建办印发《深化"法律六进",推进法治筠连建设法制宣传教育主题活动的通知》,举办普法骨干培训,全面抓好"六五"普法中期检查,力促全县普法依法治理工作再上新台阶。二是抓对象,构筑大普法平台。抓好重点人群法制宣传教育暨切实抓好领导干部、公务员学法用法,加强青少年学生、企业经营管理人员、农民、城市社区居民的法制宣传教育。三是抓创新,努力营造普法良好氛围。继续在《绿色煤都》上开辟"六五"普法法治专刊,建立筠连法制建设QQ群,在筠连镇海瀛收费站建立大型普法宣传广告位,在县电视台《银屏透视》栏目中创办法制宣传专栏,在县城主要街道的电子显示屏上设置法制宣传标语,开通手机短信法制宣传平台,部分乡镇和单位开通QQ普法微博。四是重实效,全力打造平安法治筠连。积极探索以人民调解为基础、行政调解为主导、司法调解为保证的"三位一体"大调解机制,综合发挥三大调解的整体优势,深化"无非正常信访镇乡""人民调解规范化镇乡"创建,有效预防和减少越级访、重访、缠访的发生,实现信访总量明显下降,上访秩序明显好转。

【法律援助】 一是着力强化责任推进法律援助机构职能,把法律援助任务分解到各乡镇司法所、法律服务单位、律师事务所。组织机构人员、律师、基层法律工作者和其他法律援助志愿者参与办案;根据律师、基层法律工作者的不同特点,规定其履行法律援助的内容和方式,引导其开展与其工作领域和业务相适应的法律援助。二是着力窗口建设推进法律援助设施,做好法律咨询专线升级,完善接待场所、服务设施,公布援助范围对象、工作流程,抓好窗口建设。三是着力完善考评体制推进法律援助案件质量,建立以提高质量为导向的案件审查管理制度和考评机制,规范案件审查、决定、指派和承办环节的工作程序,完善服务质量的监督机制,把法律援助管理资源配置和工作重点集中到质量管理上,对法律援助优质案件实行点评和奖励,以促推法律援助案件质量冲新高。四是着力构筑网络扩大法律援助的覆盖面,加强对18个乡镇及工、青、妇、残、老龄办等有法律援助工作站和243个村、14个社区有法律援助联络员的业务指导和监督,调动社会各方面参与法律援助工作的积极性,扩大法律援助的覆盖面,进一步方便贫弱群体申请法律援助的需要。

【"人民调解规范化乡镇"创建】 一是完成新建立的镇舟镇前进村、高坎乡红旗村、塘坝乡川丰村10个村(社区)规范化人民调解委员会规范化建设。二是按照司法部下发的人民调解文书格式进一步规范全县人民调解卷宗,将统一制作的台账和"随手调"工作手册发放至各乡镇司法所及其辖区各调委会,各调解委员会按规范化标准制作人民调解工作的资料档案。三是推动全县医患纠纷人民调解委员会和道路交通事故损害赔偿人民调解委员会建设进一步健全。四是对全县各级人民调解员进行培训,全年共培训调解员1200余人次。五是安排部署人民调解组织和人民调解员的全面登记,8月底,乡镇对各类人民调解组织和调解人员进行一次全面审核登记。

【社区矫正】 2013年,全县社区矫正和安置帮教工作稳步推进,规范社区服刑人员接收、管理、变更、解除矫正等工作制度,统一执法标准、程序和法律文书格式,开通司法E通,促进社区矫正制度化、规范化、标准化。

【安置帮教】 2013年,加强刑释解教人员的管理,做好刑释解教人员的衔接和登记管理工作,加强与各司法所的联系和交流,做好刑释解教人员社会信息管理。加强与公安、综治等部门的横向联系,定期核实信息,坚持一人一登,杜绝漏管、脱管。大力开展"亲情帮教大走访",发挥刑释解教人员过渡性安置帮教基地作用,协调解决刑释解教人员就业扶助难题,为落实社会保障。针对不同的刑释解教人员制定个性化帮教措施,分类帮教、跟踪帮教,提高帮教效果,全县刑释解教人员安置帮教率100%。

【"警民亲"活动】 2013年,深入政法干警核心价值观教育活动,通过服务群众"八件实事"落实"警民亲"活动。一是构建"一小时法律援助服务圈",建立覆盖城乡的法律援助网络,继续在煤炭企业农民工中开放法律援助快速通道,通过帮忙群众办实事、解难事,进一步和谐警民关系。二是深化"人民调解规范化乡镇",加大行业调委会工作规范性指导,成为司法干警的亲民手段和爱民举措。三是建立法律服务"绿色通道",实行公证、司法鉴定等法律服务上门服务、限时办理便民方式。四是开展"亲情帮教大走访",对部分回归人员开展走访摸底和亲情帮教,推行"无缝衔接制",实现一人一档,全面掌控回归人员信息。五是继续"法律顾问进万村",深化"一村(社区)法律顾问制度",明确律师和法律工作者每人定点负责3-5个村,印制"警民亲"活动法律服务联系卡,特事特办,无偿为群众提供法律服务。六是开展"法律六进"活动,继续推行"送法下乡"、开办"农村法治教育学校",为学校聘任法制副校长和辅导员,征订、发放普法书籍2200余册。七是坚持"阳光执法",推进司法行政工作的制度化、规范化、标准化,确保各个工作环节的透明、高效,实现公正执法护民利。八是开展"外来企业专项服务",定期开展外来企业问卷调查,及时掌握外来企业的法律需求,指派律师和法律工作者上门服务。

【社会服务】 一是开通公证便民服务绿色通道,为老、弱、病、残等弱势群体提供上门服务,依法减免公证费用。二是强化律师和法律工作者的服务意识。组织律师及法律工作者参加司法行政系统开展的"警民亲"活动,落实服务群众"八件实事""法律顾问进万村"活动,定期到联系村(社区)开展法律咨询和法制宣传活动,为社区困难群众提供法律援助,代写法律文书等,引导律师为政府部门解决信访问题提供法律咨询和解决方案,维护群众合法权益的同时,达到息访罢访的目的,促进社会和谐。

【基础设施建设】 根据国务院要求,明确市县级司法业务用房建设列入国家十二五规划。县司法局业务用房建设项目纳入2012年中央预算内投资计划,建筑面积1150平方米,总投资181.5万元,其中中央资金169.4万元、县财政配套12.1万元。于2012年12月22日动工,主体工程已竣工验收并进入装饰装修,确保2013年12月底投入使用。

（钟　波）

经济管理

综 述

【概况】 2013年，全县生产总值实现95.14亿元，比上年同期（下同）下降6.7%，其中第一产业增加值16.82亿元，增长3.6%；第二产业增加值60.7亿元，下降12%；第三产业增加值17.6亿元，增长11.3%。三次产业占GDP的比重为17.7∶63.8∶18.5。地方公共财政收入完成5.03亿元，增长2.44%。全社会固定资产投资实现50.87亿元，增长30.1%；社会消费品零售总额22.49亿元，增长14.4%。居民消费价格总指数累计上涨2.6%。城镇登记失业率3.22%。城镇居民人均可支配收入实现22488元，增长10.7%；农民人均纯收入实现8854元，增长13%。人口自然增长率5.63‰。城镇化率33.55%。

【农业经济】 2013年，全县农林牧渔服务业总产值28.13亿元，增长3.7%，实现增加值16.82亿元，增长3.6%。农业实现产值12.49亿元，增长4.9%；粮食产量152749吨，增长1.45%。实施“5·20”特色产业工程，全县茶园1.04万公顷（15.6万亩），生产茶叶8919吨，实现产值5.2亿元；年内新增有效灌溉800公顷（1.2万亩），年末有效灌溉7600公顷（11.4万亩），实有耕地22340公顷（33.51万亩），其中水田6143公顷（9.21万亩）、旱地16197公顷（24.30万亩），综合治理水土流失2200公顷（3.3万亩）。林业实现产值1.23亿元，增长7.7%；新增森林1266.67公顷（1.9万亩），森林蓄积3.9万立方米，全县森林5.97万公顷（89.55万亩），森林覆盖率46.55%。畜牧业实现产值14.12亿元，增长2.2%。肉类总产量3.64万吨，增长3.41%。渔业实现产值0.19亿元，增长6.2%；水产品产量1380吨，增长6.2%。农业产业化龙头企业全县25个，其中市级6个、县级19个，销售收入实现2.7亿元；专合组织169个（工商注册151个），其中省级6个、市级14个，销售收入7.4亿元。

【工业经济】 2013年，受国家产业政策调整及煤矿关停影响，全县工业经济发展呈趋缓态势，工业经济发展回落。全部工业实现增加值57.95亿元，下降13%，其中规模以上工业实现增加值39.4亿元、下降14.2%。全县规模以上工业企业实现营业务收入89.72亿元，下降33.2%；实现利润总额8.88亿元，下降52.3%；实现利税总额18.57亿元，下降47.3%；工业技改投资16.09亿元，增长4.03%。全县过关煤炭176.45万吨，下降56.8%。全县关停11家煤矿企业，其中规模以上工业7家、规模以下工业4家；规模以上工业企业退出26家，新增2个，年末有规模以上工业企业35家，其中煤炭开采业21家。全年投资1.5亿元推进园区基础设施建设，海瀛园区新增河滨路及5.07公里的海顶公路硬化工程全面完成，三期道路及企业征地完成60公顷（900亩）；巡司园区基础设施建设正加快推进，防洪堤工程开展招投标工作。全年园区新入驻龙泉酒业、蓝伯特生物科技等企业8家，海瀛、巡司园区入驻企业达49家。

【第三产业】 积极开展拓市场、促消费活动，第三产业蓬勃发展。社会消费品零售总额实现22.49亿元，增长14.4%，其中城镇市场实现零售额15.16亿元，增长14.9%；乡村市场实现零售额7.33亿元，增长13.4%。限额以上贸易单位（含个体户）共40家，净增2家，增长5.3%。基本完成全县旅游规划（修编）、岩溶风景区总体规划；完成“中国云上石漠·春风花海”生态旅游度假区总体规划、部分景点打造和土地调规工作，清溪沟茶文化主题公园经过5个月建设于9月30日试运行，神羊洞旅游景区完成规划和洞内灯光系统安装，古楼景区意向业主规划团队进场工作；推进旅游标准化建设，开展乡村旅游示范乡镇、村创建和十佳农家乐评选活动，旅游市场进一步规范。全年旅游人数72.45万人次，增加15.67万人次；旅游总收入4.74亿元，增长37.4%。年末境内公路总里程1424公里，其中等级公路979公里；公路旅客周转量20615万人公里，货运周转量21918万吨公里；实有公共汽车14辆，出租汽车30辆，民用汽车拥有量11850辆。邮电业务总收入18692万元，增长12%，其中邮政业务收入1443万元，增长4%；电信业务（含电信、移动、联通）收入17249万元，增长12.7%。全县金融机构各项存款余额56.84亿元，增长7.01%，其中单位存款余额22.88亿元、增长4.54%，城乡居民储蓄存款余额33.39亿元、增长9.95%；金融机构贷款余额30.55亿元，增长22.52%，其中短期贷款12.41亿元、增长37.29%，中长期贷款9.72亿元、增长27.24%。全年保费收入7361

万元，增长14.98%。房地产、餐饮、广告、娱乐等事业健康发展。

（徐劲松 许奎 章懋华）

发展调控

【经济运行】2013年，县发改局注重把握国内外政治经济变化趋势，分析研究全县国民经济运行总体态势，及时提出专项调研报告、季度经济形式分析报告和经济社会发展应对建议，为县委、县政府提供决策参考。起草完成《关于筠连县2013年上半年国民经济和社会发展计划执行情况的报告》《关于筠连县2013年国民经济和社会发展计划执行情况与2014年国民经济和社会发展计划草案的报告(书面)》。

【投资和项目建设】2013年，按照竣工投产一批、加快建设一批、争取开工一批、加快前期一批“四个一批”编制完成全县重点项目建设计划，确定项目250个，总投资579亿元，年度计划投资71.2亿元，新开工入库项目69个。完成全社会固定资产投资50.87亿元，增长30.1%；其中固定资产投资49.87亿元，增长31.7%。全县工业投资31.02亿元，增长14.5%，第一产业完成投资1.19亿元、增长13.3%、占总投资的2.3%，第二产业完成投资31.08亿元、增长14.4%、占总投资的61.1%，第三产业完成投资18.6亿元、增长70.8%、占总投资的36.6%。

交通项目：宜宾至昭通高速公路完成开工前的准备；筠巡快速通道一期工程开工，完成投资8000万元；筠巡快速通道二期工程确定业主并开展征地；省道S206县城绕城段新建工程完成项目选址建议书编制并通过批复。完成2012年度通村水泥路74公里，开工建设2013年度71.8公里；筠乐公路梅家坳隧道基本完工；武德至蒿坝通乡水泥路改建完成总工程量的80%；中央专项彩票公益金支持革命老区扶贫开发公路基本完工；定水河县城段第四座大桥完成总工程量的40%；完工海瀛桥加固整治工程；龙镇至蒿坝、龙镇至孔雀、龙镇至庙坝、乐义至珙县上罗等乡镇连接公路前期工作进展顺利。

水利项目：王家沟水库、后沟水库完成投资1.32亿元；开工巡司镇供水项目；农村安全饮水工程进展顺利，全面完工2012年中央财政追加拨付和省级小型农田水利专项“五小水利”工程建设，完工桂花、双河、竹麻沟水库除险加固，完工定水河塘坝乡段及城区防洪工程；争取到小流域水土保持综合治理省级专项资金150万元。

能源项目：新维、船景煤矿完成投资8亿元，分别占总投资实物量的70%、86%；地方煤矿技改完成投资15.88亿元；页岩气项目完成投资3.75亿元，钻井127口；筠连县2×35万千瓦煤矸石发电项目已与中电国际签约，完成预可研编制；武乐矿井项目获省发改委核准；电网建设完成总投资4538万元，110千伏云龙寺输变电项目、35千伏巡司小河输变电项目、35千伏海瀛输变电项目投入运行，完成43个村农网改造；新建沼气池2559口。

其他项目：“泓硒泉”矿泉水、醒世茶业技改进入试生产；双星茶业、龙镇天子酒业技改、龙泉酒业技改、中密度纤维板、红军源竹笋加工、粮油仓储等项目建设加快推进。

【争取上级项目】2013年，全县共争取到中央、省、市各类项目资金11249.55万元，其中争取到中央、省级资金8629.55万元，涉及电力、教育、畜牧、石漠化、卫生、水利等项目13个；争取到省、市财政扶贫专项资金2620万元，涉及巡司、双腾连片扶贫开发项目1000万元，筠连镇乌蒙山区连片扶贫开发项目1000万元，整村推进5个村500万元，劳务扶贫资金40万元，市级基础设施和危房改造资金50万元，市定点帮扶村项目资金30万元。配合国家、省、市稽查部门和县财政局加强对全县在建国债项目以及资金的监管。

【城镇化建设】一是按照“一城四组团、双心双轴两园区、五条生态带”城市空间形态，加快中心城区建设。完成《筠连县城南片区修建性详细规划》《巡司镇工业集中区控制性详细规划》等规划，完成城南一期工程征地拆迁，加快推进城北旧城改造，煤都大道三期道路、滨河路景观工程等市政设施项目进展顺利，“国家级卫生县城”创建工作有序推进。二是注重特色打造，深入推进中心镇规划与建设。完成《全域新村建设总体规划》，加快推进第二轮“千村春风工程”建设，13个省级财政新村建设通过验收，巡司、维新、沐爱、塘坝等特色城镇建设有序推进，沐爱镇成功申报省级试点小城镇，建成各具特色的新村(聚居点)69个，城镇化率达33.55%。

【社会事业】2013年，实施“科教兴筠”战略，营造良好自主创新、科技进步的政策环境和社会氛围。科技进步工作取得明显成效，已通过全国县市科技进步考核，共争取科技项目立项30项、解决资金250万元。全县有小学11所、普通中学34所、职业学校2所、特殊教育1所、幼儿园49所(其中公办幼儿园2所)，中小学在校学生56803人；有中小学专任教师3327人，引进教师44人，公招教师102人。免除1489名中职学生学费；资助家庭经济困难中等职业学校学生375人；资助经济困难家庭普通高中生1402人，义务教育阶段在校残疾学生239人。实施农村义务教育学生营养改善计划，投入1749万元，其中县级583万元，覆盖188所农村义务教育阶段学校，共45543名学生受益，覆盖率100%。投资1919万元，完成5个寄宿制校舍、幼儿园、4个教师周转房建设；投入2762万元，启动年度124个学校生活用房建设；投入2752万元，实施41个农村义务教育学校的班班通、微机室、视频会议系统建设；投入2600万元，推进筠中争创省二级示范性普通高中；投入2694万元，完成职教中心一期项目建设，实现整体搬迁。

文化广播：全年开展送文艺演出、送图书、送文艺辅导等“送文化”下农村、基层活动，放映农村公益电影3220场次；举办四川省文化列车同心艺术团慰问演出、文化系统新春慰问演出、春风村首届春节联欢晚会、玉壶之春艺术节、春满筠州·龙腾狮跃闹筠州、玉壶之春艺术节闭幕式暨春满筠州艺术节·乡镇文艺调演、春风村李花节、花山节、西安“西洽会”对外交流文艺演出、成都旅游推介会文艺演出、宜宾市国际茶文化博览节等文化活动。发放、安装及调试直播卫星设备1776台，新建地波数字电视发射台4座，发放、安装及调试地面波数字电视设备的3000台，完成7个农村室内放映点招标工作。有线数字电视用户16525户，全县广播综合覆盖率99%，电视综合覆盖率99%。

体育：“全民建身”理念深入民心，举办大型群众体育活动8次；投资60万元，完成15个农民体育健身工程。

人口卫生：年末总户数117767户，总人口432549人。人口自然增长率控制在5.63‰以内，符合政策生育率84.26%；落实“三结合”帮扶1304户。新型农村医疗合作参合353406人，参合率98%；完成2012年度中央预算内投资乡镇卫生院改扩建项目11个和乡、村医疗机构评审年度目标；争取2013年中央预算内投资卫生项目4个，总投资771万元，其中乡镇卫生院改扩建项目3个、投资390万元，急救体系建设项目1个、投资381万元。

就业、社保：全面落实国家和省市各项就业优惠政策，城镇新增就业4713人，失业人员实现再就业807人，就业困难对象实现再就业372人，城镇登记失业率3.22%；农村劳动力转移输出10.8万人，劳务收入10.2亿元；建立高校毕业生就业见习基地15个，促进高校毕业生实现创业13人。城镇居民最低生活保障标准提高到每人每月350元，农村居民最低生活保障标准提高到每人每年1900元，农村五保供养集中供养率74.8%。新型农村和城镇居民社会养老保险10.79万人；发放新型农村和城镇居民养老保险60岁以上老人养老金2090.43万元。

保障性住房：实施农村C级危房改造719户，新开工廉租住房、公共租赁住房、经济适用住房、限价商品住房等保障性住房404套，开工建设棚户区改造200户。

【项目招投标】严格执行《中华人民共和国招标投标法》《四川省国家投资工程建设项目招标投标条例》等法律法规，坚持公开、公平、公正和科学择优原则，严格招标投标程序。全年，县发改局牵头组织工程项目招标53个，控制价总额11685.62万元，中标价总额10656.62万元，节省资金1029万元，资金节省率8.8%。

【节能减排和生态建设】2013年，县域环境空气质量状况均达到国家《环境空气质量标准》(GB3095-1996)二级标准；县域出境断面水质均满足《地表水环境质量标准》(GB3838-2002)Ⅲ类标准；县域环境噪声均符合《声环境质量标准》(GB3096-2008)；二氧化硫排放削减996.94吨，化学需氧量排放削减687.27吨，氨氮排放削减16.59吨，氮氧化物排放削减257.19吨。加强机动车污染防治，办理机动车环保标志686个。城区绿化覆盖率40.48%，饮用水源水质达标率100%，城镇生活垃圾无害化处理率91.2%，污水处理厂集中处理率88.1%。全县森林覆盖率46.55%，有省级生态村2个、市级生态村126个、县级生态村124个，命名生态家园19600户。

【改革开放】继续深化体制改革，县发改局制发《2013年经济体制改革工作意见》，加快推进重点领域改革，重点领域和关键环节改革取得新进展；加快推进统筹城乡综合配套改革；纵深推进集体林权配套改革；水电气等重要资源性产品价格改革有序开展；金融改革稳步实施；国有企业改革不断深化；教育、文化、医疗卫生等改革扎实开展。上级资金争取实现新突破，争取到中央、省、市各类资金1.13亿元。全年民营经济实现增加值61.46亿元、下降3.7%，占GDP比重64.6%、提高0.5个百分点，民营经济占GDP比重进一步提高。招商引资新签项目30个，履约26个，履约率86.7%；到位资金44.98亿元，增长29%，其中省外到位资金29.68亿元，增长12%。

【价格管理】2013年，认真履行物价职能，加强价格监管，促进价格总水平的基本稳定。一是加强收费监管，认真开展2012年度“收费许可证”审验工作。二是检查市场价格违法行为，开展价格和收费政策专项检查。三是加强价格监测，做好涉农价格和收费、医药价格、明码标价、教育收费等专项检查。四是做好价格认证，完成各类鉴证案件94件，鉴证金额494.4万元，其中刑事案件76件、鉴证金额62.4万元，民事案件8件、鉴证金额122.76万元，旧车评估8件、鉴证金额24.44万元，价格认证案件2件、鉴证金额284.8万元。

（徐劲松 许 奎 章懋华）

统计工作

【概况】2013年，统计工作以学习贯彻中共十八大精神为契机，围绕经济社会发展大局，加快推进统计改革，努力建设“四大工程”，不断开创全县统计事业新局面。

【定期报表】围绕服务于全县经济社会建设中心，把握"用数字说话，为发展服务"宗旨，继续推进统计报表报送、报表质量控制、重要数据评估等项制度。加大年报、定报的组织协调和督促检查力度，规范监控数据采集、计算、传输、处理、审核、上报和对外发布等操作流程。一是开好数据上报评估会，保证年报数据质量。二是严把定期报表数据质量关。三是加强与上级业务部门和县相关部门的协调衔接，确保经济指标符合发展趋势，准确及时高质量完成GDP核算、农业、工业、建筑业、房地产、投资、服务业、贸易、劳资等统计专业的2012年报和2013年定报的编报工作。

【经济普查】 按照国家、省、市关于开展第三次全国经济普查的要求，县政府印发《关于开展第三次全国经济普查的通知》，迅速开展各项工作。

组建机构：成立由县长刘朝平任组长，25个相关部门一把手为成员的第三次全国经济普查领导小组，下设办公室，办公室设在县统计局，由局长兼任办公室主任，同时，相关责任部门建立普查机构，明确责任人员。18个乡镇也成立以乡镇主要领导为组长的经济普查领导组，抽调责任心强、业务通的工作人员组建普查工作机构，选齐配强普查指导员和普查员队伍。

落实经费：从普查工作需要的出发，详细地编制第三次全国经济普查经费预算方案，其中县级经费150万元，添置必要办公设备，购置并下发必备的普查物资。

强化督察：县政府及时召开领导小组第一次会议、全县动员大会，协调解决实际问题，督促各级各部门落实经济普查任务。县政府与18个乡镇及25个县级单位签订责任书。由县委县政府督查目标办牵头组成督查组，对全县经济普查准备工作进行督查，并发通报。

完善制度：经普办制订《筠连县人民政府第三次全国经济普查领导小组工作职责》《筠连县人民政府第三次全国经济普查领导小组成员单位职责》《筠连县人民政府第三次全国经济普查领导小组办公室内设机构及职责的通知》，明确领导小组、办公室、成员单位的职责分工，普查任务落实到人、责任落实到人、质量落实到人。

宣传发动：组织散发和张贴宣传传单、公告和标语，悬挂横幅，确保宣传的广度。11月27日启动"全国经济普查宣传月"，举办形式多样的经普宣传，组织腰鼓队走街串巷宣传，县经普办主任段利勇接受县电视台的专访。县各类新闻媒体刊登、播发普查动态、文章、专访150多篇次，出动宣传车3辆次，张贴政府公告600份，制作悬挂各类宣传横幅90多幅，书写标语500余条，散发致调查对象公开信2万张。在县城主要街道制作宣传牌，电视台适时追踪报道经普工作进展情况和典型事迹。

清查摸底：11月，召开全县经普推进会议和清查数据评估会议，及时查找问题。在清查中，严把小区地图绘制关，确保小区划分和地图绘制的准确性；严把名录整理关，确保单位名录的完整性；严把清查关，确保清查的有序开展；严把清查数据质量关，确保单位不重不漏；严把清查进度关，确保全县一盘棋。在正式登记前完成入户摸底、议查、核查及地图的绘制和堪界、地址点的采集，为完成经济普查各项工作任务做好准备。

【服务业监测】2013年，建立服务业统计监测制度，完善全县监测方案，组织实施监测工作。服务业监测统计涉及全县农业、交通、商业、金融和保险、计算机服务、租赁业等多个行业；通过监测，为国家、省、市和全县第三产业发展提供重要的决策依据。

【小康监测和文化产业统计】小康监测和文化产业统计工作，及时调整领导小组，负责统计工作的组织领导和重大问题的协调，办公室设在县统计局，负责方案的制定以及组织实施。普查人员深入机关、企事业单位，认真开展调查，通过调查，摸清全县基本情况。

【能源监测】 2013年，加强能源统计基础建设，特别是对"规上"能源统计工作，按照统计基础工作有机构、有人员、有资格、有制度、有台账、有电脑能上网的"六有"要求，设置相应工作机构，落实和配备相应工作人员，夯实能源统计监测工作的基础。为抓好能源统计监测业务培训，会同县经信局召开能源统计业务培训会，提高能源统计监测工作人员业务水平。认真贯彻国家统计报表制度，以抓好工业节能降耗统计为重点，健全单位GDP能耗统计制度及监测方法，深入企业调查研究，做好全县节能降耗统计工作。

【经济强县监测】2013年，围绕县域经济发展和"建成川南滇东北结合部经济强县"为重点，开展统计分析和预警预测，撰写统计分析42篇、与川南七县经济指标比较专题分析1篇，突出季度经济发展情况，分析经济运行中的特点和问题，提出解决问题的措施和办法，为县委、县政府提供决策依据。继续编印全县国民经济和社会发展月度和季度手册，为县领导和部门提供参考数据。

【行业发展目标考核】2013年，按照客观公正、定性准确、奖惩公平的原则，代县委县政府拟草并印发《筠连县2013年行业发展目标考核实施细则》，配合县发改、县招商完善重点项目及招商引资任务综合考核办法。

【目标任务审核】2013年，围绕县委、县政府工作重点，会同县发改、招商、财政等部门组成县联动发展目标考核领导小组，负责对行业发展、重点项目暨招商引资目标任务的检查考核、综合评分，形成年度考核实施细则，提交县委、县政府审定。会同相关部门将GDP、工业增加值、农民人均纯收入等目标任务分解提供给县政府审定，做到目标任务具体化；配合县政府目标办做好各乡镇和部门的数据审核、评估、上报和督查；做好各乡镇和县级部门关于市、县政府目标任务执行情况的审核报送工作；及时向县政府提供年度各季度各月各种目标中应由统计部门提供的各项经济主要统计数据。

【从业资格考试和继续教育】2013年，全力做好统计从业资格考试培训和统计继续教育培训工作。全县有113人报名参加从业资格培训，其中98人通过从业资格考试；报考中级职称1人。有326人报名参加继续教育，继续教育率达99%。

【法制建设】一是严守统计“四条红线”(坚持“先进库、再有数”，绝不自行修改名录库；坚持由企业独立报送真实的统计数据，绝不干预企业独立报送真实数据；坚持由企业自己上报联网直报数据，绝不代填代报企业数据；坚持由企业修改差错或补填不完整报表的原始数据绝不自行修改企业任何数据)，排除数据产生过程中的干扰因素。二是做好新增“四上”企业、重点服务业单位、新开工项目的统计核查，重点对统计基础薄弱乡镇和园区的统计监审。探索建立部门联合执法检查制度，严肃查处基层和部门统计活动中的违法行为。三是加强统计依法行政，提高统计工作法制化、科学化水平。继续做好统计执法检查员资格培训工作，加强统计法制队伍建设，提高统计执法水平。加大对统计重点工作执法监察力度，对违反统计法的行为进行认真查办。配合县纪委组织开展党风廉政建设和社会评价调查，专门派人到省社情民意中心学习4个月；11月上旬，组织城南职中学生开展社会评价调查工作，共电话询问1200余次，收集意见建议72条。全年配合省、市统计局开展统计执法活动，查处统计违纪违法行为，共检查企业90余个，立案5件，罚款4.1万元。

【争取项目】2013年，县统计局积极与县畜牧兽医局一起，全力争取生猪调出大县项目，通过与省市国家调查队的多次汇报和沟通，在上年争取到289万元的基础上，再次争取到中央275万元的无偿补助。

（陶 凯）

审计工作

【概况】一是组织开展36项审计业务工作，其中省定项目3个、市定项目1个、自定项目32个。审计查出违规金额506.2万元，其中罚款3.6万元；管理不规范金额2365万元；应缴财政402.6万元，已缴财政402.6万元；应调账处理1578万元，已调账处理1578万元。二是开展地方政府性债务审计、民政资金、涉农资金的审计调查等。三是固定资产投资审计非计划项目完成144个，送审23682万元，审定22683万元，核减999万元，审减率4.2%。四是提交信息简报、审计专报、综合报告等69篇，被市审计局采用信息18篇，省市级网络、刊物采用7篇；调研文章5篇；向社会公开年度审计报告和单项审计结果公告38篇。五是提出审计建议30条，促进有关行业、部门修改完善规章制度6件，其中，5月代县政府拟草并制发《关于印发〈筠连县政府投资项目审计暂行办法〉的通知》，进一步规范投资审计工作，有效地控制和防范审计风险，首次引进力量强、业务精的中介机构，实施全过程跟踪审计，社会反响良好。9月代县政府就县级预算执行情况，向县人大常委会作专题报告，提出相关建议，并积极贯彻落实县人大对预算执行审计的要求，对审计工作报告中提出问题的整改落实情况进行跟踪检查。11月代县政府向县人大提交《关于2012年度财政预算执行及其他财政收支情况审计处理结果的情况报告》，为促进财政预算管理规范化、制度化和法制化建设发挥作用。

【财政预算执行审计】2013年，审计单位4个，根据审计安排，完成县财政局具体组织的2012年县本级预算执行情况审计，地方税务局2012年度税收政策执行情况审计，县交警队、县人社局2012年度部门预算执行情况进行审计。认真监督执行中央八项规定，以强化预算执行审计的严肃性和效益性为重点，围绕财政资金的收支与管理使用主线，理清收支渠道，对部门预算执行的支出结构全方位多角度进行分析，重点对公车费用、会议费、接待费、办公费等支出进行纵向比较，分析费用支出的合理性、效益性。审计查出违规金额405.2万元，不规范金额78.5万元，调账处理1578万元，提出审计建议11条，并对县人大2012年度审计整改落实情况进行跟踪检查。

【财政决算审计】2013年，审计单位2个，以“促进规范乡镇财政收支行为”为原则，对巡司镇政府和镇舟镇政府2011–2012年度财政决算及其他财政收支审计，审计查出违规金额111万元，管理不规范金额101万元，调账处理509万元，查出的以拨列支、无依据发放奖金、挤占、截留专项资金等问题，已分别进行处理处罚。

【经济责任审计】 按照安排，完成县教育局原局长、县人社局原局长、巡司镇原镇长、镇舟镇原镇长4名领导干部离任经济责任审计，查出违规资金79.3万元，不规范资金273.2万元，处罚1.6万元。促进领导干部执行财经法规的自觉意识和责任意识，提高领导干部的民主决策能力和当家理财的水平。同时，向组织、纪检监察机关提供较为详实的情况，使审计结果切实变成干部任用、奖惩等全面考核的依据，也为逐步完善干部考核、评价打下坚实的基础。以开拓村级干部审计为创新，深推经济责任审计。按照《筠连县村级主要负责人经济责任审计暂行办法》，开展对腾达镇春风村和龙镇乡龙塘村的常职干部任期经济责任审计，把经济责任审计工作推向最基层，首次把村级干部作为经济责任审计的重点。通过审计，进一步规范村级财务管理，保证各项涉农资金规范使用，促进村级民主理财制度建立，推进农村集体资金、资产、资源"三资"管理制度化、规范化。

【固定资产投资审计】 2013年，坚持关口前移，全程跟踪政府投资审计，通过对投资项目的经济效益、社会效益和环境效益的分析，从政策、机制和制度层面提出有分析、有论据、有见解的建议，为县委、县政府科学决策提供依据。全年完成市政工程、农村公路建设等固定资产投资审计非计划项目144个，送审金额23682万元，审定金额22683万元，核减基建成本999万元，审减率4.2%，有效控制工程建设中的高估冒算、偷工减料、损失浪费等现象。

【专项资金审计】 一是开展在全县实施抗震救灾过渡安置阶段款物跟踪审计工作。根据川审发〔2013〕42号要求，针对过渡安置阶段资金物资管理使用的特点，全面实施相关单位救灾款物跟踪审计工作，切实加强救灾资金和物资的审计监督，使救灾资金和物资按要求及时到位、有效监管、规范使用，给党和人民交一本放心账、明白账。二是开展计生经费专项审计。根据《宜宾市审计局关于印发〈宜宾市人口和计划生育经费专项审计调查工作方案〉的通知》，对全县计生事业经费的管理使用情况、惠民政策落实情况、利益导向资金使用情况进行调查，促进惠民资金落到实处，保证专款专用。

【其他审计】 一是政府性债务审计。8–9月，按照审计署的部署和省审计厅的要求，抽调人员，与市审计局成立政府性债务清理联合审计组，克服人员少、时间紧、任务重、要求严等困难，全力投入审计工作，对乡镇、县级部门各种债务进行全面清理审计，并提出审计建议，圆满完成任务。二是民政资金和涉农资金审计。配合监察、财政、民政分赴各乡镇开展民政资金和涉农资金检查，针对存在少数项目实施缓慢、个别报账不及时造成资金滞留等问题提出建设性意见，发挥审计免疫功能。

【审计信息化建设】 2013年，金审工程二期投入资金39万元，通过政府采购终端设备，完成会商系统建设。在审计过程中，各项目审计组为组织管理运用OA系统和AO系统的实施责任主体，做到审计全过程规范操作，利用系统自动功能，实现审计项目纸质和电子审计资料同步记录、同步审计复核；审计完毕后，审计项目纸质和电子审计档案同步完成，保持一致性；审计组长收集、审查、汇总现场审计资料，使用数据包管理功能向OA系统上传项目进行中的现场资料，全面完成"双百"应用目标，力争"双全、双征集"目标。

（张 强）

质量技术监督

【概况】 2013年，质量技术监督工作认真执行国家质检总局"抓质量、保安全、促发展、强质检"方针，贯彻县委十二届五次全会精神，主抓食品安全、特种设备安全、建材质量安全、煤矿质量安全、道路交通安全"五个安全"，全面完成各项工作任务。

【质量强县】 一是加强《国务院质量发展纲要（2011–2020年）》《国务院计量发展规划（2013–2020年）》宣传贯彻，印发宣传读本，利用"3·15""质量月"等，进乡镇、进社区、进企业，组织企业进行宣传培训学习。二是实施品牌产品培育战略，推进质量强县工作，狠抓产品质量安全。代县政府拟草印发《关于印发〈筠连县"十二五"质量发展规划〉的通知》《2013年乡镇部门质量强县工作绩效目标考评细则》《2013年乡镇食品安全工作（生产环节）绩效目标考评细则》《2013年镇乡特种设备安全工作绩效目标考评细则》。制发《关于加强服务工业园区与企业25条意见》，获市纪委、县委县政府的肯定和企业的好评。全年共检验食品、建材、家具、涂料、煤及煤制品产品316批次，其中合格253批次，合格率80%；对不合格产品，依法处理。

【标准化工作】 一是"春风综合体"成功申报为国家农业标准化示范区，《筠连红茶技术规程》通过省质监局审核后正式发布实施。二是"春风综合体"、香桂、黄牛养殖等省级农业标准化示范区建设有序推进。积极向县政府汇报，争取政府支持；加强部门协作，形成多部门协作引导；积极申报，争取上级政策等；加大宣传培训力度，让老百姓了解农业标准化示范区的作用和好处。促进种养殖标准化，形成规模，为农民增加收入取得实效，提升了筠连地方特色产品的声誉。三是加大宣传培训力度，采用分类分行业宣传、开展专题培训等方式，鼓励企业采用国际标准和国外先进标准。促使四川筠连西南水泥有限公司完成采用国际标准，即欧洲水泥标准《通用波特兰水泥》(EN197-1:2000)，产品质量达到国际先进水平。

【计量工作】 一是开展“诚信计量示范单位”创建，引导企业带头遵守《诚信计量行为规范》，健全和落实各项计量管理制度。开展“计量服务进万家中小企业”活动，到企业上门服务，宣传计量法律法规，要求企业建立健全和落实各项计量管理制度；加强计量器具和商品量的管理，配备和使用符合所销售商品贸易计量要求的计量器具，并定期检定，禁止使用未经检定或检定不合格的计量器具；使用法定计量单位，商品量及价格、计量单位标注真实。全年共检定计量器具3943台(件)，其中台、案秤157台次，电子汽车衡26台次，加油机309枪次，天平32台，压力表342支，电子计价器14台(件)，煤矿安全计量器具3063台。二是强制检定煤矿瓦斯测定仪、瓦斯传感器、风表等安全计量器具，共检定3000余台。

【行政审批】 2013年，全县组织机构代码有效数据库总量1589个，新增组织机构代码325个，变更158个，废置10个，证书挂失14个，年度信息确认802个，换证160个，迁入1个，代码数据更新率90.58%。

【食品安全监管】 2013年，针对泓硒泉饮品、龙泉酒业、雪山源酒业、灵仙酒业等招商引资企业，县质监局提前介入，在建厂初期，从规划布局、QS证办理、计量器具检定、特种设备检验等环节均加以指导，搞好服务。泓硒泉饮品公司、双星茶厂2家企业属县重点企业，特事特办，带领企业到省质监局、市质监局汇报，帮助企业提前3个月取得“食品生产许可证”(QS证)。开展专项整治，检查食品生产加工单位502家次，下达责令整改通知书17份，立案查处1起，对不合格的10批次产品进行后处理，全年无食品安全事故发生。

【特种设备安全】 2013年，组织培训特种设备作业人员149人次。检验锅炉、压力容器、起重机械、电梯等170台次。“打非治违”行动中，检查安全单位123家次，下达安全监察指令书22份，立案查处6起，全年无特种设备安全事故发生。

【执法检查】 2013年，开展农资、建材、手机、灯具、家用电器、矿山器材、五金产品、茶叶、酒类等专项执法检查，共办理质量技术监督违法案件22起，结案率100%，无1起行政诉讼、复议案。

(赵林贤)

工商行政管理

【概况】 2013年，工商行政管理工作以省工商局“257战略”(2年强基础、5年上台阶、7年创一流)为中心，以“环境兴县”战略为指导，以推进工商登记制度改革、优化商业发展环境为抓手，以强化执法检查为规范市场经济秩序手段，以抓好消费纠纷调处为巩固市场良好秩序，全面实现“环境优化、市场规范、保障权益”的工作目标。全年查办各类违法违章案件141件，较上年(下同)增加30.56%，所办案件实现无复议撤销、无行政败诉、无国家赔偿、无社会不良影响的“四无”记录。

【注册登记管理】 一是抓窗口建设，促进市场主体快速增长。全面落实县委、县政府和市工商局的优惠政策，营造民营经济更加公平、方便、高效的准入氛围，全年登记各类企业221家，增长66.17%，累计1320家；登记个体工商户1524户，增长62.82%，累计12328户。二是以“环境兴市”战略为契机，注册登记业务办理增速明显。在工商窗口实行AB岗责任制，明晰岗位工作流程、服务事项和办事程序；公开市、县工商局长“服务承诺”，严格落实“承诺一件，实施一件”的工作机制，优化审批流程，减环节、缩短行政审批承诺时限，审批项目提速87.4%。共办理各类企业登记注册480余件次，现场办结率、按时办结率为100%，当日完成急办件39%，窗口政务群众满意率100%，收到群众表扬信2封、锦旗1面。三是突出服务职能，为招商引资和重点项目营造高效优质的准入环境。对招商引资企业实行绿色通道制度，全面营造宜商、助商、富商的商业环境，办理招商引资企业注册登记5户，注册资本(金)2500万元。

【融资解困服务】 一是提高动产抵押效能。在抵押登记主体上，由以往仅对各类企业办理抵押登记模式向个体工商户和农业生产经营者延伸，及时扩大收益群体；在动产抵押物上，由原来的现有设备抵押向将有的生产设备、原材料、半成品等浮动抵押延伸，提高融资能力，为成长中的企业、个体工商户、农业生产经营者创造更加有利的条件；在合同行政指导帮扶对象上，由城区企业向农户延伸，运用合同行政监管职能，从制订推行农村土地承包经营权流转合同入手，指导农业生产经营者合理处置自有设备，增强设备使用的灵活性。全年共办理动产抵押登记2件，抵押物价值2887.35万元，贷款金额960万元。二是开展股权出质登记。为筠连县汇通小额贷款有限责任公司等5户企业，办理10件股权出质登记，出质股权数额16050万元,被担保债权总额76617.5万元。三是办理债权转股权融资服务。1月22日,为筠连好牛旺凯旋食品有限责任公司办理债权转股权业务,顺利增资450万元,成为国家工商总局颁布《公司债权转股权登记办法》在筠连办结的第一件债权转股权业务,也是年度全市办理的第一家。四是深化银企对接,巧做中间"搭桥人"。通过新闻媒体宣传服务融资的政策和做法,加强与企业、金融部门的沟通,掌握金融部门的融资意向,促进"银企对接",鼓励资本注入盘活资金,做大做强企业。建立融资台账、信用记录,及时掌握企业资金变动情况,指导企业做好变更、注销等手续。同时,利用信用记录,让债权人了解企业信用情况,保障债权人和债务人的合法权益,架起金融部门与企业间的融资桥梁。全年促成企业银行贷款11笔,金额5560万元。

【助推农业发展】一是贯彻落实中央一号文件精神,3月26日,受理注册"筠连县山外山生态农场",并核发全县首个家庭农场营业执照,也成为全市第一个。开通涉农经济主体"绿色通道",推动农民专业合作社的注册登记。全年办理61户,增长45.24%。办理登记注册竹业公司4个,竹业专业合作社23个,竹业加工厂12个,其中创建市级龙头企业1个、市级示范专业合作社1个、县级示范专业合作社2个。二是加大农村经济主体后期培育力度。对家庭农场、农民专业合作社定期回访,主动提供政策宣传、纠纷调解等服务,指导健全基本财务账簿、生产经营相关制度。对违反登记法规及不规范行为,以教育整改为主,采用告知、建议等方式,增强自律规范,引导合法经营。主动收集农村经济主体发展存在的问题、困难,采取有针对性地帮助措施,解决实际困难。加强对订单内容的订前咨询、订中指导、订后检查,促进农村经济主体诚信经营、发展壮大。全年回访农村经济主体42户98次,开展政策宣传11次,解决实际问题28个,提供咨询服务300余条次,发展建议14条。三是大力发展农村经纪人。采取进村入户宣讲、街头宣传等,提高农村经纪人的社会地位,鼓励有一定营销经验、对农产品较为了解的个人加入农村经纪人队伍。重点开展蔬菜产业、养殖业技术、现代高效农业技术、市场营销、示范合同文本等的宣传引导和培训教育,提升农村经纪人的专业素养和能力。全年发展农产品中介服务自然人59个、法人组织4个，农村经纪人促成农业订单6000余家,金额过3500万元。

【商标战略实施】一是继续开展"一所多标""一所一知名商标"创建活动,将商标战略实施与产业结构调整相结合,全力支持"乌蒙韵""筠连苦丁茶""筠连红茶""筠连乌蒙黄牛"等产业和战略性新兴产业的商标发展,实现商标品牌的增量提质。二是开展商标战略"个十百千"工程,通过调查研究,将品质较好、有一定市场规模和发展潜力的企业纳入商标发展储备对象,建立商标发展储备企业档案和商标培育企业库,针对企业不同的商标现状,进行针对性强的商标知识宣传,为重点培育企业主动提供咨询服务,引导企业注册商标、正确使用商标。全年遴选储备商标培育企业90户、重点培育企业30户,商标咨询26次,引导企业建立商标申报计划18户。三是开展"农产品有特色、乡社有商标、乡镇连片有品牌"创建,建立商标兴农上门服务工作机制,引导和培训帮扶对象在商标注册、使用,争创驰名、著名、知名商标,为农户、农产品加工企业做好宣传沟通,已确定将筠连县春风李子专业合作社、筠连县芦丰果业专业合作社、筠连县富农竹木种植加工专业合作社、筠连县正兴兔业专业合作社4户农民专业合作社作为品牌创建活动的重点帮扶对象。四是全面实施商标"三大工程",健全商标培育机制。制定新申请注册商标计划,实施局所联动、部门联动、企业联动模式,推动乡镇商标战略工作,形成"政府领导(工商+乡政府)+企业"的商标战略互动的格局,开展"筠连粉条""筠连乌蒙黄牛"等地理标志证明商标的申请注册,规范"筠连红茶""筠连苦丁茶"地理标志证明商标和专用标志的使用。对产业园区、战略性新兴产业的商标品牌,在商标注册、运用、保护、管理上给予引导和服务。全年获得商标证明62个,有效注册商标累计397件,帮助打造特色农产品专业合作组织16个,引导商标申请人向国家商标局递交商标申请24份。五是加大驰名商标保护力度,营造保护注册商标专用权、自觉抵制侵犯注册商标专用权和假冒伪劣商品的良好法治环境、市场竞争环境,全年共查处商标侵权案10件。

【市场环境整治】一是加大农贸市场整治。履行好牵头职责,继续开展集贸市场建设清洁化、秩序化、优美化、制度化,规范市场交易行为、户外广告、店牌管理、食品经营秩序、市场监督管理,实施"市场治乱""市场规范""市场建设"3大工程,推进进企业、进集市、进商场、进超市、进车站、进娱乐场所、进景区的"七进"活动,强化对市场广告乱贴、摊位乱摆、车辆乱停、垃圾乱扔、物品乱堆、生熟乱分区、货品乱陈列、乱搭乱建的"八乱"现象专项治理。全年开展农贸市场整顿21次,规范经营行为200次;参与筠山都市农贸市场、沐爱镇农贸市场等新建、规划10余次;利用电视、报刊、互联网等宣传6次,散发宣传材料2000份,办理宣传栏11个,推进农贸市场治理工作。二是开展市场治乱工程,规范市场经营行为。全年开展校园周边整治行动8次、网吧整治行动9次、娱乐场所整治行动10次、环境治理部门联合行动4次,取缔无照经营户12户,拆除违规设置户外广告 60 幅，纠正违规停放车辆 350 余辆，纠正骑门摊点经营 55 户，整治占道经营 52 户次，规范废旧回收站点 3 个，治理洗车场 6 个、修车店 15 个。

【农资市场整顿】 一是围绕种子、农药、化肥等农资产品，开展农资市场日常监管，督促经营者全面落实进货查验、购销台账、索证索票等制度；实施对农资经营户精确点式监管，完善农资经营户、农资商品交易市场信用分类监管制度，推行"农资销售示范店"，引导、配合相关行业协会和部门开展农资经营示范达标创建评比。全年开展农资检查行动 7 次，出动执法人员 57 人次，检查农资经营户 300 余户次，检查农资商品 41 批次、农资广告 145 幅次，查处农资违法案 11 件，其中查处不合格农资案件 6 件，销售假冒、仿冒农资案件 5 件。二是创新农资监管方式。制发《筠连县工商局"2013 年红盾护农行动"方案》，加强与农业、供销、公安、质监、物价、监察等部门配合，形成齐抓共管格局。聘请农资义务监督员和联络员 63 名，与 215 户农资经营户签订农资监管《责任书》《承诺书》，强化社会监督和经营者自我规范意识。三是开展农资市场打假、辨假、维权的宣传、培训。散发宣传资料 4000 余份，受理并解决农村消费者投诉案件 4 件，挽回农村消费者经济损失 2000 余元，联合农业等部门开展种子经营户培训活动 5 次，对种子经营人员 300 余人进行法律法规、种子经营常识、种子市场信息、农资商品购销"工商监管两账两票一卡一书"制度等培训，并现场培训考试。

【食品质量监管】 一是加强食品安全监管。贯彻落实《流通环节食品安全监督管理工作规程》，层层落实责任制。每月由"一把手"带队，开展食品安全督查。二是推进建设食品安全快速检测体系步伐，坚持日常定性抽测和快速检验。共抽检各类食品经营场所 9 大类 30 组 531 个次，其中 5 组不合格；快检食品种类 7 大类 300 组。三是对群众关心的热点食品安全问题监管。针对"毒奶粉"等问题，启动食品安全应急预案和食品监管溯源管理机制，迅速开展专项检查。全年共出动执法人员 520 余人次，检查超市 36 家次、集贸市场 33 个次、食品经营户 1800 余户次，发布消费警示、消费提示 12 期，查处不合格食品案件 12 件。

【打击假冒伪劣】 一是开展打假专项整治。针对假冒伪劣问题突出的重点商品、重点区域，采取查处、教育、规范与扶持相结合方式，在对违法经营者实施行政处罚的同时，向其传递法律知识、提供就业咨询、引导转变经营模式，堵住制假售假的源头。开展与企业联手的打假维权行动，发挥生产企业掌握案件线索和辨假识假的优势，总结与企业联手打假维权的经验，提升打假业务能力。二是完善巡查职责、巡查内容、工作程序、考核标准等巡查制度，以基层工商所为主，实行分组划片、责任到人，防范工作懈怠和监管死角，确保及时、全面查处制假售假、非法经营等违法行为。三是实施商品质量监督抽查制度，加强对流通领域商品质量监督管理，加大对涉及消费者人身、财产安全及消费申诉举报较为集中商品的抽查力度和送检比例，严防假冒伪劣商品在市场销售。四是完善大案要案查处工作制度，全面实施假冒伪劣商品案件排查和督办工作制度，加大办案力度，做好大要案件的查处工作。会同公安部门制定案件移送具体程序，对涉嫌构成刑事犯罪的案件，移送公安；对公安移送的经济案件，按程序依法查处。五是以"12315"为依托，建立社会监督举报信息网络，把消费者申诉举报网络扩展到超市、旅游景点、学校，建立保护消费者权益联络点和举报信息员联系网络，鼓励和动员广大人民群众参与打假治劣和保护消费者权益工作。全年抽检各类商品 40 余批次，送检产品 60 余组，查处不合格产品质量 13 件，在 1–3 月的全省工商系统"红盾春雷行动"中，查获各类违法经济案件 40 余件，其中涉及假冒伪劣商品案件 11 件，被省工商局授予"红盾春雷行动"集体三等功荣誉称号。

【广告市场监管】 2013 年，以医疗、药品、保健品、化妆品、房地产及服务为重点，开展监测行动 16 次，监测广告 180 条次，取缔虚假违法广告 2 条次，规范登记发布广告 42 幅次；开展对广告经营单位法律培训 6 次 120 余人次，监测互联网广告、电视购物广告、"性药品广告"和性病治疗广告 2800 余条次，监测、监管农村市场广告 160 余件次，拆除未按规定发布的广告 14 幅；开展查处虚假违法广告专项检查行动 16 次，出动人员 150 人次，查处虚假违法广告案件 22 件；开展户外广告登记和巡查，办理登记 214 件，巡查 600 余件次、店招 2800 余户次。全年广告不良行为警示记录 16 条，责令改正 16 条。

【格式合同监管】 一是创新推进格式条款备案。结合《四川省合同监督条例》，贯彻实施《四川省工商行政管理机关格式条款备案监督办法》《四川省工商行政管理机关合同示范文本管理办法》等法律法规，采用加强宣传、争取地方政府支持、强化教育培训、细化工作方案、完善工作机制、开展专项整顿 6 项措施，全面实施房地产、电信行业、金融单位、能源供应等格式条款备案。二是加强合同监管，加大种植养殖、房屋买卖、旅游、中介、特许经营等合同的监督排查力度，检查经营企业 165 家次、合同 734 份、发行政指导意见书 26 份、纠正违法合同条款 87 条、现场指导企业完善合同内容 33 条。三是开展守合同重信用企业评选活动，组织企业 50 家参加省、市、县级守合同重信用企业评选。四是开展合同帮农，以合同帮农为抓手,创新实施合同帮农工作制度,杜绝利用合同欺诈农户的现象,保护农民的利益,提供示范合同文本8个。全年开展涉农合同法律知识宣传培训2次110人次,发放培训资料300份,解决涉农合同疑问11个,清理涉农格式条款6条,调解合同争议1件、建立完善133户涉农主体信用分类管理档案。

【职能划转】 按照中央、省关于市、县食品药品监督管理体制改革相关文件要求,从3个方面扎实做好流通环节食品安全智能划转工作。一是深刻领会食品安全监管职能划转是保障食品安全工作的重要举措,是工商部门转变政府职能的重要内容,是全面完成食品药品监管体制改革的重要组成部分。二是加强领导,严肃机构改革工作纪律,严格落实划转责任,扎实做好划转涉及人员的思想政治工作,确保划转工作有序推进、全面完成。三是坚持改革、工作两不误、两促进,做好职能划转时期涉及的食品职能调整、商事登记制度改革工作,确保全年工作的全面完成。截止12月31日,共划转9名人员到县食品药品监督管理局,其中副科级领导干部1名、工作人员8名,职能划转任务全面完成。

(李　鑫)

国土资源管理

【概况】 2013年,国土资源工作围绕全县经济和社会发展目标,以服务大局、保障发展为主线,以保护资源、合理利用为目标,以强化职能、依法行政为准则,严格国土资源管理,落实最严格的耕地保护制度,确保耕地保有量3.579万公顷(53.685万亩)的耕地红线和基本农田2.943万公顷(44.145万亩)不减少。

【土地整治】 2013年,按照《筠连县土地开发复垦整理规划》,有计划、有步骤地实施“金土地”工程。全年投资3481.69万元,完成整理土地1075.87公顷(16138亩),新增耕地89.17公顷(1337.5亩)。

【重点建设项目用地】 2013年,依法按程序全力保障重点产业项目、社会发展项目和民生项目用地需求,保证全县保障性安居工程和县政府招商引资项目用地。全年报批完成城市用地2个批次63.97公顷(959.47亩)、乡镇用地1个批次4.81公顷(72.19亩),供地用途为公共设施用地、批发零售用地等;筠巡快速通道用地、后沟水库用地、中石油用地29.05公顷,供地用途为交通设施用地和工业用地。

【征地拆迁及补偿安置】 2013年,在保障城市发展和重点项目建设用地的同时,稳步推进征地拆迁,妥善做好征地补偿安置工作,维护社会和谐稳定。全年完成征用土地113.04公顷(1695.67亩),房屋拆迁户162户,兑付10706.32万元。重点为腾达军事建设、海瀛工业园区、定水河筠连镇段河堤整治、筠巡快速通道、后沟水库主干渠等征地拆迁及安置补偿。

【土地资源配置】 2013年,加强土地批后监管,及时公开供地信息,严格建设用地备案,强化用地合同管理,提高土地节约集约利用水平。严格执行土地招拍挂出让制度,土地出让收入实现48483.02万元。全县储备国有土地68宗,面积156.05公顷(2340.8亩)。

【矿政管理】 一是推进市场化配置资源,完成新设矿权前期准备及包装。新设部级颁证煤炭采矿权1个,获采矿权价款10180.47万元;到期延续和变更矿山权证10个,办结采矿许可证矿山10个,获采矿权价款875.76万元;完成转让变更登记2个,县级登记办证矿山1个。二是开展矿产资源“两费”征缴,完成征收矿产资源补偿费85.04万元、采矿权使用费9万元、矿山临时用地管理费90.14万元。三是整合重组,关闭整合11家煤矿;做好矿山矿产资源储量动态核查,全县总矿山数124个,完成年度核查112个,摸清年度储量的消减。四是完成《四川省筠连县矿业权(非煤)设置方案》编制和数据库建库,通过市国土资源局专家评审,待省国土资源厅批复。

【地质灾害防治】 一是完善地质灾害防控机制。代县政府起草制发《筠连县2013年地质灾害防御预案》《筠连县地质灾害突发性应急预案》《关于切实抓好主汛期地质灾害防治工作的紧急通知》,明确应急指挥机构和部门负责人、防御灾害重点与措施,确定相关监测人员,汛期24小时值班。二是落实灾害危险区群众搬迁,投入县级搬迁治理资金296.9万元,解决避险搬迁农户113户576人。三是加大各类矿山地质灾害防治和保护工作的监管力度,与矿山企业签订缴存地质环境保护与治理恢复保证金责任书,对采矿权人履行恢复治理义务进行常态化监督检查,征收矿山地质环境恢复治理保证金5882.465万元。

【行政审批和土地确权登记发证】 2013年,共办理农村宅基地审批3500余宗,划拨、转让、出让国有建设用地使用权154宗;完成土地登记发证13162宗,其中集体土地使用权11670宗、国有土地使用权1450宗、他项权利登记42宗,抵押贷款8528万元。做好档案的整理、归档和信息管理,接待查阅档案452人次。

【土地监察执法】加强土地执法监察，开通“12336”违法举报电话，案件查处结案率100%，执法监管共同责任机制建设率80%以上。完成2012年度土地矿产卫片执法检查和土地变更调查，在土地卫片执法检查中，未被纳入问责范围。

【国土宣传】2013年，利用“4·22地球日”“6·25土地日”“安全生产月”等契机，开展宣传咨询活动，通过播放音像、展板展示、发放资料等形式，宣传土地管理、矿产管理、地质灾害防治知识，发放宣传册1.9万余份。

【信访维稳】抓好信访维稳工作，对上级交办信访件均按期完成，办结率达100%、息诉止访率达90%。全面推行社会稳定风险评估和大调解工作，矛盾纠纷排查化解率90%以上，针对排查出的问题，及时交办，依法处置，切实解决群众的合理诉求。

（谢先堂）

安全生产监督管理

【概况】2013年，县安全生产监督管理局（简称县安监局）以中共十八大、十八届三中全会和“安全发展”理念引领全县安全生产工作，坚持“安全第一、预防为主、综合治理”的方针，贯彻落实习近平总书记和李克强总理关于安全生产工作的重要批示和国家、省、市安全生产工作会议精神以及工作部署，履行安全生产监管职能，狠抓措施落实，完成市政府安全生产目标和各项工作任务。

【控制指标】2013年，全县共发生各类安全生产事故82起，事故死亡11人，其中指标内事故死亡5人（生产经营性交通事故死亡3人、建筑安全事故1人、电力安全事故1人），受伤120人，直接经济损失122.45万元，分别较上年同期上升9.3%、下降57.69%、下降4%、下降80.45%。指标内事故死亡人数占市政府控制指标的45.45%，杜绝较大及以上生产安全事故。

【落实安全责任】一是健全管理制度。县委、县政府制发《关于印发加强煤矿安全监管系列制度的通知》《关于印发〈筠连县镇乡领导安全工作职责〉〈筠连县镇乡安全检查行业（领域）及工作要求〉〈筠连县行业（领域）安全检查内容及标准〉的通知》等文件，明确各级监管人员安全监管责任，落实安全生产职责，规范乡镇、部门检查安全生产的标准和内容，形成全域抓好安全工作体系；县安委会制发《关于实行〈筠连县安全生产隐患整改通知书〉〈筠连县安全生产工作建议书〉〈筠连县安全生产督办通知书〉三项文书的通知》，促进各乡镇、各部门、各企业切实履行安全工作职责，抓好本地、本行业、本企业安全工作。二是强化安全履职的监督。县矿监办、县委县政府目标办、县安办形成三方面安全生产督查机制，专门监督各乡镇、相关部门履行安全监管职能情况。三是强化人大对安全生产工作的检查。全年县人大组织开展对各乡镇、相关部门贯彻执行《中华人民共和国矿山安全法》的视察，促进“矿山安全法”的贯彻落实。四是签订目标责任书，安全责任层层落实。对市政府下达的安全生产控制指标和责任目标进行量化分解，明确到乡镇和安委会成员单位。各乡镇、部门与下属站所（股室）和企业层层签订安全生产责任状，将安全生产责任进行“横向到边、纵向到底”分解。在全县形成了“党委政府统一领导，部门依法监管，企业全面负责，群众参与监督，全社会广泛支持”的安全生产工作格局和“部门一把手负总责、层层实行责任目标管理”的责任目标管理体系，牢固树立以人为本、安全第一的发展理念。

【综合协调】加强安全生产工作的研究，县委常委会每季度研究1次安全生产工作，县政府把每季度召开1次的安全工作会调整为每月1次，县政府常务会每月研究安全生产工作1次；县安委会每季度至少召开1次安委会（扩大）会议，每月1次煤矿安全会；各行业也定期召开安全工作会议，对安全生产工作进行安排部署。各产煤乡镇由原来每月召开1次安全工作例会调整为每周召开1次例会，及时研究措施、部署安全工作。

【监管队伍管理】一是在全县安全监管队伍中开展“治庸、治懒、治散”活动，提高安全监管队伍凝聚力、战斗力、执行力；明确安全监管队伍的职能职责，解决职责交叉、监管空白问题；建立激励奖惩机制，严格履职考核，促进监管人员履职到位。二是强化监管人员业务培训。定期组织监管人员进行业务培训，开展“关门练内功、开门学经验”活动，邀请国家级煤矿专家王建湘到筠连为煤矿监管人员授课，组织煤矿监管人员到国有大矿学习，提高安全监管水平。三是加大监管力量。在原有驻矿安监员38人的基础上，安监局新招聘9名监管人员，乡镇新招聘32名盯守人员，做到对煤矿的全天候盯守。四是强化监管力度。在日常监管中实行错时监管休息制、夜晚突查制、节假日巡查督查制、明查暗访制，全面加强对煤矿监督检查，确保不出现监管空档和断档。五是对煤矿实行驻矿安监员和乡镇安办盯矿人员实施盯守型监管，安全巡查中心和乡镇安办主任实施日常型检查（常规性）监管，部门技术人员对灾害矿井实行重点型监管，县级相关部门开展联合执法检查进行综合型监管的“四层级”监管体系，切实增强监管的针对性和有效性。

【安全培训、宣传】一是安全培训，根据企业不同工种，对从业人员进行分层次、分对象、分批次安全培训，培训结束由安监局统一命题考试，乡镇安办、县安监巡查中心、安监执法大队人员监考，严格考试纪律，保证安全培训质量；全年共培训煤矿、非煤矿山从业人员11500余人；其他行业对作业人员进行安全培训，做到人人持证上岗。二是安全宣传，结合“安全生产月”，举行形式多样的宣传活动，共设立宣传活动点21个，设置咨询台96个、展板165块，悬挂宣传条幅2600余幅，发放安全资料4万余份，组织7000余人参加全市安全知识竞赛。

【安全投入】2013年，在县政府年初预算的安全管理经费及专项工作经费515万余元的基础上，再追加经费500余万元，为安全生产监管、执法工作提供保障；同时投入600余万元安装波型护栏，划拨50余万元作乡镇交管办工作经费，投入28.8万元为乡镇交管办购置执勤执法设备，投入400余万元新建3处抓拍系统、4处城区电子警察、红绿灯系统、智能交通指挥平台，提升安全保障水平。

【煤矿安全监管】按照“安全整治年”的要求，加强煤矿专项整治工作。一是严格煤矿复工复产，未达到安全生产条件的不准通过验收。二是狠抓煤矿矿长保护矿工生命安全“七条规定”(即必须证照齐全，严禁无证照或者证照失效非法生产；必须在批准区域正规开采，严禁超层越界或者巷道式采煤、空顶作业；必须确保通风系统可靠，严禁无风、微风、循环风冒险作业；必须做到瓦斯抽采达标，防突措施到位，监控系统有效，瓦斯超限立即撤人，严禁违规作业；必须落实井下探放水规定，严禁开采防隔水煤柱；必须保证井下机电和所有提升设备完好，严禁非阻燃、非防爆设备违规入井；必须坚持矿领导下井带班，确保员工培训合格、持证上岗，严禁违章指挥)的落实。三是狠抓瓦斯、顶板、水患、机电运输等专项整治，全年未发生一起类似事故。四是加快推进安全质量标准化建设，完成率95%以上。五是大力治理违章指挥、违章操作、违反劳动纪律“三违”，煤矿工人素质得到提高。六是严格对技改矿井管理、施工进度管理、建设质量管理。七是严厉打击非法违法行为，坚决打击非法违法生产经营建设行为，杜绝较大以上事故的发生。八是严格落实煤矿“五核定三倒查”(即原煤产量、采掘头面、火工产品、作业人数、密闭五核定，原煤月产量、火工产品月消耗、煤矿工人月工资三倒查)的规定。共查处煤矿非法违法行为56件，下达处罚金额86万余元。

【非煤矿山安全监管】2013年，从规范管理入手，加强现场管理，推进技术装备，减少作业人员，提高工作效率。各企业共配备铲车85台、挖掘机50台，实现机械液压二次破碎；配备中深孔爆破设备40余台，48个非煤矿山初步实现挖掘机矿山自上而下作业，安全保障水平明显提高。共检查非煤矿山企业180余矿次，下达限期整改指令书142份，发现隐患和问题500余条，已整改486余条；查处违法违章12件，下达处罚金额2.92万元，其中现场处罚9件、处罚0.91万元，立案查处3件、处罚金额2.1万元。

【道路交通安全整治】2013年，开展以预防重特大道路交通事故为重点，严厉打击酒驾、毒驾、飙车、非法运营等违法行为。共打击处理各种交通违法行为12065起，其中简易程序处理和非现场录入1.1万余起、普通程序处理177起、无证96起、客车超载10起、酒驾20起，醉驾入刑12人，无证驾驶治安拘留43人，起诉19人、批捕1人，扣押非法营运电瓶三轮车87辆，报废非法安装动力装置人力三轮13辆，报废机动车223辆。

【危险化学品专项整治】一是加油站安全专项整治，并结合“11·22”青岛中石化输油管线爆炸事故，组成联合检查组对全县22家加油站、2家工业气体经营部、三鼎天然气公司、18家液化石油气经营点、洪森屠宰场进行全面检查，消除安全隐患。共检查加油站103家次，排查督促整改隐患110余条，现场处罚违法行为4件，处罚金额0.36万元。二是强化液氨使用企业的管理。深刻吸取吉林省宝源丰公司液氨制冷车间爆炸事故教训，联合检查使用液氨企业，督促、验收洪森屠宰场安全隐患整改。

【烟花爆竹安全专项整治】2013年，重点开展非法生产、储存、运输和经营打击整治情况，严厉打击非法生产、非法储存烟花爆竹仓库、非法经营违规产品、无证无照经营摊点等行为。共查获非法经营24起、非法运输3起、非法储存8起，查获非法烟花爆竹产品269件、违规储存262件，查获黑火药18公斤、硫磺173公斤、引线60把；集中出动35次，人员102人次，取消非法经营网点18个，销毁违法违规产品价值9万余元。

【特种设备安全】一是重点检查建筑工地、水电工程工地等现场安全管理，施工现场用火、用电管理及起重机、物料提升机、施工升降机、吊笼、脚手架等设施设备安全隐患，落实防坠落、物体打击、火灾、触电、倒塌措施情况。二是加强夏季防暑和冬季户外高处作业管理。三是加强农村建设安全管理。全年下达安全整改通知书35份，督促整改安全隐患117条。

【消防安全】2013年，开展以人员密集场所、易燃易爆单位、高层地下建筑以及“三合一”“多合一”场所为重点的消防安全专项整治，重点检查消防行政许可、消防安全责任制落实、日常防火检查巡查、建筑消防设备设施、安全出口及疏散通道、应急疏散预案制定及演练等。共检查单位、场所802家次，发现火灾隐患865处，下达责令限期整改通知书724份，整改850处，临时查封5家，行政处罚16件，罚款21万元，拘留3人。

【民爆物品安全】 2013年，重点检查民爆物品仓库值班守卫制度落实及民爆物品发放、领用和清退、登记情况；是否非法生产、销售、运输、储存、使用民用爆炸物品；是否存在超时、超产、超员、超量"四超"和违法建设、违法生产、违法经营"三违法"行为；是否存在转借、转让、私自存放民爆物品的行为。共检查民爆物品经营企业和使用单位54家，督促整改隐患433条，立案查处违法行为2件，处罚金额10万元。

【城市燃气安全】 一是开展入户燃气安全检查，重点检查消防安全、从业人员持证、钢瓶质量等。二是开展餐饮场所燃气安全专项治理，重点检查天然气设施、燃烧器具、液化石油气设施及燃烧器具是否有效和使用完好，是否擅自改装，指导餐饮企业正确使用天然气和液化石油气。共下达责令改正通知书41份，处罚违法行为5起。

【食品药品安全】 配合县食品药监局开展食品、药品安全专项行动，以学校食堂、快餐店、大型酒楼和药品批发零售为重点。共开展餐饮企业执法检查2100余家次，药品经营使用单位执法检查800余家次，查处违法行为77件，处罚16万余元。

【矿山救援大队】 2013年，县矿山救援大队按照质量标准化和矿山救护队三级资质的要求，加强救援队伍装备建设，投入资金70万元。4月，新招聘救护队员9名，选派6人到省救援中心统一参加复训，全队49名队员全部持证上岗。全年，成功处置煤矿瓦斯爆炸事故1起、煤矿排放瓦斯矿井3对；参加2月全县拉动演练；参加"4·20"雅安庐山地震救援，获省总工会五一劳动奖章和工人先锋号称号。

（何 刚 陈永刚）

食品药品监督管理

【概况】 2013年，食品药品监督管理工作大力开展安全宣传培训，加强市场监管，强化安全专项整治，开展以网格化、程序化、痕迹化、常态化、信息化为主要内容的"五化"建设试点，推进食品药品机构改革，全年未发生较大食品安全事故、药械滥用一般性突发事件和化妆品安全事件，保证人民群众的饮食用药安全。

【机构改革】 2013年，按照省市要求，积极推进食品药品机构改革，打破"九龙治水"环节多的怪圈，实现监管无缝对接。一是职能整合，将原食品药品监督管理局的职责、原卫生局(县食品安全综合协调办公室)承担的食品安全综合协调和组织查处食品安全重大事故责任以及食品安全信息发布的职责、原质监局承担的生产环节食品安全监督管理职责、原工商局承担的流通环节食品安全监督管理职责、原经信局承担的酒类流通食品安全监督管理职责，全部整合划入县食品药品监管局，减少监管环节，避免相互推诿的现象，提升监管效能。二是明确职责分工，农业局负责食用农产品从种植环节到进入批发、零售市场或生产加工企业前的质量安全监管；畜牧兽医局负责畜产品从养殖环节到进入批发、零售市场或生产加工企业前的质量安全监管，负责生猪定点屠宰环节和生鲜乳收购环节的质量安全监管；水务局负责水产品从养殖环节到进入批发、零售市场或生产加工企业前的质量安全监管；食品药品监管局负责食品从生产、流通、消费3个环节的监管，同时综合协调管理食品安全。三是提升监管力量，监管人员编制由改革前19名增加至49名，其中稽查执法编制24名；行政领导职数由3名增加至5名，其中专门设食品药品安全总监1名，提升食品药品安全监管能力。四是监管全方位，基本实现横向到边、纵向到底全方位监管。横向上，进一步明确县食安委各成员单位以及农业、畜牧、水务、粮食、质监、卫生、教育、公安等单位的食品安全职责，完善各单位之间的协调联动机制，实现食品安全监管所有环节的横向全覆盖；纵向上，按片区设置5个食品药品监管所和稽查执法中队，改变乡镇以前无食品药品监管机构的状况，进一步明确乡镇政府的属地管理职责，在每个行政村或社区明确有1名食品安全协管员，做好协助执法、宣传引导、信息上报、隐患排查等，实现食品药品安全监管县、乡、村的纵向到底。五是强化检验检测能力。整合农业、畜牧、质监、工商、食品药品监管等部门的检测机构为筠连县食品检测中心，为执法监管的高效快捷提供强有力的技术支撑，确保广大人民群众"舌尖上的安全"。

【应急保障建设】 2013年，修订完善《筠连县食品安全事故应急预案》《筠连县药品和医疗器械突发群体性事件应急预案》。根据不同时段的特殊需求，又制订有《春风"李花节"餐饮食品安全保障方案》《2013年普通高校招生考试餐饮食品安全保障方案》《筠连县"两会"期间食品安全保障方案》等预案，保障春风"李花节"、苗族"花山节"、全省烟叶收购现场会、茶博会、县"两会"、中高考等重要活动期间的食品安全。

【企业诚信体系建设】 2013年，实施食品、药品、保健品、化妆品生产经营企业主动公开信息，积极推行档案管理、信用评级、安全承诺、制度约束等诚信措施，要求各经营企业在经营场所醒目位置，公示许可证、从业人员健康证、企业负责人、食品安全管理员、食品质量安全公开承诺书、食品安全监管部门投诉举报电话等主要信息，集体食堂、大中型餐饮企业信息上墙公示率达90%，其余餐饮企业达80%。企业就安全责任作出承诺，签订安全责任书，缴纳安全保证金。在餐饮行业全面推行食品安全量化分级管理，量化分级管理率95%。全年共完善626家餐饮服务单位、88家药品零售企业(门店)、2家药品批发公司、79家保健食品经营企业、126家化妆品经营企业的信用档案建设。

【生产经营企业】 2013年，全县持"食品生产许可证"企业31家、持"食品流通许可证"经营户623家、持"餐饮服务许可证"餐饮服务单位626家。有药品批发企业2家，药品零售连锁门店45个，药品零售企业43个。有保健品经营企业79家，化妆品经营企业126家。

【食药安全宣传培训】 2013年，共组织食品、药品、保健品、化妆品企业召开安全集中培训会6次，培训从业人员1000余人次；开展"3·15""食品安全宣传周""饮食用药宣传月"等活动，发放资料1.5万余份，接受群众咨询1600余人次；发送安全警示短信3.5万余条；利用筠连电视台、广场LED电子显示屏等向公众播放食品药品安全公益广告和宣传片160次；将宣传片刻录成光盘发至46所基点校，向广大学生开展食品药品安全科普宣传。

【食品安全专项整治】 2013年，以重大活动、庆典节日为重要时段，以食品添加剂、肉、油为重点品种，以城镇餐饮单位、旅游景区餐饮单位、大中型餐饮单位、学校企业食堂为重点监管对象，3-7月，开展学校食堂、农村家宴、小餐饮、食用油及调味品、肉制品、酒类、食品非法添加和滥用食品添加剂等食品安全专项整治"百日行动"，共出动执法人员583人次，检查食品经营单位2062家次，查处违法案件30起，处罚4.2万元。

【药械安全专项整治】 以药品批发企业、城乡及公路沿线药品经营使用单位为重点对象，以基本药物、特殊药品、疫苗、终止妊娠药品、上级通报查处药品、广告药品为重点品种，开展药品流通领域、中药材及中药饮片、特殊药品、疫苗、药品"两打两建"(严厉打击药品违法生产、药品违法经营，加强药品生产经营规范建设、药品监管机制建设)等药械安全专项整治。共出动执法人员403人次，监督检查药械批发企业35家次、药械零售企业433家次、药械使用单位525家次，立案查处违法案件40起，处罚8.6万元，向司法机关移送涉嫌案件9件。

【保健食品化妆品安全专项整治】 2013年，抓好保化品经营企业(含美容美发场所)的监管，督促完善购销登记、索证索票等制度，要求保化品企业将"八不准"(保健食品经营企业"八不准"：不准无证经营保健食品，不准经营未取得保健食品批准文号的保健食品，不准经营套号冒号的保健食品，不准经营未获生产许可企业生产的保健食品，不准经营未经批准的进口保健食品，不准经营标签、说明书上虚假夸大宣传或涉及疾病预防、治疗功能的保健食品，不准经营超过使用期限的保健食品，不准违反索证索票和台账管理有关规定。化妆品经营企业"八不准"：不准经营未获生产许可企业生产的化妆品，不准经营未取得批准文号的特殊用途化妆品，不准经营套号冒号的化妆品，不准经营未经批准或备案的进口化妆品，不准经营标签、说明书上虚假夸大宣传或注有适应症、宣传疗效和医疗术语的化妆品，不准经营未经进货查验的化妆品，不准经营超过使用期限的化妆品，不准违反索证索票和台账管理有关规定)制度上墙公示。完成上级下达的保化品监督检查、风险管理调研与专项整治、打击保健食品"四非"(非法生产、非法经营、非法宣传、非法添加)等专项行动，共出动执法人员239人次，监督检查435次，查处违法经营保健食品案件7起，处罚3.3万元，保健食品化妆品企业经营管理行为得到进一步规范。

【农村家宴安全监管】 针对农村自办家宴存在加工人员食品安全意识淡薄、人员身体健康状况不明确、加工贮存条件简陋、消毒设施设备不全、监管力度不够、监管法律依据不明确等食品安全隐患，农村食物中毒事件时有发生的情况，一是对全县提供加工服务、租借碗筷等餐饮用具的餐饮服务行业进行摸底调查和备案，督促从业人员进行健康体检，健全相关安全工作制度。二是明确乡镇政府、村(社区)的监管和指导责任，乡镇食品安全分管领导、村(社区)协管员职责，强化乡镇食品安全责任目标考核，督促乡镇严格执行家宴举办申报制度和程序。三是组织各乡镇食品安全分管领导、经办人员、村(社区)负责人召开城乡家宴食品安全培训会，派人指导乡镇家宴培训会，有效提高农村自办家宴的安全水平。

【食品药械抽验】 加强对群众经常食用的食品及国家基本药物目录品种、易发生不良反应、不良事件品种、医保品种、招标品种、使用量较大的药品品种的抽验，全年完成

14批次食品、70批次药品、3批次医疗器械的抽验，检出8批次假药，均依法移送司法机关处理。

【药械不良反应监测】加强药械不良反应监测，全年报告药品不良反应报告213例、医疗器械不良反应事件9例，较上年分别提升287%、800%。

【广告监测】认真开展药品、医疗器械、保健食品广告监测，规范药品、医疗器械和保健食品市场秩序，依法打击违法违规广告，共出动执法人员47人次，检查监测药品经营企业、保健食品经营企业和电视台108家次，依法向工商局移交违法药品广告案件6起。

【"五化"监管模式试点】筠连是全市实施网格化、程序化、痕迹化、常态化、信息化"五化"监管模式试点的3个县之一(另为宜宾县、兴文县)，大力推行"五化"监管模式试点，抓好食品药品监管工作，提升饮食用药安全保障水平。一是网格化，按照"定区域、定对象、定任务、定人员、定责任"的要求，将全县划为6个网格监管片区，明确各片区内的网格相对人，建立"权责明晰、分级履责、网格到户、责任到人"的网格化管理模式。二是程序化，通过实施程序化管理，加强基础保障建设，规范行政行为，促使食品药品监管工作按照既定流程有秩序、有步骤地进行。三是痕迹化，在监督管理和执法办案中，记录和保留相关数据、文字、图片、影音等，以期能真实还原工作中的每个步骤和状况，为促进工作责任和责任追究制落实、提升机关行政效能提供基础保障。四是常态化，对一些周期性、常规性工作，形成制度、按时启动，做到责任明确化、时限周期化、管理社会化。五是信息化，在行政执法、信息监测、应急管理、公共服务、决策支持和内部管理等方面应用现代信息技术，深入开发广泛利用信息资源，加速实现行政管理现代化进程。

(文　豪)

食品安全综合协调

【综合协调】2013年，县委、县政府召开全县食品安全工作专题会议2次，印发《筠连县2013年食品安全专项整治"百日行动"实施方案》《筠连县白酒"行业规范、质量提升"专项行动实施方案》《2013年食品安全宣传周活动的实施方案》等指导性文件。县食安办召开相关部门负责人协调会议4次，各部门切实履行职责，全程、无缝推进食品安全工作，全年无食品安全事故发生。

【执法监督】2013年，采取平时检查和突击检查相结合，突出重点品种、重点对象、重点区域和节假日等重要时段，加强日常执法监督管理。开展食品安全"百日行动"专项整治，严厉打击违法行为。全年先后开展打击食品非法添加和滥用食品添加剂、肉及肉制品专项整治、白酒"行业规范、质量提升"等专项行动，共出动执法人员3723人次，检查食品经营户4746户次、餐饮服务单位2062家次、保健食品经营单位332家次，检查批发市场、集贸市场等120家次。查处违法案件6件，案值0.62万元，罚款8.35万元；查处假冒注册商标食品案3件，其中酒类商标2件，罚款0.175万元，"阿尔卑斯"棒棒糖注册商标1件，罚款0.3万元；取缔无照经营食品18户。发放监督意见书122份，责令改正通知书37份。培训食品经营户及消费者1000人次，发放资料4000余份，对外发布食品安全警示8期。

(黄绍春)

投资促进

【概况】2013，投资促进工作围绕县委"12456"发展思路，坚持"科学发展、转型发展、和谐发展、加快发展"，积极参与区域性合作和承接产业转移活动，主动对接战略性优势项目和新兴产业。

【机构设置】2012年5月31日，经县机构编制委员会批准，增设中国国际贸易促进委员会筠连县委员会，设在县招商引资局，为县投资促进局下属事业单位。2013年2月，按程序从外单位调用工作人员1名；7月25日，经县机构编制委员会批准，筠连县招商引资局更名为筠连县投资促进局，负责全县的招商引资工作。

【项目履约】2013年，全县履约项目40个，其中新履约项目33个，全部为市外履约项目，到位资金449752万元，其中省外履约项目24个，到位资金296822万元，分别完成市目标的112.71%、112.43%，分别增长13.37%、2.94%。新履约上亿元项目20个，完成年初目标的2.5倍；新包装推出项目19个，完成年初目标的158.33%；重点招商引资项目10个，协议总投资39亿元，到位资金19.34亿元，完成年初目标的100.7%。

【多举措招商引资】一是借力活动平台，大力招商引资。3月，在腾达镇春风村举行的"相约春风·美丽筠连""四川——筠连招商引资项目推介会暨签约仪式"上，与9家企业代表签约项目协议8个，引资总额14亿元。4月，县领导带队到西安参加"西洽会"，发放资料3万余份，接待客商400多人次，达成意向协议10亿元，接触旅游企业100多家，为筠连经济发展提供崭新的平台。9月，在塘坝乡清溪沟举办2013年筠连首届国际茶文化博览会暨招商引资推介会，国内120家企业参加活动，县政府与到筠连投资的8家企业代表签订项目协议9个，引资总额17.62亿元。10月，参加第十四届中国西部国际博览会(成都)，签约项目协议10个，签约金额30.02亿元。年内县领导带队到内蒙古、浙江、陕西、上海、广西、成都、绵阳等地开展招商引资工作19批次。利用在外"筠商"和到筠投资商等人脉资源优势，接待企业家、专家等投资考察40多批次300余人。二是拓展投资形式，明确BT项目为年度招商引资工作的重点，储备BT项目7个，其中筠巡快速通道、煤都大道(三期)新建工程2个BT项目成功遴选投资人，全面开工建设；县医院门诊综合大楼及地下停车场新建工程、县体育中心工程2个项目公开遴选投资人；筠巡快速通道新建工程(二期)、省道S206县城过境二级公路新建工程、中心广场及人行天桥新建工程3个项目进行招商公告。三是收取招商引资签约企业履约保证金，确保项目及时落地开工。经县领导批准，向签约企业收取项目履约保证金每亩1万元，存入县财政局非税收入专户，投资企业必须在3个月内提供项目规划设计方案和在筠连注册独立核算公司，签约企业获得土地后，在规定时间内动工，按照企业工程进度分期返还。收取青蒿素系列产品、强生花椒等6个项目的履约保证金290万元。

【软硬件建设】 一是加强项目库建设。根据全县产业发展方向及招商需要，充分挖掘当地及周边配套资源优势，依托产业基础，全县包装新项目103个，项目引资额200个亿元，涉及一、二、三产业，共印制招商宣传手册2000余册，用于"茶博会""西博会"等活动。二是扩大招商宣传力度。加强招商引资网站建设，利用网络和各大活动平台宣传筠连，广泛推介全县的资源、区位、环境和产业优势，全面报道招商引资动态；及时在市县招商网上发布统计数据和统计分析，全年共上传招商引资信息126条。三是打造一流园区。编制完成《筠连县工业园区总体规划》，海瀛、巡司园区规划面积分别扩展到6.3平方公里和20.54平方公里，全年投资1.5亿元推进园区基础设施建设，全面完成海瀛园区新增滨河路及5.07公里海顶公路硬化工程，三期道路及企业征地完成60公顷(900亩)；巡司园区防洪堤工程招标。全县依托园区平台，吸纳产业项目入驻，园区入驻企业累计49家。

【完善服务机制】 一是明确责任。县委、县政府印发《县级领导牵头联系第六届"春风李花节"签约项目和近期新签约招商引资投资项目及责任人、责任单位的通知》《县级领导牵头联系第十四届"西博会"签约项目和近期新签约招商引资投资项目及责任单位、责任人的通知》。由投资促进局牵头，责任部门制定月报告，每月由责任单位把"一把手"签字确认的已解决、仍存在需要解决、需要配合解决问题的部门名单上报到县政府，县政府每2个月集中研究、集中解决。全县多次召开招商引资省、市、县项目督办会议，项目牵头责任单位、企业代表和投资促进局就项目进展情况、开展工作措施及存在的困难进行汇报；相关县领导就项目推进过程中存在的问题作出批示，确保签约项目的推进。二是强化招商引资激励机制。县委、县政府出台《筠连县招商引资新投资项目考核奖励办法（试行）的通知》，兑现招商引资考核奖励，继续落实风险责任保证金制度。全年县政府专门安排62.5万元奖励资金，对2012年度招商引资工作成绩突出的部门、乡镇的先进企业和先进个人进行表彰奖励，收取18个乡镇、45个部门99名领导的风险责任保证金37.3万元。

(向丽蓉)

财政 税务

财政工作

【概况】 2013年，全县财政工作围绕"建成强县、率先小康"总体目标，贯彻落实中共十八大及省、市经济工作会议精神，以县十五届人民代表大会第三次会议确定的目标任务为指导，坚持艰苦奋斗、厉行节约的观念，进一步拓展财源，加强收入依法征管，做到应收尽收，努力增强财政实力，集中财力促发展；推进财政精细化管理，强化财政监督，优化支出结构，加大安全、项目建设、民生保障等财政资金投入，发挥"保民生、促增长"财政职能，推动全县经济建设和社会事业稳步发展。

【预算收入】 执行筠连县十五届人民代表大会第三次会议审议通过的2013年全县地方公共财政预算收入55512万元，根据宏观经济形势变化、煤矿关停及煤炭价格下滑等因素，财政税收影响严重，经县十五届人民代表大会常务委员会二十次会议批准，地方公共财政预算收入调整为50300万元。县财政局以"保财力"为根本，采取有效、有力措施，做到应收尽收。全县地方公共财政预算收入实际完成50325万元，占年初预算的90.66%，占调整预算的100.05%，与上年同期比较(下同)增长2.44%。其中税收收入完成23398万元，占年初预算的68.39%，占调整预算的101.73%，下降22.03%；非税收入完成26927万元，占年初预算的126.41%，占调整预算的98.63%，增长40.86%。分征收部门完成情况是：国税完成5014万元，占年初任务的73.21%，下降16.54%；地税部门完成18384万元，占年初任务的67.19%，下降23.41%；财政部门完成26927万元，占年初任务的126.41%，增长40.86%。

【预算支出】 执行筠连县十五届人民代表大会第三次会议审议通过的2013年全县地方公共财政预算支出104693万元，根据转移支付、专项资金补助增加等因素，经县十五届人民代表大会常务委员会二十次会议批准，全县地方公共财政预算支出调整为159697万元。全县地方公共财政预算支出实际完成167220万元，占调整预算的104.71%，实际增长8.87%。上划中央"两税"完成14995万元，减少9623万元，下降39.09%。

【基金预算收支】 执行筠连县十五届人民代表大会第三次会议审议通过的2013年全县政府性基金预算收入10260万元，基金预算支出11848万元。因成功拍卖城南新区2宗国有土地的使用权，土地出让收入增加，经县十五届人民代表大会常务委员会二十次会议批准，基金预算收入调整为37599万元，基金预算支出调整为39190万元。全县基金预算收入实际完成38884万元，占调整预算的106.98%，加上上级基金专项补助收入1340万元，上年结余收入1591万元，调入资金4万元，基金预算收入共41819万元。基金预算支出完成41193万元，占调整预算的105.11%，基金收支滚存结余626万元。

【预算平衡】 全县实现地方公共财政预算收入50325万元，上级返还性补助收入3334万元，一般性转移支付收入60016万元，专项补助51205万元，省级地方政府债券转贷资金5000万元，上年结转结余2448万元，全县公共财政预算总收入172328万元。全县实现地方公共财政预算支出167220万元，债务还本支出2800万元，上解支出306万元，调出资金4万元，总支出170330万元。年终滚存结余为1998万元，减去上级专款结转下年使用支出1691万元后，累计净结余307万元，财政收支平衡。

【上级财政支持】 贯彻执行县政府工作部署，根据国家实施的积极财政政策、加大对贫困地区和革命老区的政策扶持力度，对接国家投资政策和发展规划，把握投资重点，以项目拉动投资增长，推进经济发展转型，加强财源建设。一是积极落实专项资金支持地方煤矿整治和资源优化工作，统筹安排煤矿关闭整治资金16816万元，其中县级安排9900万元，推进地方煤矿兼并重组工作，提高地方煤矿集中开采度和安全水平，降低财源风险。二是抓好交通、新农村建设、水利、城市基础设施、社会事业等项目及资金争取工作。全年共争取中央、省和市各类专项资金80636万元(含基金)，增加8511万元，增长11.80%，其中教育类11414万元、医疗卫生类3495万元、节能环保类4610万元、农田水利类17452万元、交通运输类7032万元、资源勘探开发类11516万元、住房保障类2515万元、行政运行类22602万元。

【预算管理】全县各级各部门克服经济下行、煤炭价格下滑的影响，认真做好税源调查，狠抓财政税收征管，加强行政事业性收费和罚没收入等非税收入征管，完成财政预算收入任务。一是培育建设财源，促进经济快速发展。运用财政资金和政策的扶持功能，发挥财政资金放大效应，推动全县工业企业的快速发展和技术创新。加大“三农”、重点建设项目投入，促进产业增效和产业化发展。二是厉行节约，强化预算约束，按预算进度拨付财政资金。严格审核部门单位财政资金申请报告，共办理单位经费报告678件，审减金额8216万元，增长77%。三是对预算单位零余额账户资金逐笔进行审核，杜绝资金擅自转入单位基本账户脱离财政监管。四是全面推行公务卡改革及管理，县级部门(包括城区学校)全面完成公务卡申报工作，申办公务卡525张，办理395张，进入大平台系统253张，全年公务卡消费25.55万元。五是开展财政资金支出绩效评价，完成新村基础设施建设项目、农村产业化发展项目、乌蒙山区连片扶贫开发项目、革命老区专项转移支付项目、煤矿水患勘探及预防治理项目、县职业中学基础设施建设等9个省级项目4867万元的支出绩效评价工作，完成省财政厅选定筠连县实施绩效自评县级项目8个，支出额度6057万元的绩效评价工作。六是债权债务清理，完成农村垫交税费债务的化解和迎检，按要求安装完成地方政府债券项目库建立和上报。七是加强项目建设管理，严格审核基本建设资金来源、性质，确保基本建设资金专款专用，提高财政投资资金使用效益。

【乡镇财政管理】修订完善《筠连县乡镇财政激励约束奖励考核暂行办法》，建立乡镇财政所月报制度，加强对乡镇财政部门依法履行职责情况和贯彻落实财政法律法规、财政财务管理工作情况，以及财政所人员监督管理。按照省财政厅恢复乡镇财政机构设置工作要求，推进第二批乡镇财政所规范化建设，完成双腾镇、塘坝乡、孔雀乡、团林苗族乡、联合苗族乡5个乡镇财政所规范化建设工作。一是加强乡镇财政工作人员培训工作，全面完成省财政厅乡镇财政干部培训任务。二是县财政局组织开展全县乡镇财政部门工作人员大平台操作、账务处理、村级财务管理、涉农资金及项目报账等业务培训，提升财政干部业务技能和综合素质。三是加大对乡镇财政转移支付、体制补助和专项资金补助，补助资金14944万元，增长25.13%。其中县级财政对乡镇财政体制补助7569万元、义务兵优待金和大学生村官补助等结算补助1832万元、专项补助5543万元。县级财政资金补助力度的加大，提高乡镇财政保障能力，确保乡镇政权运转财力需要，提高乡镇政权公共服务和履职能力，推进乡镇基础设施、公益事业、城乡环境整治等工作。

【非税收入管理】全面贯彻落实政府非税收入政策，严格执行非税收入“收支两条线”制度，政府非税收入纳入财政预算收支计划，完成非税收入收缴目标。一是加强政府非税收入收支管理，按非税收入进度逐月下达用款计划，促进执收单位增强征收力度。二是强化对政府非税收入监督管理，督促执收单位严格执行政府非税收入收缴政策，防止隐瞒、坐支、挪用政府非税收入行为，实现政府非税收入应收尽收。三是加强财政票据管理，严格执行财政票据管理制度和财政票据领用审批制度，把财政票据管理与政府非税收入收缴有机结合，强化政府非税收支管理。全县预算内收费收入完成4334.77万元，增长32.41%；政府性基金收入完成38884万元，增长166.3%；专项收入完成11435.81万元；预算内国有资产有偿使用收入完成11876.65万元、罚没收入完成1293.79万元、预算内其他收入完成1533.46万元；预算外专户管理的财政收入完成1533.46万元，减少12%。

【国库集中支付】积极推进财政国库单一账户体系和“大平台”系统(即财政管理信息系统)集中支付及授权支付工作，完善大平台系统建设，简化资金审批手续和环节，加快资金、指标下达，提高工作效能。全年国库支付中心办理预算内、预算外直接支付业务6944笔，直接支付资金实现219346万元，增长37.36%；办理授权支付资金17340万元，增长19.17%。规范专户再支出功能工作，专户再支出资金实现20850万元。狠抓财政资金增效创新，财政定期存款资金利息收益854.72万元。

【重点支出】按照“强化绩效监管，确保重点支出促进经济发展”的原则，围绕“保民生，促增长”目标，克服宏观经济形势和地方煤矿整治等影响财政税收不利因素，地方公共财政预算支出注重建设、注重民生，足额落实中央、省、市投资项目县级配套资金。一是加大中心城区、城南新区、工业园区等项目建设前期投入，落实资金77469万元，营造投资硬环境，推动招商引资。二是加大农业、科技、教育、社会保障、医疗卫生、百姓安居、道路通畅等民生工程投入，落实资金109697万元，其中农林水事务支出30799万元、教育支出35906万元、科学技术支出1242万元、社会保障和就业支出17060万元、节能环保支出5002万元、医疗卫生支出16848万元、文化体育与传媒支出2840万元，农业、教育、科技民生领域县级财政支出增长比例分别达到55.09%、3.35%、15.28%(未含上级财政专款)，符合法定增长要求。三是贯彻落实收入分配政策，按照中央和省市的要求，完成公务员津贴补贴、事业单位人员绩效工资改革工作。

【基础设施建设支持】认真研究国家经济发展政策措施，根据县域经济社会发展规划，做好协调和配合，加强上级专项资金项目争取工作，加快重大建设项目引进，多渠道筹集建设资金，加大各项建设项目资金投入，推进全县基础设施项目建设，夯实城市、农村发展基础。一是加强制度建设，强化资金监管，制定《王家沟水库资金管理制度》《后沟水库资金管理制度》等制度，严格执行各项财经政策和工程合同管理，从严监督业主单位项目资金使用。二是严格执行专项资金审批程序，及时审核拨付基本建设项目资金和其他各专项资金。全年王家沟前期工作经费及项目工程资金投入2520万元、移民安置资金投入6300万元，后沟水库工程前期工作经费及项目经费投入4635万元；园区基础设施建设资金投入1.5亿元，完成海瀛园区新增河滨路、硬化海顶公路工程5.07公里等建设工程；城南新区建设工程投入2436万元，完成煤都大道主干道及滨河路建设工程；农村公路建设等道路交通建设投入12663万元、市政建设投入9261万元、中小河流及病险水库治理投入1898万元等项目建设资金。

【政府采购监管】认真履行政府采购监督管理职责，强化政府采购监督管理，围绕"依法采购、优质服务、规范操作、廉洁高效"的服务宗旨，按照《中华人民共和国政府采购法》《筠连县政府集中采购目录和限额标准(2012-2013)》要求，一是严格执行采管分离政策，采取统一预算编制、统一计划下达、统一集中采购方式，科学合理下达采购预算计划。二是坚持预算约束、公开透明、程序规范及重点项目服务优先原则，政府采购规模不断提升，全年组织政府采购214批次，增加102批次；实际采购金额7193.94万元，增加714.11万元。三是抓好供应商资质准入条件、采购技术参数、评标办法等核心环节的审核，确保招标方案的公平公正。四是加强政府采购活动监督，严格检查采购合同的履行情况，及时回复质疑投诉的处理和纠正违反政府采购规定行为。全年，政府采购监督部门组织召开采购协调会5次，开展市场调查10次，依法制定《筠连县政府集中采购目录及限额标准(2014-2015)》，参与政府采购现场监督118次，验收环节监督30次，依法处理政府采购投诉2件；审核政府采购计划93个，157个单位采购预算8267.48万元，审定采购预算7738.96万元，审减额528.52万元，审减率6.39%；组织政府采购活动214次；完成采购项目128个。全年下达采购预算7738.96万元，实际采购金额7193.94万元，节约采购资金545.02万元，节约率7.04%，综合节约率13.43%。

【财政投资项目评审】认真开展财政投资项目评审工作，严格执行基本建设政策法规、基本建设工程管理规章制度，完善《财政投资评审操作规程》，规范财政投资评审工作，强化财政投资评审人员管理，依纪依规开展工作，积极实施财政投资项目预算评审工作，对评审的项目从严把关，严格执行建设项目评审定额，确保评审项目公开、公平、公正，合理确定工程造价，及时出具项目评审报告，尤其对涉及工程量增减变更，深入现场勘查，按照审批程序增减变更工程量。全年完成财政投资323个项目评审，及时出具评审报告，建设项目送审金额134781.44万元，审定额119960.88万元，审减14820.56万元，审减率11%，其中增加工程70个，送审4036.03万元，审定额3378.17万元，净审减额657.86万元，审减率16.30%。

【社会保障投入】认真履行国家社会保障、就业及再就业政策建设，确保民生资金按照政策规定征收和资金支出，搞好部门协调配合，强化社会保障资金征收管理和资金支出监督管理工作，发挥民生资金惠民、利民效益。一是配合劳动和社会保障部门做好养老保险、医疗保险、失业保险等基金征收及发放。全年征收企业养老保险基金10658.67万元，支出11050万元；征收城镇居民基本养老保险230.78万元，支出210万元；征收机关事业单位养老保险基金464.9万元，支出450万元；征收新型农村社会养老保险3836.10万元，支出2675万元；征收城镇职工基本医疗保险基金3256.83万元，支出2891万元；征收居民医疗保险资金939.04万元，支出792万元；征收工伤保险基金收入434.36万元，支出280万元；征收生育保险基金收入87.31万元，支出40万元；征收失业保险基金19万元，支出123.32万元；征收失地农民失业保险基金183.04万元，支出85.57万元。二是配合民政部门做好城镇农村低保、农村五保户供养、城镇农村医疗救助、社会救济等工作。全年县级财政支付城镇低保资金2834.22万元，享受82453人次，支付农村低保资金2266.83万元，享受137480人次；支付城乡医疗救助金918.31万元(含优抚对象医疗救助金81.42万元)，支付救灾救济资金408.97万元；按政策及时兑现城镇小集体企业退休人员生活补贴、优抚对象临时价格补助、五保户生活补助、退伍士兵安置补助、孤儿生活补助等补助资金。三是做好义务教育"两免一补"、中小学危房改造、校安工程、农村义务教育学生营养餐计划等资金拨付管理工作，全年拨付农村义务教育阶段贫困家庭学生免杂费、免书本费、补助寄宿学生生活费的"两免一补"资金3295万元、农村义务教育学生营养餐计划资金2568万元、农村义务教育学校寄宿制校舍建设资金2213

万元、县职业教育中心一期建设项目资金2694万元、筠中创省二级示范性普通高中资金2600万元。四是加强新农合资金管理，全年新农合参合人数353406人，参合率达98%，筹集新农合基金12091.39万元，增长19.55%。其中农民个人缴费收入2120.44万元（含农村医疗救助金资助收入109.2万元）、中央配套补助资金6644万元、省级配套补助1753万元、市级配套补助资金749.22万元、县级配套补助资金749.22万元、利息收入75.51万元；报账支出9272.71万元，增长5.26%，其中门诊报账支出432.47万元、门诊统筹报账支出1793.07万元、住院报账支出7047.17万元；全年结余2818.68万元（含大病统筹应提交额706.82万元），累计结余8995.72万元（含上缴风险基金323.53万元）。五是做好妇女创业小额担保贷款项目审核，拨付妇女小额担保贷款财政贴息403.3万元。六是继续推进医疗改革，完善资金使用管理和绩效考评办法，县级公立医院改革、医疗机构信息化平台建设、财力保障等位居全市前列。

【村级公益事业资金管理】严格按照"农民自愿，量力而行""先规划、后申报，先审批、后建设，先实施、后奖补"的原则，落实农村"一事一议"财政奖补政策，采取有效措施，全面推进"一事一议"财政奖补工作。加强项目资金监督管理，实行农村"一事一议"财政奖补资金项目专户储存、专人管理、专账核算及县级财政报账制度，确保资金合理合规使用。全年，财政审定农村公益事业"一事一议"财政奖补项目158个，涉及18个乡镇136个行政村，划拨资金1690万元，村民投劳折资1690万元。主要建设内容为修建村内水渠4.45公里、村内安全饮水管线17.2公里、堰塘水窖14口、小型提灌或排灌站1座、垃圾收集点20个、桥梁5座等水利、环境、公路（便民路建设）项目。

【惠农资金管理】2013年，制定工作方案，搞好与县农商行、农发行、文广新旅局等单位的协调联系，利用网络、电视等发布平台，加强对粮食直补、农资综合补贴、农业政策保险、石油补贴等国家惠民政策的宣传，全面落实国家各项惠农政策措施，足额划拨各项资金，确保惠农政策落实。一是贯彻落实粮食补贴政策，全年粮食直补涉及全县83062户农户，补贴308105人，补贴资金3215万元，通过农户"一折（卡）通"，将农民补贴资金及时全额发放。二是拨付种粮农民玉米良种补贴194.8万元，水稻良种补贴147万元，小麦良种补贴51.8万元，油菜良种补贴21万元，进一步提高农产品产量及农产品品质。三是拨付能繁母猪补贴资金230.2万元，稳定畜产品生产。四是拨付农机购置补贴260.5万元，助推农业生产机械化、自动化及规模化发展。五是落实农村客运、城市公交、林场及苗圃等石油价格补贴515.30万元，让人民群众享受改革开放成果。六是根据年度政策性农业保险政策，配合农业局、畜牧局、保险公司等相关部门，通过测算分析，制定《2013年政策性农业保险试点实施方案》，全县农业政策性投保保险，完成水稻0.45万公顷（6.8万亩），玉米1.42万公顷（21.3万亩），油菜733.33公顷（1.1万亩），洋芋0.25万公顷（3.7万亩），生猪17.4万头，能繁母猪3.2万头，公益林32.63亩，收取保费1273.30万元，农民自缴保费288.80万元，落实县级配套资金72.4万元，赔付农民保险资金814.68万元。农业政策性保险的开展，进一步提升农业生产抗御自然灾害的能力，确保农业增产、农民增收。

【财政扶贫资金投入】2013年，县级财政年初预算安排扶贫资金300万元，略有增长。根据扶贫项目建设进度，及时拨付小平电脑培训学校及凤祥农民工培训学校省级劳务培训资金15.6万元、拨付巡司及双腾省级连片扶贫开发资金440万元、拨付维新镇、沐爱镇等乡镇省级整村推进扶贫资金265万元、拨付筠连镇、武德乡等乡镇便民路建设资金152万元（其中县级122万元）、拨付危房改造资金59.3万元（其中县级41.3万元），拨付扶贫建设项目县级配套的管理费、设计费、培训费等共1111.1万元。

【财政监督】认真履行财政监督职能，加大财政监督工作力度，组织开展财政监督工作。一是开展会计基础规范和会计信息质量检查，进行全省联动检查"会计信息质量"的行业3个、交通建设行业2户、教育行业1户。二是履行招投标监督职责，协调招监委等部门及时处理合同执行过程中的问题，确保招投标公平、公正、公开。三是推进行政事业单位国有资产管理改革，完善行政事业单位资产管理信息系统建设，全县行政事业单位资产纳入信息系统管理，加强行政事业单位资产监督，结合部门预算，合理配置资产，实现资产购置、报废、划转、处置等环节审批和监督，实现行政事业单位资产日常管理常态化。加强国有资产的产权登记、拍卖、报废、报损等处置环节监管，共审核部门单位申请公开拍卖处置公务车19辆，总价值2179436元，按照政策规定公开拍卖；审核和批准部门单位申请固定资产报废处置，价值155.594万元，严格审批程序，杜绝国有资产流失，维护国有资产安全。四是开展"小金库"专项清查。全县105个党政机关和事业单位、国有及国有控股企业、国有及国有控股金融企业、社团、协会和公募基金会纳入专项清查范围，从自查自纠到重点检查情况看未发现"小金库"存在，但仍然存在部分财务管理问题。对发现的单位现金日记账未及时记录、现金库存与现金余额不符合等现象，按照规定进行处罚。五是开展专项资金检查，强化专项资金监督和管理。开展农村D级危房建设检查和验收、农村C级危房的建设检查，对验收合格的农户，通过“一折通”将补助资金及时拨付到农户手中，保证财政补助资金及时到位。全年补助农村D级危房户1253户资金626万元、农村C级危房补助资金269.6万元。配合开展易地扶贫搬迁资金项目实施情况核查，对维新镇自由村易地扶贫搬迁项目建设的推进、资金分配和使用等情况进行监督检查，集中安置地质灾害撤迁户90户，极大地改善农户居住条件。组织和配合相关部门开展生猪调出大县奖励资金检查、社会抚养费的缴存使用情况检查、政法经费保障体制改革专题调研和专项检查、就业专项资金检查等专项检查工作，确保资金使用安全、合理、有效。六是加强监督建账监管，及时清理建账监管，全年新增企事业单位建账监管单位2户，累计321户。

【会计事务】 加强会计从业人员管理，强化财政法律法规宣传教育培训，提高会计人员素质。一是开展村级组织相关政策法律法规培训。根据省、市培训安排，加强和规范村级组织财务管理、财务核算，提高村级组织财务人员财务管理、财务核算工作水平。成立专门培训机构，历时24天，分批次对全县642名村级干部进行《村集体经济组织财务管理》《村集体经济组织会计》等法律法规知识培训。二是组织和安排乡镇财政所人员参加省市财政系统财政业务知识培训。三是组织财务会计人员开展政府综合财政预算试编、《事业单位财务规则》《财政总预算会计管理基础工作规定》综合业务培训。四是组织会计从业资格考前培训和会计人员继续教育培训，对会计人员会计从业资格证开展培训和考试工300人次，完成会计从业人员《中华人民共和国会计法》《四川省会计管理条例》《新会计准则》继续教育，提高会计从业人员业务水平，增强会计人员法律意识和风险意识。

【扶持民营经济】 继续开展民营企业调研，掌握民营企业发展情况及数据资料，按照国家发展扶持企业产业发展方向，支持企业做强做大，积极帮助争取发展民营企业专项资金。全年共争取企业发展和改造资金593万元，关闭煤矿补助资金6916万元，为扶持企业发展、推动县域经济发展起到一定作用。

【财政宣传】 加强财政科研、财政宣传工作，以服务经济建设、服务财政、服务领导决策为宗旨，有针对性地进行实地调查和研究，提出系列解决突出问题的对策和建议。全年，采编财政工作简报信息94篇，被财政部及其他部门刊用13条次，省财政厅及省级部门采用刊用35条次，市县采用84条次，完成调研课题7篇，全方位、多角度地展现筠连财政改革与发展新风貌。

【股室增设】 4月11日，县机编委批准在县财政局设立筠连县农业综合开发办公室（股级），负责贯彻执行国家、省、市农业综合开发方针政策、研究制定全县农业综合开发政策措施、规章制度及实施，全县农业综合开发项目评审论证、申报审批工作，农业综合开发资金管理、财务核算、人员培训等工作。6月17日，县机编委批准设立县财政局乡镇财政管理股(股级)，负责管理全县乡镇财政所及财政业务培训、指导工作。

（刘祖荣）

国家税收征管

【概况】 2013年，国家税收工作积极应对经济下行的严峻形势，落实市国税局“1124”工作思路和县委、县政府“转型跨越”的工作要求，坚持“聚财为国，执法为民”的税收宗旨，以组织收入为中心、以创新增效为动力、以风险管理为重点、以转变工作作风为保障，深入推进依法治税、积极创新征管方式、着力提高队伍素质、全面优化服务质量。

【税收收入】 2013年，坚持“依法征税，应收尽收，坚决不收过头税，坚决防止和制止越权减免税”的原则，尽最大努力组织税收收入，积极开展收入预测和分析，加强对各征收单位税收计划执行情况的监督考核。全县组织国家税收收入完成25122万元，占目标任务的116.8%；县级收入完成5014万元，占目标任务的114%；其中水泥行业入库增值税2449万元，增长2210.37%，增收2343万元，成为应对煤炭行业因政策性停产整改挖掘潜力的亮点。严格落实税收优惠和出口退税政策，增值税减免1757.7万元，企业所得税减免641.02万元。加强重点税源的监管，健全税收收入质量评价体系，全部税款及时、足额、均衡入库，全年无新欠产生，并压缩陈欠103.54万元。

【依法治税】 一是严格执法责任追究制，签订执法责任书，明确执法责任和过错责任追究。二是做好货物和劳务税管理，加强农产品收购发票进项税额异常清理和核查，小规模纳税人达标认定比例100%，增值税专用发票存根联采集率100%；开展增值税专用发票滞留票核查，补税3.76万元。三是加强所得税管理，所得税增长92.21%，预缴比例88.46%；县域年纳所得税100万元以上企业抽查面100%，年度征税面74.22%。四是加强外商投资企业税收管理。按要求完成所得税关联申报，做好筹建期的外商投资企业的税收政策宣传工作。五是学习出口退税管理。邀请市国税局进出口税收管理科进行培训，对2012年度出口退税异常指标进行核查;积极向对申报出口退税外贸企业的新增货源供货商核实进货情况。全年共办理出口退税185.3万元。

【税收征管】一是做好“营改增”工作,共接收地税传递“营改增”纳税人信息115户,全面完成实地调查核实。“营改增”一般纳税人、减免税、出口退税资格认定无差错。加强“营改增”税收宣传,完成“营改增”纳税人普通发票印制、验收入库及调拨;完成51户试点纳税人的票种、开票限额和用票量核定等工作。“营改增”全年入库税款81万元。二是做好“风险管理年”“创新增效年”建设,形成业务、财务、政务、事务“四位一体”的闭环式风险管理格局和征管质量考核体系。严格实施对指标异常企业的评估核查,采集数据信息260条,接收并完成风险应对49条,查补增值税53.9万元,企业所得税16.5万元,查减留抵5.37万元,查减亏损3120.29万元。三是推进信息管税。联合地税、工商、质检等部门加强信息交换,做好“金税三期”建设,高清视频会议系统验收合格,新综合办公信息系统按时上线运行。

【税务稽查】2013年,强化税务稽查工作,突出查处涉税违法案件,整顿规范税收秩序,开展非煤矿山专项整治,严厉打击各类涉税违法行为。全年稽查入库625.27万元,调减企业亏损155.76万元,入库率100%、选案准确率100%、处罚率216.94%、结案率100%。开展好清结算工作,查补缴增值税80.7万元、所得税15.94万元。

【纳税服务】一是优化软硬件设施。纳税服务大厅开通“一机双屏”互动,成为全市系统办税大厅中的特色;配齐报刊栏、便民箱,添置打印机和计算机。严格着装上岗,加强办税工作人员政治理论、业务技能以及礼仪举止等培训。二是强化绩效管理。严格落实目标责任考核,实行办税大厅局领导值班制度和AB岗制度;完善大厅内外监督体系。三是加强税法宣传。利用宣传月、法制宣传日等,加强法制宣传教育,开展纳税辅导工作。创新开展“税收宣传进图书馆”活动,营造依法诚信纳税氛围。在全市系统内“问需求、查问题、抓整改、促提升”纳税服务专项活动中,办税服务厅在办税环境、政务公开、便民实施、税容风纪4大类项目督导检查中成绩排名全市第一;在综合纳税人满意度调查、问题查找及整改、市国税局督导复查中,综合排名全市第一。

【廉政建设】一是深入推进惩治和预防腐败体系建设。坚持“清廉从税、和谐兴税”核心理念,推进税务廉政文化建设。组织职工到汉王山法纪教育基地开展警示教育,观看、学习警示案例;在大厅LED显示屏滚动显示廉政标语,完善电子指纹考勤,建立干部职工去向公示牌制度,在职工工作电脑中安装廉政屏保,开展节假日对职工和纳税人的廉政短信提醒,实现“四个保障”“三个安全”“五个无”目标,被市纪委、市监察局命名为“宜宾市廉政文化‘八进’活动示范单位”。二是扎实推进“环境兴县”战略,认真开展“三治理三激发三增加”深化作风建设专项活动。开展全局性知识测试2次,正确率达到95.3%,形成谈心记录200多份,发放调查问卷40余份,收集整理意见20多条。紧紧抓住影响环境的关键环节和纳税服务的突出问题,从提高认识、创新机制、优化服务、提高效率上入手,大力推进“环境兴县”工作,营造和谐税收新环境,干部队伍保持风清气正的优良形象。贯彻落实中央“八项规定”和市国税局“十条意见”,进一步改进工作作风,筑牢拒腐防变的思想道德防线。开展执法监察和行政监督,完善内控机制建设,加大外部监督力度,聘请特邀监察员、廉政监督员、行风评议员。

（杜烈榜）

地方税收征管

【概况】2013年,地方税务工作围绕县委“实干增效年”战略部署,按照市地税局“突出三个重点、推动三个深化、做好三个表率”(“三个重点”,即收入质量、信息管税、机构改革,“三个深化”,即依法行政、纳税服务、税源税基管理,“三个表率”,即市地税局要做县区局表率,市地税局党组要做县区局党组表率,局长们要做全市地税干部的表率)的工作要求,切实落实“一四三”(“一”:抓住收入中心,“四”:做好依法行政要实现增效、税收征管要实现增效、纳税服务要实现增效、目标管理要实现增效,“三”:推进党风廉政建设、干部队伍建设、党的基层组织建设)的工作思路,努力克服宏观经济不景气、煤炭行业关停整顿、以“营改增”(营业税改征增值税)为重点的结构性减税等因素的影响,以依法组织地方收入为中心,明晰工作思路和措施,认真研究计划,在依法治税、挖潜清欠方面狠下功夫,抓住重点税源,强化薄弱环节,深挖增长因素,应收尽收,确保收入目标计划的完成。全年累计组织完成地方收入31129万元,其中税收收入27845万元,占年计划的100.1%;完成基金附加收入3284万元,占年计划的105.6%;县级一般预算收入完成18384万元,占年计划的102.1%。

【依法治税】2013年,贯彻落实国务院《全面推进依法行政实施纲要》,认真开展各类普法培训。一是强化税收执法监督,完善行政权力事项清理工作,贯彻实施《四川省地方税务局规范税务行政处罚自由裁量权实施办法(试行)》,减少执法随意性。二是继续规范税收秩序,有效发挥稽查职能作用，严查税收违法案件，开展税收专项检查，营造公平公正、健康有序的税收环境。三是严格落实减免税政策，对符合减免税条件的纳税人认真审核调查复核，全年审批减免残疾人10户、减免失业人员1户。四是开展税收宣传活动，通过电视台、报纸、展板、手机短信、网络等向纳税人宣传税法，被中国税务网、中国广播网、中国经济网－四川频道、四川在线、宜宾日报刊用27篇，市地税局内外网站刊用82篇，提高纳税遵从度。

【税收征管】 一是做好税务登记清理。全年正常户3374户，开业登记208户，注销登记679户，明确税收管理员工作职责、履职要求、细化工作指标，试行按月考核的目标管理。二是做好“营改增”及后续相关工作，深化税源分类管理，继续推进税收专业化管理，提升税种管理水平。三是加强企业所得税汇算清缴，全年应自行汇算清缴户98户，实际汇算清缴98户，汇算面100%，应纳所得税额2566.63万元。四是加强对“长亏不倒”企业和煤炭、房地产等重点行业的企业所得税分类管理，开展所得税汇算清缴工作，汇算清缴2012年度企业所得税应纳税所得额2566.63万元。五是推进个人所得税基础信息管理系统工作，强化高收入者个人所得税管理，开具个人所得税完税证明，全县有80人纳税人开展自行申报，并按规定申报应纳税额，全年申报扣缴个人所得税1261.69万元。六是开展个人所得税两处及两处以上纳税人的清理工作，处理信息4973条、查补个人所得税34.7万元。七是抓好土地增值税预征和清算工作。八是加强城镇土地使用税、房产税的清理，全年征收土地使用税330万元，征收房产税354万元。

【推进信息管税】 一是积极推进信息管税，抓好税收管理与辅助决策分析系统应用工作，该系统包括7个子系统、58个功能模块，有效平衡省局网络负荷，为税务干部提取和综合分析税收基础数据提供有力工具。二是推进财税库银横向联网工作，推广银行端查询缴税业务，全年通过税库银缴纳税款6631万元。三是健全政府主导、各部门参与的涉税信息获取机制，加大部门信息交换与共享，有效促进税收管理的信息化。四是抓好信息系统运行维护和安全保障，确保安全、稳定、高效运行，依托信息技术加快业务变革和创新，加强采集质量监控，减少数据错误。五是强化发票管理，做好取消发票工本费的相关工作，推进发票查询系统应用。

【纳税服务】 围绕“办税环境最优、办税负担最轻、办税效率最高”的目标，实施“提速减负”工程，完善办税服务大厅设施，全面推进纳税服务创新，提升服务质效。试点推行网上办税系统，大力推行同城通办、“一窗式”“一站式”办税服务。简化流程、简并资料，开展“免填单”服务，进一步减轻纳税人负担。深化税务行政审批制度改革，提高审批效率。在办税服务厅推行领导、业务股室人员坐班制，方便纳税人政策咨询。规范纳税服务投诉处理程序，全年通过市地税局“12366”纳税服务热线受理纳税人税收政策咨询10人次、发票查询15人次。加大纳税提示服务力度，全年通过手机短信服务方式向纳税人发送各类提示信息5000余条。

（熊　凤）

金　融

中国人民银行筠连县支行

【存款信贷】2013年年末，全县金融机构各项存款余额56.83亿元，比年初(下同)增加3.72亿元，增长7.01%；各项贷款余额30.55亿元，增加5.61亿元，增长22.52%。

【金融机构网点】2013年年末，全县金融机构网点有32个，其中国有商业银行网点4个网点(工行1个、农业银行3个)，农业发展银行机构1个，农商银行网点22个(含定时定点服务的龙镇乡、孔雀乡、高坎乡、团林乡、联合乡分社)，邮政储蓄银行网点2个，商业银行网点1个，中成银行网点1个，汇通小额贷款网点1个。

【执行货币政策】人行筠连县支行继续贯彻实施稳健的货币政策，坚持稳中求进工作总基调，加强对"窗口"指导，引导辖内金融机构的信贷资金更多投向经济实体，重点投放在"三农"、中小企业方面，促进地方经济发展和金融机构经营水平的提升。全力支持保增长、保民生、保稳定，各项存款、贷款稳步增长，支持县域经济发展，确保金融稳定运行，金融发展取得重大突破。

【金融知识宣传普及】一是组织赠书活动，人行筠连县支行分别向县领导和相关部门赠送《"三农"贷款与县域金融统计》，向相关部门和企业赠送《企业主要融资方式汇编》。二是开展"金融知识普及月"活动，要求各银行业金融机构按照"金融知识普及月"实施方案，做到"四到位"(金融知识宣传到社区、金融知识宣传到校园、金融知识到农村、结合本地案例让事实说话的宣传到位)，把金融知识送到社会的各行各业、各阶层，让广大群众"学习金融知识，了解风险责任，共建和谐金融"的内涵，为乡镇和村班干部群众讲解以征信管理、货币反假为主要内容的金融基础知识。金融机构参与宣传活动人员40人次，共悬挂横幅8条、发放资料1万多份、播放征信宣传音像资料12次、接受群众咨询2万多人，取得良好的效果。

【金融运行和社会融资风险监测】加强金融运行和社会融资情况的监测，积极做好县境金融稳定工作。一是密切监测寿险公司年度到期分红险兑付问题，每月须上报兑付情况。二是加强对民间借贷情况进行调查、了解、掌握，强化宣传和引导。三是开展煤矿关停后对银行债务的影响调研，针对全县关停11个地方煤矿的局面，组织金融机构开展煤矿企业技改贷款风险评估，积极介入政府煤矿关停的相关会议，了解会议精神，宣传保全银行债权；组织人员开展煤炭产业发展调研，向地方政府对金融支持煤炭产业发展提供6条建议。年末，全县金融机构煤炭生产企业贷款余额31182万元，涉及煤炭生产企业20家；煤炭经销公司贷款20845万元，涉及企业11家，贷款处于正常状态。

【地方法人金融机构风险监测】一是强化信贷规模调控，组织农商行董事长、总经理、信贷部门负责人、会计部门负责人学习信贷调控相关政策，按照存款准备金动态管理要求，制订2013年信贷投放计划，并按季、按月监测，各项调控指标均在人民银行调控范围内。二是严格控制信贷投放总量，按照上级行货币信贷调控的要求，全年计划投放5亿元，信贷规模控制在人民银行指标内。

【跨区域金融稳定协调机制】积极探索跨区域金融稳定协调机制，认真履行维护区域金融稳定的职责，防范和化解跨区域金融风险，促进筠连与盐津银行业、证券业、保险业等行业稳健经营、协调发展。人行筠连县支行与人行盐津县支行签订毗邻地区金融稳定工作协调机制合作协议，建立联席会议制度、金融稳定工作通信联络制度、金融突发事件应急处置预案等。

【推进民生金融】一是牵头召开2次下岗职工小额担保贷款和妇女小额担保贷款协调会议，明确工作目标，分解工作任务，协调解决工作中存在的问题。1–10月，累计投放妇女就业贷款2610万余元。二是协调推进下岗职工就业贷款，全年投放下岗职工就业贷款270万元。三是继续推进农村青年信用示范户工作。牵头组织团县委和农商银行在18个乡镇筛选82户青年农民进入推荐名单，通过评议公推公示后，报送农村信用体系建设领导小组审批，由县农商行发放创业贷款，扶持致富带头人，引领农村经济发展。至10月末，县农商行向农村青年信用示范户82户发放贷款250万元，贷款余额900万元。

【农村支付环境建设】一是把各金融机构参加农村支付环境建设工作纳入县政府考核目标。二是继续推进“迅通工程”建设，对全县助农取款网点进行检查，督促按成都分行“五个一”标准要求进行规范，实现农村“迅通工程”“四有目标”，建成助农取款点500个。三是开展农村金融服务站试点工作，按照宜宾中心支行《关于开展农村金融服务站试点工作的指导意见》，人行筠连县支行确定18个农村金融服务站，组织服务站人员培训，县农商行设立的站点已开展转账和缴费功能拓展。

【信息调研】加强经济金融动态有关信息的及时报送工作，围绕全县金融运行中的热点、难点问题开展调查研究和专题调查，全年编发《信息快报》23期、《金融简报》10期、《调查与分析》6期、《调研报告》3期、《党务工作》8期，被成都分行和宜宾中心支行采用14篇（分行网站1篇、中支11篇、宜宾支行文苑2篇）。

【金融服务创新】一是加强组织领导，成立筠连县金融消费者权益保护分中心、工作站。二是制定制度，制订《筠连县金融消费者权益保护实施方案》《筠连县金融消费者权益保护指导意见》《筠连县金融消费者权益保护操作程序》等。三是建立联系机制，主动及时向县委、县政府领导汇报，与信访局、目标办、工商局等单位沟通，建立沟通机制。四是完善金融消费者权益保护运行机制，大力开展相关工作。受理消费者投诉0件、政策咨询5件。

（饶世均）

中国农业银行股份有限公司筠连县支行

【概况】中国农业银行股份有限公司筠连县支行（以下简称农行筠连县支行），下辖农行筠连县支行营业部、农行筠连县支行定水路分理处、农行筠连县支行筠州分理处3个营业机构以及煤都大道、巡司自助银行网点2个，内设综合管理部、运营管理部、客户经理部、三农事业服务部；设有中共农行筠连县支行党委，下辖支行机关、离退休职工、营业机构3个党支部。2013年，有员工66人，在岗中共党员37人。全年所办理的代理保险、保理业务、信用卡发卡、重点基金销售、黄金销售、白银销售、对私理财销售、标准IC借记卡发卡、个金中收、理财中收、贵金属中收等指标的完成率，均居全市农行前茅。

【经营业绩】2013年，农行筠连县支行秉承“诚信立业、稳健行远”的核心价值观，坚持“以市场为导向、以客户为中心、以效益为目标”的经营理念，研究、制定系列绩效考核办法和经营管理措施，发挥网点优势，向广大客户提供全面、优质、高效的金融服务。至年末，一是各项存款余额12亿元，较年初（下同）减少1138万元，其中对公存款4.71亿元、增加1122万元，储蓄存款7.29亿元，减少2261万元。二是各项贷款余额22777万元，增加11164万元，增长96%；实现中间业务收入1407.9万元（含代理财政部委托资产处置683.5万元），增加589.3万元，增长72.0%。三是基金销售总额16920万元，其中理财型债券基金销售15880万元。四是理财产品销售16.29亿元，其中对私15.65亿元、对公0.64亿元。五是实现经营利润2514万元，增加355万元。

【软硬件建设】坚持“违规就是风险、安全就是效益”的风险理念和“德才兼备、以德为本、尚贤用能、绩效为先”的人才理念，着力提高员工的风险理念、增强员工的团队合作意识和大局观。一是加快网点建设步伐，完成3个营业网点的装修改造，优化配置服务设施；加大自助网点的设置，煤都大道、巡司自助银行网点正式运行。二是加强金库安全管理，更换ATM报警监控设施和营业机构的安全设备，组织员工参加防火、防抢、防盗、处突演练。三是开展防假币、反洗钱宣传，帮助群众辩识假币。

（郭　卫）

中国农业发展银行筠连县支行

【概况】2013年年末，中国农业发展银行筠连县支行（以下简称农发行筠连县支行）根据上级行的统一部署，明确工作目标，采取措施狠抓落实，受经济形势的影响，存款、贷款、利润大幅下滑，经济状况不容乐观。

【业务经营】2013年，农发行筠连县支行全年业务经营指标完成情况：贷款，发放贷款5295万元，收回贷款7314万元，年末贷款余额9288万元，比年初（下同）减少2019万元。存款，年末存款余额10855万元，减少10162万元；存款日均余额13749万元，增加3995万元。中间业务，中间业务收入实现7.56万元，增加1.26万元。利润，实现利润119万元，减少381万元。绩效指标，资产利润率0.67%，减少1.31%；成本收入比31.08%，增长1.83%；人均利润7.19万元，下降28.13万元；人均存款1100.16万元，下降319.68万元；不良贷款保持为0。

【内部管理】2013年，农发行筠连县支行把认真学习制度、严格执行制度作为提提升管理的突破口，做到程序合规、操作规范，没有出现任何差错。加强作风纪律建设，行风有更大的改善，风正、心齐、劲足的局面逐渐形成。虽农发行筠连县支行业务发展不顺，但全行员工努力坚守阵地，进一步完善相关制度，狠抓基础工作质量，加大业务操作技能训练，全行管理更加规范，工作质量有明显提高。

（胡立新）

四川筠连农村商业银行股份有限公司

【概况】2013年11月13日，经批准撤销筠连县农村信用合作联社，成立四川筠连农村商业银行股份有限公司（以下简称筠连农商行），内设综合管理、财务会计、电子银行、金融、安全保卫、合规风险、稽核审计7个职能部门和中小微客户金融中心，直属营业部1个，下设11个支行和10个分理处（其中5个设在金融服务空白乡镇）。年末在编员工164人。

【存贷规模】2013年年末，筠连农商行存贷36.96亿元，其中存款22.72亿元、比年初（下同）增幅23.27%，贷款14.24亿元、增幅20.62%。存贷市场份额居全县各金融机构之首，为县域内存贷规模最大、资金实力最强、服务网点和从业人员最多、服务范围最广的金融机构。

【农商行成立】为深化产权改革，完善建立现代金融企业制度，增强可持续竞争能力，在原筠连县农村信用合作联社的基础上，由328名股东发起，设立筠连农商行。在经历筹建、开业准备等阶段系列工作后，筠连农商行于2013年11月13日获得中国银行业监督管理委员会四川监管局批准，依法办理“金融许可证”“营业执照”后正式对外挂牌营业。

【业务发展】坚持改制不改性，以“立足三农、服务城乡、三农为本、中小微为主”为市场定位，以推进“惠农兴村”“扶微助小”为业务主线，以“符合政策、满足条件、风险可控、诚信可靠、惠民增效”为经营原则，面向城乡市场，优化服务、创新产品，依托“重信用、轻抵押”的小微贷营销理念，探索运用于传统信贷业务，对接县域广大客户“短、频、快、急”资金需求，加速业务拓展。至年末，存款增幅23.27%，贷款增幅20.62%；不良贷款余额4199万元，不良贷款占比2.18%；资本充足率12.55%，贷款损失准备充足率820.27%，拨备覆盖率278.9%；计提拨备1745万元，成本收入比36.3%，拨备前资产利润率3.63%。总收入实现18127万元，其中贷款利息收入13628万元，实现账面利润6302万元。

【普惠金融】一是继续加大对妇女创业贷款、下岗再就业贷款、大学生村官创业贷款等投放力度，至年末，投放妇女创业贷款825笔41545万元，投放再就业贷款52笔104万元，投放生源地助学贷款2033笔1055万元，投放大学生村官创业贷款12笔50万元。二是继续做好对龙镇、孔雀、高坎、团林、联合5个金融空白乡的定时服务，全年累计办理存、贷、汇业务22131笔，受益客户5万余人，年均为每户农户节约300余元路费开支。三是特色金融服务，让县域内广大农户在家门口享受到高效便捷的农商行特色金融服务，至年末，在243个行政村建立支农服务取款点300个，布放EPOS机438台，全年累计交易22792笔，交易总额4318万元。

【服务地方经济】2013年，按照“一次核定、随用随贷、余额控制、周转使用”的原则，继续打造小额农贷服务品牌，公开办贷流程，简化办贷手续，加大授信额度，有效缓解县域内农户“贷款难”问题，以占全县金融机构三分之一的存款资金来源投放二分之一的信贷资金，持续满足县域民众日益多元化、特色化的金融需求。至年末，已建立小额农户经济档案90135户，核发小额农贷证80788本，农户贷款累计106760万元。按照“优先发放、利率优惠”原则，加大对新农村建设的信贷资金投放，至年末，全年累计投放信贷资金1亿余元，支持烤烟、肉牛、芳香油、蚕桑等特色产业发展，积极引导县域种植、养殖大户和涉农专合经济组织走“公司＋基地＋农户”的发展新路。紧跟县域经济发展进程，通过引进社团贷款、发放公司类贷款等方式，开辟绿色信贷通道，做好对县域大型项目的信贷跟踪服务工作，彰显地方金融主力军形象。

【内部管理】2013年，以组建农村商业银行为契机，以战略转型为主线，以流程银行为载体，以“八大体系”为内容，以“小银行＋大平台”为方向，加速内部机制转换建设，夯实业务固基之本。按照“突出前台营销功能、强化中台管理控制功能、后台保障监督功能”三大原则，优化内部组织架构，实现前、中、后台有效分离。梳理、完善内部运行制度和流程，建立“一图一书两表一库”和185个业务流程，实现内部机制的规范运行。推行绩效考核、中层人员公开竞聘、重要岗位轮岗、基层员工上挂锻炼等综合建设体系，优化人力资源配置，将“最合适的人选配到最合适的岗位上，将最优秀的人选配到最重要的岗位上”，最大限度激发内生动力。推行“制度落实年”活动，注入全面风险管控理念，精细财务成本管控，强化案防、安保工作，实现全年无案件和责任事故发生。

（黄 洁）

宜宾市商业银行股份有限公司筠连支行

【概况】2013 年，宜宾市商业银行筠连支行围绕总行“转型发展，提速增效”主题和“抓改革、转机制、强内控、增实效、促发展”思路，以建设“美誉商行、美好商行”为抓手，以服务县域经济发展为基石，抓好业务营销和拓展，强化内控管理，做好优质文明服务，加强企业文化建设，扎实推进各项工作，促进业务持续稳健发展。

【业务指标】2013 年，宜宾市商业银行筠连支行各项贷款余额 65210 万元，增长 16.57%。一是贷款结构优化。按照“有保有压、择优发放”思路，重点信贷投放由原煤炭行业转移到批发零售等其他行业，全年压缩收回煤炭行业贷款 622 万元，煤炭行业贷款下降 8.1%。二是服务小微企业、实体经济。全年投放各类小微企业贷款金额 19202 万元，小微企业贷款占全行贷款的 90.88%，其中涉农贷款投放 17743 万元。

【内控管理】一是整章建制，加大规章制度合规审查，开展内控制度后评价工作，健全支付结算、反洗钱、对账、票据保管等内控制度，使管理制度逐步系统化、规范化、科学化。二是加大风险排查的力度和频度。多次开展大额授信回访、存款滚动排查、从业人员违反职业操守、风险大排查回头看、参与民间融资等专项排查活动，规范员工行为。三是加强内控制度学习，重点开展“五十个严禁”“客户经理十个严禁”“员工违反金融规章制度行为处理办法”等制度学习、测试。四是推进员工轻微违规行为积分管理，强化违规责任处罚。五是关注员工思想动向，重点关注苗头性、倾向性问题，及时进行沟通疏导，落实异常排查。六是落实安保和案防工作措施，层层签订“案件防控与安全保卫责任书”，实行“一票否决”，深入推进教、制、监、责、惩“五位一体”案件防控长效机制，层层落实案件防控治理工作责任。邀请县消防大队教官对员工开展消防安全知识培训，并观看消防实地演练，强化全行员工的安全意识。

【公益行动】2013 年，开展“挂包帮”“爱心助学包裹”等扶贫助困活动和“向芦山地震灾区捐款”社会救灾活动，爱心助学包裹项目资助挂钩扶贫点高坎乡金沙小学 1000 元；2 次扶贫慰问高坎乡红花村特困户，送去 3500 元的慰问金。

（周 丹）

中国邮政储蓄银行有限公司筠连县支行

【概况】2013 年，中国邮政储蓄银行筠连县支行（以下简称邮政支行）贯彻落实省分行、市分行工作会议精神，牢固树立以风险合规为宗旨，以业务发展为前提，内强素质、外树品牌，大力加强自身内部制度建设和党风廉政建设，努力抓好内控、案防、安全管理工作。通过制定各项业务发展计划、竞赛办法，调动全体员工发展业务的主动性和能动性，利用墙体广告、短信、电视媒体和发放宣传单等方式加强宣传营销，较好的完成上级行下达的各项指标，为促进县域经济发展提供有力的金融支持。

【业务发展】2013 年年末，邮政支行各项存款余额 59090 万元，净增 8663 万元，其中存款余额 37561 万元，净增 5929 万元；公司存款余额 21529 万元，净增 2734 万元。发放各类贷款 972 笔金额 15311 万元，贷款结余 16292 万元，其中发放小额贷款 813 笔金额 6544 万元，结余 6314 万元，净增 2151 万元；发放个人商务贷款 119 笔金额 6827 万元，结余 7176 万元，净增 2789 万元；发放个人消费贷款 38 笔金额 710 万元，结余 1103 万元，净增 612 万元；发放小企业贷款 2 笔，金额 1230 万元，结余 1699 万元，净增 699 万元，贷款逾期和不良率均控制在 0.11%。实现各项业务收入 1982 万元。

【服务三农】2013 年，继续创新服务内容和服务方式，把改善农村支付结算环境作为金融服务工作重点，全年发放各类银行卡 10796 张。电子银行业务持续健康发展，全年网上银行注册 6076 户，手机银行注册 5438 户。继续加大对农村信贷投放力度，全年发放涉农贷款 932 笔金额 13371 万元。“三农”服务能力进一步加强，得到广大城乡居民的好评。

【网点建设】2013 年，在筠州北路（胜利街小学旁）新建自助银行 1 个，在汇鑫广场新建营业点，对外营业。

【安全防范】2013 年，加大资金票款安全管理力度，贯彻执行邮政金融业务的相关管理办法。一是按月召开邮银双方“一把手”参加的资金票款联系会，协商解决邮政金融资金安全、内控管理和业务制度执行中的相关问题。二是严格执行监管部门、上级行相关文件要求，及时协助法院、公安等查询、冻结、扣划，积极配合监管部门做好反洗钱、反假币等工作。三是加强重点岗位人员轮岗，严格落实轮岗制度，全年共完成员工轮岗 9 人次，强制休假 35 人次。四是严格按照上级行要求，采取集中排查、领导面谈、家属座谈等方式，每季度开展一次员工行为排查。每月组织员工安全知识培训，结合支行处置突发事件应急预案，定期组织防火、防抢演练，提高员工安全防范意识。五是每月对辖内网点进行一次人防、物防、技防等安全检查，对检查出的问题下达整改通知书，督促网点及时整改。

【内部管理】 一是严格考勤制度，定期或不定期对员工进行抽查考勤，考核落实到人。二是强化管理部门履职能力，每月对网点进行日常检查，督促网点对查出的问题及时进行整改落实。三是严格成本费用支出，加大对易耗品的管控审批力度，认真落实中央"八项规定"。四是强化业务培训，定期组织业务条线人员进行业务知识和新制度学习。五是坚持行长办公会制度，严格执行"三重一大"决策制度。六是组织全体员工到汉王山监狱开展警示教育活动，透过反面典型案例和职务犯罪服刑人员的现身说法，引导员工牢固树立廉洁自律意识。

（李　同）

中国工商银行股份有限公司筠连支行

【概况】 2013年，中国工商银行股份有限公司筠连支行围绕筠连经济建设，重点支持经济支柱产业、招商引资企业、龙头民营企业、中小企业，重点培养客户经理的贷后管理意识和水平，实现法人资产业务的较大发展，确保无不良贷款出现。

【经营业绩】 一是拓户方面，个人有效客户净增2769户，完成确保指标92.3%，其中高中端客户净增1046户，占确保指标174.3%；法人有效客户净增61户，占确保指标71.76%，其中高中端客户净增44户，占确保指标146.67%。二是年末存款余额54190万元，减少9471万元，其中储蓄23847万元，减少411万元；公司存款7032万元，减少2229万元；机构存款23294万元，减少1841万元；同业存款12万元，减少4990万元；保证金5万元，增加5万元；总体为负增长。各项存款余额全县四行占比31.24%，减少3.22%。三是年末贷款余额34326万元，净增1563万元，其中法人贷款28162万元，净增372万元；个人贷款6164万元，增加1191万元。各项贷款余额全县四行占比60.1%，减少13.73%。四是实现中间业务入账629万元。五是实现拨备前利润（净利润与风险准备金之和）2236万元。六是信贷资产继续保持0不良率。

【案防及内控】 2013年，继续重视案件防范和内部控制，定期召开内控案防分析会，查找问题，落实整改，并组织员工观看警示教育片，增强员工合规操作意识。按月通报检查情况，对出现违规行为责任追究，专项检查高危和重点领域，有效防止操作风险和信贷风险的发生，全年无案件和重大差错发生。

【工作措施】 一是拓展资产业务，重点支持地方经济支柱产业、招商引资企业、地方龙头民营企业和其他中小企业，实现法人资产业务的较大发展。重点培养客户经理的贷后管理意识和水平，确保无不良贷款出现。二是坚持"扫街"行动，全体员工走出办公室对客户主动营销，把客户拓面和产品渗透密切关联，让客户了解工行、选择工行。三是加强渠道建设，在武德乡开设助农取款点1处，方便工行的农村客户；大力营销自助产品，督促柜面加大分流业务的宣传和引导，明显降低柜面业务可分流率，有效增加自助业务量。四是宣传并免费为广大客户办理工银社保卡8000余张。五是为解决信贷规模限额，经上报批准以表外融资方式为筠连川煤芙蓉新维煤业有限公司发放贷款1亿元。六是合理劳动组合，在柜员人数增减变化较大的情况下，最大限度对外开设窗口，确保柜面业务的顺利办理。七是强化考核，每日汇报工作，有效地进行压力传导，杜绝消极怠工。八是适时向地方党政机关汇报工作，保持较好联系，在业务发展的一些关键时刻获得一定的政策支持。

（苏思齐）

筠连中成村镇银行股份有限公司

【概况】 2013年，筠连中成村镇银行股份有限公司（以下简称中成银行）牢记"立足区域、面向三农"的服务宗旨，提供灵活、方便、快捷的金融服务，彰显筠连中成银行"诚信立足、高效安全、追求卓越、止于至善"的企业文化，加强内部管理，完善服务条件，密切银政、银企合作，各项业务逐步协调、理顺，发展势头良好。

【业务经营】 自2013年8月29日开业至年末，中成银行各项存款余额4130.83万元，各项贷款余额5800.36万元；发放贷款44笔，其中农户贷款26户2930万元，"三农"贷款占贷款总额的85.84%，践行"服务三农、关注小微"的社会承诺。所有利息结清，收息率100%。

【监管批复】 2012年12月24日，由成都农村商业银行股份有限公司（以下简称总行）召集4家企业法人机构召开发起人大会，同意成立筹建工作小组，并授权筹建工作小组根据发起人的授权负责筹建筠连中成银行，标志筹建工作进入具体实施阶段。筹建小组认真履行各项职责和义务，主要包括：根据《村镇银行组建审批工作指引》积极向人行、银监上报资料；根据《中华人民共和国公司法》《中华人民共和国商业银行法》以及《村镇银行管理规定》,制定《筠连中成村镇银行章程》;聘请会计师事务所,对中成银行实收资本金进行审计。2013 年 5 月 20 日召开创立大会暨第一次股东大会,产生第一届董事成员及董事长,经第一届董事会第一次会议审议通过,确定中成银行行长及副行长人选。6 月 28 日获得宜宾银监局开业批复。经 2 个月努力,全面完成接入人民银行服务系统及总行业务系统的报批、调试工作,以及营业执照、机构代码证等证照的申领。

【硬件设施建设】 筹建期间,筹建工作小组按照总行的相关规范、程序聘请专业的施工团队,对办公区域进行装修和安全防护工程建设,形成舒适、漂亮的办公环境和安全、牢固的电子监控、报警及消防系统。为按期保质完成,筹备工作小组通过协调、组织工作,及时处理和解决现场施工中出现的矛盾和问题。按规定程序对设计中的不合理部分进行适时的调整、完善,保证职场装饰工程一次性验收合格,获取安防、消防验收合格证书。

【员工招聘】 筹建期间,本着"公开、公平、公正"的原则,借用网络、报纸等媒体面向社会发布员工招聘信息,经过笔试、两轮面试、体检等环节,最终择优录取 18 人,中成银行共有员工 21 人。

【加强培训】 为满足开业后的工作需要,经总行协调安排,全体新进员工于 2013 年 5 月 26 日到成都农村商业银行郫县支行参加为期 1 个月的随岗学习培训,培训主要涉及银行会计、风险管理、柜面业务、业务发展、综合管理等多方面,通过以干代训,新进员工对银行业务流程、相关基础知识、操作技能均可熟练掌握,坚定了做好中成银行工作的信心。

(吕 秘)

中国人民财产保险股份有限公司筠连县支公司

【概况】 2013 年,中国人民财产保险股份有限公司筠连支公司(以下简称财险筠连支公司)有 2 个机构,18 个乡镇代办点、243 个村级协办点、6 个兼业代理机构、网点覆盖全县。财险筠连支公司内部机构设有经理室(主管全面)、综合部(行政事务、签单、出纳、资金收付、后勤)、理赔分部(主管交强险和商业险理赔)、农险部(负责全县农业保险承保和理赔)、个代部(负责个人代理业务发展)、直销 / 中介部(负责团队业务发展)、电销部(负责家庭自用车的服务工作)、网销部(负责客户网上投保办理和咨询),下设巡司镇营销服务部。主要经营农业保险、短期人身意外伤害保险、短期健康保险、机动车辆保险、企事业单位财产保险、家庭财产保险、建筑和安装工程保险、货物运输保险、能源保险、责任保险、信用保证保险等险种。在长期管理经营中,积累丰富实践经验,赢得良好的市场声誉,是全县保险业中盈利能力和偿付能力最强的财险公司,为筠连经济社会发展作出积极贡献。

【业务发展】 2013 年,财险筠连支公司按照总公司"第三步发展战略规划"要求,深入贯彻国务院《关于保险业改革发展的若干意见》,落实市分公司制定的"崛起川南、独树一帜"宏伟蓝图,抓住机遇、勇于开拓、奋力拼搏。全年保险费收入实现 3618 万元,增加 168 万元,占全县财险市场 55%以上的份额,其中农业保险 1546 万元、短期人身意外伤害保险 130 万元、短期健康保险 100 万元、机动车辆保险 1638 万元、企事业单位财产保险 0.5 万元、家庭财产保险 40 万元、建筑和安装工程保险 10 万元、货物运输保险 0.5 万元、责任保险 153 万元。

【理赔服务】 2013 年,财险筠连支公司继续秉持"人民保险,造福人民"使命,"求实、诚信、拼搏、创新"精神,"以人为本、诚信服务、价值至上、永续经营"经营理念,以总公司"国内领先,国际一流的知识型,现代化保险公司"经营目标作为奋斗的方向,依托 95518(PICC)全国统一服务专线信息平台和 e-PICC 电子商务平台,向客户提供"快捷、优质、全面、广泛的咨询、投诉、回访、救援、预约、投保等多功能、个性化服务,坚持 24 小时接收报案、现场查勘、指导客户交纳索赔所需资料,快速开展保险事故的调查、取证、理赔。及时为出险的客户解除后顾之忧,为县委、县政府提供优质的保险保障环境,凸显人保财险 PICC 的经济保障和社会保障功能。全年,共受理理赔案件 3260 余件,赔付金额 2001 万元,增加 5 万元,其中农业保险赔付 838 万元、短期人身意外伤害保险 45 万元、短期健康保险 60 万元、机动车辆保险 904 万元、责任保险 154 万元。

【企业文化】 2013 年,财险筠连支公司以新的发展战略为指引,积极顺应和推动改革创新;开展讲政治、讲大局、讲正气、讲团结、讲改革、讲原则、讲纪律,加强干部职工思想教育、依法合规经营教育;坚持解放思想,全体员工对加快发展的紧迫感显著增强。坚持深化改革,整体竞争力不断提升;坚持以人为本,凝聚力、发展活力获得增强和激发;坚持精细化管理,可持续发展能力得以强化;坚持统筹兼顾,各项工作呈现良性互动;坚持防范风险,规范经营的意识在员工心中明显增强。财险筠连支公司设阅览室,有图书 1 万余册,建有乒乓球活动室,组织员工参加乒乓球比赛、郊游、登山、歌咏等文体活动,大大强化职工爱岗敬业、无私奉献、奋力拼搏的信念,增强企业的凝聚力和职工的工作热情。

(李春刚)

中国人寿保险股份有限公司筠连县支公司

【概况】中国人寿的前身是成立于1949年的中国人民保险公司和1996年分设的中保人寿保险有限公司以及1999年成立的中国人寿保险公司。2003年，中国人寿保险公司重组改制，变更为中国人寿保险(集团)公司。1997年7月28日经中国人民银行宜宾地区分行批准成立中保人寿保险有限公司宜宾市分公司筠连兼职代办站，成为筠连第一家专业化寿险机构；1999年更名为中国人寿保险公司宜宾市分公司筠连兼职代办站；2000年更名为中国人寿保险公司宜宾市分公司筠连营销服务部；2007年更名为中国人寿保险股份有限公司筠连县支公司(以下简称寿险筠连支公司)。

【规范经营】寿险筠连支公司围绕“依法诚信合规”经营主题，以全面开展“创先争优”活动为载体，开展“为客户做得更好，为客户想得更多”服务活动，并长期贯彻落实到工作中，保证客户到公司后，能听见问候声、能喝到茶水、遇到问题有人解答。深化全体员工诚信合规经营意识，提高客户服务质量，切实防范经营风险，公司举办“寿险服务与诚信合规经营”专题培训，进一步夯实公司持续健康发展的思想基础。

【经营服务】寿险筠连支公司继续认真贯彻落实国务院、中国保监会提出的“把保险送到农村去”的战略方针，扎实推进保险村和农村小额保险建设。2013年在巩固上年已建保险村的基础上，在筠连、镇舟、沐爱、巡司、大雪山、腾达、维新、乐义、双腾、武德10个乡镇32个行政村，开展入户调查等工作，入户调查率100%，群众投保率达53%，评选出中国人寿保险先进村16个。召开农村小额保险启动会，18个乡镇已全面展开。全年保费收入实现3260万元，短期意外险保费150万元(学生平安保险100万元)。

【理赔服务】寿险筠连支公司坚持诚信经营、用心服务的服务宗旨。2013年，加大理赔查勘力度，坚决做到不惜赔、不滥赔、不漏赔，为客户在危难之时送去温暖。全年累计满期给付、赔款1080万元，其中意外伤害保险赔付96万元、医疗类保险赔付268万元、满期给付716万元，单笔最高赔款10万元，召开理赔服务会72场，收到客户赠送的锦旗23面，赢得群众的高度评价。

【参与创建活动】2013年，寿险筠连支公司积极参与筠连精神文明建设、城乡环境综合治理等评比创建和谐文明筠连建设活动。全年派出8人次，到对口帮户的联合苗族乡花树村进行帮扶，投入资金5000元。

(杨燕妮)

中国太平洋财产保险股份有限公司筠连支公司

【概况】2013年，中国太平洋财产保险股份有限公司筠连支公司（以下简称太平洋筠连支公司）在城区设有1个营业机构，4个兼业代理机构，主要开办险种有机动车辆保险、进出口货物保险、企业财产保险、家庭财产保险、机器损失保险、责任保险、安装保险、船舶保险、银行现金保险、个人住房抵押贷款保险、电力工程保险、跨江跨海桥梁保险、短期人身意外伤害保险等险种。

【业务发展】2013年，太平洋筠连支公司保费收入实现1231万元，增长20.93%，处理各类报案1369件，支付赔款895万元，上升10.37个百分点；代缴纳营业税71万元，代县地税局代扣代缴车船税和个人所得税74万元，共145万元。

【理赔服务】2013年，太平洋筠连支公司继续发扬诚信、拼搏、求实、创新的精神，以人为本，诚信服务的经营理念，打造现代化一流的保险公司为目标，依托95500全国统一专线信息平台，CPIC电子商务平台，向客户提供、24小时的咨询、投诉、回访、救援、报案、投保等个性化服务。

(邹　会)

城乡建设与环境保护

住房和城乡规划建设

【概况】2013年，县住房和城乡规划建设局按照县委、县政府提出的“一城四组团、双心双轴两园区、五条生态带”(“一城”：为筠连县城；“四组团”：为筠连综合功能组团、巡司工业组团、古楼休闲旅游组团、海瀛加工业组团；“双心”：以县城、巡司镇为城市发展中心；“双轴”：为城市两条城市综合轴线，为沿快速通道展开的东西向城市发展轴和由古楼向北延伸至春风、向南延伸至塘坝的城市生态休闲轴；“两园区”：海瀛产城融合工业园区、巡司循环经济工业园区；“五条生态带”：四大组团之间的五条生态山体绿带)战略部署，以“高起点规划、高标准建设、五年再造一座新城”工作思路，抓住重点、突破难点、完善亮点。全年，县城新增建城区1.2平方公里，城镇化率35.22%，比上年同期增加2.2个百分点，城乡建设投资22亿元，建筑业产值完成6亿元。

【城乡规划】2013年，以高起点规划，立足功能明确、配套完善的规划目标，完成《筠连县总体规划》(修编纲要部分)《巡司工业集中区控制性详细规划》《巡司工业集中区产业发展规划》《筠连县城南片区修建性详细规划》《筠连镇城南拓展区控制性详细规划》等详细规划，以及《城南片区功能分析及核心区城市设计》《城南滨河公园景观及中心广场规划方案》《煤三期道路设计》等城南新区城市设计；基本完成《十二五住房建设规划》，完成《筠连县十二五燃气规划》《筠连县岩溶风景区总体规划》《筠连——巡司一级公路新建工程对筠连岩溶风景名胜区影响专题论证报告》等专项规划。

【城市规划成果】2013年1月，由市城乡规划勘察设计研究院编制完成《筠连县住房建设规划》(前期编制成果)，待新版城市总体规划成果完成后，将进行后期编制工作。6月，由重庆大学城市规划与设计研究院编制完成《筠连县城南拓展区概念性规划》，该规划以山水、休闲、宜居为设计接入点，结合山体、水体、人文三大要素把城南拓展区打造成魅力休闲之城、生态宜居典范。9月，由重庆大学城市规划与设计研究院编制完成《筠连县城南拓展区控制性详细规划》，该规划综合考虑筠连现状和未来的发展趋势，将拓展区功能定位为以居住功能为主，兼顾商业休闲、公共服务等配套完善的现代生态居住片区。

【城市设计成果】2013年1月，由四川省经纬建筑设计有限公司完成《真武村农贸市场方案设计》，该设计项目总用地面积约6856平方米，建筑15470.75平方米，整体立面风格，细致中见典雅，丰富中见韵味，充分体现现代建筑的风格特色与商业购物的宁静、舒适气氛，倡导时尚潮流的新气势。同月，由四川德阳构想建筑规划勘测设计有限公司完成《筠连县定水华庭E地块方案设计》，该设计项目总用地面积3060平方米，总建筑面积22690.27平方米，建筑立面采用新古典主义风格，通过对单个建筑的设计来提高区域的城市形象、提升城市品质。同月，由宜宾精绘建筑勘察设计有限责任公司完成《筠连县巡司大酒店建设方案设计》，该设计项目总用地面积3731.15平方米，总建筑面积16974.42平方米，对巡司镇的城市形象展示具有重要意义。8月，由华优建筑设计院完成《筠州·尚品建筑方案设计》，该设计项目总建筑面积32950.69平方米，设计依托宜宾城区区域优势，深度挖掘地域景观特质和商业价值，打造未来筠连宜居宜商的都市型商住社区。9月，由重庆渝阳建筑设计有限公司完成《筠州国际社区建筑方案设计》，该设计项目总用地面积64497.7平方米，总建筑面积249032.48平方米，为筠连首个城市综合体，将打造成为筠连商业金融中心和高端宜居社区。10月，由四川中顾建筑设计院有限责任公司宜宾分公司完成《巡司镇兴业新城商住楼项目方案设计》，该设计用地面积48048平方米，总建筑面积269322.03平方米，设计上，充分分析巡司镇发展需求和实际情况，着力打造一个全新、现代、实用、美观的大型居住社区和高档次、高品味的商业街区。11月，由西南大学园林景观规划设计研究院、四川博风园林景观设计有限公司、成都传承景观设计公司、成都易中景设计咨询有限公司、四川天来景观设计有限公司完成《S206省道筠连段部分公路沿线景观及节点绿化方案设计》，通过公开遴选，由上述5家单位对S206省道筠连段部分公路沿线景观及节点绿化进行方案设计。由遴选第一名的西南大学园林景观规划设计研究院对该方案进行优化设计，该设计针对当前S206省道筠连段沿线绿化景观、道路功能杂乱，后期养护、公共设施不足，风貌特色不突出，文化元素缺乏的现状，通过对煤检站、海瀛大桥、火电厂、海瀛场镇、孝子沟、煤厂、歌诗船、百兴大桥等部分重要景观节点的打造和绿化改造，力争打造一条展示筠连本土茶马风貌的生态景观长廊。同月，由深圳联合创意·香港纽斯凯威完成《筠都新天地建筑方案设计》，该设计项目总用地面积约6615平方米，功能布局为商业用地。

【镇村规划及成果】 2013年，注重乡镇村镇规划，加快城乡一体化步伐，完成《沐爱镇总体规划》《维新镇总体规划》修编以及控规编制，完成所有新村建设规划的编制和报批程序，武德乡中华村保护规划编制完成。6月，由宜宾市城乡规划勘察设计院编制完成《沐爱镇总规、控规》。根据沐爱镇经济社会发展方向的规划和城镇化水平的预测进行编制，根据《筠连县城镇体系规划》和沐爱镇经济社会发展方向规划，确定沐爱镇性质为：筠连县中部经济、文化中心、交通枢纽，巡司、维新、镇舟工业园区后勤服务基地，以发展商业贸易为主并具有良好的人居环境的商贸型城镇。沐爱镇作为目前全县最大的页岩气开采实验区所在地，城镇建设必须处理好与页岩气开发利用的关系，同时利用页岩气开发利用带来的历史机遇，促进城镇健康快乐发展。10月，由宜宾市城乡规划勘察设计院编制完成《武德乡中华村传统村落保护规划》，具有中华村的名村特色，依山而建、伴山而居；对名村传统格局和历史风貌进行整体保护，主要包括自然环境保护、传统格局保护、视郎保护、建筑高度控制等方面。

【城乡建设】 2013年，统筹协调城乡规划，综合调控执法监管，采取"规划先行立规矩，完成县城总规修编纲要、省市重点镇总规、控规修编，以及243个村庄规划等，做到"四项措施"（有规可依、按规管理；综合执法抓防控，城监执法大队、综合执法中队监督与执法同出击，措防结合出成效；县乡联动抓常态，成立城建领导小组，县政府、乡镇政府、主管部门通力合作，严打违建；强化队伍作保障，配备规划执法监督员、成立规划执法队伍，定期培训提高队伍水平，积极上报执法信息，加强动态管理）保成效。实施滨河景观工程建设，完成龙洞口至新华大桥、丽都苑小区人行道铺装及绿化工程，煤都大道三期滨河路道路工程路基换填及雨污管网安装，浙商酒店周边空地的打围作业，巡司镇四方沟道路工程，新维矿井维新安置点的筏板基础、增加工程的污水管网及化粪池工程建设，安装小区路灯180盏，解决偏街小巷亮化问题。完成塘坝川丰村、筠连镇垫泥村2个市级新农村示范点建设；禁止搅拌混凝土区域30%以上；全面完成2012年农村D级危房改造收尾，完成农村C级危房改造719户。

【城南新区建设】 采取"四到位"（宣传到位，土地和谐征收；技术到位，聘请专家进行规划编制、方案评审指导，提供专业支持；资金到位，采用BT招商等多种形式，多方位集资确保项目进程；理念到位，吸收当前先进城市理念，结合当地实际，强化公共服务功能，推进综合交通体系和市政公用设施建设，将城南新区打造成为生态宜居示范区）推进城南新区建设，计划5年投资40个亿打造城南新区，至年末，全面完成城南新区总规、控规、城市设计等，征收签约率90%，市政道路建设完成总工程量60%，其他项目正有序进行。一是完成城南新区约90%的征收拆除，其中累计签约173户，兑付补偿安置资金达9374万元（燎原村8654万元、星星村720万元）。对肖家酒厂实施证据保全，房屋已拆除。南方公司的征收进入报县政府征收补偿决定阶段。二是启动和拟实施城南新区统建区和自建区的返安工作，完成城南新区S206、煤都大道三期2个板块征收成本的核定。三是开展煤都大道四期56户约1.4万平方米的征收摸底丈量。四是完成煤三期16户1440平方米在煤都大道二期的异地安置。

【煤都大道主干道及河滨路道路工程】 筠连中学大门东侧路口至定水四桥，宽40米，长786米的主干道和起于定水三桥经筠中与主干道交汇宽14米，长790米的河滨道组成。工程含沥青混凝土车行路面、花岗石板铺装人行道、道路景观、路灯照明、公交车站、道路管网等，工程总投资约3000万元，经过BT招商，由陕西省三秦建设集团总公司承建。该工程于9月开工，正按进度施工。

【滨河景观工程】 滨河景观工程位于定水河三桥至筠巡快速通道之间，景观工程绿化长度约1700米，布局人行步道、公厕、坐凳、健身器材、亭子、绿化、水景照明等设施。设计主题为城南滨水活动带，滨河公园从功能上分为自然生态、民俗文化、运动健身3个生活片段，其中设置亲水活动广场和绿道休憩广场，增加市民体验滨河景观的参与性，滨河公园是城南新区内市民公共活动、城市形象展现主要空间之一。工程建成后，为市民休憩提供良好环境，也提升城市形象，并与商业广场相连接，推进新区发展。项目投资2500万元，通过公开招标，确定由四川阿尔文公司承建，工程于12月进场施工。

【住房保障工程】 2013年，采取政府主导、政企共建等形式，确保保障性住房开工建设、开工率名列全市前列。全年保障性住房目标任务是956套，基本建成1088户，竣工1000户。一是廉租住房工程，全面完工宜居小区264套13200平方米，巡司白岩沟144套7200平方米。二是公租房工程，计划开工2012年700套任务，全面完工708套52287平方米。计划开工2013年200套任务，实际开工204套11336平方米。三是限价商品房，计划100套，县政府办制发《关于印发筠连县2013年定向限价商品房管理办法的通知》,按照规定将煤都大道未安置存量房进行定向销售。四是城市棚户区改造工程,2012年市下任务100户,全面建成248户;2013年市下任务170户,实际开工200户,在建中。五是保障性住房建设,基本建成1088户,竣工1000户,超额完成任务。六是租赁住房补贴,新增100户,完成全年补贴发放1687户,发放金额41.3万元。

【征收改造】 完成国土局区段征收成本的核定、征收及拆除工作,已移交开发企业进场施工建设。参与完成巡司肉联厂、一公里红砖厂等转变土地用途的成本测算和征收改造摸底。指导华泰公司(原丝厂区段)完成一期116户安置,启动二期约50户拆迁。启动人民街、新华街片区约1200户近10万平方米的征收改造相关工作。

【市政拆迁安置】 一是完成天筠路梯步街、府后街、煤都大道二期等50户(含国土局、农业局、自来水公司、城投公司)1.8平方米安置。二是提速办理约120户市政安置房积压的两证办理,有效化解拆迁征收安置矛盾。

【乡镇场镇建设】 年初,各乡镇通过自筹、民间资金投入等方式,陆续开展街道绿化、供水、排水管线,农贸市场等市政基基础设施建设,至年底先后完成18个乡镇的场镇建设,每个投资600万元以上,约1.1亿元。

【试点镇申报】 一是沐爱镇申报省级试点镇。2013年3月,由县政府向上级政府申报沐爱镇省级试点镇,于5月经省政府批准,沐爱镇获得省级试点镇,并争取到500万元基础设施建设资金,正在做涉及建设项目方案设计等前期工作。二是申报全国重点镇。11月,由县政府向上级政府申报沐爱、双腾镇为全国重点镇,审批中。

【农村C级危房改造】 2013年,全县改造户数719户,补助标准每户7500元,共539.25万元,涉及筠连镇、塘坝乡、双腾镇、巡司镇、龙镇乡、蒿坝镇、镇舟镇、高坪苗族乡、团林苗族乡、大雪山镇、沐爱镇11个乡镇。

【房地产管理】 严格房地产管理,加强督查,杜绝无资质、超资质开发房地产及一房多售、囤积房源、哄抬房价、弄虚作假行为,全县房地产市场平稳有序、健康发展。2013年,全县房地产开发投资完成4亿元,住房开工、施工面积40.53万平方米,办理商品房预售3件,商品房预售总面积66091.51平方米。

【建设企业升级】 2013年,有优秀企业1家、二级企业1家。开展建筑企业管理人员继续教育102人次,技能工培训152人次,为企业申报职称人员110人。

【建筑监理】 2013年,全县在建工程总建筑14.48万平方米,管理任务非常艰巨。严格执法检查,督促企业落实安全生产责任,提高建设工程质量。通过采取定期、不定期方式加强对建筑施工现场施工及安全管理的监督,加大对建筑材料现场抽检,实体检测,加大对项目管理人员、监理人员履责处罚力度,确保工程质量。全年无重大建筑行业安全事故,实现零死亡目标。建设工程报建项目质量监督到位实现100%,竣工验收合格率100%。

【建筑质量管理】 严格建筑质量管理、倡导文明施工。在建工程施工结合城乡环境综合治理,加强省级、市级安全生产施工标准化工地(简称标化工地)创建。10月,成功申报市级标化工地(晨晖商城、国税局返安房、中石油海瀛倒班点)3个、省标化工地1个(沐爱容大鑫城)、省优质结构工程1个(筠山都市集贸市场)、酒都工程1个(中石油海瀛倒班点研发中心)。酒都杯工程经市建筑协会评审,2月由市住建局验收,成功创建。

【建筑安全管理】 2013年,住建局多措并举完成零事故、零死亡目标任务。一是深化各方责任主体安全生产履职行为的监督,强调建设单位的龙头作用。二是突出重点,对起重机械、施工用电、模板支撑等开展专项安全监督检查,三是以"百安"活动和安全生产月为契机,加强安全宣传教育。

【城监执法】 2013年,严格城乡规划执法,违建打击成效明显。配备完善乡镇执法机构和执法人员,加强监督指导,依法履行城乡规划、建筑业、房地产业等方面的行政监管职责。全年先后4次组织执法人员和干部1000余人次配合开展联合执法行动,共查处违法建筑案件30起,结案28起,处罚30余万元;查处违法建设223户,违法建筑29195平方米,实施强制拆除6511平方米,责令补办手续62户。对县城规划区、巡司镇规划区的违法建筑物,依法强制拆除,有力维护规划的权威性。投诉举报、督查督办件办结、回复率100%,案件结案率90%以上,无行政败诉和行政复议被撤销、变更及国家赔偿案件。

【民工工资拖欠清理】 2013年,实行"四项制度"(前置预警制度、保证金制度、公示举报制度、违规惩戒制度),对建筑行业民工工资进行常态化监管,保障农民工的合法权益。全年清理拖欠民工工资10件次,清理约200万元,涉及民工186人。

【遗留问题处理】 一是完成"筠山都市"项目拆迁安置面积调查复核和开发成本核实并报县政府。二是完成自来水公司房屋被拆迁情况调查复核、在煤都大道二期的调换安置、在城北D区段的后续拆迁改造座谈,拟制方案报县政府。三是配合完成9户批而未建的市政拆迁历史遗留问题的处理。四是会同财政局、审计局座谈会商富顺公司的开发结算，初步意见报县政府。

（骆 玉）

环境保护

【概况】 2013年，环境保护工作以生态县建设为目标，突出污染减排和环境综合整治两条主线，抓实生态保护、建设项目管理、环境监察执法、环境基础设施和队伍能力建设4项工作，腾空间、腾资源、腾容量，为县城经济发展提供坚实的生态环境保障。加大污染减排项目的实施力度，认真落实减排三大措施，努力寻找减排空间，确保削减任务的全面完成；严格执行《中华人民共和国环境影响评价法》《建设项目环境管理条例》，严格项目的环评审批，把好产业转移过程中的环境准入关，做好县上重大项目的环评，促进全县工业经济发展；进一步加强环境监督管理，确保环境安全；以生态县建设为契机，以《筠连县生态建设规划》构建的生态总体框架为指导，加大环境优美乡镇、文明生态村创建力度，完善乡镇污水处理、垃圾集中处理等环境基础设施，推进农村面源污染防治工作；以提高执法能力为重点，推进环保基础设施和队伍建设，全县环境状况得到明显改善。

【环境管理】 严格执行建设项目的环评“三同时”制度，把好“三关”。一是把好“选址关”，新建项目的选址必须符合城市规划、环境保护规划；二是把好“审批关”，申报项目须按要求编制环境影响报告书、环境影响报告表，或填报环境影响登记表；三是把好“验收关”，杜绝新污染源的产生。全年共审批新建项目109个，其中环境影响报告书2个、环境影响报告表16个、环境影响登记表91个，验收建设项目45个，发放排污许可证56个。

【环保项目储备建设】 积极配合县重点项目的环评及前期准备工作，储备有“十二五”环境保护项目85个和乌蒙山区连片整治项目82个。全面启动县城生活污水处理厂二期工程、巡司生活污水处理厂工程、场镇生活污水处理工程、水泥厂降氮脱硝工程、畜禽养殖污染治理工程和环保能力建设等项目。

【危险废物监管】 2013年，加强危险废物监管，保障环境安全，危险废物主要有医疗废物和废矿物油。医疗废物全部由宜宾市固体废物处置中心集中处置；废矿物油主要是鲁班山南北矿机械生产所产生废矿物油，由企业收集保存，送到有资质的单位进处置。坚持职工培训制度，每年培训相关从业人员不少于2次，有培训教材或结合本单位实际自编，讲课有记录，有影像资料，资料保留齐全。严查违法倾倒危险废物、危险化学品等违法行为，严查无危险废物经营资质接收处置危险废物违法行为。建立和完善突发危险废物环境应急预案，报环保部门备案，定期组织实施应对危险废物环境突发事件演练，提高应对危险废物环境突发事件的快速反应与处置能力，确保环境安全。

医疗废物监管：根据《中华人民共和国固体废物污染环境防治法》《医疗废物管理条例》《宜宾市医疗废物集中处置暂行办法》的规定，对全县医疗机构进行督查，主要检查是否执行污染防治责任制度、标识制度、管理计划制度、申报登记制度、源头分类制度、经营许可证制度、应急预案备案制度、贮存设施管理、利用设施管理、处置设施管理等，摸清全县医疗卫生机构废物产生和管理的现状，加强医疗废物产生源头的监督管理。

废矿物油监管：为推进危险废物规范化管理，县环保局要求相关单位如实申报危险废物产生情况，认真落实危险废物申报登记制度，建立危险废物产生台账，确定危险废物产生源，根据危险废物产生后不同的管理流程，在产生、贮存、利用、处置等环节建立有关危险废物的记录台账或危险废物转移内部联单机制，建立符合相关标准的贮存设施和场所，危险废物产生单位和经营单位必须按照《危险废物贮存控制标准》建造专用的危险废物贮存设施，根据危险废物特性实行分类收集、贮存，设专人管理。委托处置危险废物的单位必须委托给持有危险废物经营许可证的单位进行安全处置，转移危险废物时必须严格执行《危险废物转移联单管理办法》《危险废物转移程序》。

【辐射事故演练】 12月10日，县环保局、县应急办成功承办由市环境保护局、市核安全局、筠连县政府主办的“2013年宜宾市辐射事故应急综合演练”，此项演练在全省也属首例，得到市、县领导的一致好评和市环保局的通报表彰，充分展示环境应急队伍的处置能力，同时也检验全县辐射事故应急处理预案的可操作性和实效性，为有效处置环境突发事故提供实战参考和依据。

【污染源限期治理】 2013年，全县污染源限期治理项目共5个，其中国家减排项目即四川筠连西南水泥有限公司总脱氮项目1个，市政府下达全县限期治理项目即镇舟夏泉煤矿、武德小寨煤矿、乐义白云煤矿、老鹳林养殖场4个。为做好污染源限期治理，完成国家、省、市下达的治理任务，县政府、县环境保护局及时向5家企业下达限期治理通知，并签订环保目标考核责任书。县环保局争取县政府支持，多次召集乡镇、县级相关部门及企业负责人开会，要求企业制定方案、落实资金，确保按时完成任务。

四川筠连西南水泥有限公司：投资480万元，采用SNCR脱氮技术工艺，使氨水通过雾化喷射系统直接喷入分解炉合适温度区域，与NOx进行选择性非催化还原反应，把 NOx 转化成无污染的 N2 排放入大气。项目实施后，每年可减少氮氧化物排放约 1140 吨，有效改善大气环境质量。

镇舟夏泉煤矿：投资 247 万元，占地 350 平方米，布设管网 600 米，采用“调节池 + 絮凝沉淀 + 沉清池”工艺对矿井生产废水处理，设计废水处理能力 1400 吨 / 天。

武德小寨煤矿：投资 250 万元，占地 450 平方米，布设管网 750 米，采用“调节池 + 絮凝沉淀 + 沉清池”工艺对矿井生产废水处理，设计废水处理能力 1240 吨 / 天。

乐义白云煤矿：投资 180 万元，占地 500 平方米，布设管网 700 米，采用“调节池 + 絮凝沉淀 + 沉清池”工艺对矿井生产废水进行处理，设计废水处理能力 1370 吨 / 天。

老鹳林养殖场：投资 65 万元，采用“养殖粪污干湿分离，所分离干粪堆肥发酵，发酵后作有机肥原料还田，分离后尿液及冲圈废水通过排污沟进入沼气池发酵，沼液进入田间池后作农肥”整治方案，实现污染物零排放。

截至年末，上述 5 个项目均按时按要求完成建设，通过国家环保部和市上验收。针对全县 1 家国控和 4 家市控重点污染企业，县环保局通过污染源在线监控设施，对企业污染物排放实行全过程监控，同时开展重点污染源监督性监测，促进污染治理设施稳定达标运行，减少污染排放，为新上项目和承接产业转移提供环境容量。

【环境综合整治】 2013 年，全县二氧化硫(SO_2)削减量 996.94 吨，完成任务的 189.02%；化学需氧量(COD)削减 687.27 吨，完成任务的 119.51%；氨氮(NH_3-N)削减 16.59 吨，完成任务的 103.58%；氮氧化物(NOx)削减 257.19 吨，完成任务的 172.12%。一是加强机动车尾气污染防治，办理机动车环保标志 686 个。按照要求，将机动车尾气污染防治分解落实到相关部门，按规定时限实施淘汰。二是加强城市环境综合治理和基础设施建设，加大油烟污染治理和监管力度，县政府投入 600 万元，进一步完善城市生活污水管网改造和配套工程作。三是推进县城市生活污水处理厂二期工程的前期工作，已完成可研编制，并通过省环保部门的环评、可研评审和省发改委立项批复；巡司生活污水处理厂项目启动，正编制可研和环评。四是实施南广河流域水污染防治规划，开展场镇生活污水治理，加强新农村集居点的环境综合整治，按照集中供水、集中排水、集中处置生活垃圾等要求，做到统一规划、统一建设、统一管理。完成腾达镇冒水村、春风村、水茨村，塘坝乡川丰村、幸福村、木映村，镇舟镇尖峰村，团林苗族乡杉新村尖峰组等新农村集居点的环境综合整治工作。实施塘坝乡木映村，沐爱镇兰坪村，武德乡中华村，筠连镇水塘、白鹤、垫泥、联合、海瀛、前锋、武陵村等集居点的污水处理。孔雀乡场镇生活污水处理工程正土建施工；镇舟镇、武德乡场镇生活污水集中处理工程完成设计及预算，待评审；双腾镇场镇生活污水集中处理工程方案正编制，通过场镇生活污水治理，场镇居民生活环境得到改善，流域环境质量将逐步提高。

【环保执法】 积极开展整治违法排污企业保障群众健康专项行动、中高考禁噪工作，妥善处置环境信访纠纷，坚持对重点企业每周 2 次巡查。严厉打击各类环境违法行为，维护人民群众环境权益，全年出动 1300 余人次，检查国控 1 家、4 家市控重点工业污染源和 53 家地方污染源，办理行政案件 2 件；收到和办结群众的投诉污染纠纷案件 36 件，办结“12369”环境污染投诉案件 10 件、“12345”市民热线 64 件，案件处理率 100%，结案率 100%，切实维护群众权益。拓展排污费征收渠道，对县内 96 家企业征收排污费，其中重点工业企业 5 家、地方小煤矿 53 家、建筑企业 21 家、砖厂 17 家，共征收排污费 147.88 万元。

【环监设施建设】 2013 年，建成的空气自动站通过市级检查审核验收。环境监测业务用房，完成主体工程和外装饰项目，正加快内部装饰。环境监测站创建国家三级标准站达标建设，10 月底，通过省环保厅验收。

【环境监测】 2013 年，监测站新增技术员 6 人，有 2 人持证，基本监测项目 156 项，实际监测项目 125 项，开展大气、废气、降水、水质、废水、噪声振动、生物生态 7 大方面的监测。8 月，监测站参加全省监测人员持证上岗考核，考核项次 94 项，考核通过 91 项，考核通过率 97%，位居全省前列。一是例行监测，坚持按规定对集中式饮用水源、空气质量、出入境断面水质、声环境质量、酸雨降尘进行监测。县城集中式饮用水源取水点清溪沟水质监测指标符合《地下水质量标准》(GB/T14848-1993) 表 1 中Ⅲ类水质标准；全年县城环境空气质量达到《环境空气质量标准》(GB3095-1996)中Ⅱ级标准；出境断面水质 1# 南广河(腾达镇)、2# 宋江河(筠连镇)的枯、丰、平期均达到《地表水环境质量标准》(GB3838-2002)Ⅲ类水质标准；县城环境噪声达到《城市区域环境噪声标准》(GB3096-2008)中各类功能区噪声标准。监督监测工作，完成 1 家国控和 4 家市控重点工业污染源的监督性监测和在线比对监测。应急监测 4 起污染事故，为消除污染隐患、确定污染范围和污染程度提供准确有效监测数据。二是委托监测，完成建设项目本底监测项目 23 个，建设项目竣工验收监测 7 个，收取委托监测费 30 万元。

【生态县建设】 2013 年，按照筠连县生态县建设规划，开展各类生态创建活动，50%的乡镇要达到省级生态乡镇。一是生态乡镇创建，塘坝乡、武德乡创建“省级生态乡镇”通过省环保厅验收命名；沐爱镇、腾达镇创建“省级生态乡镇”工作向市环保局申请技术核查；蒿坝镇、双腾镇、大雪山镇、孔雀乡、龙镇乡创建“省级生态乡镇”规划通过市环保局专家评审，正在实施中。二是生态村建设，按照《四川省文明生态村建设标准（试行）》，从改善农村农户居住环境着手，以整治村容村貌为突破，推进生态村建设和生态环境建设，逐步实现农村生态环境的改善和优化。全年创建成功武德乡共和村、沐爱镇棬坪村2个“省级生态村”。成功创建大雪山镇夏泉村、雪山村、安乐村、长远村、大榜村、海湾村、秋英村、槐平村、农会村、乐圆村、两江村、春井村、冬燕村、五河村，蒿坝镇高龙村、高原村、水龙村、齐心村、高桥村、金坷村、中山村、蒿坝村、高坪村，双腾镇大兴村、新田村、桐榜村、云丰村、兰田村、大山村、走马村、沙坝村、苔草村；孔雀乡帅家村、中心村、黄泥村、鹿井村、平原村、新沟村、龙泉村，龙镇乡卜好村、龙塘村、金狮村、车坪村、白果村、兴胜村，沐爱镇金龙村、金坪村，巡司镇德面村、沙林村，乐义乡白云村，武德乡水潦村，团林苗族乡杉新村，高坪苗族乡槐树村，高坎乡花山村，联合苗族乡红春村，筠连镇联络村，镇舟镇马家村，塘坝乡坪阳村，维新镇山坝村59个村“市级生态村”。创建大雪山镇夏泉村、雪山村、安乐村、长远村、大榜村、海湾村、秋英村、槐平村、农会村、乐圆村、两江村、春井村、冬燕村、五河村，蒿坝镇高龙村、高原村、水龙村、齐心村、高桥村、金坷村、中山村、蒿坝村、高坪村，双腾镇大兴村、新田村、桐榜村、云丰村、兰田村、大山村、走马村、沙坝村、苔草村，孔雀乡帅家村、中心村、黄泥村、鹿井村、平原村、新沟村、龙泉村，龙镇乡卜好村、龙塘村、金狮村、车坪村、白果村、兴胜村，沐爱镇金龙村、金坪村，巡司镇德面村、沙林村，乐义乡白云村，武德乡水潦村，团林苗族乡杉新村，高坪苗族乡槐树村，高坎乡花山村，联合苗族乡红春村，筠连镇联络村，镇舟镇云岭村，塘坝乡坪阳村，维新镇山坝村59个村“县级生态村”。成功创建“县级生态家园”9850户。三是农业产业园区创建，镇舟镇尖峰村农业产业园区创建申请市上验收。四是加强大雪山自然生态小区的保护和监管，维护生态系统的良性循环和生物的多样性。五是引导农民科学施用化肥、农药，推动生态农业、绿色农业和有机农业发展，年末全县无公害、绿色和有机农业基地共6763公顷。

【环保宣传教育】 对外，通过网络媒体、报刊，开展宣传环境保护法规及环境保护知识；对内，加强干部职工的培训，细化信息工作，将新闻宣传和信息报送按科室分解任务，引导组织干部职工积极向报刊、网站媒体投稿。一是重点时段宣传。把握“3月综治宣传月”“6·5世界环境日”“12·4法制宣传日”时段，在县城中心位置、乡镇集市发放环保宣传资料，开通咨询热线电话，举办讲座、开展专题活动等，宣传环保法律法规和环保知识，让广大群众积极参与到环境保护工作中。二是全方位宣传。针对不同层面的人群多渠道开展宣传，面向决策层宣传，利用在向领导汇报工作或参加各种会议过程中，向县级领导和部门领导宣传，争取领导层、决策层对环保法实施的关注、学习，得到县四大班子领导的支持和县级部门在工作上的配合。面向企业宣传，争取业主支持配合，通过举办企业业主和负责人培训班，增强业主的环保意识；要求环保人员在对企业进行日常监管和环境执法过程中，向企业职工宣传讲解环保法律、法规，提高企业及职工执行国家环保法律、法规的认知程度，绝大多数企业变被动服从为主动执行。面向青少年宣传，开展“绿色学校创建”，进行环保法律、法规及环保知识的宣传讲座，开设环保科普园地，帮助青少年树立保护环境、从小事做起的理念。面向社会宣传，利用报刊、网络媒体等，开展“绿色小区”创评，以点带面向广大群众宣传。全年在“6·5”世界环境日、“12·4”法制宣传日等重点时段开展大型宣传活动5次，制发环保信息57期，设置展板5块、悬挂大型宣传标语6条，发放环保宣传图书800余册、资料2万余份。三是开展绿色环保进学校、进社区活动，巡司礼义小学、维新镇沐义小学、双腾镇中心校、大雪山镇民主小学和自由小学5所创建市级“绿色学校”，待市级验收。

（刘 毅）

城镇管理

【概况】 2013年，城镇管理工作积极履行职能职责，结合城乡环境综合治理工作，狠抓城镇市容市貌和环境卫生综合整治，完善考勤制度、绩效考核制度、执法过错责任追究制度、日常工作检查制度等规章制度。加大检查力度，加强安全、防火、防盗等工作，严格落实安全管理责任，完善应急机制，确保一方平安，县城面貌明显改善，县城对外开放形象大幅提升。

【城乡市容市貌整治】 2013年，按照“疏堵结合、以疏为主，严管重罚、以管为主”的原则，进一步加大“五乱”治理力度，对县城区主干道及商业街两侧的店外经营、占道经营、户外广告、车辆停放、物料占道、乱扯乱挂、乱搭乱建、乱写乱画进行整治、取缔和规范，市容市貌明显改观。加强公厕管理，基本达到干净卫生标准。充实城管执法队伍，加强对城管队员业务培训，构筑精干、高效的执法队伍；加强乡镇城管队伍建设，每个场镇按照专（兼）结合配齐管理人员，实现城市管理向乡镇延伸。全年清理卫生死角垃圾154吨，拆除非法户外广告158个，规范店招店牌230块，规范乱摆乱设摊点452起，治理机动车违章停放182台次。

【环境卫生管理】 2013年，注重环境卫生的日常管理，卫生管理质量达到二级道路质量标准，城区垃圾处理符合标准。一是加强清扫和保洁管理，确保主要街道全天候保洁。坚持全天候的清扫保洁和规范作业，完成街道清理；坚持每天对街面进行2次以上冲洗，确保城区街面干净、整洁。二是加强垃圾收集和清运管理。机车分片包干，定时清运，保证垃圾日产日清，确保城乡结合部的环境卫生根本改变。抓好运渣车辆防滴漏，减少沿路污染，选择合理城区作临时转运点，调整人员和车辆，确保垃圾有人抓、有车运。严格检查制度，定期或不定期的检查各工种的安全生产运行，发现问题立即整改和纠正，对驾驶员清运时车速过快，清运车辆不按规定停车、酒后驾车，清运工人不按规章操作等违章行为严格处罚，全年无重大安全事故发生，清运53800吨生活垃圾到城市生活垃圾填埋场处理。三是加强业务检查和考核，确保工作正常推进。城管局健全各项规章制度，建立岗位责任制、质量检查和评比制度，加强信息反馈，促进环境卫生有效管理，坚持规范化服务标准，抓好制度建设，促进长效管理，对街道的垃圾清扫、保洁和清运工作定点定时巡查，每天8:00时至14:30分管领导对街面巡查，发现问题及时解决。所有管理人员纳入年终考核，采取优胜劣汰、奖优罚劣，提高环卫整体水平。

【公园卫生管理】 一是定期修剪玉壶公园、小广场、人行道等处植物，根除灌木虫及枯树残枝；加强路灯管理，定期检查线路、设备，更换损坏设备，加强路灯开关时间管理，方便群众出行。二是改善公园卫生。坚持每日一清扫，做到不留垃圾死角，安排专人随时清除池面漂浮物和绿化带内垃圾，确保园内美观、整洁，为市民提供干净舒适的环境，展现筠连城市形象。三是加强日常检查，管理人员每天对公园的游乐设施和绿地、灯饰、公厕等公共设施检查并作好登记。全年维修玉壶公园内景观灯30盏、喷泉设备1套、广场地面100平方米，更新垃圾桶30个，补栽草坪200平方米、小叶女贞等1000株。

【市政设施管理】 2013年，加强市政设施管护，做好市政园林绿化，市政公共设施完好率96%，公共绿地绿化率98%，路灯亮化率95%以上。一是街道绿化。补植煤都大道及全城主街道树木，完成筠州路、民主路、新华大道、河滨道等行道树的修枝、移植、补植、施肥、治虫工作，处置危情树木7株。新增绿地300平方米，绿化覆盖350平方米。二是加强市政公共设施维护，全年维护疏通全城街道下水道200余处次，更换水篦子57个，清理沉沙池及化粪池100余处，彻底整治河西3条排洪沟，新建排污管道1000余米。维修被损坏花箱，修复、更换小广场花台瓷砖和桌椅。三是加强街道亮化。安排专人负责，随时检查，出现故障及时进行处理，改造部分线路，派人维修对真武山、白塔山射灯，保障路灯亮化率95%以上。在春节期间，做好筠州路、新华大道、民主路、定水路及河滨道节日氛围营造，增添喜庆、祥和气氛。

【行政执法】 2013年，完善内部运行机制，健全行政执法责任制和管理制度，规范行政执法程序、行政执法文书，坚持每周组织城管人员学习法律法规，每两个月进行业务考试考核，将考试考核结果与奖金和续聘挂钩。行政执法中，坚持依法行政、文明执法、有法必依、执法必严；按《中华人民共和国行政许可法》规定，对单位内处罚和收费进行认真清理，报政务中心统一管理。

（韩佳芳）

农林牧渔业

综 述

【概况】2013年，筠连县农业农村工作围绕“一个取向，三大提升”(始终坚持城乡统筹、科学发展，着力构建产业文明、持续增收建成小康的取向，基地向绿色产业文明大提升、新村向特色业态文明大提升、农民向市场文明大提升)新目标、新要求，以省、市、县重点项目为抓手，推进特色生态文明新村和山区特色效益农业建设，创新培育和扶持新型农业经营主体，健全完善政策机制，加大投入力度，强化保障，全县农业农村工作成效明显。

【千村春风工程建设】根据市委、市政府的安排部署，全面启动第二轮千村春风工程建设，以乡镇、村为主体编制完成143个“千村春风工程实施村”规划，按照“四个一”(一套好班子、一项主导产业、一条通畅路、一个文明整洁村庄)验收标准，验收千村春风工程示范村34个，硬化通村公路57公里，农村庭院美化、净化、亮化、绿化率40%以上，村活动室、图书室、卫生室覆盖率100%，适龄儿童入学率100%，农村居民最低生活保障实现应保尽保，新型农村合作医疗参合率97%；定期开展文化下基层、民事调解到村组、法律咨询到农家等组团式服务，形成新型农村社会服务体系；村民自治参与率95%以上，农民对村支两委满意度95%以上。

【统筹推进省级新农村建设成片推进示范县】2013年，筠连县首次进入省级新农村建设成片推进示范县行列，严格根据省、市安排部署，结合县情，县委、县政府加大投入力度。按照《筠连县省级新农村建设成片推进示范县总体规划》以及新村建设、产业发展等专项规划编制年度实施方案，积极创新举措、统筹整合项目资源，严格落实项目资金，编制示范县基准额度资金使用方案，全面推进“生态茶叶”“现代烟叶与生态林竹”2个省级新农村示范片建设，统筹多方力量，形成工作合力，新农村示范片建设成片推进速度快、成效明显。2个省级示范片综合投入79488.35万元，完成3年规划总量的45%。

【“5·20”产业工程建设】2013年，继续按照规模化、标准化、一体化要求，围绕“5·20”产业建设，重点发展山区特色效益农业，提升生态观光农业环线，规模种养环线，现代烤烟产业环线“三大产业环线”引领辐射能力，建设现代农业产业基地。全年新发展茶叶733.33公顷(1.1万亩)，茶园总面积1.04万公顷(15.6万亩)；茶叶总产量8919吨，其中苦丁茶2215吨；茶业总产值5.2亿元，增加1.46亿元。全县果业生产0.38万公顷(56560亩)，增加44公顷(660亩)，增长1.18%；总产量16983吨，增加5003吨，增长41.76%；产值6469.1万元，增加2477.56万元，增长62.07%；其中水果面积3221.33公顷(48320亩)，产量16373吨。

【扶持壮大龙头企业】2013年，加大“筑巢引凤”力度，完善海瀛农产品工业园水、电、路、气、讯等基础设施建设，引导农产品加工企业入驻园区，形成农产品加工产业集群。全年新入驻龙泉酒业、蓝伯特生物科技、红军源竹业开发、乌蒙韵茶业、强生花椒种植专业合作社5家企业，累计入驻农产品加工园区企业17家，其中好牛旺、醒世茶业、烟草仓储等投产运营，其他入驻园区的双星、同心木业、粮油仓储等正推进建设，好牛旺签订年度生产订单合同超1亿元。创新注册成立筠连县首家土地流转服务公司——筠连丰乐投资管理有限公司(土地信托平台)，新培育筠连镇“山外山”等家庭农场11个；新培育县级龙头企业15家，县级以上龙头企业累计25家，其中市级龙头企业累计6家；醒世茶业、双星茶业2家企业通过省级评审组初评。全年农业产业化企业销售总收入5.87亿元。

【农民合作组织发展】2013年，大力培育和发展农民专业合作经济组织，以发展现代农业、助农增收致富、服务新农村建设为目标，以引导、支持、服务为手段，按照“引导登记一批、扶持提升一批、培育发展一批”原则，以“5·20”产业工程、新农村示范片建设为主线，依托农业产业化基地创办专合组织，促进各类专合组织快速健康发展。全县农民专合组织169个，其中工商登记151个，增加39个，工商登记注册率89.3%；成员6729户，带动农户67892户；实现销售收入74721万元，会员户均纯收入17952元，带动农户户均纯收入 4385 元。

（何 斌）

农业工作

【概况】2013 年，农业工作认真贯彻中共十八大和中央、省、市农村工作会议精神，围绕"促进农业稳定发展，农民持续增收"主题，大力发展现代农业，稳定发展粮食生产，强力推进特色产业，狠抓农业基础建设，确保农民持续增收，人均占有粮食稳定在 400 公斤以上，农业增加值比上年（下同）增加 5.2%，农民人均纯收入（种植业）增加 470 元，实现农民持续增收的工作目标，保持全县农业和农村经济持续、稳健、协调发展。

【粮食生产】2013 年，全县粮食播种面积 3.38 万公顷（50.72 万亩），粮食产量 15.28 万吨，增加 0.22 万吨，增产 1.45%，实现粮食产量稳中有升、农民持续增收。小春粮食作物播种 1.07 万公顷（16.0 万亩），产量 2.37 万吨，其中小麦 0.34 万公顷（5.1 万亩）、产量 0.67 万吨，洋芋 0.69 万公顷（10.34 万亩）、产量 1.68 万吨，其他作物 400 公顷（0.53 万亩）、产量 0.02 万吨；小春经济作物油菜 0.14 万公顷（2.11 万亩），产量 0.18 万吨。大春粮食作物播种 2.32 万公顷（34.75 万亩），产量 12.91 万吨，其中水稻 6140 公顷（9.21 万亩）、产量 4.18 万吨，玉米 1.31 万公顷（19.63 万亩）、产量 6.84 万吨，薯类 3533.33 公顷（5.30 万亩）、产量 1.67 万吨，大豆 400 公顷（0.6 万亩）、产量 0.14 万吨，其他作物 6.67 公顷（0.01 万亩），产量 0.08 万吨；大春经济作物花生 466.67 公顷（7000 亩），产量 800 吨。

【茶叶生产】2013 年，全县茶园累计 1.04 万公顷（15.6 万亩），增加 0.13 万公顷（2.01 万亩）。茶叶产量 8189 吨，其中苦丁茶 2215 吨，完成市目标的 108.97%、县目标的 109.24%，综合总产值 85910 万元，增加 14597 万元，其中第一产业（农业）产值 33235 万元，第二产业（工业）产值 44675 万元，第三产业（商贸服务业）产值 8000 万元。全年改造茶园 820 公顷（1.23 万亩），完成县目标的 123%。全县有茶农 4.5 万户，茶叶专业合作社 13 个，其中省级示范社 2 个、市级示范社 3 个，社员 1300 人；茶叶加工企业 118 个，其中市级以上龙头企业 3 个、县级龙头企业 9 个。全年生产名优茶 2347 吨，占茶叶总产量的 30.77%，增长 6.39%；工业总产值 34700 万元，占全县茶叶工业总产值的 77.67%，增长 19.7%，其中市级龙头企业醒世茶业产值 2350 万元、减少 150 万元，双星茶业产值 4197 万元、增加 151 万元。组织龙头企业参加宜宾"第六届早茶节"，醒世茶业的筠连红·黄金白露、双星茶业的公历 310、乌蒙韵茶业公司的乌蒙 1 号获金奖；川红袍获省茶产业科技进步一等奖。双星茶业、醒世茶业在省农业厅组织下远赴俄罗斯参加第二十二届莫斯科国际食品展并考察东欧茶叶市场，推动茶产业的对外交流和发展。经浙江大学品牌研究中心评估，筠连红茶区域品牌价值 3.81 亿元，筠连苦丁茶区域品牌价值 2.15 亿元。醒世茶业参加中国第九届食品博览会、世界华商大会、中国西部博览会，创川茶第一品牌。9 月 13–19 日，筠连县第六届万人品茶节暨醒世"黄金·白露杯"筠连好声音大赛在玉壶广场举行，全县 90 多名选手参赛，歌手徐威《新贵妃醉酒》获一等奖。

【茶叶千万元村建设】2013 年，巡司镇银星茶叶专业村全村产茶 253 吨，增长 1.2%；总产值 2190 万元，增长 4.29%；茶叶产值 10 万元以上的农户 65 户，5 万元以上的 87 户，最高户为 31 万元。全村人均茶叶收入 1.55 万元，占农民总收入的 85%。

【蚕桑生产】2013 年，发蚕种 7000 张，完成市目标的 115%；产茧 255 吨，完成市目标的 103%。推广小蚕共育，共育率 85%；继续推广省力化蚕台和纸板方格簇，自动化上簇率 95%；加大蚕农培训力度，办蚕农培训班共 15 期，培训 2000 余人次。全年新栽桑树 166.67 公顷（2500 亩），桑园累计 3753.33 公顷（5.63 万亩），蚕桑综合产值 3100 万元。在沐爱镇金鱼村——蚕桑专业村进行配套建设，新建小蚕共育室 320 平方米、标准化室外大蚕棚 20 间，补植桑园 33.33 公顷（500 亩），全村连片桑园 166.67 公顷（2500 亩），小蚕共育率 100%，自动化上簇率 98%，实现"栽桑规模化、小蚕共育化、大蚕省力化、上簇自动化"的蚕桑发展模式。

【水果生产】2013 年，全县果业生产 3770.67 公顷（56560 亩），增加 44 公顷（660 亩），增长 1.18%；总产量 16983 吨，增加 5003 吨，增长 41.76%；总产值 6469.1 万元，增加 2477.56 万元，增长 62.07%。全县水果种植 3221.33 公顷（48320 亩），产量 16373 吨，果业种植大户和规模果园 336 个，其中 6.67 公顷（100 亩）以上 19 个、3.33–6.67 公顷（50–100 亩）30 个、2–3.33 公顷（30–50 亩）125 个、2 公顷（30 亩）以下 162 个，涉及柑橘、桃、李、梨、葡萄、樱桃、核桃等品种，巡司芦丰村李子成功吸引越南外商收购 500 吨。春风村、芦丰村李子专业合作社分获四川省第五批农民专业合作社省级示范社。

【蔬菜生产】2013 年，全县蔬菜种植 3566.67 公顷（5.35 万亩），新发展蔬菜种植 233.33 公顷（0.35 万亩），其中春夏蔬菜 1700 公顷（2.55 万亩），秋冬蔬菜 1866.67 公顷（2.8 万亩），全年蔬菜产量 12.27 万吨，产值 2.61 亿元。无公害蔬菜栽培 173.33 公顷（2600 亩），早春蔬菜保护地栽培 220 公顷（3300 亩）。

【民生工程】2013年,建成沼气池2559口,完成市目标的113%、县目标的103%。培训农民实用技术16.55万人次,新型农民培训1396人,其中阳光工程培训420人。

【农业补贴】一是完成省农业厅下达的2012年洋芋(马铃薯)脱毒良种繁育原种生产补贴,规模666.67公顷(1万亩),生产合格一级种薯13871吨,兑现补助100万元。二是完成省农业厅和市农业局下达的2012年油菜良种补贴,基地规模1100公顷(16500亩),兑现补助16.5万元。三是完成省农业厅和市农业局下达的2013年农作物良种补贴,补贴面积24384.77公顷(365771.5亩),兑现补贴4147715元,其中水稻补贴面积6533.33公顷(98000亩),补贴户数68055户,补贴标准225元/公顷,补贴147万元;玉米补贴12986.67公顷(194800亩),补贴户数74762户,补贴标准150元/公顷,补贴194.8元;小麦补贴3453.40公顷(51801亩),补贴户数41608户,补贴标准150元/公顷,补贴518010元;油菜补贴1411.37公顷(21170.5亩),补贴户数13147户,补贴标准150元/公顷,补贴211705元。

【农业示范】一是粮油高产示范5个,总面积1.11万公顷(16.7万亩),其中优质水稻高产示范区0.22万公顷(3.3万亩)、优质玉米高产示范区0.43万公顷(6.4万亩)、优质专用小麦高产示范区0.17万公顷(2.6万亩)、脱毒洋芋(马铃薯)高产示范区0.22万公顷(3.3万亩)、双低油菜高产示范区0.07万公顷(1.1万亩)。二是是引进示范新优品种、技术,建立粮油科技示范园8公顷(120亩),建立示范新品种158个。

【农技推广】2013年,积极依靠科技提高单产,促进粮食增产增收,确保粮食安全。主要推广农业实用技术有:一是推广杂交水稻6057.67公顷(90865亩),占水稻总面积的98.6%,其中国家级二级以上优质稻1466.67公顷(2.2万亩)、三级以上优质稻2333.33公顷(3.5万亩)。二是推广杂交玉米11266公顷(168990亩),占玉米总面积的96.3%,其中优质白玉米及综合栽培技术推广7940公顷(11.91万亩)。三是推广水稻简化旱育秧及免耕栽培5066.67公顷(7.6万亩),水稻免耕栽培及抛秧1206.67公顷(1.81万亩),水稻杂糯间栽733.33公顷(1.1万亩),水稻超高产强化栽培1066.67公顷(1.6万亩),水稻规范化栽培3666.67公顷(5.5万亩),水稻配方施肥5766.67公顷(8.65万亩)。四是发展玉米高产栽培示范4266.67公顷(6.4万亩),玉米覆盖节水栽培技术4066.67公顷(6.1万亩),配方施肥8253.33公顷(12.38万亩),脱毒薯类高产栽培技术推广2566.67公顷(3.85万亩),旱地新三熟高产栽培2640公顷(3.96万亩),优质专用粮食订单8733.33公顷(13.1万亩)。完成15个乡镇公益性基层农技推广服务体系基础设施建设,中央财政资金拨付285万元,地方财政资金配套57万元。

【高标准农田建设】2013年,建成高标准农田200公顷(3000亩),完成市目标的200%;改造中低产田土466.67公顷(7000亩)。实施测土配方施肥完成13066.67公顷(19.6万亩),完成市目标的150.8%。在筠连镇开展石漠化治理,改造中低产田土40公顷(600亩),建成400立方米蓄水池2口、25立方米蓄水池69口,安装引水管道6000米,修建排洪渠1公里、沿山沟2000米,改造坡耕地23.33公顷(350亩),培肥地力23.33公顷(350亩),田间便民路4.87万米。

【协会发展】一是县苦丁茶协会,对种植户、加工户培训800人次,苦丁茶销售收入实现2.2亿元。二是县茶叶协会,加强名优茶加工技术培训和生产技术指导,名优茶销售收入实现1.26亿元,带动会员收入1.12亿元。三是春风村李子协会,销售收入实现296万元。

【农作物病虫害防控】2013年,全县农作物病虫害属偏轻发生年份,发生总面积1.71万公顷(25.57万亩次),防治1.91万公顷(28.65万亩次),挽回损失9516.53吨,其中水稻发生5480公顷(8.22万亩次),防治7853.33公顷(11.78万亩次),挽回损失5666.95吨;玉米发生8726.67公顷(13.09万亩次),防治8486.67公顷(12.73万亩次),挽回损失3372.5吨;小麦发生1846.67公顷(2.77万亩次),防治1793.33公顷(2.69万亩次),挽回损失364.37吨;油菜发生993.33公顷(1.49万亩次),防治900公顷(1.45万亩次),挽回损失112.71吨。全县病虫害无害化防治技术初具规模,灯诱、黄板诱杀应用面积2000公顷(3万亩),肥、水、光、气等调节作用日益显现,轮作、间作、播期调整栽培措施得到全面推广。综合防治示范技术水平提高,综防示范提高防治效果和实现无害化的相互协调,在筠连、巡司、沐爱、塘坝、双腾5个乡镇建立病虫综防示范区进行综防,示范1800公顷(2.7万亩),实施农业防治、物理防治、生物防治等,示范区病虫草总体控制效果95%以上,化学农药的使用量比大面积15%左右。加强农药减量使用和安全使用的宣传培训,培训职业农民3期,参训320多人次。全年病虫测报田间调查汇报22次,发布《植保情报》13期,印发病虫防治材料5000余份,长期预报准确率80%以上,短期预报准确率90%以上。

【植物检疫】一是加强监测监控和预警工作。4–9月,开展对稻水象甲监测及普查,在水稻种植区设置10个监测点,普查涉及12乡镇23个村,均未发现稻水象甲。10月,对柑桔大实蝇调查,发现年度大实蝇发生较严重,及时向分管领导及市植保植检站汇报,为植物及其产品的调运检疫签证奠定基础。二是对种子(水稻、玉米等粮食种子)、苗木及农产品进行植物检疫、市场监督检查,3月起,共出动专职植物检疫人员30人次,对全县120户种子经营户进行检查,经销商销售的种子、种苗未发现无植物检疫证书或一证多用的现象。

【农业行政执法】2013年,按照《中华人民共和国农业法》《中华人民共和国种子法》《农民负担管理条例》《农药管理条例》《植物检疫条例》《中华人民共和国行政许可法》等要求执法,保护农民群众的合法权益。一是加大农资市场检查和执法力度,严厉查处坑农害农的违法行为。共出动执法人员142人次,检查14个乡镇126个经营单位和个人,整顿农资市场22场次,查结种子案件1件,查处农药案件8件,处罚1300元。二是配合工商、质监、公安、苦丁茶协会,加强苦丁茶市场的整顿和规范,维护广大茶农利益。三是实行登记备案制度,对进入县域种子市场的130户经销商所经营的152个水稻品种、248个玉米品种加强监管,杜绝假冒伪劣种子和未经审定(引种)品种进入筠连市场,保证全县农业生产安全。

【农机推广与管理】一是办理指标确认书501份,完成购置机具4465台,其中耕整机械521台、设施农业设备51台、农产品加工机械18台、田间管理机械3808台、收获机械13台、排灌机械46台、动力机械8台,农机购置补贴260万元,受益农户481户,提高农业装备水平的目标。二是维修、改造机电提灌设备330台/1980千瓦、4台/154千瓦,提水共780万立方米,灌溉农田0.42万公顷(6.3万亩),保障干旱时期农田灌溉,及时栽插、不误农时。三是新建提灌站项目,通过招投标确定施工单位,认真监督,确保工程质量,协调关系,保证工程顺利实施。四是新建乡村机耕便民路255公里,新增提灌机械115台/690千瓦,机耕作业1.4万公顷(21万亩)。

【农机安全管理】一是切农机安全执法检查,加强各时期农机安全整治和检查工作。采取点与面、专项整治与日常检查、重点区域(重点路段)与日常监管、节假日与日常监管、与公安交警配合、督察与基层日常监管的六结合,对未年检拖拉机、黑车非驾清理整治,开展拉网式农机安全大检查。全县拖拉机207台,其中年度年检26台;自走式农机和固定式机械持证率、年检率、上牌率为零;新注册登记手扶式拖拉机1台,四轮拖拉机2台;农机人员培训76人次;连续11年农机伤亡人数为零。二是树立"安全第一,预防为主,综合治理"的安全意识,落实农机安全生产责任制。县农业局与片区农机站签订安全责任书14份,农机监理站与拖拉机业主或管理人、使用人、驾驶员签订安全责任书76份;制发《开展2013年农业行业安全生产工作的通知》《农机事故应急预案》等文件,成立农机安全生产领导小组,落实农机安全生产责任,进一步促进全县农机安全生产的责任落实,形成"政府领导、部门配合、业主负责、群众监督"良好局面。三是抓好农机安全生产宣传教育,利用"3·15宣传日"、年度检审集中期、6月安全生产月和召开农机安全生产会议等形式,宣传农机安全法律法规政策,通过电视、报纸、网络和发放宣传资料等渠道报道农机安全生产。

【农村经营管理】一是启动农村土地承包经营权确权工作,按照省安排部署5年完成。二是加大农民负担的监管力度,全年未收到乡镇和农民群众对农民负担有关情况的反映。配合财政局做好"一事一议"奖补资金落实、检查验收2012年88个村98个项目"一事一议"奖补资金1260万元,审核2013年农村"一事一议"奖补资金1269万元。三是加强农业承包合同管理,引导土地流转,按照自愿、公平、有偿原则,进一步规范流转合同。四是做好群众来信来访接待和依法仲裁土地纠纷,全年接待12名,及时转相关乡镇处理。完善县农村土地承包经营纠纷调解仲裁委员会,调解成功1件、仲裁2件。

【办公楼搬迁】4月26日,县农业局办公室整体从原定水路41号搬迁至筠连镇煤都大道浙商大酒店旁,办公面积2700平方米(含地下车库、仓库),22个站股。

(黄永华 熊文芹)

水利建设管理

【水利冬修】2013年,健全冬修领导小组,构建政府扶持、群众参与、以奖代补、先建后补、民办公助等措施,全年共投入2887万元,开工建设小塘坝2处、塘坝维护35处、小水窖180处、灌溉机井2眼、供水工程4处、防洪堤4.1公里、渠道清淤300公里。

【"五小水利"工程建设】2013年,全县"五小水利"(小塘坝、小水池、小水窖、小水渠、小泵站)工程建设分中央财政追加拨付、中央财政专项2部分。

中央财政追加拨付"五小水利"项目:在双腾镇、塘坝乡实施,项目区涉及13700人,总投资1388.14万元,其中中央财政补助1000万元、县级财政配套150万元、群众集资84.3万元、群众投劳折资153.84万元。于2012年12月26日开工,2013年3月30日竣工。项目新建小塘坝48处、小水池(窖)56口、小水渠8.28公里,维修小泵站4处,改造小水渠44.2公里。项目新增供水能力85.34万立方米、新增节水能力43.88万立方米,新增灌面142公顷(2130亩),恢复和改善灌面295.33公顷(4430亩),新增补充灌面8.67公顷(130亩),新增节水灌面213.33公顷

(3200亩),新增旱涝保收灌面166.67公顷(2500亩),可提高粮食生产能力920吨,经济作物产值可提高155.9万元,人均年增收124元。

中央财政专项“五小水利”项目:在沐爱镇棬坪村、巡司镇杨柳村实施,项目区涉及3394人,总投资404.55万元,其中中央财政补助200万元、县级财政投入100万元、群众集资43.44万元、群众投劳折资61.11万元。于2012年12月6日开工,2013年4月30日完工。项目新建小塘坝3处、小水池(窖)56口、小水渠8.2公里,维修小泵站2处,改造小水渠11.1公里。项目新增供水能力32.25万立方米、新增节水能力40.5万立方米,新增灌面78.07公顷(1171亩),恢复和改善灌面207.6公顷(3114亩),新增补充灌面16公顷(240亩),新增节水灌面76.67公顷(1150亩),新增旱涝保收灌面76.67公顷(1150亩),可提高粮食生产能力210吨,经济作物产值可提高21万元,人均年增收206元。

【农村安全饮水工程】 投入资金1481万元,覆盖筠连镇、巡司镇、腾达镇22个村及34所农村学校,新建集中供水工程3处、改造供水工程3处,建成分散水窖160余口,解决24628个农村人口和8319名学校师生饮水困难。投入资金114万元,在高坪苗族乡东风村、高坎乡红花村、沐爱镇尧坝村、巡司镇庆高村,新建水窖39口,安装管道135.2公里,解决4个村2500人的饮水困难。县政府决定解决巡司镇礼义片区人民群众饮水困难,修建礼义片区供水工程。投资135万元,新建三级提水泵站,解决巡司镇红星村、小河村、黄坪村、西牛村、沙林村、杨柳村等万余人饮水困难。第一期工程建设,从巡司镇大渔洞提水至红星村九组泡桐田,解决红星村、小河村约5000人饮水困难,至年末,完成总工程量的40%。

【王家沟水库建设】 王家沟水库是2010年8月30日开工的宜宾市中型水利工程,至2013年年末,完成投资34250万元,堆石料填筑3.5万立方米,全面完成基槽混凝土浇筑和沥青混凝土心墙的摊铺实验;完成溢洪道土石方开挖60%,泄槽段边坡挂网喷护1200平方米;全部完成干渠隧洞平洞混凝土浇筑,总干渠竖井混凝土浇筑,仅闸室段未浇筑;完成取水隧洞平洞,竖井一期混凝土浇筑;渠道正征地移民。涉及拆迁户115户483人,已签订协议110户,已搬迁70户,其中自建住房41户、购商品房9户、租房16户、自建临时住处4户。

建设进展:4月27日,进行大坝右岸0+324-0+384段基槽联合验收。8月9日,金属结构标放空洞竖井门槽安装完毕。9月17日,放空洞竖井二期混凝土浇筑完成。9月20日,总干渠取水隧洞竖井石方开挖完成。11月13日,王家沟水库工程建设指挥部组织县水务局、公安局、财政局、发改局、监察局、审计局、卫生防疫等对953.80米导截流壅高水位以下的征地移民工作进行县级初步验收。11月14-15日,省水利厅牵头,由省水利厅建管处副处长徐波、市水务局总工廖建强及其他省、市有关专家和县政府、有关部门领导等组成验收委员会,对王家沟水库导(截)流进行验收。验收委员会认为:王家沟水库导流工程已按设计完成,基本满足导流条件;下年渡汛方案已有关防汛指挥部门批准,渡汛相关措施基本落实;截流方案制定并上报批准,截流壅高水位以下的移民及库底清理通过县级专项验收,(截)流条件基本具备;后续工作安排落实;同意验收,可以适时截流。12月18日,王家沟水库大坝成功截流,标志着前期建设任务完成,工程建设进入新的施工阶段,枢纽建设工程全面铺开。

督查督办:4月8日,县长刘朝平、副县长杨国庆率县政府办、水务、财政、监察等部门和王家沟水库工程建设管理指挥部领导到施工现场视察工程建设情况。4月17日,省水利厅党组成员、总工程师梁军率水利厅检查组到施工现场检查指导工作,并提出要求:一是明确目标,突出重点;二是优化管理,精心施工;三是通力合作,高效推进。6月18日,由市水务局副局长洪家宁任组长,市水务局规划科科长毛文清、工程师伍鸿庆为成员的安全生产督查组到王家沟水库督查汛前安全工作。9月26日,市政府监察工作组到王家沟水库现场督察。

【后沟水库建设】 后沟水库于2012年12月13日开工,是中国烟草总公司目前投资最大的烟草水源工程。至2013年年末,完成投资12050万元,完成大坝及溢洪道基础建设;导流(放空)隧洞全线贯通,基本完成隧洞衬砌,枢纽工程完成总工程量的30%;主干渠工程施工单位临时建设施搭建完毕,完成土石方开挖量的40%;完成搬迁安置点场地平整工程及大坝值班管理房建设。

建设进展:1月23日,在宜宾市建设工程交易中心召开后沟水库2个标段枢纽工程施工、监理投标文件评标会,分别评出中标候选人。4月7日,经上级主管部门调查审核确定由四川省水利电力工程局为后沟水库枢纽工程项目工程建设施工承包单位。5月中旬,后沟水库主干渠施工、监理标和后沟水库管理所施工标等法律文件正式在四川建设工程招标网挂网招标。6月9日,后沟水库主干渠施工、监理标和后沟水库管理所施工标在宜宾市建设工程交易中心开标。6月13日,业主单位与后沟水库施工单位、监理单位完成合同内容实质性谈判工作,正式签订合同。6月27日,业主单位正式发出中标通知书,确定四川华远建筑工程有限公司为总干渠施工单位,河南宏宇工程监理咨询有限公司为总干渠监理单位,筠连县鑫泰建筑有限公司为后沟水库管理所施工单位。9月27日,后沟水库枢纽工程放空(导流)隧洞全线贯通。10月29日,中国烟草水源工程筠连县后沟水库—闸门、启闭机采购及安装招标公告在宜宾市公共资源交易中心挂网。10月29日,市水勘院实地到巡司荷花、沐爱团结村实地踏勘朱家沟倒虹管线路，启动武德干渠招标材料准备工作。11月7日，招标代理机构反馈，闸门、启闭机采购及安装（项目名称），因标报名单位不足3家，第一次公开招标流标。11月21日，咨询招标代理机构，完成第二次招标备案程序。12月10日，中国烟草水源工程筠连县后沟水库的闸门、启闭机采购及安装（项目名称）招标公告在市公共资源交易中心第二次挂网公开招标。因标报名单位不足3家，第二次公开招标流标。

督促检查：5月30日，县委副书记、后沟水库指挥长叶光明，县政协副主席、副指挥长叶宗勇等到后沟水库现场检查建设情况。6月13日，副市长李敏到后沟水库工地现场检查工程建设安全工作。7月2日，县委常委、纪委书记张宗才，县政协副主席、后沟工程副指挥长叶宗勇率县级相关部门负责人到后沟水库工程建设现场检查，要求：一是施工单位按照招投标及合同要求施工，确保放空导流隧洞正常导流，按合同工期进行；二是多方协调，确保7月15日的现场会顺利召开；三是对工程变更一定要按县上及市上要求的程序申报完善。7月12日，副市长李敏在县长刘朝平陪同下到后沟水库工地检查全省烟草现场会的准备工作。9月27日，国家烟草总局检查巡视组领导及咨询专家一行到后沟水库工地现场检查进展，县委副书记、后沟水库工程建设管理指挥部指挥长叶光明，县政协副主席、后沟水库副指挥长叶宗勇等领导陪同。

【水土保持防治】 经1999年省水土保持局使用遥感技术测量，水土流失面积765.69平方公里，占全县总面积的60.96%。虽经连续15年治理，因修建公路、铁路、修造房屋、开办矿山企业、修建水利电力工程等又制造出新的水土流失。一是严格遵守“谁造成水土流失，谁负责治理”的原则，明确各有关单位和个人在修建公路、铁路、房屋、水利、电力工程、开办矿山、各种土石建筑等开工前，必须编报《水土保持方案》，做到水土保持与主体工程同时设计、同时施工、同时验收“三同时”。二是水保方案审批验收，先后审批水保方案5件、验收水保工程4处，收取水土保持防治费和水土流失补偿费35万元。三是综合治理，以小流域为单元，采取山、水、田、林、路综合治理举措，综合治理重点水土流失地区面积22平方公里，其中修建梯田梯地（坡改梯）1.2平方公里，种植经果林、营造水土保持林与封山育林20.8平方公里。

【全县防汛工作会】 5月21日，全县防汛工作会在县会议中心召开，会议总结2012年防汛工作，安排部署2013年工作，通报汛期天气、雨情预测情况，县政府与各乡镇签订防汛安全责任书。副县长、县防汛抗旱指挥部指挥长杨国庆强调：各乡镇、各部门要提高认识，增强责任感和紧迫感，精心组织，抓好落实，确保汛期安全。

【防洪保安工程建设】 一是实施国家重点地区中小河流治理建设项目5个，其中2011-2012年建设项目2个，为定水河县城段防洪治理工程、镇舟河维新镇段防洪治理工程；2013-2015年建设项目3个，为巡司河巡司镇段防洪治理工程、定水河海瀛场镇段防洪治理工程、巡司河腾达冒水段防洪治理工程。至2013年年末，到位中央资金2820万元、省级配套资金144万元。2011-2012年实施的2个中小河流治理工程已开工，完成工程量的97%、95%。2013-2015年实施的3个建设项目，完成勘察设计和省级评审，其中巡司河巡司镇段防洪治理工程获省水利厅建设批文，挂网招标。二是实施防洪保安工程治理4段。1.定水河新筠中上段河堤工程，县发改局立项招标，四川广安星河水电建筑工程有限公司中标承建，总投资356.82万元，资金为县级财政资金，建设内容为新建河堤（休闲道）820米，其中左岸540米、右岸280米，于2013年3月完工。2.定水河新筠中上段河道清淤工程，县发改局立项招标，筠连县巡发建筑安装有限公司中标承建，总投资19.65万元，资金为县级财政资金，建设内容为河道清淤疏浚13816立方米，于2013年3月完工。3.定水河县城段防洪治理工程，由省水利厅2012年批复建设，绵阳佳成建设有限公司中标承建，工程投资1330万元，资金为中央专项资金加地方配套，建设内容为新建堤防4025.5米，其中左岸堤长1955米、右岸堤长2070.5米，已完成工程量的97%。4.镇舟河维新镇段防洪治理工程，由省水利厅2012年批复建设，开封黄河水利水电工程有限公司中标承建，工程投资429.225万元，资金为中央专项资金加地方配套，建设内容为新建堤防1474.13米，左岸堤防317.86、右岸堤防653.35米，以及蒲谭沟支沟段堤防502.92米，完成工程量的95%。

【定水河城区段保洁】 2013年，加强对定水河城区段的保洁工作，明确责任、细化分工，形成长效保洁机制。共已出动管理和保洁人员1500余人次，清理水面漂浮物、河中垃圾、杂草等840余吨。

【县级非工程措施项目省级验收】 筠连县山洪灾害防治县级非工程措施项目于2012年5月完成建设试运行，新建自动雨量站18套、水位雨量一体站6套、简易雨量站110套、视频监控站2套、多要素自动气象站2套，2013年10月19日通过省专家组工程技术预验收。项目投资600万元，其中中央专项资金400万元、省级配套资金70万元、县级财政配套资金130万元，项目能有效提高筠连县山洪灾害监测预警能力，提升防汛工作的运行效率，为各级政府、尤其乡镇级及时掌握降雨情况、发布预警和启动预案，启动响应措施，提前转移群众争取到宝贵时间，解决过去实时雨量掌握难、决策时间长、响应过程慢的问题，在抗洪抢险中发挥重要作用。建成运行2年，虽汛期遭遇多次点暴雨等造成的山洪灾害，因系统预警及时、基层防范措施到位，未发生一起因洪涝灾害造成人员伤亡事件，最大限度地减少灾害损失。

【水库除险加固】一是县重点小(二)型水库除险加固工程是双河水库和桂花水库,2011年纳入《全国重点小(二)型病险水库除险加固规划》。该工程于2010年1月经县水务局组成水库大坝安全鉴定专家组进行安全鉴定,省水利厅农田水利局于2011年12月组织专家对水库大坝安全鉴定成果进行核查,2012年3月获省水利厅批复双河水库初步设计,批复投资305.80万元;批复桂花水库初步设计,批复投资152.20万元。二是县一般小(二)型水库除险加固工程是竹麻沟水库,2011年纳入《全国一般小(二)型病险水库除险加固规划》,工程于2010年8月经县水务局组成水库大坝安全鉴定专家组进行安全鉴定,2012年9月完成工程初步设计,市水务局于2012年9月组织专家对竹麻沟水库初步设计报告进行审查,2012年10月市水务局批复初步设计,批复投资98.24万元,县财政投资评审中心财评投资为74万元。

双河水库:水库整治设计为加厚大坝拱圈,将全坝溢流改为中部坝段溢流并加高两坝端,左岸护坡,对左坝肩进行固结灌浆防渗处理,整治消力池。整治放水设施;增设观测设施,完善管理设施等。大坝为混凝土拱坝,坝高26米,正常蓄水高程563.40米,总库容81.3万立方米,有效库容68万立方米,实际总投资258.58万元,其中中央财政补助258.58万元。设计灌溉面积1066.67公顷(1.6万亩),实际灌溉面积533.33公顷(0.8万亩)。工程于2012年12月动工,实际施工期为15个月。

桂花水库:水库整治设计为坝项加宽硬化,增设防浪墙;上游坝坡下段石渣碾压培厚并护坡;下游坝坡石渣碾压培厚并护坡,增设排水棱体;坝体充填灌浆,对坝基及左右坝肩帷幕灌浆;大坝白蚁防治;续建溢洪道;整治放水设施;增设观测设施,完善管理设施等。大坝为均质土坝,坝高17.2米,正常蓄水高程538.2米,总库容45.6万立方米,有效库容37.6万立方米,工程静态总投资133.20万元,其中中央财政补助133.20万元。设计灌溉面积53.33公顷(800亩),实际灌溉面积13.33公顷(200亩),工程于2012年12月底动工,实际施工期为16个月。

竹麻沟水库:水库整治设计为,1.上游坝坡采用石渣料碾压培厚,坡比由原来的1∶1.75放缓至1∶2.0,并铺设C20混凝土六角板防浪护坡;下游坝坡采用石渣料碾压培厚,坝顶由原来的2米扩宽为3米,在高程542.6处设2.5米宽马道,坡比由原来的1∶1.6、1∶1.75放缓至1∶2.0,并采用混凝土网格草皮护坡;新建排水棱体,完善梯步及坡面排水系统;左、右坝肩、坝基帷幕灌浆,坝体充填灌浆;大坝白蚁综合治理。2.翻修整治放水卧管。3.溢洪道尾端作防冲处理,新建人行桥1座。4.建设50平方米管理房,增设简易观测设施。水库为均质土坝,坝高15.3米,正常蓄水高程546.20米,总库容21.8万立方米,有效库容11.2万立方米,工程实际总投资70万元,其中省级财政补助35万元、市级财政补助15万元、县级财政补助20万元。设计灌溉面积533.33公顷(800亩)、实际灌溉面积13.33公顷(200亩)。工程于2012年12月底动工,2013年9月底竣工。

【高坪苗族乡排涝工程】县政府安排县水务局组织实施,由烟草公司投资,县水利水电勘测设计队勘测设计,工程分场镇下街口消水工程、排涝工程第一标段、排涝工程第二标段3项,设计投资530万元。通过公开招标确定施工单位;3项工程均于2012年12月开工;场镇下街口消水工程和高坪苗族乡排涝工程第一标段,于2013年6月和10月分别通过验收合格,移交给高坪苗族乡政府使用和管理,可解决高坪苗族乡场镇汛期洪水量的50%;排涝工程第二标段已完成工程量的50%。

【水政执法】一是完善水行政执法机构,及时调整行政执法责任制工作领导组,配备专职执法监察人员2名、兼职16名。二是完善工作制度,规范执法行为。1.明确所有执法人员的分工,完善岗位责任制;2.改善县政务服务中心水务服务窗口服务,简化审批手续,精简办事资料,方便群众办理;3.在县政府公众信息网上及时更新水务局的各项行政权利、水法律法规、涉水规费收取的依据及标准、重大违法案件办理情况,接受群众批评监督,做到水行政工作公开化、透明化;4.对涉及社会面广、影响较大,与人民群众利益密切相关的大事,向社会组织听证会、论证会,广泛听取各方意见,做到科学决策、民主决策、稳定社会风险;5.纠正权力运行中重收费、轻管理,重处罚、轻教育,重许可、轻监督,重权力、轻义务的不良倾向。三是提升服务水平,加强监督检查,制订上报"十二五"期间推动落实最严格水资源管理制度工作方案。2013年,共办理(换发)取水许可18件,累计有效取水许可96件;开展河库专项执法检查活动,出动执法人员178人次,检查涉河建设62处次,制发整改通知书12份,口头提出整改意见12次;审批水土保持方案3件,审批农村宅基地涉水事务908件;征收水资源费30余万元。

【水法规宣传】3月5日,在县城开展水法规宣传活动,现场接受群众咨询40余人次,发放《中华人民共和国水法》《中华人民共和国水土保持法》《中华人民共和国防洪法》《中华人民共和国渔业法》等资料14种5000余份。在"3·22世界水日"深入乡镇农村宣传,出动宣传车10余次,发放宣传资料20余种1万余份,书写岩标、坎标100余条,举办宣传专栏2期,接受群众咨询1000余人次。"中国水周",县水务局联合县门球协会在玉壶广场举办第七届"水法杯"门球邀请赛,纪念第21届"世界水日"及第26届"中国水周",以"球"为媒,促进人水和谐,增强广大群众遵守水法律法规意识和珍惜水、保护水、节约水的理念。

（胡旭东 周永君）

林业工作

【概况】2013年，新造成片林2133.33公顷（32000亩），建成珍稀树种基地66.67公顷（1000亩），低产低效林改造846.67公顷（12700亩），义务植树82万株，林木育苗28.67公顷（430亩），森林覆盖率46.55%，实现全年无重特大森林火灾事故和零死亡事故目标，森林病虫害成灾率为零，全县森林资源质量进一步提高，森林生态功能增强，生态体系进一步完备。

【退耕还林工程】认真开展年度自查验收，加强退耕还林工程质量管理，管护退耕还林6433.33公顷（9.65万亩）、配套荒山造林5733.33公顷（8.6万亩）、封山育林266.67公顷（4000亩），建成2012年度巩固退耕还林成果后续产业1489.3公顷（22339.5亩）。开展本年度巩固退耕还林成果后续产业建设1354.47公顷（20317.1亩）、退耕还林配套荒山荒地造林133.33公顷（2000亩）的施工作业设计。通过国家林业局退耕还林检查验收组对县域2005年度退耕还林的阶段验收。

【天保工程】继续抓好天然林资源保护工程，建成2012年度133.33公顷（2000亩）公益林；完成年度国家中央预算内投资筠连天保工程人工公益林造林面积233.33公顷（3500亩）的施工作业设计。

【森林防火】完成森林防火有队伍、有经费、有制度、有预案、有装备、有措施的"六有"示范乡镇建设。组建军警地应急队伍3支150人，半专业扑火队6支80人，乡镇民兵及群众义务扑火队18支、村级扑火骨干义务扑火队243支，共1.5万余人。开展森林消防队伍分区域培训和分区域演练268次、受训2万余人次。编制《筠连县处置森林火灾应急预案》、编印《森林防火应急管理暨安全扑火工作守则》《扑救森林火灾实用手册》，规范林火扑救措施。全年无较大以上森林火灾事故、无扑火人员伤亡事故发生，火情案件查处率90%以上。

【人工商品林采伐】2013年，全县采伐审批办证蓄积量36034.87立方米、楠竹6170根。

【森林病虫害监测检疫】一是开展松材线虫病春、秋两季普查，经普查，县境内无松材线虫病发生。二是开展林业有害生物病虫害越冬代调查，森林病虫害监测覆盖率87%，森林病虫害成灾率1‰。三是开展"绿盾"林业植物检疫执法专项检查，出动执法人员40人次，检查涉木单位企业25家，发放宣传资料1000余份。检疫林业种子2.6吨、苗木33.33公顷（500亩）、花卉9万株，调运检苗木20万株、木材18475立方米。

【林业产业建设】2013年，全县林业产值实现6.24亿元，农民人均林业收入958元。通过招商引资，培育龙头企业和骨干专合组织，全方位、多渠道引进资金、技术和先进经营理念推进林业产业发展，有林业产业化（木材加工）龙头企业7家，其中省级1家、市级1家、县级5家；骨干专合组织6家，其中市级1家、县级5家。龙头企业为权林木业、同心木业、蜀乐木业、星星木业、富农林业科技等企业，采用"公司＋基地＋农户"模式，建立杉木、香椿、竹产业基地等原料林基地4000公顷（6万余亩），辐射带动农户参与原料林基地建设面74.5%，权林木业公司被评为省级林业产业化龙头企业，同心木业入驻海瀛工业园区正常运转。全年生产细木工板、拼板等人造板0.9万立方米、家具0.8万套，销售收入实现1.3亿元，通过龙头企业对林产品深加工、基地建设示范带动，提高全县林业产业化水平。

【林业行政审批】开展送法下乡、"法律六进"及林业法律、法规等宣传活动，严格政务公开，规范各项行政许可审批事项工作。全年共受理林业行政审批件1740件、办结1740件，办理时限提速80%以上，受理率、办结率均100%，被市政务中心评为市级优秀示范窗口。

【林业行政执法】2013年，开展"利剑"等整治行动，打击非法采伐、运输、经营加工木材、违法征占用林地等破坏森林资源行为为73件，查处违法运输、非法收购、经营、加工木材130.22立方米。立刑事案件19件，抓获犯罪嫌疑人19人，挽回经济损失83.9万元。

【石漠化综合治理工程】2013年，全面竣工2012年度岩溶地区石漠化综合治理工程，治理项目区岩溶34.4平方公里，封山育林440公顷（6600亩）、人工造林493.2公顷（7398亩），建棚圈7100平方米、田间生产便道5公里、建蓄水池22口、沉沙池20口、拦沙坝2座，治理石漠化及水土流失面积9.292平方公里。工程发挥效益后，可增加项目区林地493.2公顷（7398亩）、增加基本农田23.2公顷（348亩）、增加森林蓄积量3000立方米、增加竹材7000吨，提高治理流域森林覆盖率2.5个百分点、林草植被综合盖度3个百分点，每年能增加草饲料90吨，产生直接经济效益3005.79万元／年。

【现代林业重点县建设】2013年，建成现代短周期木质原料林基地657.6公顷（9864亩），培育丰产低质低效林1151.33公顷（17270亩）；完成林区道路和防火通道建设

45公里，建成林木良种繁育基地1个、森林防火消防水池和灌溉水池800立方米。腾达镇春风村、冒水村和巡司镇发展林下种植栀子、菊花等中药材33.33公顷(500亩)；腾达镇春风、梨坪、王合等村林内套种桂花、茶花等花卉苗木133.33公顷(2000亩)；腾达镇春风、千秋等村林下套种安吉白茶、福鼎白茶20公顷(300亩)；腾达镇水茨村业主陈希斌试种灵芝2万袋；腾达镇春风、千秋等村林下放养山鸡5万只，建成鸡舍9个；腾达镇向阳村林下种草养牛200头。

(石 坤)

畜牧工作

【概况】 2013年，全县畜牧业围绕积极规划、申报，推进肉牛、生猪、家禽等现代畜牧业建设项目、退耕还林后续产业畜牧业项目，争取中央、省、市、县项目资金1009万元，完成招商引资5000万元。注重动物防疫、检疫工作，强化无公害畜产品监督管理，确保人民吃上"放心肉"。全县畜牧业总产值现价14.12亿元，占全县农林牧渔及服务业总产值的50.20%；人均畜牧业纯收入2032.29元，较上年增加390.90元。

2013年筠连县畜牧生产主要指标情况

表6

主要指标	单位	2006年	2012年	2013年
肉类总产量	吨	46071	45571	36400
禽蛋产量	吨	1700	2050	1700
蜂蜜产量	吨	26	45	49
生猪出栏	万头	40.85	42.38	40.92
生猪存栏	万头	26.51	31.47	26.61
牛出栏	万头	3.71	4.16	3.49
牛存栏	万头	6.32	7.47	8.26
家禽出栏	万羽	455.64	372.5	220.5
山羊出栏	万只	2.31	1.02	0.59
肉兔出栏	万只	1.03	10.05	21.10

【承办全市培训会】 8月16-17日，宜宾市现代肉牛养殖及疫病防控技术培训会在蜀亨大酒店召开，全市各县(区)畜牧兽医(农牧)局分管领导、产业科(股)长(畜牧站长)、疫控中心主任、肉牛规模养殖场负责人100余人参加培训。会议邀请四川农业大学动物遗传研究所教授、博士生导师赖松家、动物医学院教授、博士左之才，动物科技学院教授、博士张明分别就肉牛科学养殖、肉牛疫病防控、肉牛繁殖技术进行专题报告。市畜牧局局长罗才源主持培训会并讲话，副县长杨国庆出席并致欢迎辞。

【肉牛肉羊产业环线打造】 肉牛重点推进2012-2013年市县肉牛产业项目，在筠连镇联络、白花，高坪苗族乡槐树，镇舟镇前进，大雪山镇安乐、马蹄，双腾镇苔草、巡司镇沙林等村实施肉牛标准化规模养殖场(小区)建设，建成标准化牛圈23600平方米，沼气池3200立方米，干化池、化粪池3800立方米；全面完成联络村500头、酸草村200头、前进村500头规模标准化肉牛集中育肥场，苔草村30户、沙林村20户标准化肉牛养殖小区。肉羊重点在武德乡东升村、双腾镇走马村养羊场(小区)建设，全面完成3000平方米标准化圈舍等基础设施建设及引种。2013年12月，筠连县惠农种养专业合作社肉羊集中养殖场成功创建为市级畜禽标准化示范场。

【生猪标准化建设】 一是继续实施国家生猪调出大县奖励资金项目，全面建成沐爱镇金塘村、尧坝村2个300头以上标准化规模猪场；改扩建完成蒿坝镇大地飞歌农牧发展有限公司标准化规模猪场1800平方米圈舍，建成镇舟镇佳乐富农副产品专业合作社1000头标准化规模猪场标准化猪圈3500平方米、沼气池300立方米、引进种猪65头，已验收。二是推进佳乐富规模猪场"五尺道"黑山猪市级现代特色畜牧业项目建设，完成800平方米标准化圈舍、沼气池200立方米修建，并验收兑现。三是推进石漠化综合治理试点工程项目建设，完成筠连镇荆花村、白花村、水源村3个生猪标准化养殖小区6695平方米标准化圈舍。四是全面启动国家生猪标准化规模养殖场(小区)项目，完成大雪山镇五河村、孔雀乡帅家村2个标准化猪场近3000平方米标准化圈舍主体工程，巡司镇新街村2个、大雪山镇冬燕村3个场(小区)在建中。

【无公害畜产品监管】 全县高致病性禽流感、口蹄疫、高致病性蓝耳病、猪瘟的强制免疫密度100%，抗体检测合格率70%以上。产地检疫开展面实现100%、定点屠宰检疫到点率100%，做到有报必检。完成屠宰运输及养殖环节"瘦肉精"排查检测，无阳性反应。全面完成兽药GSP后续监管，全县57户兽药连锁店达标、148家饲料经营户通过培训考试并取得"饲料从业人员培训合格证"。完成县级农产品监督检验检测站项目申报，到位资金300万元。12月，筠连县佳乐富农副产品专业合作社、筠连县洪森猪肉制品有限公司、筠连县正兴兔业专业合作社申报全国无公害农产品成功；筠连县养牛协会申报全国无公害农产品第四次复查过关，标志着筠连县全国无公害肉牛基地得到持续巩固发展。

(王成杨勇樊平曾均)

烤烟生产

【概况】 2013年，烤烟生产认真贯彻落实省、市烟叶会议精神，围绕全面完成全省现代烟草农业建设暨烟叶收购现场会目标，狠抓各项实用技术的推广应用，突出“落实面积保总量、强化科技促增收、规范管理定奖惩、严格合同稳收购”的总体思路，实现烤烟生产质量新突破。

【壮苗培育】2013 年，严格按照省烟草专卖局（公司）、市烟草专卖局(公司)的壮苗培育工作实施方案，狠抓壮苗培育，全面推行漂浮育苗和湿润育苗技术，采取增温措施培育壮苗，强化育苗管理，提高育苗质量。

【土壤改良】2013 年，继续针对部分种烟地块土壤酸性较强对烤烟生长存在不利影响情况，在已实施“测土配方施肥”1133.33 公顷(1.7 万亩)种烟地块的基础上，县烟草发展领导小组再安排 46 万元购买 1210 吨生石灰，对烟区 557.07 公顷(8356 亩)种烟地块或烟田实施生石灰土壤改良，改善烟株田间生长环境，提高烟苗成活率，降低烟株田间病害发病率。

【土地整治】2013 年，以全省烤烟现场会为主导，投入 3000 余万元，对蒿坝镇高桥、高龙、高兴 3 村和高坪苗族乡槐树、麻元、先锋、英雄个村共 866.67 公顷(1.3 万余亩)进行田形调整和土地整治。按照“三不整”(坡度大于 25 度不整，非基本烟田不整，基本烟田建设面积小于 500 亩及三年以上烟田建设面积小于 1000 亩不整)工作原则，根据耕地坡度和地块内岩石分布等因素，分为轻度、中度、重度 3 种难度，以轻度为主、兼顾中度、控制重度，因地制宜、依山就势、宜平则平、宜坡则坡、宜台则台、宜梯则梯，通过小改大、坡改梯、曲改直、薄改厚，条形整治，推动烤烟生产由零星分散种植向集中连片规模化种植转变，为烟区机械化作业、集约化经营、减工降本、提质增效奠定坚实的基础。

【烤烟信息化】2013 年，县烟办、县烟司、各种烟乡镇通过层层召开院坝会、培训会、现场会、走访烟农以及发送飞信等方式，向烟农宣传烤烟收购价格将平均提高 10%，不适用烟叶处理补贴资金提高到 150 元 / 亩，以及继续对全县所有烤烟进行政策性保险等各项优惠政策保障烟农利益，全年共发简报 30 期，发飞信 100 余条。

【烤烟种植】2013 年，落实烤烟种植 2340 公顷(3.51 万亩)，分布 17 个乡镇 88 个村 268 个组，签订电子合同 1264 份。集中漂浮育苗标准厢 4800 个。打造 91 处烤烟优质烟叶生产示范片共 1933.33 公顷(2.9 万亩)，其中 66.67 公顷(1000 亩)以上示范片 23 处、33.33 公顷(500 亩)以上示范片 8 处、13.33 公顷（200 亩）示范片 9 处，3.33-13.33 公顷(50-200 亩)示范片 51 片。供应烟种 44500 包，其中“云 87”19250 包、“云 97”3000 包、“K326”17250 包、“中烟 103”5000 包。4 月 20 日开始移栽烤烟，5 月 15 日全面完成，同区域烤烟移栽时间未超过 5 天。全年供应肥料 1758.90 吨，其中复合肥 1176.65 吨、硝酸钾 142.48 吨、硫酸钾 286.33 吨、专用追肥 153.44 吨。

【烟叶收购】2013 年，贯彻落实省烟草局(公司)、市烟草公司《烟叶收购管理规定》《烟叶收购管理规程》等制度要求，严肃收购纪律，严格按照国家烟草局“五条纪律”“七条要求”、省局“六个坚持”“六个严禁”、市烟草公司“五公开”(公开烟叶收购价格标准、公开烟叶等级标准、公开烟叶过磅结果，唱明等级和重量、公开评级方法、接受烟农监督、公开烟叶收购工作人员廉洁情况)、“十不准”(不准收购人员无证上岗、不准擅自离岗或串岗、不准索贿、不准接受烟农的任何礼物和代替他人销售烟叶及收人情烟、不准私自到农户或收购场地评级过磅、不准私自到农户家中吃喝住宿、不准在仓库内存放私人烟叶、不准压级或提等提级收购及上调、不准克扣烟农的烟叶重量、不准内外勾结收购烟叶)的规定，加强收购期间内管检查和监督，做到严格规范、依法收购、挂样收购，在全省工商交接质量检查中取得合格率 80%以上成绩。

全县原计划收购 4500 吨(9 万担)，国家局收购计划下调为 4000 吨(8 万担)，实际收购烟叶 4243.26 吨(84865.12 担)，比上年减少 30.59%，其中正等级烟叶 4029.43 吨(80588.56 担)、级外烟叶(由县烟办提供资金收购)213.83 吨(4276.56 担)；收购均价 1127.94 元 /50 公斤，比上年增加 13.63%；烟叶总产值 11348.49 万元，比上年减少 14.29%，其中收购资金 9089.94 万元、不适用烟叶处理 526.06 万元、肥料补贴 508.72 万元、农特税 1181.69 万元、级外烟 42.08 万元，实现烟叶税 1181.69 万元；烤烟亩产值 3235.95 元 / 亩，比上年增加 1.42%，户平产值 89782.36 元。收购的正等级烟中，上等烟 1677.04 吨(33540.81 担)，占正等级烟叶总数的 41.62%；收购中等烟 2206.33 吨(44126.64 担)，占正等级烟叶总数 54.76%；收购下等烟 146.06 吨(2921.11 担)，占正等级烟叶总数的 3.62%。完成市委、市政府、市烟草专卖局(公司)下达的烤烟生产、收购任务。

【不适用鲜烟叶处理】2013 年，坚持把“优化烟叶等级结构，提高烟叶有效供给能力”作为转变烟叶发展方式、增强筠连烟叶核心竞争力的重大机遇和战略措施，切实将不适用烟叶消除在生产环节。制发《筠连县 2013 年烤烟不适用烟叶田间处理工作实施方案》，制定不适用鲜烟叶处理的补贴标准和操作流程，加大对烟农的教育培训和宣传引导力度，使优化结构工作得以深入推进，不适用烟叶处理工作顺利完成。打掉不适用底脚叶 2 片和顶叶 2 片，每亩由筠连烟草分公司补贴 150 元，经公示无异议，一次性直补给烟农，全县共补贴资金 526.05 万元。

【级外烟叶处理】2013 年，因气候异常，严重影响烟叶正常生长和成熟采烤，烤后杂色烟叶较往年严重，花片多、皮张飘薄等导致末级烟叶增多。9月上旬，安排所有烤烟辅导员(除参与收购的外)到烟农家户户见面，指导烘烤，对烟地剩余烟株可用叶数、已烘烤数量预检等级进行摸底，统计有级外烟21.38万公斤。省、市公司要求收购下等烟比例不得超过5%，加之全省、全市烟叶收购会均明确不再对末级烟叶收购，为最大限度减少烟农损失，不损坏烟农次年种烟积极性，促进全县烤烟可持续发展，由县烟办出资、各乡镇派员协助，各收购点按每斤1元的价格对末级烟叶进行收购，全县共收购末级烟叶21.38万公斤，共用资金42.77万元，选择适宜天气进行销毁，收购款由县烟办按实划拨各站点分户兑现给烟农。

【承办全省现代烟草农业建设暨烟叶收购现场会】 作为全省2013年现代烟草农业建设暨烟叶收购现场会场承办方，为确保现场会各项工作高效有序推进，县委、县政府及时成立筠连县2013年全省现代烟草农业建设暨烟叶收购现场会筹备组，同时下设土地整理组、交通建设组、风貌整治组、水利建设组、后勤保障组、安全保卫组、烟基建设组、烟叶生产组、资料准备组9个执行小组。现场会上全面展示筠连生态农业、科技农业、数字农业、标准农业、高效农业、设施农业的发展水平和发展质量，全面展现烤烟产业反哺"三农"，助推新农村建设的良好成效，彰显筠连"科技引领、特色烟叶、产村相融、幸福烟区"的发展定位和独特魅力，增强烟叶产区的综合生产能力和抵御自然灾害的能力。7月16–17日，"四川省现代烟草农业建设暨烟叶收购现场会"在筠连成功召开。

(张 惠)

【烤烟生产亮点】 一是连片种植示范片规模，居全市第一，全县建立91处烤烟优质烟叶生产示范片。二是技术人才全市领先，在年度的全市烟叶技术培训考试中，筠连包揽前三名，有17人进入前20名，总成绩位居全市第一。三是实施土壤改良力度最大。在2012年改良666.67公顷(1万余亩)土壤的基础上，继续配套26万元购买680吨生石灰，对烟区近226.67公顷(4000亩)烟田进行生石灰改良，降低烟株田间病害发病率，确保烟株生长。四是在短时间内，高标准建设现代烟草农业建设园区。示范园主要涉及高坪苗族乡英雄村、槐树村、先锋村、麻园村4个种烟村，种植烤烟面积333.33公顷(5000亩)。园区占地6.67公顷(100亩)，综合配套高坪烟叶工作站(含特色优质烟叶开发实验室)、育苗工场、烘烤工场、微生物有机肥及基质生产厂等，总建筑面积约20000平方米，总投资约7000万元，从建设到投入使用，举办全省现代烟草农业建设现场会，县烟草专卖局(分公司)仅用5个多月时间，体现高效、规范、超越领先，获得省、市、县各级各界领导和与会者的高度赞扬。五是培育再生烟叶，提高烟叶产量在全市领先。六是收购量和收购质量居全市第一。在全省烟叶质量检查中，合格率为80%以上；工商交接合格率达到62.5%，居全市第一。

【现代烟草农业建设】 2010年起，全面建设现代烟草农业，已建成2个现代烟草农业基地单元，其中联合基地单元于2012年通过国家局验收。2013年7月16日，全省现代烟草农业建设现场会暨烟叶收购现场会在筠连县高坪苗族乡现代烟草农业综合配套示范园召开，得到参会地市州各级领导及人员的高度评价。

概况：高坪苗族乡现代烟草农业综合配套示范园区建设包含高坪烟叶工作站、育苗工场、烘烤工场及微生物有机肥及基质生产厂，占地6.67公顷(100亩)，总投资约7000万元，其中高坪标准化烟站投资1895万元。

主要措施：坚持以全省现代烟草农业暨烟叶收购现场会为契机，健全三级项目评审、督导和验收机制，烟叶基础设施建设扎实推进，综合保障水平进一步提升。

主要工作：一是各级领导高度重视，组织机构健全有力。始终坚持把现代烟草农业建设作为烟叶工作的重中之重，市、县两级均成立以"一把手"为组长、分管领导为副组长的现代烟草农业建设领导小组；及时调整机构设置，成立现代烟草农业建设办公室，专项负责现代烟草农业建设工作，完善《筠连县现代烟草农业建设规划》和每个单元的建设实施方案，科学引领全县现代烟草农业建设。二是设施建设全面加强，保障能力显著增强。按照基本烟田综合配套需求，系统规划每个单元的烟基建设总量和新增量，与市烟草专卖局(市公司)相关部门共同制订每个单元的基础设施建设方案，累计投入1.75亿元用于单元内"八大"(基本烟田、烟水工程、机耕路、育苗工场、密集烤房、烟草农机具、烟叶基层站、防灾减灾设施)工程建设，基本实现设施建设"高标准、全覆盖"，烤烟生产的保障水平显著提升。三是倒排工期抢抓进度，现场会所需项目建设进展顺利。为切实抓好现场会的各项筹备工作，充分展示宜宾烟叶近年来取得的发展成就和崭新面貌，确保会议高标准、高水平顺利召开。紧紧围绕市烟草专卖局(市公司)"建设一个水库，打造一条环线，布局两个单元，展示三大核心示范区"的工作思路，站在讲政治、顾大局、促发展的高度，抢抓机遇、倒排工期，切实做好各项筹备工作，特别是基础设施建设和高水平的烟叶生产，努力打造一个亮点纷呈、特色鲜明的"乌蒙山区现代烟草农业基地单元"建设样板。详细制定工作执行方案和单个项目的建设方案，积极协调地方政府定人、定责、定时，加快政府承担的项目建设的施工进度，并协助各施工单位搞好各项工程进度款的审计及划拨，共同做好项目建设。四是严格规范严把质量，常规烟基项目建设进展顺利。严格按照"起点要高、管理要严、效果要好"的建设要求，坚持"重规范、提质量、上水平"的工作思路，以项目管理为龙头，把工程质量放在首位，强化过程管理和质量监督,基础设施建设水平显著提高。五是科学规划系统实施,土地整理项目进展顺利。上年10月起,县烟草专卖局(分公司)和县国土资源局合作,在高坪苗族乡和蒿坝镇开展土地整治工作,行业投资1471.93万元,其中土地整理面积866.67公顷(13000亩),行业投资982.34万元。农田水利部分包括排水涵管51座、蓄水池7口、管网3500米、人行便桥58座、整治渠道8658.23米、整治排水沟18234.95米、行业投入338.71万元。整治生产路26891.28米,行业投入149.12万元;其他工程,行业投入1.76万元。

【烟水烟路工程】 2013年,全年县烟草专卖局(分公司)无偿投入烟基建设工程4588.25万元,修建烟水、烟路、烤房等设施,购置农机具等设备。一是完成2012年度烟叶基础设施建设项目,投入3601.55万元,新建100立方米水池9口26.38万元,沟渠2条1.3公里82.57万元,管网4条17.3公里53.94万元,烤房170座595万元(土建340万元、机器设备255万元),机耕道18条27.235公里617.75万元,小农机具67台20.79万元,育苗设施31座28.42万元,蒿坝镇、高坪苗族乡土地整理投入2176.7万元。二是完成2013年度烟叶基础设施建设项目,投入459.6万元,新建沟渠13条5.48公里390.39万元,管网1条0.96公里62.87万元,机耕道1条0.553公里6.34万元,烤房150座577.5万元(土建352.5万元、机器设备225万元)。三是完成高坪苗族乡消水洞工程,投入94.5万元,通过验收,有效疏通和排泄高坪苗族乡境内积水,排除内涝隐患。四是完成高坪苗族乡排洪隧洞项目,投入432.60万元,新建排洪隧洞1.9公里,排洪渠0.27公里,排洪渠连接工程6处。烟水烟路建设解决烟区烟田干旱问题,消水洞等工程还有效防御洪涝灾害,降低烤烟生产风险。

(吴　敏)

水产工作

【概况】 2013年,全县水产总产量1380吨,其中池塘养鱼228公顷(3420亩)、产量856吨,水库养鱼30公顷(450亩)、养鱼产量110吨,稻田养鱼126公顷(1890亩)、产量414吨。渔业经济总产值4055万元。

【养鱼措施】 一是利用广播电视、报刊及有关舆论工具,大力宣传《中华人民共和国渔业法》,动员群众开展稻田养鱼、藕田养鱼、稻鱼轮作、专业池场养鱼及流水养鱼。二是科技指导,举办技术讲座和科技下乡活动,指派技术人员下乡指导农民养鱼。三是推广名特优鱼种养殖,引导渔民从事无公害养鱼,以黄颡鱼、大口鲶、武昌鱼、泥鳅等为主。四是利用农村土地流转政策,以水产专业合作社或养殖协会为运作模式,推动筠连水产向规模化、无公害化、公司化方向发展。

【渔政管理】 2013年,加强渔政管理,严防偷鱼、抢鱼、毒鱼、炸鱼及乱捕鱼等不法行为的发生。组织检查49次,出动检查人员50余人次,发出整改通知书10份,没收违法捕捞渔获物10余公斤、电捕鱼网、渔具各5件。

(胡旭东　周永君)

工 业

综 述

【概况】2013年，全县工业工作紧扣县委提出的“实干增效年”工作主题，攻坚克难，按照“安全发展，转型突破，六化联动、实干增效”工作基调，以科学创新引领各项工作，以安全生产为基础，实施产业结构调整，提升自主创新能力，转变经济发展方式，实现跨越发展。

【工业经济】2013年，全县工业经济受全国经济下行及煤炭产业政策等因素影响，全年完成工业增加值57.95亿元，比上年同期(下同)下降13%，其中规模以上工业实现增加值39.4亿元，下降14.2%，全年关闭地方煤矿11个，淘汰落后产能93万吨/年，规模以上工业企业实现营业务收入89.72亿元，下降33.2%；规模以上工业实现利润总额8.88亿元，下降52.3%；工业产品产销率99.9%；企业实现利税总额18.57亿元；主营业务收入88.6亿元；技术创新投资1400多万元；技改投资16.09亿元；万元工业增加值综合能耗下降6.5%。

【经济运行调节】一是加强对工业经济运行的综合协调和分析，每月每季度分析工业运行态势，确保向市经信委、县委、县政府决策提供可靠的依据。定期召开规模以上企业经济运行分析会议，通报工业运行情况，了解企业生产经营情况，掌握企业运行中存在的突出问题和矛盾，听取企业对工业经济运行中的意见和建议，对工业运行走势进行动态监控预警，引导企业合理组织生产，力促工业经济止跌企稳。二是强化协调服务职能，及时帮助企业解决实际困难。贯彻落实中央、省、市、县关于促进工业发展各项政策，协同相关部门做好对工业企业的指导、管理和服务工作，加大整顿对企业的乱收费、乱罚款、乱摊派、乱检查力度，改善工业企业发展环境。三是坚持“服务经济，促进发展”的原则，狠抓贯彻落实，做好工业企业重点数据监测、统计及每月每季度的分析，确保工业企业各项经济指标统计及时上报。组织协调有关部门对全县企业融资需求情况进行调研，促成银企沟通合作，解决企业融资难的问题。积极鼓励企业技改扩能，帮助企业争取各级促进工业发展奖励资金326万元。

(肖 波)

工业集中区建设

【概况】2013年，筠连县工业园区管理委员会以县委“四化”同步为抓手，以推进新型工业化为龙头，以发展工业园区作为“工业强县”的主阵地，全面实施“多点多极支撑发展”“两化互动、城乡统筹发展”“创新驱动发展”三大战略，依托优势资源，培育壮大特色产业，构建产业发展新体系。按照筠连县工业集中区、海瀛产城融合工业园、巡司循环经济工业园、镇舟现代煤化工产业园“一区三园”的发展思路进行规划建设，规划总面积51.04平方公里。全年全县园区企业完成投资140400万元，基础设施投入15100万元，工业总产值完成260321.7万元，工业增加值完成124954.4万元，主营业务收入260321.7万元，入驻企业达49家，其中规模以上企业18家。

【海瀛产城融合工业园】海瀛产城融合工业园位于筠连镇，地处筠连县北大门，距县城3公里，距开工建设宜昭高速公路出口约1公里，距巡司循环经济工业园18公里。园区规划为按照“农产品精深加工贸易产业链和产城融合发展”要求，定位为海瀛产城融合工业园，园区面积扩展到6.3平方公里，布局为定水河休闲绿化带、农产品加工企业聚集区、生产性服务业配套区、生活性服务业配套区的“一带三区”，主要产业有茶叶深加工、果蔬加工、粮食加工、肉类加工、木材加工、酿造等。

2013年主要发展情况：一是基础设施建设。全面完成投入使用海顶公路路面改造、新增河滨路工程建设、武陵村供水站建设、前丰村二组安置点排水管道安装、以及园区三期道路、接快速路通道、公墓等基础设施建设用地的征地工作、园区公墓建设、海瀛河堤左岸建设，右岸河堤已完成堤身建设250米；完成龙泉酒业、乌蒙韵等项目区10千伏线路迁改；综合服务中心建设项目正在与成都惠隆集团投资公司洽谈合作协议；前锋村污水处理厂正在规划设计。二是入驻企业。全年新签约入驻企业7家，累计入园企业19家，主要包括醒世茶业、双星茶业、龙镇天子、乌蒙韵、中石油、楠苑家私生产加工、蓝伯特生物科技、竹饮料和竹签生产、龙泉酒业等。三是项目建设。醒世茶业、世祥纯净水项目竣工投入试生产，龙镇天子酒业、龙泉酒业、双星茶业等项目正加快推进。

【巡司循环经济工业园A区】 位于巡司镇，北起芦丰村、南至德面坝，是金筠铁路终点站所在地，是市政府批准的宜宾13个"百亿"产值工业集中区之一。规划面积扩为20.54平方公里。战略定位是围绕煤炭资源开采与综合利用，依托技术创新，着力延长产业链条，打造"煤—电—化—材"循环经济核心产业链。立足发展以低热值煤发电、瓦斯发电为代表的煤电产业，以甲醇、合成氨为代表的煤化工产业和以矸石砖、干法水泥为代表的新型建材产业，推进园区内矿井开工建设，提高矿区产能，提升筠连煤炭在全省能源保障中的地位。

2013年主要发展情况：一是园区基础设施建设。合成氨防洪堤工程完成预算、设计；园区大门、园区大道、园区广场、跨河大桥及连接线、巡司河滨路建设等项目开展设计、预算；筠巡快速通道加快建设；路网和管网建设加快进度。二是企业入驻。累计入驻园区的规模以上企业14家，主要包括年产90万吨的川南煤业鲁班山北矿、年产90万吨的川南煤业鲁班山南矿、汉林矿山机械制造公司、年产100万吨的7个地方煤矿、四川筠连西南水泥有限公司等项目。三是项目建设。投资2亿元的泓硒泉矿泉水、苦丁茶饮品于5月全面完成投资并试生产；计划投资40亿元的巡司煤化工项目完成征地33.33公顷(500亩)。四是企业效益。川南煤业鲁班山南矿工业总产值245916万元，川南煤业鲁班山北矿工业总产值272934万元，四川筠连西南水泥有限公司工业总产值376045万元。

【巡司循环经济工业园B区】 位于维新镇和乐义乡，规划面积15平方公里。战略定位为四川省重要产煤基地、煤矸石发电基地。新维、船景矿区铁路专线全长21公里，计划投资8亿元，已召开动员会并开展打桩、放线等前期相关工作。

船景煤矿：计划总投资183924万元，2013年计划投资3亿元，完成投资31300万元，占年度计划104.33%。完成掘进12040米，累计完成掘进44738.7米，矿建工程正加快井下工作面布局，完成瓦斯发电厂高位水池、高低压配电室砖墙、软化处理间内外墙抹灰、水泵房内外墙抹灰；全面完成北排矸配电室，完工瓦斯发电厂，东风井排洪涵洞完成130米。安置房主体工程完工，完成部分房屋装修，部分拆迁户入住，其余安置房正装修。

新维煤矿：2013年计划投资5亿元，完成投资50860万元，占年度计划投资的101.07%。累计完成掘进28965米，占实物量的70%。职工宿舍A、B、C幢楼及附属工程、办公大楼已全面完工投入使用，工业广场改移公路工程挡土墙、场区设施工程继续施工；高位水池至高层大楼的输水管道安装完成，联建大楼门前堡坎完成，杨叉沟暗涵、人工挖孔桩、生活污水处理厂、黄泥榜滑坡治理、瓦斯泵付井绞车房等工程正加快推进。安置点筏板全面完成，宅基地划拨方案正征集拆迁户意见。

（肖 会）

电力工业

【概况】 2013年，四川能投筠连电力有限公司(以下简称筠连电力公司)以人民电业为人民的宗旨，以"抓着机遇、开拓进取、深化改革、增收节支、真抓实干、以发展促效益"为目标，狠抓企业内部管理，完善各项规章制度，注重科学管理和行风建设，以管理促发展，以发展促效益，完成集团公司、县委县政府各项任务。全年，电力企业在岗职工315人(其中派遣工198人)，总资产53210万元，人均产值57.98万元，年度人均收入3.58万元，增长2.28%。营业总收入实现2.77亿元，增长2.21%；实现利润3898余万元，增长72.9%；净资产收益率51.49%；资产保值增值率115.38%；电费回收率100%；实现税金2943万元，增长38.82%。筠连县电力公司的子公司智能公司实现收入216万元，实现毛利38万元。

【电力经营】 2013年，供电量4.7亿千瓦时，下降3.89%；售电量4.23亿千瓦时，下降2.47%。综合售电均价0.6974元/千瓦时，上升1.45%；综合线损10.1%，下降1.31个百分点。

【设施建设】 2013年，加强电网改造和基础设施建设，建成并投运110千伏云龙寺输变电工程、35千伏海瀛变电站工程。基本建成35千伏小河变电站输变电工程，其中35千伏输电线路投入试运行，通过该线路使云龙寺电力从小河站送往维新，缓解维新片区电力卡脖子现象。全面完成2010年10千伏以下农改升级工程23个村32个项目，正待上级公司验收。城郊Ⅰ站至镇舟站35千伏线路技改工程、腾达变电站和蒿坝变电站工程进展迅速，推进高坪至乐义、乐义至上罗110千伏工程建设。

【安全管理】 一是明确安全工作目标。认真执行安全生产总目标"三杜绝、三防止"(杜绝、防止电力生产人身伤亡发生，杜绝、防止电网大面停电事故发生，杜绝、防止设备损坏及对社会造成重大影响事故的发生)；保障公司经营效益增长，保障电力系统安全稳定运行，维护社会稳定。二是落实责任、强化安全生产目标管理。一方面，及时调整充实安全生产委员会，明确主要领导亲自抓、分管副总经理具体抓，落实办事机构和专职人员负责具体事务，形成安全生产工作领导核心。各站所结合自身实际，相应成立以所长为组长的“安全生产领导小组”，巩固和完善安全生产“三级监察网”，形成分工合作、齐抓共管的良好局面。另一方面，筠连电力公司与股份公司、县政府、县水务局分别签订“安全生产目标责任书”，结合生产经营工作实际，严格落实安全生产责任制和安全生产“一岗双责”责任制度，把安全生产任务指标具体细化、量化，筠连电力公司与站所、站所与班组、班组与个人（含农电专职电工）层层签订，把安全生产工作目标、责任层层分解落实到站所、班组和人头。营销签订“高（低）压供用电合同”，明确双方权利、责任和义务，形成一级负责一级、一级保证一级的安全生产目标管理体系。三是深入基层、务求落实。电力的安全重点、难点和薄弱环节在基层、在农村，开展“百日安全”“迎峰渡夏”活动、电网消缺专项行动和冬季防止冰冻雨雪灾害活动。筠连电力公司主要领导，特别是分管领导经常深入站所、农村指导、督查安全工作。根据各地实际，与站所负责人共同研究解决存在的疑难问题，查处违规、违章行为，有力的促进安全工作的开展。

【职工培训】2013年，筠连电力公司先后委派财务、安监、消防、造价等数十人次外出学习；组织站所以上负责人到集团先进企业、到沿海发达地区学习电力行业管理经验。加强职工队伍建设，举办筠连县首届电力行业职工技能比武活动，提高技能的意识。全年举办培训班10期，分类分层培训学员380人次；开办专题讲座5期，培训员工235人次；完成各类考试180人次，通过一系列的技能培训，提高电力职工的整体业务素质。

（肖　波）

煤炭开采业

【概况】筠连县煤炭资源丰富，已探明储量35.82亿吨，可采和局部可采煤层为2、3、7、8、9号煤层，矿区属国家规划的13个大型煤炭基地中的云贵基地的一部分，为四川省尚未规模化开发的两大矿区之一。筠连煤炭开发利用历史较长，煤炭企业为全县大力实施工业强县战略，推进县域经济健康快速发展和保障人民生产生活提供强有力的支持，做出巨大的贡献。

【地方煤矿兼并重组】2013年3月20日，县委、县政府根据《四川省人民政府关于推进煤矿企业兼并重组的实施意见》（川府发〔2013〕15号）及省、市政府相关文件精神，成立县煤矿企业兼并重组工作领导小组，坚持“企业申请、协会主导、政府支持、部门配合”的原则，贯彻落实地方煤矿兼并重组工作，制订《筠连县煤矿兼并重组实施方案》，并报市级批准。全县第一、二批涉及关闭的所有煤矿，在规定的时间内，完成公示、“五签字”、井口永久砌封及设立标识牌、收集相关资料，注销安全生产许可证等相关事宜正在完善中。

兼并重组实施：8月31日前，第一批关闭钓鱼台、远兴、顺富、茶叶站4个煤矿，总生产能力30万吨／年。10月31日前，第二批关闭永兴、团结、罗汉林、青山、吴河沟、景阳、朝阳7个煤矿，其中罗汉林一煤矿关闭与平安煤矿兼并重组；总生产能力63万吨／年。共关闭11个煤矿，关闭核定或设计生产能力共93万吨／年。截至年末，全县有生产煤矿共46个，其中国有生产矿井2个（鲁班山南、北矿各90万吨／年），在建矿井2个（新维矿井180万吨／年、船景矿井150万吨／年）；地方煤矿42个，分布于筠连矿区大中型矿井周边。1.按性质分：生产矿井16个核定生产能力195万吨／年、技改矿井26个设计产能约400万吨／年；2.按产能分：14个9万吨／年、15个15万吨／年、13个21万吨／年；3. 按瓦斯等级分：9个瓦斯矿井、31个高瓦斯矿井、2个煤与瓦斯突出矿井。

全县成立14个煤业集团公司，1. 凤凰集团，2个煤矿42万吨／年；2.和泰集团，9个煤矿147万吨／年；3.金久煤业，2个煤矿30万吨／年；4. 合力集团，5个煤矿81万吨／年；5.楷荣集团，6个煤矿78万吨／年；6.长青煤业，4个煤矿78万吨／年；7.回龙煤业，4个煤矿54万吨／年；8.益安公司，4个煤矿48万吨／年；9.银丰实业，4个煤矿42万吨／年；10.九龙煤业，3个煤矿39万吨／年；11.宏大、兴盛、兴隆、兴远集团公司备用。

煤矿关闭奖补金兑付：第一、二批关闭煤矿奖补资金总额26216万元，其中省市奖补资金6916万元、县财政奖补资金19300万元。截至年末已拨付给关闭煤矿资金23232万元，余款于下年拨付。根据《筠连县2013年度整顿关闭煤矿补助“互助金”管理实施办法》，煤矿企业按20元／吨已筹集到“互助金”560万元。

兼并重组工作：一是高度重视，精心布置。主抓3个方面工作，1.贯彻政策、协调工作。县委、县政府把全面贯彻落实省市兼并重组文件精神，健全煤矿安全生产长效机制，促进筠连煤炭产业健康可持续发展，多次召开专题会议研究部署，并成立以县长任组长、常务副县长为副组长，各相关单位负责人为成员的县煤矿企业兼并重组工作领导小组，统一安排协调兼并重组整顿关闭工作，下设办事机构——县重组办。2.调查摸底、确定目标。从4月起，组成煤矿关闭工作组对全县53个地煤矿的储量、生产技改状况、资金投入及债权债务、社会关系等全面调查排序。确定出第一、二批关闭标准为：符合川府发〔2013〕15号文件规定关闭条件的矿井；生产（设计）能力6万吨／年及以下矿井；生产（设计）能力6万吨／年以上技改矿井（按进度排序）；生产（设计）能力6万吨／年以上生产矿井（按储量排序）；并有针对性地对20个煤矿开展资产初步评估，切实做得到心中有数。3.风险评估、应急联动。县政法委、经信局等部门对关闭煤矿开展风险评估，制订维护关闭煤矿、职工及矿区稳定的应急预案，实行县级领导干部包矿，部门配合和协调联动。二是强化宣传，政策透明。县委、县政府高度重视地方煤矿兼并重组整顿关闭政策的宣传引导作用，将所有政策文件对煤矿企业公开透明，做到公开、公平、公正。主要做4个方面工作。1.5月9日，县重组办组织全县煤矿业主学习川府发〔2013〕15号，使业主明确煤矿关闭的条件，要求具备被关闭条件的业主做好关闭准备，并积极妥善解决矿区职工、村民相关事宜。2.多次召开煤矿企业、煤炭协会理事参与的座谈会，及时通报政策和政策调整的情况要求，切实做到公开透明不遮掩，阳光操作不回避，赢得大多数被关闭煤矿的肯定。3.广泛收集企业对兼并重组整顿关闭的意见和建议，有针对性地做好宣传解释，对其反映的合理诉求，形成书面材料，分别向上级政府及主管部门作好汇报。4.县委、县政府、涉矿乡镇、部门积极主动帮助企业处理化解政府关闭煤矿矛盾纠纷，提供转型项目咨询、协调资源整合、资金和政策扶持等。三是协会主导，企业参与。在实施兼并重组整顿关闭伊始，县委、县政府确立“企业申请、协会主导、政府支持、部门配合”的原则，凡是企业内部能解决的问题，政府均不干预，充分发挥行业协会的主导作用。1.县重组办制定煤矿关闭标准、资产评估、关闭谈判、政府补助标准、在保留煤矿中设立补助“互助金”等重大事项，交由县煤炭协会(理事会)讨论通过，上报县委、县政府决策。2.协会组织成立“关闭煤矿资产评估专家组”“理事会补助谈判评审组”等临时机构，具体负责煤矿资产评估和谈判。3.企业反映的困难问题及合理诉求，原则上都通过协会汇总集中，上报县政府和上级相关部门解决。4.开展企业自律，强调企业在停工停产期间，切实加强安全监管、细化安全措施，禁止一切违法违规行为。四是政策优惠，鼓励重组。为有效实施煤矿合理补助，尽量减少企业因关闭造成的损失，化解社会矛盾，促进煤炭行业健康发展。9月4日，县政府印发《2013年度整顿关闭煤矿补助“互助金”管理实施办法》，明确补助标准为：1.关闭1处生产(设计)能力6万吨/年及以下合法矿井补助(奖励)600万元，关闭1处生产(设计)能力6万吨/年以上合法矿井补助(奖励)700万元；2.考虑到关闭后资源将被闲置，无法被利用，为了科学合理地利用煤矿资源，促进全县煤炭行业做强做大，“办法”对参与整合关闭的合法矿井：按每兼并整合1处生产(设计)能力6万吨/年及以下合法矿井，补助(奖励)600万元；3.兼并整合1处生产(设计)能力6万吨/年以上合法矿井，补助(奖励)700万元；4.鼓励被关闭煤矿主动参与从事其他产业，享受县上制定的招商引资优惠政策。

【煤矿分布及产能】2013年年底，全县有中、小型煤矿企业44个，其中地方煤矿42个，国有煤矿2个(即鲁班山南、北矿)。地方煤矿主要分布在12个乡镇，其中筠连镇2个煤矿，巡司镇8个煤矿，维新镇6个煤矿，蒿坝镇4个煤矿，沐爱镇3个煤矿，镇舟镇5个煤矿，武德乡4个煤矿，乐义乡3个煤矿，高坪苗族乡2个煤矿，塘坝乡2个煤矿，孔雀乡1个煤矿，高坎乡2个煤矿。42个地方煤矿总设计生产能力618万吨/年，其中13个煤矿21万吨/年、14个煤矿15万吨/年、15个煤矿9万吨/年及以下。全年共关闭地方煤矿11个，设计产能93万吨/年。

【煤炭销售】2013年，全县共销售原煤176.45万吨，销售收入77850万元。主要销往省内各市区县，作电力、冶金、重化工、煤化工、建材等行业和民用生产生活用煤。

【生产技改矿井】2013年，全县地方煤矿42个，其中技改矿井25个。有6个煤矿进入联合试运行；九龙煤矿正组织竣工验收，有3个地方煤矿完成综合竣工验收；其他煤矿技改进度均在加快。

【煤矿安全生产】2013年，全县煤炭行业安全生产形势基本平稳。坚持“安全第一，生产第二”的安全生产原则，落实安全责任，强化现场过程管理，加大安全投入，实施专项整治实现安全稳定好转。坚持以“一通三防”为重点，开展瓦斯集中整治活动和机电运输、顶板管理会战，及时排查处理隐患，安全工作取得良好成绩。

【生产管理】2013年，制定煤炭行业相关管理规定，推行安全生产目标考核制度，签订煤矿企业目标责任书，完善安全隐患排查与治理追究制。开展“百日安全”“全国安全生产月”活动，加强安全宣传，组织煤矿企业职工开展安全教育培训，针对煤矿、民用爆破、危险化学品等特殊行业，协同凤翔学校对40个煤矿、17个采石厂、1个铁矿企业职工进行培训。全年，初训矿工4380人，复训矿工2630人，工人安全意识和从业素质进一步提高。开展煤矿安全生产督查360矿次，排查和整治煤矿安全隐患，有效预防重特大事故发生。

【煤炭管理】2013年，强化煤矿日常监管，会同安监局加强对全县煤矿企业的检查。督促煤矿企业完成矿井瓦斯等级鉴定工作、通风能力和生产能力的核定，确保煤矿企业依法生产，促进煤炭工业持续、稳定、健康发展。

(肖　波)

非煤矿山开采业

【概况】2013年，全县非煤矿山企业总量为67户，分布15个乡镇，非煤矿山结构有较大改善，涉及矿种有石灰石、石英砂岩、玄武岩、页岩、萤石矿。全年非煤矿山开采较为平稳,未发生任何重特大安全事故。

【石灰石开采】石灰石开采主要满足当地生产、建设的需要。2013 年,全县石灰石非煤矿山共 48 户,其中筠连镇 11 户、巡司镇 7 户、武德乡 3 户、蒿坝镇 3 户、高坪苗族乡 1 户、大雪山镇 3 户、高坎乡 1 户、镇舟镇 3 户、沐爱镇 2 户、乐义乡 3 户、维新镇 3 户、腾达镇 4 户、塘坝乡 1 户、双腾镇 2 户、联合乡 1 户。开采量较大的有筠连县诚实建材公司、筠连县长江建筑公司采石场、巡司镇盛世建材采石场、巡司何家湾采石场等,年产量可达 5 万吨左右;也有开采量较小的,年产量仅几千吨。

【页岩开采】页岩开采主要为满足筠连砖厂需要,双腾镇砂岩一部分向巡司日产 4000 吨水泥厂供料,一部分销往夹江瓷砖厂。

【非煤矿山建设】2013 年,新成立的非煤矿山有 3 家,即巡司镇六方采石场(已办证)、功源矿业有限公司(玄武岩采石场)、大雪山河口采石场(在建石灰岩采石场),核定年产 5 万吨。巡司镇玄武岩资源丰富,玄武岩采石场专为巡司日产 4000 吨干法水泥厂供料。

(肖 波)

建材制造业

【水泥生产】筠连建材主要以水泥为主。按照国家节能减排政策,县域陆续申报巡司冶金公司、金鑫水泥厂、长江建材有限公司、益民水泥厂、启源水泥厂、盛世建材有限公司 6 户企业为国家淘汰落后产能企业,已拆除所有设备。全县主要水泥生产企业为巡司日产 4000 吨熟料的干法(旋窑式)水泥厂——四川筠连西南水泥有限公司,该企业以生产成本较低,水泥质量稳定为本,产品占据川南市场,企业发展情况良好。

【机砖生产】2013 年,全县有机砖厂 25 户,其中筠连镇 6 户、巡司镇 4 户、武德乡 1 户、沐爱镇 2 户、镇舟镇 2 户、大雪山镇 1 户、蒿坝镇 2 户、维新镇 2 户、乐义乡 2 户、龙镇乡 1 户、塘坝乡 1 户、双腾镇 1 户,均为小型,主要利用煤矸石和页岩制砖。机砖产量 24000 万匹,产值 4600 万元。水泥制品砖有少量生产,正逐步壮大。

【矿山机械】筠连县汉林矿山机械制造有限公司(设在巡司)是筠连唯一矿山机械生产企业,主要生产煤矿液压支柱、摩擦支柱、矿车等煤矿用器材。2013 年,产值 1700 余万元,该企业研发的 KJ262 专用管路硐室供氧紧急避险产品是国家重点支持的开发项目。

(肖 波)

食品工业

【概况】2013 年,全县食品工业正向外扩展,筠连的食品加工行业迎来发展的机遇。县经信局不断引导食品生产企业做大、做强、做活,走规模化、品牌化生产的道路,提高食品品牌的竞争力,力争打造一批省、市级农产品加工龙头企业。同时规范企业的生产行为,倡导安全生产,鼓励食品生产企业进行食品安全方面相关认证。新世纪食品有限公司生产的糟黄瓜、筠连县老外婆腌腊食品厂生产的腌条牛肉、筠连县好牛旺凯旋食品有限公司生产的牛仔骨均被评为宜宾市名优特产,销售额均有 10%以上的增幅。食品加工主要涉及生猪屠宰、腌腊食品、茶叶加工、糟黄瓜、粉条制造、黄牛干巴、酒类生产等。

【糟黄瓜品牌】筠连糟黄瓜主要有筠连新世纪绿色食品公司的“村夫”牌,四川筠连好而优商贸有限公司的“好而优”牌,筠连县大自然公司的“阿婆”斋菜等传统品牌。

【腌腊食品】腌腊食品主要是筠连县老外婆腌腊食品厂生产的“老外婆”腌腊食品,种类有腌腊猪肉、牛肉等,体现筠连传统腌腊风味的特色产品,该企业 2013 年销售产值增幅 15%。以牛肉休闲食品为特色的“好牛旺”企业全年销售额达 3000 多万元,好牛旺牛肉食品系列的品种齐全、独具风味,赢得市内外食客的一致好评。

【生猪屠宰】2013 年,完成 2 个 A 级屠宰场标准化厂房建设,完成投资 4600 万元。巡司洪森屠宰场生产厂房和办公大楼全面完工投入使用,生化处理池设备安装完成;星星屠宰场污水处理池全面完工,生产车间、待宰车间主体工程完工,生产设备完成安装并调试。此外,全县生猪屠宰企业正常生产的企业有镇舟镇屠宰场、巡司镇洪森屠宰场、筠连镇星星屠宰场、乐义乡屠宰场。全年实施关闭的屠宰场有筠连县百兴公司屠宰场(原食品公司)、筠连县富强屠宰场。

【粉条面条生产】筠连粉条和面条制造主要集中在筠连镇红权村、莲花村一带,均处于作坊式生产,在宜宾市场有一定的份额,成为部分农民发家致富的途径,由于整体经营规模较小,缺乏品牌,近年来不断受到高县羊田等地同行的竞争,市场发展艰难。

【酒类生产】2013 年,有龙镇天子酒业、龙泉酒业、四川宜宾口神酒业有限责任公司 3 个企业获得酒类生产许可证。孔雀乡、乐义乡苞谷酒的酿造产量逐年上升。筠连自古就有酿造美酒的习俗,美酒文化已融入到人们生活中,以往每家每户都要自酿美酒，每逢重大节日和贵客临门，以美酒助兴。受到地理位置限制，缺少资金投入，全县酿酒工业仍处于起步阶段。

【龙镇天子酒业】 至2013年年末，四川省宜宾龙镇天子酒业累计投资1.1亿元。A区设在大转弯基地（原金鑫水泥厂），对原水泥厂的部分厂房进行改造再利用，首期已建成厂房、化验室及存酒车间7000平方米，订购2条自动包装生产线、订购200多万元行车设备，完成投资7000多万元；B区设在原大洋火电厂，已对厂区改造，完成投资4000多万元。

【筠连名小吃】 8月2日，县政府以筠府发〔2013〕37号文件授予魏四芗鲜小吃店（魏四芗鲜水粉）、雷七点小吃店（雷七点椒麻鸡）、白老幺小吃店（白老幺椒麻鸡）、小兵口水鸡小吃店（小兵口水鸡）4种为筠连名小吃。以塑造筠连县饮食业的特色产品良好市场形象，引导和激励全县企业挖掘和保护好筠连饮食文化和名优特产资源，增强企业信心。12月18日，在市政府组织的白酒文化节活动中，筠连县魏四水粉摊位前一直排起长队，品尝过水粉美食的游客都对其赞不绝口，不仅收获营业额，而且再次印证"筠连水粉"是继宜宾燃面后又一宜宾名小吃。

【筠连名优特产】 8月2日，县政府以筠府发〔2013〕37号文件授予筠连名优特产共26个，分别为：宜宾醒世茶业有限责任公司生产的醒世黄金·白露红茶，筠连县老外婆腌腊食品厂生产的老外婆腌腊食品系列，筠连县新世纪绿色食品有限公司生产的红薯粉条、红豆腐（腐乳），筠连县筠洲信诚商贸有限公司生产的苗家黄牛干巴，筠连好牛旺凯旋食品有限责任公司生产的台湾烤肠、川香鸡柳、撒尿牛丸，筠连县青山绿水茶叶专业合作社生产的苦丁茶，筠连县筠红商贸有限责任公司生产的红茶、阳雀报春，宜宾市双星茶业有限责任公司生产的公历·310、筠连红·金螺、小叶苦丁茶、圣星茗芽、筠连绿·翠螺，筠连县玉壶生态茶业有限责任公司生产的玉壶红蕊，筠连县蒙韵茶业有限责任公司生产的乌蒙韵红茶、帝极皇品红茶、五尺红韵红茶，宜宾五尺道商贸有限公司生产的五尺道黑山猪、五尺道黄牛，筠连县六五茶叶有限责任公司生产的银山宏红茶，筠连县富农竹木种植加工专业合作社生产的方竹笋干，筠连县清溪沟现代农业开发有限公司生产的贡树茶，筠连县国珍食品有限责任公司生产的红豆腐。

（肖　波）

制茶业

【概况】 2013年，筠连县作为茶叶产业基地，茶业产业进一步发展壮大，农户承包土地的茶叶基地构成筠连茶叶加工工业的原料来源。从事茶品生产的茶厂分布在各个乡镇，主要茶叶加工企业有巡司镇六五茶厂、醒世公司茶叶基地、双星公司茶叶基地、乌蒙韵茶业公司、古道筠红茶业公司、玉壶茶业等，茶叶加工主要以筠连县醒世公司的"筠连红茶"、双星公司的"圣星"为代表，产值突破2200万元。积极组织企业参加成都茶博会、宜宾早茶节、西部博览会等重要会展，均获得好评。双星公司外贸出口额达200多万美元，比上年翻4番，得到省市的关注和赞赏。醒世公司、乌蒙韵公司在生产和宣传上大力投入，凭借优质的茶叶质量、古幽的茶叶底蕴，在市内外的知名度越来越高。

（肖　波）

中小企业

【概况】 2013年，全县有中小企业613家，年末从业人员55321人，新建成投入生产的企业有华联超市、好牛旺凯旋食品有限公司、龙镇天子酒业。企业融资广泛，县内有农商行中小微客户金融中心和鸿兴、聚能2户投资担保公司为中小企业提供担保额。

【中小企业发展分析】 一是规模总量创历史新高，中小企业发展迅速，中小企业的规模和扩张速度均大幅度高于上年同期水平。二是规模工业企业依旧是全县经济的主力，全年有规模以上工业企业32家，比上年减少34家（主要因素为煤矿生产受到经济下行和煤炭行业政策的影响）。三是固定资产投资高位增长，为中小企业的后备发展奠定坚实的基础。四是为第三产业保驾护航，第三产业水平是衡量一个地区发展水平的重要标志，随着筠连县工业的迅猛发展，外来人口的增多，商贸、物流、乡村旅游等第三产业的发展也呈现逐年上升的势头，体现筠连县经济水平快迅发展。五是工业集中区初显效益。全年筠连县工业集中区调整规划，基础设施建设正加速实施，园区"五通一平"工作取得重大进展，众多企业希望通过招商引资方式落户园区，园区可持续发展初步形成。六是信用担保体系发展良好。全年农商行中小微客户金融中心和2户投资担保企业的担保体系健康发展，为筠连县中小企业发展提供更多的资金来源，为企业拓宽投资渠道、健康快速发展作出贡献。

（肖　波）

四川省川南煤业有限公司鲁班山北矿

【概况】 2013年，四川省川南煤业有限责任公司鲁班山北矿(以下简称鲁班山北矿)机构设有生产部、机电运输部、地质测量部、人力资源部、调度部、供应部、煤销部、财务部、综合部、安监处、通风科的"9部1处1科",20支基层建制队,年末,职工总人数1556人。全年未发生重伤以上事故,安全生产达1000天,实现安全生产三周年;生产原煤80万吨,销售76万吨,掘进14224米,抽放瓦斯1917万立方米,瓦斯发电3210万千瓦时。矿井质量标准化建设经上级部门验收达一级。

【安全生产构建】2013年,鲁班山北矿贯彻执行"安全第一、预防为主、综合治理、总体推进"的安全生产方针,坚持开展独具特色的安全文化活动,不断丰富内容,提高层次,树立理念。一是狠抓制度建设。出台新的安全管理办法,并在实施过程中不断修改完善,使其更加科学全面、操作性强。二是开展"冬春百安活动""敬畏生命大讨论""六月安全月""队长书记作风纪律整顿""奋战100天" 等活动,贯彻落实安全"双七条",安全基础工作得到夯实。三是强化全员安全教育,推行"干部上讲台,培训到现场"工作。全年矿领导讲课共26次培训1091人次,其他干部讲课共76次培训员工达3900多人次,同时扎实开展党员师带徒、党员亮身份、职工帮教、案例巡回宣讲、安全演讲比赛、安全知识竞赛、千人安全签名、征集安全警句和漫画等活动,通过活动开展员工素质有所提升。四是紧紧围绕总公司和鲁班山北矿的决策部署,唱响"主基调"、打好"主动仗"、传播"正能量"、提振"精气神",通过专栏、广播、北矿苑地、形势分析会、座谈会、千人大会等形式,宣讲总公司主基调,宣传北矿主战略。全年对矿区广播站、北矿苑地改版,增加行业动态、安全思想教育专题等栏目,及时传递上级新思想、新观点、新要求,使"主基调""主战略"深入人心,形成共识,年内还结合开源节流、降本增效、提质增收,广泛开展调研,开设40个课题,组织4组25名人员调研;开展"三铁"约谈,限时组织专人摸清家底;加强对合金钻头管理、电力成本管理效能监察。全年实现降采1000万元、修旧利废936万元,比上年增加200万元。五是围绕鲁班山北矿确定的"从零开始、向零奋斗"目标、精神、愿景、核心理念等企业文化,使企业文化与管理制度、当前形势宣传有机结合,在制定相关管理制度和文件时,将企业文化元素融入其中,通过对制度、文件的宣传、贯彻、检查,使员工逐步形成认知、认同、体验和践行企业文化理念,在宣传个人、集体时,将个人、班组与企业的价值取向统一,使员工学习有动力、前进有方向、工作有目标,将个人能量凝聚成推动企业发展的合力。六是坚持把宣传工作重点放在基层,聚焦基层鲜活经验,深挖群众典型事迹,全年,广泛宣传基层一线推荐的63名优秀退伍军人、优秀班组长、好矿嫂、优秀群监网员、红管家,用身边人激励身边人,弘扬主旋律,凝聚正能量、树立好形象。

【科技创新】2013年,鲁班山北矿结合煤炭生产实际,坚持以提高生产效能为目标,组织人员围绕安全生产开展工作,从技术上为杜绝各类事故提供保障,推动煤矿安全生产,减轻员工劳动强度。全矿11个掘进头中,有9个头实现连续化运输方式。完成19度及以上岩石下山、巷道掘进施工连续排矸系统研究,高瓦斯易自燃煤层沿空护巷开采技术研究,主要通风机节能技术研究,以及煤岩掘进连续运输系统的重点技术,推进取消专用底板瓦斯抽采巷技术研究,优化巷道支护形式,有效解决顶板压力大的问题,杜绝失修巷道。

【质量标准化建设】2013年,鲁班山北矿成立"安全质量标准化"办公室,采取抓细节、严过程、控动态的办法促进现场文明生产。一是日常工作标准化,实行干部包保系统、区域、巷道、项目制度,质量检查实行包保人员交叉验收制度,每周现场整治工作实行干部参加制度,隐蔽工程实行隐蔽前验收制度,质量等级与工资挂钩考核制度。二是每季度开展"支护质量示范碛头""文明生产巷道"竞赛活动。三是安全质量标准化等级与员工工资10%挂钩考核,月月兑现,全年兑现安全质量标准化奖励资金41万元。

【"一通三防"管理】2013年,鲁班山北矿全面构筑和巩固"一通三防"安全防线,加强"一通三防"基础建设,增强矿井抗灾能力。一是确保井下通风系统合理、稳定、可靠,各点风速符合要求,矿井风量能满足井下安全生产,各使用点没有发生超速和微风通风情况。9月,把矿井主要通风机改造FBCDZN035/2×630型对旋防爆轴流风机。12月31日,进行反风演练,1#机测定矿井反风率60%,2#机测定矿井反风率59.65%,反风演练期间瓦斯和二氧化碳浓度未超过1.0%,均不小于正常风量的40%,符合《煤矿安全规程》规定。二是矿井主要通风机及设施定期检查,每周对主要通风机外观检查,每月1次倒机对主要通风机全面的检查。三是井下所有局部通风点全部实现"双风机双电源""三专两闭锁"且自动切换。并坚持每天防失爆检查、每季度1次全面检查,做到每个班、每个作业点都有瓦斯检查员。四是实现对井下各生产作业场所的瓦斯监测、报警、断电、设备开停、风机运行状态、风速、负压、风门等实时监测监控。每季度送监控设备至质检单位进行质检,保证该系统运行基本正常。

【瓦斯抽采发电】2013年,鲁班山北矿有瓦斯发电机组10台,总装机容量6500千瓦,每天发电量10万千瓦时以上。全年瓦斯钻孔进尺 24.4 万米，抽采量 1917 万立方米，利用 1284 万立方米，发电 3210 万千瓦时。

【员工管理】 2013 年，鲁班山北矿抓住服务“坚定不移完成全年安全生产目标”主战略，围绕“苦练内功求生存，稳中求进谋发展”总基调，按照“抓班子、带队伍、聚人心、保稳定、促发展”工作思路，夯实改进党建工作，为矿井稳定发展奠定基础。一是党政联席(座谈)会。坚持把党政联席会作为沟通感情、交流工作的重要渠道，干部调整、工作决策、员工奖惩、重要信息通报都通过党政联席会，把问题摆在桌面上，让大家探讨形成共识，促进友谊与团结、增进理解与信任，营造团结友爱、互帮互助的良好工作氛围。严控管理人员数量，努力消化超编超配人员，全年没有增加 1 名科级干部。对党内各种评比进行审定，提高评选条件和覆盖面，奖励标准均下降 30%，全年党群经费使用减少 20%，建立 4 个公共邮箱，纸质文件(资料)下发减少 60% 以上。二是推动公推直选，探索以公推直选为基础的公正用人环境，努力营造科学、民主、公道公正的选人用人氛围，全年以公推直选团委书记为基点，组织党务后备干部、治安队副队长、后勤女工岗位、女工(家)委主任、机电后备干部、安监处管理人员、党支部书记等进行公推直选。通过公推直选进一步拓宽选人视野，为想干事、能干事、干实事的优秀基层员工搭建成长平台。三是保障员工“四权”，努力保障员工的知情权、参与权、表达权、监督权，进一步提高工作的透明度、开放度。下半年工会在基层队建立 25 个信息站，畅通员工的诉求渠道。四是狠抓“双基”工作，完善预案体系，组建 3 支治安队伍，除保卫、治安职能外，还发挥消防、维稳、突发事件处置、参与执勤，矿定期组织整训，较好培养青年人形象气质和奉献精神。

【鲁班山北矿要事】 4 月 9 日，古叙煤田董事长胡谋到鲁班山北矿调研瓦斯抽采与利用。4 月 10 日，鲁班山北矿首次推行公推直选团委副书记成功。4 月 19 日，西南财经大学中国金融研究中心主任刘锡良、西南财大中国农村金融研究所所长彭克强、宜宾银监局党委书记、局长李世宏等人组成的金融支持城镇化建设研究课题组到鲁班山北矿专题调研。6 月 30 日，鲁班山北矿瓦斯发电厂在全川煤矿首次使用 1000 千瓦的瓦斯发电机组，标志瓦斯发电迈上新台阶。7 月 23 日，鲁班山北矿召开第二次党代会。7 月 25 日，省发改委、省煤监局领导到鲁班山北矿调研煤矿安全生产。8 月 13 日，矿工会设立职工维权(信访)接待办公室和 25 个职工维权(信访)接待点。9 月 8 日，鲁班山北矿正式启用 FBCDZN035/2×630 型对旋防爆轴流式通风机，标志西南片区最大型通风机启用。9 月 25 日，国家安监局副局长田得雨、处长陈东科，四川省安监局副处长黄家昌、川南煤监分局局长陈明祺、宜宾市经信委机关党委书记蒲自体、市安监管局副局长李文仲等组成的工作组到鲁班山北矿检查安全生产。9 月，鲁班山北矿为全体员工办理补充医疗保险。12 月底，鲁班山北矿与上海天地公司共同研发筠连矿区的坚硬薄煤层 MG240/300 型高档普采机组，标志着服务多年的 MG240/300 型机组退出矿区。

【鲁班山北矿荣誉】 2013 年实现安全生产三周年，被古叙煤田公司评为安全生产先进单位、安全生产 1127 天，被川南煤业公司评为“四好班子”，被市党委、政府授予“宜宾市文明单位”，宣传工作被中国煤炭新闻网评为“新闻工作先进单位”。

(胡登杰)

四川省古叙煤田川南煤业有限责任公司鲁班山南矿

【概况】 四川省古叙煤田川南煤业有限责任公司鲁班山南矿(以下简称鲁班山南矿)井田位于筠连矿区巡司镇背斜以南，隶属于四川省川南煤业有限责任公司，是川南煤业有限责任公司开发筠连矿区先期建设的第二对矿井。矿井井田走向 5.6 公里，倾斜宽 2.5 公里，井田面积约 13.2 平方公里。为便于开发，以 +250 米标高分为上井田和下井田。全井田能利用地质储量 8320 万吨(其中上井田 2990.2 万吨)，工业储量 8193.9 万吨(其中上井田 2990.2 万吨)，可采储量 6568.5 万吨(其中上井田 2461.3 万吨)。含煤地层为二叠系上统宣威组，可采和局部可采煤层为 2、3、7、8 号 4 层，煤存赋存平缓，倾角 7–21 度。鲁班山南矿属于高瓦斯矿井，无突出危险和煤尘爆炸危险，属不易自燃煤层。初步设计生产能力 45 万吨 / 年，服务年限 104 年。2007 年经省相关部门批准，矿井生产能力从 45 万吨提升为 90 万吨，服务年限为 52 年。

【机构人员】 鲁班山南矿设有综合部、财务部、人力资源部、生产技术部、机电运输部、地测防治水部、调度室、煤销部、供应部、通风科、安全监察处 11 个部门。有采掘工作面 4 个、掘进碛头 13 个；设有机电队、运输队、通风队、瓦斯队、运销队、救护队、机修厂、综合队、巷修队 9 个辅助队。年末，职工总人数 1749 人，其中机关管理人员 91 人、专业技术人员 69 人(高级职称 2 人、中级 11 人、初级 56 人)、采掘人员 808 人、井下辅助人员 482 人、地面工人 170 人、其他从业人员 129 人。

【原煤生产】 2013 年，鲁班山南矿以“苦练内功求生存、稳中求进谋发展”基调，抢抓机遇，积极应对挑战，全年生产原煤82万吨，掘进进尺14320米，抽采瓦斯钻孔进尺125722米；瓦斯抽采150.63万立方米，瓦斯发电534.23万千瓦时；销售原煤82.77万吨。

【安全管理】 2013年，鲁班山南矿坚持“安全第一、预防为主、综合治理”方针，抓基层、抓培训、抓现场、落实各级安全生产责任制，狠抓安全质量标准化，开展“一通三防”、瓦斯治理、顶板、机运专项整治，夯实矿井安全基础，努力创建本质安全型矿井，狠抓安全基础管理，确保全年平安的奋斗目标，实现安全生产5周年，取得安全生产周期2156天成绩，获全国煤炭工业先进集体、宜宾市文明单位荣誉。

【鲁班山南矿荣誉】 2013年，鲁班山南矿被国家煤炭工业局评为全国煤炭工业先进集体，被团市委评为宜宾市“青年文明示范岗”，市国资委评为“创先争优先进基层党组织”，获筠连县税务杯“知团情、学税法、扬青春风采”知识竞赛一等奖。

（周　正）

四川广旺集团船景煤业有限责任公司

【工程进度】 2013年，一是井巷进尺，完成12009米，累计44707米。二是地面工程，完成各类建筑13500平方米，堡坎及道路硬化7100立方米，土石方9500立方米。三是安装工程，完成设备安装73台套，轨道2500米，瓦斯抽采管路1460米，各类管线共14050米。四是瓦斯钻孔进尺累计100800米，瓦斯抽采纯量613.7万立方米，钻孔覆盖首采工作面80%。五是瓦斯发电，12月9日，第一台1000千瓦的瓦斯发电机组发电，实现小网并网。

【项目手续】 2013年，取得国土资源部对船景煤矿及选煤厂工程建设用地批复。

【其他工程建设】 3月，改造完成+465米水平一采区供电系统，使一采区的供电更加合理、可靠。4月，北排矸皮带投入运行，皮带全长1800米，通过交流两相限变频控制，经2次变坡，是广旺集团公司目前长度最大、难度最高的在用皮带。成功应用注浆堵水技术，封堵矿井水170立方米/小时，能减轻排水压力，降低建设成本。7–8月，2台综掘机组分别在1122风巷和1122机巷安装调试完成正常作业，标志着船景煤矿掘进工艺向机械化迈进。严格按照国家建筑工程施工质量验收标准，坚持“验评分离、强化验收、完善手段、过程控制”指导思想，完成主平硐、+465米瓦斯管道巷、+660米排矸平硐等7项工程验收。全年进行防突预测98次，保障揭煤工作的顺利，首采面区域瓦斯抽采率35%。

【参加雅安芦山抗震救援】 4月20日，受命参加雅安芦山抗震救灾行动，出动10名救援人员，与广旺救护大队共同转运伤员11人，救治轻伤员3人，引导疏散转移灾民40余人，搭建帐篷7顶，搬运救灾物资近2吨，完成救援任务，受到社会各界的好评。

（曾明阳）

筠连川煤芙蓉新维煤业有限公司

【概况】 筠连川煤芙蓉新维煤业有限公司（以下简称新维煤业）位于维新镇新华村，由四川煤炭产业集团芙蓉公司与四川华电珙县发电有限公司于2011年2月合资组建，是支持四川汶川地震灾后能源基础设施恢复重建的省重大基础设施项目。新维煤业于2008年5月进场筹备，为1矿2井模式，即新场井田和维新井田，煤炭资源面积约44平方公里，设计可利用储量2.9亿吨、生产能力180万吨/年，属川南地区设计能力最大、机械化程度最高的国有基建煤矿。

【工程投资及建设】 2013年，全年投资完成35624.64万元，其中矿建工程完成12661.6万元、土建工程完成2545万元、安装工程完成1334万元、设备购置完成1014万元、其他费用完成18070.04万元。一是矿建工程，全年完成掘进进尺6188米，其中维新921米、新场5267米，川南建工完成5040米、自营队伍完成1148米，解除阻工后的4个月完成3516米；累计完成23576米，其中新场井19176米、维新井4400米，完成掘进总量58767米的40.1%；巷道整治修复2307米。二是土建工程，完成对瓦斯泵房、职工住宅、职合建筑、黄泥塝的“五通一平”，挖填土石方6.4万立方米；施工挡土墙2700立方米，人工挖孔1500立方米；修建场区临时水泥道路450米，场区永久围墙455米，临时围墙628米，新场排矸场永久围墙487米；建成杨叉沟涵洞过公路段10米。

【机构人员】 至2013年年末，新维煤业在册员工404人，其中经理层8人（离岗待退1人）、科干20人、管理55人、工人321人，有11个部门及掘进队2个、通风队1个、综合队1个共4个基层队。

【安全管理】2013年，新维煤业围绕实现《2013年安全工作安排意见》的指导思想和安全目标主线，坚持"安全第一、珍爱生命""事故可防可控、必防必控"安全理念，以"一通三防"、机电运输、防治水为重点，以开展安全隐患排查、严厉打击"三违"为手段，落实、逗硬考核各项制度，开展"抓基础、反违章、强治灾、保平安""雨季三防""防治煤与瓦斯、顶板事故""六月安全生产月""巩固顶板机运整治成果，强化矿井防治水管理"阶段性安全活动，使建设项目安全生产保持持续、稳定、安全建设的良好态势，杜绝重伤以上安全事故。

（韩代斌）

四川能投筠连电力有限公司

【概况】2013年，四川能投筠连电力有限公司（以下简称电力公司）围绕能投股份公司的战略目标，立足全县经济发展大局，以推进企业改革和业务整合为主线，创新经营模式，加快电网建设和改造步伐，发展和开拓供区，增加供用电量，提升企业效益，从8大工作板块推进标准化建设，完成各项主要工作目标，经营管理和经营效益取得较好成果。

【生产经营】2013年，供电量4.7亿千瓦时，比上年同期（下同）降低3.89%；售电量4.23亿千瓦时，降低2.47%。综合售电均价0.6974元/千瓦时，上升1.45%；综合线损10.1%，下降1.31个百分点。

【经营收入】2013年，电力公司总资产53210万元、在册人员315人、派遣工198人、人均创产值57.98万元，年度人均收入3.58万元，增长2.28%；子公司智能公司收入实现216万元，毛利实现38万元。全年，电力公司营业收入实现2.77亿元，增长2.21%；利润实现3898余万元，增长72.9%；净资产收益率51.49%；资产保值增值率115.38，电费回收率100%；税金实现2943万元，增长38.82%。实现国家增收，企业增效的同步增长。

【电力保障】2013年，配合县委、县政府重大项目建设，以较短时间建成海瀛变电站及10千伏配电建设，满足海瀛农副产品加工园区入驻的企业用电需求；为王家沟、后沟水库建设提供移民搬迁、施工用电保证；配合新型城镇化建设，对汇鑫广场、煤都大道三期开发、三桥以上治河、筠巡快速通道建设、巡司工业园区启动、全省烤烟现场会、茶文化博览会等提供电力。作为公共服务型基础产业，积极投身于美好新农村建设，为全省新农村示范点"春风综合体"农网升级改造、塘坝乡生态旅游观光、幸福村居民点打造、清溪沟生态茶园观光区建设和沐爱棬坪、孔雀新村的打造，提供可靠的电力保证。

【安全工作】一是明确安全工作目标。围绕"三杜绝、三防止"（杜绝、防止电力生产人身伤亡发生，杜绝、防止电网大面停电事故发生，杜绝、防止设备损坏及对社会造成重大影响事故的发生）电力安全生产总目标，保障经营效益增长和安全稳定运行，维护社会稳定。二是强化安全生产目标管理。及时调整电力公司安委会，明确总经理亲自抓、分管副总经理具体抓，落实办事机构和专职人员负责具体事务，形成安全生产领导核心。各站所结合自身实际，成立以所长为组长的安全生产领导小组，巩固和完善安全生产"三级监察网"，为电力公司安全生产工作建立坚实的组织保障。年初，电力公司与能投股份公司、县政府、县水务局分别签订"安全生产目标责任书"，确保年度总体工作目标的实现，结合工作实际，严格落实安全生产责任制和安全生产"一岗双责"责任制度；把安全生产指标具体细化、量化，电力与站所、站所与班组、班组与个人（含农电专职电工）层层签订"2013年安全生产目标责任书"，把安全生产工作目标、责任层层分解落实到站所、班组和人头。营销签订"高（低）压供用电合同"，明确双方的权利、责任和义务，形成一级负责一级、一级保证一级的安全生产目标管理体系。按照"一岗双责"责任制度，健全以行政负责人为首的行政保证体系，使安全生产工作做到主要领导亲自抓、分管领导具体抓、其余领导配合抓、全体员工共同抓，强化安全生产组织体系和责任机制。三是务求落实。电力行业的安全重点、难点和薄弱环节在基层、农村。先后开展"百安"活动、"迎峰渡夏"活动、电网消缺专项行动和冬季防止冰冻雨雪灾害活动，电力公司主要领导，特别是分管领导经常深入站所、农村指导、督查安全。根据各地实际，与站所负责人共同研究解决存在的疑难问题，查处违规、违章行为，有力的促进安全工作的开展。

【电网建设】一是协调配合高坪至乐义、乐义至上罗110千伏工程建设，工程建设在艰难中推进，可望次年初全面建成。二是建成并投运110千伏云龙寺输变电工程、35千伏海瀛变电站工程。基本建成35千伏小河变电站输变电工程，其中35千伏输电线路投入试运行，使云龙寺电力从小河站送往维新，大大缓解维新片区电力卡脖子现象。城郊一站至镇舟站35千伏线路技改进展顺利，春节后能全面完成。腾达变电站和蒿坝变电站工程预计次年中期建成投运。

【农村电网改造升级】2010年起，全面完成10千伏以下农村电网改造升级工程23个村32个项目，待上级公司验收。

【标准化建设】2013年，按照能投股份公司VI实施方案标准化建设的要求，有序推进规划与建设、电网与调度、安全生产、市场营销、财务与资产、人力资源、办公自动化、企业文化8大板块标准化建设工作，全面完成公司行政办公系统建设，统一公司对外形象标识；运用OA办公自动化系统，实现公文流转、大额资金申报等无纸化办公和管理，提高工作效率。一是完成公司中干竞聘上岗。按照能投股份公司"三定"方案，电力公司中层管理人员竞聘是"三定"方案实施的重要工作，也是电力公司深化人事制度改革，建立"干部能上能下、职工能进能出""岗位靠竞争、收入靠贡献"良性机制的重大举措。6月29日，完成中层管理人员的竞聘上岗工作。二是基本完成"三定"。"三定"方案是电力公司管理的基础工作、标准化建设的重要内容、年度重点任务之一，纳入经营目标责任考核。组织实施"三定"方案，对理顺电力公司内部运行体制、规范人力资源管理、提高劳动生产率、促进公司可持续发展具有重大意义。7月底，完成"三定"方案基础工作，为次年全面完成"三定"方案奠定基础。

【行风建设】一是县人大、县政协开展农网改造和电力设施建设工作视察，针对存在的问题，电力公司认真研究整改落实，在参加年度的县人大、县政协视察整改落实督查时，得到认可。二是加强对窗口部门行风教育，切实改善改进工作，如进入夏季用电高峰期，因城区用电攀升，供电职工连夜奋战为保证人民群众用电做出很大努力。三是巡司供电所农电组长、中共党员曾德明，不顾自身安危舍己救人，发扬共产党员的先锋模范作用，做好事不留名，受到好评。

（汪福乾）

四川筠连西南水泥有限公司

【概况】四川筠连西南水泥有限公司（以下简称筠连西南），是中国建材集团旗下西南水泥有限公司成员企业。筠连西南主要从事水泥生产，位于巡司镇盐井村二组，生产厂房占地28.67公顷，矿山占地37.33公顷。2013年，有职工270人。

【主导产品】筠连西南拥有1条日产4000吨熟料新型干法生产线，配套建设有9000千瓦纯低温余热发电设备。主导产品有P.O52.5、P.O42.5R、P.O42.5、P.C32.5R、P.C32.5。产品在溪洛渡水电站、向家坝水电站、四川路桥、后沟水库等大型工程上广泛应用，深受用户喜爱。

【经营业绩】筠连西南执行中国建材集团的三五管理模式，构建高效、便捷、安全的管理体系，企业健康稳定发展，成为西南水泥绩效、成本和技术创新的典型。2013年，生产熟料123.95万吨，生产水泥171.22万吨，余热发电4864万千瓦时。销售水泥171.55万吨，销售熟料2.21万吨，销售收入实现37584万元，利润实现7623万元。

【创新成果】2013年，大力推进技术创新，共完成10万元以上技术改造项目17项，技改投资1859万元，包括全厂变频器及进相器技改、篦冷机、分解炉等重要技改项目。完成国家安全生产一级标准化建设，降氮脱硝工程如期投入运行，降解效果80%。

【企业荣誉】2013年，筠连西南先后获中国建材集团科学技术进步三等奖、全国建材行业企业管理现代化创新成果一等奖、全国建材行业技术革新三等奖、四川省企业质量信用等级AA级企业、宜宾市2013年度工业经济运行监测先进企业、全市消防工作先进单位、西南水泥"管理整合、市场协同、降本增效"先进单位、西南水泥优秀成员企业、川南区优秀成员企业、筠连县质量管理先进单位、筠连县特种设备安全管理先进单位等荣誉。

（詹成瑜）

筠连县汉林矿山机械制造有限公司

【概况】筠连县汉林矿山机械制造有限公司（以下简称汉林机械）于2006年1月成立，在巡司工业园区A区，是筠连县政府招商引资重点民营企业。地处巡司镇黄荆村二组，紧邻筠落公路，距火车站3公里，占地1.53公顷(23亩)，建有支护产品、综合、矿车、精加工、搪瓷溜槽5个车间，总面积6021平方米。董事长陈志坚先后获得市"优秀中国特色社会主义事业建设者""筠连县十大民营经济人物"称号；汉林机械多次获市、县政府颁发的荣誉奖牌和证书。2013年，汉林机械有职工82人，其中高级工程师3人(享受国务院津贴的高级工程师1人)、会计师1人、工程师10人、技师8人，经济师2人；下设市级技术中心(正申办为省级)、办公室、财务部、生产部、销售部、市场部，实行分级管理并完善各项管理制度，连续3年持续盈利，经营良好，各项指标均达到或超过同行业水平。

【技术优势】国家安标办先后关闭取缔宜宾市长江煤机厂、五粮液安吉机械的资格主体,汉林机械是国家安标办认可在宜宾市唯一专业生产煤矿支护产品和煤矿运输设备的机械制造企业。2011年9月,把原位于宜宾五粮液的租赁生产车间搬回生产基地,把年产4万套摩擦支柱生产线改造为生产单体液压支柱生产线,形成2条单体液压支柱生产线,生产成本大幅下降,实现管理、技术、资金、设备、人员"五集中",使生产经营形成良性循环。

【主要产品】汉林机械主要产品有单体液压支柱、三吨底卸式矿车、一吨固定车箱式矿车、一吨翻斗式矿车、三环链、连接插销、乳化液泵站(填补西南空白)、金属铰接顶梁,金属非铰接顶梁等11大系列30多个规格品种,全部获得国家颁发的矿用产品安全标志和资质。还生产侧卸式翻煤机、25U型支架、圆弧支架、工字钢支架、搪瓷煤溜槽等非安标产品。具有年产单体液压支柱10万根、乳化液泵站240台、金属铰接顶梁10万根、非金属铰接顶梁10万米、一吨矿车4000台、三吨底卸式矿车1000台、三环链1万付、搪瓷溜槽6万平方米的生产规模。2013年,主要生产单体液压支柱,配套生产单体液压泵站,金属顶梁,长梁,矿车等产品。

【新产品研发】一是研发乳化液泵填,补西南地区的空白,其功能为单体液压支柱提供动力,使泵、柱有机结合,为煤矿企业支护改革提供配套服务能力,延伸企业产品产业链。二是研发单体伸缩掩护式支架,根据"2011全国煤矿支护设备标准化技术年会关于重点确保煤矿支护安全、推广使用单体掩护式支架"精神,对西南煤矿企业进行调研,生产市场急需使用轻便、经济实用的支护产品。通过自主研发,成功研制出单体伸缩掩护式支架,具有集中供液、排液、泄压的功能,管路布置合理、结构紧凑、性能可靠、易于维修,符合煤矿需求大功率、大流量集成阀的发展趋势,而集成阀是核心技术(若投放市场成功后,将获取专利权)。三是成功研发并投入市场单体伸缩掩护式支架。

【引进高端技术】汉林机械市级技术中心在开发产品投放市场的同时,一是与长春智谷科技集团合作,引进高端技术,共同合作研发KJ262专用管路硐室供氧紧急避险产品,该产品是国家重点支持的开发项目,已取得国家煤矿安全设备技术研究中心颁发的防爆合格证书、国家安标中心颁发的煤矿矿用产品安全标志企业,经国家安监总局、煤监局发文向全国推广使用。建成模拟KJ262专用管路避险硐室,成功将各项技术引进并用于煤矿井下安全避险系统的实际安装和操作,为煤矿的井下安全提供保障。二是引进军工产品的工艺技术——金属长梁,属消化吸收研发的产品,井下支护由金属支柱和非铰接金属长梁或金属铰接顶梁组合,形成安全可靠的顶板控顶区,是国家推行煤矿以钢代木,提高井下安全,保障生命财产重大革新。

(刘祖乐)

筠连县森泰页岩气投资发展有限公司

【概况】筠连森泰页岩气投资发展有限公司(以下简称森泰公司)成立于2012年,位于筠连镇滨河西路二段23号。森泰公司隶属于四川森泰能源投资有限公司(以下简称总部),由总部控股投资组建,属专业从事天然气项目投资的专业公司,主要从事城市燃气供气项目、城市CNG站项目、LNG液化天然气厂营、船舶改造项目的投资经营。森泰公司与筠连县政府签订页岩气综合利用协议,在中石油浙江油田支持下开发利用页岩气的高压输气管线铺设、页岩气液化2个项目。高压输气管线铺设项目:从沐爱镇至县城铺设Φ159×7高压输气管线,输气能力达6000万立方米/年,项目在建中;页岩气液化项目:在沐爱镇建设1座50万立方米/日,年产10万吨的页岩气液化项目,项目已启动,正办理手续。页岩气受国家扶持政策支持,具有价格低的优势和较好的经营盈利能力。

【建设进展】2013年,森泰公司与中石油浙江油田分公司签订战略合作伙伴协议,由森泰公司负责中石油浙江油田分公司在筠连开采的页岩气集中处理和销售,为森泰公司对外进行各天然气项目投资提供良好基础和平台,也为森泰公司对外投资城市燃气及城市CNG压缩天然气等项目用气,提供充足的气源保障。1月8日,由总部与筠连县政府签订"筠连县页岩气综合利用项目投资协议书",县委、县政府召开3次项目建设专题会议,森泰公司全面开展项目前期准备,至9月17日完成可研、设计,并办理到《规划选址意见书》《建设项目用地预评审意见书》,通过安评、环评,取得沐爱至巡司管输的特许经营权和授权书、立项核准。9月28日,举行沐爱至巡司管线建设开工仪式。已完成5口井区6公里的集输工程、∮159次高压管线9.67公里,完成11.33公里主线工程、增压站工程建设,年末,完成工程综合验收,达到试投产要求。投资1000万元,在筠连县建成CNG压缩母站1座,日处理4.8万立方米;在五粮液环球集团格拉斯玻璃制品有限公司投资500万元建成1座CNG(压缩天然气减压供气站),日处理3.6万立方米;投资2000万元,完成县境管线工程,并向县城供气。

【发展战略】2012年7月,珙县上罗镇10余户居民家中正式安装页岩气管道，成功用上页岩气，创中国页岩气民用“第一单”。筠连县成为宜宾市继珙县之后的第二个使用页岩气的县(区)。森泰公司正建设沐爱—筠连输气管线(10万立方米／日)项目、LNG液化项目(30万立方米／日)，拟向高县及周边乡镇返输页岩气工程，着手管线走线测量、青苗赔偿等工作。

(曾淑英)

筠连县自来水有限责任公司

【概况】2013年，县自来水公司大力开展供水优质服务工作，加快城市供水管网建设和改造步伐，夯实安全生产管理，保证各项工作有序推进。全年销售水295.8万立方米、增加15.3万立方米；收入512.9万元，增加73.5万元；支出512万元，增加73万元；利润5453.72元；上缴税费31万元。新增用户1574户；抄表准确率99%，水费回收率90%以上；查处违章用水20起，追收16586立方米，挽回损失28144元；全年无1例安全责任事故发生。

【资产投入】固定资产投入280万元，对益民片区进行管网改造(其中县政府投资91万元)、新建水厂保管室、购置供水工具设备、发电机、监控、UPS供电系统、营业联网收费、财务软件系统、办公设备、新办公室装修及配套硬件设施；维修改造一公里、天堂庙、农贸市场、煤都大道二期、二桥至三桥河滨道、濂溪、燎原等区域供水管道；更换大龙潭水厂过滤池滤料等。

【内部管理】一是严格管理，强化监督检查。为保障公司合理盈利，体现公平、公正原则，管道安装、维修土石方工程严格采取打包比选的方式确定实施单位。凡工作中不认真履职，严重违反规定的职工，经查实，给予待岗处理；认真落实节假日值班制度，值班人员坚守岗位。二是健全规章制度，制定《城区供水抗旱应急预案》《防洪抢险应急预案》《关于改进工作作风，密切联系群众，加强廉洁自律建设的十项规定》《党风廉政建设制度》，撰写工作简报10期，向省水协、《绿色煤都》、党政网上报供水信息13条。三是来电、来访工作，妥善解决群众用水问题，解决用户疑问，回复信访件10件。四是推行限时办理承诺，为110余户零散用户安装服务。

【营销服务】一是完善工作制度，狠抓责任落实，继续推行绩效考核。二是全面检查组织抄表人员对辖区内用户的用水性质、水表运转状况，对发现损坏或运转不正常的水表及时更换。三是开展城区建筑工地、洗车、餐饮等用水大户的用水普查，重点了解用水情况、核查用水性质。四是加大科技设备投入，实现新旧收费厅正常联网收费。五是维修服务热线实行24小时接听，负责管网报漏登记工作，记录报漏的时间、地点、联系电话等，迅速落实，做好回访。六是加大违章用水巡查力度，发现偷水行为，一经核实，按规定严肃处理。七是提升服务质量，在服务大厅设置便民宣传栏，免费发放便民服务宣传单和节约用水、健康饮水等资料。八是凡管道改造或主管维修需要停水，都采用纸质、LED显示屏或短信方式及时、准确发布停水信息，让用户提前做好准备。

【管道安装】2013年上半年，完成益民煤矿及周边村民组550户村民自来水管道和二次增压设备的安装，在春节用上自来水；完成江景苑小区244户住房主管和入户管道安装；完成市政工程——河西B区段239户返安房和汇鑫广场小区343户住房的管道安装。下半年，完成煤都大道公租房1、2、3、4号楼164户、莲花宜居小区二期工程市政管道和二次增压泵房主管安装；完成河西雅居小区、莲花宜居小区二期工程、筠山都市集贸市场商住楼、郭士琴自建商住楼共940余户室内外管道安装。还完成县职教中心DE160主管800余米、县医院新院区DN250主管97米、煤都大道三期DN500、DN300、DN200主管1000余米的敷设、人民银行46户住房“一户一表”的改造、城区DN500电动蝶阀的改造安装。

【增设消防栓】2013年，在城区新安装市政消火栓35套，更换消火栓30套。

【管道巡查、抢修】2013年，坚持开展定期查漏工作，每逢节假日或城区供水出现异常时，加班开展管网夜间巡查工作，完成查漏定点工作，在管网查漏中取得新突破。7月26–27日，组织人员冒酷暑对二水厂(清溪沟)至城区管径800毫米–400毫米，全长13.9公里的供水管线进行徒步巡查。坚持做到小修不过夜、大修连续作战直到通水，维修及时率99%。

【供水保障】2013年，采取措施，确保供水安全、优质、高效。面对供水紧张时，采取短信向群众发布短暂停水预示信息，启用大龙潭水厂与二水厂交替供水的方式对城区进行供水，满足群众用水需求。一是加强思想认识，通过教育强化职工对安全供水重要性的认识。二是加强备用水厂大龙潭及水源保护区的管理和保护工作，完善安全、卫生等制度上墙，对厂区杂草、杂物、废弃管材和水源漂浮物进行大规模的清理，对水源地内、外排污沟进行全面疏通。三是做好水厂供水各项设施的检查、更换、保养，确保设备正常运转，做好供水抢修配件等器材的储备。四是及时排除隐患，对城区管网、阀门进行巡查和维护，确保供水管网安全畅通。五是加强与二水厂的沟通和协调，科学调度，切实做好城区高、低峰时段的供水和调节，保证管网水量、水压正常。六是对外服务部门进一步强化优质服务意识，及时解决用户用水故障。

【安全工作】 2013 年，把“安全第一”作为工作的重中之重，及时调整安全生产领导小组成员。加强职工安全思想教育，对室外管道抢修和楼房高空作业，要求职工严格遵守操作规程，设置安全防护标志和采取相应的安全措施，佩戴安全帽、着工作服；对常用的安全防范工具，做到经常检查、爱惜保管，发现问题及时更换，决不允许带不安全因素作业，全面防范安全事故发生。

【节水周宣传】 2013 年 5 月 12–18 日，在全国城市第 22 个“节约用水宣传周”期间，与县水务局联合在县中医院门口开展以“推进城市节水，保护水系生态”为主题的宣传活动，进一步增强市民爱水、惜水、节水和护水意识，发放《四川省城市供水条例》等资料 500 余份，接受咨询 120 人次，带动更多的市民参与到保护和节约水资源的行列。

【企业活动】 2013 年，结合“挂包帮”工作，全年 4 次深入对口联系乡镇开展对口帮扶工作，结对帮扶贫困户 12 户，帮扶贫困人数 46 人，扶持扶贫项目 3 个，捐赠资金 1.2 万元，定向捐赠“爱心助学包裹”21 个，价值 3000 元。“4·20”雅安芦山地震发生后，捐款 6300 元（职工 3300 元、单位 3000 元）。筠连县栋梁工程活动中，捐款 4850 元（单位 2000 元、职工 2850 元）。

（王子健）

四川省筠连好而优工贸有限公司

【概况】 四川省筠连好而优工贸有限公司成立于 1999 年 10 月，主要从事农副产品资源转化为名特优新产品的精深加工企业，兼营美的空调、冰箱、洗衣机、小家电及索尼（SONY）液晶电视、西门子冰箱、洗衣机区域批发和零售业务，下设有食品加工厂、茶叶加工厂、美的旗舰店、制冷设备维修部，有员工 38 人，有电器工程师 3 名、专业维修技术人员 4 名，大学本科学历 2 人、中专学历 15 人。筠山银针绿茶获县政府第一届、第二届“筠竹杯”银奖；香茗苦丁茶曾获法国巴黎博览会金奖。制冷设备维修部是国内大品牌空调特约维修点。

【农产品加工】 2013 年，食品加工产品主要有黄金瓜条（槽黄瓜）、红苕粉条、红豆腐、泉水苦笋、汤圆粉等。茶叶加工产品主要有香茗苦丁茶、筠山银针、竹叶春、碧潭飘雪、明前绿韵、筠山香茗等优质礼品绿茶、花茶、苦丁茶及办公用茶。

【经营产品】 2013 年，美的旗舰店主要经销美的品牌全系列家电产品，以及索尼（SONY）液晶电视机，西门子冰箱、滚筒洗衣机，代理产品辐射筠连城乡及高县、珙县、云南盐津等附近乡镇。

（刘 宇）

市场　贸易

人才市场

【概况】2013年，筠连县人才市场、人才交流中心继续坚持以“建设充满活力、富有特色的县级人才市场”为目标，因地制宜、努力创新，人才市场各项业务相继拓展，人才市场功能日趋完善，市场影响力逐步扩大，为地方经济发展做出积极贡献。

【人事代理】2013年，继续巩固以人事档案代理为主的多种代理项目，共续签代理合同769份，其中教育系统609份、事业单位160份；办理事业单位新聘用人员人事关系、档案代理合同336份，其中教育系统166份、事业单位170份；办理非机关、事业单位人员单纯代理人事档案合同512份、人事档案工龄代理合同48份；办理教育、卫生、畜牧等临聘人员聘用为本系统正式职工后申请人事档案工龄代理105份。全年新增各类人事档案936份，其中机关、事业单位人员档案545份、公务员(参公)待转组织部档案55份、教育系统新聘用人员档案166份，事业单位新聘用人员档案170份。

【人才服务】做好人事档案代理人员的后续服务，通过网络发布招聘信息、现场张贴招考简章以及对人事档案代理人员中符合条件的人员进行电话通知等形式为代理人员提供事业单位招聘、公务员(参公人员)录用、企业招工等就业信息，提供就业岗位686个。全年为各类代理人员出具人事档案代理、未就业、研究生招考等证明200余份，为360余高校及中专毕业生办理户口迁移证明，出具调档函200余份，为190余名调动、进修、解除聘用合同、公务员录用、县外事业单位聘用、外出务工等人员转递个人档案材料。及时、准确完成1000多名事业单位人事代理人员的6000余份工作安置、转正定级、职称评定、工资晋级、学历晋升、变更或续签聘用合同等档案材料收集、整理、归档。

【档案管理】2013年，健全《人事档案查询管理系统》《档案转递花名册》《档案接收登记花名册》《人事档案代理管理信息系统》等电子表册，使工作更加规范、顺畅；完善人才交流中心的办公制度、档案管理及查询制度、卫生制度、消防制度、安全制度、消防制度等，管理更规范；服务、办公设施不断升级，充分利用大屏电子显示屏幕，实现与川南人才市场招聘信息共享。加强人才市场“一体化”建设，进一步完善人才“一站式”服务，服务更便捷。加大人才交流中心档案、资料的整理力度，做到档案、资料科学分类、规范有序、存取方便。人才交流中心还热情接待县委组织部、县纪委、各乡镇卫生院等单位的查档人员，提供准确、全面的档案材料。

(罗　锋)

集市贸易

【概况】2013年，县城集市主要集中城区，供应产品种类较为齐全。元旦、春节、五一、国庆是商贸经营的黄金季节，绿源、世纪华联、家乐等重点骨干超市，抓住“假日消费”的机遇，积极组织具有特色的适销对路商品，满足各层次的消费需求，取得较好的经济效益和社会效益。

【县城农贸市场】县城有几个较大农贸市场，最大的是筠连城南农贸市场，有200余个摊位，是日常集市贸易最为繁忙的市场，其次就是中城农贸市场、定水路农贸市场，是县城居民日常农副产品交易购物的场所。

【专业市场】一是筠连苦丁茶市场贸易，由筠连县青山绿水茶叶专业合作社投资建设，位于廉溪定水河河畔，在春夏秋苦丁茶收获季节，早晚市场贸易非常繁荣。二是矿山器材交易市场，随着筠连煤炭资源的开发，矿山器材交易的发展较快，原城南车站一带，基本形成矿山器材交易市场，满足筠连煤矿材料的供应。

【市场建设】2013 年，全县传统以街为市的现状得到较大改善，正在修建中的筠山都市农贸市场达 4000 平方米，市场布局和硬化设施按照“三化”要求建设，建成后可满足城南片区环城路东段附近居民的购买需求。乡镇农贸市场建设有新的突破，主要完善塘坝乡、沐爱镇场、双腾镇 3 个农贸市场内部设施，农贸市场的建成极大的改善乡镇以街为市的现状。

（肖 波）

日用品批发

【概况】2013 年，全县无日用品专业批发市场，主要集中在金鑫步行街、城南农贸市场一带，从事日用品零售店铺 80 多家，尚未形成专业的批发市场，以街为市经营日用化妆品、小家电等，品种齐全，绿源超市、世纪华联超市、家乐超市主要承担县城日用品零售。原老公安局地址经旧城改造后形成停车场，自动发展成为物流转运基地，主要服务筠连乡镇的物品配送。

【日用品农家店建设】为丰富日用品供应，满足广大农村市场需求，加快全县标准化农家店建设步伐，完善农村商业网点建设，改善农村消费环境，为广大农村日用品批发零售创造良好条件。至 2013 年年末，全县已经建成日用品农家店 163 个，农家店综合配送率 85%，农家店食品、化肥农药配送率 100%，已建农家店存活率 75%。农家店经营面临的困难主要有：经营品种单一，经营方式落后，部分产品配送不及时，经营利润偏低等。为更好体现政府服务职能，县经信、工商、税务等部门对农家店实行税收部分减免政策，对偏远地区、经营困难的农家店，争取扶持资金。

（肖 波）

零售业及图书报刊发行

【概况】2013 年，筠连零售业受工业经济下滑影响，全年完成社会消费品零售总额 22.49 亿元，绿源超市、世纪华联超市、加乐超市和部分小型日用品社区超市销售额增幅在 13.2%左右，超市零售价格全年稳定，年底有小幅上涨，中低档服装鞋类的销售情况总体不旺，增幅微小。店铺间竞争明显加强，各种让利促销，低价宣传广告层出不穷。中高档服装鞋类品牌的销售不容乐观，耐克、七匹狼、柒牌等品牌的销售增幅较往年有所下降。

【零售业发展】2013 年，筠连建材零售业有较快发展，形成筠州专业建材市场，瓷砖、涂料、家具等一应俱全。家电、摩托车和汽车销售快速发展，筠连家电销售行业发展较快，数码产品的销量增幅在 40%左右，手机专卖店数量达 70 多家，销售品牌和销售种类十分齐全，高中低档产品应有尽有，年底各个专卖店举行大规模让利促销，销售一度猛增。餐饮业同比下降，住宿业稳步增长，蜀亨、欣迪标、浙商等大型酒店经营良好，浙商大酒店规模和服务水平不断提高，入住率和餐饮消费逐月递增。

【家电节能补贴】2013 年，大力推广节能惠民工程，全县获得家电节能补贴的消费者约 1300 户，补贴金额 52 万元。产品品牌主要有青岛海尔、四川长虹、深圳创维、TCL 等品牌产品。6 月，节能惠民工程结束。

【图书及报刊】2013 年，图书及报刊主要以新华文轩书店为主，是筠连最大的图书销售企业，其余为县城几个小型书店和报刊零售亭作为补充。报刊发行主要由邮政局进行，发行量增幅 23.8%。

【家电市场监管】2013 年，全面推进家电“节能惠民工程”，做好家电“节能惠民工程”政策的宣传、前期销售企业的申报及备案工作。同时强化监管，组织执法人员对各备案网点检查，严厉打击借家电“节能惠民工程”销售假冒伪劣产品和骗取节能补贴行为，要求销售网点搞好售后服务，确保下乡家电产品质量，抓实抓好家电下乡工作，扩大农民家电产品消费，让农民真正得到实惠。

（肖 波）

粮油贸易

【概况】2013 年，县粮食局围绕县委、县政府中心工作，认真履行《粮食流通管理条例》赋予的职能，扎实推进依法管粮、依法行政工作。依托粮食储备提质升级，大力推进海瀛粮油工业园区建设；以产业化为路径，规划建设粮食物流区域中心和粮油加工中心；以成功创建全省、全国粮食流通监督检查示范单位为契机，加强粮食市场的监督检查，维护全县粮食市场秩序；以强化新形势下粮食政策法规培训为重点，认真梳理行政执法依据，提高依法管粮的政策水平。

【粮油购销】2013 年，全县收购粮油 6105 吨，其中稻谷 3450 吨、小麦 1900 吨、油菜 750 吨，其他品种 5 吨。粮食销售15853吨，其中稻谷10737吨、小麦5007吨、玉米92吨、大豆17吨；食用油销售497吨。从县外、市外购进粮食16862吨，其中稻谷15547吨、小麦1206吨、玉米92吨、大豆17吨。

【军供网点建设】2013年，县粮食局军供工作围绕“高质量保供应”中心，坚持“军供工作无小事”的理念，以服务部队为荣，开展各项工作，着力打造全天候军粮供应保障体系。通过努力，争取到省级军供网点建设资金30万元，9月底全面到位，用于县内军粮供应网点基础设施改造，建设内容：一是维修改造仓容5000余吨的军供仓库；二是新装修配备50平米的军供超市1个；三是升级改造军供办公室和军人接待室，添置军供办公用品。

【农户科学储粮】2013年，积极参与和服务社会主义新农村建设，帮助指导农户科学储粮，该工作不仅可以减少储备粮食损失，还可以整洁和美化居住环境，实现藏粮于民，确保粮食安全。全年争取到中央、省级财政专项补助小粮仓（彩色钢板组合仓）建设计划1000套，投资总额42万元，其中中央补助资金12.6万元、省级配套16.8万元、农户自筹12.6万元，在筠连镇、塘坝乡、武德乡、维新镇、大雪山镇、乐义乡、高坎乡的21个村专项实施，为1000户农户配置单仓容量为1000公斤左右的彩色钢板组合仓，初步建立全县农户科学储粮服务体系，成立农户科学储粮技术服务队继续跟进后续服务。12月初，通过省、市级验收。

【粮油工业园区建设】海瀛粮油工业园区建设顺利推进，计划总投资6000万元，建设内容有2.5万吨储备库、粮油检验中心、大米加工厂、面条加工厂、粉条加工厂以及粮油交易中心等，总占地3.47公顷（52亩）。建成后，将提高全县粮食储备及调控能力，并对拉动全县特色农产品加工业发挥积极作用。至年末，完成投资500万元，全面竣工挡土墙、围墙工程，基本结束工程场平，进入主体工程招标。为筹集园区建设资金，争取到中央预算内资金300万元。

【闲置仓房管理】2013年，加强国有资产管理，全县所有闲置仓房统一由筠连县粮食购销公司（属县国有公司）负责管理，全面清理全县粮仓粮点国有资产，梳理出整合方案，开展资产整合提供依据。一是积极探索资产盘活出路，深入论证可转型经营的资产，加大招商引资力度，力争实现国有资产的保值增值。二是维修和养护管理规划保留的老化仓储和隐患点。全年争取到省市“危仓老库”改造专项政策支持，对规划保留库点（腾达、沐爱、巡司、大雪山）进行维修改造升级，总投资217.86万元，其中省级专项资金108.94万元（年末到账71万元），县级财政配套87.14万元，企业自筹21.78万元，维修改造项目正有序推进。通过公开拍卖部分粮仓粮点作为整合升级改造专项经费。三是严格处置程度，对至今留存、未纳入保留库点规划的仓储设施，严格按省、市国有仓储设施管理办法规定逐级上报，待批准后，再处置。

【筠连水粉研发】按照县政府部署，县粮食局负责，四川大学农产品加工研究院承担研究开发工作的筠连方便水粉产品开发项目于5月启动，至年末取得阶段性进展。全新工艺生产出的筠连水粉在色泽上、复水性上、保藏度上已达到走向市场的要求，在口感上与传统筠连水粉已很接近，改良工作正在继续。该项目的实施，将有力带动全县红苕产业的大发展，促进红苕的深加工，提高原料利用率，增加经济效益，帮助红苕种植农民创收增收。

【行政审批项目清理】县粮食局仅有粮食收购许可行政审批项目1项。按照省行政审批项目清理原则及县上“两集中、两到位”相关布置，经过清理，继续保留“粮食收购许可证”行政审批权，由原来的7个环节减少到5个环节，减少审批环节2个。原来的办理程序是：受理—现场审查—复审—审定—制证及文书—发证并告知—立卷归档；现在办理程序是：现场检验预约—现场检验审定—受理—制证及发证—立卷归档。办件时限由原来承诺件清理为即办件，提速率100%。

（燕 青）

烟草专卖

【烤烟生产】2013年，筠连县烤烟生产全面完成各项目标任务。一是按质量等级要求完成烤烟种植收购各项任务，全县烤烟移栽2340公顷（3.51万亩），其中地膜烟1066.67公顷（16000亩）；原计划收购4500吨（9万担），国家局收购计划下调为4000吨（8万担），实际收购烟叶4243.26吨（84865.12担），比上年减少30.59%。二是基本实现烤烟种植向适宜区转移，全县烤烟生产由零星分散种植向集中连片种植转移，户平规模1.85公顷（27.74亩），相对集中连片程度达95%左右。三是实现集中育苗，全县全部实行漂浮育苗4800厢，供应基质1370立方米，白膜24.7吨、黑膜18吨、育苗肥47077包。四是基本实现配方施肥，全县投肥比例合理，供应1758.90吨。五是收购点总局合理，设有收购站4个，烟点25个，覆盖烤烟生产区。

【企业管理】 按照质量管理(ISO 9001:2008)、职业安全健康(OHSAS 18001:2007)、环境管理(ISO 14001:2004)组成的QES管理体系要求,县烟草专卖局(分公司)对各内部部门工作质量进行每月一次检查,市烟草专卖局(公司)每季度对各县区烟草专卖局(分公司)进行一次工作质量考核,以此计发绩效工资。县烟草专卖局(分公司)加强财务管理、烟叶收购制度方面的管理,制定财务管理办法、烟叶收购各项管理办法,对县烟草专卖局(分公司)实行定员定岗,不断整合结构,打造培养复合型人才,为市烟草专卖局(市公司)输送很多优秀烟叶技术人才,高坪标准化烟站通过验收,保持"优秀县级局"称号,专卖管理对标工作处于全市前列;巩固"四川省烟草商业系统'五五'法制宣传教育先进单位"成果,继续开展"'六五'普法依法治理"各项工作;被市烟草专卖局(市公司)评为"全市烟草行业'四好'领导班子""2012年度目标管理先进单位""2012年度QC小组活动一等奖";被省烟草专卖局(省公司)评为"四川省烟草商业系统第三届优秀QC小组成果三等奖"。

【卷烟销售】2013年,共完成卷烟销量11878.05箱,比上年上升5.74%。其中一类烟销售1949.26箱,比上年下降5.75%;二类烟销售419.54箱,比上年下降63.24%;三类烟销售6005.63箱,比上年上升75.22%;四类烟销售2991.5箱,比上年下降11.9%;五类烟销售509.29箱,比上年下降57.48%;无价类销售2.83箱,比上年下降3.83%。

【烟草执法】2013年,积极开展烟草专卖行政执法,一是联合工商、公安等相关部门开展"利剑出鞘百日护航"烟草市场专项整治,以及"3·5""12·4"法制宣传活动等,成功查获1起销售假冒伪劣325、"什梅"和手工雪茄烟的假烟网络案件,查获假冒伪劣"325""什梅"和手工雪茄烟3644条,涉案金额50万元,2名主犯被判刑。二是实施对标管理,使烟草专卖面向科学化、规范化管理轨道迈进,全面开展文明执法、服务执法。共查处各类涉烟违法案件272起,其中假烟案件2起(其中假烟网络案件1起),无证经营案件51起(为2012年的3倍)、无证运输案件5起、未在当地烟草专卖批发企业进货案件214起,查获涉案卷烟203.108万支,其中假冒伪劣卷烟72.9万支,比上年增加10%,上缴财政罚没款1215081元,比上年增加17%。三是烟草专卖许可证办理,全年新办申请5份、恢复营业申请46份、停业申请320份、歇业申请1份、注销许可证1份。

【帮扶活动】2013年,积极捐资助教、捐资助学、捐资助困。2月,组织以"扶贫帮困、温暖冬日"为主题的扶贫帮困活动,组织过冬衣物300多件及慰问现金、米、油捐赠给高桥村、高坪村群众;4月,参与为雅安灾区捐款"奉献爱心,点燃希望"活动,捐款19600元;5月,参与全县栋梁工程扶贫助学公益活动,捐款5000元;6月,"至诚"志愿者服务支队到筠连聋哑学校捐赠176册图书;7月,向蒿坝镇中山村扶贫捐赠4000元;9月,领导班子分别资助600元,一对一开展扶贫助学5人;12月,中层干部每人捐赠200元,对口扶贫蒿坝镇中山村24户贫困户。

(吴 敏)

食盐专卖

【概况】四川省盐业总公司筠连支公司(以下简称盐业公司)内设办公室、财务股、业务股,盐业公司和盐政稽查所,两块招牌一套人员。2013年,有职工17人,其中在岗职工人数9人、离退休3人、内退职工4人、病退1人。按省公司要求,深化改革调整,努力拓展市场,增加多种经营。

【职能职责】具体执法由筠连县盐政稽查所执行。盐政稽查所负责管理和监督盐业公司的市场管理工作。在经营各类盐产品中,自觉遵守法律法规并提供优质服务,市场供销秩序良好。

【盐业经营】按国家指定性计划指标任务调、运、销、存各类盐产品供销全县。2013年,全县加碘食盐计划任务1740吨、工业用盐80吨,下达调运计划1800吨,全面完成各项任务指标,确保全县食盐安全供销的稳定。

(李 权)

石油贸易

【加油站点】2013年,全县有20座加油站,其中有海赢加油站、横山子加油站、巡司加油站3座属中石油公司所有;社会投资建设有筠连水塘加油站、筠连天厚加油站、筠连县金塔加油站、巡司黄金加油站、巡司加油站、巡司顺发加油站、镇舟加油站、镇舟龙洞口加油点、沐爱正大、维新旺旺加油点、昭筠加油站、蒿坝加油站、乐义加油站、武德加油站、塘坝加油站、维新加油站、力源加油站。中石油公司继续租赁沐爱正大、维新旺旺加油点2座社会加油站,扩大其在筠连的石油零售点;昭筠加油站属于中石化云南公司在筠连唯一加油站。

【加油站建设】2013年，成品油供应较为充足，由于经济整体形势趋缓，成品油销售量有所下降。全县新建6座加油站，分布在蒿坝、乐义、武德、塘坝、维新等地。

【成品油管理】加强成品油市场监管，依法取缔超范围经营、无照经营等非法网点；严厉打击非法炼制、销售无合法来源、假冒伪劣成品油、参杂使假等违法行为；加大加油站计量监管力度，打击计量违法行为，确保全县成品油市场秩序稳定；加强成品油市场的监测预警。继续加强成品油监测分析，密切关注和及时把握成品油市场运行动态，健全成品油市场预警机制，完善对重点地区、重点加油站（点）的成品油供应保障，避免成品油断档脱销。

【汽柴油销售】2013年，在车辆的大幅度增加，油价不断上涨的同时，受主要油耗工业企业生产萎缩的影响，成品油需求量较上年增幅不大。全年成品油市场销售以93#汽油和0#柴油为主，以销售其他标号为辅。中石油的横山子加油站、海瀛加油站年销量在2000吨以上，其余加油站点年销售量在900吨以上。

（肖 波）

餐饮住宿服务

【概况】2013年，全县新增较大餐饮单位有麻辣空间、盛鼎火锅店，中餐仍以浙商大酒店、秋林野山珍、蜀亨大酒店、欣迪标假日酒店、金缘大酒店等为主，设在河滨道、府后街等街道的小型餐馆生意十分火爆，经营种类繁多，包括中餐、火锅、烧烤、海鲜、西餐厅等，在晚餐时间几乎家家餐馆爆满。连锁式的马可里亚快餐和在筠连烈士陵园附近的必来客快餐店，形成筠连快餐连锁竞争。全年酒店消费以大众宴席、中餐、火锅为主，餐饮业的消费档次主要是大众化消费，受煤矿行业形势影响，餐饮高档消费极为鲜少。

【饮食】2013年，饮食在筠连进一步呈现多样化，筠连水粉仍是筠连人民的最爱，是街边小吃、宵夜的最好选择。有筠连椒麻鸡，是筠连人民宵夜较为喜欢的食品之一，白老幺椒麻鸡、雷七点椒麻鸡较为出名。街边小吃除水粉外，还有铜锅炸土豆也极为普遍。

【首届“宜宾市三名评选”】在2012年市政府组织的首届“宜宾市三名评选”活动中，筠连魏四水粉获宜宾市名小吃称号，欣迪标假日酒店、蜀亨酒店获宜宾市餐饮名店称号，新世纪食品有限公司生产的糟黄瓜、筠连县老外婆腌腊食品厂生产的腌条牛肉、筠连县好牛旺凯旋食品有限公司生产的牛仔骨分获宜宾市名优特产称号，为打造全县美食文化产业链打下坚实的基础。

【筠连特色餐饮名店】2013年8月2日，县政府以筠府发〔2013〕37号文件命名筠连特色餐饮名店，共6家。分别为：筠连县赢江木易蜀亨酒店、筠连县浙商大酒店有限公司、筠连县麻辣空间火锅食府、筠连县大自然土鸡煲、筠连县苗家酒楼、筠连县更生园酒楼。

【宾馆住宿】2013年，浙商大酒店连续5个月入住率达80%，其建设标准和服务水平达到或接近四星级酒店标准，全年经营状况良好。由陕西翰阳集团打造的清溪沟休闲酒店投入经营，该酒店位于塘坝乡木映村境内，依山傍水，环境悠然，承办过县政府举办的茶文化博览会、年货采购节等展会，不少省外游客驻足该酒店，并给予高度评价。金缘大酒店是全县唯一的二星级酒店，有50余个客房，全年入住率超过70%，经营状况良好；筠连木易蜀亨大酒店凭借优秀的管理团队，优质的服务质量和舒适的住宿环境赢得住客的好评，有100余间客房，全年入住率超过75%。随着蜀亨酒店、欣迪标假日酒店、浙商大酒店、金源大酒店等一批酒店的成立，标志着全县住宿业进入繁荣，住宿业行业得到发展。另外，明珠茶楼、洪川茶楼、大桥宾馆、广场宾馆、华容宾馆、定泉宾馆、一品红茶楼等20余户私人家庭式旅馆因方便快捷、价格便宜，同样占据筠连住宿行业的一定份额。

（肖 波）

供销合作社

【概况】2013年，供销社工作围绕为“三农”提供综合服务和推进新农村建设的工作大局，积极创新供销社体制机制，加快发展步伐，提升供销社形象，抓好“全域推进社会主义新农村建设”“农村社会化服务体系建设”“农村再生资源回收”等工作，被市供销社评为综合目标考核三等奖、农村社会化服务体系建设二等奖。

【农村专合经济组织】继续贯彻落实《中华人民共和国农民专业合作社法》、国务院《关于加快供销合作社改革发展的若干意见》和省、市、县“实施意见”，狠抓农村专业合作经济组织建设，深入农村、引导农民调整产业结构，发展农产品生产基地，引进和改良农产品品种，开展农产品深加工，发挥农产品经纪人协会作用，力促农产品生产加工、购销经营，增加农民收益，繁荣农村经济。帮助完善农村专业合作经济组织的章程、财务管理制度、红利分配制度。指导、协调、服务已建和待建的农村专业合作经济组织，依法规范运作、规范管理、履职履责，真正把农村专业合作经济组织建设成为能带领农民群众增产增收，实现共同富裕，成为党和政府联系农民群众的桥梁和纽带。全年购进总额完成2595万元，其中农副产品购进205.8万元；销售总额完成2662.5万元，其中农业生产资料销售完成855.2万元。

【新农村建设和对口扶贫】 继续做好新农村建设和对口联系帮扶工作，切实帮助和扶持农业产业化龙头企业，充分发挥龙头企业的示范带头作用，引领农民经济体做强做大，形成规模效应，提高农业经营效益，圆满完成县委、县政府服务“三农”的工作任务。县供销社在经费较困难的情况下支持塘坝乡、维新镇计生“三结”合户、贫困户、教师资金5000元。

【农村社会化服务体系建设】 继续抓好全县农村社区综合服务社、庄稼医院和再生资源网络体系建设。一是整合供销社原有经营网点，通过改建、新建、统一标识，规范发展社区综合服务社、庄稼医院和再生资源回收网点。二是吸收成熟的农资、农药、日用消费品经营门店加盟，统一标识、整体包装，打造社区综合服务社和庄稼医院。三是发展农村社区综合服务社和庄稼医院，免费包装店面、赠送货柜、货架，制定服务公约等，建成农村社区综合服务社7个、庄稼医院2个。四是抓好“农村再生资源回收”，与县城管局配合，合理布局“农村再生资源回收”网点和垃圾处理，并规范挂牌、宣传、管理制度等，新改建再生资源回收网点15个。全面落实农村配方施肥、化学除草、病虫害防治等农资兴农工程。

【农产品经纪人协会】 2013年，筠连县农产品经纪人协会有会员250人，按照《协会章程》认真履行协会的职责，切实抓好协会工作，为协会成员提供优质服务。

【遗留问题及来信来访】 2013年，县供销社全力做好企业改制遗留问题和人民群众来信来访工作，明确专人负责，坚持从实际出发，严格按照法规、政策办事。在工作中做到热情接待、耐心解答，能解决的尽快解决，需要相关部门协调解决的，帮助其协调解决，不能解决的给予明确答复，配合沐爱镇党委、政府协调解决原沐爱区供销社剩余资产土地与邻村的矛盾，促进沐爱镇城镇建设。对群众来信来访问题进行认真核查，及时回复信访人和相关部门，把问题和矛盾解决在基层，杜绝越级上访，认真搞好回访，确保社会稳定。

（牟自强）

交　通

综　述

2013年,交通运输工作围绕"构建外联内畅、覆盖城乡的交通网络"总体要求,扎实开展交通运输系统各项工作,县境内有省、县、乡道公路38条,通乡水泥路304.5公里,通村水泥路532公里,各类桥梁154座总长3738延米。2013年度被市政府办评为"十二五农村公路建设先进单位""交通重点工程建设先进单位"、被市交通运输局评为"安全生产先进单位""交通审计先进单位"等。

县交通运输局内设办公室、工程建设股、运输安全股"一室二股",筠连县交通战备办公室和筠连县保护通信线路安全办公室挂靠县交通运输局;下属管理的事业单位:公路运输管理所、公路路政管理大队、公路养护管理段、农村公路项目管理处、筠连县城市交通运输管理所。下属管理的企业单位:宇顺汽车运输有限责任公司(含运输公司、汽车有限责任公司、客运公司仍然独立的3个分公司)、顺欣运业有限责任公司、百兴公司筠连汽车客运站、筠连县筠州公交公司,筠连县兴达公司,筠连县筠都公交有限公司(2013年5月20日成立)、四川宜宾戎通运输有限公司筠连鼎顺分公司、宜宾市戎辰运业有限责任公司筠连分公司。全系统2013年年末职工256人,其中各类专业技术人员80人。

交通建设

【宜昭高速公路】宜宾经筠连、彝良至昭通市的宜昭高速四川段,省政府授权市政府开展BOT招商工作,确定四川宜宾伊力集团为项目投资商。根据市政府高速公路指挥部第一次会议安排,于2013年开工建设,资金投入不少于5亿元。9月初,筠连项目指挥部召开工作会议,安排布置前期工作,已完成项目范围内房屋现状和土地附作物情况拍摄。11月25日,完成征地26.67公顷(400亩),施工单位进场施工。

【筠巡快速通道】筠巡司快速通道分两期。一期工程,完成施工便道修建,路基修建完成1公里,定水河中桥桩基完成40%,隧道单洞洞身开挖完成进尺500米,完成累计投资约2亿元(包括土地和房屋拆迁)。筠巡快速通道二期工程是其一期工程的延长线,可研于8月经市发改委立项,环评、用地预审工作全面开展;12月,公开招商确定重庆市黄浦建设集团有限公司为投资商。

【省道绕城段规划】2013年,属省道S206线县城绕城段新建工程,全长6.022公里,按双向二车道二级公路设计,设计速度40公里/小时,路基宽度10米。完成项目选址建议书编制并获批复,相关前期工作全面开展。

【梅家坳隧道建设】维新至乐义梅家坳隧道,设计全长684.79米,其中隧道340米、引线344.79米。隧道全线贯通,隧道连接线基本完成,完成总工程量的85%。

【公路项目投资】2013年,争取到通村水泥路建设计划191.6公里,中央车购税补助资金4790万元。争取到新农村示范片公路建设计划11公里,省级补助资金220万元。农村公路改善工程补助42.2公里1688万元。争取到渡改公路桥1座(大雪山中坝大桥),省级补助资金194万元。塘坝乡幸福桥渡改桥1座,省级补助资金65万元。全年共争取项目资金6957万元,全部到财政账户。

【公路建设】一是全面推进年度新开工79.8公里通村水泥路建设;定水河县城段第四座跨河大桥,全长73米,桥面宽度24.5米,已完成孔桩浇筑和25块预制梁板浇筑,完成总工程量的70%;完成塘坝木映村市政道路木映桥—清溪沟建设,全长1.3公里,路面宽度6.5米;完成海瀛桥加固整治工程建设全长57米,桥面宽度7.5米;完成龙镇至蒿坝、龙镇至孔雀乡镇连接路的财政评审,开展招标;省道S206线县城绕城段新建工程,完成项目建议书编制并通过批复,积极开展相关前期工作。二是续建完成2012年通村水泥路74公里建设;武德至蒿坝通乡水泥路改建工程,完成路缘带双幅17公里、手摆片石层双幅17公里、水稳层双幅13公里、浇筑面层双幅10公里,完成总工程量的80%。

【公路隐患整治】2013年，投入资金30万元，完成塘孔路凉风坳、令牌山路段地质灾害市级安保工程整治。投入资金180余万元，完成市政府下达2013年安装波型护栏1万米。投入资金225万元，完成武德老公路、双龙路、腾维路、水茨至巡司、高坪至蒿坝的陡坡、弯急9000米县级安保工程波形护栏安装。

【公路养护】2013年，投入资金350余万元，整治受损混凝土路面积14638平方米，完成筠民路、水腾路、巡牛路等路段道路隐患排查治理，清理排水沟12.6万米、涵洞18道，新建排水涵洞1道。投入资金14.6万元，完成镇舟加油站和高坎场镇滑坡地段治理。投入资金16万余元，对管养路段公路交通设施进行维护保养和治理，改善交通通行环境，提高好路率综合值。

运输管理

【公路货运】2013年，继续加快运输结构调整，转变运输增长方式，提高道路运输发展能力。全年完成货运运输量311万吨、货物周转量21800万吨，分别比上年同期(下同)增长28.01%、28%；新增货运车辆200台，提高货运运输能力。

【公路客运】2013年，新增客运线路3条，新增客运车辆3台，更新6台，完成客运量410万人次，客运周转量20590万人次，分别增长23.75%、25%；年末，全县有参营客车120辆。春运期间，全县日均投放大小客车148车辆，开行8800余班，进出川民工2.8万人次，安全运输旅客26.88万人次。道路专业客货运输总行程预计800万车公里，其百万车公里责任事故频率四项指标均在市控范围内，无道路运输源头管理责任事故。

【农村客运站点建设】2013年，启动巡司农村客运站站点建设，累计建成并投入使用农村客运四级站1个、五级站1个，简易站4个、招呼站5个，在建1个。

【乡镇公交通车】2013年9月3日，筠连县乡镇公交线路正式通车运营仪式在巡司镇举行，率先在全市开通乡镇境内公交车，投资420余万元，开通5条无人售票公交路线，投放公交车11辆，预计日发班90次，日均运载旅客8000余人次，票价2元/人，学生、残障、军人等群体凭证件半价乘车。其中巡司镇开通线路4条，单程总里程28公里，设站点8个，投放客车8辆；维新镇开通1条线路，投放公交车3辆。

【交通运输管理】2013年，深化行业改革，强化安全监管，规范汽车维修行业管理，加强汽车客运站管理，规范驾校培训行为。全年检查维修企业100余家，纠正处理不规范经营行为20余家。共培训驾驶学员(C1)1210人。抓好企业、车站、维修企业、驾校的质量信誉考评和安全资质评审，县宇顺公司被市道路运输管理局评为AAA级企业、县顺欣运业有限公司被县公路运输管理所评为AA级企业。

【城市公共管理】2013年，加强城市公共交通规范和管理，加大上路检查和安全宣传工作力度，从源头上加大对非法营运的黑车、电瓶三轮车的打击力度，共发放宣传资料5000余份，出动执法人员1200人次，检查营运车辆4800人次，查获“黑车”20台次，检查其他违法、违章行为100余台次，配合交警查处和收缴非法电动三轮车80台、人力客运三轮车40台。

【城市公交车运行】2013年，全县共有公交车14台，出租车30台，人力三轮车615台。城市公交运营工作稳步推进，全年累计安全行驶310万公里，其中公交安全行驶70万公里，出租车安全行驶250万公里；公交车全年运量324万人次，周转量486万人公里；出租车全年旅客运量167万人次。事故次数0.077次/百万车公里；死亡0人/百万车公里；伤0.064人/百万车公里；经济损失0.1万元/百万车公里。无一起死亡3人以上的重、特大责任事故发生，无重大职工伤亡事故和重大灾害事故发生。

【三轮车换牌】2013年，对三轮车实行“三换一”(新旧车更换时车主必须提供三辆旧人力客运三轮车和三套与旧车相符的牌证手续，更换后旧车统一销毁，废铁残值所得归车主所有)方案进行三轮更新，至年底，有198台车完成更换。一是全年更新三轮车198台，有21台旧三轮车陆续进入登记更换阶段。更换方法：由县运管所和县人力客运三轮车协会牵头，组织县内现有人力客运三轮车共615台以“三换一”的方式更换新车运营。二是统一新车车型，由协会统一采购，购车费用由车主自行承担，主管部门签发牌证后投入营运，三轮车产权属车主所有。新人力客运三轮车由成都川王机械厂生产制造，外形典雅美观，质量性能优良。三是对未行更换的车型的处理，换车属自愿更换，不愿意更换的车主恢复原运营规定，即按颜色三天跑一天进行营运，主管单位不予换发新牌证。

【三轮车管理】2013年，加强县城人力客运三轮车管理，人力客运三轮车由县交警大队、县运管所负责登记和通行管理，从事营运的人力客运三轮车必须按规定设置制式、号牌，按时参加年审，车主必须按时参加主管部门组织的学习培训；实行人力客运三轮车定人驾驶制度，每车允许办理服务证、正证、副证各1本；经营期限为6年，期满后经营资格自行终止。加大对人力客运三轮车不遵守营运秩序等违规行为的查处工作力度，转借、挪用、涂改客运人力三轮车号牌和营运证照的，由交通管理部门处以50元罚款；已注册登记的客运人力三轮车未悬挂号牌上路行驶、超载人员，或者有其他违反交通安全法规行为的，由交通管理部门处以警告或5元以上50元以下罚款；客运人力三轮车经营者拒绝接受罚款处罚的，可以扣留其车辆。擅自设置车身商业广告、车容不整洁、影响市容、在人行道上不按规定停放车辆的，县公路运输管理所责令改正，可处5元至100元不等的罚款。

【打击非法营运】2013年，继续加强对运输市场的监管，维护运输市场稳定，全年无重大不稳定事件发生。开展打击非法营运活动，出动执法人员1268人次，共发放宣传资料5000余份，出动执法人员1200人次，检查营运车辆4800台次，查获“黑车”20台次，其他各类违法、违章行为100余台次，收缴非法电动三轮车80台，人力客运三轮车40台。

【交通安全】2013年，认真开展“安全生产月”“百日安全”活动(12月20日–3月30日共100天)，全县安全生产百万车安全考核频率(肇事经济损失、死亡率、致伤率、责任事故率)4项指标均低于省控指标，指标频率分别为责任事故率0次、死亡率0人、致伤率0人、肇事经济损失0万元，无道路运输源头管理责任事故。完成“百安活动”“安全生产月”“十一”、汛期及各阶段重点行业和领域安全生产专项整治任务。实现全年无道路交通安全责任事故，安全工作取得明显成效。

交通法治

【交通执法】2013年，全县查处路政案件9起，其中处罚案件5起、赔(补)偿案件4起，结案率100%。清除道路障碍120处，查处公路建控区内违章建筑26处，发现率100%、查处率100%。全年无一起交通行政复议、诉讼案件。

【规费征收】2013年，继续执行财政财务管理制度，专项资金使用，实行专款专用专管，确保资金的使用效益。强化规费征收，切实做到应收尽收，全年共征收公路补偿费500万元，无违规、违纪、擅自调整预算项目、非生产性支出挤占生产性资金的情况。

【路政管理】2013年，加强超限运输的现场和源头、超限检测密度和站点的管理，充实路政执法队伍。继续做好路政管理工作，加大车辆超载超限治理和安全隐患排查整改工作力度，上路巡查320天，共排查安全隐患15处，搞好公路建控区的控制，保护路产路权。

【乡镇交管站管理】一是加大乡镇交管站工作指导，组织各乡镇交管站的36人参加市交通运输局行政执法换证考试培训，实行交通执法中的执法标志标识、执法证件、执法服装、执法车辆和执法场所外观的“五统一”。二是督促乡镇交管站把好村道公路建设质量关，乡镇交管站负责村道公路工程建设的质量巡查和监督，及时向县交通运输局反馈督查信息。三是乡镇交管站负责辖区内道路运输市场的管理，维护运输秩序，纠正违章运输行为，监督检查运价执行情况，调解当地公路运输业经济纠纷，进行经常性的政策、法规和职业道德的宣传教育，严把乡、村道建控区的管理，农村居民建房离乡道公路的距离不得少于5米，离村道公路的距离不得少于3米。

【教育培训】坚持开展以理想信念、宗旨观念、法制、职业道德为主的“四项教育”，开展廉政警示教育3次，参教人数120人次。在公路沿线开展2次大型法律法规宣传活动，发放宣传单(册)5500余份，开展安全文明廉政“365天”主题活动，以文明创建活动为载体，转变工作作风，文明执法，树立路政队伍的良好形象。

(尹丽鸿)

信息产业

筠连县邮政局

【概况】2013年，县邮政局以“人民邮政为人民”为宗旨，主要开展邮政储蓄、函件广告、报刊发行零售、速递、集邮、分销物流、电子商务、中邮物流、代理保险等业务，投递总长约210公里，邮路2条。内设综合办公室、市场部、监督检查部、报刊经营中心、函件集邮中心、代理业务中心、分销业务中心。下设2个营业部、3个支局、5个邮政所，有员工118人，其中退休职工26人、合同工41人、劳务工51人。

【机构调整】2013年3月，根据市邮政局改革方案，把市场部划分为4个专业中心，即代理业务中心、分销业务中心、函件集邮中心、报刊经营中心。

【经营业绩】2013年，业务收入实现1383.72万元，其中邮务类350.65万元、代理金融类924.59万元、速递物流类87.92万元、其他类20.56万元。

【经营发展】2013年，一是大力发展邮政增值业务、金融业务，对代理金融业务实行“单点经营、薪酬核包”考核激励政策，以提高网点人员主动发展业务的积极性；积极争取项目款，确保储蓄余额增长。二是代理航空客票业务，从无人知晓到客户主动咨询购票，得到社会各界的关注和认可。三是抓好窗口服务，通过改善窗口服务形象，统一着装，提供优质服务，树立良好的网点形象。四是开展“千万客户大走访、千亿存款大巩固”专项营销活动。

【财务管理】2013年，严格行使财务监督管理职能，全面做好预算工作，超费用不支付。2月，印发《筠连县邮政局财务报账管理办法》，压缩不必要的非生产性开支，进一步加大成本费用控制力度；在加强固定成本费用管理的同时，压缩各项可变成本费用和管理费用，严格控制通信费、差旅费、办公费、会议费、业务招待费的支出，各部门实行费用成本制度，应付款实行审批单制度，采购实行购物审批单制度。加强邮件运输和关费用管理控制，压缩非生产用车，全面实现集中采购。加强对分销库存、欠费检查和规范管理，降低欠费和库存带来的经营风险。

【安全生产】2013年，贯彻执行“安全第一、预防为主”的方针，开展“全县代理金融网点风险等级评价活动”“全县邮政金融网点不规范经营专项整治活动”“邮政金融营业网点服务质量专项检查”“安全生产月”、押运钞人员防抢防盗实弹演练等活动。1月，按照安全部门标准，对金库进行改造，确保职工生命和企业财产安全，防止事故发生。强化安全生产意识，更换网点监控设备1台、增加监控设备2台，维修前台金库保险柜，及时更换不能使用的保险柜，加大企业安全综合治理工作力度。

【队伍建设】抓好岗位资格性培训、适应性培训、提高性培训，通过开展岗位技能竞赛活动，员工整体素质得到明显提高，为企业经营发展提供有力支撑。全年参加职业技能鉴定11人，获高级资格认证10人。

（黄金凤）

中国电信股份有限公司筠连分公司

【概况】2013年，中国电信股份有限公司筠连分公司（以下简称电信公司）按照“加快发展、推进创新、扩大合作、夯实基础、提升价值”总体要求，坚持“强基固本、差异竞争、统筹兼顾、双轮驱动”16字方针，以“情系客户，情系员工，加强发展方式转变”为抓手，以“快、高、全”为指导，大力提升宽带竞争力，系统增强全业务经营服务能力，企业两个文明建设工作取得实效。电信公司经营效益评价在全市评比中得分91.29分，排名第二名，获县委、县政府年度目标考核一等奖。

【内部机构调整】2013年8月，电信公司班子进行调整，完成内部机构调整，对人员重新配置，通过岗位设置和划小责任单元及收入认领改革，有效调动人员的能动力。由张军担任总经理，主持电信公司全面工作；黄涛担任副总经理，分管市场经营工作；刘宇强担任总经理助理，分管网络维护及客户服务工作。

【项目建设】 2013年，完成县人民政府综合应急指挥平台建设、县内全球眼一期高清改造、“12356”阳光计生平台建设及计生E通、纪委四级网建设、司法E通、教育系统金财网光纤建设等工程项目。

【经营管理】 一是围绕经营中心任务，转变经营观念，贯彻聚焦客户的信息化的移动发展策略，转变发展方式，大力提升宽带竞争力，系统增强全业务经营服务能力，网络支撑能力得到快速发展。二是加强服务规范和流程穿越的过程管控，强化装移维时限，提升服务质量和管理水平，推行个性化、差异化服务，满足客户需求，全力打造“中国电信”品牌形象。三是全面推进精确化管理，提升企业可持续发展能力，加快推进服务、创新、流程文化、存量保持、渠道建设、知识管理六大TOP项目的建设。四是提高集中管理效益，落实执行C网、融合业务、宽带、ICT项目服务，以创新思维加快渠道拓建，外渠内管，双轮驱动。五是持续开展“情系客户，加快发展方式转变，让客户满意。

（刘宇强）

中国移动通信集团四川有限公司宜宾分公司筠连分公司

【概况】 2013年，中国移动通信集团四川有限公司宜宾分公司筠连分公司坚持弘扬“正德厚生，臻于至善”企业文化，把树立行业新风，创建文明企业，积极推进精细化管理、注重提升企业软实力、努力创建和谐企业、全面助力筠连建设跨越发展。

【企业发展】 一是坚持市场导向，市场转型、做移动通信市场的主导者、综合信息服务的领先者、信息社会的中坚力量，抓好TD终端销售，推动民族自主产业的发展，全年销售TD终端5.6万多台。二是坚持有效分流，抓好流量经营，实现协同发展。对智能手机用户提供免费软件使用体验，体验用户有6500多户。三是抓好集团专线建设，扩大市场份额，科学配置资源，全年完成专线建设148条。四是进军家庭客户的宽带建设领域，降低家庭用户宽带使用成本，移动客户免费体验宽带服务，全年发展2100户。

【企业管理】 一是抓好全员学习能力建设，搭建学习平台，通过企业内训师授课、中国移动网上大学平台、手机M-learning平台等多种方式，实现员工参与率100%，全年组织80余次集中培训。二是新营业厅建设，打破传统销售模式，实现销售人员与客户的零距离接触。完成自办营业厅新型营业厅的建设，合作伙伴的新型营业厅打造也在建设中。三是开展行风建设，提高客户满意度，中国移动率先推出服务监督测评。

【网络建设】 2013年，建成和在建设G网站点4个，建成村通站点9个、室内覆盖12个点、3G站点36个，解决12个村组的弱覆盖、4个县城内小区的弱覆盖，3G开通到除团林苗族乡、孔雀乡和联合苗族乡外的所有乡镇，县城室外3G网络覆盖率达98%。继续新建村通基站解决3-5个弱覆盖的村组，村通宽带解决20-30个行政村。

（余 汇）

中国联合网络通信有限公司筠连分公司

【概况】 2013年，中国联合网络通信有限公司筠连分公司（以下简称联通公司）深入践行企业转型、科学发展，全业务发展稳健，狠抓常态化营销和集团拓展，实现移动、宽带放量突破，坚持“渠道为王”的经营理念，着力加快内外渠道建设，提升渠道核心竞争力，全年联通公司整体业务同期增幅9.58%。

【网络建设】 2013年，新建3G基站17个；固网建设中，新建小区端口1200个；投入资金600余万元，改善自身硬件实施，为服务于用户奠定更加坚实的基础。

【队伍建设】 2013年，在管理及技术方面进行创新和推广，对促进内部管理，推进企业管理现代化，提高企业的经济效益和社会效益起到积极作用。积极开展各种学习活动，增强员工的归属感及综合业务能力，全年组织参加市、省级各类培训和学习达46人次。

（王丽娜）

教　育

综　述

【概况】2013年，全县教育工作以“全面提高办学效益、努力办人民满意的教育”为总体目标，全面推进“质量提升、队伍建设、教育惠民、校舍安全、职教攻坚、营养改善、标准化建设、学前教育、解决农村义务教育若干问题”9项工程，优化基础，推进各类教育协调发展。进一步完善义务教育评价体系，落实中小学教育教学管理常规，促进学校管理更加规范化、精细化。切实履行义务教育责任，全面落实“农村义务教育经费保障机制改革”等各项政策措施，加大投入改善办学条件，加快教育发展步伐。义务教育质量稳步提升，普通高中教育质量创历史新高，职业高中教育稳步前进，学前教育、特殊教育、成人教育、民族教育进一步发展。

【教育活动】1月22日，市教育局党委副书记李春林、人事科科长陈骏一行3人到职教中心的工程建设情况进行调研，县政府副县长王见华等陪同。2月21日，市教育局纪委书记李卫一行对大雪山镇石龙小学选址重建、春期学生临时安置等进行调研。2月22日，2013年春期开学暨学校安全管理工作会在教育局小剧场召开。2月28日，市教育局副局长杨随军一行视察塘坝乡中心校、双腾镇中心校、双泉中学、县幼儿园、筠中的开学工作。3月29日，召开全县教育系统学校安全管理工作培训会，有学校校长、分管副校长及安全工作人员参培，共115人。4月17日，市教育局党委副书记李春林一行3人到筠连检查师德师风建设工作。5月12日，县教育局组织、指导各学校开展防震减灾的宣传教育和应急逃生演练。7月24日，市教育局副局长李力、市委市政府督查目标办目标管理科副科长罗昊一行4人到筠连督察解决农村义务教育问题工作进展情况，实地查看筠连镇景阳小学食堂、县职教中心建设情况。11月13日，市教育局局长伍小兵、市教育局总督学周泽高、职成教科科长虞强、教科所副所长李佑春、教科所职教教研员沈林、市教育局办公室江波6人到筠连调研职业教育。12月4日，全县解决农村义务教育若干问题工作廉政教育暨工作培训会在教育局小剧场召开，对农村义务教育基础设施项目建设涉及人员进行廉政教育及相关业务能力培训。

学校教育

【幼儿教育】2013年，筠连县幼儿园、巡司镇幼儿园、双腾中心幼儿园成功创建为星级幼儿园，验收合格。全县有省级示范性幼儿园1所，即筠连县幼儿园；乡镇幼儿教育示范园1所，即巡司镇幼儿园。各乡镇中心校、胜利街小学、希望小学及大部分村小均附设有学前班。全县有幼儿园49所，其中公办2所、民办47所；在园幼儿10497人，幼儿入园率74.7%。

【九年义务教育】2013年，县委、县政府全面推进解决农村义务教育若干问题项目建设工作，确保义教项目建设工作快速有序推进。全县有公办初级中学7所、县城小学2所、乡镇中心校17所、基点校13所、村小161所。乡中心校9所、基点校13所、蒿坝镇中心校、筠连镇白花村小为九年一贯制学校(即设有小学和初中)。筠连县第二中学校以普通高中教育为主，并承担沐爱镇范围的九年义务教育；筠连县第三中学以承担巡司镇范围的九年义务教育为主，停办普通高中班；双泉职中停设职业高中，承担双腾镇范围义务教育中初中阶段的教育任务。全县民办小学2所，学生285人，无民办初中。全年全县义务教育在校生51415人，其中初中16352人、小学35063人；义务教育普及程度：小学入学率100%、辍学率0%、完成率99.93%；初中入学率99.84%、辍学率0.74%、完成率95.28%。

【普通高中教育】2013年，全县普通高中3所，即筠连中学、筠连二中、筠连三中(2012年秋期停止招生)。全县普通高中在校生5551人，其中筠中4280人、第二中学1201人、第三中学70人。全县高考本科上线人数大幅上升，参加高考1619人，本科上线397人（含艺术类），上线率31.65%，其中重点本科上线23人。

【职业高中教育】2013年，县政府继续加大职业教育发展力度，切实加强职业教育工作的领导和统筹，大力推进“筠连县职业教育中心”建设。继续推进职业高中招生制度改革，实行“免试直升入学”，进一步规范高中教育招生行为，引导初中毕业生进入职业高中学校学习，两类高中基本实现协调、均衡发展。全县职业高中在校生3886人，有职业高中学校2所，即城南职中、双泉职中(2012年秋期停止招职业高中生)。城南职中设置汽车维修、酒店服务与管理、计算机及应用、电子技术应用、数控技术应用、幼师、服装设计与工艺等专业。职业高中教育以市场需求为导向、服务地方经济为宗旨，重视专业技能教学，坚持“按需办学，多向培养”的办学思想和“特长”培养目标，与乐山师院联办大专班。城南职中曾与富士康集团、东莞台达集团、昆山纬创电子公司、珙县曾材制衣厂、筠连瑞丰生态种植养殖加工专业合作社联办，取得良好效果。

【职高困难生资助减免】2013年，中央和地方政府继续共同出资设立中等职业学校国家助学金，主要资助具有中等职业学校全日制学籍在校一年级、二年级所有农村户籍学生、住乡镇非农村户口学生以及城市家庭经济困难学生的生活费开支，标准为每人每年1500元，按每年10个月、每月150元逐月发放，共有370名中等职业学校学生受助，受助金额47万元。落实中等职业学校六类贫困生免学杂费政策，标准每人每学年1800元，共减免226万元。

【特殊教育】继续实行“三残”儿童随班就读措施，抓好特殊教育，提高义务教育普及程度。建立健全残疾儿童少年随班就读保障制度，全县“三残”儿童少年免费接受义务教育，所需经费全部由县财政专款解决。2013年，全县残疾儿童少年在校学生201人，其中县聋哑校在校学生65人；全县“三残”儿童的综合入学率95.24%，聋哑童入学率85.59%、盲童入学率100%、智残童入学率93.7%。在县聋哑学校住读的残疾学生享受县政府每人每月120元生活补助。

【成人教育】一是继续在初中毕业生中实施为期一周的实用技术培训，毕业证书、绿色证书双证齐发。二是实施阳光工程培训、建卡贫困户培训、酒都培训等系列农村劳动力转移培训。

【民族教育】2013年，全县除3个苗族乡外，有蒿坝镇合力民族校、腾达镇新民民族校。民族教育事业发展继续得到县委、县政府在改善办学条件资金投入、教师安置、“两免一补”方面的政策支持，全县少数民族地区中小学已消除危房，教学用房满足教育需要。全县少数民族在校生1894人，其中小学1063人、初中578人、高(职)中253人；少数民族在校女生843人，其中小学503人、初中232人、高中108人。少数民族义务教育贫困学生优先享受住校生活补助政策，少数民族子弟接受义务教育程度达到全县义务教育普及程度平均水平。

教育管理

【农村义务教育经费保障】2013年，继续全面落实“农村义务教育经费保障机制改革”等各项政策措施，努力促进农村义务教育均衡发展。实施“两免一补”政策，免除全县义务教育阶段学生51415人的全部学杂费，免费使用教科书(音乐、美术等教科书循环使用)；小学每生每学期只交15元作业本费、初中每生每学期只交20元作业本费；按每生每年小学1000元、初中1250元的标准，全年向农村义务教育阶段贫困寄宿生3098名补助生活费共443万元。提高义务教育生均公用经费标准，小学每生每年60元，初中每生每年60元。全县投入义务教育经费31799万元，改善办学条件经费3778万元；义务教育学校扩大用地42688平方米、新增校舍31714平方米、新增微机2729台、建成网络教室55间和多媒体教室529间。

【农村义务教育经费统筹】2013年，继续推行“各级人民政府分项目按比例分担、经费省级统筹、责任市(州)落实、管理以县为主”的农村义务教育经费投入保障机制。依法征收城市教育附加用于教育，中小学生均预算内公用经费列入财政预算，保证按标准足额拨到学校。县级财政生均公用经费拨款达到省定标准，小学20元、初中40元。转移支付经费和上级拨付的学杂费、公用经费全额划拨到教育部门，教育部门及时划拨到学校，保证学校正常运转。教职工工资由县财政承担，按月足额发放。教育主管部门在全县学校推行教职工工作“四测评一常规”考核制度、轮岗交流制度、规范教职工上下班制度、规范学校财务管理制度等规章制度。学校管理更加规范化、精细化，教职工的工作积极性明显提高。

【教育行政管理】2013年，县教育局内设行政审批办公室，负责教师资格认定、民办教育学校、网络教育学校等行政审批。筠连中学、城南职中等9所学校校长由县教育局提名，县委组织部牵头，县教育局等部门参与考察，报县委审批后，由县委组织部提交给县政府发文任命；其余中小学校长的考察任免权归属教育部门，校长考察、选拔、任命、日常管理、交流、考核等根据干部管理条例和工作需要均由县教育局负责组织；村级学校负责人由乡镇中心校或基点校任命。县教育行政主管部门管理中学、乡镇中心校、基点校级别；村级学校由乡镇中心校或基点校负责管理；民办学校校长由董事会提名，报县教育审批。

【学校建设】2013年，不断改善中小学办学条件，学校校舍不断增加。全年投资3362万元实施中小学校舍建设，新建校舍21285平方米，实施学前教育5项、校舍维修长效机制12项、教师周转房3项。投资1000万余元，新建计算机网络教室55间、多媒体信息化教室529间，配备短焦投影仪529台、电子白板529张，配备液晶电视机47台。充实和完善43所中小学教育装备，新建标准化实验室13间，补充图书16万册，补充图书柜、仪器柜700个；还补充价值383万元的教仪、器材。

【师资队伍建设】2013年，县委、县政府进一步加大师资补充力度，拓宽补充渠道，健全教师补充机制，解决师资不足问题。采取引进高校优秀本科毕业生、公开招考高校毕业生、引进县外优秀教师、向社会公招教师等办法补充教师。全年有正式教师3516人，面向社会招聘大专学历以上教师103名、引进大学外地优秀毕业生45名；教师职称中特级1人、高级187人、中级1132人、初级2196人。全面落实义务教育教师绩效工资政策，义务教育教师工资与公务员工资平均水平持平。

【教师继续教育】2013年，继续鼓励教师学历进修，有教师参加学历进修本科305人。大力实施中小学教师继续教育工程，健全并实施教师继续教育全员培训和校本培训制度。送培中小学教师804人、自培中小学教师8953人次。开展中小学师德师风提升活动，提高教师师德水平。坚持开展暑期教职工集中政治学习活动，促进教职工的依法执教水平，教育行风发生较大转变。

【教师人事改革】2013年，继续推行事业单位人事制度改革，学校工作定编定岗，实行聘用制。推行教师全员聘任制，制定教师聘任方案，明确岗位职责，采取一级聘任和二级聘任相结合的办法，坚持公开、公正、公平、择优、双向选择原则，打破岗位界限，教职工志愿选择岗位，体现自己的特长和价值。全面实施教师资格制度，面向社会开展教师资格认证工作，共认定教师资格89人，其中幼儿园21人、小学31人、初级中学37人。

【民办教育管理】2013年，加大民办教育管理力度，加强执法，规范民办学校的办学行为、教育管理。对符合办学标准的民办幼儿园或学前班颁发“办园（班）许可证”。对全县民办幼儿园教育进行清理整顿，依法对办学条件达不到标准的民办学校予以取缔。

【县内考试招生】全县所有小学毕业生实行免试就近入读初中。初中毕业生会考、升学考试同步，由县教育局统一组织实施、统一阅卷；中职招生由县政府对市政府计划进行分解，具体落实到各乡镇、学校。高（职）中毕业生由县招办统一组织参加全国高考，成人高校招生考试由县招办统一组织。全县招生情况为小学5785人、初中5662人、普通高中1900人、职业高中2481人。

（邹修强）

主要学校简介

【筠连中学】四川省筠连县中学（以下简称筠中）创建于1940年，是县内办学历史最早、规模最大、师资力量最强的普通高中学校，坐落于筠连县城南定水河畔，校区占地13.33公顷（200亩）。2013年，有教职工280人，其中特级教师1人、特级教师后备人选2人、高级教师67人、国家省县级优秀教师（骨干教师）近100人，教学班级82个，在校学生5000余人。

学校狠抓教师队伍建设，教育教学管理，校园环境建设。先后获得“中央教育科学研究所‘十一五’重点科研课题实验学校”“四川省文明单位”“四川省卫生先进单位”“四川省家长示范学校”“四川省德育工作先进单位”“四川省阳光体育示范学校”“四川省体育传统项目示范学校”“四川省园林式单位”“四川省模范职工之家”等称号；先后有陈亚丽、赵洪、赵亮、付健、赵华虎、张光平、张伟、谢刚、杨雷、李扬、苏杰、赖先刚、刘玉忠、王昆仑、倪有意等上百名学子考入北京大学、清华大学、复旦大学、浙江大学、中国人民大学、中国科技大学、同济大学、武汉大学、北京师范大学、澳门大学等全国重点高校。教育教学质量逐年提高，重点本科、本科上线人数连年上台阶，连续4年获全市普通高中高考教学质量评价一等奖，2011年的“特别嘉奖”是全市唯一。

学校积极为师生全面发展提供平台，教师参加编辑出版教学专著10余部，国家级、省级发表论文或获奖论文若干，指导学生参加市级、省级、国家级学科竞赛、演讲比赛并获奖。1984年起，每年举办“筠中之声艺术节”，提升学生素质，扩大筠中影响力；2013年有3名外籍教师到校任教，实行小班化教学。

【筠连县第二中学】筠连县第二中学创建于1941年，坐落于沐爱镇场镇南侧，由A、B两区构成，占地6.67公顷（100余亩），建筑面积2万多平方米。2013年，学校有教职工177人，其中中高级教师88人，国家、省、市、县级优秀教师、骨干教师36人；在校学生3000多人。

学校先后被评为“省级卫生单位”“省级无吸烟单位”“市级文明单位”“市级绿色学校”“市级校风示范学校”“市思想政治工作先进集体”“市阳光体育示范校”等。

【筠连县第三中学】筠连县第三中学于2004年8月经县政府批准，由原巡司中学和巡司镇光明中学合并而成,2013年有学生2200余人;教职工160余人,其中高级教师23人,中级教师66人,有省、市级骨干教师和学科带头人30人。经县委、县政府同意扩容建设,占地面积6公顷(近90亩),新建400米标准化田径场、学生食堂、综合大楼、教师周转房、学生公寓。学校有标准化理、化、生实验室、图书管理室,新配置2间微机室和1间电子备课室,实现电脑班班通、教师办公室电脑联网络。

学校先后获"四川省阳光体育示范学校""四川省卫生先进单位""宜宾市文明单位""宜宾市加强和改进未成年人思想道德建设先进集体""宜宾市校风示范学校""宜宾市依法治校先进单位""宜宾市应急管理示范单位""宜宾市体育先进单位"等称号。

【城南职业中学】 筠连县城南职业中学于1986年9月经宜宾地区行政公署批准获名,学校原址位于城南环城路旁。1999年迁入玉壶公园原筠连中学校址。2013年秋期迁入新校址——筠连镇莲花村,占地6.67公顷(100亩),校舍建筑面积40687平方米;有教职工70余人,学生2400余人,30个教学班。设有电子技术应用、数控技术、计算机应用、服装设计与工艺、酒店服务与管理、学前教育及汽车维修等专业。

【双泉职业中学】 双泉职业中学校创办于1972年,经过基础建设,学校发展壮大。2013年,学校占地1.33公顷(20亩),建筑面积6700余平方米,有2400平方米的教学楼1幢,学生食宿楼3幢,教师宿舍楼1幢;有12个教学班学生600余人;有教职工54人,其中市级学科带头人2人、国家书法协会成员1人、省市优秀班主任2人、省市优秀教师6人、市级先进教育工作者2人、市级德育先进工作者1人、省市县级骨干14人、县级优秀校长2人,学历达标率100%。

学校有以民主自治为根基,以感恩教育为主体的教育特色,致力于将学生培养成厚德正品、本真乐观、高度自治的人。着力推进内涵式发展,抓住双泉校名中的带水特性,抓住水的"以柔克刚、因势利寻、顺势而为、海纳百川"特点,打造双泉职业中学特有"水文化"。顺应现代管理的发趋势,把情感管理理念的核心"人和"作为突破口,率先提出教师不满足于当好"辛勤"的园丁,更要成为"心晴"的教育者,才能育出"阳光"的合格公民。学校文化定位为"水文化",依托水的纯净、健康的文明形象,将水的服务精神、执着精神、团队精神、包容精神、创新精神等渗透到学校的物质文化、精神文化、行为文化中,促进每位师生成长与发展;"以人为本,以水为魂,奠基人生"的办学理念,"厚积薄发,滴水穿石"的校训内涵,"博学、善思、明礼、诚信"的学校精神,建成水文化、生态型、开放式农村中学的办学目标。构建较为完备的"三段八环"高效生态课堂体系和"终身学习式"教师发展体系,拓宽学生视野,陶冶学生情操,激发学生进取的热情,学生的能力与素质、兴趣与个性、思维与品格在课堂上得到充分的培养。学校、家庭、社会在德育中三位一体,学校、班级、学科在德育中上下一致,构建多层次、全方位的育人体系,培育学生人本情怀,提升教师人文素养,丰富文化积淀。

学校先后获宜宾市绿色学校、宜宾市平安学校、宜宾市廉政文化示范校、宜宾市环境优美示范校等称号。

【景阳中学】 筠连县景阳初级中学于1978年8月经宜宾地区行政公署批准成立，坐落于县城东北景阳山下。前身为清乾隆五十一年(1786)创建的腾川书院,1906年更名为官立高等小学堂,1913年更名为筠连县立高级小学校,1928年更名县立第一高级小学校,1941年更名县立公办中心小学校,1950年更名筠连县中城镇第二完全小学校,1952年更名为筠连县人民街小学校,1978年8月更名为筠连县景阳初级中学校。1986年7月,撤销小东街小学,其校址、校舍全部划入景阳初级中学,并设立民族初中班。1993年2月,经县政府批准,将人民街原进修校的校地、校产划归景阳初级中学。2013年，学校占地面积8000平方米,建筑面积8323平方米;有教职工51人,有教学班13个、学生520人。

【定水中学】 筠连县定水中学建于2001年,坐落于县城筠州南路。占地2公顷(30余亩),有教学大楼1幢,建筑面积3000余平方米，能容纳24个教学班级1200余名学生。有教师住宿楼、足球场、篮球场、250米跑道等配套设施。

学校先后获县级卫生单位、文明单位、"普九"先进单位和市青少年科技教育示范校等称号。

【胜利街小学】 筠连县胜利街小学建于民国3年(1914)秋,位于筠连镇筠州北路,占地9020平方米。2011年秋期,改造教学楼附属设施,学生于4月分散到城南职中老校区、筠中老校区、党校、新筠中就读,2012年秋期迁回。2013年,有教学班47个在校学生2500余人,教职工95人,其中省级骨干教师6人、市级骨干教师21人、县级骨干教师21人，中小学特级教师1人、中学高级教师3人,小学高级教师42人,是全县唯一的省级示范小学、宜宾市艺术特色学校。

学校全面贯彻党的教育方针,更新观念,推进现代技术教育,全面实施素质教育,秉承"让今天的教育成为孩子享用终生的财富"办学理念,以"树德、启智、博雅、笃行"为校训,以爱国主义教育为主线,培养学生"学会做人、会做事、会求知、会共处"理念;重创新和艺术素质的培养,体育和艺术教学是学校发展的特色，加强学生书法、绘画、演讲、朗诵、器乐、歌舞、田径等的培养,多次组织学生参加各级各类比赛并获奖。

学校先后获“四川省教师职业技能示范校”“四川省青少年科技示范校”“四川省科技活动先进学校”“四川省教具改革先进集体”“宜宾市电化教育实验校”“宜宾市校风示范校”等称号。

【希望小学】 筠连县希望小学创建于1996年9月，由北京市西城区区政府捐建，位于筠连镇筠州南路煤都大道旁，学校11933平方米，有新旧教学楼和综合楼各1幢，共7000余平方米，新教学楼2040平方米于2013年秋期投入使用。希望小学是筠连镇中心校，也是宜宾市校风示范校、中国青少年发展基金会“中华经典古诗文诵读工程”试点学校、教育部“班班通”项目学校。2013年，有教职工104人，教学班32个，小学生1868人。校内新建200米塑胶环形跑道、2500平方米的人工草坪足球场及篮球场，有规范的图书室、实验室、计算机教室，每个教学班按项目工程配置有电脑设备、短焦投影仪、交互式电子白板，学校配套资金购买专用的黑板、讲桌和实物投影仪，利用现代教育设备，提高课堂的效益。

2005年起，学校按青少年发展基金会要求以“百萌诵读”活动作为打造德育品牌的重点项目，总结出适合学校开展活动方案，在2–5年级学生中全员开展，有专门教材、每天早晨20分钟诵读时间、每周一节课分班诵读比赛、每期学生过级测试等，使“百萌诵读”能长期、广泛开展，得到家长和社会各界的赞同，成为办学特色之一。同时，注重学生艺术体育各方面素质能力和特长的培养，建有少年宫音乐室、美术室、舞蹈室，开展舞蹈、钢琴、画画、手工、书法等兴趣学习，师生在各级艺术大赛、科技创新大赛中获奖。

学校先后获宜宾市“文明单位”“语言文字先进单位”“科技教育示范学校”“卫生先进单位”“校风师范学校”等称号，小学生足球队每年代表筠连县参加宜宾市中小学生运动会小学生足球比赛，多次获第一、二、三名。

【县幼儿园】 筠连县幼儿园建于1950年，位于县城腹地的新华巷7号，原名筠连县新华街幼儿园，占地面积4480平方米，是全县省级示范幼儿园。初建时有2个班，“文化大革命”中被毁，后办成小学，1987年恢复为幼儿园，实行半日制。1996年秋期起，办成全日制。2010年，县政府投资近300万元按省级标准实施的改造工程竣工投入使用；同年10月，经县政府批准更名为筠连县幼儿园。2013年，有教职工28人，大专及以上学历占86%，小教高级教师占42%，幼儿教育学历达标率100%，

【凤祥学校】 筠连县凤祥学校创建于1994年，位于巡司镇四方街口，是一所民办学校，占地2.54公顷(38.08亩)、建筑24800余平米，有标准化的教学大楼、办公大楼、实训综合大楼、师生住宿大楼，教室33间、配套用房380多间，能供800人同时学习、生活、住宿，总投资3080多万元，集幼儿园、小学、职业中专于一体。2013年，有教师32人，幼教生200多人、小学生400多人、职教生300多人。

学校实施义务教育为主，以幼教为基础、小学为龙头、职教为特色的办学模式。实施以人为本，质量立校，科研兴校，人才强校，以封闭教学育英才、一流服务引生源、艺术德育为切入、质量信誉谋发展的办学措施；坚持公益性奉献精神，教书育人为人师表，“诚、勤、毅、创”为校训，“严、实、精、活”为教风的办学原则；立足自主、创新，立体式管理，开放式教学，多维度学习，科学、民主、优质、高效的教学方式，先进的学习方法，整体优化，培养学生的自主心智、创新精神和实践能力、志向高远、人格健全、基础扎实、特长明显、勇于开拓、挑战未来、热爱祖国，追求完美的新型自豪中国人才为目标。

学校投资800多万元，购进服装专业生产线设备148台(套)高速电动缝纫机，机电、建筑专业高科技的制砖生产线3套日产10万匹标砖。基地有车床、钻床、焊机、内燃机、挖机、铲车、X车等供生产、实习、就业；计算机专业有台式电脑106台、手提电脑62台；实训基地3个，多媒体教学、培训、实习、生产一条龙，服装、计算机、机电建筑、餐饮、家政、旅游6个专业设施齐备配套。

学校每年承担省、市、县劳务品牌、劳务扶贫、阳光工程、城镇待业人员和下岗职工再就业培训，已培训中、初级技术人员42800多名，推向全国就业34200多人、外派劳务培训443人，向日本、马来西亚、约旦、阿联酋等地和中国澳门地区、香港地区输送研修人员163名。

学校先后获“四川省民办教育先进集体”“宜宾市职业教育先进单位”“宜宾市劳务开发先进单位”“宜宾市农民工职业技能培训先进单位”、宜宾市劳务培训先进基地”“中华爱国主义教育先进基地”“宜宾市外派劳务培训基地”等称号。董事长罗家祥先后获省、市、县“农村优秀人才”“四川省民办教育先进个人”“宜宾市职业教育先进个人”“宜宾市劳务开发协会副会长”等荣誉。

(邹修强)

招生工作

【概况】 2013年，招生考试工作牢固树立高度的政治意识和强烈的责任意识，学习贯彻中共十八大精神，围绕维护社会稳定、构建和谐社会、关心关注民生、确保公平公正、努力办好让人民群众满意的国家教育考试目标，圆满完成全年招生自考工作各项目标。

【普通高校招生】 2013年，全县普通高校报考人数1620人，其中文科842人、理科776人、职教2人，比上年(下同)增加283人，上省控线1423人，增加186人。文科

上省控线723人，其中重点本科4人、增加2人，一般本科99人、增加41人，专科620人、增加98人；理科上省控线700人，其中重点本科19人、增加1人，一般本科198人、增加28人，专科483人、增加16人。实录1195人，其中文科622人、理科572人、职教1人，占总报名人数的73.8%。

【成人高校招生】2013年，成人高校招生9月报名，10月考试。全县报名803人，增加4人，其中高中起点专科451人、增加35人，专升本352人、减少31人，在全市位居第二。上线559人，其中高起专文科21人、理科296人、专升本242人，上线率69.6%。

【高等教育自学考试】2013年，共进行2次高等教育自学考试，报名总人数263人，报名科次460科，其中13.1次报考科次199科，13.2次报考科次261科。单科合格的科次111科。毕业生3人。开展向广大考生宣传国家教育自学考试的相关政策和内容，让考生明白参加国家自学考试一样可以成才、同样可以提升素质和能力。

【高中阶段学校（中职）招生】2013年，根据市、县教育局和招办要求，全县高中学校及中职招生工作由县招生办负责考生报名信息采集、志愿信息采集、录取、收费等工作。按照全市统一规定的报名时间（3月20–26日），全县高中阶段及中职招生报名于3月26日结束。考生志愿填报是采取网上填报及现场确认方式进行。一是初中升高中，参加升学考试的报名总人数3707人、减少556人，录取1976人、减少55人，其中筠中高中1475人、减少25人，筠二中（沐爱中学）高中501人、减少30人。二是中职招生五年制大专，参加报名260人、增加154人，录取77人，增加54人。三是报考三年制中专和职业高中，考生人数较多，报名踊跃，报名人数大幅增长。

【考务考籍管理】每次文考前根据考生实际，认真构思、精心安排，严格按考务细则规定，安排好考场教室，对文考工作的每一个环节，从严要求。认真贯彻执行“统、严、细、准、早”的要求，做好报名、信息采集、文件制发等准备工作，把工作做在前头。

【信息管理】2013年，继续实行网上信息采集和网上志愿填报，一方面促进各报名点计算机硬件设备的采购和网络的建设，另一方面对各报名点的微机人员进行信息采集和网上填报志愿的培训。在高考、自考、成考期间，教育、公安、保密、工商、文广、住建、环保等部门联合发布禁噪、整顿交通秩序的通告，确保考场的安静有序。严格选聘考场领导和监考教师，考前对监考员严格培训，做到准时上岗，尽职尽责，圆满完成每次考试任务。

【考风考纪】2013年的采取措施：一是加强学习，提高认识。在安排部署考试工作前，全体人员学习国家教育考试的相关文件。通过学习，进一步明确了招考工作的目的、意义和任务，强化思想素质。二是严格考试制度，严肃执法，对违纪舞弊者依条例处理决不手软。三是挑选政治素质好，业务水平高，勇于奉献的教师担任监考工作。四是加强对监考教师的考风考纪教育、职业道德教育和法纪观念教育。五是继续实行每科考试前随机轮换监考教师的监考管理制度，制定对考务人员的考核办法。六是对考生实行严格“安检”，在每间考场新安装电子屏蔽仪。七是继续使用国家教育考试标准化考点，对考试全程监控，促进考试更加公平、公正、阳光。通过上述措施，杜绝严重违纪舞弊事件和“雷同卷”的发生，树立国家教育考试的良好形象。

（石 勤）

科　技

科技工作

【概况】2013年，科技工作围绕“安全发展、转型突破、‘六化’联动、实干增效”的工作基调，强化改革、创新和发展理念，进一步整合科技资源、提升创新能力、加速成果转化，全县科技综合实力提高，科技支撑经济发展能力进一步提升。

【科技科普宣传】2013年，宣传贯彻中央1号文件精神，组织“筠连县科技专家服务团”开展以节俭为宗旨，以“科技服务农村发展”为主题的“科技之春”、科技活动周、科普宣传日、“4·26”等送科技下乡、送文化下乡、送卫生下乡、送法律下乡的“四下乡”活动，以科技大集、科普展览、技术培训、现场指导等形式灵活多样、内容丰富多彩的科普宣传活动，吸引众多农民群众积极参与。全年，科技专家服务团出动226人次，发放各种资料21.6万余份，技术咨询6530人次，免费义诊1250人次，技术培训86期1.55万人次，直接受益群众5.68万人次。

【科技项目实施与管理】2013年，完善决策管理机制，严格执行科技项目的发布指南、申报受理、评估立项、实施管理、检查督促、评估验收、经费划拨、经费管理、复查复核等操作规程，确保科技经费全额落实到项目实施单位并按要求做到专款专用。抓好省、市、县级科技项目的筛选、审查、申报和立项，共受理科技项目55个，其中申报市科技项目16项。首次经市科技局立项实施市“一抓一”《筠连县优质肉牛养殖产业发展及精深加工关键集成示范》项目，获项目资金100万元；被市财政局、市科技局批准为市级新农村建设科技示范项目1个，经费10万元；实施县重点科技项目30个，获县政府项目奖励经费148万元。市、县项目数和资金数均增长33.5%。

2013年筠连县市级重点科技项目

表7　　单位:万元

序号	项目名称	项目承担单位	安排经费
1	优质肉牛养殖产业发展及精深加工关键技术集成示范	筠连好牛旺凯旋食品有限责任公司	80
		县生产力促进中心	10
		维新镇顺阳黄牛养殖专业合作社	10
2	联络村设施蔬菜生产技术集成与示范	筠连县耘志蔬菜种植专业合作社	10

2013年筠连县县级重点科技项目

表8　　单位:万元

序号	项目名称	申报单位	项目负责人	专项资金
1	筠连县川芝南食用菌产业开发与推广(筠连镇)	县川芝南食用菌专业合作社	詹国辉	5
2	颗粒形特种绿茶加工技术和关键设备研发(筠连镇)	市双星茶业有限责任公司	周涛(余孝存)	6
3	“川红袍”优质红茶新产品开发与应用(筠连镇)	宜宾醒世茶业有限责任公司	陈蓉(刘荣魁)	6
4	香桂炼油基地建设与技术示范(筠连镇)	筠连古楼种养专业合作社	叶海聪	5
5	方竹引种扩繁集成技术示范与应用(筠连镇)	农竹木种植加工专业合作社	肖仲彬	6
6	特色低温牛肉系列食品产业开发与应用(筠连镇)	好牛旺凯旋食品有限责任公司	陈延勇	5
7	智能警务综合服务系统研究与应用(筠连镇)	县公安局	郑云(苏友来)	5
8	筠连红茶连续化生产线建设及工艺参数优化研究(巡司镇)	县乌蒙韵茶业有限责任公司	朱小东(宋紫瑶)	6

续表 8

9	优质黄牛标准化规模养殖技术示范与推广(巡司镇)	县巡司罗家沟黄牛养殖专业合作社	杨代理	5
10	香桂林下优质肉山羊生态放养技术示范(武德乡)	县惠农种养专业合作社	潘显刚	5
11	武德乡羊肉美食文化一条街建设(武德乡)	武德乡政府	钟勇	5
12	白酒糟替代精料在肉牛养殖中的应用与推广(镇舟镇)	县家家乐肉牛养殖专业合作社	梁仁军	5
13	高硬度高抗力物理稳固技术在优质饰材生产高档烤漆套装门上的研究与应用(大雪山镇)	县权林木业制造有限公司	将洪富	6
14	肉牛养殖关键技术推广示范(双腾镇)	县才华黄牛养殖专业合作社	王仕贵	6
15	大樱桃引种和科学栽培技术示范与应用(双腾镇)	筠连县双腾镇沙坝村六组	何本前	6
16	简阳大耳羊引进与肉羊圈养技术示范(双腾镇)	县远志专业合作社	何志远	5
17	红薯粉条标准化加工技术示范应用(筠连镇)	县联络粉条专业合作社	李茂尧	2
18	141 罗幔粉蛋鸡引种示范与推广(筠连镇)	县裕康林牧专业合作社	詹倩	5
19	肉牛优质牧草种植技术推广示范(沐爱镇)	县菜家湾养殖专业合作社	刘发连	5
20	珍稀绿化树种集约经营及立体开发示范基地建设(乐义乡)	县鹏辉园林绿化专业合作社	邓鹏	5
21	筠竹文化园基地建设示范与推广(塘坝乡)	县富农林业开发有限责任公司	卿远才(温涛)	5
22	山林放养绿壳蛋鸡技术集成与推广(维新镇)	县维新镇顺阳黄牛养殖专业合作社	陈波	5
23	新型生态胶合板技术研究与应用(筠连镇)	县同心木业有限公司	卢世和	6
24	速食“筠连水粉”风味工艺研究(腾达镇)	县筠洲诚信商贸有限公司	陶光贵	5
25	金银花规范化种植技术示范与推广应用(沐爱镇)	县荣华银花专业合作社	郭铜	6
26	园林绿化珍稀树种繁育集成技术示范(筠连镇)	县林禾园艺种植专业合作社	林少虎	2
27	肉牛养殖示范基地建设(双腾镇)	县田园养牛专业合作社	田元均	6
28	生态环保养猪技术的推广应用(蒿坝镇)	县长兴种养殖有限责任公司	黄德麒	2
29	生态肉牛养殖示范(团林苗族乡)	县鸿雁肉牛养殖专业合作社	杨启燕	2
30	优质肉牛现代产业链集成技术推广与应用(筠连镇)	县瑞丰生态种植养殖加工专业合作社	张文志	5

【农业科技】一是完善新型农村科技服务体系，抓好优质肉牛、“春风岩李”、茶叶、大棚蔬菜等市县项目，扶持醒世、双星、乌蒙韵、好牛旺、瑞丰等龙头企业，积极争取市“一抓一”《筠连县优质肉牛养殖产业发展及精深加工关键集成示范》项目，获项目资金 100 万元。二是加强农业科技园区建设，打造以高坪、蒿坝、联合、团林为代表的烤烟、笋竹生产示范基地，巡司、塘坝为主的茶叶生产基地，腾达为主的水果、花卉基地，沐爱为主的蚕桑基地，积极协调配合农口部门搞好科技兴农示范项目的评审和验收。三是加强科技服务水平，共建共享统筹城乡发展综合信息服务平台，协办各类培训 86 期次，培训人员 1.55 万人次。四是实施科技兴村建设示范，加强对科技示范村工作的建设、指导和管理，示范作用进一步发挥，腾达镇春风村被命名为市级农业科技示范园区。

【工业科技】2013 年，认真抓好工业科技创新，深入企业、车间、班组，在企业建立科技科室，协助搞好科技攻关，指导企业搞好项目的论证、包装和申报工作，热忱为企业、为科技人员服务。全年共协助企业包装工业项目 10 个，其中申报市、县工业项目 6 个，批准 1 个，总量比上年增长 28%；储备工业项目 6 个。把权林豪门、好牛旺、双星茶业作为高新技术企业进行培育打造，组织申报高新技术企业数较上年度取得突破。12 月 5 日，筠连县乌蒙韵茶业有限公司、筠连县权林豪门制造有限公司被市科学技术局确定为全市第一批市级科技型企业。

【科技成果】2013 年，组织权林、双星、乌蒙韵等申报省市实施专利资助奖励项目。为双星茶业、权林豪门公司成功引进科技成果 2 项，其中权林豪门公司“套装门用五层复合板技术”获市政府专利转化资助资金 5 万元。

【知识产权保护】2013 年，积极推进知识产权工作，找准结合点着力点，以“科技之春宣传月”“专利宣传月暨 4·26 知识产权保护周”“科技活动周”“科普活动日”等契机，大力宣传专利申请和知识产权保护，开展知识产权培训。邀请市知识产权局领导、专家深入好牛旺、权林豪门、乌蒙韵、双星、醒世等，帮助挖掘知识产权，主动申报专利，全年完成专利申请 41 件，其中发明专利 1 件。

【科技交流合作】2013 年，认真挖掘和梳理全县科技需求，积极整合优势资源，为企业牵线搭桥，全年发布科技需求 18 项，组织筠洲诚信商贸有限公司、乌蒙韵茶业有限责任公司、宜宾醒世茶业有限责任公司、瑞丰生态种植养殖加工专业合作社、维新顺阳等企业(专业合作社)与四川农业大学、省农科院、省林科院、宜宾职业技术学院等院校签订县校、校企合作协议 6 份。

【科技要事】2013 年 2 月 4 日，腾达镇春风村被市科技局、市委农工委命名市级新农村科技园区。9 月中旬，通过公招，县生产力促进中心考入 2 名事业编制人员。11 月 15 日，筠连县被科学技术部评为全国科技进步县。

（吴加芹）

防震减灾服务

【概况】筠连县地震台建于 1979 年。2013 年，完成本行政区域的防震减灾"十二五"规划，地震监测、群防群测等相关防震减灾工作，年终考核名列全市前茅。

【地震监测】根据省数字地震监测台网和市县地震台数字地震监测系统测定，2013 年内共发生 ML 0.1–2.8 级地震 192 次，其中 ML0.1–1.0 级地震 168 次、ML1.1–1.9 级地震 16 次、ML2.0–2.9 级地震 8 次。其中最大级 ML2.8 级，县境内未发生大于 ML3.0 级以上地震。2 月 19 日 15 时 55 分在珙县、长宁、兴文交界连续发生 4.5 级和 3.4 级地震、4 月 20 日 8 时 2 分芦山发生 7.0 级强震、4 月 25 日 6 时 10 分珙县、长宁、兴文交界连续发生 4.8 级、4.2 级、3.3 级地震，筠连震感较强烈。

【地震活动特点】2013 年，全县地震活动主要发生在巡司、沐爱、塘坝、筠连镇与珙县交界等区域，均是微震，频度较上年稍强，震中位置分散，没有上年集中。发生在 1 月、4 月、5 月、7 月、9 月、11 月、12 月，以 1 月、7 月、12 月发生最多，分别为 17 次、28 次、14 次。

【"4·20"芦山地震救援】4 月 20 日 8 时 2 分雅安芦山发生 7.0 级强震后，筠连立即派出 1 支专业救援队伍、1 支医疗救援队伍、2 支民兵应急分队共 35 人，以最快的速度赶赴芦山县，帮助芦山龙门乡进行抗震救灾应急处置和灾后重建工作，冒着不断发生的余震，协助灾区人民抗震救灾和生产自救，受到上级部门的嘉奖，为筠连县的抗震救灾应急处置提供宝贵的实战经验。

【抗震救灾宣传】5 月 10 日，配合县政府应急办，在县城新华大道开展防震减灾科普知识宣传活动，发放《地震应急自救知识手册》1200 余册，在玉壶广场大屏幕每天轮流播放《地震来了怎么办》等地震科普知识宣传，并向学校发放光碟。通过防震减灾科普宣传，使全县人民对防震减灾科普知应急知识有进一步的认识和了解，做到临震不慌、临灾不乱、指挥科学、指挥有序有法有力，提升筠连人民的抗震防灾意识能力和自救互救技能水平，科普知识宣传活动受到市防震减灾局的肯定。

【学校防震减灾教育】2013 年，胜利街小学、筠连中学被评为市级科普示范学校。在筠中建成全县第一套多媒体远程地震科普教育系统，通过网络向广大师生传授图文并茂的防震减灾法律法规和地震科普专业知识。

【自身建设】8 月，争取到县财政 4 万元，对原危房（建于 1978 年老办公瓦房）500 余平方米进行拆除，新建围墙、厕所和大门；争取资金 10 余万元，对院坝进行平整，改善办公环境，11 月底通过验收。市防震减灾局还解决 1 台电脑和 2 万元资金，派送并安装预警系统 1 套，进入试运行。

（廖利平）

气象服务

【气候统计】2013 年，全县年平均气温 18.1℃，年极端最高气温 40.0℃，年极端最低气温 –0.5℃，年总降水量 1303.4 毫米，年总日照时数 1203.2 小时，出现 4 次大风过程。

【灾害气象】1 月，降水量比常年百分率减少 73%、距平为 –73%，小于 –20%，出现冬干天气（冬干在 12 月 –2 月，冬季降水量距平百分率小于等于 –20%）。2 月 7–9 日出现寒潮天气过程，过程降温 7.9℃；2 月降水量距平为 –39%，全县出现持续冬干天气。4 月 19 日出现大风天气过程，瞬间极大风速 17.1 米 / 秒。5 月 9 日出现大风天气过程，瞬间极大风速 17.7 米 / 秒。6 月 8–9 日出现暴雨天气过程，雨量 60.5 毫米。7 月 4–5 日出现大暴雨天气过程，雨量 116.5 毫米。8 月 1 日、17 日出现大风天气过程，瞬时极大风速分别 17.4 米 / 秒、17.2 米 / 秒；7–8 日出现大暴雨天气过程，降雨量 105.3 毫米；16–17 日出现暴雨天气过程，降雨量 56.5 毫米。10 月，降水量比常年百分率减少 20%、距平为 –20%，等于 –20%，出现秋干；14–16 日出现寒潮天气过程，过程降温 8.7℃。

【地面测报】2013 年，全县有地面人工监测站点 1 个、自动监测站点 30 个，分布 18 个乡镇，其中新建筠连镇自动监测站点 1 个。人工监测站点主要监测云、能见度、天气现象、气压、空气温度和湿度、风向、风速、降水、雪深、日照、蒸发、地温；自动监测站点主要监测空气温度、湿度、气压、风向、风速、雨量。全年气象地面测报工作无重大责任性事故，测报错情率 0.0‰，报表预审错情率 0.0‰，按时上报各类报表，全年未使用超检仪器，上行气象信息传输及时，无缺报。有 4 人次在劳动竞赛中评上"百班无错"，在 2013 年全市气象局业务竞赛中，有 3 人取得第 3、4、5 名成绩,2 人参加全省气象竞赛。

【**气象预报服务**】2013 年,积极开展长、中、短期气象预报服务和向各级领导提供气象预报服务,共发布旬月预报 36 期,天气趋势预报 13 期,重要灾害性天气预报、转折性天气预报、气象实况 120 余次,发布高温、寒潮、暴雨、干旱等重要灾害天气预警 114 次,农业气象专题服务报告 52 次,发送手机短信 5.8 万余条。向县委、县政府、防汛办、应急办、地灾办等单位发送天气预报 200 余次,重要气象信息均通过电视台、电话、传真、手机短信、党政网等适时向全县发布,提请广大干部群众做好相应防范,最大限度地减少自然灾害造成的损失。积极为农业、林业、烟草、建筑施工、航测、大型文体活动、庆典、旅游等提供专业气象服务。

【**防雷服务**】2013 年,广泛宣传防雷相关法规和防雷知识,加强防雷检测的队伍建设,完善内部运行机制,统一尺度,严格按相关法规检测、收费,规范防雷检测人员的行为,提高防雷检测的覆盖面,做到防雷检测不留死角,重点检查煤矿、非煤矿山、加油加气站和中小学校等雷击风险较高的单位,对存在防雷安全隐患的,下发整改意见并及时复检,消除安全隐患,全年共检测炸药仓库 52 个、新房 25 栋、10 个单位旧房、计算机机房 25 个、加油加气站 14 个、小型水力发电厂 15 个。进一步理顺防雷设计审核和竣工验收行政许可工作,把好建设项目防雷装置的安全关,全年完成行政审批 140 件。

【**人工增雨防雹**】2013 年 7 月下旬 –8 月上旬,全县出现高温连晴天气,日最高气温达到 38.5℃,局部地域强对流灾害性天气较为频繁,各炮点连续进行大规模消雹作业,12 个炮点共作业 73 炮次,发射人工降雨防雹炮弹 1626 发、发射人工降雨消雹弹(简称人雨弹)3730 发、火箭弹 4 发,基本消除冰雹灾害,取得显著效益。

【**综合信息网建设**】2013 年,上传农经网信息 418 条,比上年增加 178 条,被采用 316 条,其中本地新闻 43 条、农口之声 8 条、筠连旅游 4 条、供求信息 120 条、农业实用技术 141 条,做到每个工作日按时上传信息工作。在四川农经网下载技术服务信息 280 多条,建设乡镇农经网信息示范站,在气象防灾减灾中起到一定的作用。在全市农经网建设考核中,被表彰为特别优秀达标单位。

(周　勤)

卫　生

综　述

【概况】2013年，全县有医疗卫生机构374个，公立医疗卫生机构在编人员总数536人，其中卫生技术人员471人，技术人员中有主任医师3人、副主任中西医师9人、副主任护师4人、主治中西医师（药、护、技）102人、初级中西医师（士）353人。在全县医疗卫生技术人员中，有注册执业医师331人，注册执业助理医师155人，注册护士505人。乡村医生396人，个体诊所医生52人，民营医院医生274人。编制病床960张，其中县级430张、乡镇320张、民营210张，实有病床1163张。全年引进医学院校应届毕业生10名，通过公开招考引进卫生人才18名。筠连县中医院更名为筠连县中医医院，病床由60张增至100张。乡镇卫生院进入第二轮全覆盖建设。卫生局委托县妇幼保健院承担办理《出生医学证明》的业务管理工作，委托县卫生执法监督大队负责卫生系统流动人口计划生育管理相关工作。

【卫生要事】2013年3月，筠连县第一例“阴式子宫切除术+阴道前壁修补术”在县医院手术室顺利进行，取得成功；同月，县医院与宜宾市第一人民医院建立心电远程会诊系统，从数据传输到反馈会诊结果，整个过程只需3-5分钟。4月11-12日，国家卫生和计划生育委员会疾控局副局长肖东楼率国家、省消除燃煤污染型地方性氟中毒危害项目工作组一行11人到筠连县调研，深入塘坝乡柑子村对改炉改灶进行现场督导。5月16日，县卫生系统召开“中国梦”主题教育活动动员大会；5月17日，县医院获省卫生厅首批“四川省一级（★）数字化医院。7月8日，县中医医院在筠连镇筠州南路150号（社区卫生服务中心）建立“筠连县中医医院B区”，开展中医服务；7月起，对参加新农合满3年未看病体检的55岁以上的农村居民免费进行健康体检，至年末共体检5906人。8月13日，市政府副市长曾勇率市卫生局局长李德勋、市财政局副局长邓文广、市医改办相关人员到筠连调研公立医院改革工作，县委副书记、县长刘朝平等领导陪同。9月10日，筠连县2012年“消除燃煤污染型地方性氟中毒”危害项目工作通过省检查验收。9月起，按照国家、省、市通知，启动并开展“服务百姓健康行动”，时间1年。10月1日起，县级公立医院全面执行取消药品加成政策，药品实行零差价销售（不包括中药饮片），彻底破除“以药补医”机制，县级公立医院执行“取消药品加成政策”做法得到市级卫生主管部门的肯定。12月9日，县医院迁建项目二期工程可研获省发改委批复，工程建筑面积52709平方米，项目投资15858万元，资金全部由县级财政解决。12月12日，宜宾电视台、宜宾日报、宜宾晚报、宜宾新闻网4家媒体集中采访报道县级公立医院实施“取消药品加成政策”的做法。12月24日，按照县编制委的要求，由县卫生局（县食品安全综合协调办公室）所承担的食品安全综合协调和组织查处食品安全重大事故责任以及食品安全信息发布职责，整体划归县食品药品监督管理局履行。

医政工作

【医疗机构清理整顿】2013年，根据市卫生局、市人口计划委、市公安局、市食药监局、宜宾军分区后勤部、市武警支队后勤处《关于印发进一步整顿医疗秩序打击非法行医专项行动实施方案的通知》精神，进一步整顿医疗秩序，促进全县医疗市场健康有序发展，对全县自1994年国务院《医疗机构管理条例》颁布实施以来存在的遗留问题、不符合执业资格、部分个体诊所未参加年度审验的个体诊所、村卫生室进行全面清理，以国务院《医疗机构管理条例》《医疗机构管理条理实施细则》为依据，对不符合国家《医疗机构管理条例》规定的，予以注销和取缔，共注销和取缔机构48个。至年末，全县保留医疗卫生机构374个，其中公立24个、民营5个、社区卫生服务中心1个、村卫生站（室）323个、个体诊所21个。

【医疗质量管理】2013年，全县卫生系统成立麻醉科、检验科、放射科、药事科、病案、肾病、院感、儿科、妇产科、内科等10个医疗质量控制组，明确各组工作职责和要求。各控制组在日常工作中认真开展各项医疗质量控制工作。加大专项工作的监督检查力度，深入开展服务好、质量好、医德好、群众满意的“三好一满意”活动、“医疗质量万里行”“优质护理”“抗菌药物专项整治”等行动。以医院评审、复查和专项质量检查为手段，不断推进医疗质量的持续改进和提高，切实保障医疗安全。

【服务百姓健康行动】 9月起，按照国家、省、市通知精神，县卫生系统开展为期1年的“服务百姓健康行动”，印发实施方案，围绕“学习先进找差距、健康促进为人民、优质服务树形象和提高群众满意度”4个方面，有序开展“四个联系”（医院领导联系服务科室、行政后勤联系服务群众、医务人员联系服务患者家庭、辅助科室联系服务诊疗一线）、“三个加强”（加强人力资源配置、加强医学人文关怀、加强关爱医务人员）、“两个促进”（学习先进促发展、健康促进为百姓）、“一个评议”（广大人民群众对医疗卫生服务的满意度）工作。通过活动，增强群众保健意识，强化群众健康观点，加强人文关怀，增强职工凝聚力和赶超意识，加快全县医疗服务科学健康发展。在“服务百姓健康行动周”（10月13–20日）义诊活动中，选派医务人员近100人次，接待群众近5000人次，义务诊疗350余人次，发放宣传资料4000余份。

【临床用血管理】 根据《中华人民共和国献血法》《医疗机构临床用血管理办法（试行）》和《临床输血技术规范》，进一步规范临床用血，科学合理用血、计划用血、杜绝浪费和滥用不合理用血现象，保证临床用血安全。2013年，全县无偿献血2080人次，完成市下任务的139%，临床用血100%源自无偿献血。

【标准化建设】 2013年，继续开展乡镇卫生院、村卫生站标准化建设工作，按照《四川省乡、村医疗机构评审办法（试行）》，筠连县医疗机构评审委员会根据《四川省乡镇卫生院评审标准》《四川省村卫生室评审标准》对乡镇卫生院、村卫生站进行综合评价。全县有7个乡镇卫生院和116个村卫生站通过初评达到相应等级标准，其中沐爱中心卫生院被评为“一级甲等”卫生院；武德乡、乐义乡、塘坝乡、蒿坝镇、腾达镇5个卫生院被评为“一级乙等”卫生院；高坪乡卫生院被评为“一级丙等”卫生院；沙林村、银星村、石泉村、鹿井村、联络村、燎原村、五丰村、果木村、犀牛村、银江村、星星村、白鹤村、瓦店村、前丰村、青龙村、尧坝村、石林村、清泉村、东云村、菜坪村20个村卫生站被评为“甲级”村卫生站；龙泉村、帅家村、集中村、平原村、红竹村、光明村、革新村、红春村、联新村、后溪村、龙塘村、白果村、兴胜村、冒鼓村、关津村、胜利村、新顺村、解放村、民主村、香樟村、新中村、花山村、凤凰村、红旗村、柏胜村、德胜村、酸草村、桐榜村、云丰村、曹岭村、庆高村、杨柳村、西牛村、西泉村、黄坪村、荷花村、梧桐村、道溪村、上油村、土房村、和平村、五凤村、五陵村、顶峰村、水源村、水塘村、石门村、红江村、政兴村、尖峰村、九龙村、水洋村、金沙村、水泉村、石花村、政权村、金竹村、云岭村、金钟村、马家村、跃进村、峨坪村、团结村、中坪村、大坪村、金鱼村、兰坪村、东红村、迎风村、冬燕村、春井村、两江村、乐园村、幸福村、双田村、木映村、槐树村、田坝村、西陵村、山坝村、周坪村、安全村、丝栗村、王合村、泉水村、新合村、小溪村、海灯村、春风村、向阳村、中坝村、宝圣村、花园村、平安村、高原村、金坷村96个卫生站被评为“乙级”村卫生站。对通过县级初评的机构，10月31日向市卫生局申请复检，待确认。

【城乡医院对口支援】 2013年，是卫生部确定的“城乡医院对口支援年”，为做好对口支援工作，印发《筠连县2013年城乡医院对口支援工作方案》，支援、受援双方签定对口支援工作协议，建立完善需求对接制度（受援方根据自身工作实际，适时与支援方协商衔接，对支援工作内容进行调整，确保帮扶工作有较强的针对性），采取人员派驻、进修培训等方式，发挥城市优质医疗资源作用，推进城乡卫生事业协调发展，提高基层医疗卫生服务能力，为城乡广大百姓提供安全、有效、方便、价廉的基本医疗服务。全年接受市三级医院支援县级医院医师18名，县级医院到市对口三级医院进修医师18名；县医院、县中医医院、县妇幼保健院派出医师20名，分别到社区卫生服务中心、巡司、双腾、沐爱、大雪山中心卫生院等基层医疗机构开展卫生支援工作。

【对口支援甘孜州】 2013年，按照上级要求，在县级医疗卫生单位派遣医务人员17名到甘孜藏族自治州新龙、盐边、宝兴县的乡卫生院开展对口支援工作。

【中医医院建设】 2013年6月17日，县机编委批准，筠连县中医院更名为筠连县中医医院，病床由60张增至100张，地址筠连镇筠州中路2号。开设科目有外科、急诊科、中医科、骨伤科、肛肠科、妇产科、放射科、检验科、B超室。县中医医院按照国家《中医院管理评价指南》《二级中医医院评审标准实施细则》，创建国家“二级乙等”中医医院标准，投入20多万元，加强软硬件建设，促进医院标准化、规范化、制度化。并加强名科名医、中医养生保健及治未病知识的普及，营造良好的中医药文化氛围。全年业务收入689.73万元，其中医疗516.24万元、药品173.49万元，入院1344人次、出院1338人次。实际开放床位使用率81%，病床周转次数34.6次/年，出院病人平均住院日12天，入出院诊断合格率95%；门诊中医治疗率85.2%，住院中医治疗率50.5%，采用非药物中医技术治疗人次占医院门诊总人次的12%。

【新设中医医院B区】 2013年7月8日，县中医医院新设“筠连县中医医院B区”；地址筠连县筠连镇筠州南路150号；开设科室有内科、针灸科、治未病科，床位30张。

【民营医院】2013 年，全县新增博康医院、雪山医院 2 个民营医院。“博康医院”，院址巡司镇黄荆村一组，1 月开业，设置床位 40 张，开设科目有内科、外科、妇产科、中医科、麻醉科、医学检验科、医学影像科。“雪山医院”，院址大雪山镇民主社区，7 月开业，设置床位 20 张，开设科目有内科、医学检验科、医学影像科。

实施基本药物制度

【巩固基药制度】2013 年，继续巩固基层医疗卫生机构全覆盖实施基本药物制度的成果，完善基本药物管理机制，健全监督管理台账，全面落实集中付款政策，提高及时配送率。全年基层医疗卫生机构的每月基药采购率 100%，基本药物使用率 100%，零差率销售率 100%。

【效果评价】2013 年，共集中采购基本药物 749 种，采购总额 1164.98 万元，节省药品费用 175 万元。

县级公立医院改革

【组织领导】2013 年，县级公立医院改革是一项重要的民生工程，重点为深化医药卫生体制改革。按照省、市的安排部署，县级公立医院（县医院、县中医医院）从 10 月 1 日起全面执行取消药品加成政策，药品实行零差价销售（不包括中药饮片），彻底破除“以药补医”机制。县长刘朝平、分管卫生的副县长王见华多次组织发改、财政、人社、食药监等部门负责人召开专题会议研究，县卫生局局长张杰在专题会议上就县级公立医院取消药品加成政策进行培训和讲解，提高领导和部门对政策的认识和理解。

【拟定方案】2013 年，组织人员对县医院、中医医院 2 家县级公立医院 2011-2012 年的业务量、门（急）诊量等摸底调查，掌握新农合人员、城镇职工、城镇居民、其他人员 4 类人员的门（急）诊就诊情况，根据 4 类人员的门（急）诊基数套算，本着“即不增加患者负担、医院负担，也不增加财政负担”的取消药品加成政策精神，拟定 3 种建议方案，供县政府决策。经县政府研究，决定在取消药品加成政策后，门（急）诊费、住院检查费、护理费上调部分，纳入医保统筹基金支付，其中门（急）诊诊查费调增的 6 元由医保筹基金全额支付，由医保机构采取总额包干、打包支付给医疗机构进行。

【改革宣传】利用各种媒介，采取制作板报和专栏、悬挂标语、印发资料、医院滚动大屏幕、电视台播放宣传等形式，全面宣传县级公立医院取消药品加成政策，让群众深入了解和知晓取消药品加成政策中门诊诊查费全额报销和具体报销方式，宣传工作做到家喻户晓。

【效果评价】2013 年，实行取消药品加成政策，切实减轻患者就医负担，减少患者就医时间，缩减就医流程，减少医患矛盾的做法得到市卫生主管部门的首肯，宜宾日报、宜宾晚报、宜宾电视台、宜宾新闻网等 4 家媒体集体采访，《取消药品加成探索改革新路子筠连县总额包干划拨门诊费》的报道，12 月 7 日在《宜宾晚报》刊登。

新型农村合作医疗

【优化补偿方案】2013 年，进一步优化统筹补偿方案，通过适当拉开不同级别医疗机构间的门诊和住院报销比例，把门诊逐步引向乡、村医疗机构，把住院主要引向县、乡镇两级医疗机构，引导农民合理就医流向，推动实现“小病不出乡，大病不出县”，使参合群众更大程度受益。一是省级及省外定点医疗机构起付线 1000 元，补偿比例 60%。二是市级定点医疗机构：三级医疗机构起付线 700 元，补偿比例 65%；二级以下（含二级）医疗机构起付线 500 元，补偿比例 70%。三是统筹地外非定点医疗机构：起付线 1000 元，补偿比例 50%。四是扩大重大疾病补偿病种，在 2012 年基础上，新增加肝和肾器官移植抗排异治疗、系统性红斑狼疮、肾病综合征、强直性脊柱炎、脑瘫儿康复治疗 6 种重大疾病纳入慢病种类。五是门诊统筹不设起付线，乡镇、村级定点医疗机构门诊均可按门诊费用的 80%补偿，乡镇级每人每年报销 130 元，村级每人每年报销 60 元。

【转诊（院）管理】县内正常转诊（院）的，由县级定点医疗机构审批即可。农村儿童白血病、先心病、终末期肾病、妇女乳腺癌、宫颈癌、重性精神病、耐多药肺结核、艾滋病机会性感染、肺癌、食道癌、胃癌、结肠癌、直肠癌、慢性粒细胞白血病、急性心肌梗塞、脑梗死、血友病、I 型糖尿病、甲亢、唇腭裂 20 种重大疾病的病人可以自行选择定点医疗机构就医，按就诊的定点医疗机构的政策给予报销。

【新农合基金监管】严格执行四川省新农合诊疗服务项目范围、新农合用药目录和补偿报销标准，进一步加强基金监管，规范诊疗服务收费行为，控制医疗费用不合理增涨，本着为参合农民提供“优质、便捷、价廉”的医疗卫生服务原则，制发《2013 年新农合定点医疗机构医疗费用控制指标》，执行新农合财务会计制度和公示制度，公开药品和诊疗服务价格，杜绝不合理收费。

【效果评价】2013 年，全面落实新农合人均筹资标准 340 元，全县应参合人数 360618 人，已参合人数 353406 人，参合率为 98%。新农合基金总收入 12015.88 万元，其中国家投入 9895.44 万元、老百姓筹资 2120.44 万元；基金支出共 9272.70 万元，占总基金的 77.17%，切实缓解了老百姓看病难、看病贵难题。

基本公共卫生服务

【重大公共卫生服务】2013 年，继续实施重大公共卫生服务项目。一是推行农村孕产妇住院分娩，农村孕产妇住院分娩 4382 人，补助金额 216.55 万元，补助率 99.06%。二是实施农村妇女增补叶酸预防神经管缺陷项目，补服叶酸 5236 人，发放叶酸片 26426 瓶，发放率 95.13%，依从率 82.30%，较 2012 年上升 2 个百分点。三是实施预防艾滋病、梅毒、乙肝母婴传播阻断项目，接待艾滋病检测 5234 人次、梅毒检测 5234 人次、乙肝检测 5234 人次，其中确诊病例艾滋病 0 例、梅毒 13 例、乙肝阳性孕产妇 244 人，阳性孕产妇所生 244 名儿童注射乙肝免疫球蛋白 241 人（因属自愿注射项目，有 3 名未注射）。

【督导考核】2013 年，筠连县基本公共卫生服务均等化指导中心按照《国家基本公共卫生服务规范》《筠连县 2013 年基本公共卫生服务项目工作实施方案》《筠连县卫生局重性精神疾病患者管理治疗工作实施方案》，采取不定期督察和定期考核的方式，深入、指导、帮助基层，加强技术指导、人员培训、督促检查、绩效考核、信息管理，督促各基层公共卫生机构尽职履责，提高基层医疗卫生机构的服务能力和水平，缩减公共卫生服务城乡差距，促进城乡居民享有均等化的基本公共卫生服务。

【效果评价】2013 年，应建农村居民电子健康档案 360986 人份，已建 347810 人份，建档率 96.35%；城镇居民应建电子健康档案 5 万份，已建 47502 人份，建档率 95%。更新健康教育宣传专栏 1096 个，发放宣传资料 263789 份；开展 65 岁及以上老年人健康教育 40374 人，免费体检 176119 人次；规范管理高血压患者 21803 人，规范管理率 90.2%；规范管理Ⅱ型糖尿病患者 6842 人，规范管理率 91.58%；规范管理重性精神疾病患者 78 人，规范化管理率 96.3%。

基层卫生服务体系建设

【项目建设】2013 年，全面竣工 11 个乡镇卫生院改扩建项目和卫生执法监督大队组建；争取到国家资金 771 万元，其中地方 166 万元，新建 500 平方米急救中心，改扩建乡镇卫生院 3 个，建设业务用房 1800 平方米；县医院迁建项目二期工程可研报告获省发改委批复，工程总建筑面积 52709 平方米，其中地上建筑面积 31604 平方米、地下建筑面积 21105 平方米，建设内容包括门诊综合大楼、医技楼、第二住院楼、感染门诊、后勤楼、地下停车场及绿化、室外管网等附属设施建设，建设工期 2 年，项目总投资 15858 万元，资金全部由县级财政解决。

【人才建设】2013 年，引进医学院校应届毕业生 10 名，公开招考 15 人，签订农村定向培养本科医学生 3 名。全科医生转岗培训 3 人，培训乡镇卫生院在岗人员 152 人次，培训村卫生室在岗人员 510 人次，培训社区卫生人员 15 人次。县医学会培训 154 人，远程继续医学教育 686 人次，学历教育 12 人，省、市医疗机构进修半年以上 13 人，省、市各类短期培训学习 195 人次，县医疗机构短期进修 5 人，乡村医生培训 510 人次。

疾病预防控制

【传染病防治】2013 年，实行《法定传染病疫情阶段分析报告》制度，传染病发病率稳中有降。报告乙丙类传染病 20 种 664 例，报告发病率 156.34/ 十万，无甲类传染病发生，死亡 2 例（肺结核艾滋病各死亡 1 例）。其中乙类传染病 14 种 537 例，报告发病率 126.44/ 十万，比上年同期下降 8.05%；丙类传染病 6 种 127 例，报告发病率 29.90/ 十万，比上年同期下降 16.45%。全县发病居前 5 位的是肺结核、乙肝、梅毒、丙肝、细菌性痢疾。

【疾病防控帮扶】2013 年，建立联系帮扶基层医疗机构疾病预防控制工作机制，制发《联系帮扶提升基层疾病预防控制能力实施方案》，由县卫生局、县疾控中心相关人员分别对免疫规划疫苗接种率较差的乡镇卫生院实行包干联系帮扶。联系帮扶人员深入到帮扶单位，查找原因，分析存在的问题，对薄弱环节指导帮扶，开展技术指导、专题培训、规范管理、职业道德教育等，切实提高儿童免疫规划疫苗接种率，保护儿童身体健康。

【免疫规划督导评估】2013 年，为掌握全县国家免疫规划实施情况，制发《筠连县 2013 年国家免疫规划督导评估实施方案》，10–11 月，开展国家免疫规划督导评估活动。按照《预防接种工作规范》《扩大国家免疫规划实施方案》《关于进一步加强免疫规划工作的通知》等，以接种单位规范化建设、免疫接种服务方式、冷链建设和运转、预防接种补助经费落实、疾控机构履行职能、免疫规划工作经费、疫苗接种率等情况为评估重点。以乡镇为单位，开展对 2009 年 9 月 1 日 –2011 年 8 月 31 日出生的儿童，开展乙肝疫苗 3 剂及首针及时接种、卡介苗 1 剂、脊灰疫苗 3 剂、百白破疫苗 4 剂、A 群流脑疫苗 2 剂、含麻疹成分疫苗 2 剂、乙脑减毒活疫苗 2 剂、甲肝减毒活疫苗 1 剂的接种率调查，经调查，全县均达到国家免疫规划疫苗接种率 90%的要求。

【免疫规划接种】2013 年，全县 0 岁组儿童应建卡 5048 人，已建 5048 人，建卡率 100%、建证率 100%、卡证符合率 100%。各类疫苗接种情况如下：

2013 年筠连县国家免疫规划基础疫苗预防接种统计

表 9

疫苗	应种(人次)	实种(人次)	接种率%
卡介苗	5485	5470	99.73
脊灰糖丸	21232	21158	99.65
百白破疫苗	21377	21303	99.65
白破疫苗	5299	5273	99.51
麻风疫苗	5523	5505	99.67
乙肝疫苗	16023	15974	99.69
A 群流脑疫苗	10622	10542	99.25
A+C 群流脑苗	10642	10564	99.28
乙脑疫苗	10545	10467	99.26
甲肝疫苗	5201	5163	99.27
麻腮风疫苗	5491	5475	99.71

【狂犬病防制】2013 年，各级医疗卫生单位加强对狂犬病的监测工作和疫情报告管理，规范对犬伤人员登记及相关资料上报。全年犬伤人数 1388 人，正确处理伤口 1388 人，正确处理伤口率 100%，全程注射狂苗 100%，注射狂犬病免疫球蛋白 106 人。

【结核病防治】2013 年，发现登记活动性肺结核病人 313 例，病人系统管理率达 98.01%，其中初治涂阳 63 例，新涂阳病人治愈率 96.80%；初治涂阴 244 例；复治涂阳 6 例。收到医疗机构病人转诊单数 232 张，病人转诊率 99.57%；追踪到位病人数 80 人，追踪到位率 91.95%；病人家属筛查率 96%。

【艾滋病防治】2013 年，加强艾滋病防治，采取集中培训和到工地现场培训的方式加大艾滋病防治知识宣传，促进干预措施的落实。县卫生局分别联合公安、妇联、农业、人社、计生、教育部门进行宣传教育培训，共培训小学四年级以上小学生、初高中生 24549 人；举办大型煤矿、工地、广场、公共场所业主培训班 5 期 2542 人次，发放宣传资料 2500 余份，免费发放安全套 5000 只；开展劳务输出人员宣传教育 11 期 7812 人，发放资料 5000 余份，免费提供安全套 1 万只；娱乐场所和浴场场所业主及从业人员培训 2 期 48 人次；对高危场所发放宣传资料 8000 份，免费发放安全套 8000 只，覆盖人数 2200 多人次。在第 26 个“世界艾滋病日”宣传义诊活动中，共接诊 250 余人次，健康咨询 1300 余人次，健康体检 150 余人次，发放宣传资料 1200 余份，发送安全套 120 余盒。全年，新报告病例 56 例，自愿咨询检测 1497 人，初筛阳性 12 例；按现住地址累计报告艾滋病毒感染者和病人(HIV/AIDS)145 例，累计治疗病人 34 例(其中既往治疗 21 例、新增治疗 13 例)。

妇幼保健

【宣传培训】2013 年，加强妇幼保健法规宣传和妇幼人员业务培训。采用电视、报刊等媒体、印发宣传资料、举办宣传专栏和利用各种纪念日、母乳喂养宣传周、进社区、下乡扶贫等多种形式，大力宣传《母婴保健法》《中国妇女发展纲要》《中国儿童发展纲要》，全年举办宣传活动 10 次、科普专栏 50 期，发放宣传资料 20000 份，张贴宣传挂图 220 张、标语 40 条。继续开展“孕妇学校”“新婚学校”的培训，利用讲解、电教等方式向孕妇及家属讲授孕产期保健知识、母乳喂养的优点及方法，共举办培训班 30 期，培训孕妇及家属 450 余人次，发放资料 3000 余份，有效提高广大孕妇的自我保健意识。

【等级评审】2013 年，按照《四川省助产技术服务机构基本条件》《四川省助产技术服务机构评审及质量控制细则》，对助产技术服务机构开展评审认定工作，促进其标准化、规范化，制度化。评审认定筠连天和医院、筠连大众医院达到“二级助产技术服务机构标准”，沐爱中心卫生院达到“一级助产技术服务机构标准”。

【工作成效】2013 年，全县孕产妇保健管理率 95.38%，住院分娩率 99.21%，新法接生率 99.98%，产前检查率 95.67%，后访视率 95.42%，母乳喂养率 92.99%，孕产妇死亡率 0；新生儿死亡率 1.87‰，婴儿死亡率 5.20‰，5 岁以下儿童死亡率 7.70‰，新生儿破伤风发生率 0，低体重儿出生率 0.44%，5 岁以下中、重度营养不良发生率 0.45%。3 岁以下儿童管理率 95.08%，7 岁以下儿童管理率 95.72%，健康教育覆盖率 100%。新生儿筛查率 99.11%，其中县级 99.49%，中心卫生院级 93.87%。办理婚检证明 3413 人，婚检率 39.3%；办理出生医学证明 16250 份。出生缺陷住院分娩发生 20 例，发生率 0.38%。

科教与中医药

【医学继续教育】2013 年，卫生系统开展继续医学教育单位 264 个，其中公立医院(含社区卫生服务中心)3 所、民营医疗机构 5 个、疾控中心 1 个、妇幼保健院 1 所、乡镇中心卫生院 18 所、村卫生站 236 个。接受继续教育的专业技术人员 978 人，继教率达 100%；学分达标 963 人，达标率 98%。接受学历教育 12 人；到省、市医疗机构进修半年以上13人，短期培训195人次；基本公共卫生服务知识技能培训乡镇卫生技术人员152人次；乡村医生合理用药培训222人；麻醉药品、第一类精神药品使用管理培训154人；基本药物临床应用指南和处方集培训24人。到乡镇、村巡回指导培训43次，派出师资88人次，培训2000人次，组织妇幼卫生保健培训356人次。

【医学科技】 2013年，全县开展医学新业务、运用新技术10项，发表学术论文9篇。县医院发挥龙头和医疗科技中心的作用，在医院内部开展科研和学术评审工作，妇产科主治医师邓超主撰的《阴式子宫切除术及腹腔镜辅助阴式子宫切除术》获一等奖，外科副主任医师黄伟主撰的《微创内固定系统治疗膝关节周围复杂骨折》获二等奖，骨伤科主治医师刘付均主撰的《筠连县(城镇)骨质疏松患病率调查分析》获三等奖。

【中医药服务能力提升】 2013年3月，基层中医药服务能力提升工程启动会议召开，县政府与乡镇政府签订目标承诺书，成立以分管副县长为组长，县卫生、财政、发改、人社、食药监、文广新旅等部门负责人为成员的提升工程领导小组，明确领导小组各成员单位具体工作职责，各医疗卫生单位成立相应工作小组，加强对提升工程的组织领导。县卫生局、人社局、食药监局联合制发《筠连县基层中医药服务能力提升工程实施方案》。全年举办农村中医药适宜技术培训班5期、培训200人，外出进修3人，开展在岗中医临床人员温习中医四部经典培训考试16人，参加继续医学教育72人，运用新业务新技术1项。

卫生监督监测

【医疗机构监督】 2013年，加强医疗机构监督管理，规范依法执业行为，根据《宜宾市卫生局关于开展基层医疗机构集中整顿工作的通知》精神，对全县医疗机构特别是口腔诊所与医疗美容机构进行集中清理整顿。全年共检查医疗机构418家次，发放监督意见书203份，监督覆盖率100%，监督频次2次；查处医疗案件34起，其中无证行医10起，医疗机构违法行医24起；查处一般程序案件33起，当场处罚1起；取缔无证行医24家、非法医疗广告5户，没收药品约340公斤，罚款5.72万元。

【打击非法行医专项行动】 6月8日、7月22日，开展2次全国集中时间统一进行的打击非法行医专项行动，重点对农贸市场、社区街道、城乡结合部、药店、及城区医疗机构进行检查，共出动卫生执法人员100人次，取缔巫医、游医9个，立案查处黑诊所1家，没收药品6箱，非法行医广告牌2张。11月，卫生、人口计生、公安、食药监4部门联合制发《筠连县进一步整顿医疗秩序打击非法行医专项行动实施方案》，打击非法行医工作实现常态化、长期化。

【监督检查】 2013年，监督检查学校卫生210户次，出动执法人员826人次，下发监督意见书98份，责令整改9户。监督检查公共营业场所卫生282户次，出动卫生监督人员1200人次，责令整改48户，下发意见监督书120余份，从业人员年体检覆盖率98%，“五病”(病毒性肝炎、痢疾、伤寒、活动性肺结核和皮肤病)调离率100%、培训率100%，查处案件16起，处罚9000元；监督检查医疗机构传染病防治418家次、医疗机构放射诊疗13家次、消毒产品和药品经营店22家次。

【生活饮用水卫生监测】 2013年，根据《生活饮用水卫生》(GB5749-2006)标准，对全县16个供水单位进行水质消毒效果监测，取水样208个，合格103个，合格率50%。其中对县自来水供水公司，每月1次进行管网水消毒效果定期检测，每月4次出厂水水质监测，共采样83个，合格79个样，合格率95%。按照《2013年四川省农村饮水安全工程水质卫生监测工作方案》，对全县农村饮用水安全工程，3-4月进行枯水期水质监测采样，共采集出厂水、末稍水水样10份，合格6份，合格率60%；8-9月进行丰水期水质监测采样，采集出厂水、末梢水水样10份，合格2份，合格率20%。

【公共场所空气监测】 2013年，对公共场所开展空气监测与池水监测，共监测县城文化娱乐场所6家、旅店11家、饭店1家、医院候诊室2家、游泳池2家，合格率100%，从业人员体检165人。

【消毒效果监测】 2013年，对医疗机构消毒产品采样147份，合格147份，合格率100%；餐饮具集中消毒服务采样5份，合格5份，合格率100%。

【食品卫生监测】 2013年，按照《中华人民共和国食品卫生法》《中华人民共和国食品安全法》，对全县范围内的农贸市场、超市进行食品抽样监测，共抽样50份，其中水发产品15份，合格率100%；干制笋类5份，合格率0%；粉丝5份，合格率100%；加工肉制品5份，合格率100%；食醋5份，合格率100%；酱油5份，合格率100%；蛋制品5份，合格率100%；糕点面包5份，合格率100%。

地方病防治

【消除氟中毒项目通检查验收】 2013年4月11-12日，国家、省“消除燃煤污染型地方性氟中毒危害项目”工作调研组一行11人，在国家卫生和计划生育委员会疾控局副局长肖东楼带领下，到筠连督导检查“消除燃煤污染型地方性氟中毒危害项目”工作进展情况。调研组到塘坝乡柑子村，对改炉改灶情况进行现场督导，对各农户灶具的打造、使用以及效能等方面进行调研，对全县消除燃煤污染型氟中毒危害项目的推进给予肯定，县长刘朝平向调研组汇报全县项目实施情况。9月10–11日，省检查验收组由泸州市疾控中心副主任王勇带队，成员有省疾控中心地病所副所长杨小静、省疾控中心邓启才、泸州市疾控中心赖晋锋、雅安市疾控中心张义梅，分3个检查小组到筠连镇、塘坝乡、维新镇现场抽查，抽查结果为炉灶合格率98.33%，正确使用率98.3%，群众知晓率100%，筠连最终实得分150分（总分为150分），达到省级验收技术标准，全县“消除燃煤污染性地方性氟中毒危害项目”顺利通过检查验收，完成33050户改炉改灶任务。

【疟疾防治】一是按照省、市消除疟疾行动计划要求，举办乡镇级疟疾诊断技术培训班1期，疟原虫镜检培训班1期，乡镇级对村级疟疾防治培训班18期。二是及时处理疫情，新发现输入性间日疟1例（为缅甸回乡的务工人员），对该病人进行治疗，及时完成疫点处置。三是开展发热病人血检，完成血检5010张，完成率100.2%，未检出阳性报告。

【碘缺乏病监测】2013年，有序开展碘盐监测，根据市地防办《宜宾市碘盐监测实施方案》，抽取碘盐监测乡镇5份、20个村盐样300份，居民点盐样300份。监测结果：不合格碘盐0份，非碘盐0份，碘盐合格率100%，合格碘盐食用率100%，碘盐覆盖率100%，碘盐中位数34.1毫克/公斤。5月15日，县卫生局、文广新旅局、疾控中心及盐业公司在第八届全国“防治碘缺乏病日”联合开展以“科学补碘、持续消除碘缺乏病”为主题的宣传活动，共举办宣传专栏2期，悬挂标语横幅3幅、展板3块，出动宣传车1辆，接受义务咨询的群众3000余人，发放宣传资料1.5万份，受益群众5万余人。

【丝虫病防治】2013年，全县有慢性丝虫病患者39例，分布在维新镇、大雪山镇、乐义乡、巡司镇、沐爱镇、镇舟镇、筠连镇、腾达镇、高坎乡、双腾镇、蒿坝镇11个乡镇，其中维新镇、巡司镇、大雪山镇、乐义乡，占全部病例的75%。开展对慢性丝虫病患者的关怀照料，11个乡镇中心卫生院对辖区患者免费发放关怀物资毛巾78张、肥皂78块、足光粉78盒、洗脚桶39个、达克宁霜10支，对病人及其家属进行健康教育140余人次。

（黄绍春）

爱国卫生

【概况】2013年，全县爱国卫生工作围绕县委、县政府战略定位，发挥各类创建活动的载体作用，以日常检查、指导为重点，以城乡环境综合治理为重要内容，有序开展全民健康教育和科学除“四害”活动。

【管理机构】县委副书记、县长刘朝平兼任爱卫会主任，县政府办、群团、部门、企业的26名负责人为成员，爱卫会下设办公室，设在县城管局，由县城管局局长徐世银兼任办公室主任。

【公共场所管理】一是采取抓好环境治理和巩固省级卫生县城相结合，抓好环境治理和创建卫生场镇、卫生村相结合，抓好突击治理和建立长效机制相结合的方式，加强全县公共场所的管理。全年县直机关工委、总工会、教育局、民政局、农业局、文广新旅局、妇联分别牵头做好进机关、进企业、进学校、进社区、进村社、进景区、进家庭“七进”活动，组织群众2多万人次参加清洁卫生大扫除，清理卫生死角垃圾80多吨，清理建筑工程施工现场卫生死角垃圾100多吨，治理施工现场扬尘污染25处，治理抛洒建筑垃圾车辆40辆次，清除水面漂浮物0.6吨，淤泥10.3吨，清理河、渠4.3公里，治理湖、库1座，沿河美化绿化200平方米，检查市场150个次。二是贯彻国务院《公共场所卫生管理条例》《实施细则》及相关卫生标准，加强卫生监督、监测和技术指导，强化行业卫生管理，做到工作规范、资料齐全。县城区公共场所单位卫生管理制度健全，有专（兼）职卫生管理人员，从业人员健康证持证率和培训率100%，病毒性肝炎、痢疾、伤寒、活动期肺结核、化脓性或渗出性皮肤病“五病”调离率100%；旅店、理发美容、浴室、商场、书店等公共场所室内外环境整洁，清洗、消毒、通风等卫生措施落实到位，从业人员操作规范，卫生指标达到国家有关标准要求。县城区自来水公司饮用水供水设施完善，水质检测制度落实良好，资料齐全，管理规范。

【爱卫月宣传】以“美丽中国，健康生活——摒弃乱吐乱扔陋习”为主题，统一安排，精心组织，开展全国第25个爱国卫生月活动。4月中旬，牵头组织县城管局、卫生局、中医院、食药监局等23家单位，在县城新华大道举行爱国卫生月集中宣传，现场接受群众咨询5000余人次，发放爱卫知识宣传资料8000多份、《健康66条》宣传册500多本、宣传画200多张，免费发放药品价值2000多元。5月31日，组织50多家无吸烟单位，在新华大道开展“全面禁止烟草广告、促销和赞助”宣传，采取设立咨询台、发放宣传材料、现场讲解、做禁烟知识试题和爱国卫生知识试题、用音响及LED播放等形式，全县有1万多名群众参与宣传活动，发放宣传材料30多种2万余份、健康生活用品1500盒，悬挂宣传标语30条，制作展板36块，LED滚动宣传健康教育知识60条。

【健康教育】一是健康教育活动。各爱卫组织结合城乡环境综合治理，组织新闻媒体、健康教育机构，利用多种宣传形式，开展卫生宣传和健康教育活动，向广大群众普及卫生防病知识，倡导健康文明生活方式，革除“随地吐痰、乱扔烟头、乱扔垃圾”等不文明行为。二是及时报道爱国卫生月和世界卫生日活动。三是跟踪报道群众关心的热点、难点问题，为爱国卫生月和世界卫生日活动广泛有效的开展创造舆论氛围。四是健康教育机构全方位开展健康教育和健康促进活动，提高群众的环境意识、卫生意识、健康意识和参与意识，引导广大群众增强公共卫生观念，自觉遵守社会公德，自觉革除危害健康、污染环境的陋习，提高文明素质，防控疾病发生。

【控烟工作】2013年，继续提高公众对吸烟、被动吸烟和环境烟草烟雾危害的认识，营造无烟、清洁、健康的工作环境和公共环境。5月31日，组织40余个已创和拟创无吸烟单位，集中在县中医院旁街道，围绕本次世界无烟日主题“全面禁止烟草广告、促销和赞助”，以保障广大公众身体健康为目的，共发宣传资料2000多份，接待咨询500多人次，当场劝阻吸烟50多人次，并组织开展“吸烟有害健康”大型签名活动。

【除四害工作】2013年，各乡镇、单位、社区、居民户按统一组织、时间、方法、药物、考核“五统一”的要求，开展室内外环境卫生大整治活动。整治老鼠孳生场所752处，疏通阴阳沟3000余米，清除卫生死角181处，投放鼠药1200公斤，使用灭蚊、蝇、蟑螂喷雾剂600多瓶，消杀10万平方米，春季灭鼠活动取得良好效果，有效地切断病媒生物疾病通过“四害”传播的途径，保护人民群众的身体健康。

【农村改厕】2013年，县爱卫办加强指导，各实施乡镇加大工作力度，确保项目的顺利完成，全年共完成农村改厕2000户，每户补助改厕资金650元。农村改厕工作的实施，极大改善农村居民的生活环境，有效降低疾病的发生和流行，保障群众的身心健康，显著提高群众的生活质量，深受广大农户的好评。

（韩佳芳）

文化　旅游　体育

综　　述

【概述】 2013年，县文化广播影视新闻出版和旅游局（简称县文广新旅局）全面贯彻落实中共十八大精神和县委十二届四次全会精神，围绕县委"实干增效年"的工作主题和"安全发展、转型突破、'六化'联动、实干增效"的工作基调，突出"文化强县""旅游兴县"，努力推进全县文化广播电视新闻出版及旅游事业快速发展，为全县经济发展大局凝聚人心、营造氛围。全年，以美丽乡村特色旅游先行区为主要内容的旅游业取得良好发展，实现旅游收入4.74亿元，接待人数72.45万人次，其中省外游客3.25万人次，获2013年度全市旅游工作综合考核第二名、包揽市旅游局所有9个单项奖；县广播电视台新闻在国家级媒体刊播9条、省级媒体刊播6条、市级媒体刊播220多条；县广播电视网络公司完成有线数字电视用户整转16525户、农村广播"村村响"安装25个行政村。

【文广新旅要事】 2013年1月，筠连人民广播电台（FM102.6）正式改版并播出，该频率频道覆盖全县，辐射高县、珙县、云南盐津县等周边地区，听众50万人以上。3月，双腾镇中国西部洞群风景旅游区、塘坝乡仙雾山国家森林公园项目成功招商，引资总额4.8亿元，到位2亿元；启动"中国梦"主题教育实践活动。4–5月，组团前往西安、成都、昆明、宜宾等进行旅游推介，开启筠连县旅游推介新模式；4月29日，"中国云上石漠春风花海生态旅游度假区大型苗族花山节"系列活动启动至"五一"小长假结束。6月，双腾镇中国西部洞群风景旅游区动工。7月，省级文物保护单位启动"标铭勒碑"工程。9月，大型舞剧《古道茶缘》创作完毕。10月，电视连续剧——《筠商》开机。12月，完成《筠连文化》第二部——《槐花几时开》（筠连民歌集）编纂。

文艺创作与表演

【概况】 2013年，以建设文化强县为目标，贯彻落实《筠连县加快文化强县建设发纲要》，大力开展群众文化，打造特色文艺作品。

【文艺创作】 2013年，县文艺工作者和新闻工作者坚持走基层、转作风、改文风，创作出大批具有现实主义、积极时代意义的优秀作品。代表作有集五尺道文化、茶文化、苗族文化为一体的大型舞剧《古道茶缘》，小品《访子》，有书画摄影作品130余件、诗词作品100余件，《筠连文化》系列丛书（二）——《槐花几时开》（筠连民歌集）编纂完成，送交印刷。

【文艺演出】 2013年，成功举办四川省文化列车同心艺术团慰问演出、文化系统新春慰问演出、春风村首届春节联欢晚会、玉壶之春艺术节、春满筠州·龙腾狮跃闹筠州、玉壶之春艺术节闭幕式暨春满筠州艺术节·乡镇文艺调演、春风村李花节、花山节、西安"中国东西部合作与贸会"对外交流文艺演出、成都旅游推介会文艺演出、宜宾市国际茶文化博览节等文化活动12次，获广大群众的高度评价；积极参加省、市、县各种大型文艺比赛和文艺演出80余次，受到群众好评。

【文艺下乡】 一是组织县内群众文化活动。先后在县内举办春风村春节联欢晚会、李花节、花山节，芦丰村品果节，武德石龙湖烤羊节，宜宾市国际茶文化博览节及文化下基层、廉政文化专场巡回演出等，累计50余场次，其中大型文化活动10场次，参与人员4000人次，演出文艺节目600多个，观众20万人次。二是加强对外交流文艺演出。在西安市举办"西洽会"交流文艺演出，在成都市举办旅游推介会文艺演出，在宜宾市举办住博会筠连文旅推介专场文艺演出，进一步提升筠连文化影响力。

新闻出版

【概况】 2013年，重点加强印企管理、扫黄打非、农家书屋、社区书屋建设等管理，把上级要求和自身工作实际相结合，取得净化市场、规范出版、建好书屋等成效。

【印企管理】2013年，重点加强对印刷企业、出版物经营单位的监管和扶持。一是对全县22家印刷(打字复印)企业、出版物经营单位年审，合格单位17家、不合格5家，与年检合格的17家企业签订《四川省出版物发行企业守法诚信经营承诺书》。二是组织印刷企业参加市文广新局开展的“印刷行业质量管理年活动”，帮助企业堵塞质量漏洞，提高产品质量水平。

【文化产业扶持】扶持新世纪印刷厂扩大规模，建设新世纪包装装潢有限责任公司，打造川南滇东北、黔西北结合部现代印刷包装行业标杆，项目预计投入1.2亿元，上报市重点产业办。

【农家书屋建设】2013年，把巩固“农家书屋”成果、发挥作用、提升水平作为书屋建设和管理的重点，强化农家书屋、社区书屋管理员培训，加大对书屋管理员图书登记、编目、分类、上架等日常管理的指导力度，对书屋免费开放做硬性规定，保证书屋作用发挥，在18个乡镇综合文化站、1个社区书屋统一制作书屋标牌、制度和借阅登记簿册，完成书架、图书、电视和DVD配送。全面落实13个城镇社区书屋选址和管理员配备，社区书屋书架、图书和电子设备配置委托市文广新局统一招标。腾达镇冒水村、沐爱镇棬坪村农家书屋被市文广新局评为“2013年市级示范农家书屋示范点”。成立筠连县“全民阅读活动”联系会议成员单位，建立联席制度，引导居民养成读书习惯，努力营造“书香筠连”良好氛围。

综合执法

【概况】文广新旅局承担文化、广播、影视、新闻出版、旅游等方面的工作，认真履行“教育、管理、服务”三大职能，保持市场稳定，事业繁荣，服务到位。

【执法队伍建设】充实综合执法队力量，设队长1名，队员6名；划拨专项资金，集中采购照相机、扫描仪、打印机、手提电脑、硬盘等设备，为队员购买制服，提升执法队形象。有针对性地安排执法队员赴省市培训，提高执法队员的业务水平。

【文化市场管理】加强对网吧、歌厅、书店等从业人员的管理，召开会议传达精神，组织培训规范操作，检查执法处罚违章。全年共召开各类会议6次，组织培训4次，市场巡查1254人次，处罚13家次，全县文化市场未发生一起安全事故。

【旅游行业执法】每季度对全县涉旅单位进行一次全面检查，春节、五一、端午、中秋、国庆等假日期间对重要景区、重点接待场所进行全方位巡检，全年共出动旅游安全检查130人次，检查涉旅行业企业28家。

【卫星地面接收设施执法】2013年，以规范广播电视节目信号传输秩序专项行动为契机，严厉打击非法销售、安装、使用广播电视卫星地面设施行为，全年出动执法人员500余人次，检查商家232家次，共收缴卫星广播电视地面接收设施7套，查处非法销售直播卫星天线31面、高频头25户、直播卫星接收机30台。

【扫黄打非】2013年，组织开展“4·23”世界读书日、“4·26”知识产权日宣传活动，通过悬挂标语、发放宣传资料、接受咨询、公布“扫黄打非”办举报电话等方式，提高市民保护知识产权和参与打击盗版侵权、非法出版的意识。县文广新旅局联合县公安、工商、邮政、教育、经信、移动、联通、电信等部门开展网络淫秽色情信息专项治理“净网”行动、深化查堵反制香港反动出版活动专项治理“清源”行动、涉藏非法出版物及反宣品专项行动和秋季中小学教辅材料出版发行管理专项行动，严肃整治文化市场和新闻出版行业秩序，全年出动执法人员500余人次，执法车辆12辆次，检查网吧92家次、网络论坛4家次、书店238家次、电子音像制品店30家次、书报亭42家次、印刷企业93家次，维护出版物市场的纯净和稳定。

图书馆 文化馆

【硬件建设】2013年，县图书馆不断提升馆舍等级，完成全国第五次公共图书馆评估定级工作，新增自然科学、哲学、文学等类书籍5000多册，借助计算机技术和管理软件提升图书馆各项业务工作管理，全面实现图书采编、流通、检索自动化管理。

【两馆服务】继续树立“读者服务至上”理念，转变工作作风，竭诚为人民服务。全年接待读者1万人，增加1000人；办理“借书证”6000人，增加50%；办理图书外借4000人次，增加100%；读者到馆8000人次，到馆率增加100%。2月起，在城乡、村、学校举办图书馆服务宣传系列活动，在中新网、四川在线、中广网等有报道。每月定期或不定期对“农家书屋”“社区书屋”业务指导，举办“社区书屋”管理员培训，培训60人次。

【功能拓展】2013年，县图书馆主动联系部分学校，组织学生进行入馆教育。组织图书管理员志愿者，开展图书情报知识、怎样利用图书馆资源、读者借阅制度等培训，开设网络资源信息检索拓展性课程。图书馆、文化馆联合开展文化下乡，送书、送春联到基层，为群众、“两会”会员免费办理借阅卡等活动。开展“4·23”读书日宣传、《阅读引领未来》征文、“中国梦”读书系列活动，以及“中国梦”大型图片巡回展、“青少年心理健康图片展”“庆国庆”大型图片展及暑期少儿优秀影展等，累计参与者 5 万人次。

【送文化下乡】 2013 年，县文化馆开展文化下基层活动，有文艺演出、文化遗产保护知识培训、群众文化辅导、有线广播电视服务下乡、“我们的中国梦”文化进万家、“文化走基层·真情五为民”、电影放映下乡等，举行文艺演出、放映电影 3220 场次，丰富基层群众文化生活。

文物管理

【概况】 2013 年，县文物管理所进一步完善文物安全管理制度，强化内部管理，以积极宣传、加强申报、加大巡查、安全防护为重点，推进文物修缮。认真开展筠连县第一次全国可移动文物普查的培训、采集、登记、申报工作，全年未发生文物安全责任事故。

【第一次全国可移动文物普查】 2013 年，认真开展“筠连县第一次全国可移动文物普查”，成立普查机构，确立普查队伍，制定普查方案和工作制度，完成“筠连县第一次全国可移动文物普查”的前期申报、登记工作，做到无错报、漏报，覆盖率 100%。8 月 20 日，筠连县第一次全国可移动文物普查动员暨国有单位文物收藏情况调查登记培训会召开，强调普查的重要性，提出普查要求。县属国有单位负责本单位文物调查登记，乡镇除自身调查填报外，还开展所属区域国有单位的填报培训工作。

【文物保护】 2013 年，加强对级别文物、文物保护单位的保护管理力度，重点挖掘不可移动文物点的历史文化、建筑艺术、科学价值等内涵。开展“标铭勒碑”工程，在省级文物保护单位设置标识碑及警示碑。对“大梁子兵营遗址”“金钟寨子遗址”“武德南华宫”进行历史文化、建筑艺术价值的深挖，整理资料建立完整档案，拟申报为县级文物保护单位。加大文物安全巡查力度，全年共巡查文物点 95 次 400 余处，确保文物点安全。

【馆藏文物安全】 2013 年，文物管理所对馆藏文物实施防火、防盗、防潮等保护工作。文物库房配有防盗门、防盗监控、防火灭火器、防潮防湿剂等安防设施。坚持每天对文物库房检查，每周对馆藏文物检查安全 2 次。年末对馆藏文物进行系统清理，根据文物类别不同材质进行规范的专柜保存，并按照文物级别科学建档。

【“非遗”项目申报】 2013 年，县文物馆扎实做好非遗项目收集、整理、申报工作，先后把县级非遗项目《槐花几时开》《苗族花山节》《筠连民歌》《高台竹竿狮子》成功升级申报为市级非遗项目；市级非遗项目《筠连民歌》《高台竹竿狮子》升级申报为省级非遗项目，待批复；省级非遗项目《苗族大唢呐》《苗族刺绣》升级申报为国家级非遗项目，待批复。

广播影视

【地面波数字电视建设】 2013 年，完成直播卫星设备发放、安装及调试 1776 台，新建地波数字电视发射台 4 座，完成地面波数字电视设备的发放、安装及调试设备 3000 台，日常维修 MMDS 基站 256 次，维修卫星直播用户机顶盒 98 台次，日常管理和维修仙人岩中央农村无线覆盖工程 164 台次。

【农村广播“村村响”】 2013 年，采用调频和共缆传输技术，利用国家、省、市、县四级财政配套资金，实施农村广播“村村响”工程（该工程由政府出资，在实施村安装一套广播设备，最大程度覆盖全村，让村民们收听到广播节目），共安装农村广播行政村 25 个，维修农村广播设备 13 台次。

【数字电视整体转换】 2013 年，继续推行有线电视数字整体转换工程，大力发展有线数字电视，至年末，全县有线数字电视整体转换用户达 16525 户。

【安全播出】 2013 年，进一步完善安全播出制度，执行《广播电视机房管理制度》《广播电视技术档案管理制度》，制订《广播电视防非法插播破坏应急预案》《广播电视安全播出自然灾害应急预案》和《广播电视安全播出应急协调预案》。4 月，完成数字电视应急前端的建设，提高机房防干扰技术能力，全年实现“零中断”“零插播”。

【电视专栏】 根据县委、县政府的中心工作，结合自身实际，连续推出《廉政窗口》《人大代表风采》等专题，在《筠连新闻》中新开辟“新农村建设”“新春走基层”“转型跨越建强县、率先崛起奔小康”“推进环境兴县战略”“中国梦·我的梦”“解读中国梦”“畅谈中国梦”等专栏，新推出系列节目《旅游电视访谈》《身边的故事·我的十年》《荧屏透视·关注民生发展》《财富道·商途》等，全面真实展示筠连县经济社会事业发展情况。

【新闻播出】 围绕县委、县政府“12456”工作思路，全力做好宣传报道工作，按照对内增强凝聚力、对外提升知名度、对上赢得信任感的宣传总体要求，全年，县广播电视台完成电视新闻组稿1568条，完成广播新闻1600多条。电视栏目《财富道》《身边的故事》《荧屏透视》《筠州色香味》等共播出72期；电视访谈类节目5期，实况录像录制并播出15场；广播栏目《生活达人》《非常音乐》《文化长廊》《曲艺大观园》《筠州神侃帮》共播出108期；制作完成筠连招商形象片《穿越千年——梦回塘坝》；向上级输送并播出电视新闻中央级媒体9条、省级媒体19条、市级媒体400多条；栏目上市级媒体共5个。

【采编人员管理】 2013年，县广播电视台要求从业人员按"走基层、转作风、改文风"总体要求，组织思想政治和业务技能学习培训12场，参学人员200人次；组织从业人员参加全国资格考试，有3人获得国家新闻出版总署颁发的记者证。

【节目质量提升】 2013年，由分管领导及总编室、新闻部、专题部负责人组成评审会，每天对播出的新闻、栏目进行打分，按照稿件内容、画面、声音及制作播出效果进行评估，分A、B、C、D档次，按档计价，奖优罚劣，促进节目质量大提升。

旅　游

【概况】 2013年，全县实现旅游收入4.74亿元，接待人数72.45万人次，其中省外游客3.25万人，取得全市2013年度旅游工作综合考核第二名、包揽市旅游局9个单项奖的好成绩。

【旅游管理】 2013年，年初，县委、县政府调整充实旅游产业发展领导小组，县委副书记、县政府县长刘朝平继续担任组长。县委、县政府25个重点项目工作组中，旅游重点项目工作组占3个，由县级领导任组长，各相关部门负责人任成员，规格高、力度强、专业人才多、综合协调能力强，有力促进旅游工作的开展。市文广新局、县委、县政府加强旅游项目建设监督管理，实行每10天一次的报告制，全面、准确了解旅游项目的进度，及时研究解决影响工程进展的困难和问题。

【旅游规划】 2013年，完成《筠连县旅游发展规划》，完成《筠连古楼峰丛规划》《中国西部洞群景区》总规，精装古楼旅游新城综合建设区、武德石龙湖风景区生态旅游园、大雪山红色生态旅游景区3个旅游项目。

【旅游协会】 2013年2月28日，经民政局批准，筠连县旅游协会正式成立，吸纳会员52家。协会主要职能是为县内旅游系统、涉旅企业搭建交流合作平台促进旅游事业发展，对外宣传打造筠连良好旅游形象。全年，旅游协会开展活动14次，成为全市最活跃的协会之一。

【旅游宣传及营销】 县政府拨付专项经费，支持旅游宣传营销。通过印发宣传图册、播放电视专题片、举办推介活动等，提高筠连旅游资源的知名度和影响力。县内成功举办第六届春风李花节、五一大型苗族花山节、石龙湖荷花艺术节、烤羊节，清溪沟首届茶文化博览会等；走出筠连，在西安、成都、昆明、宜宾举办大型旅游推介活动6次，把独特的旅游资源和传统的苗裔风情文化结合起来，展示筠连丰富的旅游资源和独特的人文魅力。

【旅游开发】 2013年，全县成功招商的陕西翰阳国际旅行社，大力推进乡村特色旅游，腾达镇春风村中国云上石漠·春风花海旅游度假区、塘坝乡清溪沟茶文化主题公园正式营业，春风村乡村旅馆、清溪沟鸟巢等独具特色的宜居条件受到游客的好评，开启筠连接待组团游客的历史。双腾镇中国西部洞群风景旅游区完成详规，第一期工程开工建设，完成投资4700万元，天河温泉二期、古楼风景旅游区、川滇黔红色旅游筠连爱国教育基地、武德石龙湖等项目有序推进。

【旅游设施建设】 2013年，大力改善旅游基础设施建设，整合相关资金，硬化旅游公路120公里，设置道路波形防护栏10公里，旅游景区外部标识标牌22块，新建接待设施20余处。在县城投放出租车30辆，在大雪山、沐爱片区投放乡村旅游客运巴士14辆，开通线路14条，在春风村投放观光车10辆，方便游客参观景区、景点。

【旅游招商】 2013年，全县精心包装古楼旅游新城综合建设区、武德石龙湖风景区生态旅游园、大雪山红色生态旅游景区旅游项目，采取开放式招商，双腾镇中国西部洞群风景旅游区和塘坝乡仙雾山国家森林公园项目成功招商，引资总额4.8亿元，到位2亿元。

【涉旅产业】 3月，腾达镇春风村乡村宾馆建成投入使用，全村乡村宾馆共50余家，接待能力1000人以上。5月，塘坝乡清溪沟鸟巢宾馆动工修建，9月底投入试运，接待能力100人以上。10月，塘坝乡旅游购物中心投入运营，面积2000平米，全县苗家黄牛干巴、老腊肉、筠连花生、茶叶、糟黄瓜等农特产品在此集中销售，深受游客欢迎。县粮食局与四川农业大学合作，研发筠连水粉湿法包装，取得实质性进展。

（罗啸驰）

【景区规划编制】 为适应对景区的保护、利用、管理、发展的需求，在2006年宜宾市城乡规划院编制的《筠连岩溶风景名胜区总体规划》基础上，上年委托宜宾市城乡规划设计院对《筠连岩溶风景名胜区总体规划》进行规划修编,于2013年完成,已报省政府待审批。在总规中,将全县风景区分为岩溶湖—羊子洞片区、仙人洞片区、玉壶泉片区、海瀛潮涌泉片区,景区面积130.18平方公里。一是岩溶湖—羊子洞片区,景区面积113.11平方公里,占风景区总面积的86.89%,范围以岩溶湖和羊子洞为主体,北至朝天洞、五圣宫,东临巡司镇陈家塝、黄儿塝,南至武德乡大乐乡片栀杆包、瓦窑坪,西至双腾镇寨子顶、木厂梁子。二是仙人洞片区,景区面积11.67平方公里,占风景区总面积的8.96%,范围以仙人洞为主体,北至腾达镇梅子井、烂湾子,东临牯牛山,南至烂田湾、新房子,西至石缸坪。三是玉壶泉片区,景区面积4.15平方公里,占风景区总面积的3.19%。范围以玉壶泉为主体,北至田坎上、马鞍山,东临拱拢坝,南至磨盘山、真武山,西至黑油溪。四是海瀛潮涌泉片区,景区面积1.25平方公里,占风景区总面积的0.96%,范围以海赢潮涌泉为主体,北至青龙山,东临母猪洞,南至青杠林,西至白杨坡。根据景观游憩价值、生态价值及科学价值评价,将风景区的景点分为23处,其中一级景点6处、二级景点5处、三级景点10处、四级景点2处。

【景区建设管理】2013年,以风景名胜资源的保护为核心,将风景名胜区建设成为生态环境优良,展示内容丰富,服务设施完善,基础设施配套,保护和利用协调,管理和经营有效的可持续发展的省级风景名胜区。

【风景名胜资源普查】2013年7月,开始县境风景名胜资源普查,已完成普查工作,普查成果报经省人民政府审批后发布。

【美丽乡村建设】2013年,采取“一抓一推进两突出”(抓阵地、队伍、活动建设;整乡推进、联片示范、行业共建、产业支撑,以点带面,以镇或烟区为中心、以村为点分阶段推进美丽乡村建设;突出烟草文化、本土文化),推广“735”工程,挖掘烟草文化内涵,融入地方特色文化,形成建设美丽乡村的强大精神内动力。

(骆 玉)

体 育

【概况】2013年,体育工作以增强人民体质、提高群众整体素质为宗旨,以满足广大群众日益增长的体育需求为出发点,深入开展全民健身运动,形成社会体育蓬勃发展、竞技体育大幅回升、体育产业稳步递增的良好局面。县体育局被市体育局评为完成目标任务突出单位、宜宾市群众体育工作先进单位。

【群众体育】2013年,全县各类体育协会组织15个,各级社会体育指导员452人,全民健身活动站点268处。一是组织开展各种群众体育活动人才培训12次,培训359人次;组织参加市级以上培训6次,培训乒乓球、健身气功、体育舞蹈、门球、大众广播体操等社会指导员、裁判员、运动员68人次。二是编印《全民健身知识手册》6000册,分发到群众手中,提高全民健身意识,普及科学健身知识。三是群众体育活动,坚持县、乡镇、村(社区)整体联动、分级组织和全面推进的原则,要求达到天天有健身人群、月月有赛事活动、重大节假日有全民健身大型集会,组织开展全民健身赛事共40多次,参与人数达10万余人次。

【竞技体育】2013年,积极开展运动竞技体育,完善县业余体校机构和制度,加强竞技体育后备人才的培养和输送。全年,省、市业余体校到筠连选才3次,输送体育后备人才5人。

【学校体育】一是制定体育教师培训方案和体育教师培训五年计划,对体育专项特色学校体育教师进行培训。二是协助县教育局组织参加宜宾市中小学生运动会,取得良好成绩。三是抓好“两课三操一活动”,广泛开展阳光体育活动,推行《国家学生体质健康标准》实施,促进学校、家长、学生对健康身体素质的重视,协助学校举办校运会、推进体育教师专业职称评定、体育苗子选拔。

【体育场地设施建设】2013年,扎实推进全民健身工程建设,逐步完善县乡村三级全民健身网络。全年投入51万元,完成15个农民体育健身工程、2套全民健身路径建设。

【参加上级赛事】5月,组织14人组团参加省门球选拔赛,获第一名;组织参加宜宾市第四届健身气功比赛。6月,组织16人组团参加宜宾市第四套大众拉丁舞比赛。8月,组织13人组团参加宜宾市第四届武术套路比赛。11月,组织12人组团参加全国门球冠军赛;组织参加川滇黔渝乒乓球邀请赛等赛事,取得较好成绩。

【举办赛事】2月22日,举办“祥龙闹筠州”全国龙狮大联动元宵晚会,有10支队236人参加。3月5日,举办第六届春风村“李花节”农民趣味健身运动会,有31支队325人参加。3月8日,举办“3·8”妇女广场舞蹈比赛,有11支队263人参加。3月24日,举办中国·宜宾筠连首届“五尺道杯”金画眉鸟王争霸邀请赛,有16支队103人参加。5月20日,举办太极柔力球联谊展示活动,有8支队136人参加。8月8日,举办“8·8”全民健身日二十四式简化太极拳比赛,有15支队320人参加。8月23日,举办首届旅游景区“电力杯”全民健身自行车邀请赛,有86人参加。11月30日,举办第七届“尚品杯”川滇黔渝乒乓球邀请赛,有50支队237人参加。

(罗 明)

社会生活

人口与计划生育

【概况】2013年,全县计生工作按照“1441”(“1”:围绕基础提升主题,“4”:抓好人口清理、孕情环情监测、避孕节育、统计数据四项工作,“4”:突出健康共享、阳光计生、幸福家庭、人口发展四个重点,“1”:实现统计质量突破)的思路,以深化综合改革和优质服务为核心,重点突破,整体推进,圆满完成目标任务。年末市级考核综合评估,全县出生人数5088人,比年计划少生12人,人口出生率11.98‰;人口自然增长2391人,人口自然增长率5.63‰,符合政策生育率84.26%;出生人口男女性别比为109。全县落实计生奖励扶助、特别扶助1306人,农村独生子女父母奖励2887人,“三结合”帮扶1303户;县乡两级财政投入计生事业费1693万元,人均40元。4月,筠连县被省人口计生委确定为第二批全省人口计生依法行政示范县。

【百里人口文化长廊建设】筠连县百里人口文化长廊,以县城北面边界筠连镇银江村红色母子雕塑为起点,经县城向东、西、南三面辐射,纵贯全县18个乡镇,全程100余里,在人口相对集中、整体环境较好的地段周边设立“人口文化示范广场”“人口文化示范公园”“人口文化示范街”“苗乡人口文化园”“茶文化公园”“人口文化示范新村”“人口文化示范大院”“人口文化示范家庭” 等人口文化形象展示区。各展示区按照高起点、高规格规划,景观式打造,着力推进人口文化建设进村入户,把人口文化、新村文化、品牌茶文化、民族文化、地方特色文化等融为一体,分别用苗文、彝文书写刻制木质吉祥对联,体现人口文化的精美剪纸,反映苗族、彝族生活场景、服饰、特产的雕塑、石刻,别具民族风味的走廊、牌、坊、亭,彝族的特色服饰,苗族花山节喜庆的歌舞,苗家花山节欢喜热闹的场面。采用别具民族风味的精美雕塑、石刻,用走廊、牌、坊、亭等形式展现不同地域的人口文化底蕴,把人口文化与新农村建设、乡村旅游有机结合,集知识性、艺术性、趣味性、观赏性为一体,使老百姓在休闲娱乐、感受人口文化艺术的同时,潜移默化中接受人口计生政策和优生、优育、优教知识的熏陶、寓教于乐。

百里人口文化长廊一期工程,4月动工,历时3个月,7月12日通过县级验收。一期工程设计、制作、安装总投资185万元,由宜宾市睿艺艺术设计有限公司承建,内容包括:百里人口文化长廊标志性雕塑、彝寨人口文化示范新村主题雕塑、高坪苗族乡人口文化示范墙(大地母亲篇)雕塑、高坪乡苗族人口文化示范墙(农耕篇)雕塑、高坪苗族乡人口文化示范墙(花好月圆篇)雕塑、苗家婚俗“送亲”浮雕墙、“苗家歌舞”浮雕墙、苗族服饰“刺绣”浮雕墙、苗族服饰“蜡染”浮雕墙、苗族节日“花山节”浮雕墙、“苗族特产”浮雕墙、苗家人口文化示范大院立牌、高桥村人口文化示范家庭立牌、汉苗彝文字计生宣传对联、计生木制灯笼、计生室内挂件共16个项目。

【人口文化园建设】塘坝乡木映村人口文化园,位于风景秀丽的清溪沟茶文化主题公园内。为倡导“和谐计生、健康共享”的人口文化理念,结合筠连深厚的茶文化底蕴,在塘坝乡木映村精心打造以茶文化为主题、以雕塑为表现手法的人口文化园,由“采茶姑娘”“制茶欢歌”“茶香万里”“幸福家园”4部分组成。木映村清溪沟历史悠久、文化灿烂,秦“五尺道”、古“南方丝绸之路”川滇要道,筠连古八景“木浪晓晴”之地,是观光、休闲、度假的胜地。木映村人口文化园雕塑设计新颖、形态各异、雕工精致、寓意丰富,充分运用其茶文化之人文内涵,含蓄地表达优生优育、婚育新风、关爱女孩、幸福家庭以及人与自然和谐共处等理念,既诠释筠连茶文化、五尺道文化、古驿文化,更展示筠连人口文化的独具魅力,昭示着勤劳的筠州儿女崇尚科学、优生优育、勤劳致富、共创未来的精神风貌。项目总投资120万元,由重庆神斧雕塑设计工程有限公司承建,8月初动工,历时2月建成,9月底通过县级验收。11月14日,木映村人口文化园作为全市人口计生重点工作流动现场会参观点接受参观。

《采茶姑娘》雕塑:高1.8米、宽1.2米,采用人造青石(玻璃钢)材料及圆雕工艺精雕而成,以山村采茶母女为主题,生动刻画勤劳朴实的母亲和天真活泼的小女孩在采茶劳动中其乐融融、轻松愉快的情景,含蓄表达“尊重妇女”“关爱女孩”的寓意。

《制茶欢歌》:是该人口文化园雕塑群中最具特色的一

组群雕，由“筛选”“杀青”“烘制”“凉晒”“包装”5 部分组成，人物造型栩栩如生、形象生动，再现筠连古老传统制茶工艺流程及情景，反映筠连人民勤劳乐业、精于创造的深厚文化底蕴；也表达少生快富、人口素质提升、人与人之间和谐相处的寓意。

《茶香万里》浮雕文化墙：长 7 米、高 2.7 米，采用人造青石材料及深度浮雕工艺制作，以“茶山品茗”“茶道展技”“茶业交流”“茶醉友人”为内容的人物造型表现手法，形象展示筠连茶业开放，旅游兴旺，经济繁荣的景象；寓意着筠连实行计划生育 30 多年来取得的成果。

《幸福家园》浮雕文化墙：长 8 米、高 2.6 米，采用人造青石材料及深度浮雕工艺制作，通过“茶山种茶”“茶园采茶”“幸福家人”的人物塑造表现手法，展现产茶区人民在县委、县政府的领导下，以开展人口计生“三进家”创建幸福家庭活动为载体，大力发展茶产业而发家致富，过上和谐幸福的美好生活。

【12356 信息平台】 3 月，筠连县计生“12356 信息平台”综合管理系统竣工，4 月投入试运行，基本覆盖人口计生技术服务的全部内容，开全省先河。一是通过适度公开群众最为关注、涉及自身利益的计生信息，畅通群众咨询、投诉、建议渠道，有效保障人民群众对人口计生工作的知情权、参与权和监督权，为人口计生系统联系群众、方便群众、满足社会需求建立起顺畅的沟通渠道，提升人口计生系统的公信力，实现电话随访、咨询、查询、提醒、投诉、预约等服务，全年共接受群众电话咨询人数 600 余人。二是通过网络实现人口计生信息的传输、存储、更新和共享的网络系统，由热线平台、随访服务、流动人口、优生优育、生殖健康和综合管理 6 大模块组成。平台还建立有“12356 公共服务平台”网页和“12356 公共服务平台管理后台”。通过“12356 公共服务平台”让人口计生信息公开，方便群众监督和领导掌控；通过“12356 公共服务平台管理后台”对“12356 公共服务平台”网页和热线平台进行管理。“12356 信息平台”系统具有咨询、预约、查询、告知、随访、提醒、投诉建议、满意度调查 8 项功能，可实现县级站与分站、普通乡镇服务站、村服务室间的信息共享，实现县、乡镇服务站的门诊无纸化、信息化管理，实现服务信息数据库全县集中统一管理、全县人户分离对象和户籍迁移对象的网上移交、接收、管理和网上告知流入信息，实现县乡村三级服务机构之间合理的分工，服务资源的有效整合，使服务信息的准确率、服务行为的及时率和有效率大大提高。

【依法行政示范县】 2013 年，继续创建全省人口计生依法行政示范县各项工作。4 月 26 日，筠连县被省人口计生委确认为第二批全省人口计生依法行政示范县。

【“三进家”幸福家庭创建】 继续开展人口文化进家庭、健康共享进家庭、产业帮扶进家庭“三进家”创建幸福家庭活动，由县财政在当年征收的社会抚养费总数中安排 10%的资金、乡镇在当年征收的社会抚养费总数中安排 5%的资金用于活动。按照全县“三进家”创建幸福家庭活动 5 年规划，全年重点选择乡镇场镇周边和边远山区比较贫困的计生户，积极协调联系相关涉农部门，联合对其居住环境进行改造、产业发展实行扶助，投入财政资金 130 万元、乡镇财政资金 60 余万元，建成人口文化示范新村 18 个、人口文化示范大院 61 个、人口文化示范家庭 216 户，一批受惠群众居住环境在变化、产业扶持在发展的“三进家”示范户正在显现。县人生育局抽出资金 4.9 万元，创建“三进家”幸福家庭示范户 49 户。

（陈志明）

劳动保障管理

【劳动人事争议仲裁】 2013 年，大力推进劳动人事争议仲裁庭实体化建设。县人社局设置专门的劳动人事争议仲裁场所，投入近 3 万元资金购置专用桌、椅，配置专用电脑、打印机、录音笔、摄像机等办公设备，于 12 月初建成并投入使用。全年共受理劳动人事争议案件 583 起，其中集体争议涉及企业 7 个，当期结案率 100%。

【劳动监察执法】 2013 年，加大劳动保障监察执法力度，有力地推动《中华人民共和国劳动法》《中华人民共和国劳动合同法》和劳动保障相关法律、法规及政策在全县贯彻落实，规范用人单位的用工行为，维护广大劳动者的合法权益。一是执法检查，检查 53 个煤矿、65 个非煤矿山企业、28 个餐饮企业、5 家建筑企业、1 家制造企业，所有企业均实行用工备案制度，签订劳动合同 12960 人，其中农民工 11896 人，农民工劳动合同签订率 95%。二是农民工工资支付专项行动，处理拖欠农民工工资案件 45 起，追讨农民工工资 185 万元，涉及 383 人。三是督促企业缴纳社会保险 8 起 156 万元，涉及职工 192 人。

（罗　锋）

城乡人民生活

【概况】 2013 年，贯彻落实中共十八大以及省、市经济工作会议精神，围绕“建成强县、率先小康”总体目标，多措并举应对挑战，努力转变经济发展方式，用有限的财力“保民生、促增长”，通过采取系列措施，增加城乡人民收入，提高生活质量，保证人民生活水平稳步增长。

【居民消费价格指数】 2013 年，全县居民消费价格总指数累计上涨2.6%，居民消费八大类价格同比呈现“五升三降”格局。其中食品类上涨5.1%，烟酒及用品类下降3.8%，衣着类下降7.5%，家庭设备用品及维修服务类下降2.7%，医疗保健和个人用品类上涨4%，交通和通信类上涨0.3%，娱乐教育文化用品类上涨4%，居住类上涨2.3%。

2013年居民消费价格指数(上年为100)

表10

指标名称	指数(上年=100)
居民消费价格总指数	102.6
食 品	105.1
其中:粮食	101.2
油脂	101.1
肉禽及其制品	103.1
鲜蛋	100.9
水产品	101.0
鲜菜	102.9
干鲜瓜果	111.0
烟 酒	96.2
衣 着	92.5
家庭设备用品及维修服务	97.3
医疗保健和个人用品	104.0
交通和通信	100.3
娱乐教育文化用品及服务	104.0
居 住	102.3

【城镇居民可支配收入】2013年，城镇住户调查资料显示：全年城镇居民人均可支配收入22488元，比上年同期（下同）增长10.7%；城镇居民人均消费支出14157.13元，增长7.33%。一是工资性收入增长较快。由于国家工资政策的调整，居民就业工资标准提高，全年城镇居民人均工资性收入14925.39元，增长15.16%，占家庭总收入比重的59.26%，拉动可支配收入6.88个百分点。其中人均工资及补贴收入13563.57元，增长23.18%；其他劳动收入1361.82元，下降30.13%。二是经营净收入增长平稳。近年，县委、县政府积极引导和鼓励城镇居民自主创业，并为城镇居民自主创业提供较好经济环境，促进城镇居民在个体经营上的收入继续提高。全年城镇居民人均经营净收入4961.91元，增长8.32%，占家庭总收入比重的19.7%，拉动可支配收入增长1.33个百分点。三是财产性收入增长迅猛。城镇居民收入增加，促进投资行业的快速增加，全年城镇居民人均财产性收入721.78元，人均净增215.27元，增长42.5%，占家庭总收入比重的2.87%，拉动可支配收入增长0.75个百分点。四是转移性收入增长明显。全年国家加大对低保户、困难户家庭的社会救济力度，促进居民社会保障收入的提高。全年城镇居民人均转移性收入4576.42元，增长12.14%，占家庭总收入比重的18.17%，拉动可支配收入增长1.73个百分点。

【城镇居民消费结构】2013年，全县城镇居民8大类消费支出均呈上升态势。

食品类：城镇居民支出仍是消费支出的大头，占城镇居民消费支出的40.04%。全县城镇居民人均食品类支出5667.82元，增长6.53%，不断上涨的物价和居民生活水平的提高是推动食品支出增长的重要因素，其中粮油类支出占食品类支出的14.58%。人均肉禽蛋水产品类支出1397.6元，增长24.66%，值得注意的是猪肉平均单价23.94元/千克，下降0.21%。人均水产品类支出71.24元，下降27.58%。人均烟草类消费363.51元，增长98.55%。人均干鲜瓜果类消费460.93元，增长43.02%。人均糕点、奶及奶制品类消费295.52元，增长75%。人均在外饮食1286.99元，下降7.05%。

衣着类：全县城镇居民人均衣着类消费1936.48元，增长11.1%；人均服装消费1437.62元，增长9.4%。

居住类：全县城镇居民人均居住类支出1293.8元，增长3.5%。主要体现在水电燃料消费上，人均支出768.68元，占居住类支出的59.41%，水、电费分别增长34.5%、28.4%；由于煤、汽的调价和节能减排的大力工作，燃料费下降3.5个百分点。人均租房支出353.5元，增长52.3%，房租占住房类支出的82.17%，主要是外来人口增多使租赁住房和门面房增加。住房装潢人均53.89元，占住房类支出的12.5%。

家庭设备用品类：全县城镇居民家庭设备用品类消费人均支出989.63元，增长5.4%。年末全县城镇居民每百户拥有洗衣机108台、电冰箱88台、微波炉64台、空调器122台、淋浴热水器96台。伴随着住房装潢、住户购买新家具的需求，全年耐用消费品消费支出上涨21.8%。家庭服务类支出25.96元，下降17.6%。

医疗保健支出类：全县医疗保健类人均支出518.95元，增长10.79%，主要支出为药品费和医疗费。全县城镇居民人均药品费276.62元，增长93.66%；随着医疗制度的进一步改革和完善，人均医疗费支出208.19元，下降31.8%，但看病贵还是众多老百姓，特别是低收入人群的一大问题。

交通和通信类：随着生活水平的不断提高，居民对于代步工具需求有一定攀升，交通和通信类人均支出1718.54元，增长12%。年末，全县城镇居民每百户拥有汽车16辆、摩托车52辆、助力车26辆，移动电话290部、固定电话66部。随着手机拥有量和上网人数的增加，通信类消费支出达1005.19元，增长10.6%。

教育文化娱乐服务类：随着生活水平的改善，百姓在物质生活不断提高的前提下，也开始注重精神生活的充实。教育文化娱乐服务类人均支出1424.35元，增长3.1%，其中教育支出比重最大，占52.03%。年末每百户拥有家用电脑92台、彩电146台、摄像机2台、照相机34台、钢琴4台。

其他商品和服务类：全县其他商品和服务类人均支出607.57元，增长9.81%。其他商品类人均支出389.68元，下降7.02%；服务类人均支出217.89元，增长62.4%；其他服务费人均46.35元/人，增长30.16%，消费渐趋理性。

【城镇建设】2013年，全县加快推进新型城镇化进程，新型城镇体系架构逐步形成。一是中心城区加快建设，推进县城总体规划修编，完成城南片区修建性详规、城南拓展区控制性详规，以及商贸物流规划和滨河路特色餐饮街区设计方案。重点推进城南新区建设，煤都大道主干道及滨河道路工程开工建设，滨河景观工程已进场施工，定水四桥加快建设，中心广场、骨干道路完成设计招标；汇鑫广场建设完成，筠州国际社区、晨晖雅居、巡司宾馆、定水华庭启动建设；进一步完善城市功能，加快推进城市生活污水处理厂二期、巡司镇城镇生活污水处理厂工程前期工作。推进"国家级卫生县城""省级环境优美示范县城"创建工作，继续实施"美化、绿化、亮化"，山水城市形象进一步提升。县城空间向南不断延伸，巡司园区功能不断完善，筠巡快速通道启动建设，主城区组团式发展空间形态初具雏形。二是重点场镇功能提升，完成沐爱、维新镇总规修编，加快推进沐爱、蒿坝、大雪山、高坪等集镇改造，沐爱、双腾开展国家级试点小城镇申报工作。三是全面完成全域新村建设总体规划编制；启动实施省级新农村建设成片推进示范县项目建设，开展第二轮千村春风工程，13个省级财政新村项目通过评审，5个竞争式新村正在抓紧推进建设。新建成聚居点69个，累计140个。春风综合体获国家标准委批准为国家农业综合标准化示范区，以春风、幸福综合体为代表的新村示范效应凸现。

【农民人均纯收入】2013年，农村住户调查资料显示：全县农民人均纯收入8853.82元，增加1018.59元，增长13%，工资性收入和家庭经营收入增长最快，财产性和转移性收入比重依然很小。一是工资性收入增长较快。工资性收入仍是农村居民增收的主要来源。全年全县农民人均工资性收入3940.16元，增长10.06%，占农民纯收入比重的44.50%，仍是拉动农民增收的主要因素。从工资性收入构成看，在非企业组织中劳动收入246.58元，增长22.67%；在本乡地域内收入2039.72元，增长0.35%；外出从业收入1653.85元，增长22.82%。二是家庭经营收入增长明显。全县农民人均家庭经营收入4317.83元，增长17.01%，占农民人均纯收入比重的48.77%。其中来自第一产业的收入3599.77元、增长27.83%，来自非农产业纯收入718.06元、下降17.83%；来自第二产业纯收入191.09元，下降14.78%；来自第三产业的收入526.97元，下降18.88%。三是财产性收入略有增长。全年农村居民财产性收入408.20元，增长3.39%，土地流转和利息收入是财产性收入增长的主要原因。四是转移性收入小幅增长。全年农村居民来自转移性纯收入是187.63元，增长10.25%，政策性收入增加促进转移性收入增长。

【农村居民消费结构】2013年，全县农民人均消费支出进一步改善，其中食品消费支出1754元，增长9.39%；衣着消费支出346.69元，下降5.62%；居住消费支出972.66元，增长26.52%；家庭设备、用品及服务250.64元，增长86.94%；交通和通信消费支出752.92元，增长37.34%；文化教育、娱乐用品及服务消费支出122.74元，增长55.51%；医疗保健消费支出194.09元，增长27.89%。农村居民恩格尔系数48.5%。

（李 平）

社会保障

【信息系统升级】2013年，大力加强社会保险信息化建设。县政府划拨专款14.5万元，更换联网结算服务器和硬件设备，4月，全面完成新服务器和硬件设备的更换。按照市上升级社保信息系统上网运行要求和市社保局"完整、正确、统一、及时、安全"指导精神，县社保局集中人力、财力和物力，8月启动养老保险数据整理，历时2个月，力克难关，突破瓶颈，使养老、工伤、生育保险和医保数据在联网前夕完成清理，确保全市大社保信息系统正式启用。大社保信息系统支持所有社保业务的内部运行，在业务流程设计上实现业务模块的最优化，可根据不同的业务类型分类授权、规范化管理、阳光操作，为广大参保群众提供高效、便利、快捷的优质服务，提高社保经办效率。

【养老保险扩面】2013年，市社保局下达养老保险参保人数2.1万人，年末实际参保人数21001人。县社保局重点狠抓养老保险扩面和巩固扩大费源：一是主动向政府汇报，争取政府和相关部门的大力支持；二是把对破产改制企业、下岗职工的续保，私营企业、个体工商户的应参尽参、应保尽保作为工作切入点；三是对重大户的稽核、审计，促使为其漏保的职工（特别是农民工）应保尽保；四是加大宣传力度，为断保的失业、下岗人员及时续保；五是做好城镇集体企业、返城老知青未参保人员参加基本养老保险的工作。

【离退休人员的社会化管理】2013年，继续按照劳动和社会保障部对离退休人员社会化管理服务试点城市的要求和市下达的目标任务，扩大全县养老保险覆盖面。一是认真执行"两个确保"（确保企业离退休人员基本养老金按时足额发放，确保国有企业下岗职工基本生活费按时足额发放)的规定,退休费社会化发放率和按时足额发放率继续保持100%,按时足额发放企业6460名退休人员养老金,比上年增加1559人。继续开展退休人员领取养老金资格认证,领取人数达到退休总人数的98%。全年支出养老金10543万元,比上年增加3479万元,养老金发放全部通过银行或邮政局向全县企业、个体工商户的退休人员发放,社会化发放率100%。二是开展退休人员移交社区管理工作,对家居筠连镇的,全部移交社区管理;对家居乡镇的,由所在乡镇劳动保障所管理,社区、乡镇管理率100%。三是加强退休人员管理服务。组织开展每年退休人员养老金领取资格调查,确保养老金不流失,防止冒领。对未及时办理,采取暂时停发养老金,待认证手续完毕后补发,有效地杜绝养老金的冒领。

【新农保(城居保)】 2013年,继续加大新型农村和城镇居民社会养老保险(简称新农保〈城居保〉)工作,市下参保人数8.78万人,实际参保人数10.79万人;市下参保缴费人数3.38万人,实际参保缴费人数3.6万人;新型农村和城镇居民养老保险60岁以上老人发放养老金2090.43万元。

【参保人员生存调查】 2013年,开展新农保(城居保)参保人员生存调查,通过城镇职工养老保险系统、新型农村社会养老保险系统进行系统间信息和数据的比对、核查,对疑似重复领取待遇人员,采取电话回访、下村上门了解、走访核实等方式,确保信息核实准确。全年追缴新农保(城居保)养老金48235元,涉及207人,追回养老金全额入基金专户,杜绝重复参保、虚报冒领养老金待遇等现象,维护社保基金的安全。

【城镇居民基本医疗保险】 2013年,继续做好城镇居民基本医疗保险参保缴费工作,市下参保人数22290人,至年末全县实际参保22266人。

【城镇职工基本医疗保险】 2013年,市下达城镇职工基本医疗保险参保人数45500人,至年末全县实际参保45476人。全年办理基本医疗保险住院申报,家居异地人员、转市外住院人员118人次。

【城镇职工补充医疗保险】 继续开展城镇职工补充医疗保险,解决参保职工超出基本医疗保险外的高额医疗保险费用,全年参加高额补充医疗保险4.54万人。

【工伤保险】 2013年,市下达征收工伤基金任务422万元,至年末全县实收423万元,征收率100%。根据《工伤保险条例》,制发《工伤保险支付相关规定》,加大工伤保险宣传力度,定期向社会公布基金征缴情况,强化工伤基金征收工作。

【生育保险】 2013年,市下达征收生育基金任务85万元,至年末全县实收86万元,征收率100%。贯彻执行《职工生育保险暂行办法》,加大生育保险宣传力度,定期向社会公布基金征缴情况,强化生育基金征收工作。

【基金征缴清欠】 2013年,市下达养老保险征缴额8477万元,年末实征9613万元。一是加大基金稽核力度,稽核重点对缴费单位和个人缴费工资是否与实发工资总额、个人收入相符、参保人数与实际用工人数是否一致。二是按月通过新闻媒体和在企业公示栏向社会和参保职工公布社会保险费的应收、实收、欠费情况,利用舆论监督促进征缴。三是争取政府重视,把社会保险目标任务纳入乡镇年度考核,督促征缴任务全面完成,共征收养老保险费9613万元、城镇职工基本医疗保险费3185万元、工伤保险费423万元、生育保险费86万元、城镇居民基本医疗保险费900万元。

【定点医疗机构管理】 2013年,加强对定点医疗机构的管理,增加检查次数,与定点医疗机构签订协议,对参保人员人均住院日、人均医疗费支付、住院医疗费分类指标控制管理,召开定点医疗机构年度考核检查工作会。全年开展对定点医疗机构、定点药店年度资格考核认定,加强对定点医疗机构、定点药店的规范化管理。

【社会保障卡发放】 2013年是筠连社会保障卡加载金融功能发卡工作重点年,通过召开社会保障卡申领表发放培训会,对全县200余家企事业单位和新型农村养老保险参保群众,发放5.5万余张加载金融功能的社会保障卡。

(冯 杰)

就业服务

【概况】 2013年,继续巩固省级创业型城市创建工作成果,开展各项培训和就业优惠政策的落实。全年新增城镇就业4713人,失业人员实现再就业807人,就业困难对象实现再就业372人,动态消除零就业家庭。城镇登记失业率为3.22%,控制在4.0%以内。

【机构更名】 11月14日,经县机编委和县政府批准,筠连县就业服务管理局更名为筠连县就业促进局。

【就业再就业服务】 一是提供小额担保贷款,为下岗失业人员从事个体经营提供小额担保贷款71笔202万元,累计956笔1950万元;为劳动密集型小企业提供小额担保贷款3户贷款450万元,累计8笔1176万元。二是落实补贴政策,新认定筠连县人才交流中心、腾达中心校、联合中心校、大乐小学4个大学生见习基地,有31名未就业大学毕业生参加就业见习,兑现就业见习补贴11.8万元。

【就业失业登记】2011年起,全县实行全国统一的就业失业登记制度,对符合条件的人员办理《就业失业登记证》。2013年,共办理《就业失业登记证》1974本,其中认定就业困难对象1455人。

【就业困难人员社保补贴】2013年,进一步落实有关文件精神,鼓励下岗失业人员自谋职业和自主创业,鼓励用人单位吸纳就业,对灵活就业的就业困难人员实行"社保补贴",对大龄就业困难对象实施就业援助,开展"社保援助"。全年,经人社部门审核有1277名灵活就业困难人员享受到社保补贴,补贴资金437万元,在春节前足额划拨到申请者个人银行帐户。

【就业援助月活动】2013年,县人社局、残联下发《关于2013年开展就业援助月活动的通知》,指导乡镇劳动保障部门开展就业援助月活动。1月,县人社局、残联、就业局联合开展就业援助月活动,以"帮扶到人、岗位到手、政策到手、政策到位、服务到家"为主题,主要开展落实社会保险补贴政策、送公益性岗位等。活动期间,相关部门发放就业政策宣传单、宜宾市创业指南、高校毕业生就业政策百问、残疾人扶持优惠政策、残疾人法律援助服务、残疾人劳动就业服务、残疾证办理程序等资料2580多份。全年,登记认定未就业困难人员93人,帮助就业困难人员实现就业27人,其中残疾就业困难人员就业2人,帮助就业困难人员享受政策57人。

【动态消除"零就业"家庭】2013年,针对大学生就业难问题,拓展就业渠道,鼓励引导大学生毕业生到社区、乡镇就业,鼓励企业吸纳高校毕业生,以相关扶持政策予以支持,落实税收优惠、小额担保贷款等扶持政策,努力缓解大学生就业压力。为参加就业见习的31名大学毕业生给予见习补贴11.8万元,为毕业年度未就业的2名高校毕业生办理《就业失业登记证》,为95名高校毕业生进行失业登记,对95名筠连籍高校毕业生的就业状况进行电话了解。全年,通过各种手段动态消除"零就业"家庭,城镇登记失业率控制在4%以内。

【春风行动】2013年1月24日,开展以"搭建劳务对接平台,自主创业实现就业"为主题的"春风行动",在中医院门口进行"春风行动"宣传招聘活动,发放船景煤业、绿源超市、世纪华联超市、鲁班山南矿、北矿等单位招聘信息1200份,提供招聘岗位1066个,发放《致宜宾市外出务工人员慰问信》《乙肝维权知识手册》《宜宾市创业指南》《高校毕业生就业政策百问》、春风行动维权知识扑克、宣传画等资料620余份,接待群众咨询258人次。

【农民工培训】2013年,加大农村劳动力转移培训力度,重点培训返乡农民工,做好农民工培训宣传,提高农民工参加培训意识。按照"市场引导培训、培训促进就业"原则,针对农村的特点并结合市场需求,制定专门的培训计划,开展有针对性、灵活性的培训,对农民工外出前进行基本权益保护、法律知识、城市生活常识、寻找就业岗位等的培训,提高农民工素质。全年在岗培训900人,品牌工程培训150人,农村劳动力技能培训2282人。全年农村劳动力转移输出11.5万人,劳务收入13亿元。

【失业人员培训】2013年,大力开展下岗失业人员技能培训、创业培训,提升失业人员企业意识,免费培训有创业愿望和培训要求的城镇新成长劳动力、城镇就业转失业人员、进城务工人员、创业人员、返乡农民工,确保每位有培训意愿的失业人员能够享受到平等的培训机会。严格实行培训人员实名制管理,对参加培训人员的参训情况及时录入到就业信息系统中;定期回访学员、提供创业指导创业信息和咨询服务,开展后续支持服务,让更多的下岗失业人员走上谋生职业、自主创业的道路。对洞口发电有限责任公司、鑫盛文化有限责任公司、金鑫集团水泥有限公司123名失业人员进行创业培训。培训期间,对失业职工开展《四川省失业保险条例》、小额担保贷款等相关知识宣传,进行创业意识、创业计划、劳动法规等学习,为失业人员实现再就业、自主创业打下基础。全年就业训练中心完成创业意识教育229人,创业能力培训209人,失业人员技能培训209人,其中创业培训209人,培训合格率80%以上。鲁班山南矿培训中心培训26人,申请到二期岗前培训补贴金额2万元。

【省级创业型城市成果巩固】2013年,推进全县创业带动就业工作,采取6项措施巩固省级创业型城市创建工作。一是完善创业服务平台。在建成劳动保障平台的基础上,对县创业指导服务中心、2个孵化基地(筠连县海瀛农副产品加工产业园、筠连镇城南农贸市场)进行管理力度提升,为有创业愿望的人员提供"一站式"创业服务,切实推动全民创业。全年创业孵化人数23人,创业带动就业124人。二是构建创业培训平台。依托定点培训机构和职业培训学校,为创业就业者提供职业技能培训、创业培训,对符合政策人员开展免费创业培训,提高创业人员的创业能力、就业能力和职能转换能力。依托县创业指导中心,成立由工商、税务、司法、财政等9名专业人士及SYB教师组成的创业专家咨询团,对有创业愿望的人员开展项目开发、方案设计、风险评估、开业指导、融资服务、跟踪扶持等“一条龙”服务。三是规范基础台账。成立创建创业型城市工作领导小组并下设办公室,对日常工作进行指导与实时跟踪,先后出台《筠连县人民政府办公室关于创建创业型城市促进以创业带动就业工作的通知》《筠连县创建省级创业型城市领导小组办公室关于印发创建省级创业型城市工作意见》《关于扩大参加创业培训人员范围的通知》等系列结合实际,鼓励创业带动就业的扶持政策及措施的规范性文件,对放宽市场准入,改善行政管理,拓宽融资渠道等起到促进作用。四是创建信用园区。把孵化基地做为“信用示范园区”建设,县人行、工商银行、邮储银行把海瀛农副产品加工产业园作为“信用园区”建设,加强对园区经营的规范管理、监督、指导。对入驻园区自主创业符合小额担保贷款申请条件的,可申请小额担保贷款或其他形式小额贷款;对入驻园区的劳动密集型小企业年度新招用符合小额贷款申请条件人员的,按实际吸纳人数,贴息贷款最高额度200万元;对符合规定首次小额贷款按期还本付息后,再次入驻园区创业的,在其新办理工商注册登记后,允许申请小额贷款。五是强化宣传。以“春风行动”“就业援助月”活动为载体,开展全民创业宣传。在玉壶广场的电子屏幕上滚动宣传积极就业的相关政策;在县城区主要街道及各乡镇贴出广告、标语、招牌,进行全民创业、农民工的政策宣传,展示宣传版面、横幅,发放宣传单。六是创建创业服务窗口,开展咨询、宣传政策等创业服务。针对未就业大学生进行失业登记,发放创业资料,宣传大学生创业政策,实现大学生创业8人。经市政府办批准,朱小平、杨国军、刘成华3人获宜宾市政府“创业之星”荣誉。

【失业保险管理】 2013年,全县失业保险参保6004人(新增333人),征收失业保险金313万元;失业保险稽核单位45户,稽核3601人。每月按时足额发放失业保险金,全年发放291名城镇职工失业保险金203万元,代缴医疗保险费69万元。享受职业补贴103人0.2万元,享受职业培训补贴120人9.6万元。失地农民参加失业保险268人,征收失地农民失业保险183万元;发放失地农民失业保险1097人182万元。加强信息系统内失业保险参保单位、参保人员的管理,及时更新失业保险参保单位的人员信息和缴费信息、待遇享受情况等信息。3月,组织人员逐一核对全县失业保险参保单位的机构、人员信息,完成130个单位的机构人员信息,并在信息系统上记录参保单位的征缴计划和待遇发放计划等信息。6月,对未缴纳失业保险的45家单位,发放《失业保险催缴通知书》,并逐一上门催收。经催收,有37家参保单位缴纳失业保险基金55万元;对未缴纳失业保险的8家单位,由劳动监察部门进行催收。

【公益性岗位就业与检查】 4月,县政府办制发《筠连县公益性岗位管理办法》,根据各单位申报情况和就业专项资金的承受能力,由县政府常务会决定在全县设置公益性岗位200个,主要为机关事业单位的后勤服务和社区的保洁保绿、养老服务、城市管理、治安巡逻等岗位。全年公益性岗位吸纳安置就业困难人员120人,其中非全日制的居家养老服务中心服务员22人,单位、乡镇、社区的劳动保障协理员、门卫等全日制公益性岗位98人,拨付岗位补贴和社保补贴130万元。5月、11月,县人社局、财政局、就业局2次联合对17家有公益性岗位单位和7家大学生见习基地检查,以保障公益性岗位真正用于吸纳就业困难人员就业,保证就业专项资金用于就业困难人员,促进就业困难人员就业。主要从劳动合同的签订、工资发放、社保缴费等方面检查,核实用人单位用人的真实性,对公益性岗位吸纳的就业困难人员和大学毕业未就业见习生进行面对面问询,内容包括工资发放金额、劳动合同签订时间、工作地点、工作内容等,还向相关领导宣传政策,让其对公益性岗位的相关政策更加了解。经检查,规范用人单位公益性岗位和大学毕业见习生的管理,保证公益性岗位吸纳就业困难人员和大学毕业见习生的真实性,部分单位要求增加公益性岗位的设置数量。

【用工信息宣传】 一是利用县委办的新农通信息平台,发布相关就业政策宣传信息5条,其中1条被新华通讯社四川分社评为优秀信息,用工信息7条。二是利用玉壶广场电子屏,滚动播放用工信息和就业政策宣传218条次,播放《促进高校毕业生就业政策措施》宣传片5天8小时。

(梁开勇)

社会事务服务

【婚姻登记】 2013年,严格执行《中华人民共和国婚姻法》《中华人民共和国婚姻登记条例》,确保婚姻登记工作规范运作,加强婚姻文化宣传,促进和谐婚姻家庭建设。全年办理结婚登记4992对、离婚登记875对、补发婚姻登记证545对,出具婚姻登记记录证明1863件,无一例违规登记,登记合格率100%,档案入档率100%。积极配合相关部门,做好婚前免费检查工作,全年有1791人自觉进行婚前免费检查。

【城乡低保】2013年，严把城乡低保申请、调查、审核、审批关，实施分类施保，实现阳光操作、动态管理，保障全县城乡困难群众的基本生活。从1月1日起，城镇居民最低生活保障标准从每人每月280元提高到350元，全年累计保障城镇低保110421人次，发放低保金2597.77万元，每人月均补差235.26元；农村居民最低生活保障标准每人每年1500元提高到1900元，累计保障农村低保183197人次，发放低保金1956.73万元，每人月均补差106.81元。

【救灾救济】2013年，加强救灾工作的规范化、制度化、信息化建设，畅通报灾渠道，做到核灾准确、报灾及时、救灾有力。严格执行救灾救助工作制度，严肃救灾工作纪律，救灾款物管理安全有序，分发及时合理，妥善安排灾民生活。加大救灾物资储备力度，提升自然灾害应急救助能力。建成筠连中学、玉壶公园2个地质灾害避难场所，指导筠连镇中城社区开展防灾减灾示范社区创建工作，全年下拨救灾资金300万元，棉衣1000件，棉被3000床，及时把温暖送到灾民和困难群众的手中。

【城乡医疗救助】2013年，继续加强城乡低保对象、农村五保人员（指农村中符合下列条件的老年人、残疾人或者未满16周岁的村〈居〉民，即无劳动能力；无生活来源；无法定赡养、抚养、扶养义务人，或者其法定赡养、抚养、扶养义务人无赡养、抚养、扶养能力的人员）、城镇三无人员（指由民政部门核定的无生活来源、无劳动能力、无法定抚养义务的人员）、重点优抚对象和其他困难群众医疗救助，使城乡特困群众就医难问题得到缓解。全年直接救助城镇贫困患者1060人次，救助金额199.06万元；直接救助农村贫困患者3840人次，救助金额522.12万元。为18200名农村低保对象、农村五保人员、重点优抚对象参加新型农村合作医疗保险，划拨资助资金109.2万元；对1657名城镇三无人员、18周岁以下城市低保对象参加城镇居民医疗保险，划拨资助资金15.18万元。

【社会救助】2013年，救助流浪乞讨人员576名，其中未成年人163人、老年人142人、残疾人86人、危重病人67人、精神病人54人、智障人员64人，累计支付28万元。

【孤残儿救助】一是健全完善全县2名孤儿保障档案，加强孤儿保障动态管理，落实孤儿基本生活费，标准为每人每月678元，按时足额发放到位。二是实施孤残儿童"明天计划"、西部贫困家庭疝气儿童"手术康复计划"。

【五保人员供养】2013年，全县有五保人员供养1705人，其中集中供养1276人、分散供养429人，集中供养率74.8%，集中供养床位率78%。1月1日起，农村五保人员供养标准从每人每月165元提高到350元。

【敬老院建设】一是进一步管理敬老院规范化，在11个单位开展以规范达标敬老院为内容的创建活动。二是做好省一级和二级敬老院、模范敬老院、先进敬老院、先进个人的申报，上报相关资料。三是做好市级模范敬老院的申报工作，孔雀乡敬老院被市政府命名为宜宾市模范敬老院。

【全县殡葬改革工作推进会】2013年7月25日，筠连县殡葬改革工作推进会在县会议中心召开，各乡镇分管民政工作的领导、民政办主任，县级各部门、县属以上企事业单位主要负责人，县城区小区物管负责人，县城区学校主要负责人，筠连镇各社区支部书记、主任参加会议；县委副书记、县长刘朝平，县委常委、纪委书记张宗才，县人大常委会副主任晋方全，县政府副县长王永红，县政协副主席刘乐君出席会议。会上，县殡葬服务站就"惠民、优质、诚信、规范、廉洁"5个方面进行服务承诺；县民政局对各项殡葬政策进行宣讲，安排布署城区治丧专项整治工作；县公安局就殡葬改革领导小组成员单位履职作发言；县纪委监察局对全县党员、机关事单位干部职工在殡葬改革工作中起好模范带头作用提出纪律要求。县长刘朝平提出5点要求：一是开展殡葬改革工作思想认识必须深刻到位；二是开展殡葬改革工作要在城市秩序专项治理活动中取得突破，城区治丧活动必须首先搞好；三是开展殡葬改革工作要在重点部位、重点人群方面狠下功夫，必须全面加大整治力度；四是开展殡葬改革工作要在宣传、引导方面多做工作，必须形成良好舆论氛围；五是开展殡葬改革工作要齐抓共管，形成强大合力，必须做到常抓不懈。副县长王永红主持会议并强调，全县干部职工要抓好"三个落实"（领导责任、政策宣传、专项治理落实）和"五个一律"（全县干部职工一律模范遵守筠连殡葬改革各种法规政策，务必按照要求，坚持文明、节俭、健康办理丧事；丧葬抚恤费的发放一律按规定办理，任何人、任何单位不得擅自违规办理；非法、无证经营丧葬用品的一律依法予以处罚，民政、工商从源头上强化丧葬用品市场管理；在城区街道和公共场所停放遗体，搭设灵棚、灵堂，摆放花圈，大办丧宴，一律依法处治；纪检监察、组织人事部门对违反殡葬改革政策的党员干部职工一律严肃查处，绝不姑息、绝不手软、绝不留情）。

【殡葬管理】2013年，加强殡葬管理，规范城区治丧行为，使广大群众进一步树立科学文明丧葬观念，自觉革除和抵制陋俗，规范丧葬行为，在城区街道、居民小区等公共场所办理丧事活动的明显减少，为推动全县殡葬改革和整顿城市秩序发挥积极作用。认真开展并按时完成公墓清理整顿，制定预案，抓好清明祭祀活动服务管理和监测工作，公墓监督检查率100%。全年遗体火化120具，销售公墓64个，处罚土葬48件。

（熊金平）

住房公积金

【概况】2013年，宜宾市住房公积金管理中心筠连县管理部严格执行国务院《住房公积金管理条例》《宜宾市住房公积金管理办法》《宜宾市住房公积金归集管理实施细则》《宜宾市住房公积金提取管理实施细则》《宜宾市住房公积金贷款管理实施细则》"一法三则"，组织实施全县职工住房公积金的归集、提取、贷款等管理工作，积极参与全县城市改造与开发建设，努力解决工薪阶层职工住有所居的实际问题，为招商引资进行城市建设作后盾，增加融资渠道，圆满完成各项目标任务。

【住房公积金归集】2013年，新增住房公积金缴存单位15个，其中民营企业12个，累计有315个单位（其中民营企业36个）建立住房公积金制度；缴存住房公积金职工14254人。全年归集住房公积金1.04亿元，累计归集住房公积金4.58亿元，住房公积金余额2.81亿元，住房公积金覆盖面100%，覆盖率位居全市第一。

【住房公积金提取】2013年，为3727名职工办理各种提取住房公积金5142.71万元，其中职工离、退休提取562.57万元，职工购建自住房提取667.18万元，职工偿还住房贷款本息提取2727.88万元，职工装修自住住房提取220.28万元，职工调出市外提取35.74万元，大病提取14.77万元，职工与单位解除劳动关系提取618.77万元，职工死亡提取25.12万元，县外转移提取270.40万元，累计提取住房公积金1.77亿元。

【住房公积金贷款】2013年，支持230户工薪阶层职工购买自住住房，购房面积3.22万平方米，全年发放住房公积金个人住房贷款4230.80万元。累计为2891户职工办理住房公积金贷款2.67亿元，解决职工住房面积40.47万平方米，贷款余额1.50亿元。

（左 强 江祖玲）

扶贫移民

【扶贫开发】2013年，扶贫开发实施5个贫困村整村推进工作，启动双腾镇、巡司镇连片扶贫开发项目建设，通过竞争陈述超计划争取1000万元的乌蒙山连片扶贫开发项目1个，实现脱贫解困5330人，劳务培训500人。

【移民安置】王家沟水库移民搬迁安置工作有序推进，征收永久性土地93.81公顷（1407.08亩），临时征地33.08公顷(496.19亩)，拆迁117户518人，搬迁72户，其中自建41户、购商品房9户、租房14户、自建临时住所8户，已划移民资金到龙镇乡3400万元，移民集中安置工程在建，待基础工程完工后，移民安置可迅速按规划方案集中安置。完成龙镇至双腾的总干渠实物调查工作准备。

【以工代赈】认真做好2012年、2013年度工赈项目实施工作，积极申报2014年工赈项目。全面完工筠连镇海丰村、前丰村和腾达镇新合村小型农田水利工程建设；维新镇自由村易地扶贫搬迁工程，完成30户山地灾害搬迁农户房屋修建主体工程，1.5公里村道公路完成1公里，完成人畜饮水池1口600立方米及打井，已出水，蓄水池建设和饮水管道安装在建；新建、改建团林苗族乡长岭村至田竹村公路7公里，完成工程进度的80%。

（徐劲松 许 奎 章懋华）

消费者权益保护

【概况】2013年，消费者权益保护工作继续以保护消费者合法权益为主线，以惠及民生为目标，强化流通领域商品质量监管和服务领域消费维权效能，开展消费教育和消费引导，以食品安全为重点，探索长效监管机制健全消费安全监管，努力营造安全健康的消费环境。

【维权体系建设】2013年，推进消费维权"一会三站"（消费者协会分会、消费者投诉站、12315联络站、工商法律法规咨询站）建设，建立健全社会消费维权网络，切实维护社会和谐稳定。一是健全"一会三站"名录管理登记制度，指导建立和完善投诉受理制度，及时听取消费者诉求热点和消费维权意见建议，有针对性地研究和改进。全年打造并完善"12315"联络站5个、维权服务站5个。二是开展"12315"进社区、学校、企业、农村、景区"五进"，引导经营者自觉履行法定责任和义务。全年开展"五进"30余次，接受培训教育引导经营户和群众600人次。三是推进“12315”消费维权快速反应机制建设，发挥县工商局消保股的指挥调度作用，及时汇总基层工商所及消委会接到的消费申诉、举报和投诉，并根据案件性质做出分流决定。申诉类案件由消保股自行办理或按照方便快捷的原则分流给辖区工商所办理；举报类案件分流给工商所或县工商局经检大队办理；投诉案件根据案件影响大小或方便消费者原则分流给消委会或消委会分会进行调解。全年通过快速反应机制分流处理解决消费者申诉16件，为消费者挽回经济损失44334元；接待消费者来访和咨询426人次；通过“12315”平台受理举报9人次；受理专用举报电话举报17人次。

【维权方式拓展】2013年，消费维权建设以“创新”为主线，以搭建新型维权平台为抓手，以加大惩处侵权行为为手段，消费维权工作取得良好效果。一是巩固完善消费维权联席会议、异地救济、信息互通共享、联合执法4大合作机制，深化与盐津县工商局、盐津县消委会成立“跨省、县维权联盟”的作用，对两地消费者跨省、县的消费纠纷、投诉举报，实行共同受理、联合查办，确保两地消费者在异地实现快速维权的目标。利用“筠连—盐津旅游发展联盟”，强化旅游纠纷化解。全年受理异地消费纠纷3起，均成功调解；筠连籍消费者在云南盐津、甘孜九龙的2起消费纠纷得到当地工商局、消委会受理和成功调解。二是启动消费教育基地建设，发挥消费教育示范基地的带动辐射作用，推进消费维权知识、技能传播，引领消费维权发展。在巡司镇芦丰村成立“农村消费教育基地”，夯实农村消费维权工作。三是创建消费维权互动平台。通过网站、电视台、社区开设的“公众留言专栏”，听取公众对消费维权工作的意见和建议；开设“筠连工商引导消费教育课堂”栏目，发布消费提示和消费警示；聘请10名成员为县消费维权志愿者，建立“工商牵头、群众参与、社会联动”的工作机制，有效宣传消费维权相关法律法规。

【维权活动】2013年，开展形式多样的消费维权宣传活动，开展“3·15”送法下乡、“3·15”维权到农家、青少年学生“3·15”知识竞赛，组织“3·15”宣传活动的企业和经营户参加“百城万店无假货”活动现场签名活动等，有效提高维权工作效果。全年销毁假冒伪劣盗版书籍、烟、酒、洗涤用品、茶叶、军服等9类商品价值2万余元。

（李 鑫）

乡镇简况

筠连镇

【概况】筠连镇位于县境西北部，县政府驻地。镇政府驻县城学士路150号，地处北纬28° 10′，东经104° 39′，东临腾达镇、巡司镇，南靠双腾镇、武德乡、塘坝乡，西连云南省盐津县牛寨乡、新隆乡，北通高县羊田乡、罗场镇、焦村镇，幅员131.41平方公里，辖33个村224个村民小组，5个社区98个居民小组。2013年，耕地面积2577公顷(38655亩)，与上年(下同)持平；年未公安户籍总户数30887户，总人口102582人，其中男性51838人、女性50744人，非农业人口38774人，全年出生977人、死亡860人，外来人口6500人。

2013年，全镇地区生产总值实现203222万元，其中第一产业23124万元、第二产业96068万元(含建筑业13466万元)、第三产业84030万元；固定资产投资完成134936万元，增加18389万元。全镇财政一般预算收入完成2087万元；财政总收入4010.64万元，财政总支出4010.64万元。粮食产量19278吨；农民人均纯收入9106元，增加989元。公路通车里程115.9公里，其中县乡道38公里、村组道77.9公里。有学校54所，其中中学8所、小学17所、幼儿园28所、聋哑校1所，在校生17096人，其中小学生8548人、初中生4587人、高中生3961人，学龄儿童入学率100%，在职教师934人。有公共图书馆1座，医院、卫生院7所，医务人员165余人，床位740余张，各类市场7个。

【工业和非公有制经济】重点服务海瀛工业园区建设和服务企业，扎实推进工业经济发展。全镇实现工业增加值130510万元，规模以上工业企业销售收入231290万元、增长9%，利润总额30685万元、增长11%；招商引资6.5亿元。以城市配套建设为依托，第三产业发展呈现新风貌，重点发展商贸、金融、保险、邮电通信、房地产开发、交通运输、商品物流配送及仓储、科技开发、技术服务与咨询、休闲观光、餐饮、文体娱乐等服务产业，大力发展新兴服务业，加快建设现代物流平台，积极打造中心商业区，加快城南新区建设。认真落实加快非公有制经济发展的政策，健全完善服务体系，引导民间资本投资基础设施、重点产业、公共事业领域，促进非公有制经济持续健康发展。发展壮大建材、石粉加工、煤炭等支柱产业，加大煤矿的技改投入力度，全镇2个煤矿设计产能30万吨。继续巩固食品加工企业，稳定农副产品的加工能力，农副产品加工稳中有升，加工企业的能力稳步提高。

【农业和农村经济】2013年，全镇种植优质核桃888.6公顷(13329亩)、杂交玉米800公顷(12000余亩)、茶叶432.8公顷(6492亩)、香桂881.93公顷(13229亩)、商品蔬菜333.33公顷(5000亩)、烤烟33.33公顷(500亩)，粮食总产量19278吨，生产绿茶615吨(12300担)、苦丁茶40.5吨(810担)、烤烟收购37.5吨(750担)。一是专合组织发展，苦丁茶、优质绿茶、蔬菜、水果、红薯等产业日趋成熟，香桂、烤烟和黑木耳种植初具规模，壮大农业专业合作经济组织42个，增加19个；参与农业专业合作经济组织农户1510户，增加728户。二是继续打造和发展龙头企业，发展五丰、海丰、联络基地的黄牛养殖，规模16300头；拓展养鸡、养鸭、养牛、养猪专业大户，集约产业化模式不断加强。全镇生猪出栏37205头，存栏30560头，其中能繁母猪5302头；肉牛出栏4103头，存栏9114头，其中能繁母牛2629头；羊出栏1762头，存栏2905头，其中能繁母羊462头；家禽出栏412265羽，存栏138388羽；兔子出栏2161头，存栏1301头；肉类总产量4154吨。三是加大笋材两用林、面粉、粉条加工、甘蔗种植等产业规模，壮大联络、莲花、旗隆、真武、红权等村的红苕粉条、面条、糯米粉加工和“村夫”“好而优”等品牌。四是全面落实惠农政策，全镇粮食直补和综合直补2332.74公顷(34991.07亩)，兑现补贴343.5万元，受益户14670户44796人；兑现水稻、玉米、小麦补贴57万元。退耕还林以粮改现补贴723.85公顷(10857.7亩)，兑现苗木补助款252.05万元，涉及农户8000多户。

【基础设施建设】一是争取到县级农村公路建设资金、省级新农村建设成片推进示范县财政专项基准额度资金、省级财政新村基础设施建设专项资金、县级竞争式新村建设资金、县级扶贫便民路建设资金共218.9万元。其中便民路建设资金40.4万元，在五凤、旗隆、水源、白花、垫泥、白鹤村新建便民路24.5公里；村道建设资金82万元，在垫泥村、白鹤村新建村道5.1公里；公路硬化资金96.5万元，在垫泥村硬化村道3.6公里。二是实施完成危草房改造安居工程77户，继续加大扶贫开发力度，解决贫困人口温饱520人；启动办理山地灾害移民搬迁24户，已全部完成搬迁入住。

【新农村建设】 2013年，在垫泥、白鹤、白花3个村建设新农房150户，建成沼气池150口，完成改造节能灶5000个，安装太阳能热水器6000台，路灯30余盏；在白荆坝试点安装不用电、"0"成本的节约时代热水器300户。成功争取1000万元的乌蒙山连片扶贫开发项目，在水源、白花、荆花、旗隆等村实施244户危房改造，打造规模连片的肉牛养殖基地，配套建设生产道路、饮水设施等基础设施，相关配套基础设施已基本完工、其他建设有序推进。争取县级竞争性新村项目50万元，在白花村打造40户新村聚居点，已完成50%。争取省级新农村建设成片推进示范县财政专项基准额度资金100.6万元，县级其他资金150万元，打造垫泥村40户、70户新村聚居点各1个，完善白鹤村枇杷山环山便民路。争取省级新村基础设施建设资金183.6万元，对垫泥村实施升级打造，对新村聚居点实施"硬化、绿化、净化、亮化"。

【社会事业】 一是教育工作。全面落实农村义务教育阶段"两免一补"政策，巩固"两基""两全"成果。二是卫生工作。加强管理，提高医疗水平和服务质量，抓好食品卫生和控制传染病工作，开展新型农村合作医疗工作，全年新型农村合作医疗参合率98%，新建村卫生室7个。三是精神文明。成功举办第十六届"玉壶之春"文化艺术节，社区舞龙灯各有特色。配合村级组织阵地建设，完善配套农家书屋和远程教育，充实农家书屋。四是残疾人工作。推进残疾人"量体裁衣"式个性化服务，为3495名在册残疾人量身定制专业服务，为440名符合"阳光家园计划"条件的残疾人争取到康复资金26.4万元，为张世远等20户残疾人实施"贫困残疾人家庭无障碍改造"项目、发放各类补助5.6万元。五是新农保工作，全镇新农保参保24824人。六是计生工作。继续落实"三结合"工作，村级计生改革，村(居)民自治开展面100%，育龄妇女签约率95%，履约率92.5%。流动人口管理有效推进，阳光计生和健康共享稳步开展，符合政策生育率85%，征收社会抚养费680余万元。

【依法治镇】 2013年，创新法律进机关、进乡村、进社区、进学校、进企业、进单位的"法律六进"形式，广泛组织开展活动。完善"四级调解"网络体系，实行"十户、组、村、镇"逐级调解。推行"三四"信访代理机制，一批矛盾纠纷消化在基层。一批个体性信访问题得到化解，社会管理创新成功试点，便民服务、信访维稳、大调解、产业发展服务、公共文化服务5大中心运转高效有序，"一区四警""四级调解"、流动政务等成为筠连镇社会管理服务的特色亮点，群众有苦无处诉、有难无处解、有事无处办的问题得到有效解决，社会反响良好。加大信访工作力度，共接待群众来访案件162次件，息访156件，办结150件次，办结率92.6%。

【安全工作】 认真编制方案，明确任务，按照"统一管理、职责明确、分工协作"工作机制，签订目标责任书，落实驻村干部周排查制度，对联络村集居点上方出现的危岩进行及时排危，消除险情。开展地质灾害知识科普教育，召开监测主题培训会，进行防灾避灾演练，在重点区域制作警示标志。加强对群测群防工作的指导，提高群众的防灾水平和自救能力。成立私挖滥采巡查队，开展定期和不定期巡查，对无证开采矿产资源的厂矿给予严厉打击，排查、砌封30个小煤窑。

【"两违"整治】 加强执法中队队伍建设，整治"两违"(违法圈地和违法修建)工作，打击乱修、乱建、乱占"三乱"取得成效。对住房中未批先建、少批多建等违法行为，经多次制止仍违法施工的，在完善相关法律程序后，对其依法进行拆除，共查处543户，其中拆除13户1149平方米，督促办证396户，停工未动的5户，责令停工61户，规范原基改建68户。

【城乡环境综合整治】 以垫泥、水塘、联络、白鹤省级财政新村建设为契机，对集居点以及公路沿线农户进行周边环境集中整治和风貌塑造，不断改善农户的生产生活环境。配合县级主管部门，成功处理海赢口袋厂污染纠纷和依法取缔污染严重、破坏环境的"五小"企业。及时申报垫泥、水塘、联络连片整治的中央农村环境综合整治项目，可争取到项目资金580万元。全年共投入资金500多万元，聘请130多名专兼职保洁人员，对社区、城郊结合部的村和新农村建设示范村、景区的"八乱"行为加强治理。进一步加大农村垃圾处理等基础投入力度，新购置垃圾车2辆，新建分类垃圾池20个。

【党建和基层组织建设】 以富民强镇为根本取向，围绕建设"实力强镇、魅力美镇、文化大镇、和谐新镇"的发展定位和"争先奋进"工作基调，以"中国梦"主题教育活动和"三治理三激发三增加"作风建设专项活动为契机，建立完善重大事项决策、重要干部任免、重要项目安排、大额度资金的使用"三重一大"和卸职、下访等规章制度，制发《筠连镇机关职工工作绩效考核办法》，建立组织纪律＋业务工作、重点工作、驻村工作的"1+3"综合考核体系。强化督察，对"庸、懒、散"行为严格问责，全年发出督查通报16期，通报50余人，在干部群众中树立良好的导向。完善村(社区)阵地建设和远程教育站点改造升级，全面完成村（社区）

"两委"的换届选举工作。

【社区管理创新】进一步加大创新力度,实施"ABC同岗替补"制("ABC角色"制和"AB角色"制)、社区干部"双选"制等工作方法。

"ABC角色"制:在党政班子成员中推行,明确班子内1名成员为某项工作的A角,对该项工作负主要责任;1名成员为B角,负次要责任;1名成员为C角,主要由各片区分管领导担任。当A角因病因事缺席时,其分管工作由B角自然接管,当A角和B角同时因病因事缺席时,则由C角负责。建立"ABC角色"之间交流沟通、相互学习的互促机制,主动交接、自然接管、及时递补的机制,定期反馈、矫偏纠错的监督机制,保证各项工作协调有序推进。

"AB角色"制:在社区各办公室实行,既实现干部缺位但责任不断线,又促使干部全面了解熟悉工作,综合素质得到全方位锻炼提高。

社区干部"双选"制:针对社区常职干部和社区工作者,对象为计生专干、社区协警、劳动保障员、劳动保障协理员(医保员)。一是遵守"公开、公平、竞争、择优"原则,将"公开、公平、竞争、择优"原则贯穿工作全过程,人人平等、公平竞争。二是遵守优化结构原则,各社区工作人员体现团结合作精神,使干部队伍结构有梯次,个体人员之间气质互补,知识相长。三是遵守"大稳定、小调整"原则,社区工作人员"双向选择",以社区规模大小为主要依据,核定聘用职位(岗位)数。如有岗位空缺或落聘,由组织调配。在双向选择中落选的人员,可进行第二轮选择,第二轮选择仍然落选的人员,实行停职(待岗)3个月处理;停职(待岗)期间的相关待遇,按照《筠连镇关于在镇、村(社区)干部中推行"双停"制度的通知》相关规定处理,停职(待岗)期间思想认识到位,工作表现较好的,实行重新双向选择,仍然落选的,作辞退处理。

(李 健)

腾 达 镇

【概况】腾达镇位于县境东北边缘,镇政府驻王合村七组,距县城20公里,地处北纬28° 12′ 13″,东经104° 38′ 46″。东与珙县沐滩乡一河之隔,南与巡司镇、维新镇毗邻,西接筠连镇,北连高县蕉村镇,幅员98.31平方公里,辖16个村119个村民小组、1个社区4个居民小组,是典型农业镇,经济以农、林、果、茶、桑、畜为主。2013年,全镇耕地1514.45公顷(22717亩),与上年(下同)持平;年末,公安户籍总户数7545户、28378人,其中男性15172人、女性13206人,非农业人口1157人,全年出生277人,死亡263人。

2013年,全镇地区生产总值实现25574万元,其中第一产业11587万元、第二产业7170万元(含建筑业1378万元)、第三产业6816万元;社会消费品零售总额7419.48万元。农民人均纯收入8873元,增加1105元。招商引资20000万元。全镇通车里程233.9公里,其中县道19.5公里、镇道4.5公里、村组道209.9公里,通车行政村16个、通车组106个。普通中学在校生15个班、717人,小学在校生67个班、1953人,学前班11个、600人,适龄儿童入学率100%,正式教职工183人、代课教师13人。镇文化站1个,有书刊2053册。有医疗机构18个,其中镇卫生院1所、村卫生所16个,卫生技术人员30人。

【工业经济】2013年,全镇工业企业有电厂3个、采石场4个、木材加工厂9个、免烧砖厂2个、红砖厂1个、石材厂1个、茶厂2个、液化气供应站1个、加油站1个、轮胎翻新厂1个,全年实现总产值11587万元。

【农业和农村经济】2013年,粮食总产量10532吨,人均占有粮食371公斤。发展烤烟20公顷(300亩),收购烟叶34吨(680担);发展良种茶叶191公顷(2866亩),累计865公顷(12969亩),产量550吨(11000担);苦丁茶种植30公顷(450亩),产量105吨(2100担)。黄牛存栏6550头、出栏2680头,生猪存栏23691头、出栏27729头,小家禽存栏263958羽、出栏387944羽。劳务输出8500人次。

【基础设施建设】2013年,建成龙井、王合、新合、泉水、建设、丝栗6村饮水工程,其中龙井村完成30立方米和50立方米水池各1口、100立方米2口,解决其中4个组620人的饮用水;泉水村完成200立方米和50立方米各1口、30立方米2口,解决全村4个组709人的饮用水;王合村完成200立方米1口、100立方米4口、50立方米1口、30立方米2口,解决全村7个组1445人的饮用水;新合村完成50立方米4口,解决6个组674人的饮用水;建设村完成200立方米1口、100立方米1口、50立方米6口、30立方米6口,解决全村8个组1450人的饮用水;丝栗村完成100立方米2口、50立方米4口、30立方米5口,解决全村5个组600人的饮用水。在千秋村、新合村各建成200立方米的蓄水池1口。在春风、千秋、丝栗、小溪、向阳5村实施农村电网升级改造工程,除千秋村下年完成外其余全面完成。实施村道硬化工程11.7公里,其中龙井村3.9公里、千秋村7.8公里。投资1075万元,在水茨、冒水村实施"金土地"工程,完成村道硬化9公里,建设便民路10公里,土地整理653.33公顷(9800亩),新增耕地59.4公顷(891亩)。完成林区道路5公里、500立方米蓄水池建设项目,以改善林区生产生活条件。争取到"一事一议"资金220万元(含追加40万元),新建和整治村组道路33公里,其中新建千秋村0.4公里、水茨村1公里、丝栗村3公里、冒水村0.5公里、海灯村5.1公里、新合村0.5公里和整治龙井村 2.5 公里、新民村 2.8 公里、春风村 1 公里、王合村 3 公里、建设村3.5 公里、官井村 3.5 公里、小溪村 2 公里、新合村 0.7 公里、海灯村3.5 公里；新建便民路 19 公里，其中春风村 3 公里、梨坪村 3 公里、新合村 8 公里、新民村 2 公里、龙井村 3 公里；整治水渠 5.5 公里，其中泉水堰沟整治 2 公里、梨坪安装提灌 Φ75 管道 3.5 公里；新建春风龙塘组建蓄水池 150 立方米 1 口。建成沼气池 220 口。

【新农村建设】一是完成向阳村石漠化治理，种植核桃 1.5 万株；春风村水果产量 300 吨，产值 300 万元。全镇水果产值 5000 万元。二是在冒水、官井等新发展茶园 233.33 公顷(3500 亩)，加强茶园管理、采摘技术指导、新品种推广等。三是全面摸底调查全镇肉牛生产情况，抓好春风综合体肉牛养殖小区建设，完成省级现代畜牧业牛圈建设项目；在春风村实施 2012 年省现代畜牧业项目（乌骨鸡），建成鸡棚 3500 平方米。四是实施林业石漠化治理工程，新栽红椿 60 万株。春风村实施茶叶、花卉等林下经济项目。现代林业项目建设，完成新造林 244.67 公顷(3670 亩)、低改 338 公顷(5070 亩)。

【招商引资】2013 年，引进云南投资商在梨坪村种植花卉苗木 200 公顷(3000 亩)；引进巡司投资商投资 300 万元在水茨村建设春风灵芝种植园，正开展扩大化生产的选址和申请立项工作；引进腾达镇投资商投资 1000 万元，在水茨村建红薯淀粉加工企业；引进投资商在龙井村发展生态茶园 200 公顷(3000 余亩)。

【社会事业】一是教育事业，全镇年末普通中学在校生 15 个班、717 人，小学在校生 67 个班、1953 人，学前班 11 个班、600 人，适龄儿童入学率 100%，正式教职工 183 人、代课教师 13 人。做好 12 所学校基础设施建设中 21 个项目用地征用协调，官井、龙井、新合、丝栗、水茨、小溪、新民、梨坪 8 所村小学的教师周转房和学生食堂完成立项、地探，年底开工；已启动大地基点校教师周转房、新民小学教学楼扩建、龙井小学教学楼扩建、腾达镇中心幼儿园建设、大地基点校幼儿园建设。二是卫生事业，有医疗机构 18 个，其中镇卫生院 1 所，村医疗卫生所 17 个，有卫生技术人员 30 人。新农合参合人数 25298 人，参合率 97%。做好镇卫生院业务用房建设用地协调工作，3 月启动卫生院 415 平方米的业务用房项目，已完成主体工程。三是社会救助救济，完成重点优抚对象建房 7 户，兑付补助 7 万元；扶持 4 户重点优抚对象发展生产，兑付补助 2.1 万元；发放 33 名高龄老人补助 2.3 万元，发放 112 名五保老人补助 8.43 万元，受理困难补助申请 549 人次，发放救灾救济款 22 万余元。由县民政局直接兑现 104 户重点优抚对象补助、519 户城乡低保户低保补助。录入完成新农保 7940 人，发放 60 岁以上待遇卡 3600 余张。完成 40 户残疾人无障碍改造，报送残疾人危改 8 户，兑现 20 名残疾学生补助 2000 元，提前完成残疾人"量体裁衣"信息录入。医疗救助 65 人次，发放救助款 14.9 万元。四是计生工作，全镇符合政策 15%(省计生监测点要求)，奖励扶助对象 90 人，兑现奖励资金 8.64 万元，征收社会抚养费 104.79 万元，计生人均财政投入 29.54 元。

【生态旅游合作】2012 年 12 月 11 日，腾达镇与陕西翰阳国际旅行社有限公司签订《腾达镇生态旅游合作开发协议》，在春风景区修建景区临时大门、厕所、观光台、观光亭、游客休息处、观光车停靠处等基本建设项目，设置景区指示牌，采购安装出入口电动大门、垃圾桶，农户配置太阳伞、休闲桌椅等，设置"中国云上石漠·春风花海生态旅游度假区"。启动腾达镇生态乡镇创建；申报成功春风村生态环保专项资金项目，争取环保专项资金 30 万元；修建春风环保卫生厕所。

【实施春风"735"工程】做好制度上墙、氛围营造等工作，组织村民开展以讲故事、唱歌、跳舞、吹竹叶等文艺训练，促进文艺本土化。组建农民文艺演出队伍、志愿者队伍、乡贤队伍 3 支队伍，开展相关活动。以"735 工程"为载体的"美丽乡村"建设经验连续 3 次在全国文明办主任培训班上作交流并在全国推广，梯次推进、全域覆盖、产村相融建设"美丽乡村先行区"的新农村建设模式获中央、省、市、县各级领导高度评价。

【城乡环境综合治理】2013 年，全镇抓好农贸市场、停车场、洗车场"三场"建设专项治理，做好春风景区李花节等重大活动的环境卫生和全镇环境卫生日常保洁工作。开展公共机构节能宣传周活动，开展春节、"五一"、国庆等节庆日城乡环境专项治理，进行扬尘专项治理和筠维公路沿线风貌整治。完成存量垃圾场和达标生活垃圾处理设施调查，完成水茨、官井公路沿线 2 座公共厕所和修建春风景区 6 座卫生厕所建设。千秋村成功申报为环境优美示范村，水茨村启动环境优美示范村申报。

【村(社区)党组织换届选举】9 月 20 日 -12 月 31 日，在全镇 16 个村和 1 个社区进行第九届村(社区)党组织换届选举工作，采取"两推一选"(党员推荐、群众推荐、党内选举)的选举方式，有 325 名中共党员参加选举，占总党员数 76%，选举出村党支部书记 16 名和社区党支部书记 1 名、支部委员 34 名。

【村（社区）委员会换届选举】2013 年 11 月 16 日 -2014 年 2 月 20 日，腾达镇共有 16 个行政村和 1 个社区第九届村(社区)民委员会换届选举，采取"三荐提名、差额直选"(群众推荐，组织推荐，个人自荐，差额选举)选举方式,有16738名选民参加选举,占总选民数的80.4%,选举新一届村(社区)委员会成员74名,其中村主任16名、社区主任1名、委员57名;选举村(社区)务监督委员会主任17名、委员68名。

(刘 莉)

巡司镇

【概况】 巡司镇原名巡司场,是南丝绸路上的一个古驿站,因明代设"三岔巡检司"得名,辖22个村151个村民小组、2个社区8个居民小组。镇政府驻地巡司场,距县城15公里,地处北纬28° 07′,东经104° 33′,海拔418–707米,东接维新镇,南靠武德乡、沐爱镇,西接筠连镇,东北连腾达镇,幅员88.17平方公里。2013年,年末公安户籍总户数14546户、50883人,其中男性26393人、女性24490人,非农业人口7227人,全年出生487人、死亡429人。

2013年,全镇地区生产总值170740万元,其中第一产业产值14833万元、第二产业产值128283万元(含建筑业3396万元)、第三产业产值27624万元。公路通车里程217公里,其中县道公路19公里、镇道20公里、村组道178公里,通车村22个、通车组154个。招商引资签订合同资金8.2亿元,到位资金4.4亿元。全镇公共财政收入1307万元,财政总支出1307万元。农民人均纯收入8916元,比上年(下同)增加941元。

【工业经济】 2013年,巡司镇以"工业强镇、商贸活镇"为工作思路,突出打造"四区",狠抓"七项工作",调整产业发展方向,优化经济发展环境,壮大经济总量,提高经济运行质量。鲁班山南、北矿持续健康发展、日产4000吨干法旋窑水泥厂生产正常运行,筠连县第一个出口创汇企业——鑫龙机制炭项目营运正常;武乐矿井项目完成规划及风险评估,11月底获省发改委核准;2×35万千瓦煤矸石发电项目二期工程开工;玄武岩二期工程落户巡司并完成前期准备;年产8.5万吨合成氨项目完成征地拆迁及"三通一平",积极办理相关手续准备动工;巡司搅拌站完成选址,进入手续报批阶段。全镇工业企业49家,其中规模以上工业企业14家,全年工业总产值128283万元,规模以上企业收入实现89798万元。

【农业和农村经济】 全镇农业总产值实现211964万元,农民人均纯收入8916元,增加941元。一是粮食,粮食播种3497.67公顷(52465亩),总产量16701吨。其中大春:水稻种植666.67公顷(10000亩)、产量4590吨,玉米种植1577.67公顷(23665亩)、产量8420吨,薯类播种200公顷(3000亩)、产量200吨,黄豆播种39.33公顷(590亩)、产量180吨,其它杂粮播种0.67公顷(10亩)、产量1吨;小春:小麦播种633.33公顷(9500亩)、产量1463吨,洋芋播种346.67公顷(5200亩)、产量814吨,小春杂粮播种33.33公顷(500亩)、产量34吨。二是经济作物,蔬菜播种106.53公顷(1598亩)、产量3855吨,油菜播种167.8公顷(2517亩)、产量218吨,花生播种86.67公顷(1300亩)、产量136吨,土烟播种2.2公顷(33亩)、产量5吨,芝麻播种3.07公顷(46亩),产量3吨,水果种植560公顷(8400亩)、产量1360吨,绿茶种植1220公顷(18300亩)、产量1651吨,苦丁茶种植97.33公顷(1460亩)、产量479吨,其它经作面积4公顷(60亩)。三是牲畜,牛存栏5448头、出栏4514头,猪存栏17916头、出栏12419头,鸡鸭鹅禽畜存栏10810只、出栏62831只。

【基础设施建设】 2013年,修建便民路15公里;硬化村道完工盐井村1公里、芦丰村1.5公里、和平村4公里并通过验收;完成省级支农项目建设,其中建成银星村陶家坝文化大院广场及硬化村道800米、对银星村聚居点入口处至银星五组出口1500米排洪沟治理、和平至银星公路连接工程2.2公里。全面完成集镇电力电网改造,同时全镇通信网络全覆盖,数字电视推广覆盖80%的村(社区)。政府出资雇佣环卫工人8名轮班在集镇内进行环境清理,各村对公路、聚居点周边安排专人对环境卫生进行监管,在农户之间采取卫生评比方式促进农村卫生环境改善。共投入815万元,对镇域内11个村实施人畜饮水工程建设,修建水池52口、引水管道28.3万米、抽水房2个、小水窖8口、小山林塘2口、沉砂池41口、提灌站1处、山坪塘1口、维修沟堰9.7公里、新修沟堰2.2公里,解决2.2万人用水困难。

【新农村建设规划】 巡司镇以第二轮"百村春风工程"为载体,以整合资源、合理规划为抓手,确保在"十二五"末,巡司镇新农村建设呈现出产业结构合理、乡村风情独特、环境和谐美好的繁荣景象。3月20日,全镇有12个村通过集体讨论制定出2013–2015年农业产业发展、公共基础设施建设、村庄建设等方面的详细规划,各项目建设落实到具体单位和责任人,形成村庄规划、整治、建设的合力,实现农民人均收入1.3万元,年平均增长率19%;以政府主导扶持,企业—基地—农户的方式扩大产业规模,推动农业产业集约化发展进程,实现全镇果树种植560公顷(8400亩),中药材种植200公顷(3000亩),茶叶种植1220公顷(18300亩),存栏牛5448头、存栏猪17916头、存栏鸡鸭鹅禽畜10万羽;以农户自筹加政府整合资金、争取政策性补贴资金的方式,实现新建民居1085户、风貌改造2526户、实施绿化工程18.2公顷(273亩),总投资2.98亿元。

【非公有制经济】 2013年,着力培植和打造非公有制经济规模企业，坚持科技引领产业，技术创新发展，不断增强优化产业升级，调整和优化产业结构，不断增强市场竞争力。以生猪食品、水果产业、茶叶产业等特色农产品为重点，培育壮大以芦丰李子合作社、洪森食品、七星、乌蒙韵、六五茶业为代表的龙头企业，促进农民增收。增强镇域非公有制经济发展服务意识，放宽市场准入，鼓励非公有制资本进入基础设施、公共事业及其他行业和领域，拓展发展空间。全年非公有制企业项目实现改造升级4家，技改投入8500万元。

【社会事业】 一是扶贫开发。通过民政、扶贫等方式整合资金188万元，完成D级危草房、山地灾害危房改造63户。二是改炉改灶，完成改炉改灶4836户并通过验收，合格率100%，提高村民生活质量。三是落实国土政策，严格耕地保护制度，强力打击私挖滥采行为，加强山地灾害防治，确保人民群众生命财产安全。四是计生工作，符合政策生育率84%，征收社抚费235万元。五是廉租房建设，投入资金980万元新建廉租房140套，增发放廉租住房补贴86户，11月底全面安置。六是公共设施建设，投入资金180万元，对集镇内小街、一环路口、老水泥厂实施路面硬化，筠三中A区街面拓宽亮化。七是敬老活动，投入12万元，对养老院进行维修，为入院老人添置生活设施，规范管理制度建设，加强与对口帮扶部门联系，开展关心慰问活动。

【乡镇公交开通】 9月3日，巡司镇在全市范围内率先开通，乡镇公交正式通车运营，开通线路5条，运营公交车11台。设置的站点91个，票价成人2元，学生及残疾人、军人持证收取半价，实行政府监管企业自营管理方式，至年末运送旅客30万人次，营业收入40万元。

【劳务开发】 2013年，以凤翔学校为培训基地，开展农民工技能培训，加大农村劳动力输出转移力度，培训农民工2000人，劳务输出1万人，劳动合同签订率98%，邀请相关农口部门到各村(社区)开展农村人口技能培训。在22个村开展技能培训22次，涉及电、水、电器修理等，培训3875人次，镇域人力资源综合信息服务平台运行良好，在帮扶返乡民工、就地转换农村剩余劳动力、缓解劳务供需矛盾等方面发挥积极作用。

【综治维稳】 2013年，加强维护社会稳定力度，深入开展"大调解""六五普法"工作，全域推进社会管理创新和综合治理工作，全年共接待群众信访485人次，调解纠纷89件。对重点上访人员实施包案负责制，减少进京到省上访事件的发生。

（王智航）

双 腾 镇

【概况】 双腾镇位于县境西部，镇政府驻地双河场，距县城14公里，地处北纬28° 06′，东经104° 27′，北接筠连镇，西邻塘坝乡，西南抵龙镇乡，东与武德乡相连，定水河横穿全镇，幅员87.23平方公里，海拔455–1048米，辖15个村92个组、1个社区3个居民小组。2013年，耕地1430.4公顷(21456亩)，与上年(下同)持平，森林覆盖率65%；年末，公安户籍总户数5835户、23683人，其中男性12420人、女性11263人，非农业人口899人，全年出生243人，死亡224人。

2013年，双腾镇以"12345"发展战略开展工作("1"：明确生态强镇、打造"能源新城后花园"发展定位，"2"：实现建成川滇结合部示范镇和先于全县建成小康社会两大目标，"3"：抓好结合镇域实际发展特色产业、以民生为导向推进城乡一体化建设、创新社会管理维护社会稳定三项工作；"4"：建设以茶叶为主的产业相融核心区、以黄牛养殖为主的核心区、以苦竹为主的特色经济林竹核心区、以生态旅游为主的生活体验核心区的四大产业核心区，"5"：打造茶叶、苦笋、水产养殖、黄牛养殖、大棚蔬菜五大基地)，强力推进乌蒙山连片开发项目工程，新农村聚居点建设和神羊洞风景区开发重点工程项目。全镇地区生产总值实现21122万元，其中第一产业11817万元、第二产业4625万元(含建筑业1366万元)、第三产业4680万元，粮食总产量8818吨，农民纯收入8875元，增加1140元。全镇通车行政村15个、通车组92个。普通中学在校生758人，小学在校生1882人，学前班15个181人，适龄儿童入学率100%，教职工187人。镇文化站1个，有书刊2053册，有56英寸电视机1台，每年举办培训班4–6期。有医疗机构16个，其中镇有卫生院1所，15个村均建立村医疗卫生所，有卫生技术人员49人。各项财政扶助收入584.48万元，减少55.66万元。社会消费品零售总额完成3632万元。招商引资5000万元，主要是三江公司投资养殖场、神羊洞开发和云胜铁矿前期投资。

【工业经济】 2013年，双腾工业经济发展初具规模。一是采矿业，全镇采矿点有5个，其中李子坳采料场，年采石料15万吨，产值750万元，工人17人；泰山采料场，年采石料10万吨，年产值500万元，工人11人；走马采沙场，年采黄沙5万吨，产值160万元，工人7人；众发采沙场，年采沙7万吨，产值210万元，工人9人；呈祥采石场，全年4万吨，产值120万元，工人6人，云胜铁矿年产1万吨，产值125万元，工人18人。二是加工厂，全镇有木材加工厂5个，其中林业站木材加工厂，年产500立方米，产值50万元，工人5人；道坤木材加工厂，年产600立方米，产值60万元，工人6人；陈华木材加工厂，年产400立方米，产值40万元，工人4人；有森木材加工厂，年产500立方米，产值50万元，工人5人；英雄地木材加工厂，年产500立方米，产值50万元，工人5人；江山苦笋加工厂，年产苦笋20万瓶，产值12万元，工人22人。三是电厂，全镇有5个电厂，其中云胜电厂年发电20万千瓦时，产值10万元，工人5人；坝后电厂，年发电30万千瓦时，产值15万元，工人4人；联办电厂，年发电15万千瓦时，产值7.5万元；车坝电厂，年发电35万千瓦时，产值17.5万元；顺河电厂，年发电20万千瓦时，产值10万元。四是红砖厂，酸草村建有红砖厂1个，年产红砖200万块，产值46万元，工人8人；鱼井红砖厂，年产150万匹，产值30万元；烂坝免烧砖，年产300万匹，工人19人，产值540万元；詹一武木碳厂，年产100吨，产值20万元，工人5人。

【农业和农村经济】 2013年，发展苦丁茶种植226.67公顷（3400亩），累计1240公顷（18600亩）；产量744吨（14880担），增加44吨；产值实现8928万元、增加3328万元，苦丁茶人均收入3769.79元，占人均纯收入的1/3。绿茶种植1066.67公顷（16000亩）；产量1075吨（21500担），增加445.5吨；实现产值1105.74万元，增加421.34万元。苦竹笋种植保有700公顷（10500亩）；产量4386吨，增加106吨；产值1314万元，增加829.6万元。肉牛发展，依托酸草、苔草肉牛养殖基地，养殖肉牛3030头，出栏2030头，产值1624万元；4个养鸡场，年纯收入突破100万元大关。烤烟种植96公顷（1440亩），收购烤烟110吨（2200担），产值198万元；水果产量250吨，产值100万元，主要是板栗、核桃41吨。

【乌蒙山连片开发项目建设】 2013年，乌蒙山连片开发双腾镇总资金844万元，涉及走马、鱼井、苔草、新田4个村。走马村：资金236万元，主要小项目产业种植桂花13.13公顷（197亩）、苦丁茶20公顷（300亩）、良繁茶栽植33.33公顷（500亩），便民路修建1.1万米，危草房改造64户。鱼井村：资金250万元，新建980平方米农贸市场1个，解决沙坝村、鱼井村、走马村路天卖茶的实际，危草房修建99户，新发展良繁茶53.33公顷（800亩），新修便民路13.7公里。苔草村：资金202万元。发展产业栽核桃80公顷（1200亩），新发展良繁茶80公顷（1200亩），新修便民路16.3公里，危草房改造72户。新田村：资金156万元，发展核桃73.33公顷（1100亩），良繁茶种植20公顷（300亩），便民路修建16.3公里，危草房改造30户。

【省级新农村聚居点建设】 2013年，在双腾镇沙坝村实施，总投资534.66万元，其中省级财政117万元、市级财政27.5万元、县级财政77.1万元、农民投资313.06万元。新修便民路3000米，打水泥路面1.5公里，新修民歌故里广场1000.5平方米，风貌整治65户面积975平方米；加固平桥1座，长45米、宽6米。

【"一事一议"项目建设】 2013年，争取到"一事一议"资金100万元。分别为：大兴村10万元，维修岩口至大兴村三组公路3公里；新田村5万元，维修新田3组雷打石至4组海子田公路3公里；苔草村5万元，修建便民路2公里；柏胜村10万元，修建便民路6.6公里；两河村15万元，修6组公路桥，长20米、宽5米；酸草村8万元，修便民路5公里；曹岭村11万元，维修公路4公里；鱼井村10万元，修建鱼井村5组过河的平桥，长26米、宽4米；德胜村5万元，维修公路从凉水井至德胜村5组车家岩5公里；沙坝村11万元，维修公路2公里；云丰村5万元，维修公路3.5公里；桐榜村5万元，维修公路2.5公里，均超任务全面完成。

【社会事业】 一是教育事业。全镇有教学点13所，有教职工181人，有在校生2640人，其中初中班15个、学生758人，小学班级64个、学生1882人，有幼儿学前班15个、学生668人。二是文化事业。镇文化站搬迁至黄桷树社区，县文广新旅局投资30万元装修，会议室68平方米、阅览室1间25平方米、共享室1间25平方米、办公室2间18平方米、图书室2间35平方米、厕所2间10平方米，有活动场地（院坝）300平方米，有青山公园1500平方米；设备有56英寸电视机1台、电脑4台、投影机1部、音箱1对，各种书刊2053册。15个村均配齐书架，每村5个及有1600多册图书刊物，全镇有各种图书刊物共25600余册，有8个村配齐远程教育网点，有5个村配齐音箱、投影机、话筒等工作用具，同时也提供致富的指南。镇文化站开展文化培训、文化市场整顿，对镇内的网吧、游戏厅进行定时检查，发现问题及时纠正，对教育不改的予以取缔。三是卫生事业。全镇农村新型合作医疗参保人数22103人，参合率98%，做到大病有统筹、小病能报销，部分病人住院得到二次补偿，重危病人还可享受政府医疗救助。全镇每个村设1个医疗诊所，方便群众看病和卫生保健。四是新农保，参保7052人，到龄人群领养老金100.35万元。五是民政救灾救济和优抚低保。有城乡低保户979人，其中农村838人、城镇141人，兑现低保资金100.35万元。有优抚对象83人，兑付优待金23.84万元。有五保老人115个，兑付五保养老金22.77万元。发放各种救灾救济金13.5万元。六是住房改造，全面竣工D级危草房改造53户、C级危房改造276户，投资291.8万元。七是计划生育，继续提倡晚婚晚育、少生优生，全年征收社会抚养费122万元，人口自然增长率控制在4.83‰以内，人均财政投入39.54元，符合政策生育率84.28%，鼓励扶助对象62人，兑现奖励资金69万元，育龄妇女普查每季度一次，普查率95%。八是国防教育，以民兵整组为依托，每村组建民兵应急分队，坚持常年巡逻，确保社会治安稳定、社会和谐，完成冬季征兵输送应征青年任务。

【劳务开发】组织农民工培训，每村每年2次，培训2830人。加大农村剩余劳动力的输出和转移，全年外出务工5250人，合同签订率92.5%，务工收入5250万元。

【旅游发展】2013年，神羊洞的开发被市委、县委纳入重点工程项目，投资额533.76万元，完成工程：神羊洞洞内景观步道建成1500米，洞内安装景观灯600多盏，电缆线7000多米；落实神羊洞旅游开发用地（租赁）约21.33公顷（320亩），生态景区打造10公顷（150亩），神羊洞营造良繁茶4公顷（60多亩）；有各种景观需要的苗木160多万株，公路绿化树栽培200株；神羊洞的规划经专家组评审通过；协调好公司与群众的纠纷5件；接待各级领导考察、游客游览达5000余人次。

【城乡环境综合治理】一是建立健全领导机构，组建镇城管办，制定各项规章制度，聘用2名城管人员负责场镇卫生，坚持每天上下班制度，雇请14名保洁人员，每天对辖区内的卫生清扫一次。二是增添措施。新建垃圾池12个，垃圾车1台，每天按时垃圾清运。加强对水、电、网、路等设施的管护。开辟集贸专区，整治、杜绝以路为市的现象。三是重点整治“十乱”（垃圾乱扔、摊位乱摆、车辆乱停、广告乱贴、工地乱象、垃圾乱倒、污水乱泼、牲畜乱养、杂物乱堆、家什乱放）损害镇容镇貌环境的行为，做到座商归店、停车归位、集贸归市、张贴归栏、垃圾归池。四是加大检查，每周对场镇公共场所、公路沿线、定水河道进行检查，发现问题立即清除，确保城乡环境卫生实效。五是对横双公路、双龙公路、双云公路、双巡公路固定专人清扫，对定水水域实行专人保洁加临时突击，投资20万元在双河大桥、德胜村建公共厕所各1座，面积均38平方米。

【依法治镇】双腾镇政府设有律师事务所，全年调解各种纠纷65件，接洽来信来访55件，已办结55件，调解率100%。开展依法治家、依法治组、依法治村、依法治学校、依法治企业、依法治单位等活动，调动全镇人民学法、用法、守法的积极性，提高人群众的法律素质。开展“12·4”法制宣传日活动，印发法律法规宣传资料5500余份，使群众的法律意识得到提高。

（熊洪均）

沐　爱　镇

【概况】沐爱镇位于县境中部，地处北纬28° 02′03″－28° 05′00″，东经104° 37′30″－104° 41′15″，东接维新镇，南邻镇舟镇、团林苗族乡，西连武德乡，北靠巡司镇，平均海拔600米，幅员79.36平方公里。沐爱镇政府驻地沐爱场，距县城30公里，辖18个村140个村民组、1个社区4个居民组。2013年，耕地1996公顷（29940亩），与上年（下同）持平，森林覆盖率32%；年末公安户籍总户数9543户、36685人，其中男性19240人、女性17445人，非农业人口2678人，全年出生223人、死亡115人。

2013年，全镇地区生产总值实现57751万元，其中第一产业13301万元，第二产业31357万元（含建筑业1011万元），第三产业13093万元。地方财政收入完成248万元；社会消费品零售总额实现26206万元；农民人均纯收入8802元，增加1065元。镇内有中学1所，中心小学2所，有学生4405人。

【工业经济】2013年，全镇工业总产值完成53680万元，规模以上工业企业销售收入完成95621万元，增长6.3%。页岩气钻探扎实推进，建成井场21口，投资2.1亿元，累计完成井场34口。

【农业和农村经济】2013年，全镇农民人均纯收入实现8802元，增加1065元。茶叶种植666.67公顷（10000亩），产量2522吨，产值971万元。烤烟种植106.67公顷（1600亩），收购烤烟215吨，产值340万元。建成标准化养牛场10个，存牛3030头，出栏2918头，产值979万元。建成标准化养猪场13个，存栏数2万头、出栏41673头，产值5445万元，小家禽家畜养殖147906羽，产值1035万元；禽蛋产量72.2吨，产值124万元。水果产量510吨，产值320万元。蚕桑种植133.33公顷（2000亩），蚕茧产量14吨，产值49万元。建成石林、团结2个大棚蔬菜基地15.33公顷（230亩）。

【基础设施建设】一是交通建设，新建中坪村组道公路1.2公里，改建兴隆、金鱼、金坝等村组道10.4公里，硬化南坪村公路3.6公里，建成兴隆、金塘、金銮村便民路20公里。二是打击违章建筑行为，执法32起，拆除违章建筑425平方米。三是实施城乡环境综合治理，推进重点村风貌整治以及公路沿线公厕建设，完成场镇风貌整治105户、棬坪村风貌整治60户，投资34万元，完成场镇周边、道路沿线的修葺绿化；投资10万元，完成金銮村公路沿线公厕建设。

【新农村建设】2013年9月，启动金鱼村整村推进项目，有13户农户完成住房改造。启动兴隆村竞争式新村项目，栽植茶叶53.33公顷（800亩）；棬坪村新种植茶叶6.67公顷（100亩）、累计333.3公顷（5000亩），庭院经济20公顷（300亩），累计100公顷（1500亩）；团结村新发展核桃66.67公顷（1000亩）；大坪村新发展水栀子46.67公顷

（700亩）；金銮村新栽种茶叶46.67公顷（700亩），累计66.67公顷(1000亩)；金鱼村新栽种蚕桑33.33公顷(500亩)，累计133.34公顷(2000亩)；中坪村新栽种蚕桑33.33公顷(500亩)，累计80公顷(1200亩)；金塘村新发展蚕桑栽种140公顷(2100亩)。

【招商引资】 2013年，全镇招商引资项目1个，到位资金3亿元，进行沐爱镇农贸市场建设，农贸市场住房销售45%、门面销售48%，启动农贸市场"黑化工程"。

【社会事业】 一是教育事业，完成学校校舍加固工程，沐爱小学新教学楼投入使用，完工金坪小学新建工程，启动筠二中危房拆建工程。继续落实"两免一补"政策，加大经济困难学生资助力度，继续实施农村义务教育学生营养改善计划。二是医疗卫生，加强中心卫生院硬件投入和内部管理，新型农村合作医疗参合3.54万人，参合率98%；新型农村社会养老保险参保1.05万人，参保率40.6%。三是惠农补贴，发放粮食直补资金241767.76元，发放农资综合补贴2618002元。四是开展村容村貌综合整治，建成沼气池200口，累计1700口；完成地氟病防治改炉改灶4500户；完成C级危草房改造50户，其中县级危草房改造4户。五是解决贫困人口温饱，实现脱贫致富450人。六是武装工作，贯彻征兵工作条例，抓好年龄、文化、身体、政审"四关"，完成征兵任务。七是文化事业，成功举办沐爱镇第二十二届职工篮球运动会。新组建文化队伍3支，建成农民体育健身工程1个，完善社区书屋配套建设，实现免费开放。完善文化设施，成功创建省级示范乡镇文化站，综合文化站功能进一步提升。八是计生工作，征收社会抚养费200万元，避孕节育措施及时率88.83%，避孕措施落实率91.76%。九是完善棬坪村活动室，村级文化广场配套建设投入使用，建成团结村活动室。

【民政工作】 一是城镇低保基本做到应保尽保和动态管理，镇域城镇低保户231户399人，取消3户12人。享受分类救助76户87人；享受社会养老保险5户59人，取消2人。二是农村低保实行动态管理，基本做到应保尽保。镇域农村低保569户1368人，取消56人，调整计划12人，新增17户36人。享受农村社会养老保险326户332人；享受分类救助389户475人。农村"五保户"205人，新增2人，发放农村"五保户"供养补助资金57.4万元；农村居民最低生活保障救助对象572户、残疾人救助对象1180人。发放18个村(社区)48名困难老党员定期生活补助5.13万元。三是救灾救济，全年发放医疗救助193人46.43万元，发放救灾救济169户6.90万元，失火补助6户1.1万元。四是敬老院管理，完善"敬老文明号"的创建工作。按有关规定敬老院入住人员已按"三无人员"政策农转非，享受社区低保。四是摸底排查，完成对将满60岁农村籍退伍士兵排查工作和基本审批手续，帮助优抚对象建房1户，发展生产5户；完成对90岁以上老人的摸底排查，新批应享受高龄补贴10人，核减死亡人员11人。

（李 涛）

维 新 镇

【概况】 维新镇位于县境东南部，镇政府驻地小河，距县城32公里，地处北纬28° 08′，东经104° 41′，东邻乐义乡，南接高坎乡，西连沐爱镇、巡司镇，北靠腾达镇和珙县中山乡。镇域地形狭长，系低中山地貌，镇舟河流经腹地，流域两岸低山槽坝，为粮经作物主产区，海拔407–1156米，平均海拔500米，农作物主要有水稻、玉米、小麦，经济作物主要有蚕桑、茶叶、林业等，幅员72.35平方公里，辖15个村112个村民组。2013年，全镇耕地1437公顷(21555亩)，完成退耕还林326.6公顷(4899.5亩)，森林覆盖率70%；年末公安户籍总户数6470户、25807人，其中男性13749人、女性12058人，非农业人口1395人，全年出生128人、死亡78人。

2013年，维新镇围绕"安全发展年"工作主题和"12345"工作思路("1"：围绕初步建成能源工业基地重点镇主题，"2"：夯实安全生产基础、转型发展基础，"3"：实现安全环境改善、特色项目引进、城镇扩容的突破，"4"：突出安全维稳工作、重大项目建设、农业特色产业、基础设施建设重点，"5"：实现以重大项目建设为重点促进工业经济大提升、以"一村一品"和新农村聚居点建设为载体促进新农村建设大提升、以场镇扩容为契机促进场镇建设大提升、以全面保障和改善民生为核心促进和谐建设大提升、以执行力建设为抓手促进引领发展大提升)，着力打造"能源工业基地重点镇"。全镇地区生产总值实现127323万元，其中第一产业11460万元、第二产业110323万元(含建筑业372万元)、第三产业5540万元，社会消费品零售总额实现4838万元。公路通车里程160公里，其中村组道140公里，通车村15个、通车组112个。普通中学在校生778人，小学在校生2453人，学龄儿童入学率100%。有卫生机构1个，专职卫生技术人员16人，床位6张。

【工业经济】 维新镇煤炭富存条件好，素有"煤乡"之称，已探明储量6.3亿吨，煤炭产业是主要经济支柱产业。2013年，维新镇努力克服能源经济全线疲软的不利影响，工业增加值实现109951万元，规模以上工业企业销售收入实现60257万元，利润总额实现5897万元；生产过关煤25万吨。全镇地方煤矿3个，投入技改资金31116万元完成标准化矿井建设，关闭2个地方煤矿。

【农业与农村经济】2013年，全镇农业增加值实现11460万元,农民人均纯收入9167元,增加920元。粮食总产量10994吨,烤烟种植125公顷(1875亩);发放种粮直接补贴18.6万元、退耕还林补贴62万元、农资综合补贴202万元、其他补贴34万元。全年生猪出栏31612头、存栏20578头,牛出栏3218头、存栏6421头,家禽出栏183621羽、存栏118647羽。

【基础设施建设】2013年,启动小河场镇扩能建设,征地工作进入后期阶段,完成农贸市场和停车场建设,正式投入运行。利用"一事一议"资金80万元,完成山坝、平等、东云、周坪、顺阳等7个村组道公路24.5公里维修。实施菜坪村6公里村道公路铺底子建设;镇舟河维新镇段防洪治理工程,完成总工程量80%。周坪村新建安全饮水池4口,落箭村新建小型提灌站1座，解决部分村人畜饮水困难；建成沼气池150口。

【新农村建设】一是加快建设项目型新农村，成功争取到菜坪村、安全村石漠化治理项目和顺阳村扶贫开发整村推进项目,正加快实施;自由村新农村集居点建设已完成投资460余万元,完成首批27户搬迁户的搬迁修建。二是打造产业型新农村，发展和培育特色产业经济集群,做大做强肉牛、烤烟、茶叶等特色产业,有4个村发展烤烟125公顷(1875亩),6个村发展茶叶130公顷(1950亩),4个村发展黄牛养殖存栏9190头。三是建设"一村一品牌"新农村,一批拳头农产品顺利进入市场、打响品牌,其中顺阳山牌绿壳鸡蛋通过国家畜牧部门无公害畜禽产品认证,正与超市对接的商谈；西林生态无机早茶市场影响扩大,实现产值163万元。

【社会事业】人口与计划生育，对全镇已婚育龄妇女生殖保健登记卡建卡率100%，开展3次环情孕情专项监测，符合政策生育率84.72%，征收上缴社会抚养费80万元。镇幼儿园建设竣工投入使用、镇文化站建成验收投入使用。民政、扶贫、综治等工作,扎实开展低保清理申报工作,全镇取消低保97户163人、新申报低保79户168人、新申报分类救助102人,全面完成D级危房改造60户,实施市级、县级危草房改造6户,完成改炉改灶3500余户;发放救灾救济资金25万元,扶贫解困420人,为18名精神病患者提供医疗救助；发放残疾人发展生产资金1.8万元,残疾人小额信贷贴息64196元,残疾学生助学金5900元,积极为残疾人提供培训机会,提高残疾人就业技能,鼓励残疾人自主创业,残疾人个性化服务录入系统1200人;全年无重大信访案件发生。新农保、新农合工作,有7913人参保、22965人参合，参合率95.27%；加强疾病预防控制，积极争取资金购置医疗设施设备，引进优秀医生、护士,提升服务能力和服务水平;加强对食品、药品、餐饮卫生质量的监督检查,全年没有发生食品、药品安全事故。继续强化国防意识,组织民兵参建参训和演练,以民兵整组为依托,组建民兵应急分队,集结点验;动员青年参加征兵体检,输送新兵,完成征兵任务。依托农家书屋和文化站,开展各类文体活动,定期举行科技知识讲座和普及科技知识宣传活动,全年开展12次大型群众文体活动,成功举办2013年维新镇第十届安全杯男子篮球运动会。强化对文化市场的监管,对场镇的网吧、游戏厅等实行规范化管理。

【招商引资】2013年,利用镇内煤炭、页岩气、水利等资源富集特点,依托维乐工业园区集聚效应,积极开展招商引资,重点引进煤电一体化、煤炭精深加工、煤矸石利用及特色农业等产业项目,构建和完善国有、集体、个体,一二三产业,大中小项目齐上的全方位、多层次的招商机制。完成2个招商项目,招商引资58133万元。

【重点项目建设】一是新维矿井完成投资31850万元,地面工作和井下工作进展基本顺利(主要维护巷道);110千伏变电站完成厂区基本建设；完成梅家坳隧道通道口路面的加宽硬化;新维矿井返安区建设正加推进,完成80%的工程量,开工建设第一批安置房屋。二是中石油井田进展有序,投资1800万余元,完成第一批勘探井8口,涉及西林、沐阴、顺阳、周坪、公坪、安全、自由7个村。

【基层组织建设】一是试点党员发展"双提名双陈述一遴选"模式("双提名":发展农村党员必须经该入党申请人户籍所在组村民小组组长和2-3名村名代表联合提名；"双陈述":提名人和入党申请人必须在发展党员支部会上做陈述:"一遴选"：经双提名的入党申请人必须由所在村支部召开党员大会进行无记名票决遴选)，克服党员发展"近亲繁殖"和突击发展的问题,全年发展党员5名、培训入党积极分子36名。二是深化开展村常职干部"双承诺、双述职、双评议、双公开"的"四双"活动(村三职干部年初分别在本村党员、村民代表会议和全镇镇村干部会上作出任职公开承诺,半年和年终分别述职,接受评议,公开履行承诺情况和综合考评情况),开展村级后备干部培训2次、储备村级后备干部30名。三是创新党建工作项目化管理机制,通过把党建工作与实事工程结合,年底考核与项目推进相挂钩,增强党政合作,量化工作考核,创新全镇各项工作项目化管理体系，针对新维矿井和返安区、110变电站、自由新华集居点建设、梅家坳隧道等重点工作设7个项目组。四是加强基层组织队伍建设,积极开展基层党组织"三分类三升级"创评活动,加快后进党组织的转化升级。五是重视非公企业党建工作,以非公企业"双强六好"创建活动为契机,积极引导和促进非公企业党务工作规范化开展。

【乡镇公交开通】 9月3日，开通维新小河至自由粑粑店公交路线，线路1条，运营公交车3台，由沐爱镇兴达公司负责管理。公交车采取招手即停的方式，每人每次收取2元；针对学生乘客实施优惠政策，每人每次收取1元。至年末，共运送旅客1万余人次。

【综治维稳】 以镇综治调解中心为主体，有效整合人民调解、行政调解、司法调解三方资源，依托"无非正常信访镇乡"创建，抽调相关专职人员，组建社会维稳专项工作组，立足四级调解网络，针对征地拆迁、山地灾害等易诱发不稳定事件的领域，广泛开展维稳信息收集工作，坚持标本兼治、综合治理，针对各类影响社会稳定的矛盾纠纷，通过走访排查、分流处理、分级化解和跟踪督办等途径，扎实开展社会矛盾纠纷专项行动，加大社会稳定联防联动力度、矛盾纠纷化解调处力度、疑难问题谅解共识力度。全年共调解纠纷223起，涉及金额44万元，回复12345市民热线38条，未发生1起重大纠纷案件。

（王小红）

镇 舟 镇

【概况】 镇舟镇位于县境东南部，镇政府驻地镇舟场，距离县城42公里，位于北纬28° 01′、东经104° 39′，东与高坎乡连界，南与大雪山镇相邻，西倚团林苗族乡，北与沐爱镇、维新镇接壤，幅员63.18平方公里，辖区7个村30个村民小组、1个社区4个居民小组。镇舟河由南向北横穿而过注入南广河，筠民公路由北向南穿过境地，筠连—洛表公路在境内通过。主要农作物有水稻、玉米、马铃薯（洋芋）、烤烟、花生、小麦等，养殖业以猪、牛、鸡、兔等为主，植被类型丰富，主要树种有香桂、杉木。煤炭资源丰富，量大质优；石灰岩地貌占全镇面积的三分之二，素有"煤石之乡"美誉。2013年，耕地1026.4公顷(15396亩)、比上年（下同）增加6.73公顷(101亩)，林地5419.47公顷(81292亩)、增加36.73公顷(551亩)，森林覆盖率42.9%，增加0.2个百分点；年末公安户籍总户数6098户、21901人，其中男性11381人、女性10520人，非农业人口1086人，全年出生272人、死亡84人。全镇有汉、苗、彝3个民族。

2013年，全镇地区生产总值实现69652万元，其中第一产业11516万元、第二产业52546万元（含建筑业240元）、第三产业5590万元。社会消费品零售总额完成8349万元。农民纯收入9118元，增加913元。招商引资20400万元，新包装推出马家石林开发和马家禽业生态养殖2个项目。全镇通车里程256公里，其中县乡道21公里、村道97公里、组道138公里，通车行政村7个、通车组30个。普通中学在校生805人，小学在校生923人，学前班5个184人，适龄儿童入学率100%，教职工126人。镇文化站1个，有各种书屋书刊6219册。有医疗机构8个，其中镇有卫生院1所，村医疗卫生所7个，有卫生技术人员7人。

【工业经济】 2013年，镇舟镇工业经济保持平稳的发展势头，以煤炭、建材、石粉加工为支柱产业，进一步开拓市场。全镇有工业企业16家，工业增加值实现77428万元，规模以上工业企业销售收入实现162244万元，利润总额实现24253万元。抓好煤矿、非煤矿山的矿业秩序整顿和技改扩模，5个煤矿投入技改资金22075万元，产煤23.6万吨。

【农业和农村经济】 2013年，大力推进产业结构调整，全面建设板栗、核桃、香桂、林竹、生猪、肉牛6大基地，全年粮食总产量8827.46吨，人均占有粮食403公斤，新造林126.67公顷（1900亩），香桂总面积1133.33公顷(17000亩)，新发展经济作物板栗、核桃等360公顷(5400亩)；生猪出栏51276头、存栏32470头，黄牛出栏4128头、存栏1026头，羊出栏2121只，家禽存栏431420羽、出栏392755羽。

【基础设施建设】 一是公路建设，投资198万元，新修村组公路11公里，其中马家4.8公里、云岭4.2公里和前进2公里；投资297万元，硬化村级水泥路8.3公里，其中金钟4.8公里、政兴1.5公里；投资66.4万元；维修村组道公路16.6公里，其中马家6.8公里、金钟4.8公里、云岭3公里、前进2公里。二是便民路建设，投资18万元，修建便民路12公里，其中马家3公里、政兴5公里、景阳4公里。三是水利建设，投资50万元，加固维修竹麻沟水库。四是其他建设，投资90万元完成对计划生育服务站的改扩建，投资10万元完成对农业服务中心办公楼的维修，投资20万元修建公共厕所64平方米，投资10万元的街道亮化工程开始前期工作。

【新农村建设】 一是"一抓一工程"在尖峰村实施，投资50万元，全部竣工尖峰村寨子顶安置点40户搬迁农户房屋风貌整治。二是"竞争式新村建设工程"在景阳村实施，投资50万元，全部竣工景阳村三组、四组沿镇舟——高坎公路两旁的96户农户房屋风貌整治。三是沼气池建设，投资80万元，建成200口。四是投资20万元，改造农户厕所200户。

【招商引资】 2013年，镇舟镇加大对外宣传力度，树立优美开放镇舟的新形象。引进资金20400万元，对5个煤矿进行技改扩，进一步确保生产安全。成功引进前进桃花源黄牛生态养殖、景阳生态养殖入驻。

【地质灾害防治】 一是尖峰安置点建设。全面完工一期工程，搬迁入住40户。二是C级危草房改造，投资320万元，完成省级C级危草房改造40户；投资88万元，完成市县级危草房改造和少数民族危草房改造11户。三是地质灾害监测，进一步加强地质灾害防治工作力度，完善监测制度，提高监测费用，确保监测工作有力实施。

【产业结构调整】 一是林竹产业。逐步形成以板栗、核桃、林竹、香桂、银杏为主的5个农业产业。以尖峰、马家为基地，发展板栗、核桃等干果经济，尖峰发展板栗266.67公顷（4000亩）、马家发展核桃33.33公顷（500亩）；以马家、云岭为基地，发展林竹林经济，马家发展楠竹133.33公顷（2000亩），云岭发展苦竹133.33公顷（2000亩）；以前进为基地，发展香桂深加工经济；以金钟村为基地，发展桂花银杏等苗圃经济，已发展133.33公顷（2000亩）；以前进村桃花源黄牛养殖场为基地，打造“万头肉牛村”。二是采矿经济产业。扩大工业产业规模，搞好煤矿技改扩能，逐步实现机械化、半机械化开采。

【社会事业】一是新农合工作，参合19412人，参合率95.9%，群众就医报销321万元。二是新农保工作，参保6546人，参保金额208万元，60岁以上老人做到全覆盖，发放60岁以上待遇卡6325张。三是残疾人工作，残疾人451人，发放生活救助30人1.3万元，帮助发展生产25人补助1.5万元，居家托养20人发放1.2万元。四是计生工作，符合政策生育率86.11%，人均财政投入29.54元，征收社会抚养费63万元，独生子女父母鼓励扶助对象68人，兑现奖励资金6.6万元，奖励金兑现率100%。五是民政救助，有农村低保342户、发放农村低保金58.8万元，城镇低保91户、发放城镇低保金24万元，医疗救助84人、发放救助金29万元，贫困职工救助81人、发放救助金18万元。六是解决贫困人口温饱并实现脱贫致富脱贫220人。

【旅游资源】 自然旅游资源发育成熟，奇泉、溶洞密布全镇，尤以分布于马家村一组、三组、前进村七组和金钟村四组约800余万平方米的马家石林最为奇特。有的独立成型、姿态万千，似虎吼狮啸、似龙腾鱼跃、似苍松古柏；有的遥相呼应、直插天际，似天外飞石；有的交相辉映、层层叠叠、石洞交融、石缝阡陌，似地下迷宫。石林下面，多为溶洞，洞内石钟乳参差不齐、错落有致、暗暗涌动、曲径幽深，令人神秘。

（李从刚）

蒿 坝 镇

【概况】蒿坝镇位于县境南大门，属两省（川滇）三县（筠连、彝良、盐津）结合部，镇政府驻地蒿坝场，距县城50公里，地处北纬27° 54′ 东经104° 32′，东邻团林、高坪苗族乡，西界云南彝良牛街镇楠木村、盐津县庙坝乡茨竹村及龙镇乡卜好村，南与云南彝良县牛街镇、柳溪苗族乡接壤。幅员97.91平方公里，平均海拔1100米，辖15个村111个村民小组、1个社区2个居民小组。2013年，年末公安户籍总户数4972户18300人，其中男性10055人、女性8245人，非农业人口561人，全年出生122人、死亡52人。

2013年，按照镇党委“12345”的工作思路（“1”：科学发展、加快发展、和谐发展取向，“2”：建设川南烟叶经济强镇、与全县同步全面建成小康目标，“3”：构建川滇交通枢纽中心、筠连面向南面开发物流中心、美丽乡村避暑休闲中心，“4”：打造现代烟草农业基地、特色竹笋种植加工基地、生态经果林基地、绿色有机畜产品基地，“5”：建设实力蒿坝、畅通蒿坝、和谐蒿坝、魅力蒿坝、效率蒿坝），强化工作措施，保持经济发展、民生持续改善、社会和谐稳定、党的建设不断加强的良好势头。全镇地区生产总值实现57466万元，其中第一产业11528万元、第二生产42755万元（含建筑业458万元）、第三产业3183万元，人均GDP3.14万元。全镇居民人均可支配收入21916元，比上年（下同）增加1601元，增长7.9%；人均消费性支出14395元，增加1205元，增长9.2%。农民人均纯收入8821元，增加1019元；农民人均消费性支出6583元，增加1362元。全镇村道、组道公路166.3公里，其中浇筑水泥路36公里，通车村15个、通车组111个，通电话覆盖全镇，农村用电686万千瓦时。

【工业经济】2013年，着力拓宽延伸优势产业链，发挥企业生产优势，加快技改扩能，加大推进民营经济发展。全镇工业产值42297万元。招商引资和煤矿技改扩能共投资26666万元，镇域4个煤矿技改扩能全面启动，设计生产能力54万吨/年。

【农业和农村经济】2013年，着力培育和发展特色农业，大力发展优质粮食、畜禽、烟叶、特色产品等生产基地，推进农业产业化经营，走“公司+农户”的道路。发展烤烟、玉米、林业、竹笋、畜牧、洋芋、磨芋等优势特色产业，壮大水龙村、金坷村、合力村竹笋基地，烤烟移栽780公顷（11700亩），玉米种植900公顷（13500亩），洋芋种植906.67公顷（13600亩），大地飞歌生态养殖有限责任公司畜牧养殖场建成投入使用，投资1000多万元。全年全镇粮食总产量9652吨，减少504吨，人均占有粮食551公斤；烟叶收购1280吨（25600担），减少345.5吨（6910担）；猪牛羊、小家禽出栏39818羽、增加1251羽；年末生猪存栏18665头、减少7104头，牛存栏7830头、增加2148头，骡和马存栏87头、增加2头，小家禽存栏44500羽，增加2142羽。造林面积333.33公顷（5000亩），增长6%。

【基础设施建设】一是烤烟基础设施建设，修建便民路6公里，新建100立方米的水池3口，铺设灌溉管网30千米，建成排洪沟1030米、排湿沟1210米，整治排洪沟1650米，基础设施投资共1380万元。合力、高石村稳步推进烟路工程，投资100余万元。二是解决用电难题，15个村完成农网改造，完成合力35千伏变电站网改工程和变电站建设。三是公路建设，建成高石村公路3.5公里、合力村2公里，积极配合施工单位加快巡牛公路建设。

【新农村建设】一是道路通达工程，完成通村公路中山村2.4公里，完成硬化高龙村组道35公里、高桥村组道2公里、高坪村组道1.5公里、金坷村组道2公里、水坪村组道1公里、水龙村0.5公里、水龙村组道0.8公里、合力村组道5公里，修建蒿坝村组便民路1200米，建成高桥村文化广场(汉室小寨)1个。二是沼气池建设，完成50口沼气池建设，其中高桥30口、高龙村10口、高兴村10口。三是农村安居工程，完成危草房改造30户，开展职工帮扶困难户活动。四是阵地建设工程，全镇15个村均建有200平方左右的村活动室。五是创评活动，经检查、考核合格有310户农户创评为“卫生庭院”；有320户农户申请参加创评“和谐农家”活动，共评出好公婆30人、好媳妇30人、好邻居15对、好妯娌15对、好家长30人；“三户”“和谐村社”创评全面展开。全面开展“农户书屋”“万民读书活动”，15个村的“农户书屋”各藏书300册。六是专业组织发展，烤烟协会、竹笋协会、生猪协会等专业组织进一步壮大完善，龙头企业有新发展，农村经济全面发展。

【社会事业】一是加强农业科技推广应用，提高产品的技术含量，增强市场竞争力，加快科技成果的转化，利用信息技术改造和提升传统农业及产业。二是教育投入，改善办学条件，巩固“两基”成果，全镇在校学生2598人，在园幼儿263人。三是加大文化市场的规范力度，全镇有艺术表演队及团队3个，镇村图书馆室16个，农村党员远程教育站15个，电视广播站1个，电视人口综合覆盖率95%以上。四是推进农村基本医疗制度改革，有医疗卫生机构1个，病床位25张，专业卫生技术人员7人；完善农村合作医疗制度，新农合参合率95%。五是继续实施《全民健身计划纲要》《国家体育锻炼标准》，开展全民健身运动，发展竞技体育。有11所学校，2046名学生参加体育达标活动，每天开展体育活动不少于1课时，实施面100%，达标率95%以上，参加县级和片区以上比赛项目获奖30人次。六是加强计划生育法制宣传，控制人口增长，人口增长进入低生育期。七是社会保障体系进一步完善，建立基本医疗保险和工伤保险制度，离退休职工养老金社会化发放率100%。

【环境保护】大力加强环境保护和治理，重点抓好天然林保护、人工营造工程植被保护，搞好镇域溪河、场镇、村环保治理，改善生态环境。煤矿污水采取沉积排放、矿区生产范围植树绿化，煤矸石(渣)由红砖厂消化，工业固体、废物利用率80%以上。非煤矿山生产远离人口密集区，避免粉尘和噪音污染，整顿并责令迁址1处。

【特色文化】一是极具地方特色的文化成果有竹笋文化、苗乡风情等，在高龙五谷山苗寨，接待过美国籍苗族后裔李龙博士等人的苗乡考察团，成功举办“高山之光”“竹笋文化”“苗族花山节”等活动。二是文化底蕴浓郁，在科举制时代，有烂泥坡(今齐心村)黄姓人家曾出15位秀才的典型，其中黄峰官衔至浙江省江山县正堂(相当于县长级的职务)。三是园林文化，蒿坝场镇有以灵山公园人工林为代表的园林文化，有佛教派2处活动场地及灵山寺、香台寺为代表的宗教文化园林，有小鱼塘休闲娱乐场地和灵山广场碑刻、牌坊所组成的场镇文化园林。

【场镇建设】场镇新街建设发展快，新街沿巡牛公路摆布超过1000米，向巡牛公路、蒿高公路三面外延扩展。2013年，建成场镇0.85平方公里，布局5条街巷。

(唐明刚)

大雪山镇

【概况】大雪山镇位于县境南部，属原解放乡和落木柔镇建制调整组成。镇政府驻落木柔场，距县城50公里，与滇东北接壤，坐落乌蒙山系余脉的彝良、威信、筠连、珙县四县交汇处。位于北纬27° 56′04″ –27° 59′09″，东经104° 38′44″ –104° 46′56″，东临珙县王家镇，南与云南彝良县、威信县及本县联合苗族乡相连，西邻团林苗族乡，北与镇舟镇接壤，幅员90.28平方公里，辖22个村1个社区89个农业组。2013年，全镇耕地1156.47公顷(17347亩)，与上年(下同)持平，森林覆盖率79%；年末公安户籍总户数6830户、总人口24783人，其中男性13161人、女性11622人，非农业人口1162人；全年出生164人，死亡141人。

2013年，全镇地区生产总值完成24641万元，其中第一产业12046万元、第二产业6349万元(含建筑业1306万元)、第三产业6156万元。规模以上工业企业销售收入实现6104.70万元，实现利润61755万元，完成技改投资2693.30万元，社会消费品零售总额实现8035万元。地方一般财政预算收入12.8万元；农民人均纯收入8757元，增加1122元。年末通车村22个、组89个。

【工业经济】2013年，全镇规模企业销售收入实现6000万元，利税总额实现532万元，累计完成技改投入

3500万元。一是工业企业规模扩大。全镇有水电企业16家,水泥制品加工企业2家,非煤矿山企业5家,木材加工企业7家,均运营正常。二是林业资源规模开发。以权林豪门制造有限责任公司、蜀乐木业为代表的规模企业落户大雪山,充分利用资源优势,积极推进工业强镇的进程,已投产正常运行。总投资1.5亿的权林豪门木业,运转正常,产品畅销国内市场,供不应求,年产值5000万元,创利税3000万元,解决就业300余人,为民创收800万元。三是水能资源科学开发健康有序,以解放电厂为代表的装机容量1300千瓦7台机组技改全面完成,全镇电力总装机8350千瓦,年产值3600万元,创利税1500万元,解决就业人员100余人,为民工创收150万元。雪山源酒业、富聚源竹笋加工厂落户大雪山,正式投产运营。引资兴办林产品加工企业,实现林产品效益的最大化,权林豪门制造厂通过年度技改,扩大规模,成为全县木材加工龙头企业;自由木炭加工厂利用锯末烧制木炭,实现对木材资源的综合利用;林产品资源由原料和半成品出售转变为成品投向市场,提高产品附加值。

【农业和农村经济】2013年,全镇农业总产值实现12046万元,增长5%;农民人均纯收入8757元,增加1122元;粮食总产量10896吨。一是烤烟产业,全镇烤烟种植重点村6个,种植77.27公顷(1159亩)、收购烤烟101.45吨(2029.32担),实现产值158万余元,受严重旱灾的影响,造成群众种植难度增大,长势较差,劳动力投入增大,种植成本增加。二是林业产业,按照创建环境优美乡镇的总体要求,发动广大群众,实施更新造林、退耕还林、四旁植树等,新造经济生态林87.73公顷(1316亩),退耕还林管护1376公顷(20640亩),实施封山育林2400公顷(3.6万亩),发展经济林95公顷(1425亩)、用材林28.87公顷(433亩),森林覆盖79%;加强退耕还林、天然林、用材林等管理,确保竹林、木林正常生长和森林资源有效蓄积。以雪山村、五河村为代表的笋材两用林,坚持适时、合理采收,全年出售各类干竹笋140余吨,实现产值600余万元。三是茶叶产业,以大雪山乌蒙茶种植生态园区为突破,在乐园村、天堂村推广茶叶良繁改造。新种植良繁茶53.55公顷(800亩),培育专业大户10户,茶叶生产协会及时组织茶叶采摘技术培训,提高茶叶采收质量,指导镇辖区内6个茶厂的茶叶深加工,提高产品质量。全镇加工绿茶255吨(5100担)、苦丁茶62.5吨(1250担),加工干茶415吨(8300担)。四是畜牧业,全镇生猪出栏4.6万头、存栏5.8万头,黄牛存栏7812头、出栏3180头,家禽存出栏12万羽,其中以安乐、顺井为代表的肉牛和生猪养殖专业村一批懂经营、会管理的畜牧营销队伍正在形成,将促进畜牧业发展。

【基础设施建设】一是道路建设,争取到国家公益性彩票资金2400万元,建成老区革命公路22.7公里,解决雪山、五河、马蹄、长远4个村2700多群众出行难问题,有利于雪山红色生态旅游开发推进;争取村道硬化资金,主动协调配合交通等部门,完成农会村园田组2公里、雪山村1.8公里的村道硬化打底工程,村道硬化完成农会村3.2公里、乐园至安乐7.5公里、槐坪村4.4公里,建成中坝大桥;争取市县扶贫资金18万元,实施冬燕、槐坪、顺景、安乐4个村9公里村道公路整治;新修长远村便民路4000米;争取退耕还林后续产业工程补助金148.8万元,修建高峰、迎丰、冬燕、乐园、春井、农会、夏泉等村便民路60公里,解决群众出行难、耕作难的现实问题;投资13万元,改建完成春井村5公里村道公路、桥梁1座,完成新修公路沿线3个旅游公厕。二是"一事一议"项目建设,争取到财政"一事一议"资金369.85万元,建成村级标准碎石公路64公里、新建改建桥梁5座、新建水池22口、灌溉渠1.4公里,使21个村基础设施得到改善;投资"一事一议"项目资金120万元,覆盖雪山、石龙、长远、两江、海湾、大榜、东红、夏泉、安乐、槐坪10个村用于修建便民路和公路,基本完成。三是农网改造,积极争取上级投入资金600万元,实施解放片区7个村农网改造,已进入架线安装阶段。四是争取投资50万元的顺井村提灌工程,建设完工。

【新农村建设】一是重点村、专业村建设,结合资源分布和经济结构格局,确定肉牛养殖专业村安乐村、生猪养殖专业村顺井村、茶叶种植专业村天堂村、烤烟生产专业村长远村、林竹专业村雪山村和五河村6个村为新增"一村一品"专业村。确定雪山村、寨子村为新农村建设重点村,雪山村以生态观光旅游和生态特色食品生产为主导产业,不断改善雪山村生态环境,丰富旅游资源;寨子村以商贸服务业为主,新店子大街初具雏形。二是发展农村专合经济组织,以打造"一村一品"特色经济为契机,在主导产业创百万元村建立协会,以协会促主导产业发展,分别在安乐村、顺井村建立肉牛(生猪)协会,自由片区建立茶叶协会,解放片区建立林竹产业协会,长远村建立烤烟种植协会,大榜村建立林下养殖协会等,落实相关部门和主要领导联系制度。培育和状大富农合作社、蜀乐木业责任有限公司、权林豪门制造厂、大雪山生态养殖合作社4个龙头企业,培育种养殖大户40余户;主导产业超千万元专业村1个,超200万元村5个,民主片区的畜牧产业区、自由片区的林业和茶叶产业区、解放片区的林业产业区,大雪山特色产业经济区域已初步形成。三是全面完成安乐村竞争式新村建设,依靠50万元项目资金带动近千万元的资金投入,新修住房20户,改造住房40户,硬化公路4.7公里,公路绿化3.7公里,村农民健身工程1个。四是雪山村新村建设,投资842万元,改造农房72户,栽植银杏、桂花、楠竹等,基本完成总体建设。

【招商引资】2013年,按照"责任到人、重点突破、整体推进"的工作方法,成立镇招商引资工作小组,制定招商引资奖惩制度。以权林木业、蜀乐木业为代表的龙头企业,推进工业强镇进程;雪山源酒业、富聚源竹笋加工厂落户大雪山。全年上报信息25条,按时报送报表资料,建立电子名录库,做到"四单一证"齐全,全年未发生影响投资"软环境"事件,投资商投诉为零。招商项目3个,到位资金1亿元,富聚源竹笋加工厂投产,雪山源酒业有序推进,为镇域发展注入新活力;利用林竹资源丰富的优势,大力支持省级龙头企业权林木业壮大;蜀乐木业等中小木材加工企业发展迅速。水能资源开发健康有序,年产值3600万元,创利税1500万元,解决就业人员100余人,为农民工创收150万元。引入乌蒙韵茶叶有限责任公司落户安乐村,建成333.33公顷(5000亩)基地。

【社会事业】一是教育事业,全面完成镇域中小学D级危房改造,基本实现校园美化、净化、硬化标准。推动教育基础设施建设,全镇在建21个项目中,涉及12所学校,总建筑3740平方米,总金额561万元,建设教师周转房、教师休息室、寄宿制学生寝室、学生食堂等;在12所学校中有6所学校涉及征地1640平方米,其余修建在校园内,完成前期征地及修建方案的设计、地勘、立项。二是卫生事业,新农合参保20876人,参保率96.35%,收缴178.2万元,报销医疗费用280万元。三是村级阵地建设完成,较好地解决村集体办公,方便群众办事。四是计生工作,符合政策生育率87.48%,征收社会抚养费317万元,独生子女父母奖励金兑现率100%,计生奖励扶助35人,发抚金24240元。五是民政、五保、救灾、救济、残联、低保、社保等各项,利用"一卡通"直接发放农村居民最低生活保障金104万元,城镇居民最低生活保障金33.3万元,五保供养金28.54万元,临救资金10.9万元,医疗救助金30.37万元,优抚军人优待金174人27.2万元,五保户供养金157人29.64万元,残疾人生产发展基金42人1.68万元,发放农业保险资金28.3万元、农业保险理赔22万元。落实各类惠农补助资金1152.34万元,其中粮食综合补贴220万元、退耕还林补贴180万元、退耕还林后续产业补贴70万元、退耕还林公益林补助58万元、优抚生活待遇96万元、农村低保105.77万元、城镇低保35.57万元、农村危改、搬迁补贴43万元、五保户生活费42万元。落实新增村(社区)残疾人23名,发放医疗救助金16.69万元;发放小粮仓509口。新农保参保7820人,无偿献血63人,农村社会养老保险和城镇居民养老保险合理推进,实现全方位全领域覆盖,退伍军人、残疾儿童、留守儿童、空巢老人等得到保障。六是开展扶贫解困,完成扶贫解困人口460人,发放农村创业贷款1000万元。七是开展"访民生、送温暖"和"三农"工程大走访活动,走访群众2700余户,发放慰问金1.4万元。八是农民工培训,培训农民工430人、农民技能1540人次,劳务输出7000人,创收10500万元。

【城乡环境综合治理】2013年,建成排污道2条675米,配置垃圾池24个、垃圾桶153个、垃圾车23辆,镇垃圾填埋场基本建成;投入资金22.5万元,建成农村沼气池172口;投入资金7.2万元,完成改厨改厕118户,改炉改灶2500口;投入山地灾害搬迁资金、危草房改建资金22余万元,改造45户。完成3个村的亮化工程。争取资金85万元,在安乐村、顺井村公路沿线进行风貌整治,覆盖农户146户。

【场镇建设】2013年,大雪山镇场镇建设已进入征地拆迁阶段,完成征地1.67公顷(25亩)和13户房屋拆迁的测量、评估等,征地拆迁正有序推进。

【安全综合治理】一是探索创新信访、综治工作机制,落实党政领导"一岗双责"制和工作人员"AB岗"制,摸排化解不稳定因素72件,调处民间纠纷213件,调解成功率100%,接待来信来访86人次,办结回复86人次,维护全镇社会稳定。二是加强校园等重点部位环境综合整治,把安全生产放在首位,砌封私挖滥采小煤窑66个,打击非法运营200余起,取缔烟花爆竹生产窝点3个,查处黑网吧1个。开展食品安全检查11次,对企业安全突击检查33次,责令停产整改企业1个。三是开展巡山检查300余次,全年未发生较大安全事故。

【大雪山旅游】大雪山镇境内旅游、水利资源丰富,有"原始生态王国,世界珙桐故乡"之誉。大雪山系云贵高原乌蒙山余脉,原始森林成片集中,面积8000余公顷(12万亩),其中县境内约3000公顷(4.5万亩),景区森林覆盖率95%以上,主峰坐落在大雪山镇境内,海拔1777.2米,有珙桐等国家保护植物14种,豹、熊等国家保护动物18种。集自然景观和人文景观于一体,被誉为世界珙桐故乡、世界蕨类植物王国、中国青少年科学考察探险基地等,大雪山景区内红军墓被命名为爱国主义教育基地。全年接待游客6万人次,创旅游收入30余万元。"中国工农红军川滇黔游击纵队烈士陵园"建设完成立项、土地预审等,进入实施阶段,将大幅度提高大雪山游客数量,增强大雪山生态红色旅游区人气指数,探索旅游产品的加工销售。

(邓 骁)

武 德 乡

【概况】武德乡位于县境东南面,乡政府驻地吴家坝,距县城28公里,是全县的腹心地带,东邻沐爱镇,南连蒿坝镇，西靠双腾镇，北与巡司镇接壤，幅员100.62平方公里，海拔550-900米，属丘陵山地地区，辖17个村128个村民小组、1个社区2个居民小组。2013年，耕地1620.33公顷(24305亩)、与上年(下同)持平，森林覆盖率41.8%；年末公安户籍总户数6751户、28851人，其中男性15385人、女性13466人，非农业人口349人，全年出生210人、死亡61人。

2013年，全乡围绕“工业强乡、产业富民、文化兴乡、旅游拉动、集镇带动”的“五大战略”，按照“一村一业、一村一品、一村一路、一村一韵、一村一景”的“五个一工程”工作思路，多措并举，致力于各项事业发展。全年，全乡地区生产总值实现57958万元，其中第一产业11108万元，第二产业41568万元(含建筑业850万元)、第三产业5283万元。全社会固定资产投资完成1.8亿元，增长10.2%；社会消费品零售总额实现2958万元。受大环境经济发展的影响，全乡财政总收入698.63万元；农民人均纯收入8802元，增加956元。

【工业经济】2013年，坚持“科技兴安全，安全促效益，效益促发展”思路，鼓励企业走规模化发展的路子，提高资源利用率。加强安全生产监管，通过监管制度、方法创新、新技术推广使用以及瓦斯、顶板等专项治理，推行先进的采掘方式方法，加大从业人员培训等举措，推进全乡安全生产工作。乡内煤炭资源丰富，储量达1亿吨，是筠连煤田武乐矿井的采区，乡内有煤矿4个，煤炭产业是全乡的主要经济支柱产业。水力资源丰富，利用率高，龙碗大堰横跨5个村，建有小型水电站13个。全年，工业增加值40718万元，全面完成远兴煤矿的关闭工作，争取快速恢复小寨煤矿、河坝煤矿、药尔山煤矿等保留煤矿的生产和技改，河坝、桥沟、药尔山、小寨4个煤矿企业均完成污水处理排放系统建设。推行安全生产承诺制，对煤矿企业实行“四层级”监管，开展“打非治违”专项行动，保持严管重治态势，全年安全生产实现零死亡指标。

【农业和农村经济】按照“三个一万”(1万亩优质良繁茶基地、1万亩香桂基地、1万亩优质花椒基地)的目标，打造石泉、鱼池、冒鼓、民主、东升、解放等村茶叶基地，打造东升、石泉、金门、共和等村香桂基地，打造好解放、共和、民主、中华、半坡、新顺、小寨等村核桃、板栗、花椒基地。2013年，发展良繁茶133.33公顷(2000余亩)、累计600公顷(9000亩)，发展香桂533.33公顷(8000亩)、花椒333.33公顷(5000亩)。完成烤烟种植86.67公顷(1300亩)，收购烤烟148.2吨(2963.97担)。黄牛出栏3110头，羊出栏1220只，实现产值259.8万元。

【基础设施建设】一是道路建设，投入道路交通安全工作专项经费6万元，武德乡至蒿坝镇的公路改建完成总工程量的80%；完成便民路硬化23公里；“一事一议”投入105万元，建成公路9公里，通过验收；正在硬化新顺至长征6.7公里公路。建成提灌站1座，保证300余户的人畜饮水和166.67公顷(2500余亩)农田用水。二是文化建设，推进农村义务教育寄宿制学校、学生食堂、教师周转房、道路畅通等建设，涉及14个村24个项目，学生3000余人、教师180余人；中心校教师周转房建成投入使用，武德乡中心幼儿园进入施工，完成生活用房征地及学校设备第一批安装调试。三是医疗建设，投资130万元，完成武德乡卫生院门诊楼(308平方米)并交付使用；加大对非法行医的惩治力度。

【招商引资】2013年，利用地处武乐矿区优势，加大武德区位优势和煤炭资源优势的宣传，吸引一批有实力，又安心于发展煤炭、花椒、茶叶的业主到武德投资，实现煤矿企业技改扩能、以九叶青椒为主要的花椒产业基地建设，加快全乡经济发展。全年完成招商引资项目3个，引资1亿元。

【新农村建设】一是场镇建设，常年聘用6名清洁工负责场镇垃圾处理，集中清运场镇垃圾800多吨；制作宣传栏20余个、宣传标语30余幅，设立曝光台、光荣榜各1个。二是城乡环境综合治理，推进共和村风貌塑造工程以及公路沿线公厕建设，在童家村、新顺村主干公路沿线新建公厕2座；实施改炉改灶，安装地氟病防治炉灶1246户，新建沼气池150口，改造完成400户农村无害化卫生厕所，农村卫生条件得到改善。三是乡综合文化站改造，投资1.92万元，实现小寨、关津、东升、长征、金门农村广播电视村村通，192户农户得实惠。投入资金32万元，解决人畜饮水困难1508户5300余人。四是创建县级生态村17个村，其中水潦村创建为市级生态村，节能环保支出2万元，成功创建生态家园3000余户。

【惠民利民措施】一是农业方面，兑付2012年油菜补贴1.4万元，粮食综合补贴260.2万元；兑付2012年烤烟特产税返还38万元，能繁母猪补贴2万元。二是社会保障工程，城镇居民最低生活保障标准从每人每月280元提高到350元，农村居民最低生活保障标准每人每年1500元提高到1900元。有农村低保户486户1152人，享受低保金9.2万元，特殊救助金2.3万元；城镇低保户15户23人，享受低保金0.47万元，特殊救助0.17万元，实现动态管理下的“应保尽保”；发放临时救灾救济款12万元，解决医疗困难群众500人次，发放医疗救助金76万元；实施就业促进工程，残疾人居家灵活就业29人，帮助30名农村贫困残疾人改善生产生活条件；实施百姓安居工程，开工农村D级危房改造5户。三是扶贫解困工程，实现脱贫解困120余人，启动国家土地督察成都局对口帮扶长征村、胜利村扶贫开发项目，完成规划(3年)，动工便民路建设，拟定村活动室修建方案。四是地质灾害防治，投入10.7万元，对棺木岩地质灾害隐患点应急排危处置；投入120余万元，对72户住房搬迁补助。

【社会事业】一是教育，全面落实教育助学工程，"两免一补"做到"应免尽免"，在全县率先实施营养改善计划，代课教师和民办教师遗留问题进入县社保局参保和补助兑现阶段。二是卫生，新农合参保27380人，参合率97%，住院费用实际报销比达63%；困难群众特重大疾病医疗救助覆盖率100%，城乡医疗救助体系逐步完善。新农保参保8338人。三是计生，对符合生育政策并计划怀孕的夫妇免费提供孕前优生健康检查，实施农村孕产妇住院分娩补助，符合政策生育率84.69%，人均财政投入29.54元/人，征收社会抚养费74.3万元，独生子女父母奖励兑现率100%。四是群众文化，群众文娱活动蓬勃开展。

【村支两委换届选举】严格按照"三推两诺，两票直选"(通过组织推荐、党员推荐、群众推荐，选举出候选人，候选人向全体党员和群众代表作任职承诺和辞职承诺，再通过群众信任度测评和党员选举，选举出政治素质好、工作能力强、群众认可度高的优秀人才进村或社区党组织班子)。7月23日，村支部换届选举试点在童家村支部成功。至10月21日，全乡17个村换届进行选举，其中14个村顺利选出支书和委员(水潦村由李兴琼兼任)，解放、东升、长征村未选出支书、委员，为推进工作，经党委会研究，决定解放、东升、长征村支部副书记主持工作，下派刘敏担任社区支部书记。12月26日，全乡进行村委会换届选举，12个村选举成功。经第二轮选举，新顺、童家、半坡村选举成功，中华、水潦村仍未选举成功。

【社会管理】一是完善乡村组"三级"社会治安综合治理和调解网络，加强群防群治，创新实施"三书"督改制度，推进县委组织部"123456"村(社区)社会管理模式，实施"平安筠连"细胞工程。全年调解纠纷143余起，解决重点挂牌上访案件7起，无一起进省进京上访案件。二是创新安全生产监管方式，把安全生产作为乡政府一号工程抓，做好煤矿、道路交通、非煤矿山、食品药品、烟花爆竹等重点领域专项治理。

【旅游开发】武德旅游资源丰富，可欣赏到有"戎州第一瀑"之称的高洞潦瀑布，天生奇石"五车书"，群龙聚首"石龙湖"环形景区，内藏神奇"僰人洞"，马帮遗址"营盘寨"，幽静古雅"龙池寺"，历尽沧桑"南华宫"，人造天河"龙碗大堰"，风清怡人"凉风洞群"等旅游景点。重点抓好旅游接待等基础设施和藕、果、鱼等配套景观建设，吸引更多游客到武德乡休闲、观光，实现旅游拉动、协调发展的目标。启动特色乡村旅游建设，开展景区风貌塑造，基本完成蜀地江南石龙湖旅游景点节点规划，建成配套打造的农民文化广场、共和村活动室。与陕西翰阳旅行社磋商，初步达成打造AAAA级石龙湖旅游风景区的意向。成功举办武德蜀地江南羊肉美食节等活动。

(杨显成)

塘坝乡

【概况】塘坝乡位于县境西部边缘，地处北纬28°04'，东经104° 23'，乡政府驻地塘坝场，距县城17公里。西接云南省盐津县，南靠孔雀乡，东连双腾镇，北邻筠连镇。幅员31.67平方公里，海拔500–1400米，辖川丰、幸福、木映3个社区村和柑子、新农、平阳、双田4个村、45个社。2013年，全乡耕地650公顷(9750亩)，与上年(下同)持平，森林覆盖率51.2%，增加2.4个百分点；年末公安户籍总户数2437户、9857人，其中男性5110人、女性4747人，非农业人口300人，全年出生137人、死亡37人。

【工业经济】2013年，全乡地区生产总值实现24431万元，其中第一产业5078万元、第二产业16739万元(含建筑业561万元)、第三产业2614万元，规模以上工业企业销售收入实现32965万元，利润总额实现7800万元，完成技改投资3800万元；招商引资完成1亿元；固定资产投资4800万元，社会消费品零售总额4200万元；财政税收完成165万元。

【农业和农村经济】按照县委"11115工程""百千万工程""百村工程"的要求，结合乌蒙山连片扶贫开发和农业产业发展项目，制定建设"生态之乡、休闲胜地"的发展目标。2013年，新发展生态茶园133.33公顷(2000亩)、改造低产茶园66.67公顷(1000亩)，基本建成生态茶园666.67公顷(10000亩)，茶叶产量340吨(6800担)。在茶园、公路河道沿线及农户周边栽植绿化风景树木和经济林木66.67公顷(1000余亩)，在平阳村发展银杏50万株、其余村栽植银杏20万株，启动白鹤林、名贵树木桢楠发展规划。农民人均纯收入9052元，增加1093元。

【新农村建设】一是基础设施建设，完成三圣岩至白鹤林段8公里自行车骑行道、木映村四组1.4公里公路改道加宽、清溪沟1.5公里电瓶车道建设，完成敬老院环线公路底子和硬化工程，新农村、双田村、平阳村修建村组道公路15公里；完成幸福村河堤工程1000米、小溪沟300米河道整治，争取"五小水利"工程项目资金修建蓄水池和引水管道，解决饮水难的问题；新建沼气池156口，累计1950口，适宜地区农户沼气池使用率92%；完成双田村、柑子村的电网升级改造,全乡用电状况得到很大改善。二是加快新农村建设,基本完成木映、柑子2个新村聚居点建设;全面完工川丰新区二期工程28户房屋主体工程。全乡7个村(社区)统一纳入幸福综合体建设,作为全市项目推进现场会和产村相融建设现场会的参观示范点,得到各级领导的好评。

【生态旅游】 一是生态文化休闲旅游。塘坝乡提出创建国家级生态乡、国家级卫生乡的目标,结合新村聚居点建设项目、村级“一事一议”项目、风貌整治项目资金,整合交通、水利、林业、农业等部门资金。在乡村公路两旁栽植香樟、银杏、黄桷等名贵绿化树木1万多株,完善公路两旁绿化带建设;修建和硬化村组道路,进一步改善交通环境;整治小溪河段,修建河堤1000米,栽植绿化树和景观树,逐步形成供游客游泳、避暑、游玩景点;逐步对农户房屋及周边环境进行彻底整治,修建花台、院坝,进行绿化、亮化,为打造生态文化休闲旅游奠定基础。二是保护古镇文化。通过广播电视、网络报刊、乡村文艺表演等途径,加强对古镇文化保护宣传,保留本地的建筑和民风,投资近200万元,修建茶马古驿文化广场,对古街进行复古修复,使物质文化遗产和非物质文化遗产相统一。三是建设生态家园。整合项目和资金,发展经果林和绿化树木200公顷(3000亩),逐步实施333.33公顷(5000亩)银杏和66.67公顷(1000亩)桢楠规划,修建污水处理设施、垃圾收集转运设施和农村沼气池,解决农村生活污水和垃圾、人畜粪便处理,营造良好的生态环境。四是基础建设,硬化村组道路5公里,修建河堤4.5公里、整治河道6公里,修建水坝、木桥、古亭、水车等设施,建成古韵古香的川滇风情一条街,完善木映村、幸福村、川丰村新村聚居点等旅游基础设施。五是整体打造。引进陕西翰阳实业集团进行整体打造包装,于9月底,陕西翰阳实业集团一期工程重点打造的仙雾山马帮体验、茶马古街、清溪沟茶文化主题公园和30多套精品主题酒店全部投入运营;集团计划在塘坝乡投资2.6亿元,用3年时间,把塘坝乡打造成全产业链的AAAA级茶文化旅游景区和川滇黔茶叶集散地。引进业主开发,启动和建设的高新生态养殖场、花卉苗木基地、农业快繁基地、竹博园等项目,并不断引进项目业主开发。六是加快土地流转,采取一次性流转和长期租赁形式,由业主进行综合开发建设,为生态旅游服务,全年流转土地100.67公顷(1510亩)。

【招商引资】 2013年,加大招商引资力度,引进陕西翰阳集团投资开发建设清溪沟茶文化观光园项目,计划投资2.6亿元,完成一期工程建设。幸福村生态养殖场、花卉苗木基地项目入驻及快速推进;稳步推进2个煤矿的技改扩能,投入3800万元,设计生产能力30万吨/年。

【城乡环境综合治理】 2013年,加强和巩固城乡环境综合治理,建立长效机制,提高群众的环境卫生意识,使人居环境得到很大的改善,环境整治上新台阶。新建川丰湿地工程,完善垃圾和污水处理设施建设,完成卫生厕所改造300个。以“户定点、组分类、村收集、乡转运”的方式规范生活垃圾无害化处理,利用新村建设、危房改造等资金完成农房风貌改造250户,农户卫生庭院80%标准,基本形成农村“庭院美化、村容整洁、生态良好、环境优美”新气象。幸福村、柑子村、木映村、川丰村4个村通过检查验收,被省文明委评为“环境优美示范村”。

【社会事业】 一是计生工作,征收社会抚养费70万元,独生子女父母奖励金兑现率100%,打造木映村、幸福村2个计生和谐新村,评选出优秀家庭户60户。二是文化体育卫生事业,以“开明开放、创先争优、崇尚文明”的时代精神,开展精神文明创建活动。举办第五届安全杯运动会、老协庆“七一”、廉政文化进村社文艺表演等活动,加强省级示范综合文化站建设,建成4个村体育场所。推进新型农村合作医疗,完成新型合管资金的收缴和医疗费用报销。三是教育事业,修建教师职工宿舍及食堂,建立完善教育激励机制,实施教育发展“十二五”规划。加强对教师队伍管理、校园周边环境整治及尊师重教氛围的营造,清理解决全乡代课教师的补偿和社保问题。全乡入学率小学100%、初中98.5%。四是民政扶贫、劳动就业、惠民政策、民生工程全面落实,争取到住建、民政、扶贫、残联、国土、水利、电力等相关政策,完成山地灾害移民搬迁、优抚建房、C级危房改造107户,完成“五小水利”工程建设、农网升级改造的内容。加强农民工的技能培训和信息服务,全乡劳务输出2000多人,为359名城镇居民及外出务工人员购城镇医疗保险,农村新型养老保险完成50%以上。对城镇低保和农村低保进行再清理和调整,及时兑付各种补贴,发放医疗救助7.8万元、救济救灾资金12万元,集中五保供养13人,发放高龄老人补助9600元。开展果树、茶叶、养殖等技术培训12期、农民工技能培训310人。解决贫困人口温饱并实现脱贫致富208人。

【综治维稳】 一是加强新一轮平安创建,推进两省边际协作,规范人民调解制度、综治维稳中心建设,强化三大网络建设,开展矛盾纠纷排查,抓好平安细胞创建。重点解决清溪沟和项目建设土地流转、川丰新区建设、涉法信访突出问题,妥善处理林权改革、土地经营权证换发后的纠纷,及时依法合理处置群众实际问题,创建平安家庭1660户。二是开展依法治乡、法治政府建设。认真开展学法和普法,深化“无非正常信访乡”创建;加强便民服务中心建设,依法高效、为民服务,全年为群众办理1850件,接待群众来访和咨询2000多人次。三是强化安全监管,层层落实责任制,坚持每月15日按时召开安全例会,加大煤矿、非煤矿山、道路交通、食品安全、烟花爆竹等重点领域、重点企业、重点部位的监管，严厉打击无证开采，加强山地灾害防治，全年无重特大事故发生。

【对外宣传】2013年，完善对外宣传用稿奖励制度，提高奖励标准，激发机关干部对外宣传工作的热情。全年报送各类外宣信息200多条，其中绿色煤都用稿16条、市委信息用稿4条、政务信息12条、图片新闻25条，纪检监察网用稿5条，网络信息42条，筠连新闻25条，市级媒体采用18条，省级媒体采用8条。

（黄 勇）

龙镇乡

【概况】龙镇乡位于县境西南边缘，乡政府驻地龙塘沟，地处北纬27° 59′，东经104° 24′，距县城33公里。海拔800–1620米，幅员66.98平方公里，辖8个村60个村民小组。2013年，耕地679.27公顷(10189亩)，与上年(下同)持平，森林1991.53公顷(74873亩)，森林覆盖率76.11%；年末公安户籍总户数2441户、9209人，其中男性4976人、女性4233人，非农业人口146人，全年出生132人、死亡58人。

2013年，全乡地区生产总值7955万元，增加35.94%，其中第一产业3804万元、第二产业2349万元(含建筑业721万元)、第三产业1802万元；工业增加值实现1250万元。全乡公路通车里程123公里，其中乡道公路8公里、村道115公里，通车村8个、组60个。全乡财政一般预算总收入835.8万元，财政一般预算总支出835.8万元。农民人均收入实现8902元，增加1092元。

【工业经济】2013年，全乡工业企业总产值5372万元，有规模以上煤厂1个、年产煤25万吨，茶厂2个、产绿茶220吨、苦丁茶6.5吨，木材加工厂1个，酒厂7个、年产白酒600吨，水电站(厂)2个、发电量200万千瓦时，蕨粉厂1个。

【农业和农村经济】龙镇是典型的农业乡，境内农作物有水稻、玉米、红薯、土豆等，经济以茶、烟、林、畜、白酒为主要支柱产业。粮食总产量5147吨，增产245吨；油菜籽50吨，增产3吨；水果620吨，增产30吨；茶叶种植145.45公顷(2182亩)，产绿茶310吨、苦丁茶7.6吨；肉类产量1321吨，增产30吨。烤烟种植153.33公顷(2300亩)，收购烤烟259吨(5180担)，总产值362.6万元。加大水果管理力度，新增种植干果200公顷(3000亩)，覆盖龙塘、卜好村10%，梨11.2公顷(168亩)产量420吨，桃4公顷(60亩)产量5吨。以建设林业大乡和生态强乡及林下种植为目标，加大退耕还林地的管护力度，狠抓森林资源的保护与培育。以杉松为主，有桢楠、猴树、白果、白香等珍稀树种，森林1991.53公顷(74873亩)，森林覆盖率76.11%。全年生产蕨粉14吨，还有薇菜等天然绿色食品，深受广大消费者喜爱，畅销省内外。

【新农村建设】2013年，投资100万元，在金狮村二组、三组进行新农村建设、村容村貌改善，金狮村三组新建楼房7幢。投资6万元，新修金狮村便民路4000米；投资4万元，新修车坪村便民路2600米。“一事一议”项目建设，新建公路：兴胜村二组1.2公里、联合村二、九组1.5公里，均采用路面铺片石碎石，提通排水沟，保持路宽4.5米，特殊路段不得低于4米；维修、整治公路：龙塘村九、十组3.9公里，金狮村七组公路3公里，卜好村三组公路1.5公里，白果村三组2公里，后溪村二、五组2公里；新建便民路：白果村四、五组3公里，车坪村四、五组3公里，保持路宽80厘米、厚6厘米。

【招商引资】2013年，引进四川富瑞德能源开发有限公司资金5000万元，到位资金4600万元；引进宜宾景立园林绿化工程有限公司，计划投资1000万元，建设新型农庄。

【基础设施建设】一是王家沟水库移民安置点建设，总投资500万元，占地3.92公顷(58.81亩)；已签订搬迁协议121户，搬迁114户；完成永久征地141.6公顷(2124亩)、临时征地48.2公顷(723亩)，确保工程建设稳步推进。二是推进“四个一万”工程(10000担烤烟、10000头黄牛、10000亩干果、10000亩方竹)，实现烤烟收购259吨(5180担)、黄牛养殖5000头、核桃栽植333.33公顷(5000亩)、方竹栽植1333.33公顷(20000亩)，为产业富民奠定基础。三是道路建设，龙镇—蒿坝、龙镇—孔雀的乡道公路安全施工，“一事一议”项目资金建设通村公路，提升各村村道状况。

【社会事业】一是教育文化，全乡中小学在校学生1262人，其中小学967人、初中295人，幼儿园161人，学龄儿童入学率100%；有学校图书室1个，公共图书室1个，文化服务中心1个；完成初升高23人，其中升入筠中23人。二是医疗卫生，新农合参合率95%，筹集基金501540元，统筹报销554734.7元；门诊16940人次报销96828.8元，住院182人次报销413564.1元。三是民政工作，有农村低保386人、城市低保69人，发放低保金63010元；发放义务优待金35200元、抚恤金44097元；全乡90岁以上的老人18人，每季度发放高龄补贴4600元。四是扶贫工作，实施市级、县级C级危房改造20户、失火户建房1户。五是新型农村社会养老保险和城镇居民社会养老保险，参保 2160 人，其中新型农村参保 2157 人，城镇居民参保 3 人，符合享受条件 1180 人。六是成功创建市级卫生乡镇。

【矛盾纠纷化解】 2013 年，乡司法所采取定期或不定期方式，到村组排查、调处矛盾纠纷 10 次，排查纠纷 5 件、防止群体性上访 1 件全年无 1 起上访事件，成功创建“无非正常信访乡镇”。

【王家沟水库建设】 王家沟水库是全市开建的第五座中型水库，最大坝高 51.5 米，总库容 1280 万立方米，有效库容 1186 万立方米，正常蓄水位 992.5 万立方米，集雨 23.7 平方公里，设计灌面 0.81 万公顷（12.20 万亩），施工总工期 40 个月。可供筠连镇、双腾镇等 7 个乡镇 72 个村 11.11 万人的生产生活用水。整个工程用地 142.17 公顷（2132.55 亩），其中征收土地 107.13 公顷（1607 亩）、征用土地 35.04 公顷（525.55 亩），涉及 351 户。房屋搬迁 114 户人口 533 人。

建设进展：完成新征库周公路至淹没线土地 10.75 公顷（161.22 亩）、安置点土地 3.92 公顷（58.81 亩）、库周公路土地 10.49 公顷（157.41 亩）、新增料场 10.75 公顷（161.22 亩），赔付资金 3679.86 万元。

【旅游开发】 结合王家沟水库建设，坚持景区打造与新农村建设、旅游产业与重点项目发展相结合，推进龙镇乡生态旅游发展，打造“生态养生游＋农业观光游”旅游产业，提升龙镇乡知名度和美誉度。成功引进宜宾景立园林绿化工程有限公司，计划投资 1000 万元，围绕农庄活动场所，依托农业文化景观、农业生态环境、农事活动，向游客提供自在、自然、幽静、野趣、新奇的新型游乐空间，形成原生态农业旅游、休闲、娱乐、农事体验、慢病疗养、产后康复等的新型农庄。

（高小力）

孔雀乡

【概况】 孔雀乡位于川滇交界地，县境西南部边缘，乡政府驻孔雀场，处北纬 28° 00′，东经 104° 22′，距县城 34 公里，幅员 54.19 平方公里。东邻龙镇乡，南与云南盐津县庙坝乡接壤，西与云南盐津县盐井镇交接，北连塘坝乡，辖 11 村 57 个村民小组。2013 年年末，公安户籍总户数 2150 户、8055 人，其中男性 4384 人、女性 3671 人，非农业人口 145 人，全年出生 50 人，死亡 58 人。

2013 年，孔雀乡进一步确定“1234”（“1”：坚持围绕安全工作核心，“2”：突出基础设施建设、产业结构调整重点，“3”：夯实道路通达工程、水利惠民工程、场镇形象提升工程，“4”：实现特色产业、社会民生、行政效能、农民增收突破）发展思路，明确“建成强乡、同步小康”的奋斗目标，立足“加快建成生态立乡、产业兴乡、富民强乡”的发展定位，着力实施“五大”（安全生产、基础工程、社会事业、社会民生、环境兴乡）战略举措，优化发展格局。全乡地区生产总值实现 16179 万元，较上年（下同）增加 271 万元，其中第一产业 4582 万元、第二产业 9949 万元（含建筑业 543 万元）、第三产业 1649 万元，由于煤矿政策性停产，销售收入完成 22529 万元，技改投资 4800 万元，农民人均纯收入 8509 元，增加 978 元。地方财政预算总收入 493 万元。

【工业经济】 2013 年，执行县政府《关于印发加强煤矿安全监管系列制度的通知》，组织监管人员开展夜查、突击检查、日常检查，督促煤矿加强现场安全管理、隐患排查治理、严格落实矿级领导下井带班制度、井下交接班制度，狠抓班组建设，全面落实《矿长保护矿工生命安全七条规定》，提高监管效果，确保煤矿安全。

【农业和农村经济】 2013 年，巩固加强农业基础地位，突出优化农村产业结构，优化农业区域布局，大力发展优质粮食、烟叶、特色产品等。全乡农作物种植 978.667 公顷（14680 亩），粮食 4010 吨，其中大春 685.67 公顷（10285 亩）、产量 3366 吨，小春 293 公顷（4395 亩）、产量 644 吨。黄牛出栏 1992 头、存栏 3758 头，猪出栏 5985 头、其中自宰 4125 头。新建成养牛场 2 个 1500 平方米，容纳黄牛 150 头。完成扶贫解困 100 人。

【基础设施建设】 2013 年，争取县上通乡、通村水泥路建设指标，鹿井小学至寒婆岭的通乡水泥路建设于年底启动；建成场镇至鹿井 4 公里、上年度孔凤公路 10 公里水泥路，通过县级验收；启动黄泥村 6.8 公里通村水泥路建设。解决农村义务教育若干问题中 20 公里的畅通工程和场镇至鹿井、场镇至凉风坳、孔凤公路 3 条主要公路波型防护栏建设纳入县计划。利用“一事一议”资金，完成凤排、黄泥、帅家、龙泉、龙川等村 19.8 公里的村道公路整治。

【新农村建设】 一是后街改造，按照规划风格对后街改造工程施工，老街子工程涉及 90 户，其中新建 43 户、改建 47 户，全面完成主体工程。完成硬化街道路面 4000 平方米、敷设排污管 0.95 公里，安装供水主管 1.1 公里、路灯 34 个盏，改造电网 1 公里，治理河堤 1.6 公里。二是坨田聚居点建设，新建成房屋主体工程 60 户，有 42 户进入内部装修，春节前入住；硬化路面 3850 平方米，河堤整治 1.19 公里；投入 63.5 万元，于 7 月启动，基本完成污水处理工程土建。

【民生工程】 2013 年，发放粮食直补、农资综合补贴

100余万元。发放城镇居民低保金7户33人16.76万元、农村困难群众低保金151户363人51.94万元、重点优扶对象补助25户15.7万元、重点扶持对象3户1.62万元、重点优扶对象建房1户补助1万元、救灾救济款185人次13余万元,医疗救助81人次17.56万元。"量体裁衣"式个性化服务305人,"温暖进万家工程"35人补助3500元,残疾人发展生产扶持20人补助1.2万元,入学助学补助9人900元,阳光家园计划3人资助1800元,法律咨询服务50人,创建村规范化示范组织1个,为精神病残疾人提供关爱服务2人。

【社会事业】 一是教育科技,全乡有教学点10个,教学班42个,学生1017人。投资160万元,全面完工中心校教学楼工程,通过县级综合验收;投资200万元的寄宿生食宿楼及投资130万元的教师周转房完成主体工程,风排学校建设主体封顶;全面完成教师周转房、食堂建设的征地。完成农村民办老师、代课老师209名从教年限(共929年)的清理工作,通过县级审查。全面落实营养餐改善计划,为1017名学生免费提供牛奶、面包。二是医疗卫生。推进农村基本医疗制度改革,加强农村医疗机构建设,卫生院建设有序推进。全年新农合参合7620人,参合率97.83%,提高1.53个百分点,收缴45.72万元;门诊16195人次、补偿诊疗费用80510.4元,个人账户补偿508870.8元,县外住院73人次补偿305132.6元,慢病补助5人次补助5399.4元,定额补助5人次补助1500元,群众看病共报销901413.2元,群众看病难问题进一步缓解。三是计生工作,符合政策生育84.4%,独生子女奖励金兑现率100%。征收社会抚养费114.36万元。组织孕前优生检查,完成孕前优生检查25对,开展健康咨询服务11户。

(宋 洋)

乐 义 乡

【概况】 乐义乡位于县境东南部,地处北纬28° 2′ 55″ –28° 9′ 20″,东经104° 43′ 21″ –104° 46′ 48″,乡政府驻地乐义场,经沐爱至县城47公里、经腾达至县城44公里、经珙县中山至县城40公里。东邻珙县上罗镇,南邻高坎乡,北接维新镇,西壤珙县中山乡。资源主要有煤、铁矿、页岩气、石灰石,是洛表采煤区、乐义采煤区和新维采煤区的结合部;有风景独特的笔架山峰群、僰人悬棺遗址等旅游资源。海拔400–1156.6米,五子顶1156.6米,幅员44.40平方公里,辖中坝、黄金、白云、花园、沙地、河坝、陶坪、保圣8个村62个村民小组。2013年,耕地698.93公顷(10484亩),与上年(下同)基本持平,森林覆盖率28%;年末,公安户籍总户数3576户、14357人,其中男性7675人、女性6682人,非农业人口873人,全年出生127人、死亡25人。

2013年,全乡地区生产总值32066万元,减少2069万元,其中第一产业6023万元、增加900万元,第二产业23113万元(含建筑业679万元)、减少3420万元,第三产业2930万元、增加449万元。公路通车里程148公里,通车村8个。农民人均纯收入9172元,增加920元。

【工业经济】 2013年,有工业企业7家,其中国营企业1家(船景煤矿),私营企业6家(即金源、免子湾、白云3家煤矿,石笋沟、石龙湾、油炸岩3个采石场)。

【农业和农村经济】 2013年,全乡粮食播种989.6公顷(14844亩),粮食产量6040吨;生猪出栏3585头、存栏6762头,黄牛出栏98头、存栏1034头。保圣村、白云村按照百村工程要求,抓好基层组织建设,以发展烤烟、香桂为主导产业。白云村香桂种植已初见成效,芳香油基地发展壮大;保圣村栽植核桃200公顷(3000亩),烤烟种植20公顷(300亩)、收购烤烟34.2吨(684担),发展青蒿33.33公顷(500亩)。

【招商引资】 2013年,着力培育煤炭采掘和非煤矿山,金泉、免子湾、白云3个煤矿和3个非煤矿山投产,引进资金44213万元,新包装推出招商引资项目2个。

【重点项目建设】 一是船景煤矿建设,主平硐、风井、排矸井、付斜井、人行斜井顺利,年度掘进7344.6米,累计掘进40218.9米,井下系统基本形成。完工办公楼主体工程、瓦斯发电厂冷却水池、瓦斯抽采泵房及配电室、瓦斯发电厂循环水池及泵房、东风井引风洞及风机大棚,全面竣工矿灯房联合建筑、35千伏变电站、1–3#员工宿舍、救护队大楼、综合服务楼及1#、2#桥。石船子安置点44户征地拆迁户的安置房主体完工,已搬入农户13户,安置点人畜饮水、断头路、屋外墙瓷砖美化等工作有序推进。二是有序推进维新至乐义梅家坳隧道、110千伏变电站、页岩气勘探等工作。

【财政税收】 2013年,财政总收入实现417.50万元,实现财政收支平衡。其中一般公共服务支出199.24万元,社会保障就业支出57.26万元,医疗卫生支出5.35万元,农林水事务支出134.37万元,住房保障支出3.88万元,文化与体育传媒支出3.08万元,资源勘探电力信息等事务支出9.69万元,其他支出4.63万元。

【新农村建设】 2013年,完成沼气池建设50口,改炉改灶、人畜饮水工程有序推进。中坝、黄金、花园、沙地、河坝、陶坪各村通过详细调查,由村民大会讨论制定新农村建设规划。沙地村集中安置点建设、白云村群众文化活动场地建设已初具规模。

【基础设施建设】完成陶坪村道5公里硬化，新修黄金村五、六组组道公路。通过“一事一议”资金补助，维修整治各村公路和塘、库、渠、堰。完成场镇农贸市场设计，竣工沙地村山地灾害避难场所建设，启动乡兽医站新建。

【社会事业】一是教育事业，全面推行素质教育，巩固“两基”教育成果，组织全乡学生、家长开展“增强家校联系，强化安全意识，关爱孩子成长”主题讨论活动，关心关爱孩子学习、成长过程。义务教育“五大工程”全面铺开，部分学校学生食堂、教师住宿房屋前期工作顺利推进。二是卫生事业，新农合参合率98%，组织开展食品、药品安全宣传活动4次，无偿献血40人。启动乡卫生院住院部扩建。三是文体广电事业，实施广播电视“村村通”，加大有线电视网络双向传输改造力度，支持乡内各文化团体队伍建设，电信光纤宽带投入使用、移动宽带完成前期安装。三是社会保障，全面落实计生工作责任制，加强流动人口管理及计生队伍建设，共征收社抚费60万元，符合政策生育率84.18%。全年扶贫解困105人。乡敬老院有床位64张，符合条件入住老人20位。新型农村养老保险参保4419人，城乡医疗救助、民政救济按要求落实，弱势群体得到照顾。四是民生工程，全面落实退耕还林、粮食直补、政策性农业保险。五是社会环境治理，健全矛盾纠纷排查调处机制，梳理辖区内矛盾纠纷，采取副科级以上领导包案，努力从源头上化解社会矛盾，一些影响发展的矛盾纠纷得到化解。开展“六五”普法，完善“四级调解网络”建设，构建“大调解、大防控、大稳定”格局，积极调解梅家坳隧道建设、110千伏变电站、中石油公司页岩气钻探过程中的矛盾纠纷，确保全乡社会政治稳定。

【地灾避险搬迁】2013年，针对沙地村危岩避险搬迁对象产生时间长、搬迁难度大的现状，采用“政府引导、农户自建”统规自建方式，帮助搬迁点规划设计，群众自行协调土地、自行筹资，按设计要求统一建房，引导农户进行地质灾害避险搬迁。至年末，搬迁户132户中有120余户开工建房，大部分房屋主体工程完工。积极协调县级部门安装集中建房点的杆、管、线，协助办理新建房宅基地手续，开展排污管网、用水、用电及街道硬化、绿化等设计，争取地质灾害避险搬迁户早日入住。

（聂 华）

高 坎 乡

【概况】高坎乡位于县境东部边缘，乡政府驻地高石坎，距县城57公里，地处北纬28° 00'，东经104° 46'。东与珙县洛表镇为界，南与大雪山镇、镇舟镇接壤，西与维新镇毗邻，北与乐义乡相交，海拔500-1196米，幅员32.36平方公里，辖8个村42个村民小组。2013年，耕地169.67公顷(2545亩)，与上年(下同)持平，森林覆盖率50.6%；年末，公安户籍总户数1684户、6727人，其中男性3661人、女性3066人，非农业人口165人，全年出生68人，死亡53人。

2013年，全乡地区生产总值实现17429万元，其中第一产业4442万元、第二产业10941万元(含建筑业389万元)、第三产业2046万元。全乡基本建设投资505.2万元，社会消费品零售总额2475万元，招商引资2400万元。地方财政一般预算总收入完成141.9万元，一般预算总支出142.9万元，农民人均纯收入8622元，增长931元。全乡公路通车里程92公里，其中县道7公里、村组道85公里，硬化2个村15.7公里，通车村8个、组42个。乡中心校辖村小4个，正式教师43人、教学临时工7人，在校初中生258人、小学536人，适龄儿童入学率100%。初中升高中20人，职高招生10人。乡文化站1个，农村书屋8个。有医疗卫生机构8个，其中乡卫生院1所、村卫生室7个，医疗卫生人员11人，其中在编人员4人。

【工业经济】2013，全乡工业增加值实现10551万元，规模以上销售收入25463万元，利润总额10606万元，完成规模以上技改投资1847万元，过关煤1.67万吨。坤宏煤矿巷道掘进1100米进入煤层，计划投资2000万元，完成投资2800万元；中村煤矿回风井及主巷道掘进960米，计划投资13200万元，完成投资4800万元，未投产。

【农业和农村经济】2013年，粮食总产量3487吨，茶叶产量66吨(1320担)；烤烟种植154公顷(2310亩)，收购烤烟101.4吨(2028担)，减产0.4%；造林188.4公顷(2826亩)。出栏肉猪0.9万头、小家禽8.9万羽、肉牛出栏0.179万头。劳务输出2160人，劳务收入465万元。通过“一卡通”发放粮食直补、农资补贴65万元。

【基础设施建设】2013年，完成凤凰村5.7公里及花山、顺利、红花3村10公里村道硬化，整治大地、五星、红花、顺河4个村村道20公里，新建五星、顺河、大地3村便民路20公里；全面完成红花村100立方米10口蓄水池。启动乡卫生院迁建工程。全面实施大地、顺河、花山、顺利4村农网改造，完成自供区并入大网及高坎变电站征地前期工作。建成占地1200平方米的场镇农贸市场投入使用。完成五星村实施“一抓一”新村建设50户，风貌整治、便民路4公里、体育健身工程场地硬化、农家服务中心、村卫生院建设。

【新农村建设】2013年，实施房屋改造3户251平方米，补助2.1万元，实施集居点风貌整治50户，补助80万元，修通高坎梯田观光主便道5000米，补助13万元。扶持花山、顺利村种植烤烟154公顷(2310亩)，产值750万元；红旗、顺河发展黄牛养殖大户5户。红花村互助资金15万元，运行正常。

【招商引资】2013年，引进项目2个，引资6800万元，到位7600万元，其中中村煤矿4800万元、坤宏煤矿2800万元，解决就业人员230人。

【社会事业】一是教育，落实“两免一补”政策。全面动工中心校及官田、红花、金沙小学学生食堂及教师周转房建设，投入225万元。二是卫生，全乡无偿献血43人，补偿门诊8335人次家庭账户下账9.3万元，补偿门诊统筹15423人次45.6万元，补偿县外住院80人次33.6万元，补偿乡卫生院住院8人次0.2万元，补偿慢性病4人0.6万元，补偿孕产妇新农合定额14人次0.4万元，补助孕产妇国家项目经费14人次0.7万元，三是民政，全乡五保户45人发放五保金18.9万元；低保317人(其中城镇18人)，发放低保金41万元；优抚人员16人发放优抚金29万元；高龄老年9人发放优待金0.71万元。补助优抚人员发展生产3户2.1万元，农村医疗救助85人次19万元，救灾救济110人次，发放救灾物资230件，资金15.5万元，贫困残疾人康复扶贫贷款贴息补助5户0.28万元，贫困残疾人生产救助20户1.2万元，危草房改造3户2.1万元。四是计生，符合政策生育率86.81%，鼓励扶助对象35人，兑现奖励3.36万元，兑现率100%；征收社会抚养费35元，计生人均财政投入15元。五是加强民兵预备役工作和应急队伍建设，完成征兵工作任务。六是文化阵地建设，竣工街村宣传文化中心，全乡8个村均修建村办公室、建立农家书屋。七是培训，组织人员参加市、县、乡各种实用技术培训1050人次。

【安全维稳】2013年，加强社会治安综合治理，全力维护社会和谐稳定。高度重视安全生产，严格落实“安全生产责任制”，全年安全指标控制为零。调解矛盾纠纷45起，调解率100%。

（杨 鸿）

团林苗族乡

【概况】团林苗族乡位于县境南部，地处北纬27°54′00″–27° 59′25″，东经104° 34′30″–104° 39′11″，东临大雪山镇，南接联合苗族乡、高坪苗族乡，西靠蒿坝镇、武德乡，北界沐爱镇、镇舟镇。全乡山高坡陡，群山环抱，形成三山两沟四坡的地形，海拔650–1560米。乡政府驻地庙坝，距县城55公里，幅员46.22平方公里，森林覆盖率65%，辖8个村45个村民小组。2013年年末，公安户籍总户数1769户、6615人，其中男性3629人、女性2986人，非农业人口67人；苗族2150人，彝族208人；全年出生26人、死亡86人。

2013年，全乡地区生产总值4682万元，其中第一产业3316万元，第二产业597万元(含建筑业208万元)，第三产业769万元。地方一般财政税收3.1万元，一般预算支出464万元；粮食总产量5010吨，农民人均纯收入8601元，比上年(下同)增加1083元。有学校6所，其中村小5所；正式教师38人，代课教师15人。中心校小学教学班6个，学生294人；初中教学班3个，学生145人；村小教学班19个，学生302人；有少数民族学生185人。中心校学生住宿楼主体工程建设完成，香樟小学新教学楼建成并投入使用。

【后沟水库建设】后沟水库坝址位于团林苗族乡新阳村，工程总投资3.16亿元，总库容997万立方米，是当前全国投资规模最大的烟草水源工程之一。通过公开招投标确定，枢纽工程：中标施工单位为四川省水利电力工程局，中标监理单位为四川眉山华能工程技术咨询设计有限公司；主干渠工程：中标施工单位为四川华远建设工程有限公司，中标监理单位为河南宏宇工程监理咨询有限公司；水库管理所：中标施工单位为筠连县鑫泰建筑工程有限公司，中标监理单位为四川省兴旺建设工程项目管理有限公司。枢纽工程、主干渠工程、水库管理所均开工建设。至年末，完成硬化观景台至八呷岩公路9.7公里、拓宽团林政府到后沟水库公路3公里、新建后沟水库到料场公路2公里，征收耕地47.87公顷（718亩）、林地10.4公顷(156亩)，完成投资8000万元。

【后沟水库安置点建设】按照彝族民居风格，打造后沟水库安置点——宜南彝寨新村。全面完成投入使用宜南广场、停车场、饮水工程、景观水沟、排水工程和污水处理工程，新建39户、改建6户；完成投资1680万元，征地4.69公顷(70.4亩)，兑付征地补偿款258万元。

【新农村建设】投资100万元，推进杉新村整村新农村建设，发展成片良繁茶69.33公顷(1040亩)，完成房屋“三建三改”60户、茶叶产区便民路12公里。投资438万元，完成266户苗家民居风貌整治改造。投资36.8万元，实施18公里公路两旁绿化。修建乡政府到团林中心校公路800米，村道水泥路硬化16.8公里。

【农业和农村经济】围绕转变经济发展方式主线，立足团林独有生态环境优势，大力发展特色经济、绿色经济、生态经济，实现经济建设与生态环境建设的协调推进。重点发展竹类、茶叶、烤烟特色种植业，新发展大竹200公顷（3000亩）、楠竹66.67公顷（1000亩）、茶叶68.27公顷（1024亩）、烤烟136公顷（2040亩），实现总收入2000万元。重点打造山地乌骨鸡、野生兔、生态冷水鱼特色养殖品种，有特色养殖户42户，乌骨鸡存栏20万只、出栏32万只，生猪存栏7268头、出栏12014头，黄牛存栏3416头、出栏2107头，实现总收入1900万元。

【社会事业】 全面实施新型农村养老保险和新型农村医疗合作，新农保参保率96%、新农合参合率98%，无偿献血42人。为258人提供医疗救助，帮助168人脱贫致富、12名残疾人实现居家托养、10名农村残疾人发展生产，3名城镇残疾人实现就业。投资60万元，完成C级危房改造60户，其中少数民族48户。投入少数民族扶贫资金6万元，完成少数民族贫困户房屋改造8户。

【科技助农】 2013年，开展农村实用技术培训4期，培训600人次，重点培训乌骨鸡养殖、黄牛养殖、烤烟生产、茶叶生产加工、蘑芋生产等，协助20名农民工实现回乡创业，帮助248名农民工实现再就业。

【招商引资】 加大招商引资宣传力度，改善招商引资环境，积极发动乡、村干部内引外联，鼓励外出务工青年回乡创业。全年招商引资到位资金2500万元，与宜宾慧宇酒业有限责任公司草签3亿元的旅游开发协议。

【民族文化发展】 深入挖掘少数民族传统特色，充分发挥少数民族独特优势，以“民族大团结大发展”为主题，把文化繁荣与旅游发展紧密结合，创新文化发展方式，在玉壶广场开展庆祝十八届三中全会文艺汇演活动。在宜南彝寨新村广场手工绘制大型彝族历史文化巨画（长42米、高4米，由高原之子、六祖分支、会盟诸葛、爨瓒北进、落罗棋布、编张抗明、祸起改土、孤岛居民、换装祭祖、团结兴乡、民族自治、锦绣前程12部分组成），生动描绘从彝族始祖到当今小康生活的历史。聘请知名人士撰写《神秀苗乡赋》，制作神秀苗乡宣传画册和光碟，举办苗族花山节、彝族火把节、民族风情节，初步形成“一歌一碟一画册两馆三节”的旅游文化宣传特色，团林苗族、彝族历史文化遗产得到传承和发展。初步挖掘自然奇观“追呼泉”、太平天国历史遗址“燕子洞”、吞云吐雾“落水洞”等旅游主题元素等，促进团林旅游文化产业发展。

（郭 宇）

联合苗族乡

【概况】 联合苗族乡位于县境东南边缘，地处北纬28°03′-28°06′，东经104°32′-104°36′，东邻大雪山镇，南接云南省彝良县，西邻高坪苗族乡，北与团林苗族乡接壤，幅员38.91平方公里。乡政府驻地滥坝，距县城58公里，辖8个行政村35个农业组，其中花树村3个组、甜竹村5个组、联新村3个组、革新村5个组、光明村6个组、茶园村6个组、红竹村4个组、红春村3个组。2013年，耕地743.4公顷（11151亩），与上年（下同）持平，森林覆盖率33%；年末公安户籍总户数2204户、8450人，其中男性4625人、女性3825人，非农业人口110人；全年出生25人、死亡93人。全乡苗族3412人，占总人口的40.38%；有黎族3人、白族1人（属2012年婚嫁从云南迁入）。

2013年，全乡地区生产总值实现5880万元，其中第一产业4438万元、第二产业666万元（含建筑业216万元）、第三产业766万元。财政预算收入380万元；农民人均纯收入8752元，增加1069元。

【工业经济】 乡内工业主要是发电工业，有5座电厂，分别是革新电厂，装机容量160千瓦，年发电量48万千瓦时；龙大坝电厂，装机容量100千瓦，年发电量32万千瓦时；山谷地电厂，装机容量250千瓦，年发电量90万千瓦时；阴山岩电厂，装机容量175千瓦，年发电量55万千瓦时；高涧槽电厂，装机容量200千瓦，年发电量80万千瓦时。

【农业和农村经济】 2013年，全乡粮食播种1320公顷（19800亩），总产量5993吨，人均占有709公斤，增加30公斤。一是烤烟生产，移栽337.33公顷（5060亩），举办生产动员、技术指导培训会2期1700人次，烤烟轮作400公顷（6000亩），提埂上厢、地膜覆盖200公顷（3000亩），病虫害统防4次200公顷（3000亩），统防率60%；百分之百打顶抑芽。新修建26座密集式烤房并投入使用，收购烟叶659780公斤，其中上中等烟633389公斤，占总产量的96%；产值2149.97万元（含农特税、肥料、不适用烟叶等补助），均价28元/公斤；种烟人均收入8860元，增加637元；种烟户均5.6万元，增加0.4万元。二是养殖业，以格莼坝生态兔养殖基地为龙头，壮大发展养殖业，建成养兔场3处7000余平方米，可年出栏肉兔10万只，成为宜宾最大的养兔基地，成功申报四川省无公害兔，正申报国家级无公害兔，是宜宾市内唯一注册商标的肉兔。格莼坝生态猪以优质瘦肉型猪为母本，在饲料中加入板蓝根、野菊、白头翁、金银花、黄芪、青蒿、何首乌、杜仲、五味子、甘草等100余味中药材，通过统一饲喂、统一防疫、统一管理、统一出栏，经宰杀后放在特制的中药材汤中腌制3-5天，经晾干后烘烤，制成腊制品销售，肉质优良，产品供不应求。全年，黄牛出栏2055头，生猪出栏5221头，肉兔出栏5万余只。

【基础设施建设】 2013年，投资1500余万元，硬化革新、光明、红春、红竹4村水泥路27公里，维修茶园、甜竹、红春3村泥碎路11公里，新建革新、茶园、红春村便民路34公里。在甜竹、花树2村，新建维修饮水和灌溉沟渠15公里，缓解居民的饮水与灌溉难题。投资1000余万元，启动红春、光明、花树、茶园、红竹5个村农村电网升级改造。投资6万元,完成8户少数民族危草房改建;投资5万元,修建甜竹村道公路2公里;投资10万元,修建红春村出川公路2.5公里。

【新农村建设】 2013年,建成沼气池50口,完成改厕150户。成立农业专业合作社4个;完成危草房改造15户,其中扶贫项目7户、少数民族危房改造8户。

【招商引资】 2013年,完成招商引资1850万元。协定项目雷竹苗圃基地、竹笋加工厂2个,协议资金1600万元,到位资金200余万元。

【社会事业】 一是教育,全乡有学校5所,其中九年一贯制学校1所、村级小学4所;有初中班6个、学生316人,小学29个班、学生959人。初中教师18人,其中中级以上职称4人;小学正式教职工26人,其中中级职称8人。投入200余万元,建成少数民族地区教师周转房1幢投入使用。二是卫生,乡医院1所、卫生室8所,人员14人;0–7岁儿童,预防接种1560人次;建立健康档案7210人,完成基本卫生服务均等化指标,继续实行药品零差价销售;完成茶园村卫生站建设。加强农村新型合作医疗,新农合参合7813人,参合率97%,医疗保险兑现率100%。三是社会保障,对全乡五保户47户、优抚对象20人、特困户171户给予救济扶助,兑付火灾救助4户8000元,兑付医疗救助27户95611元,兑付临时救济189户64300元,发放农村低保282568元、五保养老金19740元,农村困难群众生活基本实现"应保尽保";发放优抚、定补、优待金等121324元,新农保参保2370人,参保金241800元。加大残疾人发展生产、就业等帮扶力度,帮扶资金20万元,完成23人残疾证换证(办理二代证)。四是粮食综合直补,及时足额兑现到农户手中,直补率100%。五是计生工作,有已婚育龄妇女1678人,符合政策生育率84.25%。

【竹基地建设】 2013年,按照打造2000公顷(3万亩)竹基地的目标,在巩固红竹、红春、光明村罗汉竹的基础上,新栽方竹266.67公顷(4000余亩),在甜竹、革新村规模化种植方竹200公顷(3000余亩)、苦竹66.67公顷(1000余亩),在花树村栽种雷竹20公顷(300亩)。全乡竹林面积1600公顷(24000亩)。

【整村推进与革命老区公路建设】 一是整村推进项目,年末基本完成。涉及革新村,5个村民组农户292户1444人,其中贫困户85户235人。建设内容有公共基础设施、种养产业发展、风貌环境整治、社会公益事业投入、配套建设5类。总投资839.5万元,其中省级财政扶贫资金100万元,县级配套项目管理费和培训费6万元,整合涉农资金293万元,项目区农户投工投劳及自筹440.5万元。二是彩票公益金支持革命老区扶贫项目,覆盖革新、光明、红春、红竹4个村18个组、农户1032户、5224人,其中贫困人口1010人。建设内容有公共基础设施、环境与公共服务、种养产业发展、风貌环境整治、社会公益事业投入、配套建设6类。总投资4847万元,其中彩票公益金462万元,县级配套747.87万元,整合涉农资金和项目区农户投工投劳及自筹3637.13万元。其中公路建设27.1公里于2012年10月开工,于2013年年底完工投入使用,其他建设有序推进。

【安全生产】 2013年,继续巩固乡、村、组、巡山人员、土地承包责任人"五道防线"综合治理私挖滥采,突出地质灾害、道路交通、非煤矿山等安全监管,以"三铁"(铁的手腕、铁的纪律、铁的决心)治理安全,落实"一岗双责"、逗硬考核奖惩,督办各级干部履职尽责。开展私挖滥采治理巡查,投资45余万元,砌(挖)封洞井27个、加固或重封洞井50个。开展道路交通安全查纠行动20次,教育500余人次,治理整改道路隐患10余处。

(江坤蓝)

高坪苗族乡

【概况】 高坪苗族乡位于县境最南端,乡政府驻地落木祥,地处北纬27° 52',东经104° 34',平均海拔1100米,距县城71公里。北界团林苗族乡,南临云南彝良县洛旺苗族乡,东接联合苗族乡,西毗云南彝良县柳溪苗族乡,地处5个苗族乡交通中枢,是川滇结合部苗族经济文化中心和农副产品重要集散地。已探明的可开采煤炭储量近1亿吨,石灰石储量逾1亿吨。乡域东西极距8.97公里,南北极距9.10公里,幅员32.78平方公里,辖5个村34个村民小组。2013年年末,公安户籍总户数2027户、7426人,其中男性4023人、女性3403人,非农业人口194人,全年出生85人、死亡37人。有苗、彝、汉各族同胞居住,其中苗族2358人、彝族96人。

2013年,以全省烤烟现场会为契机,实施民生工程,推进全乡新农村建设、风貌整治、基础设施建设、产业结构调整等工作,着力解决群众亟需解决的实际问题。全乡地区生产总值27340万元,比与上年(下同)增长0.40%,其中第一产业4242万元、第二产业21550万元(含建筑业412万元)、第三产业1549万元;招商引资完成8000万元;农民人均收入实现8510元,增加984元;社会消费品零售总额实现1768万元。

【工业经济】 有规模以上企业2家,烤烟产业园区1个。积极引导煤炭企业采用新技术、新工艺、新方法,开展煤矿技改扩容工程。槐树煤矿年产能由9万吨技改为15万吨,于年初通过省市验收;黄金岩煤矿年产能由3万吨技改为9万吨,通过省市验收,2个煤矿均正式投产运营,技改投资5503万元。全乡工业增加值实现26981万元,增加7.6%,规模以上企业销售收入实现65738万元,利润总额实现5823万元,煤矿安全责任事故为零。

【农业和农村经济】2013年，全乡农业增加值实现4242万元，农民人均纯收入8510元，增加984元。一是烤烟产业：烤烟是高坪农村重要经济支柱之一，种植烤烟4个村172户377.33公顷（5600亩），收购633.9吨（12678担），总产值1435.82万元，获县政府政策性补贴补助465.88万元、返还烤烟农特产税款186万元，种植烤烟户均收入12.14万元，人均收入2392元。二是畜牧业：以养殖黄牛、猪、羊、鸡为主，总产值实现5805.45万羽，生猪出栏3980头、产值746.25万元，家禽出栏1.99万只，产值159.2万元，黄牛存栏6100头、出栏1560头、产值4900万元。三是现代农业：着力产业结构调整，积极探索专合组织发展，实行土地有偿流转科学化、规范化、规模化，创新"自我组织、自我服务、自我管理、自担风险、自我收益"自我管理模式，引进科技产业（高粱等）示范种植并试产成功；综合开发林下资源，发展竹荪、核桃、蕨菜、徽菜、蓝莓种植，优化产业结构调整，以市场需求确定生产规模，促进农民增产增收。

【招商引资】2013年，加大招商引资力度，实施全民招商、全方位招商，完善招商引资考核奖励办法。创新招商引资方式，拓宽招商引资渠道，强化招商引资全程服务。全年招商引资8000万元。引进资金6600万元，建成6.67公顷（100亩）高坪乡烟草产业园区，于7月竣工投产；与三江汇有限公司签订高山特色蔬菜种植合作协议，实行订单式销售，种植133.33公顷（2000亩），价值555.8万元。

【美丽乡村建设】2013年，实施4个美丽乡村建设，完成一项主导产业产值超400万元村或两项主导产业产值超100万元村4个，经济总收入超1000万元村4个。重点进行民族聚居点建设、美丽乡村建设，苗乡文化广场建设进入硬化施工；启动新村、场镇亮化工程、农村义务教育中心校学生住宿楼和食堂建设。

【基础设施建设】"一事一议"项目，投资60万元（其中农民投劳折资30万元），建成英雄村便民路20公里；投资70万元（其中农民投劳折资35万元），修建麻园村公路2公里；利用省民委专项资金30万元，完成槐树村便民路3.6公里硬化；投资25万元，于6月建成高坪苗族乡寨门。投资6000万元，建成6.67公顷（100亩）高坪苗族乡现代烟草农业综合配套示范园，完成田型整治120公顷（1800亩）。投资300万元，打造公路沿线600户农房实施风貌整治外部装饰，通过县级验收。投资90余万元，完成C级危房改造119户，D级危房改造40户；协调农村电网升级改造，完成乐义至高坪110千伏高压输电线建设工程选址、高坪苗族乡35千伏变电站征地平场建设。建成沼气池50口。抓好东风村人畜饮水工程、英雄村防洪排洪隧道工程等，完成麻园村、槐树村2个大型消水洞工程建设及竣工验收。

【社会事业】一是计生工作，征收社会抚养费51.78万元，避孕节育手术落实率90%以上。二是社会保障事业，新农合医疗、城镇居民基本医疗实现全覆盖。新农合缴费6456人、照顾对象人数325人，参合金额387360元，参合率95%；无偿献血40人次；9月，开展新型农村社会养老保险，有1720余人参保，60岁以上人员全部享受55元/月的基本养老金；进一步完善农村最低生活保障和困难户社会救助体系，共发放各类民政资金20余万元。三是落实"两免一补""义务教育经费保障机制"政策，监督各学校营养蛋奶计划全面实施。四是乡文化站建设基本完成，以"文化大发展大繁荣"为契机，大力挖掘全乡特色苗族文化，打造新建一个阵地——民族特色综合文化站、一个活动场所——少数民族文化广场、一条苗街——苗族特色文化街、一个寨子——苗家村寨、组建一支队伍——苗家文化宣传队的"五个一"建设，扩大苗族乐器、苗歌、苗绣、苗族服饰和做好端午苗场苗族民间文化艺术节、苗族春节花山节传承"4+2"的影响力。

【村支"两委"换届】加强村支两委组织换届工作，强化组织队伍素质和质量。按照县委组织部、民政局有关村党支部、村民委员会换届要求，顺利完成5个村的村支两委换届选举工作。

【特色文化】高坪苗族乡是四川省民间艺术特色文化苗族雕饰之乡，原生态苗族文化风情底蕴深厚，其苗族服饰色彩艳丽、质地优良，被中央民族博物馆、省博物馆收藏。苗家蜡染、苗绣、大唢呐、芦笙舞等是川南苗族特色文化的传承，苗家老腊肉、黄牛干巴、苗乡白酒等风味特产享誉西南。"端午苗场节""花山节"是川滇结合部五乡一镇最具苗族文化特色的节日，是川南苗族和滇西苗族风情的典型代表，囊括苗族文化艺术、语言文学、民间习俗等民族风情。"花山节"又称"踩花山""跳场""跳花山""耍花山"等，节日期间，苗族同胞自发聚集在一起，吹着芦笙，载歌载舞，祈求在新的一年中能够人丁兴旺、风调雨顺，男女青年也在此佳节互相对歌，寻觅佳偶。

【扶贫开发】2013年，全乡投入扶贫资金752.25万元，实施危房改造、风貌整治、农林科技技术服务与培训指导、村组公路修建与维护、产业结构调整与扶持、困难帮扶与指导等，完成扶贫解困150人。通过积极争取，东风村获得扶贫开发整村推进百万元工程项目，重点发展黄牛产业，黄牛养殖89户，其中贫困户40户、占比44.9%。贫困户购买黄牛152头、补助40.7万元、养殖补助43.32万元，补助占比61.89%；新改建牛圈2790平方米、补助26.68万元，饲草种植17.47公顷（262亩）、补助2.62万元。实施"三建三改"38户，补助25万元，其中改造农房36户、补助13.73万元，建院坝12个、补助1.2万元，建花台38个、补助2.47万元，改厨改厕各38个、补助7.6万元。

（陈海强）

先进单位和人物

2013年度获国家部委 中共四川省委 四川省人民政府及省级部门表彰的先进单位

(单位提供,排名不分先后)

筠连县	科学技术部表彰为全国县市科技进步考核通过县
县残联	中国残联表彰为2013年度“两刊”宣传工作先进单位
县科协	中国农村专业技术协会表彰为全国“三农”网络书屋建设先进示范单位
双腾镇	中国科协、财政部表彰为全国2013年基层科普行动先进单位(苔草村金桂科普示范基地)
县总工会	全国总工会研究室表彰为2013年度《中国工运》宣传通讯工作先进集体
县社科联	全国大中城市社科联工作会议主席团表彰为全国先进社科组织
县委统战部	中央统战部宣传办、中国统一战线杂志社表彰为中国统一战线宣传先进单位
鲁班山北矿	中国煤炭新闻网评为“新闻工作先进单位”
鲁班山南矿	国家煤炭工业局表彰为全国煤炭工业先进集体
县畜牧兽医局	中国农业历史学会畜牧兽医史专业委员会表彰为中国畜牧兽医史志鉴工作先进集体
筠连西南水泥	中国建筑材料企业管理协会表彰为全国建材行业企业管理现代化创新成果一等奖(系统利用资源有效降低成本)
筠连西南水泥	中国建筑材料联合会、中国机冶建材工会全国委员会表彰为表彰为“北新建材杯”全国建材行业技术革新奖三等奖(纯无烟煤在500t/d熟料生产线煅烧的研究与应用)
筠连西南水泥	中国建筑材料集团有限公司表彰为表彰为中国建材集团科学技术进步三等奖(玄武岩在水泥生产中的应用于研究)
筠连西南水泥	国家水泥质量监督检验中心表彰为2013年“格雷斯杯”全国第四次水泥品质指标检验大对比“全合格奖”
筠连县	省计生委表彰为第二批全省人口计生依法行政示范县
县政府	四川农村年鉴编辑委员会表彰为《四川农村年鉴》2012卷组稿工作先进单位
县政协	省政协办公厅表彰为2013年度全省政协新闻宣传工作先进单位
县人武部	省政府、省军区表彰为2013年度征兵工作先进单位
县委办	省委办公厅、省政府办公厅表彰为全国两会期间全省信访工作先进集体
县政府办	省人社厅、省地方志编纂委员会表彰为全省地方志系统先进单位
县文明办	省委宣传部表彰为“学雷锋 做有道德的人”青少年爱国主义读书活动优秀奖
县文明办	省委宣传部、省文明办表彰为全省志愿服务宣传报道工作先进集体
县法院	省高级人民法院表彰为全省法院纪检监察工作先进集体
县法院	省高级人民法院表彰为全省法院“攻坚破难”专项行动先进集体
县法院	省高级人民法院表彰为2013年度全省法院新闻宣传工作考评先进单位
县妇联	省妇联、省委宣传部、省文化厅、省精神文明办表彰为省家庭美德知识大宣传活动先进组织
县妇联	省妇联表彰为省“三八”红旗集体

团县委	团省委表彰为优秀五四红旗团委(团支部)
县教育局	省教育厅表彰为四川省第二届中小学安全知识网络竞赛组织进步奖
县教育局	省教育厅、省报刊社表彰为教育宣传先进单位
县公安局	省公安厅表彰为优秀刑侦调研文章三等奖
县公安局	省档案局表彰为档案工作规范化管理证书
县司法局	省委办公厅、省政府办公厅表彰为 2006-2010 年全省法制宣传教育先进集体
县农业局	省农业厅表彰为农业统计基点调查工作突出单位
县林业局	省人社厅、林业厅表彰为四川省森林防火工作先进集体
县统计局	国家统计局四川调查总队表彰为 2013 年生猪监测开展较好县
县统计局	国家统计局四川调查总队办公室表彰为 2012 年生猪监测调查工作良好单位
县安监局	省总工会表彰为五一劳动奖(矿山救援大队)
县安监局	省总工会表彰为工人先锋号(矿山救援大队)
县体育局	省体育局表彰为 2013 年中国门球冠军赛四川赛区第一名
县气象局	省气象局表彰为第三批全省气象部门局务公开示范单位
县气象局	省档案局命名为四川省档案工作规范化管理二级标准
县气象局	省气象局命名为第三批全省气象部门局务公开示范单位
县气象局	省委办公厅、省政府办公厅命名为第三届四川省文明单位
县国税局	省精神文明办表彰为省级 2012 年省级文明单位
县国税局	省人口计生领导小组表彰为全省计划生育“三结合”工作先进集体
县地税局	省精神文明建设办表彰为宜宾市 2012 年省级文明单位
县质监局	省质监局表彰为 2012 年度全省质监系统食品安全监管工作先进单位
县工商局	省工商局表彰为全省工商系统“红盾春雷行动”集体三等功
县委宣传部	省文明办表彰为全省志愿服务宣传报道工作组织奖
县委宣传部	省委宣传部表彰为青少年爱国主义读书教育活动优秀组织奖
县文广新局	团省委表彰为 2012 年度四川省五四红旗团支部
腾达镇	省纪委、监察厅表彰为四川省先进基层纪检监察组织
塘坝乡	省环境保护厅表彰为省级生态乡镇
塘坝乡	省爱卫会表彰为 2012 年四川省级卫生乡镇
塘坝乡	省政府安委会表彰为全省第一批道路交通安全示范乡镇
武德乡	省环境保护厅表彰为省级生态乡镇
县禁毒大队	省禁毒委表彰为 2012 年易制毒化学品专项整治先进禁毒大队
鲁班山北矿	古叙煤田公司表彰为安全生产先进单位(安全生产 3 周年 1127 天)
鲁班山北矿	川南煤业公司表彰为“四好班子”
县电力公司	四川省能源投资集团有限责任公司表彰为 2013 年度考核先进班组(修试所)
县电力公司	四川能投发展有限公司表彰为 2013 年度工作考核先进集体(电网装备部)
县电力公司	四川能投发展有限公司表彰为 2013 年度工作考核先进集体(巡司供电所)
筠连镇派出所	省公安厅表彰为全省基层基础工作“十佳所队,二等功”
县烟草专卖局	省烟草局(公司)表彰为四川烟草商业系统第三节优秀 QC 小组成果三等奖
邮储筠连支行	邮储银行四川省分行 2013 年度“安全运营奖”
筠连西南水泥	省质监局表彰为 2013-2014 四川省企业质量信用等级 AA 级企业
筠连西南水泥	西南水泥有限公司表彰为 2012 年度“管理整合、市场协同、降本增效”先进单位
筠连西南水泥	西南水泥有限公司表彰为 2012 年度先进单位

2013年度获国家部委 中共四川省委 四川省人民政府及省级部门表彰的先进个人

（单位提供，排名不分先后）

黄 伟	国家体育总局表彰为2009-2012年度全国群众体育先进个人
曹 建	中央综治办、团中央、中国法学会表彰为“未成年人健康成长法制保障”主题征文活动优秀奖
郝中燕	中央综治办、团中央、中国法学会表彰为“未成年人健康成长法制保障”主题征文活动优秀奖
李国田	中央统战部宣传办、中国统一战线杂志社表彰为2013年度中国统一战线宣传先进个人
詹永生	省委、省政府表彰为四川省优秀教师（县二中）
张 君	省委、省政府表彰为2006-2010年全省法治宣传教育先进个人（县国税局）
李 强	省政府办公厅表彰为全省人工影响天气工作先进个人
胡旭东	省政府第一次全国水利普查领导小组、省人社厅表彰为四川省第一次全国水利普查先进个人
陈 敏	省政协办公厅表彰为2013年度全省政协新闻宣传工作先进个人
李 建	省政协办公厅表彰为《四川政协报》优秀通讯员
詹成刚	省委政法委表彰为执法公信力主题征文三等奖
叶 帅	省政法委表彰为全省政法系统践行政法干警核心价值观主题书法摄影
郝中燕	省委政法委、省法学会表彰为“未成年人健康成长法制保障”主题征文活动优秀奖
曹 建	省委政法委、省法学会表彰为“未成年人健康成长法制保障”主题征文活动优秀奖
王劲松	省纪委表彰为全省纪委系统先进（通报表扬）
邹世聪	省纪委表彰为全省纪委系统先进（通报表扬）
谭 尧	省纪委表彰为全省纪委系统先进（通报表扬）
兰 湘	省纪委表彰为全省纪检监察系统“三项建设”活动先进个人
黄通其	省委政策研究室表彰为四川省党委政研系统先进个人
王绍举	省高级人民法院表彰为全省法院调解能手
苏 平	省人民检察院表彰为中国梦征文比赛优秀征文
苏 平	省委政法委表彰为执法公信力主题征文三等奖
苏 平	省委政法委表彰为执法公信力主题征文三等奖
詹成刚	省人民检察院表彰为首届全国检察机关职务犯罪预防素能比武优胜标兵
陈代金	省公安厅表彰为全省优秀公安局监管民警
闵 涛	省公安厅表彰为全省优秀带兵所（队）长
贾廷伟	省公安厅表彰为全省优秀带兵教导员
彭 杰	省公安厅表彰为全省“公安基层基础先进个人”
苏友来	省公安厅表彰为第二届全省公安基层技术革新奖
邱 波	省公安厅表彰为第二届全省公安基层技术革新奖
付明磊	省公安厅表彰为第二届全省公安基层技术革新奖
易元彬	省公安厅表彰为全省公安机关首届文秘写作大比武优秀团体个人及理论作品优秀奖
易元彬	省公安厅表彰为全省2012-2013年度优秀刑侦调研文章三等奖
董 熠	省公安厅表彰为省厅“贯彻十八大 公安怎么办”征文比赛二等奖
许宗莹	省总工会表彰为先进工作者
邓学军	省人口计生委表彰为计生“三结合”先进个人
霍 娟	省社科联表彰为全省社科工作先进个人
罗 林	省农业厅表彰为农业统计基点调查先进个人

周　钰　省政府政务服务中心表彰为四川省政务服务标兵(工商窗口)
黄永刚　省人社厅、省卫生厅表彰为四川省医疗卫生系统先进个人(县医院)
詹擎生　省国税局表彰为四川省国税系统全员健身竞赛活动三等奖("袋鼠跳"项目)
詹擎生　省国税局表彰为四川省国税系统全员健身竞赛活动二等奖("气排球"项目)
詹擎生　省国税局表彰为四川省国税系统全员健身竞赛活动三等奖("勇往直前"项目)
严　华　太平洋财保四川分公司表彰为客户服务工作先进个人
黄　强　四川能投发展有限公司表彰为 2013 年度考核先进个人
郑万强　四川能投发展有限公司表彰为 2013 年度考核先进个人
彭　刚　四川能投发展有限公司表彰为 2013 年度考核先进个人
李仕静　邮储银行四川省分行表彰为 2013 年度小额信贷标兵
柯　克　邮储银行四川省分行表彰为 2013 年度小额贷款优秀信贷经理
张旭弘　邮储银行四川省分行表彰为 2013 年度金牌柜员

2013 年度获市级表彰的先进单位

(单位提供,排名不分先后)

筠连县　市政府表彰为 2012 年度全市新农村建设工作先进县
筠连县　市委办、市政府办表彰为 2012 年度农业农村工作目标考核新农村建设工作先进县
筠连县　市委办、市政府办表彰为 2012 年度目标绩效考评三等奖县(区)
筠连县　市委办、市政府办表彰为 2012 年度农业农村工作目标考核"三农"工作一等奖县
筠连县　市委办、市政府办表彰为 2012 年度农业农村工作目标考核现代农业发展先进单位
筠连县　市委办、市政府办表彰为 2013 年度农业农村工作目标考核完成农业农村工作综合目标任务县
筠连县　市委办、市政府办表彰为 2013 年度农业农村工作目标考核完成新农村建设工作县
筠连县　市委办、市政府办表彰为 2013 年度农业农村工作目标考核完成扶贫开发工作县
筠连县　市委办、市政府办表彰为 2012 年度环境保护责任绩效考核污染减排和环境质量持续改善工作成绩优秀单位
筠连县　市委办、市政府办表彰为 2012 年度环境保护责任绩效考核党政"一把手"环保目标优秀单位
筠连县　市委办、市政府办表彰为 2013 年度党政"一把手"环保目标考核及政府环保目标考评一等奖
筠连县　市委办、市政府办表彰为 2012 年度维护社会稳定工作优秀县(区)
筠连县　市委办、市政府办表彰为 2012 年度社会管理综合治理工作作优秀县(区)
筠连县　市委办、市政府办表彰为 2012 年度民生工程目标考核先进县(区)
筠连县　市委办、市政府办表彰为第十四届中国西部国际博览会参展参会先进单位
筠连县　市委办、市政府办表彰为第二十五届世界华商大会参展参会先进单位
筠连县　市委办、市政府办表彰为 2013 年全市信访工作先进县(区)
筠连县　市委办表彰为 2013 年为民工作队先进工作组(县工作组)
筠连县　市政府办表彰为 2012 年度全市城乡建设突出县(区)
筠连县　市政府办表彰为 2012 年度档案工作目标考核二等奖
筠连县　市政府办表彰为 2012 年度全市商务工作目标考核二等奖
筠连县　市政府办表彰为 2012 年度全市政务信息工作三等奖
筠连县　市政府办表彰为 2012 年度全市政府系统办公室工作考核文电会办理先进单位
筠连县　市政府办表彰为 2012 年度全市政府系统办公室工作考核后勤保障先进单位
筠连县　市政府办表彰为 2012 年度全市创建四川省环境保护模范城市工作成绩先进县
筠连县　市政府办表彰为 2013 年度安全生产工作绩效考核先进县(区)
筠连县　市政府办表彰为 2013 年度全市应急管理绩效考核先进县(区)

筠连县	市政府办表彰为2013年全市政务信息工作三等奖
筠连县	市政府办表彰为2013年度全面推进依法行政工作先进县(区)
筠连县	市财政局、市人社局、市卫生局表彰为2013年度社会保险基金预决算编报工作三等奖
筠连县	市旅游局表彰为2012年度旅游宣传营销和旅游产业发展二等奖
筠连县	市政法委表彰为2012年度县(区)政法委工作考核先进县(区)
筠连县	市综治委"三电"设施安保领导组办表彰为2012年度全市"三电"设施保护工作目标考核一等奖
筠连县	市环境兴市领导小组办表彰为2013年度环境兴市"四诺"活动先进单位
筠连县	市争创全国质量强市示范城市领导小组办表彰为2013年度质量强县(区)绩效考核合格单位县(区)
县委	市委、宜宾军分区表彰为2013年度党管武装工作县(区)委
县政府	市行政审批制度改革暨政务服务工作领导小组表彰为2013年度行政审批制度改革工作绩效考核二等奖
县政府	市食品安全委员会表彰为2012年县(区)食品安全目标考核二等奖
县政府	市政府办表彰为2013年政府性债务审计绩效考核二等奖
县政府	市政府办表彰为2013年度政务调研工作先进县(区)政府
县政府	市政府表彰为2013年接收安置退役士兵工作接收安置任务完成先进县(区)政府
县政府	市重大动物疫病防控指挥部表彰为2013年重大动物疫病防控工作先进县(区)
县政府	市重大动物疫病防控指挥部表彰为2013年现代畜牧业发展工作先进县(区)
县政府	市政府办表彰为"2012宜宾名小吃、宜宾特色餐饮名店、宜宾名优特产评选活动"组织承办工作成绩突出单位
县委办	市处理信访及群体性事件联席会议办表彰为2012年度全市办信、接防、网络信件办理工作先进单位
县委办	市处理信访及群体性事件联席会议办表彰为2012年度全市非防治理先进单位
县委办	市处理信访及群体性事件联席会议办表彰为2012年度领导接访工作先进单位
县委办	市委、市政府表彰为2012年度市级文明单位
县委办	市委办表彰为2013年度《中共中央办公厅通讯》订阅优秀单位
县委办	市委办表彰为2013年度《秘书工作》订阅优秀单位
县委办	市委办、市府办表彰为2012年度县(区)农业农村工作目标考核先进单位
县委办	市委办、市府办表彰为2012年度县(区)环境保护责任目标考评污染减排优秀单位
县委办	市委办表彰为2012年度全市党委系统好公文评选三等奖(《中共筠连县委关于开展建党91周年庆祝活动情况的报告》)
县委办	市委办表彰为2013年度全市党委系统公文处理无差错活动先进单位
县委办	市委办表彰为2013年度全市党委信息工作县(区)委办公室
县委办	市委办表彰为2013年度全市党委系统好公文评选二等奖(《中共筠连县委、筠连县人民政府关于开展"三治理三激发三增强"作风建设专项活动的实施意见》)
县委办	市委办表彰为2013年度县(区)委办公室综合考评先进单位
县委办	市委办表彰为2013年度县(区)委办公室系统精文简会工作优秀单位
县委办	市委办表彰为2013年度县(区)委办公室系统行政后勤工作优秀单位
县委办	市委办表彰为2013年度县(区)委办公室系统自身建设先进单位
县委办	市委办表彰为2013年度县(区)委办公室系统"争先工作年"主题活动先进单位
县委办	市委办表彰为2013年度县(区)委办公室系统政务服务优秀单位
县委办	市委办表彰为2013年度县(区)委办公室系统督查目标工作优秀单位
县委办	市委办表彰为2013年度县(区)委办公室系统防邪工作先进单位
县委办	市委办表彰为2013年度县(区)委办公室系统机要工作先进单位
县委办	市委办表彰为2013年度县(区)委办公室系统党政网工作优秀单位
县委办	市委办表彰为2013年度县(区)委办公室系统信访工作优秀单位
县委办	市委办表彰为2013年度县(区)委办公室系统保密工作先进单位
县委政研室	市委政研室表彰为2013年度县(区)委政研室调研工作优秀单位
县人大办	市人大常委会办公室、市人大常委会研究室表彰为2013年度人大宣传工作二等奖
县人大办	市人大常委会办公室表彰为2012年度全市人大建"四型"机关活动知识类比赛二等奖

县人大办	市人大常委会办公室表彰为2012年度全市人大建"四型"机关活动体育类比赛三等奖
县政府办	市委、市政府命名为2012年度市级文明单位
县政府办	市行政审批制度改革暨政务服务工作领导小组表彰为2012年度行政审批制度改革工作突出单位
县政府办	市政府办表彰为2012年全市政府系统文电会办理工作先进单位
县政府办	市政府办表彰为2012年全市政府系统后勤保障工作先进单位
县政府办	市政府办表彰为2012年全市政府系统政务信息工作先进集体
县政府办	市环保局表彰为2013年宜宾市辐射事故应急综合演练突出表现单位
县政府办	市方志办表彰为2013年度地方志工作先进单位
县政府办	市方志办表彰为2013年度年鉴编辑出版先进单位
县政府办	市方志办表彰为2013年度《宜宾市年鉴》发行先进单位
县政府办	市政府政务服务中心表彰为2013年度全市政务服务中心工作综合考评一等奖
县政府办	市政府政务服务中心表彰为2013年全市政务服务信息工作突出贡献单位
县政府办	市政府信息中心表彰为2013年度市政务信息三等奖
县政协办	市政协表彰为2013年度政协工作突出单位
县政协办	市政协表彰为2013年度全市政协提案工作先进单位
县政协办	市政协表彰为2013年度全市政协民主评议工作先进单位
县政协办	市政协表彰为2013年度全市政协文史资料工作先进单位
县政协办	市政协表彰为2013年度全市政协新闻宣传工作先进单位
县政协办	市政协表彰为2013年度反映社情民意信息工作先进单位
县政协办	市政协表彰为2013年度全市政协系统公文处理无差错活动先进县政协办公室
县政协办	市政协表彰为2013年度全市政协办公室系统好公文二等奖
县政协办	市政协表彰为2013年度县(区)政协优秀调研成果评比二等奖
县人武部	宜宾军分区表彰为2013年度全面建设先进单位
县人武部	宜宾军分区表彰为2012年度财务管理先进单位
县委组织部	市委、市政府表彰为2012年度市级文明单位
县委组织部	市委组织部表彰为2012年度全市组织工作综合目标考核优秀单位
县委组织部	市委组织部表彰为2012年度公务员统计报表全优单位
县委组织部	市委老干局表彰为全市老干部系统"实现伟大中国梦、建设美丽繁荣和谐四川(宜宾)"暨"用真情、讲责任、作奉献"职业道德演讲比赛组织奖
县委组织部	市科协表彰为2013年度科普网络书屋建设应用和管理先进单位
县委组织部	市委老干局表彰为2013年度职业道德演讲比赛二等奖
县委组织部	市委老干局表彰为2013年度老干部工作优秀调研报告先进集体
县纪委监察局	市纪委表彰为2012年度信息采用成绩特别突出单位
县纪委监察局	市纪委表彰为2012年度信息工作特别贡献单位
县纪委监察局	市纪委表彰为2012年度纪检监察系统"三项建设"活动先进单位
县纪委监察局	市委、市政府表彰为2012年度市级文明单位
县纪委监察局	市纪委表彰为2012年度查办案件先进集体
县纪委监察局	市纪委表彰为办理"4·18"煤征办案专案组为先进专案组
县纪委监察局	市纪委表彰为2012年度"筠连县实行'三员'巡查工作制确保重大决策部署落实到位"优秀创新奖
县纪委监察局	市纪委表彰为2012年度"筠连县建立标后监管制度服务地方经济发展"创新奖
县纪委监察局	市纪委表彰为2012年度"筠连县运用行政效能电子监察系统对乡镇领导干部到岗情况进行监督"创新奖
县委宣传部	市委、市政府表彰为2012年度市级文明单位
县委宣传部	市委宣传部、市教育局表彰为2011-2012年度中小学德育工作先进单位
县委宣传部	市委宣传部表彰为2012年思想政治工作优秀调研文章评选组织奖
县委宣传部	市委宣传部表彰为2013年度全市文化工作先进单位
县文明办	市委宣传部表彰为2013年度未成年人思想道德建设工作先进单位

县社科联	市社科联表彰为2012年度县(区)先进社科联
县委统战部	市委统战部表彰为2013年度统战工作一等奖
县委统战部	市委统战部表彰为2013年度统战调研工作先进三等奖
县委统战部	市委统战部表彰为2013年度统战宣传工作先进三等奖
县委统战部	市委统战部表彰为2013年度统战信息工作先进三等奖
县委统战部	市非公经济党工委表彰为2013年度非公党建工作优秀单位(一等奖第一名)
县委统战部	市非公经济党工委表彰为2013年度非公党建宣传信息工作优秀单位(二等奖)
县委统战部	市非公经济党工委表彰为2013年度非公党建创新工作项目
县台办	市委台湾工作办公室表彰为2013年度对台宣传信息工作先进单位
县委政法委	市维稳办表彰为2013年度维稳工作先进单位
县委政法委	市委政法委表彰为2013年度政法队伍建设先进单位
县委政法委	市委政法委表彰为2013年度全市政法队伍“一区四警”工作机制建设创新成果
县委编办	市委机构编制委员会办公室表彰为2013年度行政政法专项编制总量管理工作先进单位
县委编办	市委机构编制委员会办公室表彰为2013年度严格执行机构编制审批规定先进单位
县委编办	市委机构编制委员会办公室表彰为2013年度事业编制总量管理工作先进单位
县法院	市中院表彰为2013年度全市司法警察体能达标活动先进单位
县法院	市中院表彰为2013年度全市法院思想政治工作组织奖
县法院	市中院表彰为2013年度信息工作考评先进单位
县法院	市中院表彰为2013年度全市法院案件质效评估工作先进单位
县法院	市中院表彰为2013年度全市法院审判管理工作先进单位
县法院	市中院表彰为2013年度全市法院司法统计工作先进单位
县法院	市中院表彰为2013年度全市法院调研工作先进单位
县法院	市中院表彰为2013年度全市法院宣传工作先进单位
县法院	市中院表彰为2011-2012年度全市人民调解工作先进集体(落木柔法庭)
县法院	团市委表彰为全市五四红旗团支部(法院团支部)
县法院	市政府办表彰为2011-2012年度全市人民调解工作先进集体(落木柔法庭)
县检察院	市委、市政府表彰为2012年度市级文明单位
县检察院	市检察院表彰为2013年度全市基层院目标考评一等奖
县检察院	市检察官协会、市检察官文联表彰为三人制篮球比赛冠军
县直工委	市直机关工委表彰为2013年度机关党建工作综合考核获奖单位
县直工委	市直机关工委表彰为2013年度机关党建工作创新奖
县总工会	市总工会表彰为2013年度工会组建会员发展工作二等奖
县总工会	市总工会表彰为2013年度推进工资集体协商工作一等奖
县总工会	市总工会表彰为2013年度经费收缴年度考核先进单位
县总工会	市总工会表彰为2013年度财务会计管理规范化竞赛先进单位
县总工会	市总工会表彰为2013年度报刊征订工作优秀单位
县总工会	市总工会、市职工民主管理协会表彰为2013年度职工民主管理理论研究先进单位
县总工会	市总工会、市委宣传部、市委政研室、市社科联表彰为学习贯彻十八大精神理论与实践优秀组织单位
县总工会	市总工会表彰为2013年度经审工作先进集体
县总工会	市总工会表彰为2013年度经审工作综合考核先进单位
县总工会	市总工会表彰为2013年度新闻宣传发行工作优秀单位
县总工会	市总工会表彰为2013年度目标绩效考核一等奖
县妇联	市妇联表彰为宜宾市“巾帼文明岗”
县妇联	市妇联表彰为2013年度维权工作先进单位
县妇联	市妇联表彰为2013年度业务目标考核一等奖
县妇联	市妇联表彰为2013年度信息调研工作先进单位
县妇联	市妇联表彰为2013年度儿童工作先进单位

县妇联	市妇联表彰为2013年度宣传思想工作先进单位
县妇联	市妇联表彰为2013年度小额贷款工作先进单位
团县委	市预防青少年违法犯罪专项工作领导小组表彰为2013年度预防青少年违法犯罪专项工作二等奖
团县委	市党建带团建工作领导小组2013年度表彰为党建带团建工作二等奖
团县委	市留守关爱领导小组表彰为2013年度留守学生关爱工作一等奖
团县委	团市委表彰为2013年度青少年思想引领单项工作奖
团县委	团市委表彰为2013年度宜宾市留守学生(儿童)关爱工作一等奖
团县委	团市委表彰为2013年度宜宾市预防青少年违法犯罪专项工作二等奖
团县委	团市委表彰为2013年度宜宾市党建带团建工作一等奖
团县委	团市委表彰为2013年度宜宾市未成年人保护工作一等奖
团县委	团市委表彰为2013年度共青团工作综合考核特等奖
团县委	市科协表彰为2013年度科普网络书屋建设应用和管理先进单位
县工商联	市工商联表彰为2013年度县(区)工商联工作考评一等奖
县工商联	市工商联表彰为2013年度县(区)工商联组织建设工作先进单位
县工商联	市工商联表彰为2013年度县(区)工商联宣传和整治思想工作先进单位
县工商联	市工商联表彰为2013年度县(区)工商联光彩事业先进单位
县工商联	市工商联表彰为2013年度县(区)工商联服务地方经济工作先进单位
县工商联	市工商联表彰为2013年度县(区)工商联会员服务先进单位
县工商联	市工商联表彰为2013年度县(区)工商联参政议政先进单位
县科协	市科协表彰为宜宾市2009-2013年科普工作先进集体
县科协	市科协表彰为宜宾市2009-2013年“金桥工程”优秀组织单位
县科协	市科协表彰为2013年度科协工作先进单位
县科协	市科协表彰为2013年度全国科普日活动优秀组织单位
县科协	市科协表彰为2013年度宣传信息工作先进单位
县科协	市科协表彰为2013年度综合统计工作先进单位
县科协	市科协表彰为2013年度科协创新工作先进集体
县科协	市科协表彰为2013年度企事业科协工作先进集体
县科协	市科协表彰为2013年度科技咨询工作先进集体
县科协	市科协表彰为2013年度科普惠农新村建设工作先进单位
县科协	市科协表彰为2013年度“站、栏、员”建设工作先进单位
县科协	市科协表彰为2013年度科普资源征集活动优秀组织单位
县科协	市科协表彰为2013年度青少年科技创新大赛优秀组织单位
县科协	市科协表彰为2013年度科普网络书屋建设先进单位
县科协	市科协表彰为2013年度宣传信息工作先进单位
县科协	市科协表彰为2013年度综合统计工作先进单位
县科协	市科协表彰为2013年度重点科普工作先进单位
县科协	市科协表彰为2013年度流动科技馆巡展活动优秀组织单位
县科协	市科协表彰为2013年度开办《科普大篷车》电视栏目先进单位
县科协	市科协表彰为2013年度科普网络书屋建设应用和管理先进单位
县科协	市科协、市教育局表彰为宜宾市第二十八届青少年科技创新大赛优秀科技项目优秀组织单位
县委党校	市委党校表彰为2012年度县(区)委党校工作二等奖
县委党校	市委党校表彰为2012年度县(区)委党校干部培训工作二等奖
县委党校	市委党校表彰为2012年度县(区)委党校科研咨政工作二等奖
县委党校	市委党校表彰为2012年度县(区)委党校信息化建设工作一等奖
县委党校	市委党校表彰为2012年度县(区)委党校信息宣传工作二等奖
县委党校	市委党校表彰为2013年度县(区)委党校工作二等奖
县委党校	市委党校表彰为2013年度县(区)委党教学管理校工作一等奖

县委党校	市委党校表彰为2013年度县(区)委党校科研咨政工作二等奖
县委党校	市委党校表彰为2013年度县(区)委党校信息化建设工作二等奖
县委党校	市委党校表彰为2013年度县(区)委党校信息宣传工作二等奖
县发改局	市发改委表彰为2012年度发展改革工作优秀单位
县发改局	市发改委表彰为2013年度广场文艺汇演先进单位一等奖
县发改局	市发改委表彰为2013年度能源建设目标考核表扬
县发改局	市发改委表彰为2013年度发展改革工作优秀单位
县经信局	市商务局表彰为2012年度服务业工作突出单位
县经信局	市商务局表彰为2012年度重点项目促进工作突出单位
县经信局	市商务局表彰为2012年度生猪屠宰和酒类流通管理工作突出单位
县经信局	市商务局表彰为2012年度市场监管公共服务体系建设先进单位
县经信局	市政府办表彰为2012年度商务工作目标考核二等奖
县经信局	市商务局表彰为2012年度对外经济合作工作突出单位
县经信局	市工业强市领导组办公室表彰为2013年度工业经济运行监测工作成绩突出单位
县经信局	市经信委、市中小企业局表彰为2013年度全市中小企业统计运行监测工作先进单位
县经信局	市商务局表彰为2013年度市场建设暨"万村千乡市场工程"工作突出单位
县经信局	市商务局表彰为2013年度扩大内需 促进消费工作先进单位
县经信局	市商务局表彰为2013年度市场运行监测工作突出单位
县经信局	市商务局表彰为2013年度外贸工作突出单位
县教育局	市教育局表彰为2013年度电教综合目标考核优秀奖
县教育局	市教育局表彰为2013年度技装综合目标考核优秀奖
县教育局	市教育局表彰为2013年度远程设备管理维护及应用单项奖
县教育局	市教育局表彰为2013年度教育法制目标出色完成单位
县教育局	市教育局表彰为2013年度招办目标出色完成单位
县教育局	市教育局表彰为2013年度市国培项目综合考评先进单位二等奖
县教育局	市教育局表彰为2013年度教育宣传工作成绩突出先进集体
县教育局	市教育局表彰为2013年度教学质量综合二等奖
县教育局	市教育局表彰为2013年度教学质量综合进步奖
县教育局	市教育局表彰为2013年度励志成才优秀学生典型评选活动优秀组织单位
县教育局	市教育局表彰为2013年度教育统计工作二等奖
县教育局	市语委、市教育局表彰为中华诵·2013年宜宾市学生规范汉字书写大赛组织奖
县教育局	市语委、市教育局表彰为中华诵·2013年宜宾市中小学教师经典诵读大赛组织单位奖
县教育局	市纪委、监察局表彰为2013年度廉政文化"八进"活动示范单位
县教育局	市总工会表彰为2013年度新闻宣传发行工作优秀单位
县教育局	市科协表彰为2013年度青少年科技教育工作先进单位
县教育局	市科协、市教育局表彰为第二十八届青少年科技创新大赛优秀组织单位
筠连中学	市防震减灾局表彰为2013年度市级科普示范学校
筠连中学	市委表彰为"实现伟大中国梦、建设美丽繁荣和谐四川(宜宾)"主题教育活动先进集体
筠中团委	团市委表彰为全市五四红旗团委
县第二中学	市委、市政府表彰为2012年度市级文明单位
胜利街小学	市防震减灾局表彰为2013年度市级科普示范学校
县科技局	市政府表彰为2012年度"三农"工作先进单位
县科技局	市政府表彰为2012年度现代农业发展先进单位
县科技局	市政府办表彰为2012年度全市商务目标考核二等奖
县科技局	市科技局表彰为2013年度农业园区工作先进单位
县科技局	市科技局表彰为2013年度华商恳谈会工作先进单位
县科技局	市科技局表彰为2013年度科技金融工作先进单位

县科技局	市科技领导小组办表彰为2013年度华商恳谈会工作先进单位
县科技局	市科技领导小组办表彰为2013年度科技金融工作先进单位
县科技局	市科协表彰为2009-2013年科协工作先进集体
县科技局	市科协表彰为2013年度青少年科技教育工作先进单位
县国土资源局	市国土资源局表彰为2012年度国土资源系统目标考核二等奖
县国土资源局	市国土资源局表彰为2012年度全市国土资源信访工作优秀单位
县国土资源局	市国土资源局表彰为2013年度国土资源系统目标考核二等奖
县国土资源局	省国土资源厅表彰为2013年度“厅长信箱”来信办理先进单位
县公安局	市政府办表彰为2009-2012年度刑释解教人员安置帮教工作先进集体
县公安局	市禁毒委表彰为2013年度全市禁毒工作绩效考评先进单位
县公安局	市禁毒委表彰为2013年度易制毒化学品管理及专项整治工作突出贡献单位
县公安局	市禁毒委表彰为2013年度全市扫毒害保平安严打整治行动突出贡献单位
县公安局	市禁毒委表彰为2013年度易制毒化学品管理先进单位
县公安局	市禁毒委表彰为2013年度禁毒工作综合考评全市第二
县公安局	市禁毒委表彰为2013年度全市扫毒保平安严打整治行动突出贡献单位
县公安局	市公安局表彰为2012年度全市公安信息工作先进单位三等奖
县公安局	市公安局表彰为2012年度全市公安调研工作先进单位三等奖
县公安局	市公安局表彰为2012年度全市公安统计工作先进单位三等奖
县公安局	市公安局表彰为2012年度破获系列盗窃汽车案、保险柜案通报表扬
县公安局	市公安局表彰为2013年破获市局挂牌案件单位
县公安局	市公安局表彰为2013年度“破案会战”先进单位
县公安局	市公安局表彰为成功侦破筠连县“2011.2.16”非法吸收公众存款案集体三等功
县公安局	市公安局政治部表彰为2013年度政治工作突出通报表扬
县公安局	市公安局翠屏区分局表彰为2013年度川滇渝两省一市十二县(区)治安联防先进集体
县禁毒大队	市禁毒委表彰为2012年度宣传教育先进单位刑警大队
县民政局	市委、市政府表彰为2012年度市级文明单位
县民政局	市民政局表彰为2012年度民政工作目标管理先进单位
县民政局	市民政局表彰为2012年度社会救助工作先进单位
县民政局	市民政局表彰为2012年度社会福利工作先进单位
县民政局	市民政局表彰为2012年度救灾工作先进单位
县民政局	市民政局表彰为2012年度优抚工作先进单位
县民政局	市民政局表彰为2012年度安置工作先进单位
县民政局	市民政局表彰为2012年度基本政权区划地名工作先进单位
县民政局	市民政局表彰为2012年度社会事务工作先进单位
县民政局	市民政局表彰为2012年度社工人事工作先进单位
县民政局	市民政局表彰为2012年度规划财务统计工作先进单位
县民政局	市民政局表彰为2012年度信访及涉军维稳工作先进单位
县民政局	市民政局表彰为2012年度福利生产工作先进单位
县民政局	市民政局表彰为2012年度民间组织管理工作先进单位
县民政局	市民政局表彰为2012年度社会组织党建工作先进单位
县民政局	市老龄办表彰为2013年度宜宾市《老年法》专题培训优秀组织奖
县民政局	市老龄办表彰为2012年度老龄宣传报道先进单位
县民政局	市老龄办表彰为2012年度老龄信息工作先进单位
县司法局	市法制建设和依法治市领导小组表彰为2012年县(区)普法依法治理优秀单位
县司法局	市法制建设和依法治市领导小组表彰为全市“六五”普法中期检查督导优秀单位
县司法局	市司法局表彰为2013年度县(区)绩效管理综合考核优秀单位
县司法局	市司法局表彰为2013年度县(区)司法局绩效管理考核优秀单位

县司法局	市政府办公室表彰为2009-2012年度刑释解教人员安置帮教工作先进集体
县司法局	市政府办表彰为2011-2012年度全市人民调解工作先进集体(筠连镇司法所)
县财政局	市农村综合改革领导小组办、市农业综合开发领导小组办表彰为2013年度全市农村综合改革工作先进单位
县财政局	市科协表彰为2013年度青少年科技教育工作先进单位
县财政局	市科协表彰为宜宾市2009-2013年学会工作先进集体(会计学会)
县人社局	团市委、市安监局、市人社局、市总工会表彰为青年安全生产示范岗
县人社局	市政府办表彰为2012年就业和社会保障工作三等奖
县人社局	市人社局表彰为2012年度人事人才公共服务工作突出单位
县人社局	市人社局表彰为2012年度社会保障工作目标考核工作突出单位
县人社局	市就业局表彰为2012年度人才就业服务工作考核一等奖
县人社局	市就业局表彰为2012年度农村劳动力转移就业(招募工作)成绩突出单位
县人社局	市就业局表彰为2012年度促进高校毕业生就业和创业工作成绩突出单位
县住建局	市住建局表彰为2012年度县(区)局、分局目标考核先进单位
县住建局	市住建局表彰为2012年度计划城乡建设突出单位
县地震台	市防震减灾局表彰为2013年度全市防震减灾工作前三名(地震监测)
县地震台	市防震减灾局表彰为2013年度全市防震减灾工作前三名(群防群测)
县交通运输局	市政府办表彰为2012年度交通重点工程建设先进单位
县交通运输局	市政府办表彰为2012年度"十二五"农村公路建设先进单位
县交通运输局	市交通运输局表彰为2012年度信息工作先进单位
县交通运输局	市交通运输局表彰为2012年度交通安全生产目标管理特别出色完成单位
县交通运输局	市交通运输局表彰为2013年度实现汛期交通安全目标先进单位
县交通运输局	市交通运输局表彰为2013年度全市交通审计工作完成任务单位
县卫生局	市卫生局表彰为2012年度疾病防御控制工作一等奖
县卫生局	市卫生局表彰为2012年度卫生工作目标任务考核优良单位
县卫生局	市卫生局表彰为2012年度卫生监督工作二等奖
县卫生局	市卫生局表彰为2012年度基本公共卫生服务项目绩效考核优秀单位
县卫生局	市卫生局表彰为2013年度卫生新闻宣传工作一等奖
县卫生局	市卫生局表彰为2013年度卫生信息化建设工作一等奖
县卫生局	市卫生局表彰为2013年度卫生工作目标任务考核优秀单位
县疾控中心	市疾控中心表彰为2012年度艾滋病防治工作先进集体
县疾控中心	市疾控中心表彰为2013年度疟疾血检考评一等奖
县妇幼保健院	市卫生局表彰为2013年度新生儿疾病筛查组织管理二等奖
县医院	团市委表彰为全市五四红旗团支部(院团支部)
县城管局	市爱卫办表彰为2013年度县(区)病媒生物防制工作考核一等奖
县城管局	市爱卫办表彰为2013年度县(区)农村改水改厕统计年报工作考核一等奖
县城管局	市爱卫办表彰为2013年度县(区)健康教育工作考核一等奖
县城管局	市城乡环境领导小组、市城管委、市国家卫生城市创卫指挥部表彰为2012年度城乡环境综合治理二等奖
县城管局	市城乡环境领导小组、市城管委、市国家卫生城市创卫指挥部表彰为2012年度城市管理二等奖
县城管局	市城乡环境领导小组、市城管委、市国家卫生城市创卫指挥部表彰为2012年度创卫工作二等奖
县残联	市残联表彰为2012年度全市残疾人事业经费投入工作一等奖
县残联	市残联表彰为2013年度全市残疾人提供"量体裁衣"式个性化服务工作一等奖
县残联	市残联表彰为2012年度全市残疾人家庭无障碍改造工作一等奖
县残联	市残联表彰为2012年度全市扶持城镇残疾人新就业工作一等奖
县残联	市残联表彰为2012年度全市残保金征收工作一等奖
县残联	市残联表彰为2012年度全市帮助农村贫困残疾人发展生产、增加收入工作一等奖
县残联	市残联表彰为2012年度全市"阳光家园"重度残疾人托养工作一等奖
县残联	市残联表彰为2012年度全市新闻媒体报道工作一等奖

县残联	市残联表彰为2012年度全市贫困脑瘫儿童康复救助工作一等奖
县残联	市残联表彰为2012年度全市人工耳蜗康复救助工作一等奖
县残联	市政府残工委表彰为2012年度县(区)残联绩效考核先进单位
县水务局	市委、市政府表彰为2012年度市级文明单位
县水务局	市水务局表彰为2012年度全市水务系统纪检人事教育工作先进集体
县水务局	市水务局表彰为2012年度全市地方电力管理工作先进单位
县水务局	市水务局表彰为2012年度水务政务信息先进单位
县水务局	市水务局表彰为2012年度宜宾市农村饮水安全先进集体
县水务局	市水务局党委表彰为2012年全市水务系统综合目标考核一等奖
县水务局	市水务局表彰为2012年度全市水务系统目标绩效考核二等奖
县水务局	市水务局表彰为2012年度水务系统安全生产工作二等奖
县水务局	市水务局表彰为宜宾市第一次全市水利普查先进集体
县水务局	市水务局表彰为2013年度全市水务系统综合目标考核一等奖
县水务局	市水务局表彰为2013年度全市水务系统目标绩效考核二等奖
县农业局	市农业局表彰为2012年度全市农业工作综合考评二等奖
县农业局	市农业局表彰为2012年度全市茶叶产业工作第三名
县农业局	市农业局表彰为2012年度全市蚕业工作第三名
县农业局	市农业局表彰为2012年度全市农村土地承包经营权流转第三名
县农业局	市农业局表彰为2012年度全市病虫害绿色防控第三名
县农业局	市农业局表彰为2012年度全市政务信息报送第三名
县农业局	市农业局表彰为2012年度全市农业财务决算第一名
县林业局	市政府表彰为市级园林式单位
县林业局	市林业和园林管理局委员会表彰为“中国梦”主题教育活动文艺汇演优秀组织奖
县林业局	市林业和园林管理局表彰为2012年度营造林工作考核优秀单位
县林业局	市林业和园林管理局表彰为2012年度林业园林政务信息工作优秀单位
县林业局	市林业和园林管理局表彰为2013年度林业报刊发行工作优秀集体
县林业局	市林竹产业发展领导小组显2012年度林竹产业基地建设优秀单位
县林业局	市政府政务服务中心表彰为2013年政务服务优秀示范窗口(林业窗口)
县投资促进局	市投资促进局表彰为2013年度全市履约亿元以上市外投资项目先进单位
县投资促进局	市投资促进局表彰为2013年度积极参与省市重大投促活动先进单位
县投资促进局	市投资促进局表彰为2013年度信息宣传工作先进单位
县统计局	国家统计局宜宾调查队表彰为2013年度工业生产者价格调查工作二等奖
县统计局	国家统计局宜宾调查队表彰为2013年度规模以下工业调查工作二等奖
县统计局	国家统计局宜宾调查队表彰为2013年度服务业调查工作二等奖
县统计局	市统计局表彰为2013年度统计源头工作考评一等奖
县统计局	市统计局表彰为2013年度基础工作考评一等奖
县统计局	市统计局表彰为2013年度统计工作综合考评一等奖
县统计局	市统计局表彰为2013年度文化产业统计一等奖
县统计局	市统计局表彰为2013年度基本单位统计一等奖
县统计局	市统计局表彰为2013年度农民收入调查统计一等奖
县统计局	市统计局表彰为2013年度服务业统计一等奖
县统计局	市统计局表彰为2013年度妇儿监测统计二等奖
县统计局	市统计局表彰为2013年度小康监测统计二等奖
县统计局	市统计局表彰为2013年度GDP统计三等奖
县统计局	市统计局表彰为2013年学会工作先进集体
县统计局	市统计局表彰为2013年度民营经济统计三等奖
县统计局	市统计局表彰为2013年度综合统计三等奖

县统计局	市统计局表彰为2013年度城镇住户统计三等奖
县统计局	市统计局表彰为2013年度物价调查统计三等奖
县统计局	市统计局表彰为2013年度成品油统计三等奖
县统计局	市统计局表彰为2013年度贸易调查统计三等奖
县统计局	市统计局表彰为2013年度农产品统计三等奖
县统计局	市统计局表彰为2013年度农业龙头企业统计三等奖
县统计局	市统计局表彰为2013年度统计设计管理三等奖
县统计局	市统计局表彰为2013年度房地产统计三等奖
县统计局	市统计局表彰为2013年度人口和就业统计三等奖
县计生局	市计生工作领导小组表彰为2012年度人口和计划生育目标考核工作先进单位
县计生局	市计生工作领导小组表彰为2013年度人口和计划生育目标考核工作创新单位
县文广新旅局	市文广新局表彰为党的十八大期间广播电视安全播出先进集体
县文广新旅局	市文广新局表彰为首届文化市场业务技能考核比赛三等奖
县文广新旅局	市旅游局表彰为2012年度宜宾旅游信息工作考核优秀单位
县文广新旅局	市旅游局表彰为2012年全市旅游局工作二等奖
县文广新旅局	市哲学研究会表彰为2012年度哲学社会科学理论(调研)文章二等奖
县文广新旅局	市电视艺术家协会表彰为专题片《江南行》走进南溪大型集中采访活动二等奖
县文广新旅局	市书法家协会表彰为宜宾市第五届书法篆刻作品展览一等奖(文化馆)
县文广新旅局	市文广新局表彰为2013年度文化行政执法案卷评审三等奖
县文广新旅局	市文广新局表彰为2013年度文化市场综合执法技术监管工作先进单位
县文广新旅局	市文广新局表彰为2013年度宜宾市综合执法法制宣传工作先进单位
县文广新旅局	市文广新局表彰为2013年度宜宾市文艺调演比赛演出一等奖
县文广新旅局	市文广新局表彰为2013年度宜宾市文艺调演比赛组织奖
县文广新旅局	市科协表彰为2013年度开办《科普大篷车》电视栏目先进单位
县审计局	市审计局表彰为2013年全市审计宣传与通联工作考核成绩突出单位
县审计局	市审计局表彰为2013年度审计业务综合考核优良单位
县安监局	市政府安委会表彰为2012年度县(区)安全监督管理工作合格单位
县安监局	市政府安委会表彰为2012年度安全监管工作先进单位
县安监局	市安委办表彰为2013宜宾市“安全生产月”活动先进单位
县安监局	市安监局表彰为2012年度非煤矿山安全生产监管先进单位
县安监局	市安监局表彰为2012年度安全生产政务信息工作先进单位
县安监局	市安监局表彰为2012年度职业卫生监督管理工作先进单位
县安监局	市安监局表彰为2012年度安全生产标准化建设工作先进单位
县安监局	市安监局表彰为2012年度事故统计先进单位
县安监局	市安监局表彰为2012年度危化、烟花、非药类管理先进单位
县安监局	市安监局表彰为2012年度煤矿和非煤矿山安全监管先进单位
县安监局	市安办表彰为2012年度标准化、安全社区建设先进单位
县安监局	市安办表彰为2012年度隐患治理先进单位
县粮食局	市粮食局表彰为2012年度全市粮油储备工作先进单位
县粮食局	市粮食局表彰为2013年度全市粮食工作先进单位
县粮食局	市粮食局表彰为2013年度全市粮食系统政务信息工作先进单位
县粮食局	市粮食局表彰为2013年度全市粮食系统安全生产工作先进单位
县粮食局	市粮食局表彰为2013年度全市粮油重点项目建设工作先进单位
县粮食局	市粮食局表彰为2013年度全市粮食监督检查行政执法工作先进单位
县粮食局	市粮食局表彰为2013年度全市粮食系统财务工作优胜单位
县粮食局	市粮食局表彰为2013年度全市粮食仓储质量工作先进单位
县粮食局	市粮食局表彰为2013年度全市粮油调控统计工作先进单位

县粮食局	市粮食局表彰为2013年度全市粮食流通产业发展工作先进单位
县体育局	市体育局表彰为2013年度群众体育工作取得优异成绩单位
县体育局	市体育局表彰为2013年度完成目标任务突出单位
县体育局	市体育局表彰为2013年度群众体育工作务先进单位
县体育局	市科协表彰为开办《科普大篷车》电视栏目先进单位
县档案局	市档案局表彰为2012年度服务民生档案工作先进单位
县档案局	市档案局表彰为2012年度档案宣传工作先进单位
县档案局	市档案局表彰为2012年度重大建设项目档案工作先进单位
县档案局	市档案局表彰为2012年度档案文化建设工作先进单位
县环保局	市环保局表彰为2012年环保系统业务综合目标一等奖
县环保局	市环保局表彰为2012年度核与辐射监管工作考核一等奖
县环保局	市环保局表彰为2012年度环境监察工作考核一等奖
县环保局	市环保局表彰为2012年度环境应急管理工作考核一等奖
县环保局	市环保局表彰为2012年度排污费申报与征收工作考核一等奖
县环保局	市环保局表彰为2012年度环境现场执法工作考核一等奖
县环保局	市环保局表彰为2012年度环境信访工作考核一等奖
县环保局	市环保局表彰为2012年全市环保系统办公室工作综合考核先进单位
县环保局	市环保局表彰为2012年全市环保系统办公室工作政务信息先进单位
县环保局	市环保局表彰为2012年全市环保系统办公室工作文电会先进单位
县环保局	市环保局表彰为2013年宜宾市辐射事故应急综合演练突出表现单位
县食药监局	市食药监局表彰为2013年度药品不良反应和医疗器械不良事件报告工作先进局
县食药监局	市食药监局表彰为2013年度药品不良反应和医疗器械不良事件监测报告先进局
县食药监局	市食药监局表彰为2013年度药品不良反应和医疗器械不良事件管理工作先进局
县食药监局	市食药监局表彰为2013年药品“两打两建”专项行动先进集体
县食药监局	市食药监局表彰为2013年度工作目标管理考核一等奖
县畜牧兽医局	市畜牧兽医局表彰为2012年度全市畜牧系统政务督办工作先进单位
县畜牧兽医局	市畜牧兽医局表彰为2012年度全市流通环节“瘦肉精”监测工作先进单位
县畜牧兽医局	市畜牧兽医局表彰为2012年度全市兽药监督管理工作先进单位
县畜牧兽医局	市畜牧兽医局表彰为2012年度全市畜牧经济工作目标绩效考核先进单位
县畜牧兽医局	市畜牧兽医局表彰为2012年度全市“三品一标认证管理”工作先进单位
县畜牧兽医局	市畜牧兽医局表彰为2012年度全市畜牧招商引资工作先进单位
县畜牧兽医局	市畜牧兽医局表彰为2012年度全市畜牧经济工作目标考核先进单位
县畜牧兽医局	市畜牧兽医局表彰为2013年度全市畜牧标准化生产与科技推广先进单位
县畜牧兽医局	市畜牧兽医局表彰为2013年度全市畜牧产业发展品牌建设先进单位
县畜牧兽医局	市畜牧兽医局表彰为2013年度全市畜牧新型经验主体培育先进单位
县畜牧兽医局	市畜牧兽医局表彰为2012年度全市兽医饲料管理工作先进单位
县畜牧兽医局	市畜牧兽医局表彰为2012年度全市重大动物疫病防控及畜产品安全工作先进单位
县气象局	市气象局表彰为2012年气象科技服务先进集体
县气象局	市气象局表彰为2013年汛期气象服务先进集体
县气象局	市气象局表彰为2012年安全生产先进单位
县人影办	市气象局表彰为2013年人工影响天气工作目标管理考核一等奖
县烟草专卖局	市烟草局(公司)表彰为2012年度目标管理先进单位
县烟草专卖局	市烟草局党组表彰为2012年度烟草行业“四好”领导班子
县公积金部	市住房公积金管理中心表彰为2012年度综合目标管理一等奖
县国税局	市委宣传部、市精神文明办表彰为2012年度全市宜宾市十佳文明优质服务示范窗口(办税服务厅)
县国税局	市纪委、监察局表彰为2012年度全市廉政文化“八进”活动示范单位
县国税局	市国税局表彰为2012年度绩效管理考评达标单位

县国税局	市国税局表彰为2012年度全员健身竞赛活动成绩突出单位
县国税局	市国税局表彰为2012年度全员健身竞赛活动健美操三等奖
县地税局	市地税局表彰为2012年度全市地税系统综合目标考核三等奖
县质监局	市质监局表彰为2012年度绩效管理优秀单位
县质监局	市质监局表彰为2012年度食品安全监管先进单位
县质监局	市质监局表彰为2012年度标准化工作先进单位
县质监局	市质监局表彰为2012年度代码工作先进单位
县质监局	市质监局表彰为2013年度绩效管理先进单位
县质监局	市质监局表彰为2013年度标准化工作先进单位
县质监局	市质监局表彰为2013年度依法行政工作先进单位
县质监局	市质监局表彰为2013年度代码工作先进单位
县工商局	市政府名录库建设领导小组办、市统计局表彰为2012年度全市单位清查工作先进集体
县工商局	市个体私营经济协会表彰为2012年度县(区)个私协会目标管理绩效考评达标单位
县工商局	市工商局表彰为2013年度全市系统政务信息宣传调研工作先进单位
县工商局	市政府政务服务中心表彰为2013年度政务服务优秀示范窗口(工商窗口)
筠连镇	市委、宜宾军分区党委表彰为2012年度党管武装工作先进乡镇党委
筠连镇	市委办、市政府办表彰为2012年度平安建设先进单位
筠连镇	市委办、市政府办表彰为2013年度新农村建设工作先进乡镇
筠连镇	市委办、市政府办表彰为2012年度新农村建设工作先进村(联络村)
筠连镇	市委办表彰为2013年度党委信息工作优秀乡镇(街道)
筠连镇	市人大常委办、研究室表彰为2013年度人大宣传工作先进单位
筠连镇	市政务服务中心表彰为2012年度最佳乡镇便民服务中心
筠连镇	市科协、市教育局表彰为宜宾市第二十八届青少年科技创新大赛优秀科技项目优秀科技实践活动三等奖
筠连镇	市疾病预防控制中心表彰为2013年传染病控制先进集体(社区卫生服务中心)
筠连镇	市科协表彰为2013年度科普惠农新村建设工作先进单位(瑞丰生态种植养殖科普示范基地)
筠连镇	市科协表彰为2013年度科普网络书屋建设应用和管理先进单位(城南社区)
筠连镇	市科协表彰为2013年度科普惠农新村建设工作先进单位(白鹤村蔬菜协会)
筠连镇	市林竹产业发展领导小组表彰为2012年度林竹基地建设先进造林业主(县富农合作社)
巡司镇	市委办、市政府办表彰为2012年度维护社会稳定工作先进镇乡
巡司镇	市委办表彰为2013年度党委信息工作优秀乡镇
巡司镇	市政府办表彰为2012年宜宾市政务信息先进集体
巡司镇	市农委、市统计局表彰为2012年度全市乡镇经济发展评价结果涉农街道前五
巡司镇	市农委、市统计局表彰为2013年度全市乡镇经济发展评价结果综合评价前十
巡司镇	市委、市政府命名为2012年度市级文明村(银星村)
蒿坝镇	市委办、市政府办表彰为2012年度平安建设先进乡镇
蒿坝镇	市委办、市政府办表彰为2013年度新农村建设工作先进乡镇
沐爱镇	市委办、市政府办表彰为2012年度平安建设先进乡镇
沐爱镇	市委办、市政府办表彰为2013年度新农村建设工作先进村(金塘村社区)
沐爱镇	市政府办表彰为2011-2012年度全市人民调解工作先进集体(棬坪村人民调解委员会)
沐爱镇	市科协表彰为2013年度科普惠农新村建设工作先进单位(兴隆村植物生态园协会)
腾达镇	市委办、市政府办表彰为2012年度平安建设先进乡镇
腾达镇	市委办、市政府办表彰为2012年度新农村建设工作先进乡镇
腾达镇	市纪委、监察局表彰为2013年廉政文化“八进”活动示范单位
腾达镇	市科协表彰为2013年度“站、栏、员”建设工作先进单位
腾达镇	市委办、市政府办表彰为2012年度新农村建设工作先进村(春风村)
腾达镇	市委办、市政府办表彰为2013年度新农村建设工作先进村(冒水村社区)
镇舟镇	市委办、市政府办表彰为2012年度维护社会稳定工作先进乡镇

镇舟镇	市科协表彰为2013年度科普惠农新村建设工作先进单位(香桂种植科普示范基地)
双腾镇	市委办、市政府办表彰为2012年度平安建设先进乡镇
双腾镇	团市委表彰为全市五四红旗团委(镇团委)
双泉职中	市科协、市教育局表彰为宜宾市第二十八届青少年科技创新大赛优秀科技项目优秀科技实践活动二等奖
大雪山镇	市委表彰为"实现伟大中国梦、建设美丽繁荣和谐四川(宜宾)"主题教育活动先进集体(安乐村党支部)
塘坝乡	市委办、市政府办表彰为2012年度平安建设先进乡镇
塘坝乡	市委办、市政府办表彰为2012年度新农村建设工作先进乡镇
塘坝乡	市委办表彰为2013年度党委信息工作优秀乡镇
塘坝乡	市科协表彰为2013年度"站、栏、员"建设工作先进单位
塘坝乡	市委办、市政府办表彰为2012年度新农村建设工作先进村(幸福村)
塘坝乡	市委办、市政府办表彰为2013年度新农村建设工作先进村(木映村)
武德乡	市农委、市统计局表彰为2012年度全市乡镇经济发展综合评价前十名(第三名)
高坎乡	市科协表彰为2013年度科普惠农新村建设工作先进单位(川林核桃种植协会)
乐义乡	市委办、市政府办表彰为2012年度维护社会稳定工作先进乡镇
孔雀乡	市农委、市统计局表彰为2012年度全市乡镇经济发展评价结果先进集体
龙镇乡	市科协表彰为2013年度科普惠农新村建设工作先进单位(兴胜村藤梨协会)
龙镇乡	市委办、市政府办表彰为2012年度维护社会稳定工作先进乡镇
高坪苗族乡	市委、市政府表彰为2012年度市级文明乡镇
高坪苗族乡	市委表彰"实现伟大中国梦 建设美丽繁荣和谐四川(宜宾)"主题教育活动先进集体(乡党委)
高坪苗族乡	市委办、市政府办表彰为2012年度维护社会稳定工作先进乡镇
邮储筠连支行	邮储银行宜宾市分行表彰为2013年零售信贷业务发展上台阶竞赛优胜单位
邮储筠连支行	邮储银行宜宾市分行表彰为2013年"合规大讨论"主题演讲比赛组织奖
金鑫公司	市科协表彰为宜宾市2009-2013年"金桥工程"优秀项目(《煤制甲醇二甲醚技术研究与运用》,筠连镇)
鲁班山北矿	市党委、政府授予表彰为2012年度宜宾市文明单位
好牛旺公司	市委办、市政府办表彰为2012年度先进外来企业(商会)
好牛旺公司	市科协表彰为宜宾市2009-2013年"金桥工程"优秀项目(《绿色优质牛肉食品精深加工关键技术的研究与示范》,筠连镇)
瑞丰合作社	市科协表彰为宜宾市2009-2013年"金桥工程"优秀项目(《优质肉牛现代产业链集成技术推广与应用》,筠连镇)
泓硒泉公司	市委办、市政府办表彰为第十四届中国西部国际博览会参展参会企业先进单位
林权木业公司	市科协表彰为宜宾市2009-2013年"金桥工程"优秀项目(《烤漆实木套装门集成技术研究与应用》,大雪山镇)
醒世茶业公司	市委办、市政府办表彰为第十四届中国西部国际博览会参展参会企业特别贡献单位
筠连西南水泥	市经信委表彰为2013年度宜宾市工业经济运行监测先进企业
筠连西南水泥	市政府表彰为2013年度全市消防工作先进单位
筠连西南水泥	西南水泥川南区域运营中心表彰为首届"川南杯"男子篮球比赛优秀组织奖
筠连西南水泥	西南水泥有限公司川南区域运营中心表彰为2013年度川南区域优秀成员企业

2013年度获市级表彰的先进个人

(单位提供,排名不分先后)

王　萍	市委办、市府办表彰为2012年民生工程目标考核优秀个人
叶光明	市委办、市府办表彰为2013年度农业农村工作目标考评先进个人

叶光明　市委办、市政府办表彰为2013年度新农村建设工作先进个人
甘华锋　市委办、市政府办表彰为2012年宜宾市信访工作暨党的十八大期间维稳综治信访工作成绩突出个人
甘华锋　市政府办表彰为2013年度安全生产工作绩效考核先进个人
詹　立　市委办、市政府办表彰为2013年全市信访工作先进个人
王见华　市科协表彰为宜宾市2009–2013年科协工作先进个人
刘成华　市委表彰为“实现伟大中国梦、建设美丽繁荣和谐四川(宜宾)”主题教育活动先进个人(沐爱镇棬坪村)
杨国军　市委表彰为“实现伟大中国梦、建设美丽繁荣和谐四川(宜宾)”主题教育活动先进个人(筠连百兴公司)
姚益均　市委表彰为“实现伟大中国梦、建设美丽繁荣和谐四川(宜宾)”主题教育活动先进个人(筠连镇白鹤村)
范钦刚　市委表彰为优秀共产党员(蒿坝镇中心校)
李晓东　市委表彰为优秀共产党员(县林业局)
张溢文　市委表彰为优秀共产党员(汪家沟煤矿)
王家元　市委表彰为“十佳基层干部”(腾达镇春风村)
王世永　市委表彰为“十佳创业先锋”(权林豪门公司)
张　芹　市委表彰为“十佳服务标兵”(县农业局)
刘光本　市委表彰为“十佳好市民”(龙镇乡金狮村)
马登容　市委表彰为“十佳卫生工作者”(县医院)
周绍洪　市委表彰为“十佳民兵”(筠连镇燎原村)
范钦刚　市政府表彰为宜宾市第四届劳动模范(蒿坝镇中心校)
黄平云　市政府表彰为宜宾市第四届劳动模范(县信用联社)
江　敏　市政府表彰为宜宾市第四届劳动模范(县自来水公司)
李国会　市政府表彰为宜宾市第四届劳动模范(高坎乡红旗村)
王光民　市政府表彰为宜宾市第四届劳动模范(凤凰煤业98煤矿)
王其聪　市政府表彰为宜宾市第四届劳动模范(团林苗族乡杉新村)
杨茂强　市政府表彰为宜宾市第四届劳动模范(四川鑫普建筑安装工程公司)
苏　平　市人民检察院表彰为中国梦征文比赛一等奖
曾仁英　市人民检察院记个人三等功
周远科　市住房公积金管理中心表彰为2013年度先进个人
杨　琪　市纪委表彰为信息工作先进个人
王　旭　市纪委表彰为办案优秀个人
詹　洁　市纪委表彰为全市纪检监察系统“三项建设”活动先进个人
雷　霆　市纪委、监察局表彰为2013年度办案优秀个人
余　梅　市纪委表彰为2013年度纪检监察信息先进个人
曹　章　市旅游局表彰为2012年度旅游工作先进个人
曹　章　市哲学研究会表彰为2012年度哲学社会科学理论调研文章评选二等奖
罗智勇　市文广新局表彰为党的十八大期间宜宾市广播电视安全播出先进个人
叶鼎铭　市电视台表彰为宜宾市2012年度记者站工作先进个人
廖启超　市旅游局2012年度宜宾旅游信息工作考核情况的通报
张　华　市委宣传部表彰为《人大代表对电力部门提出:科学规划 科学管理 改进工作 提升服务》报道优秀文章(合著)
杨　茜　市委宣传部表彰为《人大代表对电力部门提出:科学规划 科学管理 改进工作 提升服务》报道优秀文章(合著)
赵雪波　市委宣传部表彰为《人大代表对电力部门提出:科学规划 科学管理 改进工作 提升服务》报道优秀文章(合著)
李　青　市委宣传部表彰为《人大代表对电力部门提出:科学规划 科学管理 改进工作 提升服务》报道优秀文章(合著)
曾志钧　市民主管理协会表彰为优秀理事
曾志钧　市总工会表彰为学习贯彻十八大精神理论与实践优秀理论文章一等奖
汪富永　市总工会表彰为学习贯彻十八大精神理论与实践优秀理论文章二等奖
汪富永　市总工会表彰为宜宾市优秀工会工作者
汪富永　市总工会表彰为职工民主管理理论研究工作先进个人
汪富永　市总工会表彰为职工民主管理理论研究文章二等奖

许宗莹　市总工会表彰经审工作先进个人
罗家均　市地税局表彰为税收管理与辅助决策系统应用通报表扬
曹卫东　市地税局表彰为年度考核记个人三等功
向洪均　市地税局表彰为主题教育活动先进个人
廖成强　团市委表彰为2013年全市优秀共青团员
唐光聪　团市委表彰为2013年全市优秀共青团员
万通莎　团市委表彰为2013年全市优秀共青团员
张胜均　团市委表彰为2013年全市优秀共青团干部
陈虹全　团市委表彰为2013年全市优秀共青团干部
张成林　团市委、市安监局、市人社局、市总工会表彰为2013年宜宾市青年安全生产标兵(高坪苗族乡)
李华伟　市委办表彰为2013年度县(区)委办公室及其相关部门工作先进个人
李华伟　市委表彰为优秀共产党员
刘谢润　市委办、市政府办表彰为2012年宜宾市信访工作暨党的十八大期间维稳综治信访工作成绩突出个人
刘谢润　市委办、市府办表彰为2013年度信访工作先进个人
李　杰　市委办、市府办表彰为2012年度县(区)农业农村工作先进个人
李　杰　市委办、市府办表彰为2012年度全市新农村建设工作先进个人
周国强　市委办表彰为2012年度全市党委系统公文处理无差错活动优秀个人
周国强　市委办表彰为2013年度全市党委系统公文处理无差错活动优秀个人
胡旭刚　市委办表彰为2013年度县(区)党委信息工作优秀个人
韩世蓉　市委办表彰为2013年度县(区)委办公室系统机要工作先进个人
罗浚文　市委办表彰为2013年度县(区)委办公室系统党政网工作先进个人
肖　阳　市委办表彰为2013年度县(区)委办公室系统督查目标工作先进个人
倪前冲　市委办表彰为2013年度县(区)委办公室系统信访工作先进个人
陶光辉　市委办表彰为2013年度县(区)委办公室系统防邪工作先进个人
李文华　市委办表彰为2013年度县(区)委办公室系统保密工作先进个人
李自荣　市委办表彰为2013年度县(区)委办公室系统政务服务工作先进个人
黄通其　市委政研室表彰为2013年度县(区)委政研室调研工作优秀个人
霍　娟　市委宣传部、市教育局表彰为2011–2012年度中小学德育工作先进工作者
霍　娟　市社科联表彰为全市社科工作先进个人
张择君　市文联表彰为“中国梦.宜宾梦.我的梦”征文活动三等奖
张择君　市委宣传部、市新闻工作者协会表彰为宜宾新闻奖三等奖
罗均伟　市精神文明建设办表彰为2013年度专项工作先进个人
蒋蜀均　市科协、市教育局表彰为优秀科技实践三等奖指导奖
蒋蜀均　市教育局表彰为中小学生电脑制作活动三等奖(指导教师)
董明均　市公安局表彰为“破案会战”个人三等功
董明均　市公安局表彰为成功侦破筠连县“2011.2.16”非法吸收公众存款案个人三等功
邱　明　市公安局表彰为“破案会战”个人嘉奖
刘　康　市公安局表彰为破获“2012.7.2”杀人案,个人三等功
徐　武　市禁毒委表彰为2012年禁毒宣传教育工作先进个人
徐　武　市公安局表彰为全市扫毒害报平安严打整治先进个人
徐　武　市禁毒委表彰为易制毒化学品管理工作中突出贡献个人
刘　帆　市公安局翠屏区分局表彰为川滇渝两省一市十二县区处治安联防先进个人
马　波　市禁毒委表彰为全市扫毒害保平安严打整治行动先进个人
叶　帅　市公安局表彰为“警民网事“论坛建设个人嘉奖
易元彬　市公安局表彰为2012年度全市公安信息、调研、统计工作优秀个人
李　林　市公安局表彰为我最喜爱的同事
李　林　市公安局表彰为全市公安机关法制民警和法制员业务技能竞赛成“成绩突出法制民警”

闵　涛　市公安局表彰为全市优秀带兵所(队)长
闵　涛　市公安局记个人三等功
贾廷伟　市公安局表彰为全市优秀带兵教导员
贾廷伟　市公安局记个人三等功
曹立华　市纪委表彰为全市纪检监察系统“三项建设”活动先进个人
何亚莉　市公安局表彰为我最喜爱的同事
赵忠俊　市公安局记个人三等功
彭　杰　市公安局记个人三等功
郑　旺　市公安局记个人三等功
黄　欣　市公安局记个人三等功
周　钰　市政府政务服务中心表彰为2013年政务服务标兵(工商窗口)
吴先军　市政府政务服务中心表彰为2013年政务服务标兵(林业窗口)
田　甜　市政府政务服务中心表彰为2013年全市政务服务信息工作突出贡献个人
周　钰　市政府政务服务中心表彰为2013年全市政务服务信息工作先进个人
吴桂秋　市政府政务服务中心表彰为2013年全市政务服务信息工作先进个人
程璐崎　市林业和园林管理局表彰为“现代林业、美丽宜宾杯“摄影展三等奖
徐小芹　市林业和园林管理局表彰为2013年度林业报刊发行工作先进个人
段　毅　市科协表彰为宜宾市2009-2013年科协工作先进个人
余元忠　市科协表彰为2009-2013年学会工作先进个人
陈　践　市综治委“三电”设施安保领导组办表彰为2012年度全市“三电”设施保护工作先进个人
胡旭东　市水务局表彰为宜宾市水务系统2013年度优秀办公室主任
徐德秋　市水务局表彰为宜宾市第一次全市水利普查先进个人
李庆华　市水务局表彰为宜宾市第一次全市水利普查先进个人
苏浪坤　市水务局表彰为宜宾市第一次全市水利普查先进个人
韦世坤　市水务局表彰为宜宾市第一次全市水利普查先进个人
郝中燕　市委政法委表彰为全市政法队伍建设调研优秀奖
郝中燕　市中级人民法院表彰为全市法院思想政治工作优秀调研二等奖
曹　建　市中级人民法院表彰为全市法院调研工作先进个人
杨桂萍　市中级人民法院表彰为全市法院系统主题征文比赛三等奖
袁　静　市中级人民法院表彰为全市法院系统宣传工作先进个人
谢兰秀　市中级人民法院表彰为全市法院系统调研工作先进个人
葛定夷　市中级人民法院表彰为全市司法警察体能达标活动先进个人
吴朝兵　市中级人民法院表彰为全市司法警察体能达标活动先进个人
练小玲　市中级人民法院表彰为全市法院思想政治工作优秀调研二等奖
练小玲　市委政法委表彰为全市政法队伍建设调研优秀奖
喻　英　市中级人民法院表彰为全市法院审判管理工作先进个人
卿晓娟　市中级人民法院表彰为全市法院司法统计工作先进个人
平一惠　市中级人民法院表彰为全市法院宣传工作先进个人
曾本胜　市政府办表彰为2011-2012年度全市人民调解工作先进个人
彭镜礼　《宜宾人大》编委会表彰为优秀调研文章(《充分发挥代表职能作用 切实增强监督实效》)
罗付乾　市科协表彰为市科协系统第四届优秀学术论文二等奖(《山区农村谁种粮—四川筠连县农村种粮群体调查与思考》,合著)
李万旭　市科协表彰为市科协系统第四届优秀学术论文二等奖(《山区农村谁种粮—四川筠连县农村种粮群体调查与思考》,合著)
王　成　市科协表彰为市科协系统第四届优秀学术论文二等奖(《20世纪前50年的四川养猪业》,合著)
王　成　市科协表彰为宜宾市2009-2013年“金桥工程”优秀组织者(畜牧兽医学会)
徐旺生　市科协表彰为市科协系统第四届优秀学术论文二等奖(《20世纪前50年的四川养猪业》,合著)

彭　军　市科协表彰为市科协系统第四届优秀学术论文三等奖(《窦性心律震荡在心血管疾病中的临床应用》)
徐　远　市科协表彰为市科协系统第四届优秀学术论文优秀奖(《香桂扦插育苗试验》,合著)
徐　远　市科协表彰为宜宾市2009-2013年"金桥工程"优秀组织者(林学会)
宋向远　市科协表彰为市科协系统第四届优秀学术论文优秀奖(《香桂扦插育苗试验》,合著)
钟　岚　市科协表彰为市科协系统第四届优秀学术论文优秀奖(《香桂扦插育苗试验》,合著)
刘　力　市科协表彰为市科协系统第四届优秀学术论文优秀奖(《他山之石,可以攻玉——浅谈流行歌曲与语文教学》)
刘　宴　市科协表彰为市科协系统第四届优秀学术论文优秀奖(《基层医院护士临床带教中存在的问题及对策》)
李欣玥　市科协、市教育局表彰为宜宾市第二十八届青少年科技创新大赛优秀科技项目二等奖(胜利街小学)
陈　名　市科协、市教育局表彰为表彰为宜宾市第二十八届青少年科技创新大赛优秀科技项目三等奖(胜利街小学)
黄小雨　市科协、市教育局表彰为表彰为宜宾市第二十八届青少年科技创新大赛优秀科技项目三等奖(胜利街小学)
王语嫣　市科协、市教育局表彰为表彰为宜宾市第二十八届青少年科技创新大赛优秀科技项目优秀少年儿童科学幻想画三等奖
刘宇仁　市科协、市教育局表彰为表彰为宜宾市第二十八届青少年科技创新大赛优秀科技项目优秀辅导员创新项目一等奖
刘宇仁　市科协、市教育局表彰为表彰为宜宾市第二十八届青少年科技创新大赛优秀科技项目优秀科技教师(海银小学)
王明银　市科协、市教育局表彰为表彰为宜宾市第二十八届青少年科技创新大赛优秀科技项目优秀辅导员创新项目三等奖
刘小林　市科协、市教育局表彰为表彰为宜宾市第二十八届青少年科技创新大赛优秀科技项目优秀科技教师(双泉职中)
罗中远　市科协、市教育局表彰为表彰为宜宾市第二十八届青少年科技创新大赛优秀科技项目优秀组织者(胜利街小学)
谢龙珊　市科协、市教育局表彰为表彰为宜宾市第二十八届青少年科技创新大赛优秀科技项目优秀组织者(教育局)
周　玉　市科协表彰为科普网络书屋建设应用和管理先进个人(政法委)
许娇娇　市科协表彰为科普网络书屋建设应用和管理先进个人(团县委)
刘　琴　市科协表彰为科普网络书屋建设应用和管理先进个人(粮食行业学会)
余　伟　市科协表彰为科普网络书屋建设应用和管理先进个人(县人社局)
刘开杰　市科协表彰为宜宾市2009-2013年"金桥工程"优秀组织者(县科协)
魏世刚　市科协表彰为宜宾市2009-2013年学会工作先进个人(教育学会)
余元忠　市科协表彰为宜宾市2009-2013年学会工作先进个人(会计学会)
聂昌恒　市科协表彰为宜宾市2009-2013年学会工作先进个人(质量协会)
路次祖　市科协表彰为宜宾市2009-2013年学会工作先进个人(畜牧兽医学会)
詹庚一　市科协表彰为宜宾市2009-2013年科普工作先进个人(县科技局)
詹庚一　市委办、市政府办表彰为第二十五届世界华商大会参展参会先进个人
刘　平　市科协表彰为宜宾市2009-2013年科普工作先进个人(县计生局)
严双梅　市科协表彰为宜宾市2009-2013年科普工作先进个人(县科协)
周玉杰　市科协表彰为宜宾市2009-2013年科普工作先进个人(城南社区)
刘泽慧　市科协表彰为宜宾市2009-2013年科协工作先进个人(县科协)
刘敬远　市科协表彰为宜宾市2009-2013年科协工作先进个人(县委党校)
邓义英　市科协表彰为宜宾市2009-2013年科协工作先进个人(县科协)
邓义英　市科协表彰为2013年度宣传信息工作先进个人(县科协)
刘小芹　市委宣传部、市人大常委会办表彰为宜宾市第八届宣传人大制度好新闻消息类一等奖
刘小芹　市人大常委会办公室、市人大常委会研究室表彰为2013年度《宜宾人大》优秀通讯员
李　强　市气象局表彰为2013年年度考核优秀人员
陈谭丽　市气象局表彰为2013年优秀财务工作人员

黄述明　市气象局表彰为2013年宜宾重大气象服务先进个人
周　钰　市政府政务服务中心表彰为2013年政务服务标兵(工商窗口)
李　鑫　市工商局表彰为2013年全市系统政务信息宣传调研工作先进个人
杨　尖　市卫生局委员会表彰为“实现伟大中国梦,建设美丽繁荣和谐四川(宜宾)”主题教育活动先进个人
程　林　市疾病控制中心表彰为2012年结核病防治先进个人(县医院)
马登容　市委表彰为十佳卫生工作者(县医院)
尹亭花　市卫生局委员会表彰为宜宾市卫生系统深化医药卫生体制改革实现“我的中国梦”演讲比赛二等奖(县医院)
李登惠　市卫生局表彰为全市精神卫生防治工作先进个人(筠连镇社区卫生服务中心)
朱清云　市教育局表彰为宜宾市最美乡村教师(蒿坝镇水龙村小学)
李朝敏　市教育局表彰为宜宾市最美乡村教师(维新镇自由小学)
郭　坤　市教育局表彰为宜宾市最美乡村教师(武德乡水潦小学)
刘　强　市教育局表彰为宜宾市突出成就奖(筠连县中学)
刘　波　市教育局表彰为宜宾市突出成就奖(筠连县第三中学)
马永康　市委、市政府表彰为2013年度宜宾市教书育人楷模(希望小学)
马永康　市教育局表彰为宜宾市教书育人楷模(希望小学)
郝从宜　市教育局表彰为宜宾市师德标兵(筠连县中学)
郝从宜　市委、市政府表彰为2013年度宜宾市师德标兵(筠中)
李仕静　邮储银行宜宾市分行表彰为2013年度“三八”红旗手
李仕静　邮储银行宜宾市分行表彰为2013年度小额贷款优秀信贷经理
徐小艳　邮储银行宜宾市分行2013年度“三八”红旗手
曾明洪　邮储银行宜宾市分行表彰为2013年度“三八”红旗手
郭爱筠　人行宜宾分行表彰为2013年年度考核为优秀
江　南　人行宜宾分行表彰为2013年年度考核为优秀
郭　丽　人行宜宾分行表彰为2012年年度考核为优秀
吴　钊　市处理信访突出问题及群体事件联席会议办表彰为2012年全市信访“零报告”工作先进个人
陈　覃　武警宜宾市支队记个人三等功
蔡丽鹏　武警宜宾市支队记个人三等功
蔡丽鹏　武警宜宾市支队表彰为优秀士兵
李　刚　武警宜宾市支队表彰为优秀士兵
熊　浩　武警宜宾市支队表彰为优秀士兵
王　平　武警宜宾市支队表彰为优秀士兵
卞志安　武警宜宾市支队表彰为优秀士兵
李江鹏　武警宜宾市支队表彰为优秀士兵
王　博　武警宜宾市支队表彰为优秀士兵
王照辉　武警宜宾市支队表彰为优秀士兵
王新天　武警宜宾市支队表彰为优秀士兵
张文聪　市国税局表彰为全市国税系统“实现伟大中国梦、建设美丽繁荣和谐四川(宜宾)”主题教育活动先进个人
苏竹君　市国税局表彰为全市国税系统“实现伟大中国梦、建设美丽繁荣和谐四川(宜宾)”主题教育活动最佳基层干部
叶欧美　市国税局表彰为市国税局“梦想启航,共助宜宾国税腾飞”主题演讲比赛三等奖
詹擎生　市国税局表彰为2013年全员健身竞赛活动男子100米跑第二名
詹擎生　市国税局表彰为参加省局全员健身竞赛活动成绩突出个人
宋旭东　市国税局记个人三等功
张　君　市国税局给予个人嘉奖
徐秀云　市国税局给予个人嘉奖
余定琼　市国税局给予个人嘉奖
王克西　市国税局给予个人嘉奖

周华清　市国税局给予个人嘉奖
蒋亚林　市国税局给予个人嘉奖
胡　煜　市国税局给予个人嘉奖
何　宏　市国税局给予个人嘉奖
聂昌前　市国税局给予个人嘉奖
郑　伟　市国税局给予个人嘉奖
叶明方　市残联表彰为2012年度全市扶残助残先进个人
申世云　市残联表彰为2012年度全市残疾人自强之星
冯培华　市残联表彰为2012年度全市优秀残疾人工作者
占成才　市残联表彰为2012年度全市优秀残疾人青少年
李元丽　市商业银行股份有限公司表彰为2013年度优秀员工
牟永多　市商业银行工会委员会表彰为2013年度工会优秀干部
张宇航　市商业银行工会委员会表彰为2013年度工会积极分子
周　丹　市商业银行股份有限公司表彰为2013年度优秀员工
徐　蓉　市人普办表彰为人口普查专题分析一等奖
曹世禾　市人普办表彰为人口普查专题分析二等奖
周　娟　市人普办表彰为人口普查专题分析二等奖
古在芝　市人普办表彰为人口普查专题分析三等奖
张　立　市林竹产业发展领导小组表彰为2012年度林竹基地建设先进个人
潘显刚　市林竹产业发展领导小组表彰为2012年度林竹基地建设先进造林业主(武德乡石泉村)
石永莉　市政府办表彰为2012年度全市政务信息工作先进个人
李　化　市政府办表彰为2012年度全市政务信息工作先进个人
聂海松　市政府办表彰为2012年度全市政务信息工作先进个人
段四海　市政府办表彰为“2012宜宾名小吃、宜宾特色餐饮名店、宜宾名优特产评选活动”组织承办工作成绩突出先进个人
刘文科　市政府办表彰为“2012宜宾名小吃、宜宾特色餐饮名店、宜宾名优特产评选活动”组织承办工作成绩突出先进个人
邓　朝　市委办、市政府办表彰为2012年宜宾市信访工作暨党的十八大期间维稳综治信访工作成绩突出先进个人
王贵均　市委办、市政府办表彰为2012年全市信访工作暨党的十八大期间维稳综治信访工作成绩突出个人(县大调解中心)
徐仕付　市政府办表彰为2011-2012年度全市人民调解工作先进个人(维新镇人民调解委员会副主任)
刘作湘　市政府办表彰为2011-2012年度全市人民调解工作先进个人(巡司镇人民调解委员会调解员)
赵云忠　市政府办表彰为2011-2012年度全市人民调解工作先进个人(塘坝乡人民调解委员会调解员)
张会银　市政府办表彰为2011-2012年度全市人民调解工作先进个人(镇舟镇人民调解委员会副主任)
贾　红　市政府办表彰为2011-2012年度全市人民调解工作先进个人(筠连镇人民调解委员会调解员)
袁忠容　市政府办表彰为2011-2012年度全市人民调解工作先进个人(腾达司法所司法助理员)
钟文玉　市政府办表彰为2013年度安全生产工作绩效考核先进个人
刘祖学　市政府办表彰为2013年度安全生产工作绩效考核先进个人(广旺集团船景煤矿)
李　方　市政府办表彰为2013年全市政务信息工作先进个人
赵　敏　市政府办表彰为2013年政府性债务审计先进个人
黄　峰　市政府办表彰为2013年度政务调研工作先进个人
郭　旭　市政府办表彰为2013年度政务调研工作先进个人
邹林易　市政府办表彰为2009-2012年度刑释解教人员安置帮教工作先进个人
周晓芳　市政府办表彰为2009-2012年度刑释解教人员安置帮教工作先进个人
吴孝刚　市政府办表彰为2009-2012年度刑释解教人员安置帮教工作先进个人
邹　炜　市政府办表彰为2009-2012年度刑释解教人员安置帮教工作先进个人
贾　红　市政府办表彰为2009-2012年度刑释解教人员安置帮教工作先进个人

陈　华　市委办、市政府办表彰为第十四届中国西部国际博览会参展参会先进个人
杨光照　市委办、市政府办表彰为第十四届中国西部国际博览会参展参会先进个人
陈　蓉　市委办、市政府办表彰为第十四届中国西部国际博览会参展参会企业先进个人（醒世茶业公司）
成　轶　市委办、市政府办表彰为第十四届中国西部国际博览会参展参会企业先进个人（泓硒泉饮品公司）
应　翔　市委办、市政府办表彰为第二十五届世界华商大会参展参会先进个人（双星茶业公司）
钟　伟　市委办、市政府办表彰为2012年度新农村建设工作先进个人（巡司镇四方村）
向彩军　市委办、市政府办表彰为2012年度新农村建设工作先进个人（腾达镇向阳村）
刘让友　市委办、市政府办表彰为2012年度新农村建设工作先进个人（高坪苗族乡槐树村）
郭　正　市委办、市政府办表彰为2012年度新农村建设工作先进个人（联合苗族乡正兴兔业）
钟志琳　市委办、市政府办表彰为2012年度新农村建设工作先进个人（沐爱镇）
蒋贵彬　市委办、市政府办表彰为2013年度新农村建设工作先进个人（县富农林业公司）
詹成云　市委办、市政府办表彰为2013年度新农村建设工作先进个人（筠连镇垫泥村）
应元品　市委办、市政府办表彰为2012年度民生工程目标考核先进个人（县住建局）
刘振华　市委办表彰为2013年度党委信息工作乡镇（街道）优秀个人（巡司镇）
周晓芳　市委办、市政府办表彰为2013年全市信访工作先进个人（巡司镇）
李　建　市委办表彰为2013年度党委信息工作乡镇（街道）优秀个人（筠连镇）
许　华　市委办、市政府办表彰为2013年全市信访工作先进个人

2013年度获中共筠连县委　筠连县人民政府表彰的先进单位

（单位提供，排名不分先后）

一、筠连县第三次社会科学优秀成果组织工作奖

县委办
县政府办
县政协办
县委组织部
县委宣传部
县委党校
县林业局
县畜牧兽医局
县社科联
双腾镇党委
龙镇乡党委

二、2012年度规模以上工业企业工业经济管理先进单位和纳税贡献奖

（一）先进单位

1.一类单位

一等奖：
筠连镇
镇舟镇
县教育局
县公安局

二等奖：
蒿坝镇
巡司镇
县监察局
县国土资源局

三等奖：
武德乡
县经济商务和信息化局

2.二类单位

一等奖:
孔雀乡
塘坝乡
县交通运输局
二等奖:
高坪苗族乡
高坎乡
县住建局
三等奖:
沐爱镇
乐义乡
龙镇乡
县水务局
3.三类单位
一等奖:
大雪山镇
县食药监局
二等奖:
腾达镇
联合苗族乡
县林业局
县应急办
三等奖:
团林苗族乡
双腾镇
县质监局
4.四类单位
一等奖:
县政府办
县检察院
县工商局
二等奖:
县卫生局
县农业局
县委县政府督查目标办
县环保局
县煤征办
三等奖:
县总工会
县法院
县民政局
5.其他部门
县委办
县人大办
县政协办
县政法委
县委组织部
县委宣传部
县财政局
(二)先进企业
柏香林煤矿
刘家祠煤矿
兴旺煤矿
巡司二煤矿
小寨煤矿
大田煤矿
开心采石场
盛强采石场
自由采石场
犀牛大湾采石场
中石化昭筠加油站
筠连县门坎滩电站
凤凰煤业金銮九八煤矿
宜宾市戎宸运业筠连宇顺有限责任公司
四川省筠连县权林豪门制造有限公司
筠连县好牛旺凯旋食品有限责任公司

三、2012 年度煤矿安全管理先进企业

九八煤矿
益民煤矿
巡司二煤矿
槐树煤矿

白云一煤矿
小河煤矿
楠木湾煤矿
志鸿煤矿
兴旺煤矿
琼兴煤矿
朝阳煤矿
小寨煤矿
刘家祠煤矿
金泉煤矿
小河联办煤矿
团结煤矿
水洋煤矿
新田煤矿
夏泉煤矿
大田煤矿
金鑫煤矿
青山煤矿
中村煤矿
河坝煤矿

四、2012年征兵工作先进单位

筠连镇人民政府
县委宣传部
沐爱镇人民政府
县政府办公室
维新镇人民政府
县公安局
巡司镇人民政府
县监察局
双腾镇人民政府
县卫生局
乐义乡人民政府
县教育局
蒿坝镇人民政府
县财政局
高坎乡人民政府

五、筠连县人民政府授予筠连名小吃、名优特产、餐饮名店称号

（一）筠连县名小吃

魏四芗鲜小吃店（魏四芗鲜水粉）
白老幺小吃店（白老幺椒麻鸡）
雷七点小吃店（雷七点椒麻鸡）
小兵口水鸡小吃店（小兵口水鸡）

（二）筠连特色餐饮名店

筠连县赢江木易蜀亨酒店
筠连县大自然土鸡煲
筠连县浙商大酒店有限公司
筠连县苗家酒楼
筠连县麻辣空间火锅食府
筠连县更生园酒楼

（三）筠连名优特产

宜宾醒世茶业有限责任公司（醒世黄金白露红茶）
筠连县老外婆腌腊食品厂（老外婆腌腊食品系列）
筠连县新世纪绿色食品有限公司（红薯粉条、红豆腐（腐乳））
筠连县筠洲信诚商贸有限公司（苗家黄牛干巴）
筠连好牛旺凯旋食品有限责任公司（台湾烤肠、川香鸡柳、撒尿牛丸）
筠连县青山绿水茶叶专业合作社（苦丁茶）
筠连县筠红商贸有限责任公司（红茶、阳雀报春）
宜宾市双星茶业有限责任公司（公历·310、筠连红·金螺、小叶苦丁茶、圣星茗芽、筠连绿·翠螺）
筠连县玉壶生态茶业有限责任公司（玉壶红蕊）
筠连县蒙韵茶业有限责任公司（乌蒙韵红茶、帝极皇品红茶、五尺红韵红茶）
宜宾五尺道商贸有限公司（五尺道黑山猪、五尺道黄牛）
筠连县六五茶叶有限责任公司（银山宏红茶）
筠连县富农竹木种植加工专业合作社（方竹笋干）
筠连县清溪沟现代农业开发有限公司（贡树茶）
筠连县国珍食品有限责任公司（红豆腐）

六、筠连县第二届筠州文艺奖组织奖

筠连县文学艺术界联合会
筠连县书法家协会

七、筠连县妇女儿童工作先进集体

县政府妇儿工委
县教育局
县卫生局
县财政局
县公安局
县人力资源与社会保障局
筠连镇人民政府
县政府办
腾达镇人民政府
县城管局(爱卫办)
武德乡人民政府
高坪苗族乡人民政府
县统计局
沐爱镇人民政府
县妇联
塘坝乡人民政府
县人口计生局
双腾镇人民政府

八、2012年度烤烟生产工作先进集体

(一)突出奖

蒿坝镇人民政府
联合苗族乡人民政府
高坪苗族乡人民政府
高坎乡人民政府

(二)先进集体

团林苗族乡人民政府
县国土资源局
维新镇人民政府
县农业局
镇舟镇人民政府
县气象局
龙镇乡人民政府
县水务局
孔雀乡人民政府
县文广新旅局
武德乡人民政府
县财险公司
市烟草公司筠连分公司
县电力公司
县财政局
县烟办

(三)千亩连片种植村、组

蒿坝镇中山村
联合苗族乡红春村
蒿坝镇高坪村
联合苗族乡红竹村
蒿坝镇高桥村
高坪苗族乡英雄村李一组
蒿坝镇高龙村
高坪苗族乡槐树村
蒿坝镇高兴村
高坪苗族乡麻园村
联合苗族乡光明村三组
高坎乡花山村四组

(四)500亩连片种植村、组

高坪苗族乡先锋村马坪组
镇舟镇尖峰村
高坪苗族乡英雄村关平组
龙镇乡车坪村
高坪苗族乡麻园村毛山组
高坎乡花山村一组
蒿坝镇齐心村
联合苗族乡光明村四组
蒿坝镇合力村
联合苗族乡茶园村
蒿坝镇高石村
孔雀乡集中村

九、2012年烤烟产值百万元村

联合苗族乡光明村,产值589.2万元
高坪苗族乡麻园村,产值496.8万元
联合苗族乡茶园村,产值453.3万元
高坪苗族乡槐树村,产值462.5万元
联合苗族乡红春村,产值432.9万元
高坪苗族乡先锋村,产值241.8万元
联合苗族乡红竹村,产值224.7万元
蒿坝镇高桥村,产值527.4万元
高坪苗族乡英雄村,产值538.2万元
蒿坝镇高龙村,产值309.2万元

嵩坝镇高兴村，产值301.6万元
嵩坝镇高坪村，产值182.4万元
嵩坝镇高石村，产值115.8万元
嵩坝镇齐心村，产值114.9万元
嵩坝镇合力村，产值111.5万元
嵩坝镇青花村，产值110万元
嵩坝镇中山村，产值103.9万元
镇舟镇尖峰村，产值239万元
镇舟镇马家村，产值202.7万元
龙镇乡龙塘村，产值175.7万元
龙镇乡车坪村，产值162.7万元
龙镇乡卜好村，产值121.6万元
维新镇菜坪村，产值153.6万元
维新镇山坝村，产值130万元
孔雀乡平原村，产值146万元
孔雀乡集中村，产值115万元
孔雀乡兴坪村，产值109万元
孔雀乡黄泥村，产值108万元
双腾镇桐榜村，产值146万元
双腾镇新田村，产值101.1万元
团林苗族乡新中村，产值142.2万元
团林苗族乡杉新村，产值109.8万元
沐爱镇金銮村，产值115.3万元
沐爱镇金坪村，产值108.8万元
塘坝乡双田村，产值103.5万元
武德乡长征村，产值133.6万元
高坎乡花山村，产值182.3万元
筠连镇五凤村，产值166万元

十、2012年度武装工作先进单位

筠连镇
巡司镇
嵩坝镇
武德乡
联合苗族乡
高坎乡

十一、2012年度重点建设目和工作先进单位和优秀服务单位

(一)先进单位

1.乡镇

筠连镇党委、政府
巡司镇党委、政府
沐爱镇党委、政府
乐义乡党委、政府
龙镇乡党委、政府

2.责任单位

县经信局
县发改局
县经开区
县住建局
县环保局
县交通局
县教育局
县招商局
县水务局
县文广新旅局

(二)优秀服务单位

县委办
县人大办
县政府办
县政协办
县统计局
县财政局
县公安局
县委县政府督查目标办

十二、2012年乡镇人口和计划生育工作目标考核结果

一等奖

筠连镇党委、政府
巡司镇党委、政府
武德乡党委、政府
沐爱镇党委、政府
高坎乡党委、政府

二等奖

大雪山镇党委、政府
镇舟镇党委、政府
双腾镇党委、政府
塘坝乡党委、政府
维新镇党委、政府
嵩坝镇党委、政府

高坪苗族乡党委、政府
团林苗族乡党委、政府
联合苗族乡党委、政府

三等奖

孔雀乡党委、政府
腾达镇党委、政府
龙镇乡党委、政府
乐义乡党委、政府

十三、授予2012年度乡镇人口计生工作红旗、黄旗

流动红旗:筠连镇党委、政府

黄旗警告:乐义乡党委、政府

十四、2012年度人口计划生育工作先进集体

(一)人口计划生育部门履职先进集体

县委办
县人大办
县政府办
县政协办
县纪委(监察局)
县委组织部
县委宣传部
县委政法委
县财政局
县人口计生局

(二)流动人口计划生育服务管理工作先进集体

县人口计生局
县公安局
县卫生局
县食品药品监管局
县住建局

(三)计划生育"三结合"工作先进集体

县人社局
县国税局
县地税局
县水务局
县民政局

十五、2012年行业发展目标先进单位

(一)行业发展目标考核结果

1.一等奖

县财政局
县烟办
县交通运输局
县统计局
县委县政府督查目标办
大雪山镇
沐爱镇
龙镇乡

2.二等奖

县畜牧兽医局
县农业局
县园区管委会
县委农工办
县工商局
县经信局
县林业局
县发改局
筠连镇
腾达镇
巡司镇
蒿坝镇
双腾镇
维新镇
镇舟镇
武德乡
乐义乡
塘坝乡
孔雀乡

3.三等奖

县水务局
县住建局
县地税局
县就业局

高坎乡
联合苗族乡
高坪苗族乡
团林苗族乡

(二)行业发展先进单位

1.一等奖

大雪山镇
县统计局

2.二等奖

县财政局
龙镇乡
沐爱镇

3.三等奖

县交通运输局
镇舟镇
县烟办
孔雀乡
巡司镇

(三)行业发展目标管理先进单位

县委县政府督查目标办
县发改局
县招商引资局
县统计局

十六、2012年度新农村建设工作先进集体

(一)先进乡镇

1.一等奖:

塘坝乡
龙镇乡
腾达镇

2.二等奖:

筠连镇
蒿坝镇
双腾镇
沐爱镇

3.三等奖

巡司镇
大雪山镇
高坪苗族乡
团林苗族乡
镇舟镇

(二)先进村

筠连镇白鹤村
武德乡共和村
腾达镇春风村
塘坝乡木映村
巡司镇芦丰村
龙镇乡龙塘村
蒿坝镇高桥村
孔雀乡中心村
双腾镇走马村
乐义乡白云村
沐爱镇金鱼村
高坪苗族乡槐树村
维新镇顺阳村
联合苗族乡革新村
镇舟镇尖峰村
团林苗族乡杉新村
大雪山镇安乐村
高坎乡五星村

(三)先进龙头企业

宜宾醒世茶业有限责任公司
筠连县权林豪门制造有限公司
宜宾双星茶业有限责任公司
筠连好牛旺凯旋食品有限责任公司

(四)先进专合组织

筠连县青山绿水茶叶专合社
筠连县瑞丰生态种植养殖专合社
筠连县腾达镇春风李子专合社
筠连县富农竹木种植加工专合社
筠连县佳乐富农副产品合作社

(五)先进帮扶部门

县委办
县政府办

县人大办
县政协办
县委组织部
县纪委(监察局)
县委宣传部
县委政法委
县财政局
县住建局
县农业局
县教育局
县人口计生局
县民政局
县发改局
县科技局
县公安局
县环保局

十七、"实现伟大中国梦、建设美丽繁荣和谐四川(筠连)"主题教育活动先进单位

县委办
县政府办
县人大办
县政协办
县委组织部
县纪委(监察局)
县委宣传部
县委政法委
县检察院
县直机关工委
县人口计生局
县文广新旅局
县非公经济组织党工委
县教育局
县公安局
县林业局
县经信局
县卫生局
县水务局
县交通运输局
筠连镇
巡司镇
腾达镇
维新镇
沐爱镇
镇舟镇
大雪山镇
蒿坝镇
武德乡
乐义乡
塘坝乡
孔雀乡
团林苗族乡
联合苗族乡
高坪苗族乡
高坎乡五星村
县人民医院
筠连中学
筠连三中
胜利街小学
筠连镇白鹤村
腾达镇大地小学
蒿坝中心校
维新镇顺阳村
沐爱镇棬坪村
双腾镇双泉职中
双腾镇曹岭村
镇舟镇景阳村
大雪山镇安乐村
龙镇乡龙塘村

十八、筠连县"敬老文明号"命名表彰单位

(一)涉老单位

武德乡大乐小学
胜利街小学
县人社局
筠连镇玉壶社区
县残疾人联合会
高坪苗族乡人民政府
维新镇中心小学
县粮食局
县委统战部
筠连中学
沐爱镇人民政府
县民政局
县教育局
县档案局
县总工会
筠连县第三中学
县委政法委

(二)为老服务组织

县老年大学

县门球协会

筠连县筠连镇白鹤村老协会

(三)公共服务窗口

筠州公共交通有限公司

筠连镇社区服务中心

十九、2012 年度基层党建工作先进乡镇和先进单位

(一)基层党建工作先进乡镇

腾达镇

双腾镇

高坪苗族乡

乐义乡

团林苗族乡

(二)基层党建工作先进单位

县公安局

县直机关工委

县非公经济组织党工委

二十、2012 年度党风廉政建设和反腐败工作先进集体

县国税局党组

县城管局党组

县财政局党组

县统计局党组

县粮食局党组

筠连镇党委

县公安局党委

镇舟镇党委

县检察院党组

塘坝乡党委

县法院党组

高坪苗族乡党委

二十一、2012 年度"无非正常信访镇乡"创建先进单位

沐爱镇

高坪苗族乡

塘坝乡

龙镇乡

蒿坝镇

筠连镇

武德乡

镇舟镇

联合苗族乡

二十二、2012 年度办理县人大代表建议和县政协委员提案先进集体

县交通运输局

县财政局

县文广旅局

县住建局

县人社局

县水务局

县卫生局

县公安局

县民政局

二十三、2012 年信访工作成绩突出单位

(一)乡镇

筠连镇党委、政府

武德乡党委、政府

沐爱镇党委、政府

团林苗族乡党委、政府

龙镇乡党委、政府

(二)县级部门

县人力资源和社会保障局

县住房和城乡规划建设局

县公安局

县委群众工作局(县信访局)

二十四、2012 年度非公有制经济组织党建工作先进单位

筠连县汉林矿山机械制造公司党支部
筠连县百兴公司党支部

二十五、2012年度招商引资目标考核结果

(一)先进单位

县委办
县政府办
县政协办
县委宣传部
园区管委会
县发改局
县经信局
县国土资源局
县住建局
县环保局
县林业局
县文广新旅局
县招商局
县信用联社
筠连镇
巡司镇
大雪山镇
腾达镇
塘坝乡
联合苗族乡

(二)2012年度宜宾市知名商标企业

宜宾醒世茶业有限责任公司
宜宾市双星茶业有限责任公司

二十六、全县纪检监察系统"能力素质建设、思想作风建设、基层组织建设"主题活动先进单位

沐爱镇纪委
大雪山镇纪委
腾达镇纪委
塘坝乡纪委
高坪苗族乡纪委
团林苗族乡纪委
县教育局纪委
县公安局纪委
县法院纪检组
县地税局纪检组
县财政局纪检组
县工商局纪检组

二十七、2013年烤烟产值百万元村

蒿坝镇高桥村,产值706万元
蒿坝镇高龙村,产值474万元
蒿坝镇高兴村,产值423万元
蒿坝镇高坪村,产值238万元
蒿坝镇高石村,产值205万元
蒿坝镇合力村,产值176万元
蒿坝镇中山村,产值141万元
蒿坝镇齐心村,产值114万元
蒿坝镇蒿坝村,产值101万元
联合苗族乡茶园村,产值552万元
联合苗族乡光明村,产值680万元
联合苗族乡红春村,产值385万元
联合苗族乡红竹村,产值232万元
高坪苗族乡麻园村,产值446万元
高坪苗族乡英雄村,产值572万元
高坪苗族乡槐树村,产值516万元
高坪苗族乡先锋村,产值366万元
龙镇乡龙塘村,产值230万元
龙镇乡车坪村,产值103万元
镇舟镇马家村,产值103万元
镇舟镇尖峰村,产值162万元
高坎乡花山村,产值163万元
高坎乡顺利村,产值161万元
孔雀乡集中村,产值119万元
孔雀乡平原村,产值105万元
沐爱镇金坪村,产值100万元
沐爱镇金銮村,产值110万元
武德乡半坡村,产值105万元
武德乡金门村,产值115万元
武德乡长征村,产值115万元
双腾镇苔草村,产值103万元
双腾镇桐榜村,产值102万元
维新镇山坝村,产值183万元
维新镇菜坪村,产值171万元
塘坝乡柑子村,产值106万元
团林苗族乡新中村,产值102万元

二十八、2013年度烤烟生产工作先进集体

(一)突出奖

嵩坝镇人民政府
高坪苗族乡人民政府
联合苗族乡人民政府
团林苗族乡人民政府

(二)先进集体

嵩坝镇人民政府
高坪苗族乡人民政府
团林苗族乡人民政府
联合苗族乡人民政府
高坎乡人民政府
龙镇乡人民政府
县烟草分公司
县财政局
县国土资源局
县农业局
县气象局
县水务局
县电力公司
县烟办

(三)1000亩连片种植村、组

嵩坝镇中山村
嵩坝镇高坪村
嵩坝镇高桥村二组
嵩坝镇高兴村五、六组
嵩坝镇高桥村三、四、六、九、十一组
嵩坝镇高兴村一组
嵩坝镇高兴村二、三、四组
嵩坝镇高龙村一组
嵩坝镇高龙村三、五组
嵩坝镇高龙村二、四组
高坪苗族乡先锋村
高坪苗族乡麻园村
高坪苗族乡英雄村
高坪苗族乡槐树村
高坪苗族乡槐树村
联合苗族乡红春村一组
联合苗族乡红春村二、三组
联合苗族乡光明村四、五组
高坎乡顺利村五组
沐爱镇金塘村
镇舟镇尖峰村
龙镇乡龙塘村

(四)500亩连片种植村、组

嵩坝镇齐心村
嵩坝镇嵩坝村
嵩坝镇合力村
嵩坝镇高石村
高坪苗族乡先锋村
高坪苗族乡英雄村
联合苗族乡茶园村
联合苗族乡红竹村
联合苗族乡光明村
龙镇乡车坪村
维新镇菜坪村
维新镇山坝村
高坎乡花山村二、三组
高坎乡花山村一组
孔雀乡集中村
塘坝乡柑子村
双腾镇苔草村

二十九、2013年目标管理考核结果

一等奖：

县委办
县委组织部
纪委(监察局)
县委政法委
县法院
县检察院
县人大办
县政协办
县人武部
县政府办
县公安局
县财政局
县发改局
县人口计生局
县文广新旅局
县环保局
县统计局
县粮食局
县住建局
县国土资源局
筠连镇
塘坝乡
高坪苗族乡
维新镇

蒿坝镇
县国税局
县地税局
县烟草营销部
县气象局
县人行
县电信分公司

二等奖：

县委宣传部
县委统战部
县妇联
县总工会
团县委
县科协
县教育局
县民政局
县林业局
县人社局
县畜牧兽医局
县残联
县工业园区管委会
县交通运输局
县经信局
县卫生局
县食品药品监管局
县安监局
县城管局
县审计局
县矿产品税费征收管理办公室
武德乡
腾达镇
沐爱镇
龙镇乡
镇舟镇
大雪山镇
团林苗族乡
联合苗族乡
县工商局
县质监局
县移动分公司
县公积金管理部
县邮政局

三等奖：

县委党校
县真机关工委
县工商联
县水务局
县体育局
县农业局
县科技局
县投资促进局
县司法局
县档案局
县供销社
高坎乡
乐义乡
巡司镇
双腾镇
孔雀乡

三十、2013 年全省现代烟草农业建设暨烟叶收购现场会先进集体

县委办
县政府办
县委宣传部
县委农工办
县交通运输局
县公安局
县交警大队
县司法局
县住建局
县环保局
县林业局
县城管局
县气象局
县文广新旅局
县食品药品监管局
县人口和计生局
县人保财险公司
县烟草分公司
蒿坝镇
高坪苗族乡
团林苗族乡

三十一、2013 年“庆元宵·龙腾狮跃闹筠州”第四届乡镇舞龙比赛

(一)优胜代表队

一等奖：

筠连镇

二等奖：

塘坝乡　沐爱镇

三等奖：

腾达镇　蒿坝镇

维新镇

(二)精神文明奖

巡司镇　武德乡

双腾镇　大雪山镇

(三)优秀组织奖

县委宣传部　筠连镇

县体育局　沐爱镇

县文广新旅局

2013年度获中共筠连县委 筠连县人民政府表彰的先进个人

(单位提供,排名不分先后)

一、筠连县人民政府聘任第一届县督学人员

(一)顾问

熊　刚　县教育局局长

张会权　县方志办副主任

(二)专职督学

杨　毅　原县教育局党委书记

吴朝富　原县教育局副局长

周德书　原筠连中学校长、市督学

刘福腾　县政府教督委办公室主任、市督学

(三)兼职督学

叶佳琼　县委编办副主任

颜亨尧　县发改局副局长、以工代赈办主任

詹庚一　县科技局副局长

张运梅　县公安局党委委员、政工监督室主任

叶明方　县财政局总会计师

杨　明　县人社局副局长

杨显林　县住建局副局长

杨科伟　县审计局副局长

王　将　县卫生局副局长

黄祖华　县教育局副局长、市督学

程全美　县教育局党委副书记、纪委书记

林付强　县教育局副局长

周　毅　县教育局副局长

詹本龙　县教育局教育股股长、市督学

游应芳　县教育局计财股股长

周德洋　县教育局政工股副股长

魏世刚　县教育局教研室主任

吴长先　县教育局职教办主任

黄嗣东　县教育局电教教仪站站长

何　青　县教育局后产办副主任

饶　议　县教育工会副主席、市特邀督学

郑　超　县教育局安办主任

刘　强　筠连中学校长

万大佳　县职业中学校长

彭　毅　定水中学校长

梁忠慧　新华街幼儿园园长

二、筠连县第三次社会科学优秀成果奖

(一)一等奖：

1.成果标题：筠连县志(1986-2005)；发表获奖情况：2010年由方志出版社公开出版；类别：书籍；级别：公开；单位及作

者:筠连县方志办

2.成果标题:筠连县城二十年巨变;发表获奖情况:2011年由中国文献出版社公开出版;类别:书籍;级别:公开;单位及作者:筠连县政协办

(二)二等奖:

3.成果标题:筠连年鉴(2011);发表获奖情况:2011年由方志出版公司公开出版;类别:书籍;级别:公开;单位及作者:筠连县方志办

4.成果标题:筠连县加强村级队伍建设长效机制;发表获奖情况:2011年出版;类别:书籍;级别:公开;单位及作者:筠连县委组织部

5.成果标题:对中国西部开发历史经验与宜宾现实发展的研究;发表获奖情况:2011年《哲学视野》发表;类别:论文;级别:公开;单位及作者:熊学江

(三)三等奖:

6.成果标题:家谱入志的探讨;发表获奖情况:2011年《宜宾史志》发表;类别:论文;级别:公开;单位及作者:杨浩、温涛

7.成果标题:筠连县大跃进和人民公社化运动专辑;发表获奖情况:党史资料;类别:书籍;级别:内部;单位及作者:筠连县委党研室、筠连县档案局

8.成果标题:筠连县六十年代国民经济调整专辑;发表获奖情况:党史资料;类别:书籍;级别:内部;单位及作者:筠连县委党研室、筠连县档案局

(四)优秀奖:

9.成果标题:筠连县接管政权征粮剿匪专辑;发表获奖情况:党史资料;类别:书籍;级别:内部;单位及作者:陶熙远

10.成果标题:中国荣昌猪选育史研究;发表获奖情况:2011年《西南大学学报》公开发表;类别:论文;级别:公开;单位及作者:王成、朱芹、刘大容、蒋定友、陈男

11.成果标题:世界兽医史学研究概况;发表获奖情况:2011年《中兽医医药杂志》公开发表;类别:论文;级别:公开;单位及作者:唐素君、王成、李群

12.成果标题:乡镇志编纂前期"六要";发表获奖情况:2010年《宜宾史志》发表;类别:论文;级别:公开;单位及作者:杨浩

13.成果标题:如何凸显年鉴图片;发表获奖情况:2010年《宜宾史志》发表;类别:论文;级别:公开;单位及作者:陈刚、陶光辉

14.成果标题:提高县志人口与计划生育篇记述深度思考;发表获奖情况:2010年《宜宾史志》发表;类别:论文; 级别:公开;单位及作者:夏启林

15.成果标题:新形势下做好党史宣传教育工作初探;发表获奖情况:2011年《宜宾史志》发表;类别:论文,级别:公开;单位及作者:陶光辉

16.成果标题:筠连县肃反运动专辑;发表获奖情况:党史资料;类别:书籍;级别:内部;单位及作者:陶光辉

17.成果标题:筠连县"四清"运动专辑;发表获奖情况:党史资料;类别:书籍;级别:内部;单位及作者:周家兵

三、筠连县第二届筠州文艺奖获奖作品及作者

(一)文学

1.作品名称:最是蘑菇野生时(散文);发表获奖情况:获2012年全国散文作家论坛征文大赛评选中一等奖,收入周云和主编《一朵梨花·一树梨花——盘点2011》,发表于国家级文学刊物《草地》2011年第3期,收入《竹海风》2012第1期;作者及单位:县直机关工委刘荣魁

2.作品名称:七律诗二首(武德乡游记、校庆感怀);发表获奖情况:入选《中华诗词学会2011年度会员入会作品集》作者及单位:县诗词楹联学会黄贵源

3.作品名称:铜鼓声声(散文);发表获奖情况:发表在宜宾市文联主办的刊物《金沙》2011年第6期;作者及单位:县委组织部田雨佳

4.作品名称:菊子望月(散文);发表获奖情况:2011年9月28日发表于宜宾市作家协会主办的《宜宾作家》报;作者及单位:县委宣传部李晓军

5.作品名称:沦梦之始(散文);发表获奖情况:获第十届"中华颂"全国文学艺术大赛评选中一等奖,并收入《第十届中华颂文学艺术大赛优秀作品集》;作者及单位:筠连镇城南社区周玉杰

6.作品名称:森森寒假老家养兔子(散文);发表获奖情况:2012年2月3日、2月8日先后发表于《宜宾日报》、《四川农

村日报》，被宜宾日报社评为2012年度报刊副刊三等奖；作者及单位：县委宣传部罗强

7.作品名称：散文三题；发表获奖情况：2012年9月1日发表于四川省文联主办的《四川文艺》第388期；作者及单位：双腾镇政府熊学江

8.作品名称：恶生活（小说）；发表获奖情况：2012年12月发表于中国文联出版社主办的《品文》；作者及单位：县城投公司魏燃

（二）书法

9.作品名称：郭沫若题李可染《东坡游赤壁图》；发表获奖情况：2012年12月，在中国社科院、中国科学院、中国文联、中国对外友好协会主办"纪念郭沫若诞辰120周年全国书画展"中获优秀作品；作者及单位：筠连镇城南社区周玉杰

10.作品名称：对联；发表获奖情况：2011年6月26日在中国共产党建党90周年"长江林业杯"宜宾市书法篆刻作品展览中，入展；作者及单位：县中医院杨运贵

11.作品名称：行书中堂；发表获奖情况：2011年6月26日在中国共产党建党90周年"长江林业杯"宜宾市书法篆刻作品展览中，入展；作者及单位：县书法家协会罗家蜀

12.作品名称：唐·温庭筠七律诗一首；发表获奖情况：2010年4月30入选参加由四川省书法家协会主办的"第三届书法教师书法作品展，2010年6月1日在宜宾市首届书法作品展览中，被评为一等奖；作者及单位：筠连中学许自刚

13.作品名称：陈其清·秋燕诗；发表获奖情况：2011年，入编四川省硬笔书法家协会编辑《四川省硬笔书法家风采》，并由中国科教文出版社出版；作者及单位：县书法家协会陈玉生

14.作品名称：自作诗；发表获奖情况：2011年，入编四川省硬笔书法家协会编辑《四川省硬笔书法家风采》，并由中国科教文出版社出版；作者及单位：县书法家协会李正义

15.作品名称：诸葛亮·诫子书摘录；发表获奖情况：2011年，入编四川省硬笔书法家协会编辑《四川省硬笔书法家风采》，并由中国科教文出版社出版；作者及单位：双泉职中毛军

16.作品名称：李白·将进酒；发表获奖情况：2011年，入编四川省硬笔书法家协会编辑《四川省硬笔书法家风采》，并由中国科教文出版社出版；作者及单位：县委党校李万旭

17.作品名称：苏东坡·赤壁怀古发表获奖情况：2011年，入编四川省硬笔书法家协会编辑《四川省硬笔书法家风采》，并由中国科教文出版社出版；作者及单位：城南职中韦代均

18.作品名称：杜牧·山行；发表获奖情况：2011年，入编四川省硬笔书法家协会编辑《四川省硬笔书法家风采》，并由中国科教文出版社出版；作者及单位：县民政局胡永勇

19.作品名称：苏东坡词；发表获奖情况：2011年，入编四川省硬笔书法家协会编辑《文化定水 墨韵筠州硬笔书法作品集》；作者及单位：县民政局熊金平

20.作品名称：腾龙；发表获奖情况：2011年7月获四川省地方税务局庆祝中国共产党成立90周年书?画比赛优秀奖；作者及单位：县地税局邓申乾

（三）美术

21.作品名称：红梅报春图；发表获奖情况：2011年4月在"五粮液杯"宜宾市第一届职工艺术节职工书画摄影比赛中，获优秀奖；作者及单位：县电力公司曹宜筠

22.作品名称：山水花鸟共8件；发表获奖情况：在南京报业集团主办的《都市文化报?艺周刊》（2012年7月12日出版，国内统一刊号：CN-0123）上发表；作者及单位：筠连镇城南社区周玉杰

23.作品名称：荷；发表获奖情况：2011年4月在"五粮液杯"宜宾市第一届职工艺术节职工书画摄影比赛中，获优秀奖；作者及单位：县地税局邓申乾

24.作品名称：江山揽胜；发表获奖情况：2011年4月在"五粮液杯"宜宾市第一届职工艺术节职工书画摄影比赛中，获优秀奖；作者及单位：筠连茶厂陈光富

（四）摄影

25.作品名称：筠连县城全景图；发表获奖情况：摄于2010年7月20日，系旧城改造后的首幅筠连县城全景图。于2010年10月至2012年10月先后被《四川日报》《筠连新闻网》、筠连《绿色煤都》报、《宜宾新闻网》等多家主流媒体多次采用，被筠连县政协编辑出版的《筠连县城二十年巨变》、筠连县县志编纂委员会编辑出版的《筠连县志》》等刊物选用；作者及单位：县政协办黄永桥

26.作品名称："代理妈妈"我爱你；发表获奖情况：2012年11月14日在市委宣传部、市精神文明办举办的宜宾市第三届公民道德摄影比赛中获优秀奖；作者及单位：县委宣传部罗强

27.作品名称：爱之路；发表获奖情况：2012年11月14日在市委宣传部、市精神文明办举办的宜宾市第三届公民道德

摄影比赛中获优秀奖;作者及单位:县摄影家协会廖成强

(五)音乐

28.作品名称:嫁给启东做新娘;发表获奖情况:获“桥港时代新启东”全国征歌大赛铜奖,由江苏省音乐家协会、启东市人民政府主办;作者及单位:团林乡苗族中心校喻蓉

四、2012年安全生产先进个人

陈　涛　筠连镇
邹　涛　蒿坝镇
刘文乾　乐义乡
石　均　腾达镇
吴　钊　武德乡
罗兴强　龙镇乡
艾　勇　团林乡
胡春义　双腾镇
曾　涛　塘坝乡
刘宗远　联合乡
刘建军　高坎乡
刘　伟　大雪山镇
王　强　高坪乡
李温林　巡司镇
陈琪英　孔雀乡
胡春华　沐爱镇
刘汉勇　镇舟镇
沈辅君　县委宣传部
米筠桂　县政府办
兰　湘　县监察局
邓立筠　县经信局
杨晓波　县检察院
李泽民　县水务局
曾志均　县总工会
邹小平　县公安局
黄　城　县公安局
陈永刚　县安监局
周　叙　县安监局
钟文玉　县安监局
王泽高　县林业局
黄祖华　县教育局
王正海　县交通运输局
张　伟　县工商局
周启飞　县质监局
李　沁　县住建局
王　强　县卫生局
钟德宜　县民政局
陈治良　县国土资源局
唐　伟　县交警大队
郑忠国　县交警大队

五、筠连县人民政府授予见义勇为公民荣誉称号

罗中财　龙镇乡联合九组
罗仕运　龙镇乡联合九组

六、2012年征兵工作先进个人

陈正富　镇舟镇人民政府镇长
唐情科　大雪山镇武装部部长
张　兵　团林苗族乡武装部部长
罗　勇　孔雀乡武装部部长
李　兵　塘坝乡武装部部长
石　均　腾达镇政府党委书记
游　波　高坪苗族乡武装部部长
邹修才　武德乡武装部部长
吴顺海　联合苗族乡武装部部长
刘　沙　龙镇乡政府党委书记
刘　毅　县民政局局长
程先恒　县人力资源和社会保障局副局长
彭　静　团县委工作员
刘谋清　县妇联主席
曾志钧　县总工会常务副主席
陈利华　县交通运输管理局副局长、交战办主任
兰　毅　县征兵办公室政审组组长
沈恭平　县征兵办公室政审组
陶　涛　县征兵办公室政审组
罗　漩　县征兵办公室政审组
兰　湘　县征兵办公室纪检组组长
张　庆　县征兵办公室体检组
曾道芬　县征兵办公室体检组
杨小立　县征兵办公室体检组
宋　毅　县征兵办公室秘书组
刘云富　县征兵办公室秘书组
段　毅　县征兵办公室后勤保障组组长
肖成彬　县征兵办公室后勤保障组
王元庆　县征兵办公室后勤保障组

七、筠连县妇女儿童工作先进个人

袁　林	县水务局	谢明生	县委办
潘　芳	县城管局	刘莉萍	县民政局
陈　艳	卫生局	胡友谊	镇舟镇
冷　艳	县文广新旅局	高小力	龙镇乡
王文凤	联合苗族乡	黄仁聪	武德乡
占一珍	塘坝乡	刘　伟	大雪山镇
张富琼	蒿坝镇	陈志勇	县法院
何永兰	筠连镇	曾仁英	县检察院
曹　章	县文广新旅局	胡光鑫	县司法局
刘小芹	县人大办	霍　娟	县委宣传部
陈　敏	县政协办	陈珊珊	县妇联
潘云林	县委组织部		

八、2012年度烤烟生产工作先进个人

(一)突出奖

刘让友	高坪苗族乡槐树村	申世云	高坪苗族乡槐树村

(二)先进烟农户

1.200亩以上规模种植大户

黄　华	高坪苗族乡英雄村李一组	李存甫	蒿坝镇合力村一组
龙　兵	高坪苗族乡英雄村关心组	陶孝周	蒿坝镇高龙村六组
毛联中	镇舟镇马家村三组	刘昌远	蒿坝镇高桥村十组
李华勇	武德乡长征村三组	杜朝均	维新镇菜坪村三组
张显堂	蒿坝镇中山村三组	陈廷忠	高坎乡顺利村三组
黄仁柱	蒿坝镇齐心村二组	邓朝权	高坎乡花山村四组

2.规模种植农户

柳万付	蒿坝镇高龙村六组	周仕纯	联合苗族乡红春村三组
王孝宽	蒿坝镇高龙村七组	周仕论	联合苗族乡红春村三组
田德香	蒿坝镇高龙村三组	周世贵	联合苗族乡红春村二组
陈孝林	蒿坝镇高兴村四组	王开友	高坪苗族乡先锋村马平组
张帮海	蒿坝镇高兴村三组	王开举	高坪苗族乡先锋村马坪组
田德勋	蒿坝镇高兴村六组	杨华勋	高坪苗族乡英雄村六塘组
田德伟	蒿坝镇高兴村六组	黄培远	高坪苗族乡英雄村关平组
刘昌茂	蒿坝镇高桥村十一组	郭仕喜	高坪苗族乡英雄村六塘组
王德乾	蒿坝镇高桥村四组	刘云金	高坪苗族乡麻园村邱家组
刘昌位	蒿坝镇高桥村六组	刘让辉	高坪苗族乡麻园村水塘组
王远香	蒿坝镇高坪村七组	王永孝	高坪苗族乡麻园村水塘组
龚正平	蒿坝镇高坪村六组	吴帮友	高坪苗族乡槐树村九龙组
黄仁伟	蒿坝镇中山村三组	郭孝安	高坪苗族乡槐树村和平组
占龙生	蒿坝镇青花村三组	赵明均	团林苗族乡杉新村双河组
唐永发	联合苗族乡红竹村四组	舒桥忠	团林苗族乡新中村百花组
张成学	联合苗族乡红竹村四组	单甫贵	大雪山镇槐平村田湾组
郭术奎	联合苗族乡茶园村五组	杨　卫	镇舟镇尖峰村三组
熊洪超	联合苗族乡茶园村六组	刘光平	镇舟镇尖峰村三组
杨中权	联合苗族乡光明村四组	艾从思	镇舟镇马家村一组
王永中	联合苗族乡革新村二组	周光贵	沐爱镇金銮村四组
王在书	联合苗族乡光明村五组	董文刚	沐爱镇金坪村六组

周德洪　沐爱镇金坝村五组
陈廷中　高坎乡花山村一组
邓　坤　高坎乡花山村五组
邓国廷　高坎乡顺利村五组
张茂林　乐义乡陶平村一组
刘德聪　维新镇山坝村五组
杨光才　维新镇山坝村五组
曹凤昌　腾达镇新民村槐花组
黄仁松　武德乡长征村一组
田永华　武德乡长征村三组
罗新华　龙镇乡车坪村四组
杨之弟　龙镇乡龙塘村八组
王方强　龙镇乡白果村六组
黄付均　孔雀乡集中村四组
艾显林　孔雀乡黄泥村四组
罗尚富　孔雀乡兴坪村二组
胡昌杰　双腾镇新田村四组
胡超船　双腾镇苔草村四组
郝中星　塘坝乡柑子村五组
赵友峰　筠连镇五凤村一组

(三)先进个人

1.机关人员

谢明生　县委办副主任、县委党研室主任
兰　湘　县纪委副书记、县监察局局长
黄　兢　宜宾市烟草公司筠连分公司局长、经理
梁平扬　县国土资源局原党组书记、局长
李泽明　县水务局党组副书记、局长
何　甫　县农业局党组副书记、局长
段　毅　县财政局党组副书记、局长
杨占国　县文广旅游局党组副书记、局长
李　强　县气象局局长
钟邦乾　市烟草公司筠连分公司党支部书记、副经理
詹本华　县烟办副主任
陈宗莲　县财政局农业股股长
毛美熹　县农业局土肥站站长
母小宇　县保险公司经理
青怀才　县国土资源局耕保股副股长
但岱霖　县气象局办公室主任

2.乡镇领导

贾圣君　蒿坝镇党委书记
彭绍华　联合苗族乡党委书记、人大主席
任　杰　高坪苗族乡党委书记
艾　勇　团林苗族乡党委书记
裴人强　武德乡党委书记
文　璋　巡司镇人民政府镇长(原双腾镇党委书记)
李立萍　高坎乡党委副书记、乡长
陈琪英　孔雀乡党委副书记、乡长
陈贤虎　大雪山镇党委书记
陈正富　镇舟镇党委副书记、镇长
郭　刚　县政府办主任(原乐义乡党委副书记、乡长)
何忠云　蒿坝镇党委副书记、纪委书记、武装部长
万光海　高坪苗族乡人民政府副乡长
江祖琦　沐爱镇人民政府副镇长
唐情述　维新镇党委副书记、纪委书记
唐亚军　腾达镇人民政府副镇长
刘成顺　筠连镇人民政府副镇长
朱永宽　塘坝乡党委副书记、纪委书记

3.乡镇烟办主任、村干部

杨　鸿　高坎乡政府副乡长(联合苗族乡原烟办主任)
刘发明　蒿坝镇烟办主任
毛录均　龙镇乡烟办主任
张大琼　高坪苗族乡烟办主任
张龙生　沐爱镇烟办主任
田德奎　蒿坝镇高兴村党支部书记
陈大明　蒿坝镇高龙村主任
胡明清　高坪苗族乡英雄党支部书记
陈四海　高坪苗族乡麻园村党支部书记
周世华　联合苗族乡红春村主任
郭仕山　联合苗族乡光明村主任

4.防雹点、烟站点、烟基办人员

殷　杰　市烟草公司筠连分公司烟基办副主任
陈佛源　市烟草公司筠连分公司烟叶科科员
郭仕喜　联合苗族乡光明村生产技术员
晏永龙　沐爱烟站站长
谢召明　落木柔烟站站长
张　鹏　蒿坝镇合力点生产技术员
李　均　高坎乡官田点生产技术员
何　楷　团林苗族乡生产技术员
王德勇　蒿坝镇高坪村生产技术员
王孝辉　联合苗族乡红春点点长
陈家友　镇舟镇生产技术员
罗兴雄　孔雀乡烟点点长
朱　洪　高坪苗族乡烟点点长
罗庭全　龙镇乡防雹点点长
沈冬仁　镇舟镇防雹点炮手

九、2012年度武装工作先进个人

邓　朝　沐爱镇党委书记
韩宗明　双腾镇党委书记
石　均　腾达镇党委书记
李　烈　镇舟镇党委书记
艾　勇　团林苗族乡党委书记
李　俊　筠连镇人武部部长
唐情科　大雪山镇人武部部长
余　强　维新镇人武部部长
陈志权　龙镇乡人武部部长
唐　洪　乐义乡人武部部长
游　波　高坪苗族乡人武部部长
李　兵　塘坝乡人武部部长
罗　勇　孔雀乡人武部部长
马　明　鲁班山南矿人武部部长
邓智高　鲁班山北矿人武部部长
徐　茂　高坎乡人武部干事
姚　华　乐义乡人武部干事
成词燕　县民兵武器仓库职工
宋　毅　县民兵武器仓库职工

十、2012年度人口计划生育工作先进个人

(一)人口计划生育部门履职先进个人

兰　湘　县监察局
熊　刚　县教育局
徐劲松　县发改局
卜薪智　县粮食局
段利勇　县统计局
李贵聪　县委县政府目标办
安　平　县招商局
邓世坤　县交通运输局
徐世银　县城管局
刘谋清　县妇联
杨文龙　县法院
舒　爽　县检察院
郑　云　县公安局
刘　毅　县民政局
何　甫　县农业局
张　杰　县卫生局
杨占国　县文广新旅局
李章权　县司法局
李再强　县质监局
刘后林　县畜牧兽医局

(二)流动人口计划生育服务管理工作先进个人

文　静　县人口计生局
杨　梅　县公安局
陈　艳　县卫生局
文　豪　县食药监局
吴文彬　县住建局

(三)计划生育"三结合"工作先进个人

罗　峰　县人社局
余定琼　县国税局
王中元　县地税局
胡旭东　县水务局
雷国翠　县民政局

十一、2012年度新农村建设工作先进个人

(一)先进乡镇干部

刘成顺　筠连镇人民政府副镇长
唐亚军　腾达镇人民政府副镇长
余　强　维新镇人民政府副镇长、武装部长
姜　群　双腾镇人民政府副镇长
王孝均　联合苗族乡人大专职副主席
万光君　高坎乡人大副主席
唐有琼　塘坝乡人民政府副乡长
余清羽　龙镇乡人民政府副乡长
杨章贵　团林苗族乡人民政府副乡长
唐　洪　乐义乡人民政府副乡长
林元培　镇舟镇新农办主任
张明华　高坪苗族乡经发办主任
陈　刚　孔雀乡安办主任
陈志远　巡司镇农办主任
郑荣康　蒿坝镇扶贫办主任
万家华　沐爱镇党政办主任
魏思权　大雪山镇经发办主任
胡　江　武德乡农办主任、金门村主任助理

(二)先进村干部

陈光全　筠连镇白鹤村党支部书记
汤正书　腾达镇水茨村党支部书记
江先虎　巡司镇芦丰村党支部书记
田德奎　蒿坝镇高兴村党支部书记

杨胜宗　双腾镇走马村主任
陈虹全　沐爱镇石林村党支部书记
樊忠财　维新镇西陵村党支部书记
游志凌　镇舟镇景阳村党支部书记
游世奎　大雪山镇雪山村党支部书记
林财青　武德乡共和村党支部书记
胡祖强　塘坝乡川丰村党支部书记
陶　勇　龙镇乡龙塘村主任
朱　勇　孔雀乡中心村党支部书记
邓　辉　乐义乡沙地村党支部书记
赵华宽　高坪苗族乡槐树村主任
宗大勇　联合苗族乡光明村党支部书记
王其聪　团林苗族乡杉新村党支部书记
田定均　高坎乡五星村委会主任

(三)先进帮扶个人

杨显林　县住房和城乡规划建设局副局长
张　宏　县国税局党总支书记
王中元　县地税局人教股股长
罗　峰　县人社局办公室主任
李　均　县农业局茶叶站副站长
贾咏梅　县人口和计划生育局流管站副站长
朱小红　县委办公室主任科员
熊大琼　县人民政府办公室副主任科员
欧阳煜　县财政局农业股工作员
杨　阳　县审计局工作员

十二、2012年度招商引资先进个人

刘小芹　县人大办
雷　霆　县纪委
凌宗琼　县政法委
孙　琼　县公安局
段　毅　县财政局
胡　平　县统计局
汤　洁　县卫生局
严维烨　县信访局
黄永军　县工商联
陈　政　县工商局
陈昆路　县工商银行
李再强　县质监局
邓月均　县电力公司
周　季　沐爱镇
唐情述　维新镇
贾圣君　蒿坝镇
刘　沙　龙镇乡
裴人强　武德乡
刘　华　乐义乡
石永莉　县政府政务服务中心

十三、"实现伟大中国梦、建设美丽繁荣和谐四川(筠连)"主题教育活动先进个人、先进个人、优秀共产党员、感动筠州——十大最美人物

(一)主题教育活动先进个人

李国田　县委统战部副部长
曾志钧　县总工会常务副主席
张　莉　县卫生局党委书记、纪委书记、副局长
曹　莉　团县委书记
程全美　县教育局党委副书记、纪委书记
杨科伟　县审计局副局长
龚衷麟　县委政法委综治办副主任
郝中燕　县法院法官助理
赵林贤　县质监局法规股股长
刘　毅　县环保局办公室主任
周　蔺　县国税局人事教育科科员
苏端炯　县财政局机关支部书记、政府采购监管股长
应元聪　县住建局办公室主任
文　豪　县药监局办公室负责人
胡　萍　县水务局机关党支部书记
谭　丽　县交通运输局工会副主席
徐　峰　县林业局资源站工作员
邹林易　筠连镇党委副书记、纪委书记、人大主席
李　建　筠连镇宣传干事
徐　勇　巡司镇党委书记
何珊珊　巡司镇组织人事干事
徐元金　腾达镇党委副书记、纪委书记
王家元　腾达镇党委委员、春风村党支部书记
王小红　维新镇宣传干事
张永强　维新镇中心校校长
李志强　沐爱镇党委副书记、纪委书记
刘成华　沐爱镇楼坪村党支部书记
彭良宣　双腾镇党政办主任
母绪章　双腾镇大兴村会计
张会银　镇舟镇政府副镇长
李兴才　镇舟镇兴徙社区党支部书记、居委会主任
魏安洪　大雪山镇东红村村主任助理
邓　骁　大雪山镇人事干事、宣传干事
唐明刚　蒿坝镇党政办主任
王祥忠　蒿坝镇中心校校长
李田聪　武德乡党政办主任

邓　启　乐义乡组织人事干事、宣传干事
杨礼红　塘坝乡财政所所长
刘　沙　龙镇乡党委书记
母　敏　孔雀乡党政办主任
艾　勇　团林苗族乡党委书记
彭绍华　联合苗族乡党委书记
任　杰　高坪苗族乡党委书记
吴碧康　高坎乡财政所出纳
李　节　县人民医院党支部书记、副院长
何弟松　巡司镇中心卫生院院长
方晓娟　筠连中学办公室主任
杨国军　筠连县百兴公司党支部书记、总经理
孙从英　大雪山顺欣运业有限公司总经理
陈本其　景阳中学退休教师、县木兰拳太极拳协会长

(二)主题教育活动优秀共产党员

李华伟　县委办副主任
任永生　县人大财经工委主任、县作家协会党支部书记
吴云川　县直机关工委副书记
秦建军　县农业局党组书记、副局长
余加琼　县妇联副主席
罗　锋　县人社局办公室主任
杨春林　县发改局办公室主任
刘文江　县城管局综合业务股股长
雷国翠　县民政局办公室主任、婚姻登记处主任
谢先堂　县国土资源局监察信访室主任
段四海　县经信局党委书记、副局长
董　熠　县公安局政工监督室副主任
耿　毅　县司法局法宣股负责人
宗德湖　县红十字会专职副秘书长
王克华　县安监局安监员
李晓东　县林业局办公室副主任
胡旭东　县水务局办公室副主任
刘　宴　县医院感染管理办公室主任
陈　建　筠连镇党政办副主任
周玉杰　筠连镇城南社区党支部书记
毛　俊　巡司镇党委组织委员、党政办副主任
李登权　巡司镇西泉村党支部书记
周怀君　腾达镇经发办副主任、安办主任
谢明发　腾达镇冒水社区党支部书记
邓国金　维新镇党委副书记、人大主席
罗业宇　维新镇党委组织员
万家华　沐爱镇党政办主任
陈虹全　沐爱镇石林村党支部书记
应元林　双腾镇党委副书记、纪委书记
刘坤纯　双腾镇大山村党支部书记
巫德勇　镇舟镇政兴村党支部书记
廖兴荣　镇舟镇金钟煤矿矿长
邓义权　大雪山镇农技中心工作员
游世奎　大雪山镇雪山村党支部书记
张　棋　蒿坝镇蒿坝社区居委会主任
刘昌茂　蒿坝镇高桥村委主任
李兴琼　武德乡半坡村党支部书记
刘　华　乐义乡党委书记
黄　勇　塘坝乡党政办主任
袁　旷　龙镇乡组织干事
胡定华　孔雀乡政府副乡长
陈　华　团林苗族乡社事办主任、组织人事干事
潘星华　联合苗族乡党委副书记、纪委书记
张明华　高坪苗族乡经发办主任
张图强　高坎乡党政办主任
彭　义　县定水中学校长
曹昌平　景阳小学党支部书记
朱松林　希望小学教师
杨可俊　筠州公共交通有限公司驾驶员
王世永　权林豪门制造有限公司党支部书记

(三)感动筠州——十大最美人物

1.最美辛勤园丁

范钦刚　蒿坝镇中心校教师
应国芹　乐义乡中心校教师
叶　丽　筠连镇景阳白花小学教师
陈志云　定水中学教师
潘碧仙　第三中学教师

2.最美健康天使

杨雅连　县人民医院护士
刘莉君　县人民医院护士
杨春燕　县人民医院护士
邹　燕　巡司镇中心卫生院护士
朱　旭　县卫生执法监督大队办公室副主任

3.最美致富带头人

王家元　腾达镇党委委员、春风村党支部书记
李兴琼　武德乡半坡村党支部书记
郭泽林　大雪山镇安乐村党支部书记
饶兴松　镇舟镇政兴村三组村民
张成仲　巡司镇西黄联合支部党支部书记

4.最美城市美容师

沈恭飞　县城镇管理监察大队中队长
张朝贵　县环境卫生管理所工人
李成珍　县环境卫生管理所工人
李家莲　县环境卫生管理所工人
蒋　云　县环境卫生管理所工人

5.最美人民卫士

李旭东　县人民检察院侦查监督科科长
向光富　县工商局经检大队大队长
吴　永　县人民法院审判委员会专职委员
张宇镐　县公安局筠连镇派出所民警
冯　娜　筠连镇玉壶社区党支部书记

6.最美劳动能手

付茂琼　高坪苗族乡英雄村关心组村民
杨成金　团林苗族乡新中村春华组村民
陈　波　维新镇顺阳村黄牛养殖合作社理事长
周吉秋　筠连镇白花村七组村民
赵国纯　腾达镇水茨村金刚组组长

7.最美和谐拆迁工作者

郭仕勇　团林苗族乡人大主席
杨光照　县经济开发区管理委员会工作员
李健军　巡司镇国土资源所所长
黄绍宗　县房屋征收办公室主任
李观洋　筠连镇人民政府工作员

8.最美热心人士

姚益均　筠连镇白鹤村村主任
曾翠远　高坪苗族乡街村村民
邓松如　县人民政府办公室退休干部
陈本其　景阳中学退休教师、县太极拳协会会长
文　韬　县电力公司职工、筠爱义工协会会长

9.最美创业先锋

李文杰　筠连县新世纪印刷厂厂长
王杜鹃　筠连县乌蒙韵茶业有限责任公司、百年黄金酒店法人代表
王晓琴　陕西翰阳实业集团总经理
陈志坚　四川汉霖集团公司董事长
周　涛　双星茶业有限责任公司董事长

10.最美服务标兵

易定华　维新镇人民政府残疾人联合会理事长
付艳平　县人社局工作员
母　敏　孔雀乡人民政府党政办主任
罗　莎　县委办公室工作员
杨　锐　四川省有线广播电视网络股份有限公司筠连分公司工作员

十四、2013年全省现代烟草农业建设暨烟叶收购现场会先进个人

谢明生　县委办
李　强　县委办
沈辅君　县委宣传部
郑　云　县公安局
邓世坤　县交通运输局
李章权　县司法局
曹　章　县文广新旅局
徐世银　县城管局
李泽明　县水务局
应元品　县住建局
胡殿华　县环保局
饶　永　县林业局
李　强　县气象局
周先虎　县食品药品监管局
胡天顺　县人口和计生局
胡泽刚　县国土资源局
贾圣君　蒿坝镇
何忠云　蒿坝镇
任　杰　高坪苗族乡
万光海　高坪苗族乡
艾　勇　团林苗族乡
彭绍华　联合苗族乡
陈贤虎　大雪山镇
陈正富　镇舟镇
罗　勇　沐爱镇
徐　勇　巡司镇
陈　叙　筠连镇
唐　伟　县交警大队
舒　畅　县公安局
詹本华　县烟办
袁月良　县委办
詹前生　县公安局
母小宇　县人保财险公司
郭仕勇　后沟水库指挥部
刘兆文　县城管局
陈大均　后沟水库指挥部办公室

罗永香　苗岭烟农合作社
胡　建　后沟水库指挥部办公室
黄元强　蒿坝镇水龙防雹点
黄　兢　县烟草分公司
钟邦乾　县烟草分公司
殷　杰　县烟草分公司
龚小平　县烟草分公司
吴　敏　县烟草分公司
叶顶坤　县烟草分公司
钟学清　巡司烟站
邓学松　巡司烟站
谢召明　落木柔烟站
陈佛源　县烟草分公司
朱　洪　落木柔烟站
田德奎　蒿坝镇高兴村
刘让渠　蒿坝镇高桥村
黄志华　高坪苗族乡英雄村

十五、2013年度烤烟生产工作先进个人

(一)突出奖

张显堂　蒿坝镇中山村
刘昌远　蒿坝镇高桥村
刘让友　高坪苗族乡槐树村
申世云　高坪苗族乡槐树村
龙　彬　高坪苗族乡英雄村

(二)先进烟农户

1.200亩以上规模种植大户

文德均　蒿坝镇齐心村二组
冯秀波　蒿坝镇水龙村一组
罗尚琼　龙镇乡车坪村四组
刘仕权　龙镇乡龙塘村五组
何友全　龙镇乡龙塘村五组
叶茂林　镇舟镇前进村一组
罗仕友　镇舟镇尖峰村四组
何星宽　镇舟镇马家村二组
邓国廷　高坎乡顺利村五组
邓朝权　高坎乡花山村四组
黄付均　孔雀乡集中村四组
周光贵　沐爱镇金銮村六组
刘超船　双腾镇苔草村四组
郝中兴　塘坝乡柑子村五组
杜朝均　维新镇菜坪村五组

2.规模种植农户

黄元伟　蒿坝镇合力村六组
陈达铭　蒿坝镇高龙村一组
何兴贵　蒿坝镇高坪村四组
陈孝林　蒿坝镇高兴村四组
黄仁伟　蒿坝镇中山村五组
何思飞　蒿坝镇高桥村五组
田德春　蒿坝镇高龙村三组
龚正云　蒿坝镇高坪村六组
熊启科　联合苗族乡红竹村二组
熊洪超　联合苗族乡茶园村六组
黄天蓉　联合苗族乡红竹村二组
杨忠权　联合苗族乡光明村四组
郭仕山　联合苗族乡光明村四组
王朝清　联合苗族乡光明村二组
郭召元　联合苗族乡光明村二组
周仕伦　联合苗族乡红春村二组
文中元　高坪苗族乡麻园村麻元组
王永孝　高坪苗族乡麻园村水塘组
杜天仲　高坪苗族乡先锋村马坪组
王开连　高坪苗族乡先锋村马坪组
杨华勋　高坪苗族乡英雄村路塘组
田兴强　高坪苗族乡英雄村泡桐组
唐广林　高坪苗族乡英雄村方家组
黄培远　高坪苗族乡英雄村关平组
郭永川　高坪苗族乡槐树村九组
陈世强　团林苗族乡新阳村林园组
王兴全　团林苗族乡长岭村凉风组
刘友均　龙镇乡龙塘村五组
陈永龙　龙镇乡卜好村三组
毛文雨　镇舟镇马家村三组
杨世松　镇舟镇尖峰村五组
陈廷中　高坎乡花山村一组
邓朝敬　高坎乡花山村四组
罗兴雄　孔雀乡平原村四组
苏世伦　孔雀乡集中村四组
董文刚　沐爱镇金坪村五组
周光和　沐爱镇金銮村六组
付兴怀　维新镇平等村五组
廖正芬　维新镇山坝村五组
廖成春　双腾镇新田村五组
任世宣　双腾镇桐榜村五组
王兴彬　武德乡金门村二组

张兴才　塘坝乡双田村五组
李跃才　大雪山镇大榜村兴隆组

(三)先进个人(40人)

1.机关人员

谢明生　县委办副主任、县委党研室主任
黄　兢　县烟草分公司局长、经理
钟邦乾　县烟草分公司书记、副经理
李泽明　县水务局局长
何　甫　县农业局局长
段　毅　县财政局局长
杨占国　县文广新和旅游局局长
黄祖伟　县气象局副局长
李田钟　《绿色煤都》编辑部副主编
詹本华　县烟办副主任
毛美熹　县农业局土肥站站长
卿小燕　县保险公司副经理
青怀才　县国土资源局耕保股副股长
田　勇　县交通运输局副局长
唐生奎　高坪苗族乡派出所所长
曹良川　县交警队副大队长

2.乡镇领导

熊明泽　高坎乡党委书记
何忠云　蒿坝镇党委副书记、纪委书记、武装部长
邹　涛　蒿坝镇镇长
刘宗远　联合苗族乡乡长
王永才　团林苗族乡乡长
郭仕勇　团林苗族乡人大主席
陈正富　镇舟镇党委副书记、镇长
王朝辉　高坪苗族乡乡长
万光海　高坪苗族乡人民政府副乡长

3.乡镇烟办主任、村干部

王永忠　蒿坝镇烟办主任
毛录均　龙镇乡烟办主任
陈　云　高坪苗族乡烟办主任
田德奎　蒿坝镇高兴村党支部书记
胡明清　高坪苗族乡英雄党支部书记
罗永香　高坪苗族乡槐树村党支部书记
周世华　联合苗族乡红春村主任

4.防雹点、烟站点、烟基办人员

谢召明　落木柔烟站站长
钟学清　巡司烟站站长
邓学松　巡司烟站副站长
张　鹏　蒿坝镇合力点生产技术员
陈家友　镇舟镇生产技术员
朱　洪　高坪乡烟点点长
罗庭泉　龙镇乡防雹点点长
沈冬仁　镇舟镇防雹点炮手

十六、2012年度优秀特邀监察员

任永生　县人大常委会财工委主任
陈　薇　县政协提案办主任
汪富永　县总工会副主席
胡吉华　县水务局机械农电站站长
黎兴礼　县交通运输局公路养护段技术人员

十七、2012年度党风廉政建设和反腐败工作先进个人

(一)先进个人

徐元金　腾达镇党委副书记、纪委书记
李志强　沐爱镇党委副书记、纪委书记
应元林　双腾镇党委副书记、纪委书记
唐情述　维新镇党委副书记、纪委书记
黄仁聪　武德乡党委副书记、纪委书记
牟玉强　团林乡党委副书记、纪委书记
张　莉　县卫生局党委书记、纪委书记
曹　章　县文广局党组书记、纪检组长
程全美　县教育局党委副书记、纪委书记
游　杰　县地税局纪检组长
何　玲　县纪委常委、党风室主任
杨　琪　县纪委效能室副主任
黄　毅　县纪委综合室副主任

(二)案件查处先进个人

雷　霆　县纪委常委、县监察局副局长
卜光洪　大雪山镇党委副书记、纪委书记
何忠云　蒿坝镇党委副书记、纪委书记
刘明章　孔雀乡纪委副书记
王　旭　县纪委纪检室副主任
邹世聪　县检察院反贪局工作员

十八、2012年度办理县人大代表建议和县政协委员提案先进个人

周国强　县委办
马　霞　县人大办
杜烈榜　县政府办
陈　薇　县政协办
李成付　县委组织部
付　建　县委宣传部
邓　林　县监察局
杨春林　县发改局
程全美　县教育局
潘　芳　县城管局
郭明萍　县工商局
应爱武　县环保局
罗光友　腾达镇

十九、2012年信访工作成绩突出个人

(一)乡镇

吴忠秀　筠连镇群工办主任
贾　红　筠连镇司法所副所长
徐元金　腾达镇党委副书记
周晓芳　巡司镇副镇长
林　飞　巡司镇群工办工作员
罗　忠　维新镇综治办副主任
黄　雄　维新镇清泉村党支部书记
平泽清　沐爱镇综治办主任
平夕元　沐爱镇经发办主任
何忠云　蒿坝镇党委副书记、纪委书记
詹　俊　双腾镇副主任科员
陈正富　镇舟镇党委副书记、镇长
毛世才　镇舟镇经法办副主任
卢永春　大雪山镇矛盾纠纷调解中心干事
赵云忠　塘坝乡综治办副主任
杨　浩　孔雀乡副乡长
王云顺　龙镇乡党委副书记、人大主席
余国斌　龙镇乡信访干事
张来筠　乐义乡党委副书记、纪委书记
钟　波　乐义乡群工办主任
肖召俊　武德乡综治办工作员
任　杰　高坪苗族乡党委书记
牟玉强　团林苗族乡党委副书记、纪委书记
杨章贵　团林苗族乡副乡长
万光君　高坎乡人大副主席
甘洪琴　联合苗族乡信访办主任

(二)县级部门

周国强　县委办文秘股股长
马　霞　县人大办人代工委副主任
许银锋　县政府办副主任、法制办主任
黄丽萍　县政协办副主任
李成付　县委组织部党建办副主任、组织室主任
周国彬　县纪委信访室主任
胡柏川　县委宣传部网络舆情中心主任
曹良伟　县委政法委专职副书记
王贵均　县矛盾纠纷大调解中心专职副主任
龚衷麟　县维稳办副主任
胡泽华　县法院立案庭庭长
何卫平　县检察院控告申诉检察科科长
苏孝文　县委群众工作局(县信访局)专职信访督察员
邹小蓉　县委群众工作局(县信访局)专职信访督察员
倪前冲　县委群众工作局(县信访局)工作员
许　华　县公安局国保大队队长
周玉林　县发改局价格检查所所长
蔡建德　县司法局主任科员
田　勇　县交通运输局副局长、县交战办副主任
段　毅　县财政局局长
程先恒　县人社局副局长
陈光贤　县住建局纪检组长
常　礼　县经信局纪委书记、副局长
许　峰　县环保局环保监察大队队长
李　敏　县人口和计生局流管站副站长
汤朝秋　县农业局纪检组长
林　伟　县粮食局办公室主任
周　华　县森林公安局局长
王祝华　县国土资源局信访办主任
余　渊　县安监局执法大队队长
袁　林　县水务局党委副书记、纪委书记
刘家兴　县食品药品监督管理局纪检组长
许　虎　县城管局副局长
杨占国　县文广新旅局局长
杨　尖　县卫生局政工股工作员
郑　超　县教育局信访办主任
邓　强　县科技局主任科员
曾志钧　县总工会常务副主席
兰永先　县审计局党组成员、县人大常委会专职常委
雷国翠　县民政局办公室主任、婚姻登记处主任
韩宗权　县残联残疾人维权办主任
杨　容　县妇联副主任科员

二十、2012年度非公有制经济组织党建工作先进个人

罗　龙　玉壶茶业有限责任公司党支部书记、总经理
毕　晴　长江建筑建材公司党支部副书记
胡吉纯　维新镇刘家祠煤矿党支部书记
卜光洪　大雪山镇党委副书记、人大主席
李成付　县委党建办副主任
罗　莉　县委统战部副主任科员

二十一、全县纪检监察系统"能力素质建设、思想作风建设、基层组织建设"主题活动先进个人

何忠云　蒿坝镇党委副书记、纪委书记
唐情述　维新镇党委副书记、纪委书记
陈　宏　县环保局党组书记、纪检组长
黄仁聪　武德乡党委副书记、纪委书记
潘星华　联合苗族乡党委副书记、纪委书记
曹　章　县文广旅新局党组书记、纪检组长
李加强　县城管局副局长、纪检组长
何　玲　县纪委常委、党风室主任
邓正平　县纪委办公室主任
张义存　高坎乡纪委副书记

二十二、县级机关重点中层岗位先进个人

张一非　县审计局投资评审中心负责人
张家渊　县政府采购中心负责人
柯　强　县发改局投资和项目管理股(行政审批股)股长
王化虎　县经信局工业经济综合股主任科员
李成付　县委组织部组织室主任
陈　静　县财政局财政投资评审中心副主任
梁汉图　县国土资源局矿产资源与地质环境股股长
胡吉华　县水务局水利工程质量监督站站长
王忠云　县民政局救灾救济股股长
程　俊　县农业局农村经营管理站站长
杨晓彬　县卫生局食品安全综合协调办公室(卫生监督大队)队长
周　松　县纪委监察局执法监察室主任
胡永勇　县民政局低保股股长
许　峰　县环保局环境监察执法大队队长
黄书忠　县林业局林政股股长
杨俊颖　县公安局户籍科科长
王　俊　县工商局注册管理股副股长
王纯华　县法院民庭庭长

2013年筠连县获高级职称人员

(单位提供,排名不分先后)

表11

姓名	工作单位	职称名称	评审机关	审定时间
钟仁友	县人民医院	主任医师	四川省高级职称评审委员会	2013.5
刘信国	县人民医院	副主任医师	四川省高级职称评审委员会	2013.10
黄　伟	县人民医院	副主任医师	四川省高级职称评审委员会	2013.10
张丽兰	县人民医院	副主任护师	四川省高级职称评审委员会	2013.10
陈其琼	县妇幼保健院	副主任护师	四川省高级职称评审委员会	2013.11
鞠家珍	县人民医院	副主任护师	四川省高级职称评审委员会	2013.12
黄　林	县中医医院	副主任护师	四川省高级职称评审委员会	2013.12
郝从香	筠连中学	中学生物高级教师	四川省高级职称评审委员会	2013.12
何太康	筠连中学	中学物理高级教师	四川省高级职称评审委员会	2013.12
段　钢	筠连中学	中学体育高级教师	四川省高级职称评审委员会	2013.12
牟思兴	筠连二中	中学英语高级教师	四川省高级职称评审委员会	2013.12
郭昭林	筠连二中	中学地理高级教师	四川省高级职称评审委员会	2013.12
魏荣洪	城南职中	中学政治高级教师	四川省高级职称评审委员会	2013.12
彭从华	城南职中	中学语文高级教师	四川省高级职称评审委员会	2013.12
王洪琼	筠连三中	中学语文高级教师	四川省高级职称评审委员会	2013.12
张启林	古楼小学	中学语文高级教师	四川省高级职称评审委员会	2013.12
范才平	礼义小学	中学语文高级教师	四川省高级职称评审委员会	2013.12
李良泽	龙镇中心校	中学语文高级教师	四川省高级职称评审委员会	2013.12
李友芸	武德中心校	中学语文高级教师	四川省高级职称评审委员会	2013.12
应国芹	乐义中心校	中学英语高级教师	四川省高级职称评审委员会	2013.12
平美芸	巡司中心校	小学中学语文高级教师	四川省高级职称评审委员会	2013.12

韩志学生平事迹简介

韩志学，曾用名韩小双，男，汉族，祖籍河北省邢台县。1925年9月，生于河北省邢台县第六区贺家坪，高小文化。1945年8月入伍，1947年2月加入中国共产党，1954年12月于泸州集体转业到地方工作。1983年8月离职修养，副厅级离休干部。2013年1月10日逝世，享年88岁。

军旅生涯：1943年，家乡当民兵。1945年10月，二野三纵队九旅二十五团卫生队担架排战士。1946年11月，二野三纵队九旅二十五团卫生队担架排副班长。1947年1月，二野三纵队九旅二十五团卫生队担架排班长。1947年7月，二野三纵队后方医院二所修养班长。1947年11月，二野三纵队归队团三中队修养班长。1948年1月，二野三纵队九旅二十五团卫生队担架排班长。1948年3月，二野三纵队教导团七中队学员。1948年9月，二野三纵队九旅二十五团卫生队担架排班长。1948年11月，二野三纵队九旅二十五团卫生队担架排副排长。1949年2月，十一军三十三师九十七团卫生队担架排副排长。1949年4月，十一军三十三师师部民工大队副排长。1949年10月，十一军三十三师九十九团二营五连副排长。1950年1月，十一军三十三师九十七团卫生队担架排排长。1950年9月，四川省綦江县汽车制配二厂经保队排长。1953年8月，重庆市公安总队四团七连排长。1954年2月，西南军区文化速成学校学员。1954年12月四川省第五工农干校学员。

参加战役：1945年11月的河南平汉战役，时任战斗员；1946年6月的河南陇海战役，时任班长；1947年4月的河南豫西战役，时任班长；1947年6月的山东阳山战役，时任班长；1948年10月的淮海战役，时任副排长；1949年4月的渡江作战，时任副排长；1949年6月的进军西南，时任副排长。

转业工作：1954年12月于泸州集体转业到地方工作。1955年5月，任筠连县供销社人事副股长兼办公室主任。1957年6月，任筠连县三区供销社主任。1957年12月，任筠连县农机厂支部书记。1960年10月，任筠连县总工会副主席。1963年4月，任筠连县委工交政治部副主任。1969年10月，筠连县革委五七干校学员。1971年1月，任筠连县革委生产指挥组工交组组长。1973年4月，任筠连县委工交部部长。1976年3月，任筠连县委统战部副部长。1980年7月，任筠连县委工交部副部长。根据筠委组〔1983〕178号文件，1983年8月离职休息，离休后享受县级政治、生活待遇。根据筠组干〔2009〕92号文件，2009年10月起享受副厅级离休干部待遇。

奖励情况：1947年2月，在二野三纵队九旅二十五团卫生队担架排，因工作积极，作战勇敢，被支部记小功1次。1947年8月，在二野三纵队九旅二十五团卫生队担架排，因战斗中积极抬伤员，被支部记小功1次。1947年11月，在太行医院二所，因遵守院规，团结友爱，立大功1次。1948年1月，在归队团三连，因在班里领导好，工作主动，给老乡担水，巩固部队，立团乙等功1次。1948年9月，二野三纵队教导团七中队因学习好受过物质奖励1次。1950年1月，十一军三十三师九十九团五连进军西南，因行军模范立团一等功1次。

韩志学在工作中勤勤恳恳、任劳任怨，爱岗敬业、默默奉献，干一行、爱一行，干一行、精一行，无论在哪个单位、哪个岗位，一心扑在事业上，热心为群众办好事、办实事、解难事。生活中艰苦朴素、勤俭节约，正派为人、忠诚坦荡，谦虚谨慎、平易近人，家庭和睦、团结邻里。在工作期间、离休后以及病重期间，从未向组织上提过任何特殊要求。

2013年1月10日韩志学因病医治无效，在县人民医院逝世，享年88岁。

（资料来自县委组织部韩志学档案，章懋华整理）

2013 年筠连县普通高校录取名单

(县招生办提供,排名不分先后)

表 12

序号	姓名	录取学校	录取专业	录取批次
1	张瀚月	青岛滨海学院	学前教育	本科三批
2	单朝洪	重庆三峡学院	法学	本科二批
3	王　钰	武汉科技大学	工商管理	本科一批
4	徐祖雨	西华师范大学	法学	本科二批
5	宋林华	西华师范大学	思想政治教育	本科二批
6	单秋程	昆明理工大学津桥学院	市场营销	本科三批
7	周煜翔	中央民族大学	历史学(基地班)	本科一批
8	李兴毅	哈尔滨师范大学	劳动与社会保障	本科二批
9	李寿林	北京城市学院	社会工作	本科三批
10	吴　玉	泸州医学院	中西医临床医学	本科二批
11	廖孝川	西南科技大学	会计	专科一批
12	刘　齐	成都信息工程学院	社会工作	本科二批
13	余泽芸	成都中医药大学	护理学	本科二批
14	徐　静	宜宾学院	法学	本科二批
15	黄章芹	邵阳学院	汉语国际教育	本科二批
16	刘　英	四川大学锦城学院	审计学	本科二批
17	郭　燕	四川师范大学	地理科学(宜宾市)	免费师范本科
18	黄　倩	四川外语学院成都学院	汉语国际教育	本科三批
19	魏孝容	宜宾学院	法学	本科二批
20	胡　月	太原理工大学	思想政治教育	本科一批
21	周正芬	西华师范大学	心理学	本科二批
22	何　平	宜宾学院	法学	本科二批
23	杨惠兰	四川工商职业技术学院	财务管理	专科二批
24	陈　旭	辽宁对外经贸学院	工商管理	本科三批
25	韦碧霞	宜宾学院	日语	本科二批
26	冯玉华	西华师范大学	汉语	专科一批
27	吴春红	西南科技大学	知识产权	本科二批
28	叶　杨	西南财经大学天府学院	会计与审计	专科二批
29	贾　宇	乐山职业技术学院	房地产经营与估价	专科二批
30	杨彦清	四川大学锦城学院	金融学	本科二批
31	陈世彬	四川信息职业技术学院	应用电子技术	专科二批
32	詹成帅	潍坊工程职业学院	会计电算化(注册会计师方向)	专科二批
33	杨旭如	成都学院	语文教育	专科一批
34	李　传	四川民族学院	网络与新媒体	本科三批
35	陈　刚	北京科技经营管理学院	金融管理与实务	专科二批

续表 12

序号	姓名	录取学校	录取专业	录取批次
36	黄俊生	广安职业技术学院	初等教育	专科二批
37	陈小彬	嘉兴学院	汉语国际教育	本科二批
38	詹幸川	四川城市职业学院	会计电算化	专科二批
39	贺业康	成都学院	学前教育	本科二批
40	李　鑫	四川文化传媒职业学院	财务信息管理	专科二批
41	王　鑫	四川职业技术学院	语文教育	专科二批
42	杨　丁	四川科技职业学院	道路桥梁工程技术	专科二批
43	余　飞	四川国际标榜职业学院	市场开发与营销	专科二批
44	廖植穗	四川财经职业学院	电子商务	专科二批
45	李冰梅	眉山职业技术学院	学前教育	专科二批
46	万　旭	广安职业技术学院	学前教育	专科二批
47	聂月秋	四川商务职业学院	会计	专科二批
48	黄　敏	四川师范大学成都学院	会计学	本科三批
49	王客欢	宜宾学院	思想政治教育	本科二批
50	叶　禹	西南交通大学希望学院	财务管理	本科三批
51	文　纹	四川司法警官职业学院	心理咨询(罪犯心理矫治方向)	专科二批
52	梁　蕾	成都学院	学前教育	专科一批
53	张　环	眉山职业技术学院	汉语	专科二批
54	陈　芳	绵阳师范学院	社会工作	本科二批
55	黄秋菱	四川商务职业学院	人力资源管理	专科二批
56	徐　剑	重庆工商大学派斯学院	汉语言文学	本科三批
57	庞月伶	四川商务职业学院	市场营销	专科二批
58	潘建平	西华师范大学	汉语言文学	本科二批
59	李　旭	西华师范大学	会计与审计	专科一批
60	张晓英	广安职业技术学院	初等教育	专科二批
61	李燕秋	四川商务职业学院	金融管理与实务	专科二批
62	曹裕琳	四川外语学院成都学院	应用英语(师范方向)	专科二批
63	黄秋菡	四川机电职业技术学院	财务信息管理	专科二批
64	李　倩	西华师范大学	人力资源管理	专科一批
65	刘韵琴	电子科技大学成都学院	会计与审计	专科二批
66	邱洪容	四川幼儿师范高等专科学校	英语教育	专科一批
67	苏　洁	西华师范大学	人力资源管理	本科二批
68	杨　雪	四川文理学院	汉语言文学	本科二批
69	郝家容	成都航空职业技术学院	会计	专科一批
70	肖传瑛	成都职业技术学院	护理	专科二批
71	刘玉娇	四川财经职业学院	财务管理	专科二批
72	张　运	乐山职业技术学院	会计电算化	专科二批
73	胡　芹	成都理工大学工程技术学院	审计学	本科三批
74	刘俊潇	四川三河职业学院	市场开发与营销	专科二批
75	蒋润庭	四川机电职业技术学院	机电一体化技术	专科二批
76	李　鑫	烟台汽车工程职业学院	汽车检测与维修技术	专科二批
77	詹孟蔚	青海畜牧兽医职业技术学院	动物防疫与检疫	专科二批
78	张应红	广安职业技术学院	语文教育	专科二批
79	蒋　委	成都师范学院	贸易经济	本科二批
80	詹　义	共青科技职业学院	建筑工程技术	专科二批

续表 12

序号	姓名	录取学校	录取专业	录取批次
81	黄　宇	重庆工程职业技术学院	工程造价	专科二批
82	刘　江	四川大学锦江学院	会计学(ＡＣＣＡ方向)	本科三批
83	张　垒	长春金融高等专科学校	会计	专科一批
84	吴建飞	广安职业技术学院	软件技术(互联网应用与开发)	专科二批
85	李　卓	四川中医药高等专科学校	中医骨伤	专科一批
86	刘　倩	四川大学锦江学院	日语	本科三批
87	罗云中	四川师范大学	工程造价	专科一批
88	詹　苏	四川文化传媒职业学院	旅游管理	专科二批
89	郭　艺	四川师范大学成都学院	市场营销	专科二批
90	彭玲芳	共青科技职业学院	会计	专科二批
91	杨　洁	宜宾职业技术学院	畜牧兽医	专科二批
92	杨晓会	四川师范大学文理学院	会计学	本科三批
93	张　倩	潍坊工程职业学院	学前教育	专科二批
94	廖蕾蕾	四川卫生康复职业学院	药学	专科二批
95	陈青帆	四川文化传媒职业学院	酒店管理	专科二批
96	蔡　莉	成都职业技术学院	物流管理	专科二批
97	闫晓容	成都职业技术学院	景区开发与管理	专科二批
98	罗　霞	重庆大学城市科技学院	会计学	本科三批
99	万晓琴	西南财经大学天府学院	会计与审计	专科二批
100	罗雪梅	泸州职业技术学院	英语教育	专科二批
101	张　鑫	四川师范大学成都学院	市场营销	专科二批
102	张雪芹	成都职业技术学院	物流管理	专科二批
103	邓　瑞	西南财经大学天府学院	会计与审计	专科二批
104	李　丹	成都职业技术学院	市场营销	专科二批
105	黄　敏	共青科技职业学院	工商企业管理	专科二批
106	陈章艳	成都师范学院	英语教育	专科一批
107	黄荟霖	四川电力职业技术学院	供用电技术	专科一批
108	何　丽	内江职业技术学院	会计	专科二批
109	刘　艳	四川师范大学文理学院	经济信息管理	专科二批
110	彭源聪	四川大学锦江学院	英语(含翻译、同声传译、英语教育、涉外旅游方向)	本科三批
111	谢小芹	西南科技大学	法律事务	专科一批
112	胡旭敏	共青科技职业学院	会计	专科二批
113	黄凤林	达州职业技术学院	工程造价	专科二批
114	朱小银	无锡职业技术学院	物流管理(企业物流)	专科一批
115	郑良明	四川职业技术学院	物流管理	专科二批
116	林兴全	成都纺织高等专科学校	现代纺织技术	专科一批
117	白　锟	乐山职业技术学院	会计电算化	专科二批
118	刘付田	四川师范大学成都学院	计算机多媒体技术(数字媒体技术)	专科二批
119	张　强	四川工业管理职业学院	交通安全与智能控制	专科二批
120	唐旭林	内江职业技术学院	建筑工程技术	专科二批
121	李未川	四川工业管理职业学院	商务英语	专科二批
122	付云川	广安职业技术学院	矿山机电	专科二批
123	付　洁	成都医学院	护理	专科一批
124	詹云辉	山东药品食品职业学院	中药	专科二批
125	平术燕	成都职业技术学院	商务英语	专科二批

续表 12

序号	姓名	录取学校	录取专业	录取批次
126	牟 敏	宜宾学院	思想政治教育	本科二批
127	谢子欢	成都职业技术学院	金融与证券	专科二批
128	黄 芹	广安职业技术学院	会计电算化	专科二批
129	詹晓玲	四川职业技术学院	初等教育	专科二批
130	韦美华	宜宾职业技术学院	物流管理(五粮液联合培养)	专科二批
131	彭一雪	乐山职业技术学院	护理	专科二批
132	吴国玲	共青科技职业学院	工商企业管理	专科二批
133	李小芳	四川科技职业学院	人力资源管理	专科二批
134	张 倩	四川商务职业学院	会计	专科二批
135	张晓芹	四川现代职业学院	财务管理	专科二批
136	向光会	西华师范大学	汉语言文学	本科二批
137	毛永珊	广安职业技术学院	应用化工技术	专科二批
138	詹小容	乐山职业技术学院	护理	专科二批
139	师 梦	宜宾学院	汉语言文学	本科二批
140	苏 林	四川商务职业学院	会计	专科二批
141	苏 洁	广安职业技术学院	英语教育	专科二批
142	罗传先	四川师范大学文理学院	汉语言文学	本科三批
143	蒋竹玫	四川管理职业学院	金融与证券	专科二批
144	陈加艳	四川商务职业学院	市场营销	专科二批
145	詹旭秋	眉山职业技术学院	英语教育	专科二批
146	朱兴琼	泸州医学院	护理	专科一批
147	王 琦	达州职业技术学院	助产	专科二批
148	朱 姝	四川职业技术学院	学前教育	专科二批
149	郭酥酥	西南财经大学天府学院	会计与审计	专科二批
150	罗 琼	雅安职业技术学院	学前教育	专科二批
151	李春梅	宜宾学院	英语	本科二批
152	郭昭芹	南充职业技术学院	文秘	专科二批
153	张 雷	共青科技职业学院	机电一体化技术	专科二批
154	蒋万付	四川工程职业技术学院	机电一体化技术	专科二批
155	黄国兵	四川交通职业技术学院	工程机械运用与维护	专科二批
156	王定宏	共青科技职业学院	航海技术	专科二批
157	邓斌伟	山东外事翻译职业学院	营销与策划	专科二批
158	王 尧	达州职业技术学院	临床医学	专科二批
159	段 强	四川外语学院成都学院	英语(师范方向)	本科三批
160	林 芝	西昌学院	财务管理	本科二批
161	郑世容	西南交通大学希望学院	会计学(含会计与审计、税务会计、工程会计、金融会计方向)	本科三批
162	罗 黎	成都农业科技职业学院	宠物养护与疫病防治	专科二批
163	罗吉翠	成都职业技术学院	酒店管理	专科二批
164	刘艳均	乐山职业技术学院	护理	专科二批
165	周 敏	成都学院	学前教育	专科一批
166	何 星	眉山职业技术学院	学前教育	专科二批
167	黄 燕	西北民族大学	少数民族预科	本科二批
168	廖 娟	四川卫生康复职业学院	药学	专科二批
169	舒 杨	重庆信息技术职业学院	会计与统计核算（财务会计方向／税务会计方向／银行会计方向）	专科二批
170	钟 杏	成都理工大学工程技术学院	工程质量监督与管理	专科二批

续表 12

序号	姓名	录取学校	录取专业	录取批次
171	卜青青	泸州职业技术学院	文秘	专科二批
172	刘加莉	泸州职业技术学院	学前教育	专科二批
173	高　旭	宜宾学院	劳动与社会保障	本科二批
174	胡从妹	宜宾职业技术学院	酿酒技术（五粮液联合培养）	专科二批
175	黄成燕	四川国际标榜职业学院	医疗美容技术	提前单招
176	李小芳	南昌理工学院	少数民族预科	专科二批
177	刘　静	四川商务职业学院	会计	专科二批
178	刘夕嘉	四川国际标榜职业学院	营销与策划	专科二批
179	任小梅	四川信息职业技术学院	连锁经营管理	专科二批
180	吴润红	四川职业技术学院	会计与审计	专科二批
181	肖颖慧	宜宾职业技术学院	精密机械技术	专科二批
182	杨道香	共青科技职业学院	会计	专科二批
183	张　丽	柳州职业技术学院	酒店管理	专科一批
184	郑秋瑾	上海健康职业技术学院	康复治疗技术	专科二批
185	周美琳	四川商务职业学院	国际贸易实务	专科二批
186	郭　碧	四川职业技术学院	学前教育	专科二批
187	游　磊	川北幼儿师范高等专科学校	学前教育	专科一批
188	周志兴	广安职业技术学院	英语教育	专科二批
189	陶秋霞	四川信息职业技术学院	动漫设计与制作	专科二批
190	罗廷容	四川商务职业学院	市场营销	专科二批
191	段佳巧	眉山职业技术学院	财务管理	专科二批
192	刘　璐	四川国际标榜职业学院	财务管理	专科二批
193	卢祖虹	四川国际标榜职业学院	医疗美容技术	提前单招
194	聂珊珊	四川大学锦江学院	英语（含翻译、同声传译、英语教育、涉外旅游方向）	本科三批
195	李　林	四川音乐学院绵阳艺术学院	汉语（对外汉语与艺术）	专科二批
196	徐嘉良	四川司法警官职业学院	刑事执行	专科二批
197	赖高芹	西藏大学	英语	本科二批
198	曹　与	广安职业技术学院	语文教育	专科二批
199	母前进	四川希望汽车职业学院	汽车技术服务与营销	专科二批
200	沈　剑	四川希望汽车职业学院	汽车技术服务与营销	专科二批
201	曾令单	四川工程职业技术学院	汽车检测与维修技术	专科一批
202	赵　鑫	四川希望汽车职业学院	汽车制造与装配技术	专科二批
203	钟前明	达州职业技术学院	建筑工程技术	专科二批
204	郭粟利	西南科技大学城市学院	建筑工程管理（含工程概预算、工程项目管理）	专科二批
205	刘付森	四川希望汽车职业学院	数控技术	专科二批
206	任　才	四川工程职业技术学院	汽车整形技术	专科二批
207	李光洪	四川希望汽车职业学院	汽车技术服务与营销	专科二批
208	张运刚	海南经贸职业技术学院	电子商务	专科二批
209	杨绪辉	宜宾职业技术学院	生物技术及应用（五粮液联合培养）	专科一批
210	苏　云	广安职业技术学院	初等教育	专科二批
211	萧明健	天津海运职业学院	海事管理	专科二批
212	胡向华	广安职业技术学院	初等教育	专科二批
213	余正琼	阿坝师范高等专科学校	语文教育	专科一批
214	曹　力	四川中医药高等专科学校	护理	专科一批
215	何戎容	四川文化产业职业学院	酒店管理	专科二批

续表 12

序号	姓名	录取学校	录取专业	录取批次
216	林香玉	贵州大学明德学院	英语	本科三批
217	马　丽	长沙民政职业技术学院	法律事务	专科一批
218	舒小英	雅安职业技术学院	学前教育	专科二批
219	谢　敏	宜宾职业技术学院	物流管理(五粮液联合培养)	专科一批
220	叶兰英	四川商务职业学院	医药营销	专科二批
221	叶履菲	阿坝师范高等专科学校	学前教育	专科一批
222	詹艳秋	雅安职业技术学院	中药	专科二批
223	赵利秋	四川财经职业学院	电子商务	专科二批
224	徐桂聪	四川国际标榜职业学院	医疗美容技术	专科二批
225	张会芹	云南工程职业学院	学前教育	专科二批
226	王　燕	昭通学院	语文教育	专科一批
227	刘利芳	四川职业技术学院	语文教育	专科二批
228	刘　莉	西南交通大学希望学院	工程监理	专科二批
229	苏　锐	四川卫生康复职业学院	药学	专科二批
230	张　杏	雅安职业技术学院	英语教育	专科二批
231	詹成容	阿坝师范高等专科学校	语文教育	专科一批
232	谢贵芬	广安职业技术学院	初等教育	专科二批
233	郭小渔	达州职业技术学院	护理	专科二批
234	周　会	四川三河职业学院	财务信息管理	专科二批
235	杨　英	上海健康职业技术学院	医学影像技术	专科二批
236	罗　敏	商洛职业技术学院	护理	专科二批
237	龚　会	海南政法职业学院	司法会计	专科二批
238	秦博闻	四川城市职业学院	计算机网络与安全管理	专科二批
239	陈光洪	南充职业技术学院	机电一体化技术	专科二批
240	熊一民	四川科技职业学院	软件技术(含手机软件开发、动漫游戏设计、企业信息管理与应用方向)	专科二批
241	张吉祥	成都农业科技职业学院	机电一体化技术	专科二批
242	杨陶海	四川航天职业技术学院	汽车制造与装配技术	专科二批
243	罗　方	四川职业技术学院	机电一体化技术	专科二批
244	罗晓义	四川民族学院	行政管理	本科三批
245	彭治芹	南昌师范高等专科学校	学前教育	专科一批
246	韦焕英	上海杉达学院	旅游管理类	本科三批
247	徐雨霏	四川科技职业学院	会计与审计	专科二批
248	胡　旭	四川工商职业技术学院	电子商务	专科二批
249	罗良燕	宜宾学院	英语教育	专科一批
250	江小兰	成都师范学院	公共事务管理	专科一批
251	邓　芳	南充职业技术学院	英语教育	专科二批
252	吴国春	宜宾学院	汉语言文学	本科二批
253	张　谊	四川托普信息技术职业学院	金融与证券	专科二批
254	李　燕	南充职业技术学院	语文教育	专科二批
255	赵倩倩	四川外语学院成都学院	应用英语(翻译方向)	专科二批
256	郑焙丹	四川职业技术学院	会计与审计	专科二批
257	谢秋吉	西华师范大学	汉语	专科一批
258	王小秋	南充职业技术学院	会计电算化	专科二批
259	袁　春	四川商务职业学院	物流管理	专科二批
260	郭述秋	共青科技职业学院	会计	专科二批

续表 12

序号	姓名	录取学校	录取专业	录取批次
261	陈礼鎏	四川幼儿师范高等专科学校	学前教育	专科一批
262	曾永涵	成都师范学院	公共事务管理	专科一批
263	张洪萍	四川商务职业学院	商务英语	专科二批
264	王友凤	三峡大学科技学院	少数民族预科	本科三批
265	黄　晨	四川职业技术学院	汽车技术服务与营销	专科二批
266	邓　倩	成都职业技术学院	会计电算化	专科二批
267	牟茂萍	南充职业技术学院	学前教育	专科二批
268	王俊霞	成都纺织高等专科学校	物流管理	专科一批
269	陈金秀	四川农业大学	财务管理	专科一批
270	何小莉	四川商务职业学院	会计	专科二批
271	陶明丽	四川财经职业学院	会计	专科一批
272	胡雪梅	眉山职业技术学院	酒店管理	专科二批
273	郭韩莹	西南财经大学天府学院	老年服务与管理	专科二批
274	钟　益	天津商务职业学院	旅游管理	专科二批
275	周易韦	泸州医学院	护理	专科一批
276	罗友莉	共青科技职业学院	会计	专科二批
277	杨传聪	攀枝花学院	英语	本科二批
278	陈　海	厦门兴才职业技术学院	会计电算化	专科二批
279	刘　星	四川文化传媒职业学院	财务信息管理	专科二批
280	余　涵	四川外语学院成都学院	应用英语(翻译方向)	专科二批
281	杨　叶	四川信息职业技术学院	会计	专科二批
282	吴　涛	广西工程职业学院	城市园林	专科二批
283	钟启菲	四川希望汽车职业学院	汽车检测与维修技术	专科二批
284	陈栖仲	四川现代职业学院	室内设计技术	专科二批
285	郭　俊	四川现代职业学院	会计电算化	专科二批
286	孟健宇	四川希望汽车职业学院	汽车检测与维修技术	专科二批
287	王　正	四川文化传媒职业学院	旅游管理	专科二批
288	刘　丽	四川职业技术学院	商务英语	专科二批
289	刘丽韦	宜宾职业技术学院	物流管理(五粮液联合培养)	专科二批
290	王　洁	共青科技职业学院	建筑工程技术	专科二批
291	陈德凤	南充职业技术学院	初等教育	专科二批
292	董晓莉	共青科技职业学院	建筑工程技术	专科二批
293	邓　鸿	四川工业管理职业学院	航空服务	专科二批
294	何小红	宜宾职业技术学院	工程造价	专科二批
295	张　旭	共青科技职业学院	会计	专科二批
296	赖　艳	四川工业管理职业学院	会计电算化	专科二批
297	林利霞	南充职业技术学院	会计电算化	专科二批
298	郑小润	南充职业技术学院	会计电算化	专科二批
299	杨永秀	乐山职业技术学院	会计电算化	专科二批
300	詹雨生	眉山职业技术学院	初等教育	专科二批
301	秦　满	阿坝师范高等专科学校	思想政治教育	专科一批
302	刘　勇	宜宾学院	劳动与社会保障	本科二批
303	殷书婷	中华女子学院	金融学	本科二批
304	郝中湖	四川科技职业学院	工程造价	专科二批
305	郭齐琪	四川财经职业学院	财务管理	专科二批

续表 12

序号	姓名	录取学校	录取专业	录取批次
306	郑　莉	广州铁路职业技术学院	文秘	专科一批
307	龚庭义	四川司法警官职业学院	刑事侦查技术	专科二批
308	朱静秋	四川职业技术学院	语文教育	专科二批
309	欧桂汛	西华师范大学	汉语言文学	本科二批
310	田　超	四川师范大学文理学院	法学	本科三批
311	吴小珊	成都学院	语文教育	专科一批
312	李　茂	四川幼儿师范高等专科学校	初等教育	专科一批
313	罗　燕	四川民族学院	汉语言文学	本科二批
314	周　炼	重庆师范大学	社会工作	本科二批
315	陈燕秋	电子科技大学成都学院	英语	本科三批
316	叶传利	四川机电职业技术学院	计算机多媒体技术	专科二批
317	舒中琴	成都医学院	护理	专科一批
318	邱迁苹	成都纺织高等专科学校	服装设计	专科一批
319	陈晓虹	民办四川天一学院	工程造价	专科二批
320	朱朝勇	民办四川天一学院	会计电算化	专科二批
321	李　进	四川商务职业学院	人力资源管理	专科二批
322	师远建	绵阳职业技术学院	材料工程技术(混凝土工艺)	专科一批
323	朱　英	四川师范大学文理学院	汉语言文学(文化传播方向)	本科三批
324	欧岳江	西昌学院	自然地理与资源环境	本科二批
325	李世容	四川大学锦城学院	旅游管理	本科二批
326	李兴兴	雅安职业技术学院	中医学	专科二批
327	杨　玲	西华师范大学	秘书学	本科二批
328	游　婷	西华师范大学	法学	本科二批
329	饶　钦	四川文理学院	初等教育	专科一批
330	熊丽婷	阿坝师范高等专科学校	英语教育	专科一批
331	胡晓娟	四川交通职业技术学院	公路监理	专科二批
332	何　川	四川航天职业技术学院	汽车检测与维修技术	专科二批
333	侯晓鸿	四川师范大学文理学院	法学	本科三批
334	陈　玲	雅安职业技术学院	语文教育	专科二批
335	刘明禁	西南交通大学希望学院	会计学(含会计与审计、税务会计、工程会计、金融会计方向)	本科三批
336	陆　娟	眉山职业技术学院	初等教育	专科二批
337	平桂佳	阿坝师范高等专科学校	历史教育	专科一批
338	胡蕴虹	四川信息职业技术学院	楼宇智能化工程技术	专科二批
339	詹　茂	川北幼儿师范高等专科学校	英语教育	专科一批
340	杨传林	四川司法警官职业学院	心理咨询(罪犯心理矫治方向)	专科二批
341	张志秀	四川卫生康复职业学院	康复治疗技术	专科二批
342	周川云	广安职业技术学院	学前教育	专科二批
343	邹吉宏	内江职业技术学院	计算机应用技术(财务软件管理方向)	专科二批
344	曹　梦	内江职业技术学院	计算机应用技术(财务软件管理方向)	专科二批
345	何　浪	四川职业技术学院	会计与审计	提前单招
346	付百杰	四川建筑职业技术学院	物业管理	专科二批
347	潘柏桦	南充职业技术学院	石油化工生产技术	专科二批
348	李　杰	眉山职业技术学院	机电一体化技术	专科二批
349	胡　恒	四川化工职业技术学院	模具设计与制造	专科二批
350	李　波	绵阳职业技术学院	道路桥梁工程技术	专科二批

续表 12

序号	姓名	录取学校	录取专业	录取批次
351	黄　笠	四川大学锦城学院	行政管理	本科二批
352	李玉林	阿坝师范高等专科学校	文化市场经营与管理	专科一批
353	胡　燕	乐山职业技术学院	会计电算化	专科二批
354	平　艳	四川财经职业学院	税务	专科二批
355	彭田田	广安职业技术学院	语文教育	专科二批
356	范　芹	四川司法警官职业学院	城市管理与监察	专科二批
357	舒梦香	四川司法警官职业学院	心理咨询(罪犯心理矫治方向)	专科二批
358	陈晓娟	宜宾职业技术学院	物流工程技术	专科二批
359	周万旭	眉山职业技术学院	机电一体化技术	专科二批
360	闫又名	泸州职业技术学院	学前教育	专科二批
361	徐炬宝	眉山职业技术学院	工程测量与监理	专科二批
362	胡勤洁	广安职业技术学院	学前教育	专科二批
363	黄　霞	眉山职业技术学院	学前教育	专科二批
364	袁　梦	广安职业技术学院	学前教育	专科二批
365	罗　霞	广安职业技术学院	计算机应用技术	专科二批
366	潘粒苹	四川民族学院	英语教育	专科一批
367	张小芹	民办四川天一学院	应用英语(幼儿英语方向)	专科二批
368	吴青桐	广安职业技术学院	英语教育	专科二批
369	陈　燕	四川文化产业职业学院	会计与审计	专科二批
370	贺小霞	广安职业技术学院	学前教育	专科二批
371	刘思宏	四川科技职业学院	财务管理	专科二批
372	张　艺	宜宾职业技术学院	财务管理	提前单招
373	邹　义	内江职业技术学院	市场营销	专科二批
374	张成艳	潍坊工程职业学院	学前教育	专科二批
375	李　磊	西南交通大学希望学院	工程造价	专科二批
376	陈　伟	广安职业技术学院	汽车技术服务与营销	专科二批
377	周燕彬	四川工业管理职业学院	建筑工程管理	专科二批
378	张国忠	内江职业技术学院	农业经济管理	专科二批
379	金　亮	四川信息职业技术学院	动漫设计与制作	专科二批
380	杨　松	四川传媒学院(原成都理工大学广播影视学院)	市场营销	专科二批
381	罗　涛	四川城市职业学院	经济信息管理	专科二批
382	郑志华	枣庄科技职业学院	护理	专科二批
383	黄　巡	宜宾职业技术学院	园林工程技术	提前单招
384	杨文苍	内江职业技术学院	通信技术	专科二批
385	郭术友	四川机电职业技术学院	计算机网络技术	专科二批
386	王永林	四川科技职业学院	道路桥梁工程技术	专科二批
387	任家华	四川航天职业技术学院	建筑电气工程技术	专科二批
388	曹　波	宜宾职业技术学院	财务管理	提前单招
389	罗俊忠	四川文化传媒职业学院	计算机应用技术	专科二批
390	杨小凤	西南交通大学希望学院	会计电算化	专科二批
391	罗　建	贵州警官职业学院	法律事务	专科二批
392	徐　艳	四川希望汽车职业学院	数控技术	专科二批
393	胡秋容	重庆机电职业技术学院	会计与审计(财务管理方向)	专科二批
394	刘雪瓶	西南交通大学希望学院	工程造价	专科二批
395	周　惠	广安职业技术学院	学前教育	专科二批

续表 12

序号	姓名	录取学校	录取专业	录取批次
396	李　香	宜宾职业技术学院	物流管理(五粮液联合培养)	提前单招
397	赖　敏	四川国际标榜职业学院	室内设计技术	专科二批
398	郑润秋	四川传媒学院(原成都理工大学广播影视学院)	新闻与传播	专科二批
399	潘　羽	广安职业技术学院	市场营销	专科二批
400	余　慧	四川文轩职业学院	出版与发行	专科二批
401	杜　铃	内江职业技术学院	会计	专科二批
402	饶　静	广安职业技术学院	语文教育	专科二批
403	师远霞	成都艺术职业学院	酒店管理	专科二批
404	夏　丽	广西工程职业学院	室内设计技术	专科二批
405	梁　巧	四川信息职业技术学院	应用电子技术	专科二批
406	冯　敏	潍坊工程职业学院	学前教育	专科二批
407	李　会	西南交通大学希望学院	会计电算化	专科二批
408	杨　坤	西南交通大学希望学院	工程造价	专科二批
409	聂正伟	广安职业技术学院	学前教育	专科二批
410	李申芹	四川文化传媒职业学院	酒店管理	专科二批
411	罗小洪	重庆机电职业技术学院	汽车检测与维修技术(汽车运输企业管理方向)	专科二批
412	闫如松	成都农业科技职业学院	工商企业管理	专科二批
413	李　茂	宜宾职业技术学院	物流管理(五粮液联合培养)	提前单招
414	潘云贵	四川信息职业技术学院	数控技术	专科二批
415	黄立松	宜宾职业技术学院	机电一体化技术(五粮液联合培养)	提前单招
416	李永强	内江职业技术学院	会计	专科二批
417	李　义	泸州职业技术学院	会计电算化	专科二批
418	何庆鹏	宜宾职业技术学院	建筑设备工程技术	专科二批
419	熊刚伟	四川文化传媒职业学院	电子测量技术与仪器	专科二批
420	杜天涛	四川信息职业技术学院	电气自动化技术	专科二批
421	熊川胜	内江职业技术学院	机械设计与制造	专科二批
422	潘　强	四川信息职业技术学院	汽车技术服务与营销	专科二批
423	黄天江	四川希望汽车职业学院	汽车检测与维修技术	专科二批
424	潘跃东	内江职业技术学院	建筑工程技术	专科二批
425	李安均	宜宾职业技术学院	物流管理(五粮液联合培养)	提前单招
426	应旭峰	四川现代职业学院	数控技术	专科二批
427	黄　振	四川传媒学院(原成都理工大学广播影视学院)	新闻与传播	专科二批
428	张会敏	宜宾职业技术学院	物流管理(五粮液联合培养)	提前单招
429	李晓玲	宜宾职业技术学院	财务管理	提前单招
430	刘　敏	四川化工职业技术学院	计算机应用技术	专科二批
431	田秋平	眉山职业技术学院	园林工程技术	专科二批
432	王　丽	广安职业技术学院	汽车技术服务与营销	专科二批
433	叶春燕	宜宾职业技术学院	商务英语	提前单招
434	郭蔓莉	四川信息职业技术学院	数控设备应用与维护	专科二批
435	毛俊珊	四川信息职业技术学院	计算机系统维护	专科二批
436	朱　丽	广安职业技术学院	计算机应用技术	专科二批
437	李清清	眉山职业技术学院	物流管理	专科二批
438	周　英	四川外语学院成都学院	应用英语(酒店管理方向)	专科二批
439	王永琴	四川现代职业学院	物业管理	专科二批
440	饶雪梅	广安职业技术学院	旅游管理	专科二批

续表 12

序号	姓名	录取学校	录取专业	录取批次
441	王贵芬	四川商务职业学院	计算机信息管理(商务信息管理方向)	专科二批
442	周富秋	宜宾职业技术学院	园林工程技术	提前单招
443	饶董梅	广安职业技术学院	物业管理	专科二批
444	黄　旭	共青科技职业学院	工商企业管理	专科二批
445	梁　娟	四川信息职业技术学院	数控设备应用与维护	专科二批
446	严　秋	四川化工职业技术学院	安全技术管理	专科二批
447	王习宇	重庆科创职业学院	工商企业管理	专科二批
448	詹顺生	内江职业技术学院	焊接技术及自动化	专科二批
449	罗兴容	四川文化传媒职业学院	旅游管理	专科二批
450	王　肃	上海视觉艺术学院	视觉传达设计(包装传播设计)	艺体本科
451	王虹英	宜宾学院	舞蹈表演	艺体本科
452	张忆萍	四川音乐学院	戏剧影视文学	艺体本科
453	刘　叶	琼台师范高等专科学校	美术教育	艺体专科
454	罗海灵	成都理工大学工程技术学院	广告设计与制作	艺体专科
455	晏　瑛	四川电影电视职业学院	主持与播音(电台播音方向)	艺体专科
456	王　涵	四川文理学院	影视多媒体技术	艺体专科
457	黄　梅	西南财经大学天府学院	会计与审计	专科二批
458	罗雪萍	四川电影电视职业学院	编导(后期制作方向)	艺体专科
459	舒思雅	四川传媒学院(原成都理工大学广播影视学院)	音乐表演	艺体专科
460	郑雯倩	四川师范大学成都学院	环境设计	艺体本科
461	黄　青	四川传媒学院(原成都理工大学广播影视学院)	编导	艺体专科
462	赵书锌	四川师范大学成都学院	文秘	专科二批
463	吴庆龄	川北幼儿师范高等专科学校	美术教育	艺体专科
464	周　瑶	四川师范大学文理学院	广告设计与制作	艺体专科
465	邓　婕	西南大学	环境设计	艺体本科
466	谢　宇	四川国际标榜职业学院	人物形象设计(发型设计、美发产品营销、发型教育)	艺体专科
467	李成华	青海畜牧兽医职业技术学院	畜牧兽医	专科二批
468	辛　炜	云南师范大学商学院	美术学	艺体本科
469	杨鸿亮	四川传媒学院(原成都理工大学广播影视学院)	编导	艺体专科
470	吴　月	成都师范学院	音乐教育(宜宾市)	免费师范艺体专科
471	罗钠丹	四川大学锦江学院	动画	艺体本科
472	陈雅丽	江西陶瓷工艺美术职业技术学院	陶瓷艺术设计	艺体专科
473	游　雪	辽宁美术职业学院	艺术设计(环境艺术设计)	艺体专科
474	胡晓玲	四川师范大学	编导	艺体专科
475	李　鑫	四川师范大学	戏剧影视美术设计	艺体本科
476	廖雪梅	阿坝师范高等专科学校	美术教育	艺体专科
477	曾潇虹	四川师范大学成都学院	视觉传达设计	艺体本科
478	郭雪梅	成都学院	视觉传达设计	艺体本科
479	周　倩	四川电影电视职业学院	编导(后期制作方向)	艺体专科
480	杨力川	四川国际标榜职业学院	人物形象设计(影视人物造型、生活时尚化妆与产品营销)	艺体专科
481	王　芳	宜宾学院	广播电视编导	艺体本科
482	黄　悦	四川师范大学	编导	艺体专科
483	陶　露	辽宁美术职业学院	数字传媒艺术	艺体专科
484	李泓禹	共青科技职业学院	服装设计	艺体专科
485	饶　垒	成都学院	动画	艺体本科

续表 12

序号	姓名	录取学校	录取专业	录取批次
486	应肇衡	民办四川天一学院	艺术设计(视觉传达方向)	艺体专科
487	梁夙肸	四川幼儿师范高等专科学校	美术教育	艺体专科
488	刘昌燕	西华大学	产品造型设计	艺体专科
489	林　丹	共青科技职业学院	服装设计	艺体专科
490	林　燕	四川师范大学	美术学	艺体本科
491	秦明颖	四川文化产业职业学院	动漫设计与制作(游戏开发与制作方向)	艺体专科
492	苏　绮	四川艺术职业学院	艺术设计(广告、景观、室内、视觉传达、产品造型、包装、建筑装饰)	艺体专科
493	张　静	眉山职业技术学院	初等教育	专科二批
494	周　雨	四川幼儿师范高等专科学校	美术教育	艺体专科
495	徐杭祺	阿坝师范高等专科学校	美术教育	艺体专科
496	吴　霞	景德镇陶瓷职业技术学院	环境艺术设计(现代陶艺方向)	艺体专科
497	陈　丽	江西陶瓷工艺美术职业技术学院	雕塑艺术设计	艺体专科
498	何　敏	四川艺术职业学院	艺术设计(广告、景观、室内、视觉传达、产品造型、包装、建筑装饰)	艺体专科
499	刘昌文	共青科技职业学院	建筑工程技术	专科二批
500	曹海燕	四川师范大学	艺术设计	艺体专科
501	杜　娟	四川师范大学文理学院	主持与播音	艺体专科
502	李江萍	海南大学	戏剧影视文学(影视编导方向)	艺体本科
503	师才英	广安职业技术学院	初等教育	专科二批
504	田秀英	达州职业技术学院	医学检验技术	专科二批
505	赵茂秋	四川师范大学	影视动画	艺体专科
506	肖　林	重庆工程职业技术学院	产品造型设计	艺体专科
507	吴　敏	西华师范大学	绘画	艺体本科
508	郭诣韬	四川艺术职业学院	动漫设计与制作(二维动画、三维动画、漫画、游戏编程、游戏美工)	艺体专科
509	尹　静	成都学院	环境设计	艺体本科
510	孙　云	广安职业技术学院	会计电算化	专科二批
511	邓楷文	南昌工学院	环境艺术设计(室内设计方向)	艺体专科
512	胡　蝶	四川文化传媒职业学院	人物形象设计	艺体专科
513	马欢欢	四川幼儿师范高等专科学校	美术教育	艺体专科
514	郝家炼	成都学院	艺术设计(中外合作办学)	艺体专科
515	王国英	四川师范大学	服装设计	艺体专科
516	刘　健	成都艺术职业学院	影视动画(建筑动画制作)	艺体专科
517	黄本陶	四川电影电视职业学院	公共事务管理(影视制片方向)	专科二批
518	唐粒璋	四川传媒学院(原成都理工大学广播影视学院)	主持与播音	艺体专科
519	钟　柯	重庆艺术工程职业学院	装饰艺术设计(室内艺术设计方向)	专科二批
520	许　涛	贵州商业高等专科学校	环境艺术设计	艺体专科
521	王　欢	四川职业技术学院	音乐教育	艺体专科
522	汪秀娟	四川传媒学院(原成都理工大学广播影视学院)	装潢艺术设计	艺体专科
523	罗小玉	西双版纳职业技术学院	旅游管理	专科二批
524	刘　敏	成都纺织高等专科学校	装饰艺术设计	艺体专科
525	苏　洁	重庆第二师范学院	视觉传达设计(时尚艺术)	艺体本科
526	韦立志	广安职业技术学院	音乐教育	艺体专科
527	赵　敏	珠海艺术职业学院	艺术设计(珠宝首饰鉴赏与设计)	艺体专科
528	王小丽	四川中医药高等专科学校	护理	专科一批
529	韦　唯	广安职业技术学院	装潢艺术设计	艺体专科
530	母丹丹	广安职业技术学院	装潢艺术设计	艺体专科

续表 12

序号	姓名	录取学校	录取专业	录取批次
531	杨清青	重庆房地产职业学院	装饰艺术设计	艺体专科
532	黄　英	四川文化产业职业学院	珠宝首饰工艺及鉴定	艺体专科
533	江无名	四川师范大学	表演艺术(声乐)	艺体专科
534	唐思琴	四川音乐学院绵阳艺术学院	广播电视技术(影视编导)	艺体专科
535	周　秀	广安职业技术学院	应用化工技术	专科二批
536	陈秋宇	成都艺术职业学院	编导	艺体专科
537	罗　洁	西昌学院	电脑艺术设计	艺体专科
538	李小梅	成都师范学院	音乐教育(雅安市)	免费师范艺体专科
539	毛　焮	阿坝师范高等专科学校	美术教育	艺体专科
540	王　燕	辽宁美术职业学院	艺术设计(环境艺术设计)	艺体专科
541	徐乙菡	四川幼儿师范高等专科学校	美术教育	艺体专科
542	潘俊豪	四川师范大学文理学院	绘画(油画方向)	艺体本科
543	李小嫣	商丘师范学院	环境设计	艺体本科
544	雷洪连	四川长江职业学院	广告设计与制作(广告与会展设计方向)	艺体专科
545	游　婷	四川文理学院	视觉传达艺术设计	艺体专科
546	郑智芳	四川音乐学院	作曲与作曲技术理论	艺体本科
547	刘　强	柳州职业技术学院	建筑装饰工程技术	艺体专科
548	余　港	四川工商职业技术学院	环境艺术设计	艺体专科
549	闫晋平	四川工商职业技术学院	艺术设计(装潢与广告设计方向)	艺体专科
550	龚玉鸿	四川商务职业学院	环境艺术设计	艺体专科
551	饶友江	西南财经大学天府学院	环境设计	艺体本科
552	刘松贤	四川商务职业学院	环境艺术设计	艺体专科
553	潘晓婷	达州职业技术学院	艺术设计	艺体专科
554	潘艳平	四川工商职业技术学院	艺术设计(装潢与广告设计方向)	艺体专科
555	师　洋	广安职业技术学院	装潢艺术设计	艺体专科
556	林玉梅	阿坝师范高等专科学校	音乐教育	艺体专科
557	李成旭	四川科技职业学院	环境艺术设计(建筑室内外装饰设计方向)	艺体专科
558	顾　敏	四川商务职业学院	环境艺术设计	艺体专科
559	陈义萍	四川商务职业学院	环境艺术设计	艺体专科
560	陈友利	四川工商职业技术学院	艺术设计(装潢与广告设计方向)	艺体专科
561	周晓明	四川城市职业学院	艺术设计(空间艺术设计)	艺体专科
562	杜天雨	四川商务职业学院	环境艺术设计	艺体专科
563	罗燕梅	四川工商职业技术学院	环境艺术设计	艺体专科
564	黄　鑫	北海艺术设计职业学院	建筑设计技术	艺体专科
565	王华凤	绵阳师范学院	音乐表演(音乐舞蹈)	艺体本科
566	陈圆圆	四川工商职业技术学院	艺术设计(装潢与广告设计方向)	艺体专科
567	罗旭容	四川工商职业技术学院	环境艺术设计	艺体专科
568	任建均	达州职业技术学院	环境艺术设计	艺体专科
569	应春香	河北美术学院	旅游工艺品设计与制作	艺体专科
570	朱红莉	四川音乐学院	录音艺术(录音艺术与电脑音乐)	艺体本科
571	杨宗文	四川传媒学院(原成都理工大学广播影视学院)	录音艺术	艺体本科
572	郝从洁	阿坝师范高等专科学校	音乐教育	艺体专科
573	饶成全	阿坝师范高等专科学校	艺术设计	艺体专科
574	游甜甜	阿坝师范高等专科学校	音乐舞蹈教育	艺体专科
575	张　伟	四川现代职业学院	建筑工程管理	专科二批

续表 12

序号	姓名	录取学校	录取专业	录取批次
576	罗付芹	阿坝师范高等专科学校	音乐舞蹈教育	艺体专科
577	王江陵	成都学院	社会体育指导与管理	艺体本科
578	韦一波	四川师范大学成都学院	市场营销	专科二批
579	郭广运	成都中医药大学	体育教育	艺体本科
580	赵　斌	成都学院	社会体育指导与管理	艺体本科
581	刘华林	内江师范学院	社会体育指导与管理	艺体本科
582	李　梅	成都体育学院	体育教育	艺体本科
583	余周洋	宜宾学院	体育教育	艺体本科
584	刘正银	西华师范大学	社会体育指导与管理	艺体本科
585	周运康	宜宾学院	体育教育	艺体本科
586	李从双	广安职业技术学院	工程造价	专科二批
587	周德恒	重庆文理学院	社会体育指导与管理	艺体本科
588	官　燊	共青科技职业学院	工商企业管理	专科二批
589	张小英	共青科技职业学院	工商企业管理	专科二批
590	付泽杰	共青科技职业学院	轮机工程技术	专科二批
591	李　超	西南科技大学城市学院	建筑工程技术(施工管理)	专科二批
592	郭梦华	重庆文理学院	体育教育(师范)	艺体本科
593	宗吉康	共青科技职业学院	电子信息工程技术	专科二批
594	余松铖	四川国际标榜职业学院	社会体育	艺体专科
595	王永生	四川希望汽车职业学院	汽车电子技术	专科二批
596	余　涛	内江职业技术学院	建筑工程管理	专科二批
597	刘云付	四川科技职业学院	汽车电子技术	专科二批
598	应春梅	四川长江职业学院	社会体育(休闲体育运动与管理方向)	艺体专科
599	詹小宁	四川理工学院	体育教育	艺体专科
600	赖　静	内江师范学院	社会体育指导与管理	艺体本科
601	李　静	川北幼儿师范高等专科学校	体育教育	艺体专科
602	詹海军	四川工业管理职业学院	汽车技术服务与营销	专科二批
603	杨晓东	四川工业管理职业学院	法律文秘	专科二批
604	单朝均	四川工业管理职业学院	法律文秘	专科二批
605	周琰杰	四川工业管理职业学院	建筑工程管理	专科二批
606	邓正远	四川师范大学成都学院	汽车电子技术(汽车技术服务与管理)	专科二批
607	何玲玲	四川工业管理职业学院	社会体育	艺体专科
608	聂昌权	四川国际标榜职业学院	社会体育	艺体专科
609	李友义	南京体育学院	休闲体育	艺体本科
610	赵永杰	云南工程职业学院	建筑经济管理	专科二批
611	周志铭	宜宾学院	体育教育	艺体专科
612	潘旭东	阿坝师范高等专科学校	社会体育(定向高尔夫)	艺体专科
613	戴季池	西华师范大学	体育教育(宜宾市)	免费师范艺体本科
614	饶富东	四川长江职业学院	社会体育(休闲体育运动与管理方向)	艺体专科
615	彭　浩	四川国际标榜职业学院	社会体育	艺体专科
616	周玉强	宜宾学院	体育教育	艺体本科
617	黄正川	四川长江职业学院	社会体育(休闲体育运动与管理方向)	艺体专科
618	徐　丽	西昌学院	体育教育	艺体本科
619	罗　伟	四川长江职业学院	社会体育(休闲体育运动与管理方向)	艺体专科
620	覃超俊	四川国际标榜职业学院	社会体育	艺体专科

续表 12

序号	姓名	录取学校	录取专业	录取批次
621	张远松	四川司法警官职业学院	社区矫正	专科二批
622	苏玉麟	四川城市职业学院	市场开发与营销	专科二批
623	胡庆森	内江职业技术学院	建筑工程管理	专科二批
624	李万付	海南大学	物联网工程	本科二批
625	郭　刚	绵阳职业技术学院	生产过程自动化技术	专科二批
626	张　毅	四川托普信息技术职业学院	计算机网络技术(移动通信网络)	专科二批
627	师远洪	宁波职业技术学院	化工技术类	专科一批
628	杨　勇	四川电子机械职业技术学院	数控技术	专科二批
629	牟光政	黑龙江司法警官职业学院	会计	专科二批
630	钟侑材	四川机电职业技术学院	电气自动化技术	专科二批
631	王　彬	广安职业技术学院	数学教育	专科二批
632	余春霖	广安职业技术学院	数学教育	专科二批
633	邓　强	四川交通职业技术学院	汽车检测与维修技术	专科二批
634	钟玉刚	南充职业技术学院	建筑工程技术	专科二批
635	陈舰波	绵阳职业技术学院	高分子材料应用技术	专科二批
636	黄联兴	共青科技职业学院	建筑工程技术	专科二批
637	杨　建	四川工业管理职业学院	电子设备与运行管理	专科二批
638	李永兵	成都理工大学工程技术学院	土木工程	本科三批
639	李　清	南充职业技术学院	建筑工程技术	专科二批
640	张润洪	四川职业技术学院	机电一体化技术	专科二批
641	杨　润	四川信息职业技术学院	计算机系统维护	专科二批
642	文　健	眉山职业技术学院	初等教育	专科二批
643	蒋万勤	青岛理工大学琴岛学院	工商管理类	本科三批
644	杜天柱	雅安职业技术学院	针灸推拿	专科二批
645	徐佳烙	成都工业学院	应用电子技术	专科一批
646	张　波	共青科技职业学院	会计	专科二批
647	刘志强	泸州职业技术学院	动漫设计与制作	专科二批
648	赖婷婷	达州职业技术学院	会计电算化	专科二批
649	严昌丽	达州职业技术学院	计算机网络技术	专科二批
650	游梦逸	成都东软学院	应用英语	专科二批
651	张　敏	乐山师范学院	应用化工技术	专科一批
652	张雪梅	民办四川天一学院	会计电算化	专科二批
653	何秋東	成都职业技术学院	眼视光技术	专科二批
654	何明凤	川北医学院	医学检验技术	本科二批
655	肖　杨	共青科技职业学院	会计	专科二批
656	赵圳鑫	成都师范学院	建筑工程管理	专科一批
657	陈小平	四川长江职业学院	室内设计技术	专科二批
658	韦　波	成都航空职业技术学院	数控技术	专科一批
659	高阳均	四川信息职业技术学院	楼宇智能化工程技术	专科二批
660	侯　春	宜宾职业技术学院	酿酒技术(五粮液联合培养)	专科二批
661	林　麟	重庆科创职业学院	建筑工程技术	专科二批
662	谢光玉	四川科技职业学院	建筑工程技术	专科二批
663	严　波	成都师范学院	汽车技术服务与营销	专科二批
664	杨　磊	四川信息职业技术学院	机械设计与制造	专科二批
665	赵加伟	四川职业技术学院	机电一体化技术	专科二批

续表 12

序号	姓名	录取学校	录取专业	录取批次
666	郑 旋	四川信息职业技术学院	电气自动化技术	专科二批
667	邹修全	绵阳职业技术学院	模具设计与制造	专科二批
668	王永松	共青科技职业学院	建筑工程技术	专科二批
669	朱 坤	四川信息职业技术学院	楼宇智能化工程技术	专科二批
670	邓洪萍	民办四川天一学院	应用英语(幼儿英语方向)	专科二批
671	胡 萍	四川文化产业职业学院	运动休闲服务与管理	专科二批
672	蔡榜英	雅安职业技术学院	语文教育	专科二批
673	韩戴优	四川长江职业学院	室内设计技术	专科二批
674	黄珊鹂	宜宾学院	煤矿开采技术	专科一批
675	罗 霞	四川科技职业学院	财务管理	专科二批
676	毛俊梅	川北幼儿师范高等专科学校	学前教育	专科一批
677	吴 敏	四川科技职业学院	工程造价	专科二批
678	谢 锐	四川华新现代职业学院	财务管理	专科二批
679	徐 敏	四川信息职业技术学院	电子信息工程技术	专科二批
680	闫如芳	四川电力职业技术学院	工程造价	专科一批
681	杨小芹	宜宾学院	数学教育	专科一批
682	郑世根	中国环境管理干部学院	工业环保与安全技术	专科二批
683	何天颖	四川希望汽车职业学院	汽车技术服务与营销	专科二批
684	罗吉兵	四川希望汽车职业学院	汽车技术服务与营销	专科二批
685	罗显刚	淮南师范学院	物理学	本科二批
686	叶柱华	四川文化传媒职业学院	酒店管理	专科二批
687	林 勇	西南石油大学	工程测量与监理	专科一批
688	周其林	河北联合大学轻工学院	建筑学	本科三批
689	邓楷忠	西南交通大学希望学院	土木工程(含建筑工程,道路与桥梁工程,城市地下工程方向)	本科三批
690	杜 康	西南科技大学	市场营销	专科一批
691	雷 波	民办四川天一学院	国际金融	专科二批
692	闵浪涛	四川希望汽车职业学院	汽车制造与装配技术	专科二批
693	牟友林	成都师范学院	物理教育	专科一批
694	王 毅	西南科技大学城市学院	土木工程	本科三批
695	周 友	海南外国语职业学院	应用英语(英语翻译)	专科二批
696	李贵春	南京工业职业技术学院	新能源应用技术	专科一批
697	王家明	成都理工大学工程技术学院	建筑工程管理	专科二批
698	郭虹君	大连大学	化学工程与工艺	本科二批
699	孙德容	共青科技职业学院	会计	专科二批
700	黄燕梅	四川希望汽车职业学院	汽车技术服务与营销	专科二批
701	宋雪梅	阿坝师范高等专科学校	数学教育	专科一批
702	杨 洁	西南财经大学天府学院	会计与审计	专科二批
703	徐 莉	阿坝师范高等专科学校	数学教育	专科一批
704	黄燕霞	四川希望汽车职业学院	汽车技术服务与营销	专科二批
705	孙 会	巴中职业技术学院	会计与审计	专科二批
706	胡 芳	四川旅游学院(原四川烹饪高等专科学校)	旅游管理	专科一批
707	宗林玉	共青科技职业学院	航海技术	专科二批
708	陈延玲	四川交通职业技术学院	保险实务	专科二批
709	郭俊丽	四川商务职业学院	医药营销	专科二批
710	罗晓芳	绵阳职业技术学院	数控技术	专科二批

续表 12

序号	姓名	录取学校	录取专业	录取批次
711	罗媛媛	成都职业技术学院	会计电算化	专科二批
712	王正香	四川信息职业技术学院	汽车技术服务与营销	专科二批
713	李帅进	重庆城市管理职业学院	家政服务(营养师方向)	专科二批
714	王思怡	四川文化传媒职业学院	财务信息管理	专科二批
715	聂昌芹	丽江师范高等专科学校	数学教育	专科一批
716	余侦龠	贺州学院	商务管理	专科一批
717	江克信	阿坝师范高等专科学校	英语教育	专科一批
718	刘 燕	重庆商务职业学院	会计	专科二批
719	王国兰	四川商务职业学院	旅游管理	专科二批
720	周正荣	共青科技职业学院	建筑工程技术	专科二批
721	黄培勇	泸州职业技术学院	环境艺术设计	专科二批
722	杨 超	泸州职业技术学院	机电一体化技术	专科二批
723	胡 圣	重庆医药高等专科学校	中药制药技术	专科一批
724	周天才	四川科技职业学院	建筑工程技术	专科二批
725	胡 俊	四川科技职业学院	会计与审计	专科二批
726	郝建国	四川信息职业技术学院	电子信息工程技术	专科二批
727	章春贤	四川职业技术学院	汽车制造与装配技术	专科二批
728	贾启才	泸州职业技术学院	市场营销	专科二批
729	吴万林	重庆工程职业技术学院	煤矿开采技术	专科二批
730	李 兴	宜宾职业技术学院	建筑装饰工程技术	专科二批
731	詹茂生	重庆交通大学	航海技术	专科一批
732	陈祥聪	四川信息职业技术学院	数控技术	专科二批
733	杨秀梅	西昌学院	旅游管理	本科二批
734	李 萍	四川工商职业技术学院	连锁经营管理	专科二批
735	谭妹芳	广安职业技术学院	金融保险	专科二批
736	易礼秀	重庆医药高等专科学校	助产	专科一批
737	潘茂云	泸州职业技术学院	英语教育	专科二批
738	杨 静	川北幼儿师范高等专科学校	学前教育	专科一批
739	刘玉梅	湖南涉外经济学院	国际经济与贸易	本科三批
740	詹成凤	四川托普信息技术职业学院	物流管理	专科二批
741	卜少霞	四川司法警官职业学院	刑事侦查技术	专科二批
742	郑 雪	成都航空职业技术学院	民航运输	提前单招
743	韦桂英	潍坊工程职业学院	学前教育	专科二批
744	李联容	四川托普信息技术职业学院	金融与证券	专科二批
745	王孝明	西华师范大学	教育技术学(宜宾市)	免费师范本科
746	张家林	四川职业技术学院	数学教育	专科二批
747	彭家庆	四川职业技术学院	汽车技术服务与营销	专科二批
748	赵 波	成都理工大学工程技术学院	工业设计	本科三批
749	郭佳伟	宜宾职业技术学院	建筑工程技术	专科二批
750	凌 杰	四川汽车职业技术学院	汽车检测与维修技术	专科二批
751	刘屈强	四川水利职业技术学院	物流管理	专科二批
752	李 波	南充职业技术学院	汽车技术服务与营销	专科二批
753	唐杰华	成都东软学院	财务管理	本科二批
754	黄 涛	南充职业技术学院	汽车技术服务与营销	专科二批
755	贺 磊	西南财经大学天府学院	会计与审计	专科二批

续表 12

序号	姓名	录取学校	录取专业	录取批次
756	龚献俊	四川信息职业技术学院	数控技术	专科二批
757	王永东	四川财经职业学院	财务管理	专科二批
758	罗云川	湖南工业大学	工商管理类	本科二批
759	古　辽	达州职业技术学院	畜牧兽医	专科二批
760	任海常	西华师范大学	数学与应用数学(宜宾市)	免费师范本科
761	陈　敏	绵阳职业技术学院	应用英语	专科二批
762	宋月秋	南充职业技术学院	计算机多媒体技术	专科二批
763	代婷婷	四川希望汽车职业学院	汽车技术服务与营销	专科二批
764	陈　飞	四川商务职业学院	商务英语	专科二批
765	何兴云	四川中医药高等专科学校	中药制药技术	专科一批
766	刘珊珊	达州职业技术学院	临床医学	专科二批
767	陈广巧	西华师范大学	数学与应用数学(宜宾市)	免费师范本科
768	林春霞	四川科技职业学院	会计与审计	专科二批
769	刘珊珊	西南科技大学城市学院	建筑工程技术	专科二批
770	王　丽	成都师范学院	建筑工程管理	专科一批
771	刘文星	眉山职业技术学院	初等教育	专科二批
772	李　丹	达州职业技术学院	学前教育	专科二批
773	余　鸿	四川信息职业技术学院	旅游管理	专科二批
774	蔡旭东	四川希望汽车职业学院	汽车技术服务与营销	专科二批
775	徐　鹏	菏泽家政职业学院	口腔医学技术	专科二批
776	倪申贵	雅安职业技术学院	中医学	专科二批
777	杨　俊	共青科技职业学院	轮机工程技术	专科二批
778	张远东	绵阳职业技术学院	建筑装饰工程技术	专科二批
779	张洪勇	四川信息职业技术学院	数控技术	专科二批
780	母文西	共青科技职业学院	建筑工程技术	专科二批
781	张　韬	共青科技职业学院	工程造价	专科二批
782	徐江贵	成都农业科技职业学院	畜牧兽医	专科二批
783	胡俊霞	广安职业技术学院	工程造价	专科二批
784	郭　均	南充职业技术学院	建筑工程技术	专科二批
785	郭晓武	西南交通大学希望学院	工程造价	专科二批
786	何　云	南充职业技术学院	建筑工程技术	专科二批
787	黄国发	内江职业技术学院	建筑工程技术	专科二批
788	李晓波	四川工程职业技术学院	材料成型与控制技术	专科一批
789	卢贵洪	广安职业技术学院	工程造价	专科二批
790	蒲文维	四川工程职业技术学院	计算机网络技术	专科一批
791	谭永友	成都信息工程学院银杏酒店管理学院	会计学	本科三批
792	杨秦川	四川机电职业技术学院	机电一体化技术	专科二批
793	张贵东	南充职业技术学院	建筑设计技术	专科二批
794	张　鸿	泸州职业技术学院	建筑装饰工程技术	专科二批
795	章贤奎	成都农业科技职业学院	建筑工程技术	专科二批
796	李耳朝	广安职业技术学院	工程造价	专科二批
797	张　伟	四川科技职业学院	建筑工程技术	专科二批
798	李相银	宜宾职业技术学院	汽车运用技术	专科二批
799	韩秀芹	眉山职业技术学院	市场营销	专科二批
800	蒋倩倩	共青科技职业学院	电子信息工程技术	专科二批

续表 12

序号	姓名	录取学校	录取专业	录取批次
801	吴康莉	西南财经大学天府学院	会计与审计	专科二批
802	彭郁樱	共青科技职业学院	模具设计与制造	专科二批
803	韩丽娟	四川财经职业学院	会计电算化	专科二批
804	叶言娟	眉山职业技术学院	酒店管理	专科二批
805	胡竹梅	广安职业技术学院	学前教育	专科二批
806	胡宗梅	广安职业技术学院	会计电算化	专科二批
807	刘晓方	南充职业技术学院	饲料与动物营养	专科二批
808	刘　银	广安职业技术学院	学前教育	专科二批
809	唐　玲	共青科技职业学院	工商企业管理	专科二批
810	谢雨润	四川机电职业技术学院	财务信息管理	专科二批
811	闫　英	共青科技职业学院	工程造价	专科二批
812	詹萍莉	四川科技职业学院	会计与审计	专科二批
813	章秋芳	眉山职业技术学院	初等教育	专科二批
814	周　琼	南充职业技术学院	会计电算化	专科二批
815	宗　琼	西南财经大学天府学院	会计与审计	专科二批
816	沈恭虹	西南石油大学	机电一体化技术	专科一批
817	张运涛	四川托普信息技术职业学院	电子商务(对日服务外包)	专科二批
818	余勇铨	共青科技职业学院	机电一体化技术	专科二批
819	潘　兴	四川现代职业学院	物业管理	专科二批
820	贾启友	泸州职业技术学院	建筑工程技术	专科二批
821	张会青	四川电子机械职业技术学院	电子信息工程技术	专科二批
822	王　云	四川机电职业技术学院	电气自动化技术	专科二批
823	周　彬	四川电子机械职业技术学院	电子信息工程技术	专科二批
824	陈延均	成都航空职业技术学院	航空机电设备维修	提前批
825	周　宇	四川建筑职业技术学院	材料工程技术	专科二批
826	杨华松	四川托普信息技术职业学院	汽车技术服务与营销(汽车检测与维修技术)	专科二批
827	曹单伟	四川商务职业学院	会计	专科二批
828	陈永波	四川商务职业学院	应用电子技术	专科二批
829	刘成建	成都农业科技职业学院	汽车检测与维修技术	专科二批
830	刘　益	宜宾职业技术学院	酿酒技术(五粮液联合培养)	专科二批
831	罗　滨	四川托普信息技术职业学院	汽车技术服务与营销(汽车检测与维修技术)	专科二批
832	詹生华	四川托普信息技术职业学院	汽车技术服务与营销	专科二批
833	邓森铭	南京化工职业技术学院	应用化工技术	专科一批
834	徐小玲	南充职业技术学院	语文教育	专科二批
835	刘小侠	成都职业技术学院	投资与理财	专科二批
836	詹本存	四川师范大学成都学院	商务英语	专科二批
837	李晓军	四川文化传媒职业学院	财务信息管理	专科二批
838	王　琴	福建农林大学东方学院	电子信息工程	本科三批
839	陈兴琼	四川职业技术学院	初等教育	专科二批
840	邓小红	泸州职业技术学院	物流管理	专科二批
841	杨　兰	共青科技职业学院	工商企业管理	专科二批
842	黄　旭	四川师范大学文理学院	国际经济与贸易	专科二批
843	章　丽	四川商务职业学院	电子商务	专科二批
844	郭　钰	共青科技职业学院	会计	专科二批
845	李　苹	四川工商职业技术学院	环境监测与治理技术	专科二批

续表 12

序号	姓名	录取学校	录取专业	录取批次
846	师一帆	电子科技大学成都学院	软件工程	本科三批
847	邹勇波	宜宾职业技术学院	酿酒技术(五粮液联合培养)	专科二批
848	苏　义	四川司法警官职业学院	司法信息技术	专科二批
849	毛玉超	四川城市职业学院	经济信息管理	专科二批
850	王启鑫	四川交通职业技术学院	汽车检测与维修技术	专科二批
851	高　勇	成都农业科技职业学院	计算机应用技术	专科二批
852	王天银	四川化工职业技术学院	应用化工技术	专科二批
853	毛志宇	绵阳职业技术学院	建筑装饰工程技术	专科二批
854	陶　遐	绵阳职业技术学院	建筑装饰工程技术	专科二批
855	陶乙兴	泸州医学院	临床医学	提前批
856	王　勇	宜宾职业技术学院	物流管理(五粮液联合培养)	专科二批
857	王　钊	西南财经大学天府学院	会计与审计	专科二批
858	刘小宁	西华大学	建筑工程技术	专科一批
859	李元其	成都职业技术学院	电子商务	专科二批
860	范晓勇	四川汽车职业技术学院	汽车制造与装配技术	专科二批
861	余　伟	宜宾职业技术学院	园林工程技术	提前单招
862	韦　鑫	泸州职业技术学院	建筑装饰工程技术	专科二批
863	邓　波	四川化工职业技术学院	应用化工技术	专科二批
864	徐成兴	民办四川天一学院	会计电算化	专科二批
865	罗　强	阿坝师范高等专科学校	计算机控制技术	专科一批
866	李明旺	四川工商职业技术学院	汽车技术服务与营销	专科二批
867	郭杰鑫	宜宾职业技术学院	文秘	专科二批
868	肖　磊	泸州职业技术学院	建筑工程技术	专科二批
869	周友鹏	内江职业技术学院	焊接技术及自动化	专科二批
870	胡晓芹	雅安职业技术学院	导游	专科二批
871	汤朝玲	天津国土资源和房屋职业学院	工程造价(建筑)	专科二批
872	蒋佳沁	电子科技大学成都学院	会计与审计	专科二批
873	张莛丹	眉山职业技术学院	学前教育	专科二批
874	赵友林	眉山职业技术学院	初等教育	专科二批
875	刘　莉	宜宾学院	生物科学	本科二批
876	杨继弘	重庆建筑工程职业学院	道路桥梁工程技术	专科二批
877	王沙沙	眉山职业技术学院	初等教育	专科二批
878	邹力萍	四川文化产业职业学院	营销与策划	专科二批
879	郭　瑜	三亚学院	会计学(金融会计)	本科三批
880	杨艳秋	成都职业技术学院	会计电算化	专科二批
881	郝　霞	泸州职业技术学院	语文教育	专科二批
882	游　姝	广东海洋大学寸金学院	会计学	本科三批
883	廖焕婷	四川旅游学院(原四川烹饪高等专科学校)	旅游英语	专科一批
884	胡　聪	眉山职业技术学院	酒店管理	专科二批
885	刘　静	成都中医药大学	卫生检验与检疫	本科二批
886	潘冬梅	雅安职业技术学院	临床医学	专科二批
887	罗梦梅	四川建筑职业技术学院	建筑工程管理(中英合作办学)	专科一批
888	邓润秋	天津财经大学珠江学院	统计学	本科三批
889	赵　雪	泸州职业技术学院	市场营销	专科二批
890	张义兵	沈阳工学院	特种能源技术与工程	本科三批

续表 12

序号	姓名	录取学校	录取专业	录取批次
891	田计均	成都学院	生物工程	本科二批
892	王华付	西昌学院	环境科学与工程	本科二批
893	张运润	成都理工大学工程技术学院	软件工程	本科三批
894	向俊杰	四川化工职业技术学院	精细化学品生产技术	专科二批
895	汪徐平	眉山职业技术学院	物流管理	专科二批
896	胡孙强	西南科技大学城市学院	建筑工程技术	专科二批
897	袁　野	重庆三峡职业学院	光伏材料加工与应用技术	专科二批
898	刘浩然	成都理工大学工程技术学院	机械设计与制造	专科二批
899	胡德建	西南科技大学城市学院	土木工程	本科三批
900	胡雨亭	四川水利职业技术学院	电力系统自动化技术	专科二批
901	罗　成	嘉兴学院	人力资源管理	本科二批
902	罗光普	四川财经职业学院	税务	专科二批
903	应少飞	成都医学院	生物医学工程	本科二批
904	周　借	南充职业技术学院	畜牧兽医	专科二批
905	陈永敬	绵阳职业技术学院	电气自动化技术	专科二批
906	邓乂凡	共青科技职业学院	会计	专科二批
907	余　兵	上海震旦职业学院	建筑工程技术	专科二批
908	郝家辉	成都职业技术学院	建筑工程技术	专科二批
909	朱为熹	四川希望汽车职业学院	汽车检测与维修技术	专科二批
910	何　伟	宜宾职业技术学院	机电一体化技术(五粮液联合培养)	专科二批
911	李燕梅	绵阳师范学院	风景园林	本科二批
912	谢　调	成都职业技术学院	会计与审计	专科二批
913	詹宁生	绵阳师范学院	旅游管理	本科二批
914	王　杰	阿坝师范高等专科学校	电子信息工程技术	专科一批
915	李联芬	宜宾学院	英语	本科二批
916	邓佳姚	西南财经大学天府学院	会计与审计	专科二批
917	徐婷婷	达州职业技术学院	护理	专科二批
918	贾朝彬	四川职业技术学院	数学教育	专科二批
919	詹成莉	西华师范大学	房地产经营与估价	专科一批
920	郑会芳	西南财经大学天府学院	会计电算化	专科二批
921	陈延艳	西南财经大学天府学院	会计与审计	专科二批
922	胡力心	成都工业学院	包装技术与设计	专科一批
923	毛晓旭	雅安职业技术学院	会计电算化	专科二批
924	闫本莉	西华师范大学	生物科学	本科二批
925	郑　琦	西昌学院	旅游管理	本科二批
926	陈炫羽	西南科技大学城市学院	建筑工程管理(含工程概预算、工程项目管理)	专科二批
927	丁　淋	曲靖师范学院	数学与应用数学	本科二批
928	舒　宏	四川师范大学	环境工程	本科二批
929	凌汉飞	西华大学	汽车服务工程	本科二批
930	徐剑成	成都理工大学	建筑学	本科一批
931	黄书陶	湖南工业大学	电子信息类	本科二批
932	潘池定	成都信息工程学院	软件工程	本科二批
933	刘　畅	成都学院	法学	本科二批
934	罗　杰	成都中医药大学	中西医临床医学	本科一批
935	赵镇铭	四川大学锦城学院	会计学(ACCA)	本科二批

续表 12

序号	姓名	录取学校	录取专业	录取批次
936	刘　传	西南科技大学	数学与应用数学	本科一批
937	叶青青	成都中医药大学	中西医临床医学	本科一批
938	杨鸿宇	西南交通大学希望学院	土木工程(含建筑工程、道路与桥梁工程、城市地下工程方向)	本科三批
939	曹永强	重庆理工大学	制药工程	本科二批
940	张森野	河南大学	化学	本科一批
941	王　涛	成都学院	信息与计算科学	本科二批
942	申黎阳	西南交通大学希望学院	土木工程(含建筑工程、道路与桥梁工程、城市地下工程方向)	本科三批
943	金冬梅	泉州经贸职业技术学院	会计	专科二批
944	罗燕苹	西华师范大学	数学与应用数学	本科二批
945	刘　霞	内江师范学院	化学	本科二批
946	王思倩	四川建筑职业技术学院	工程造价	专科一批
947	苏　越	宜宾学院	生物科学	本科二批
948	李　丹	成都信息工程学院	网络工程	本科二批
949	罗　聪	乐山师范学院	生物科学类(生物技术、生物技术、动植物检疫)	本科二批
950	陈延琼	雅安职业技术学院	临床医学	专科二批
951	李沁祝	成都医学院	信息管理与信息系统	本科二批
952	胡志全	成都医学院	临床医学	本科二批
953	郭　建	西南科技大学城市学院	土木工程	本科三批
954	周青林	重庆师范大学	化学	本科二批
955	詹传滔	黑龙江大学	生物技术	本科二批
956	袁　彬	西南科技大学	地质工程	本科一批
957	汤泽波	成都学院	自动化	本科二批
958	陶波宇	黑龙江大学	集成电路设计与集成系统	本科二批
959	詹鸿植	西南交通大学希望学院	土木工程(含建筑工程、道路与桥梁工程、城市地下工程方向)	本科三批
960	尹光华	海南大学	自动化	本科一批
961	邹筠连	成都信息工程学院	应用物理学	本科二批
962	赵逸飞	桂林电子科技大学	测控技术与仪器	本科二批
963	申　鑫	成都农业科技职业学院	园林工程技术	专科二批
964	杨智尧	西华大学	生物工程	本科二批
965	曹庭宾	四川大学锦城学院	建筑学	本科二批
966	刘洛辰	长春工程学院	机械类(机械设计制造及其自动化)	本科二批
967	陈旭东	宜宾学院	电子信息科学与技术	本科二批
968	余铁钞	武汉理工大学	自动化类	本科一批
969	周静萍	四川民族学院	数学与应用数学	本科三批
970	钟　旭	哈尔滨华德学院	材料成型及控制工程	本科三批
971	陈　虹	广东医学院	信息管理与信息系统(医学信息系统)	本科二批
972	杜　钰	西南财经大学天府学院	审计学	本科二批
973	杨先敏	武汉理工大学	数学类	本科一批
974	陈　芳	西昌学院	食品科学与工程	本科二批
975	王　艳	四川民族学院	小学教育	本科三批
976	刘　伟	成都医学院	临床医学	本科二批
977	万通莎	四川外语学院成都学院	英语(师范方向)	本科三批
978	钟家秋	西南科技大学	经济学	本科二批
979	郭卫红	西南科技大学	国际经济与贸易	本科一批
980	朱晓芹	海南医学院	中西医临床医学	本科二批

续表 12

序号	姓名	录取学校	录取专业	录取批次
981	胡寿香	大理学院	学前教育	本科二批
982	罗　彬	四川师范大学	计算机科学与技术	本科二批
983	李　庆	西南交通大学希望学院	土木工程(含建筑工程、道路与桥梁工程、城市地下工程方向)	本科三批
984	黄　荣	成都工业学院	电子信息工程	本科二批
985	尹　帝	四川师范大学成都学院	工程造价	本科三批
986	余信雨	西南交通大学	环境工程	本科一批
987	邓艳平	宜宾学院	数学与应用数学	本科二批
988	刘君华	内江师范学院	应用化学	本科二批
989	刘　刚	成都工业学院	通信工程	本科二批
990	鲁建新	西南交通大学希望学院	土木工程(含建筑工程、道路与桥梁工程、城市地下工程方向)	本科三批
991	周明月	西华师范大学	化学	本科二批
992	彭　望	西华大学	焊接技术与工程	本科二批
993	赵　勇	临沧师范高等专科学校	数学教育	专科一批
994	罗传英	四川农业大学	设施农业科学与工程	本科二批
995	汤什梅	西华大学	经济学	本科二批
996	廖孝存	成都工业学院	电子信息工程	本科二批
997	陈友均	昆明理工大学	交通运输类(国际班)	本科二批
998	陈　勇	西南科技大学	采矿工程	本科二批
999	鲁　晓	重庆工商大学	会计学	本科一批
1000	郭述林	西华大学	工程管理	本科二批
1001	郭惠方	西华师范大学	数学与应用数学	本科二批
1002	范维维	大连海事大学	网络工程	本科一批
1003	黄麟睿	成都工业学院	环境监测与治理技术	专科一批
1004	高　奎	川北医学院	临床医学	提前批
1005	赖　勇	成都东软学院	物联网工程	本科三批
1006	黄　超	成都中医药大学	临床医学	提前批
1007	江先兵	长春工程学院	水利水电工程	本科二批
1008	刘　松	西南石油大学	应用化学	本科二批
1009	刘晓聪	郑州航空工业管理学院	网络工程	本科二批
1010	刘忠廷	西南交通大学希望学院	土木工程(含建筑工程、道路与桥梁工程、城市地下工程方向)	本科三批
1011	杨　燕	川北医学院	麻醉学	本科二批
1012	陈　阳	宜宾学院	生物科学	本科二批
1013	张远兰	云南民族大学	应用化学	本科二批
1014	曾　闯	西华师范大学	通信工程	本科二批
1015	陈礼俊	华东交通大学	交通工程	本科一批
1016	吴少铠	四川理工学院	给排水科学与工程	本科二批
1017	胡奉雄	成都理工大学工程技术学院	建筑电气与智能化	本科三批
1018	何小东	成都医学院	护理	专科一批
1019	邓克招	太原科技大学	交通工程	本科二批
1020	张洪毅	西华大学	水利水电建筑工程	专科一批
1021	朱小强	宜宾学院	生物科学	本科二批
1022	李长江	长春建筑学院	工程管理	本科三批
1023	肖明齐	成都理工大学工程技术学院	勘查技术与工程	本科三批
1024	朱晓宏	成都医学院	临床医学(全科医生)	提前批
1025	李　靖	西华师范大学	信息管理与信息系统	本科二批

续表 12

序号	姓名	录取学校	录取专业	录取批次
1026	李科友	桂林旅游高等专科学校	商务日语	专科一批
1027	邓　华	四川民族学院	数学与应用数学	本科三批
1028	李小鹏	成都工业学院	电子信息工程	本科二批
1029	舒中均	成都理工大学	电气工程及其自动化	本科二批
1030	郭庆均	西昌学院	财务管理	本科二批
1031	单清林	宜宾学院	机械电子工程	本科二批
1032	詹本祥	西南科技大学	地质工程	本科一批
1033	李世刚	成都医学院	临床医学	本科二批
1034	汤湧波	宜宾学院	农学	本科二批
1035	张永会	四川师范大学	英语（宜宾市）	免费师范本科
1036	陈　滔	攀枝花学院	临床医学	专科一批
1037	李吉芹	西南财经大学天府学院	审计学	本科二批
1038	李雄宝	成都信息工程学院	电气工程及其自动化	本科二批
1039	谭敏捷	四川师范大学	化学（宜宾市）	免费师范本科
1040	胡　广	重庆交通大学	材料科学与工程	本科一批
1041	姚天福	中国地质大学(北京)	石油工程	本科一批
1042	任静波	西南交通大学希望学院	会计学（含会计与审计、税务会计、工程会计、金融会计方向）	本科三批
1043	杨婷婷	宜宾学院	财务管理	本科二批
1044	吴　桐	成都理工大学工程技术学院	电力系统自动化技术	专科二批
1045	周洋明	成都航空职业技术学院	建筑工程技术	专科一批
1046	余清清	重庆工商职业学院	工程造价	专科二批
1047	罗彭玉	绵阳师范学院	会计	专科一批
1048	杨　聂	四川师范大学成都学院	计算机科学与技术	本科三批
1049	田照培	四川师范大学成都学院	社会工作	本科三批
1050	官测淮	成都职业技术学院	软件技术	专科二批
1051	蒋伟杰	成都职业技术学院	金融与证券	专科二批
1052	田海川	成都理工大学工程技术学院	工程质量监督与管理	专科二批
1053	郝思敏	天津商业大学宝德学院	会计学（注册会计师方向）	本科三批
1054	刘　萍	乐山师范学院	投资与理财	专科一批
1055	张　迪	成都医学院	医学检验技术	专科一批
1056	舒评议	四川工程职业技术学院	材料成型与控制技术	专科一批
1057	许博凯	四川化工职业技术学院	生产过程自动化技术	提前单招
1058	杨松林	阿坝师范高等专科学校	软件技术	专科一批
1059	钟启江	西南交通大学希望学院	土木工程（含建筑工程、道路与桥梁工程、城市地下工程方向）	本科三批
1060	申开镛	成都农业科技职业学院	畜牧兽医	专科二批
1061	夏　伟	青海大学昆仑学院	水利水电工程	本科三批
1062	李　静	漯河医学高等专科学校	口腔医学	专科一批
1063	赵兴英	四川师范大学成都学院	英语	本科三批
1064	周久清	成都纺织高等专科学校	机电一体化技术	专科一批
1065	梁祖斌	阿坝师范高等专科学校	楼宇智能化工程技术	专科一批
1066	张育华	重庆工程职业技术学院	建筑工程技术	专科二批
1067	李　波	四川工程职业技术学院	冶金技术	专科一批
1068	刘桂瑛	川北幼儿师范高等专科学校	英语教育	专科一批
1069	王　列	成都农业科技职业学院	汽车检测与维修技术	专科二批
1070	杨玉琳	四川外语学院成都学院	英语（师范方向）	本科三批

续表 12

序号	姓名	录取学校	录取专业	录取批次
1071	张孝浩	雅安职业技术学院	中医骨伤	专科二批
1072	朱云凤	成都师范学院	数学教育	专科一批
1073	张伟智	西南交通大学希望学院	土木工程(含建筑工程、道路与桥梁工程、城市地下工程方向)	本科三批
1074	钟西栋	成都农业科技职业学院	建筑工程技术	专科二批
1075	罗　霄	雅安职业技术学院	汽车检测与维修技术	专科二批
1076	陶　芳	四川中医药高等专科学校	医疗美容技术	专科一批
1077	赵菊梅	四川旅游学院(原四川烹饪高等专科学校)	旅游管理	专科一批
1078	罗万元	西南交通大学希望学院	建筑工程管理	专科二批
1079	叶子仪	福建卫生职业技术学院	临床医学	专科二批
1080	罗多月	雅安职业技术学院	临床医学	专科二批
1081	卢祖敏	四川中医药高等专科学校	医学检验技术	专科一批
1082	李德华	四川理工学院	应用化工技术	专科一批
1083	赵云榜	四川中医药高等专科学校	医学检验技术	专科一批
1084	王茂芹	西华师范大学	应用化学	本科二批
1085	胡　鑫	绵阳职业技术学院	电子信息工程技术	专科一批
1086	罗　玲	四川中医药高等专科学校	临床医学	专科一批
1087	王　艳	四川工商职业技术学院	电子商务	专科二批
1088	任晓玲	四川师范大学成都学院	英语	本科三批
1089	詹　青	成都医学院	护理	专科一批
1090	李亮亮	四川旅游学院(原四川烹饪高等专科学校)	物流管理	专科一批
1091	文中良	泸州职业技术学院	机械制造与自动化	专科二批
1092	刘小梦	成都师范学院	建筑工程技术	专科一批
1093	李　亭	重庆三峡学院	生物科学	本科二批
1094	喻　容	四川旅游学院(原四川烹饪高等专科学校)	旅游英语	专科一批
1095	鲁建迪	乐山师范学院	电子信息工程	本科二批
1096	陈　敏	四川国际标榜职业学院	人物形象设计(影视人物造型、生活时尚化妆与产品营销)	专科二批
1097	陶友粮	西南交通大学希望学院	土木工程(含建筑工程、道路与桥梁工程、城市地下工程方向)	本科三批
1098	陈治淋	西南科技大学城市学院	会计	专科二批
1099	陈　强	成都纺织高等专科学校	建筑装饰工程技术	专科一批
1100	何金彩	四川旅游学院(原四川烹饪高等专科学校)	商务英语	专科一批
1101	韦代琴	贵州师范大学求是学院	数学与应用数学	本科三批
1102	周　竞	四川职业技术学院	工程造价	专科二批
1103	王元付	四川中医药高等专科学校	针灸推拿	专科一批
1104	刘荣江	成都医学院	医学检验技术	专科一批
1105	苏　艳	四川民族学院	数学教育	专科一批
1106	王　雷	西华大学	建筑工程技术	专科一批
1107	陈小玲	阿坝师范高等专科学校	化学教育	专科一批
1108	胡云飞	泸州职业技术学院	语文教育	专科二批
1109	贾　远	绵阳职业技术学院	电气自动化技术	专科二批
1110	廖世凯	成都职业技术学院	动漫设计与制作	专科二批
1111	詹成武	四川旅游学院(原四川烹饪高等专科学校)	食品科学与工程	本科二批
1112	杨　志	雅安职业技术学院	临床医学	专科二批
1113	罗　华	成都理工大学工程技术学院	应用物理学	本科三批
1114	崔雪春	四川师范大学文理学院	旅游管理	本科三批
1115	王小芹	绵阳师范学院	化学	本科二批

续表 12

序号	姓名	录取学校	录取专业	录取批次
1116	彭　云	宜宾职业技术学院	财务管理	提前单招
1117	罗　禹	乐山师范学院	计算机科学与技术(物联网技术)	本科二批
1118	陈　燕	宜宾学院	英语	本科二批
1119	刘加林	西南交通大学希望学院	会计学(含会计与审计、税务会计、工程会计、金融会计方向)	本科三批
1120	周　亮	广安职业技术学院	数学教育	专科二批
1121	周裕青	广安职业技术学院	应用化工技术	专科二批
1122	饶　绪	广安职业技术学院	数学教育	专科二批
1123	熊孝林	雅安职业技术学院	计算机应用技术	专科二批
1124	李金平	宜宾职业技术学院	机电一体化技术(五粮液联合培养)	提前单招
1125	熊孝松	四川化工职业技术学院	化工装备技术	专科二批
1126	何湘林	广安职业技术学院	会计电算化	专科二批
1127	邹　朋	宜宾职业技术学院	模具设计与制造(五粮液联合培养)	提前单招
1128	周　勇	宜宾职业技术学院	生物技术及应用	提前单招
1129	严增洪	四川司法警官职业学院	司法信息技术	专科二批
1130	师远江	宜宾职业技术学院	财务管理	提前单招
1131	徐　雷	雅安职业技术学院	计算机应用技术	专科二批
1132	文　与	宜宾职业技术学院	酿酒技术(五粮液联合培养)	提前单招
1133	郭昭定	宜宾职业技术学院	电气自动化技术	提前单招
1134	朱绍平	宜宾职业技术学院	人力资源管理	提前单招
1135	李龙金	内江职业技术学院	机械设计与制造	专科二批
1136	曾左云	宜宾职业技术学院	电子信息工程技术	提前单招
1137	刘　文	四川外语学院成都学院	应用英语(旅游方向)	专科二批
1138	樊贵林	西南科技大学	会计	专科一批
1139	夏　艳	广安职业技术学院	初等教育	专科二批
1140	胡　容	四川财经职业学院	会计电算化	专科二批
1141	刘志琴	广安职业技术学院	会计电算化	专科二批
1142	陈　丹	广安职业技术学院	学前教育	专科二批
1143	张　英	宜宾职业技术学院	财务管理	提前单招
1144	张　倩	广安职业技术学院	数学教育	专科二批
1145	李正旭	四川文轩职业学院	出版与发行	专科二批
1146	田　丽	眉山职业技术学院	初等教育	专科二批
1147	胡友谊	宜宾职业技术学院	财务管理	提前单招
1148	宋丽红	宜宾职业技术学院	财务管理	提前单招
1149	梁福裕	广安职业技术学院	数学教育	专科二批
1150	李应霞	四川信息职业技术学院	会计	专科二批
1151	叶晓英	宜宾职业技术学院	财务管理	提前单招
1152	叶婷婷	四川信息职业技术学院	电气自动化技术	专科二批
1153	杨国均	四川化工职业技术学院	石油化工生产技术	专科二批
1154	向彩祥	四川工商职业技术学院	包装技术与设计	专科二批
1155	林　萍	成都艺术职业学院	酒店管理	专科二批
1156	万　齐	四川城市职业学院	市场开发与营销	专科二批
1157	黄雪梅	眉山职业技术学院	学前教育	专科二批
1158	罗　健	民办四川天一学院	环境艺术设计(室内设计方向)	艺体专科
1159	邵秋方	四川传媒学院(原成都理工大学广播影视学院)	编导	艺体专科
1160	黄泽亮	四川传媒学院(原成都理工大学广播影视学院)	电视制片管理	艺体专科

续表 12

序号	姓名	录取学校	录取专业	录取批次
1161	严　会	四川电影电视职业学院	编导(电影编导方向)	艺体专科
1162	王晓燕	成都信息工程学院银杏酒店管理学院	旅游管理	专科二批
1163	何　英	成都艺术职业学院	室内设计技术	艺体专科
1164	张洪敏	南充职业技术学院	广告设计与制作	艺体专科
1165	李祖芹	重庆传媒职业学院	动漫设计与制作(动画设计与制作方向、动漫艺术造型方向)	艺体专科
1166	叶华滋	四川电影电视职业学院	编导(后期制作方向)	艺体专科
1167	潘秋月	成都理工大学工程技术学院	视觉传达设计	艺体本科
1168	赵敏旭	西南财经大学天府学院	会计学(CPA注册会计师方向)	本科二批
1169	王淞龄	四川传媒学院(原成都理工大学广播影视学院)	编导	艺体专科
1170	邓泓见	四川传媒学院(原成都理工大学广播影视学院)	编导	艺体专科
1171	郝慧玲	四川传媒学院(原成都理工大学广播影视学院)	表演	艺体本科
1172	李青山	四川艺术职业学院	艺术设计(广告、景观、室内、视觉传达、产品造型、包装、建筑装饰)	艺体专科
1173	王春花	西华师范大学	视觉传达设计	艺体本科
1174	李　刚	四川文化产业职业学院	产品造型设计(旅游产品设计方向)	艺体专科
1175	罗春洪	广安职业技术学院	视觉传达艺术设计	艺体专科
1176	赵　婧	宜宾学院	音乐表演	艺体本科
1177	杨茂林	阿坝师范高等专科学校	音乐舞蹈教育	艺体专科
1178	王联兵	江西外语外贸职业学院	广告设计与制作	专科二批
1179	孙　圣	成都农业科技职业学院	市场开发与营销	专科二批
1180	詹松霖	成都中医药大学	社会体育指导与管理	艺体本科
1181	张　庆	成都艺术职业学院	工程造价	专科二批
1182	廖树江	四川司法警官职业学院	司法信息技术	专科二批
1183	邓富友	四川信息职业技术学院	旅游管理	专科二批
1184	文颜红	四川工业管理职业学院	交通安全与智能控制	专科二批
1185	蒋宣强	南充职业技术学院	汽车检测与维修技术	专科二批
1186	师远柱	成都艺术职业学院	社会体育	艺体专科
1187	韩宝卫	眉山职业技术学院	初等教育	专科二批
1188	詹　立	阿坝师范高等专科学校	体育保健	艺体专科
1189	吴　岳	成都体育学院	体育教育	艺体本科
1190	杨健均	四川师范大学	体育教育	艺体本科
1191	官靖云	四川科技职业学院	汽车电子技术	专科二批
1192	刘　超	西华师范大学	体育教育(师范)	艺体本科
1193	严得全	宜宾学院	社会体育指导与管理	艺体本科
1194	周正林	四川长江职业学院	社会体育(休闲体育运动与管理方向)	艺体专科
1195	胡小凤	四川农业大学	计算机科学与技术教育	本科二批

附　录

筠连县人民政府
关于授予筠连名小吃、名优特产、餐饮名店称号的通知

（筠府发〔2013〕37 号）

各乡镇人民政府，县级各部门，各相关企业：

为塑造筠连县饮食业的特色产品良好市场形象，引导和激励全县企业挖掘和保护好筠连饮食文化和名优特产资源，增强企业信心，经县政府研究，决定授予“魏四芗鲜小吃店（魏四芗鲜水粉）”等 4 个小吃为筠连名小吃，筠连县赢江木易蜀亨酒店等 6 户餐饮店为筠连特色餐饮名店，宜宾醒世茶业有限责任公司醒世黄金白露“红茶”等 15 家企业的 26 个产品为筠连名优特产称号。

一、筠连县名小吃(4 个)

魏四芗鲜小吃店（魏四芗鲜水粉）
白老幺小吃店（白老幺椒麻鸡）
雷七点小吃店（雷七点椒麻鸡）
小兵口水鸡小吃店（小兵口水鸡）

二、筠连特色餐饮名店(6 个)

筠连县赢江木易蜀亨酒店
筠连县大自然土鸡煲
筠连县浙商大酒店有限公司
筠连县苗家酒楼
筠连县麻辣空间火锅食府
筠连县更生园酒楼

三、筠连名优特产(26 个)

宜宾醒世茶业有限责任公司（醒世黄金白露红茶）
筠连县老外婆腌腊食品厂（老外婆腌腊食品系列）
筠连县新世纪绿色食品有限公司（红薯粉条、红豆腐（腐乳））
筠连县筠洲信诚商贸有限公司（苗家黄牛干巴）
筠连好牛旺凯旋食品有限责任公司（台湾烤肠、川香鸡柳、撒尿牛丸）
筠连县青山绿水茶叶专业合作社（苦丁茶）
筠连县筠红商贸有限责任公司（红茶、阳雀报春）
宜宾市双星茶业有限责任公司（公历·310、筠连红·金螺、小叶苦丁茶、圣星茗芽、筠连绿·翠螺）
筠连县玉壶生态茶业有限责任公司（玉壶红蕊）
筠连县蒙韵茶业有限责任公司（乌蒙韵红茶、帝极皇品红茶、五尺红韵红茶）
宜宾五尺道商贸有限公司（五尺道黑山猪、五尺道黄牛）
筠连县六五茶叶有限责任公司（银山宏红茶）
筠连县富农竹木种植加工专业合作社（方竹笋干）
筠连县清溪沟现代农业开发有限公司（贡树茶）
筠连县国珍食品有限责任公司（红豆腐）

筠连县人民政府
2013 年 8 月 2 日

2013年筠连县国民经济和社会发展统计公报

（筠统发〔2014〕10号）

2013年，是我县经济发展受到严重挑战的一年，受宏观经济下行和煤矿关停政策的双重影响，县域经济受到了严重冲击。面对困难，县委、政府认真贯彻落实十八大以及省、市经济工作会议精神，紧扣县委提出的"实干增效年"工作主题，攻坚克难，奋力提升，努力转变经济发展方式，用有限的财力"保民生、促增长"，将不利因素对经济发展带来的影响降到了最低。

一、综　合

全县生产总值实现95.14亿元，同比下降6.7%，（绝对值为现价，速度为可比价，下同）。其中：第一产业增加值16.82亿元，增长3.6%；第二产业增加值60.7亿元，下降12%；第三产业增加值17.6亿元，增长11.3%，三次产业占GDP的比重为17.7∶63.8∶18.5。

2013年筠连县主要经济指标完成

表13

指标名称	绝对值	增速(±%)
GDP(亿元)	95.14	-6.7
人均GDP(按常住人口计算，元)	28657	-6.7
规模以上工业增加值(亿元)	39.40	-14.2
全社会固定资产投资(亿元)	50.87	30.1
社会消费品零售总额(亿元)	22.49	14.4
地方公共财政预算收入(亿元)	5.03	2.44
招商引资到位资金(亿元)	44.98	29.0
城镇居民人均可支配收入(元)	22488	10.7
农民人均纯收入(元)	8854	13.0

民营经济占GDP的比重进一步提高。全年民营经济实现增加值61.46亿元，同比下降3.7%，占GDP的比重为64.6%，比上年提高了0.5个百分点。其中，第一产业增加值6.14亿元，增长3.7%；第二产业增加值45.71亿元，下降6.9%；第三产业增加值9.61亿元，增长12.7%。全年工商登记企业期末总户数12946户，同比增加1530户，增长13.4%；其中，个体工商户11974户，私营企业972户。

全年居民消费价格总指数累计上涨2.6%，居民消费八大类价格同比涨幅呈现"五升三降"格局。其中：食品类上涨5.1%；烟酒及用品类下降3.8%；衣着类下降7.5%；家庭设备用品及维修服务类下降2.7%；医疗保健和个人用品类上涨4.0%；交通和通信类上涨0.3%；娱乐教育文化用品类上涨4.0%；居住类上涨2.3%。

2013年筠连县居民消费价格指数

表14

指标名称	指　数(上年=100)
居民消费价格总指数	102.6
食　品	105.1
其中：粮食	101.2
油脂	101.1
肉禽及其制品	103.1
鲜蛋	100.9
水产品	101.0
鲜菜	102.9
干鲜瓜果	111.0
烟　酒	96.2
衣　着	92.5
家庭设备用品及维修服务	97.3
医疗保健和个人用品	104.0
交通和通信	100.3
娱乐教育文化用品及服务	104.0
居　住	102.3

二、农业和农村经济

农业发展稳定。深入实施"5·20"特色产业工程，茶园面积达15.6万亩，生产茶叶8919吨，实现产值5.2亿元；出栏羊0.59万只，出栏肉牛3.49万头，实现产值4.83亿元；成功承办全省烤烟现场会，烤烟移栽面积3.51万亩，收购烤烟4029吨，实现总产值0.86亿元；生态经济林、生态观光区分别达18万亩、20万亩。全年实现农林牧渔及服务业总产值28.13亿元，增长3.7%。实现增加值16.82亿元，增长3.6%，其中：农业增加值8.57亿元，增长4.88%；林业增加值0.91亿元，增长7.7%；畜牧业增加值7.15亿元，增长1.45%；渔业增加值0.13亿元，增长4.2%；农林牧渔服务业增加值 0.05 亿元,增长 9.8%。

(一)农业。农业实现产值 12.49 亿元,增长 4.9%;全年农作物总播种面积 41768 公顷,下降 1.04%;大春粮食作物播种面积 23166 公顷,下降 0.06%;小春粮食作物种植面积 10665 公顷,增长 0.07%;全年粮食产量达到152749 吨,增长 1.45%,其中:大春粮食产量 128935 吨,增长 2.19%;小春粮食产量 23814 吨,下降 2.36%。

2013 年筠连县主要农产品产量

表 15

指标名称	单位	2013 年	比上年±%
粮食	吨	152749	1.45
#稻谷	吨	42472	1.85
小麦	吨	6858	-7.81
玉米	吨	68412	2.49
油料	吨	2708	3.44
#花生	吨	878	-0.45
油菜籽	吨	1791	5.73
烤烟	吨	4029	-30.58
茶叶	吨	8919	21.74
#绿茶	吨	4682	20.02
红茶	吨	2100	42.86
苦丁茶	吨	2137	9.31
水果	吨	15373	28.32

(二)林业。林业实现产值 1.23 亿元,增长 7.7%;全县完成成片造林面积 3.3 万亩,义务植树 86 万株,林木育苗 430 亩,幼林抚育作业面积 0.8 万亩,成林抚育作业面积 1.2 万亩;新增森林面积 1.9 万亩,森林蓄积 3.9 万立方米,全县森林面积达 5.97 万公顷,森林覆盖率达 46.55%。全年争取实施国家、省级林业投资项目 18 个(其中重点林业建设项目 6 个),争取上级林业投入资金共 8107.81 万元(已到位资金 4662.36 万元),争取投入资金比 2012 年度增长 151.7%,位列全市第一。新建设现代林竹产业基地 1 万亩,建立"万亩林亿元钱"高效立体林业综合示范区 1 个,申报省、市级林业龙头加工企业各 1 个,新建川林核桃种植、鹏辉园林绿化林业专业合作社 2 个,规范化建设林业专业合作社 3 个。成功签约筠连红军源竹业开发有限公司总投资 2.5 亿元的"竹饮料和竹签生产项目"、筠连南苑家私制品有限公司总投产 1 亿元的"乌木、金丝楠家具加工项目"。

(三)畜牧业。畜牧业实现产值 14.12 亿元,增长 2.2%;出栏肉猪 40.92 万头,同比增长 2.0%;出栏肉牛 3.49 万头,增长 2.39%;羊出栏 0.59 万只,增长 2.49%;兔出栏 21.1 万只,增长 110.02%;家禽出栏 220.53 万只,增长 3.0%。肉类总产量达到 3.64 万吨,增长 3.41,其中:猪肉产量 2.87 万吨,增长 1.82%;牛肉产量 0.42 万吨,增长 11.58%;禽蛋产量 0.17 万吨,增长 1.92%。年末生猪存栏 26.61 万头,牛存栏 8.26 万头,羊存栏 0.9 万只,兔存栏 12.37 万只。

2013 年筠连县主要畜产品产量和牲畜存栏情况

表 16

指标名称	单位	2013 年	比上年±%
肉类总产量	万吨	3.64	3.41
#猪牛羊肉产量	万吨	3.3	3.13
#猪肉产量	万吨	2.87	1.82
#牛肉产量	万吨	0.42	11.58
肉猪出栏头数	万头	40.92	2.0
家禽出栏只数	万只	220.53	3.0
禽蛋产量	万吨	0.17	1.92
牛年末存栏数	万头	8.26	28.02
猪年末存栏数	万头	26.61	-3.1
羊年末存栏数	万只	0.9	1.5

(四)渔业。全年实现渔业产值 0.19 亿元,比上年增长 6.2%;水产品产量 1380 吨,同比增长 6.2%。

(五)农业生产条件进一步改善。年内新增有效灌溉面积 800 公顷,年末有效灌溉面积达到 7600 公顷,综合治理水土流失面积 2200 公顷。本年解决农村安全饮水人口 3.45 万人,年末农业机械总动力 13.9 万千瓦,增长 2.96%;拥有农用排灌动力机械 2198 台。全县现有水力发电站 81 个,发电设备容量达 34520 千瓦。全年农村用电量 11750 万度,农用化肥施用量(折纯)4260 吨。年末实有耕地 22340 公顷,其中:水田 6143 公顷,旱地 16197 公顷。乡村劳动力资源数 192085 人,乡村从业人员 191191 人。

三、工业和建筑业

2013 年,受宏观经济下行、煤矿安全以及国家煤矿关停政策影响,我县支柱产业煤炭行业遭遇了数年未遇的"寒冬",根据国家煤矿关停政策规定,全县关停了 11 个煤矿企业,其中,规模以上工业 7 个,规模以下工业下 4 个;规模以上工业企业退出了 26 个,新增 2 个,全县现有规模以上工业企业 35 户,其中,煤炭开采业 21 户。全部工业实现增加值 57.95 亿元,同比下降 13%;其中,规模以上工业实现增加值 39.4 亿元,同比下降 14.2%。全县规模以上工业企业实现营业务收入 89.72 亿元,同比下降 33.2%;实现利润总额 8.88 亿元,同比下降 52.3%;实现利税总额 18.57 亿元,同比下降 47.3%;工业企业技改投资 16.09 亿元,增长 4.03%。全县过关煤炭 176.45 万吨,同比下降 56.8%。

进一步完善园区规划。编制完成《筠连县工业园区总体规划》,海瀛、巡司园区规划面积分别扩展到 6.3 平方公里和 20.54 平方公里。全年投资 1.5 亿元推进园区基础设施建设,海瀛园区新增河滨路及 5.07 公里的海顶公路硬化工程全面完成,三期道路及企业征地完成 900 亩;巡司园区基础设施建设正加快推进,防洪堤工程已开展招投标,园区大门、园区大道、园区广场、跨河大桥、巡司河滨路建设等项目正开展设计、预算。全年园区新入驻龙泉酒业、蓝伯特生物科技等企业8个，海瀛、巡司园区入驻企业已达49个。

年末，具有资质等级独立核算的建筑企业6个，其中：施工总承包和专业承包企业5个。施工总承包和专业承包企业全年完成建筑业现价总产值6.02亿元，比上年增长25.9%；房屋建筑施工面积59.4万平方米，同比增长39.1%。

四、固定资产投资

2013年，全年完成全社会固定资产投资50.87亿元，同比增长30.1%；其中，固定资产投资49.87亿元，同比增长31.7%；全县工业投资31.02亿元，同比增长14.5%。

在全县投资中：基本建设投资完成29.71亿元，增长47.89%；更新改造投资完成16.09亿元，增长4.03%；房地产开发投资完成4.06亿元，增长76.5%；农户投资1亿元，下降20.0%。

从产业投资结构看：第一产业完成投资1.19亿元，同比增长13.3%，占总投资的2.3%；第二产业完成投资31.08亿元，同比增长14.4%，占总投资的61.1%；第三产业完成投资18.6亿元，同比增长70.8%，占总投资的36.6%。

全年新开工入库项目69个，其中：工业技改项目12个，基建项目57个，新增固定资产32亿元。地方煤矿技改完成投资15.88亿元；新维、船景煤矿分别完成总投资实物量的70%、86%；页岩气项目完成投资3.75亿元，完成钻井127口；“泓硒泉”矿泉水、醒世茶业技改项目已进入试生产；双星茶业、龙镇天子酒业技改、龙泉酒业技改、中密度纤维板、红军源竹笋加工、粮油仓储等项目建设加快推进。2×35万千瓦煤矸石发电项目已确定中电国际为投资业主，项目部已进驻我县开展工作；武乐矿井项目已获省发改委项目核准。

五、国内贸易、旅游和招商引资

2013年，全县实现全社会消费品零售总额22.49亿元，同比增长14.4%。其中，城镇市场实现零售额15.16亿元，增长14.9%；乡村市场实现零售额7.33亿元，增长13.4%。限额以上贸易单位（含个体户）达到了40家，比上年净增2家，增长5.3%。

文旅产业发展势头强劲。基本完成全县旅游规划修编、岩溶风景区总体规划；“中国云上石漠?春风花海”生态旅游度假区已完成总体规划、部分景点打造和土地调规工作，清溪沟茶文化主题公园经过5个月建设已于9月30日试运行，神羊洞旅游景区已完成规划和洞内灯光系统安装，古楼景区意向业主规划团队已进场开展工作；推进旅游标准化建设，开展乡村旅游示范乡镇、村创建和十佳农家乐评选活动，旅游市场进一步规范。全年旅游人数达72.45万人次，同比增加15.67万人次；旅游总收入4.74亿元，增长37.4%。

全年招商引资到位资金44.98亿元，同比增长29%；其中，省外到位资金29.68亿元，同比增长12%。全年新签项目30个，履约26个，履约率86.7%。

六、交通、邮电业

（一）交通运输业发展快速。年末境内公路总里程1407公里（见注3），其中等级公路1025公里。公路旅客周转量20615万人公里，货运周转量21918万吨公里；年末实有公共汽车25辆，出租汽车30辆，民用汽车拥有量11850辆。交通建设实现大突破。投资约8.2亿元的筠巡快速通道新建工程开工建设，省道S206线绕城段新建工程项目选址建议书通过批复，筠巡快速通道二期工程已确定投资业主并开展征地工作；梅家坳隧道基本完工；武德至蒿坝通乡水泥路改建工程完成总工程量的80%；事关长远大计的宜昭高速公路已完成开工前全部准备工作，预示着我县在不久的将来将融入宜宾“一小时经济圈”。

（二）邮电业。全年邮电业务总收入18692万元，比上年增长12.0%，其中：邮政业务收入1443万元，比上年增长4.0%；电信业务收入（含电信、移动、联通）17249万元，比上年增长12.7%。年末拥有固定电话用户20372户，移动电话用户245252户，年末互联网注册上网用户28761户，比上年增长47.9%。

七、财政、金融和保险

2013年，全县财政总收入12.76亿元，比上年增长7.95%。地方财政收入（含基金收入）8.92亿元，同比增长47.8%，地方公共财政收入5.03亿元，增长2.44%。其中，非税收入完成2.69亿元，同比增长40.86%；基金收入完成3.89亿元，同比增长247.3%。财政总支出20.84亿元，同比增长24.08%。地方公共财政支出16.72亿元，增长8.87%；其中，一般公共服务支出1.51亿元，同比增长11.89%；农林水事务支出3.08亿元，增长21.98%；科学技术支出0.12亿元，增长15%；教育支出3.6亿元，下降1.17%；医疗卫生支出1.68亿元，下降4.3%。全年基金预算支出完成4.12亿元，同比增长186.1%。

2013年，全县金融机构各项存款余额56.84亿元，比年初增长7.01%；其中，单位存款余额22.88亿元，比年初增长4.54%；城乡居民储蓄存款余额33.39亿元，比年初增长9.95%。金融机构各项贷款余额30.55亿元，比年初增长22.52%；其中，短期贷款12.41亿元，比年初增长37.29%，中长期贷款9.72亿元，比年初增长27.24%。全年保费收入达7361万元，同比增长14.98%。

八、科学技术、教育

（一）科学技术事业。深入实施“科教兴筠”战略，努力营造良好的自主创新和科技进步的政策环境和社会氛围，科技进步工作取得明显成效，现已通过全国县市科技进步考核。全年共争取科技项目立项30项、解决资金250万元。其中，市立项2项、解决资金110万元，比2012年的增加55万元，同比增长100%；县立项28个、解决资金140万元，同比增长7.7%。组织“科技专家服务团”开展经常性的送科技"四下乡"活动,以科技大集、科普展览、技术培训、现场指导等形式,开展群众喜闻乐见的科技科普活动。全年共出动科技人员 226 人次,发放资料 21.6 万份,技术咨询 6530 人次,免费义诊 1250 人次,技术培训 86 期、1.55 万人次,直接受益群众达 5.68 万人次。

(二)教育事业。2013 年,全县有小学 11 所(见注释 4),普通中学 34 所,职业学校 2 所,特殊教育 1 所,幼儿园 49 所(其中公办幼儿园 2 所)。中小学在校学生 56803 人,其中:小学 35063 人,初中 16352 人,普通高中 5388 人;职业高中在校学生 5164 人。小学招生 5765 人,普通中学招生 5791 人,初中阶段升学率 52.71%,普通高中招生 1996 人,职业高中招生 2028 人。本科上线人数大幅上升,全县 1620 人参加高考,本科上线人数 395 人,本科上线率为 22.7%,其中,重点本科上线人数 23 人;高考总上线人数 1103 人,上线率 89.33%。拥有中小学专任教师 3327 人,全年引进教师 44 人,公招教师 102 人。

免除 1489 名中职学生学费;资助家庭经济困难中等职业学校学生 375 人;资助经济困难家庭普通高中生 1402 人,义务教育阶段在校残疾学生 239 人。实施农村义务教育学生营养改善计划,2013 年已投入营养改善计划资金 1749 万元(其中县级资金 583 万元)覆盖全县 188 所农村义务教育阶段学校,共 45543 名学生,覆盖率为 100%。

全力推进五大工程建设(农村寄宿制学校、教师周转房(休息室)、学生食堂、道路畅通工程、教仪及信息化建设工程),投资 845 万元完成筠连二中等 5 个学校的寄宿制项目建设、投资 564 万元完成沐爱镇中心幼儿园等 3 个幼儿园项目建设、投资 575 万元完成龙镇教师周转房等 4 个周转房项目建设,投资 2694 万元完成筠连职教中心第一期项目建设,县职教中心已于 10 月上旬实现整体搬迁;以创建"绿色学校"为抓手,全面加强学校的绿化、净化、美化、文化"四化"建设,全年申报创建"绿色学校"的学校有民主中学等 5 所,共投资 11.8 万元新增绿化面积 2360 平方米。全县各校绿化总面积达 143057 平方米。

九、文体、广电和卫生事业

(一)公共文化。全年开展送文艺演出、送图书、送文艺辅导等"送文化"下农村、基层活动,共放映农村公益电影 3220 场次;举办了四川省文化列车同心艺术团慰问演出、文化系统新春慰问演出、春风村首届春节联欢晚会、玉壶之春艺术节、春满筠州 – 龙腾狮跃闹筠州、玉壶之春艺术节闭幕式暨春满筠州艺术节 – 镇乡文艺调演、春风村李花节、花山节、西安"西洽会"对外交流文艺演出、成都旅游推介会文艺演出、宜宾市国际茶文化博览节等群众文化活动。

(二)体育事业。全县有各级各类体育协会 15 个,各级社会体育指导员 486 人,各类健身活动站点 252 个,成功举办了"祥龙闹筠州"全国龙狮大联动元宵晚会;第六届春风村"李花节"农民趣味健身运动会;中国?宜宾筠连首届"五尺道杯"金画眉鸟王争霸邀请赛;"3.8"妇女广场舞蹈比赛;太极柔力球联谊展示活动;"8.8 全民健身日二十四式简化太极拳比赛;首届旅游景区"电力杯"全民健身自行车邀请赛;筠连醒世茶业国标舞展示;第七届"尚品杯"川滇黔渝乒乓球邀请赛等大型群众文化体育活动。

全年培训三级社会体育指导员 120 名,二级社会体育指导员 6 名,一级社会体育指导员 1 名;省、市业余体校到我县选材 3 次,输送体育后备人才 5 人。

(三)广电事业。全年,完成直播卫星设备发放、安装及调试 1776 台,完成地波数字电视发射台的新建 4 座,完成地面波数字电视设备的发放、安装及调试 3000 台,完成了 7 个农村室内放映点招标建设工作,为群众观看电影提供便利条件;大力发展有线数字电视,截至目前,我县有线数字电视用户已突破 16525 户。采用调频和共揽传输技术,实现农村广播"村村响",目前已安装 25 个行政村。

年末,全县广播综合覆盖率 99%,电视综合覆盖率 99%。有线广播电视用户数 21417 户,其中数字电视用户 12410 户。有线广播电视传输干线网络总长 610 公里。

(四)卫生事业。2013 年末,有医疗卫生机构 374 个,编制病床 960 张,卫生技术人员 1153 人,其中,执业医师 331 人,助理医师 155 人。全县参加"新农合"人数为 353406 人,参合率为 98%。

全年,共报告乙丙类传染病 20 种 664 例,报告发病率 156.34/ 十万,无甲类传染病发生,死亡 2 例(肺结核死亡 1 例,艾滋病死亡 1 例)。其中乙类传染病 14 种 537 例,报告发病率 126.44/ 十万,比去年同期下降 8.05%。丙类传染病 6 种 127 例,报告发病率 29.90/ 十万,比去年同期下降 16.45%。发病居前 5 位的是肺结核 320 例,乙肝 97 例,梅毒 60 例,丙肝 13 例,细菌性痢疾 12 例。全县 0 岁组儿童建卡 5048 人,建卡率 100 %,卡证符合率 100 %。

2013 年筠连县国家免疫规划疫苗基础预防接种情况

表 17

疫苗	应种(人次)	实种(人次)	接种率%
卡介苗	5485	5470	99.73
脊灰糖丸	21232	21158	99.65
百白破疫苗	21377	21303	99.65
白破疫苗	5299	5273	99.51
麻风疫苗	5523	5505	99.67
乙肝疫苗	16023	15974	99.69
A 群流脑疫苗	10622	10542	99.25
A+C 群流脑苗	10642	10564	99.28
乙脑疫苗	10545	10467	99.26
甲肝疫苗	5201	5163	99.27
麻腮风疫苗	5491	5475	99.71

十、人民生活和环境保护

（一）城镇居民。全年城镇居民人均可支配收入为22488元,同比增长10.7%。其中:人均工资性收入14925元,同比增长15.2%;人均经营性收入为4962元,同比增长8.3%;人均转移性收入为4576元,同比增长12.1%;人均财产性收入为721.8元,同比增长42.5%。全县城镇居民人均消费支出14157元,同比增长7.3%;其中,食品、衣着、居住、家庭设备用品及服务、医疗保健、交通和通讯、教育文化娱乐服务、其他商品和服务等八大类支出分别增长6.5%、11.1%、3.5%、5.4%、10.8%、12.0%、3.1%、9.8%。城镇居民恩格尔系数40.0%。

（二）农村居民。全年实现农民人均纯收入8854元,增长13%;其中,人均工资性收入3940元,同比增长10.1%;人均家庭经营性纯收入4317元,同比增长17.01%;人均财产性纯收入408元,同比增长3.4%;转移性纯收入187元,增长10.3%。全县农村居民人均家庭总支出4428元,同比下降15.2%。八大类消费中:食品消费、衣着消费、居住消费、家庭设备和用品及服务消费、交通和通讯、文化教育和娱乐用品及服务、医疗保健、其他商品和服务类消费人均支出分别为1754元、347元、973元、251元、753元、123元、194元、34元;农村居民恩格尔系数48.5%。

（三）环境保护。全年我县辖区内的环境空气质量状况均达到国家《环境空气质量标准》(GB3095-1996)二级标准。县境内出境断面水质均满足《地表水环境质量标准》(GB3838-2002)Ⅲ类标准。区域环境噪声均符合《声环境质量标准》(GB3096-2008)。全年,二氧化硫削减996.94吨;化学需氧量削减687.27吨;氨氮削减16.59吨;氮氧化物削减257.19吨。加强了机动车污染防治工作,全年办理机动车环保标志686个。全年建城区绿化覆盖率40.48%,饮用水源水质达标率100%,城镇生活垃圾无害化处理率91.2%,污水处理厂集中处理率88.1%。

全县目前有省级生态村2个、市级生态村126个、县级生态村124个,命名生态家园19600户。

十一、人口、就业和社会保障

公安户籍统计资料显示,全县年末总户数117767户,总人口为432549人。其中,非农业人口57288人,农业人口375261人;男性人口226877人,女性人口205672人,男女性别比例为110.3:100。分年龄段人口:18岁以下102269人,18-35岁118299人,35-60岁154778人,60岁以上57203人。全县出生人数5088人,人口出生率11.98‰;死亡人数2697人,死亡率6.35‰;人口自然增长率5.63‰,符合政策生育率84.26%。年末常住人口33.0万人,城镇化率达33.55%。

2013年,全部单位从业人员达四川省筠连县大专、中专招生委员会办公室4.79万人,工资总额182960万元,年平均工资34510元,增长8.2%;其中,城镇单位全部从业人员1.51万人,工资总额61076万元,年平均工资41273元,增长4.31%;私营单位从业人员3.28万人,工资总额121884万元,年平均工资31891元,增长8.4%。全年,城镇新增就业人员4713人,年末城镇登记失业人员1197人,登记失业率3.22%。

社会福利稳步发展。全年有各种社会福利收养性单位16个,社会福利性单位床位1481张,城镇居民最低生活保障人数9384人,农村居民最低生活保障人数15150人;全县五保供养1705人,集中供养1276人,分散供养429人,集中供养率为74.8%。

全年养老保险参保职工人数2.1万人;基本医疗保险参保职工人数达到2.3万人;失业保险参保人数0.66万人;工伤保险参保职工1.0万人;生育保险参保职工0.55万人;新型农村社会养老保险参保10.79万人;城镇基本医疗保险参保4.55万人;新型农村合作医疗参保人35.34万人。

2013年,全县住房公积金缴存总额45860万元,同比增长25.35%,住房公积金缴存职工人数达14254人,其中:当年新增缴存单位15个(其中,民营企业12个),新增住房公积金缴存人数1040人;当年住房贷款发放额4230.8万元,同比增长223.23%;当年住房公积金提取额5143万元,同比增长37.39%。

注:

1.公报中生产总值及增加值指标绝对数按当年价格计算,增长速度按可比价格计算。

2. 农业方面的数据因国家统一修订了5年历史数据,如牲畜出栏数、肉类产量、粮食产量等各项历史数据都有不同程度的变动,因此测算的同期增幅有差异。

3. 等级公路里程增加而境内公路总里程减少原因是:省交通局电子测绘后重新统一修订的里程数。

4. 小学学校数量减少是因为教育系统统计口径调整,本年把所有村小都作为中心校的教学点来统计,因此小学学校数大幅减少。

5.部分数据因四舍五入的原因,存在着分项与合计不等的情况;

6.公报中造林面积、新增有效灌溉面积、交通运输、邮政电信、旅游收入、招商引资到位资金、财政、金融、保险、教育、科技项目、文化和广电、卫生机构人员、体育场馆、环境监测、社会保障、住房公积金等数据来源于县林业局、县水务局、县交通运输局、县经信局、县投资促进局、县财政局、县人民银行、县教育局、县科技局、县文广新和旅游局、县卫生局、县体育局、县环保局、县民政局、县城管局、县人社局、县公积金中心等相关部门。

筠连县统计局

2014年6月4日

筠连县2013年行政区划统计表

表18

	社区(个)	居民小组(个)	村(个)	村民小组(个)
筠连县	14	131	243	1576
筠连镇	5	98	33	224
腾达镇	1	4	16	119
巡司镇	2	8	22	151
双腾镇	1	3	15	92
沐爱镇	1	4	18	140
维新镇	—	—	15	112
镇舟镇	1	4	7	30
蒿坝镇	1	2	15	111
大雪山镇	1	6	22	89
武德乡	1	2	17	128
塘坝乡	—	—	7	45
龙镇乡	—	—	8	60
孔雀乡	—	—	11	57
乐义乡	—	—	8	62
高坎乡	—	—	8	42
团林苗族乡	—	—	8	45
联合苗族乡	—	—	8	35
高坪苗族乡	—	—	5	34

（周 娟）

2013年筠连县国民经济和社会发展主要指标统计

表19

指标名称	计量单位	2013年	2012年
一、自然资源	*		
行政区域面积	平方公里	1256	1256
年末实有耕地面积	公顷	22340	22343
二、人口和就业	*		
常住户数	户	117767	116041
年末户籍人口	万人	43.25	42.76
#女	万人	20.57	20.33
#农业人口	万人	37.53	37.13
非农业人口	万人	5.73	5.63
当年出生人口	人	5088	4995
当年死亡人口	人	2697	2668
常住人口	万人	33.00	33.40
#城镇人口	万人	11.07	10.74
社会从业人员	万人	25.23	25.12
#第一产业	万人	13.16	13.09
第二产业	万人	5.57	5.62
第三产业	万人	6.50	6.41
三、综合经济	*		
地区生产总值(当年价)	万元	951413	1019644
第一产业增加值	万元	168245	140000
第二产业增加值	万元	607038	731405
#工业	万元	579461	708560
#规模以上	万元	394022	625291
建筑业	万元	27577	22845
第三产业增加值	万元	176130	148239
#交通运输、仓储和邮政业	万元	36755	28786
批发和零售业	万元	31170	26978
住宿和餐饮业	万元	16477	13791
金融业	万元	13742	12365

续表 19

指标名称	计量单位	2013 年	2012 年
房地产业	万元	9294	8144
地区生产总值指数(可比价计算,上年 =100)	%	93.3	114.6
第一产业	%	103.6	105.7
第二产业	%	88.0	116.7
# 工业	%	87.0	117.1
# 规模以上	%	85.8	119.1
建筑业	%	120.5	105.9
第三产业	%	111.3	112.2
人均地区生产总值(当年价)	元	28657	30712
人均地区生产总值指数(可比价计算,上年 =100)	%	93.3	113.8
四、农村经济	*		
有效灌溉面积	公顷	7600	7580
机电井数	眼	724	721
机收面积	公顷	470	340
农林牧渔业总产值	万元	281326	230118
农业机械总动力	万千瓦	13.9	13.5
粮食总产量	百吨	1527	1506
肉类总产量	百吨	364	352
# 猪肉产量	百吨	287	282
水产品产量	百吨	13.80	13
五、规模以上工业	*		
规模以上工业企业单位数	个	35	66
规模以上工业总产值(当年价)	万元	511100	1364253
规模以上工业企业从业人员年平均人数	人	13800	30070
规模以上工业企业主营业务收入	万元	503600	1347155
# 主营业务税金及附加	万元	11600	49876
规模以上工业企业利润总额	万元	47786.4	190748
规模以上工业企业利税总额	万元	101100	365524
六、交通、通讯、能源	*		
公路客运周转量	万人公里	20615	14160
公路货运周转量	万吨公里	21918	17532
境内公路总里程	公里	1407	1424
# 等级公路(含高级、一、二、三和四级公路)	公里	1025	979
# 高速公路	公里		
境内铁路营运里程	公里	27	27
境内火车站个数	个	1	1
民用汽车拥有量	辆	11850	11254

续表 19

指标名称	计量单位	2013 年	2012 年
年末公交车路数	路	7	2
年末实有公共汽(电)车营运车辆数	辆	25	14
年末实有出租汽车数	辆	30	30
邮电主营业务收入	万元	18632	16687
固定电话用户	户	20372	32080
移动电话用户	户	245252	238459
互联网宽带接入用户	户	28761	19445
全社会用电量	万千瓦时	44086	53346
#居民生活用电量	万千瓦时	9663	11301
七、固定资产投资	*		
全社会固定资产投资	万元	508671	391121
固定资产投资(不含农户)	万元	458024	378621
新增固定资产	万元	319830	180690
固定资产投资项目个数	个	139	128
房地产开发投资	万元	40647	23034
#住宅	万元	20418	16239
住宅竣工面积	万平方米	3.49	9.76
八、建筑业	*		
建筑企业单位数	个	6	6
建筑业企业从业人员	人	2373	2601
建筑业总产值	万元	60158	47778
商品房屋销售额	万元	47131	73305
九、国内贸易、对外经济和旅游	*		
社会消费品零售总额	万元	224893	196584
#城镇	万元	151628	131952
乡村	万元	73265	64633
#批发和零售业	万元	196564	172815
住宿和餐饮业	万元	28329	23770
进出口总额	万美元	211	50
#进口总额	万美元	0	0
出口总额	万美元	211	50
当年实际使用外资金额	万美元	600	2306
星级饭店个数	个	0	0
星级饭店客房总数	间	0	0
旅游收入总额	万元	47400	34500
#国内旅游收入	万元	47400	34500
十、人民生活	*		

续表 19

指标名称	计量单位	2013 年	2012 年
城镇居民人均可支配收入	元	22488	20315
城镇居民人均消费性支出	元	14157	13190
城镇居民恩格尔系数	%	40.0	40.3
农村居民人均纯收入	元	8854	7835
农村居民人均生活消费支出	元	4429	3670
农村居民恩格尔系数	%	48.5	49.0
十一、社会保障	*		
各种社会福利收养性单位数	个	16	16
各种社会福利收养性单位床位数	床	1481	1811
城镇基本养老保险参保人数	人	21001	26320
城镇基本医疗保险参保人数	人	45476	22800
失业保险参保人数	人	6593	6000
新型农村合作医疗参保人数	人	353406	348773
新型农村社会养老保险参保人数	人	107900	91068
城镇居民最低生活保障人数	人	9384	8845
农村居民最低生活保障人数	人	15150	15247
十二、财政、金融	*		
地方公共财政总收入(不含基金收入)	万元	87817	105532
#地方公共财政收入(本级)	万元	50325	49126
#各项税收	万元	23398	30010
财政总支出(辖区)	万元	208409	167965
地方公共财政支出(本级)	万元	167220	153598
其中:农林水事务支出	万元	30798	25250
科学技术支出	万元	1242	1080
医疗卫生支出	万元	16848	17606
教育支出	万元	36005	36430
财政供养人员	人	9341	9166
财政供养人员全年工资总额	万元	35077	32802
年末金融机构各项存款余额	万元	568376	531121
其中 居民储蓄存款余额	万元	333764	303727
年末金融机构各项贷款余额	万元	293857	238701
十三、教育、科技、文化、卫生	*		
小学数	所	11	158
普通中学	所	34	34
中等职业教育学校	所	2	2
小学在校学生总数	人	35063	36444
普通中学在校学生总数	人	21740	22937

续表 19

指标名称	计量单位	2013 年	2012 年
中等职业教育学校在校学生数	人	5164	5318
小学专任教师数	人	1835	1350
普通中学专任教师数	人	1492	1971
中等职业教育学校专任教师数	人	69	64
学龄儿童入学率	%	100.0	100.0
＃女童入学率	%	100.0	100.0
医疗卫生机构数	个	25	23
医疗卫生机构床位数	张	1163	1048
医院、卫生院技术人员	人	929	825
＃执业(助理)医师	人	311	265
专业技术人员数	人	4857	4338
＃农业技术人员	人	388	237
全年专利授权数	件	41	32
体育场馆个数	个	0	1
剧场、影剧院个数	个	0	0
公共图书馆图书总藏量	千册	73	41
十四、资源与环境	*		
森林面积	公顷	59720	56789
自然保护区面积	公顷	0	0
工业二氧化硫排放量	吨	10554	10551
氮氧化物排放量	吨	2332	2337
烟(粉)尘排放量	吨	556	661
污水处理厂数	座	1	1
污水处理厂集中处理率	%	88.1	72.1
垃圾处理站数	个	1	1
城区空气质量优良以上天数	天	363	
单位 GDP 能耗(2010 年价格)	吨标准煤	0.96	0.995
单位 GDP 能耗比上年降低率	%	3.6	3.5

（周　娟）

2013 年筠连县乡镇生产总值排序

表 20

乡 镇	乡镇生产总值(万元)	位 次
筠连镇	203222	1
腾达镇	25574	10
巡司镇	170740	2
双腾镇	21122	13
沐爱镇	57751	6
维新镇	127323	3
镇舟镇	69652	4
蒿坝镇	57466	7
大雪山镇	24641	11
武德乡	57958	5
塘坝乡	24431	12
龙镇乡	7955	16
孔雀乡	16179	15
乐义乡	32067	8
高坎乡	17429	14
团林苗族乡	4682	18
联合苗族乡	5880	17
高坪苗族乡	27340	9

（周 娟）

2013年筠连县乡镇工业增加值排序

表21

乡 镇	工业增加值(万元)	位 次
筠连镇	82602	3
腾达镇	5792	13
巡司镇	124886	1
双腾镇	3259	15
沐爱镇	30346	7
维新镇	109951	2
镇舟镇	52306	4
蒿坝镇	42298	5
大雪山镇	5134	14
武德乡	40718	6
塘坝乡	16178	10
龙镇乡	1628	16
孔雀乡	9403	12
乐义乡	22434	8
高坎乡	10551	11
团林苗族乡	389	18
联合苗族乡	450	17
高坪苗族乡	21138	9

（周 娟）

2013 年筠连县乡镇农民人均纯收入排序

表 22

乡　镇	农民人均纯收入(元)	位 次	农民人均纯收入增加(元)	位 次
筠连镇	9106	4	989	10
腾达镇	8873	9	1105	3
巡司镇	8916	6	941	14
双腾镇	8875	8	1140	1
沐爱镇	8802	11	1065	8
维新镇	9167	2	920	16
镇舟镇	9118	3	913	18
蒿坝镇	8821	10	1019	9
大雪山镇	8757	13	1122	2
武德乡	8802	11	956	13
塘坝乡	9052	5	1093	4
龙镇乡	8902	7	1092	5
孔雀乡	8509	18	978	12
乐义乡	9172	1	920	16
高坎乡	8622	15	931	15
团林苗族乡	8601	16	1083	6
联合苗族乡	8752	14	1069	7
高坪苗族乡	8510	17	984	11

（周 娟）

2013年中共筠连县委主要文件目录

表23

文件名称	文　号	发文单位
关于印发筠连县农村扶贫开发规划(2011-2020年)的通知	筠委发〔2013〕1号	中共筠连县委 筠连县人民政府
关于印发《县级部门目标绩效考核实施办法》和《镇乡目标绩效考核实施办法》的通知	筠委发〔2013〕3号	中共筠连县委 筠连县人民政府
关于产村相融发展现代农业加快建设山区美好家园的意见	筠委发〔2013〕4号	中共筠连县委 筠连县人民政府
关于印发《关于改进工作作风密切联系群众的规定》的通知	筠委发〔2013〕6号	中共筠连县委 筠连县人民政府
关于开展"三治理三激发三增加"作风建设专项活动的实施意见	筠委发〔2013〕7号	中共筠连县委 筠连县人民政府
关于印发《深入贯彻落实"实干增效年"重要部署责任分工方案》的通知	筠委发〔2013〕9号	中共筠连县委 筠连县人民政府
关于在新形势下加强党建带团建工作进一步增强基层团组织活力的实施意见	筠委发〔2013〕11号	中共筠连县委
关于进一步深化公安队伍职业化建设的实施意见	筠委发〔2013〕12号	中共筠连县委 筠连县人民政府
关于在全县广泛深入开展"实现伟大中国梦、建设美丽繁荣和谐四川(筠连)"主题教育活动的实施意见	筠委发〔2013〕13号	中共筠连县委
关于进一步加强工业园区建设促进"两化"互动发展的意见	筠委发〔2013〕14号	中共筠连县委 筠连县人民政府
关于下达2013年全县重点建设项目计划的通知	筠委发〔2013〕15号	中共筠连县委 筠连县人民政府
2013年党建工作意见	筠委发〔2013〕16号	中共筠连县委
关于在主题教育活动中开展向王家元同志学习活动的通知	筠委发〔2013〕17号	中共筠连县委
关于下达县级部门承担2013年度市委市政府目标绩效考核任务的通知	筠委发〔2013〕18号	中共筠连县委 筠连县人民政府
关于建成川南滇东北结合部经济强县先于全市建成小康社会的决定	筠委发〔2013〕19号	中共筠连县委
关于实施环境兴县战略的意见	筠委发〔2013〕20号	中共筠连县委 筠连县人民政府
关于解决当前农村义务教育若干问题的实施意见	筠委发〔2013〕21号	中共筠连县委 筠连县人民政府
关于加强培育新型农业经营主体加快推进农业现代化的意见	筠委发〔2013〕22号	中共筠连县委 筠连县人民政府
关于2013年党风廉政建设和反腐败工作的意见	筠委发〔2013〕23号	中共筠连县委 筠连县人民政府
关于进一步加快解决当前农村义务教育若干问题的实施意见	筠委发〔2013〕24号	中共筠连县委 筠连县人民政府
关于做好农村土地承包经营权确权登记工作的意见	筠委发〔2013〕25号	中共筠连县委 筠连县人民政府
关于进一步转变作风加强党的群众工作的意见	筠委发〔2013〕27号	中共筠连县委
关于进一步深入学习贯彻习近平总书记系列重要讲话精神的意见	筠委发〔2013〕28号	中共筠连县委
关于转发《政协筠连县委员会专门委员会有关职能职责和单位对口联系制度》的通知	筠委发〔2013〕29号	中共筠连县委

(李自荣)

2013 年筠连县人民政府主要文件目录

表 24

文件名称	文　号	发文单位
关于全面加强安全生产工作的通知	筠府发〔2013〕1 号	筠连县人民政府
关于进一步做好 2013 年全县固定资产投资工作的意见	筠府发〔2013〕2 号	筠连县人民政府
关于印发筠连县煤炭安全生产非法违法行为举报奖励办法的通知	筠府发〔2013〕4 号	筠连县人民政府
关于调整我县城镇土地使用税税额等级标准及征收范围的通知	筠府发〔2013〕5 号	筠连县人民政府
关于进一步加强核与辐射安全防护管理工作的意见	筠府发〔2013〕7 号	筠连县人民政府
关于调整义务兵家庭优待金标准的通知	筠府发〔2013〕14 号	筠连县人民政府
关于加快竹产业发展的意见	筠府发〔2013〕18 号	筠连县人民政府
关于抓好现代林业重点县建设工作的通知	筠府发〔2013〕19 号	筠连县人民政府
关于解决原民师和长期代课教师生活补助的实施意见	筠府发〔2013〕20 号	筠连县人民政府
关于做好筠连县第一次全国不可移动文物普查工作的通知	筠府发〔2013〕21 号	筠连县人民政府
关于支持农业产业化龙头企业发展大力推进"两个带动"的实施意见	筠府发〔2013〕22 号	筠连县人民政府
关于当前发展学前教育的实施意见	筠府发〔2013〕23 号	筠连县人民政府
关于印发筠连县政府投资项目审计暂行办法的通知	筠府发〔2013〕24 号	筠连县人民政府
关于认真做好第三次全国经济普查工作的通知	筠府发〔2013〕29 号	筠连县人民政府
关于开展"职能大转变、环境大提升、经济大发展"大讨论活动的实施意见	筠府发〔2013〕34 号	筠连县人民政府
关于加强生猪屠宰、鲜肉和肉制品专项整治工作的通知	筠府发〔2013〕36 号	筠连县人民政府
关于切实做好全县政府性债务审计工作的通知	筠府发〔2013〕38 号	筠连县人民政府
关于印发筠连县整顿关闭地方小煤矿补助(奖励)资金管理办法的通知	筠府发〔2013〕1 号	筠连县人民政府
关于印发筠连县安全生产重点监控县摘帽工作实施方案的通知	筠府发〔2013〕42 号	筠连县人民政府
关于取消调整行政审批和公共服务项目的决定	筠府发〔2013〕43 号	筠连县人民政府
关于依法统计提高数据质量的意见	筠府发〔2013〕46 号	筠连县人民政府
关于印发筠连县行政审批及公共服务项目目录(2013)的通知	筠府发〔2013〕47 号	筠连县人民政府
关于进一步加强最低生活保障工作的实施意见	筠府发〔2013〕48 号	筠连县人民政府

（李 洪）